DMT

molekuła duszy

RICK STRASSMAN

DMT
molekuła duszy

Rewolucyjne badania w dziedzinie biologii doświadczeń mistycznych i z pogranicza śmierci

TŁUMACZENIE:
Maciej Lorenc

TYTUŁ ORYGINAŁU:
DMT: The Spirit Molecule

Redakcja: Beata Piecychna
Korekta: Anna Konstańczuk
DTP: Maciej Grycz
Okładka: Alex Grey, obraz „Umieranie",
„Dying" Copyright © by Alex Grey, www.cosm.org
Obraz pochodzi z albumu **„Święte zwierciadła – Sztuka wizyjna Alexa Greya"**

Wydanie V
Białystok 2021
ISBN 978-83-66134-67-6

www.wydawnictwokobiece.pl

Wydawnictwo Kobiece
E-mail: redakcja@wydawnictwokobiece.pl
Pełna oferta wydawnictwa jest dostępna na stronie
www.wydawnictwokobiece.pl

Spis treści

O *DMT: molekuła duszy*

Dzięki badaniom Strassmana możemy pełniej zdać sobie sprawę z tego, że zamieszkujemy wielowymiarowy wszechświat – wszechświat, który jest znacznie bardziej złożony i interesujący niż ten, który przedstawiały nasze teorie naukowe. Jest niezwykle ważne, abyśmy dokładnie przyjrzeli się konsekwencjom tego odkrycia, ponieważ może nam ono wiele powiedzieć na temat tego, kim jesteśmy i dlaczego znaleźliśmy się właśnie tutaj.

John Mack
autor *Abduction* oraz *Passport to the Cosmos*

Najbardziej obszerne badanie naukowe dotyczące oddziaływania substancji psychodelicznej na umysł i percepcję, jakie przeprowadzono od lat 60. XX w. Strassman daje nam możliwość zajrzenia w fascynujący świat badań psychiatrycznych, starając się przy tym zrozumieć owe tajemnicze substancje oraz ich wpływ na ludzką świadomość.

Dr Ralph Metzner
autor *Ayahuasca: Święte pnącze duchów*

Niniejsza książka jest absolutnie podstawową lekturą dla każdego, kto interesuje się umysłem, filozofią, naturą rzeczywistości oraz duchowością. Światowej sławy specjalista, jeśli chodzi o DMT, stworzył arcydzieło gatunku, w błyskotliwy sposób prowadząc Czytelnika przez ciąg zdumiewających odkryć związanych z naturą wszechświata, które pochodzą zza drzwi otwartych za pomocą tej substancji.

Dr Karl Jensen
autor *K. Ketamine: Dreams and realities*

DMT: Molekuła duszy *wykracza ponad impas stworzony przez panujący współcześnie paradygmat „narkomanii". Mamy wobec Strassmana dług wdzięczności za to, że wykazał się wytrwałością w przezwyciężaniu biurokratycznych przeszkód i przeprowadził ważne badania dotyczące farmakologii DMT, po czym zaprezentował ich wyniki szerokiemu gronu Czytelników, czyniąc to zarówno jako medyk, jak i humanista.*

Jonathan Ott,
autor *The Age of Entheogens* oraz *Hallucinogenic Plants of North America*

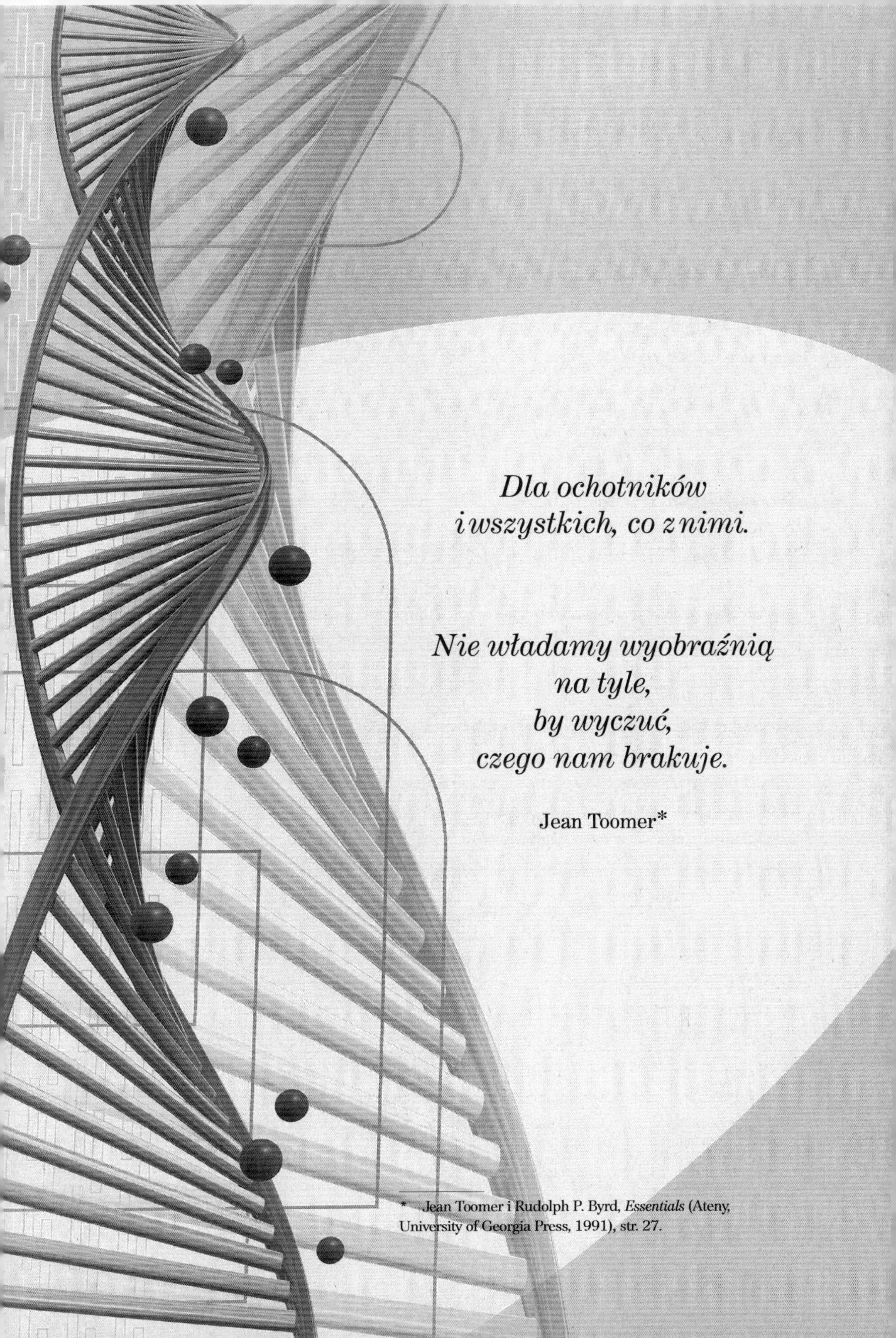

Dla ochotników
i wszystkich, co z nimi.

Nie władamy wyobraźnią
na tyle,
by wyczuć,
czego nam brakuje.

Jean Toomer*

* Jean Toomer i Rudolph P. Byrd, *Essentials* (Ateny, University of Georgia Press, 1991), str. 27.

Podziękowania

Na wszystkich etapach moich badań pomagały mi niezliczone komisje i placówki, a także rzesze koleżanek i kolegów. Niektórzy z nich w szczególnym stopniu zasługują na wyróżnienie. Nieżyjący już dr Daniel X. Freedman z Wydziału Psychiatrii UCLA (Uniwersytet Kalifornijski, kampus Los Angeles) popierał ten projekt we wszystkich jego stadiach, odgrywając kluczową rolę w pozyskiwaniu środków potrzebnych na jego rozpoczęcie. Pracownicy amerykańskiej Agencji ds. Żywności i Leków (FDA) oraz Administracji Legalnego Obrotu Lekarstwami (DEA) okazali się niezwykle pomocni i otwarci, szczególnie jeśli weźmie się pod uwagę niecodzienny charakter tych badań. Dr Clifford Qualls, biostatystyk z Uniwersytetu Nowego Meksyku (UNM), poświęcił niezliczoną liczbę godzin, dni i tygodni na przetwarzanie danych w Centrum Badawczym oraz własnym i moim domu. Dr David Nichols z Uniwersytetu Purdue wytworzył DMT, bez którego badania nigdy nie mogłyby się odbyć.

Pod każdym względem moją pracę wspierał Wydział Lekarski Uniwersytetu Nowego Meksyku, dostarczając akademickiej, materialnej i administracyjnej pomocy. Zarządzający Wydziałem Psychiatrii dr Walter Winslow pozostawił mi bardzo dużo swobody jako swojemu jedynemu pracownikowi prowadzącemu w tamtym czasie badania kliniczne. Po jego odejściu na emeryturę niesamowite wsparcie administracyjne i merytoryczne otrzymałem także od jego następcy, dr. Samuela Keitha. Dr Alan Frank, przewodniczący Komisji ds. Etyki Badań z Udziałem Ludzi, w konsekwentny sposób pomagał mi w rozwiązywaniu wszelkich problemów, zachowując przy tym absolutną bezstronność.

Pragnę wyrazić głęboką wdzięczność Głównemu Centrum Badań Klinicznych Uniwersytetu Nowego Meksyku za wsparcie, które otrzymałem z ich strony przy wszystkich prowadzonych przez siebie badaniach: melatoniny, DMT i psylocybiny. Dr Jonathan Lisansky, kolega z Centrum Badawczego i Psychiatrycznego UNM, zapoznał mnie z nieżyjącym już dr. Glennem Peake'em, kierownikiem naukowym Głównego Centrum Badań Klinicznych UNM. Wspólnymi siłami namówili mnie do przyjazdu do Albuquerque w 1984 roku. Dr Philip Eaton z łatwością przejął obowiązki dr. Peake'a po jego nagłej śmierci i bez mrugnięcia okiem przyjął do wiadomości, że postanowiłem badać substancje psychodeliczne. Dr David Schade, Joy McLeod i Alberta Bland przez lata pomagali mi w pracy laboratoryjnej. Lori Sloane z Centrum Informatycznego dbała o to, by wszystkie maszyny działały możliwie najsprawniej, co wydawało się przychodzić jej bez jakiegokolwiek wysiłku. Nauczyła mnie ona także obsługiwać programy, których opanowanie zajęłoby mi najprawdopodobniej całe lata.

Podziękowania należą się także personelowi pielęgniarskiemu, który zajmował się pacjentami poradni i szpitala, oraz personelowi kuchennemu i administracji, w szczególności Kathy Legoza i Irene Williams. Pielęgniarki Laura Berg i Cindy Geist wspierały wszystkie badania swoją żywiołowością i zdyscyplinowaniem. Na wczesnym etapie przeprowadzania wywiadów psychiatrycznych niezwykle pomocne okazały się także umiejętności Katy Brazis.

Hojne dofinansowanie ze strony Fundacji Rytu Szkockiego w ramach prowadzonego przez nią programu Badań nad Schizofrenią pomogło przekształcić raczkujące poszukiwania dotyczące DMT w naukowy program badawczy. W późniejszym czasie znacznie pokaźniejszy grant na badania poświęcone DMT i psylocybiny otrzymaliśmy od Narodowego Instytutu ds. Narkomanii, stanowiącego wydział amerykańskiego Narodowego Instytutu Zdrowia*.

Wsparcie finansowe przy pracy nad niniejszą książką otrzymałem od Johna Barlowa i Fundacji Rexx oraz Andrew Stone'a, zaś całość projektu nabrała ostatecznego kształtu dzięki środkom przekazanym mi przez Fundację Barnharta. Rick Doblin z Multidyscyplinarnego Towarzystwa na rzecz Badań nad Psychodelikami (ang. *Multidisciplinary Association for Psychedelic Studies*, czyli *MAPS*) zgodził się rozsądnie zarządzać pieniędzmi otrzymanymi od Stone'a i Barnharta. Ned Naumes z Fundacji Barnharta oraz Sylvia Higdon z MAPS bez najmniejszych problemów koordynowali wszelkie transakcje finansowe.

Następujący przyjaciele, koledzy, studenci, nauczyciele i mentorzy, z którymi miałem do czynienia w ciągu tylu lat, stanowili dla mnie wsparcie i źródło inspiracji przy realizacji tego projektu: Raplh Abraham, Debra Asis, Alan Badiner, Kay Blacker, Jill i Lewis Carlino, Ram Dass, David Deutsch, Norman Don, Betty Eisner, Dorothy i James Fadiman, Robert Forte, Shefa Gold, Alex Grey, Charles Grob, Stan Grof, John Halpern, Diane Haug, Mark Galanter, Mark Geyer, Chris Gillin, George Greer, Abram Hoffer, Carol i Rodney Houghton, Daniel Hoyer, Oscar Janiger, David Janowsky, Karl Jansen, Sheperd Jenks, Robert Jesse, Robert Kellner, Herbert Kleber, Tad Lepman, Nancy Lethcoe, Paul Lord, David Lorimer, Luis Eduardo Luna, John Mack,

* Narodowy Instytut Zdrowia sfinansował badania nad melatoniną (RR00997-10), a także DMT i psylocybiną (R03 DA06524 i R01 DA08096) oraz działania Centrum Badań Klinicznych (M01 RR00997).

Dennis i Terence McKenna, Herbert Meltzer, David Metcalf, Ralph Metzner, Nancy Morrison, Ethan Nadelmann, Ken Nathanson, Steven Nickeson, Oz, Bernd Michael Pohlman, Karl Pribram, Jill Puree, Rupert Sheldrake, Alexander i Ann Shulgin, Daniel Siebert, Wayne Silby, Zachary Solomon, Myron Stolaroff, Juraj i Sonja Styk, Steven Szára, Charles Tart, Requa Tolbert, Tarthang Tulku, Joe Tupin, Eberhard Uhlenhuth, Andrew Weil, Samuel Widmer oraz Leo Zeff. Moja była żona, Marion Cragg, była przy mnie przez cały czas trwania badań, w problematycznych sytuacjach służąc bezcenną poradą.

Kilka osób przeczytało dodatkowo wszystkie części rękopisu, czyniąc przy tym wiele niezwykle pomocnych komentarzy: Robert Barnhart, Rick Doblin, Rosetta Maranos, Tony Milosz, Norm Smookler, Andrew Stone, Robert Weisz i Bernard Xolotl.

Serdeczne podziękowania należą się także Danielowi Perrine'owi za stworzenie na potrzeby tej książki możliwie najlepszych ilustracji budowy cząsteczek. Dziękuję także Alexowi Greyowi za użyczenie obrazu na okładkę oraz doprowadzenie mnie do Inner Traditions, gdzie Jon Graham miał okazję zapoznać się z moją propozycją. Rowan Jacobsen był wszystkim, czym tylko może być redaktor, a nawet więcej. Wiele udoskonaleń wprowadziła także składająca rękopis Nancy Ringer.

Jestem wdzięczny nieżyjącemu już opatowi oraz mnichom wspólnoty buddystów zen, do której należałem, za ich nauki, przewodnictwo i dostarczenie mi wspaniałego wzorca mistycznego pragmatyzmu.

Najgłębsze podziękowania kieruję także pod adresem mojej rodziny: moich rodziców Alvina i Charlotte Strassmanów, mojego brata Marca Strassmana oraz mojej siostry Hanny Dettman, ponieważ bez nich nic nie byłoby możliwe.

Jestem pełen wdzięczności i podziwu dla ochotników, którzy wzięli udział w badaniach. Wykazali się oni odwagą uczepienia się skrzydeł molekuły duszy, zaufaniem do zespołu badawczego, który opiekował się ich ciałami i umysłami, gdy wyruszali oni w podróż w nieznane, oraz wyrozumiałością, jeśli chodzi o niewybaczalnie ascetyczne warunki, w jakich przyjmowali oni substancje psychodeliczne. Cechy te powinny służyć jako źródło inspiracji dla kolejnych pokoleń poszukiwaczy.

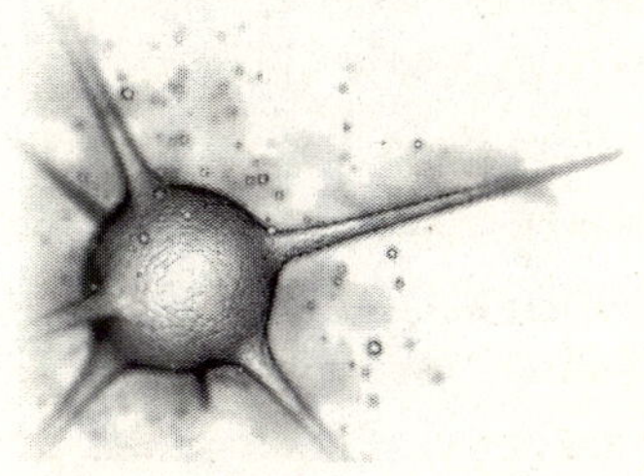

Wprowadzenie

W 1990 roku rozpocząłem pierwsze od ponad dwudziestu lat badania z udziałem ludzi na terenie Stanów Zjednoczonych, które dotyczyły efektów wywoływanych przez substancje psychodeliczne czy też halucynogenne. Były one poświęcone przede wszystkim działaniu N,N-dimetylotryptaminy, czyli DMT, potężnego psychodeliku o niezwykle krótkim czasie działania. W ciągu pięciu lat trwania tego projektu podałem około czterystu dawek DMT sześćdziesięciu ochotnikom. Badania te odbyły się na Wydziale Lekarskim Uniwersytetu Nowego Meksyku w Albuquerque, gdzie zajmowałem stanowisko profesora nadzwyczajnego psychiatrii.

Do DMT przyciągnęło mnie to, że znajduje się ono w naszych ciałach. Uważałem, że przyczyną tego jest owiana tajemnicą szyszynka, niewielki gruczoł znajdujący się w samym centrum naszego mózgu. Współczesna medycyna dysponuje bardzo ograniczoną wiedzą na temat jego roli, ma on jednakże dość bogatą historię „metafizyczną". Kartezjusz, dla przykładu, uważał, że szyszynka jest „siedzibą duszy", zaś mistyczne tradycje, zarówno Wschodu, jak i Zachodu, umiejscawiały w miejscu jej położenia najwyższe ośrodki duchowe naszego ciała. Z tego też względu zacząłem zastanawiać się, czy przypadkiem nadmierna produkcja DMT przez ten narząd nie jest odpowiedzialna za naturalnie pojawiające się stany „psychodeliczne". Mam tu na myśli doświadczenia towarzyszące narodzinom, śmierci i sytuacjom z nią związanym, psychozom i uniesieniom mistycznym. W późniejszym czasie, gdy badania były już w toku, zacząłem brać pod uwagę także rolę DMT w doświadczeniach „uprowadzeń przez obcych".

Badania poświęcone DMT zostały oparte na nowatorskich odkryciach dotyczących mózgu, w szczególności psychofarmakologii serotoniny. Sposób przygotowywania uczestników eksperymentów oraz nadzorowania sesji psychodelicznych zostały jednakże w równej mierze ukształtowane przez doświadczenia wyniesione przeze mnie z wieloletnich, bliskich kontaktów z klasztorem buddyzmu zen.

DMT: molekuła duszy podsumowuje dostępną nam wiedzę związaną z substancjami psychodelicznymi, w szczególności zaś z DMT. Opisuje także rozwój projektu badań poświęconych DMT od samego początku, przez labirynt komisji rewizyjnych, aż do jego ostatecznej realizacji.

Pomimo że wszyscy wierzyliśmy w potencjalnie pożyteczne właściwości substancji psychodelicznych, nasze badania z założenia nie miały charakteru terapeutycznego, dlatego też przeprowadziliśmy je na zupełnie zdrowych ochotnikach. Projekt ten dostarczył nam wielu danych z dziedziny biologii i psychologii, z których większość zdążyłem już zaprezentować w specjalistycznej literaturze. Z drugiej strony niemalże zupełnie pominąłem historie osobiste uczestników naszych badań. Mam nadzieję, że przedstawione tutaj fragmenty, wybrane spośród tysięcy stron sporządzonych przeze mnie notatek, dość dobrze oddają emocjonalne, psychologiczne i duchowe efekty wywoływane przez tę niezwykłą substancję.

Problemy pojawiające się w obrębie samych badań, a także poza nimi, doprowadziły do zakończenia projektu w 1995 roku. Pomimo napotkanych przez nas trudności pozostaję optymistą, jeśli chodzi o ewentualne pożytki niesione przez stosowanie substancji psychodelicznych w kontrolowanych warunkach. Opierając się na tym, co udało się wynieść z badań na Uniwersytecie Nowego Meksyku, pozwoliłem sobie przedstawić szerokie spojrzenie na rolę DMT w naszym życiu oraz zaproponować program badań i optymalne warunki do dalszej pracy z DMT oraz podobnymi substancjami.

Nieżyjący już Willis Harman dysponował jednym z najbardziej wymagających umysłów, jeśli chodzi o dziedzinę badań psychodelicznych. W początkach swojej kariery, wraz z kolegami, podał grupie naukowców LSD, starając się w ten sposób poprawić ich zdolność rozwiązywania problemów. Odkryto w ten sposób, że LSD wywiera niezwykle korzystny wpływ na kreatywność. Te przełomowe badania pozostają pierwszym i jedynym naukowym projektem mającym na celu zbadanie użycia psychodelików w kontekście usprawnienia procesu twórczego. Kiedy trzydzieści lat później poznałem Willisa, w 1994 roku, był on przewodniczącym Instytutu Nauk Noetycznych, organizacji założonej przez Edgara Mitchella, człowieka, który jako szósty stąpał po powierzchni Księżyca. Doświadczenie mistyczne Mitchella, spowodowane widokiem Ziemi podczas drogi powrotnej do domu, zainspirowało go do badania zjawisk wykraczających poza granice tradycyjnej nauki, które jednakowoż mogą zaowocować szerszym zastosowaniem metod naukowych.

Pewnego dnia wybraliśmy się wspólnie na długi spacer po wybrzeżu centralnej Kalifornii. Willis powiedział stanowczym głosem: „Koniec końców, musimy uczynić dyskusję na temat psychodelików bardziej widoczną". To właśnie jego sugestie sprawiły, że zdecydowałem się zawrzeć w tej książce wysoce spekulatywne idee oraz osobiste motywacje, które kierowały mną przy prowadzeniu tych badań.

Takie podejście nikogo nie usatysfakcjonuje w pełni. Istnieje wyraźna różnica pomiędzy tym, co jesteśmy w stanie poznać intelektualnie, a nawet intuicyjnie, a tym, czego doświadczamy za pomocą DMT. Jak zawołał jeden z uczestników badania po swojej pierwszej wysokiej dawce: „Wow! Nie spodziewałem się *czegoś takiego*!". Czy też, jak powiedział Dogen, trzynastowieczny japoński nauczyciel buddyzmu: „Przez cały czas musimy być poruszeni prawdą".

Entuzjastom kultury psychodelicznej może nie spodobać się mój wniosek: DMT samo w sobie nie wywołuje żadnych pożytecznych efektów; równie duże znaczenie jak sama substancja ma bowiem kontekst, w jakim się ją przyjmuje. Zwolennicy zaostrzenia kontroli nad substancjami narkotycznymi mogą przeklinać to, co tu przeczytają, uznając, że niniejsza książka stanowi zachętę do przyjmowania psychodelików i gloryfikuje doświadczenia wywoływane przez DMT. Osoby praktykujące w ramach tradycyjnych religii oraz ich rzecznicy mogą odrzucić sugestie, jakoby poprzez przyjęcie jakiegokolwiek środka chemicznego możliwe było osiąganie stanów duchowych i czerpanie z nich mistycznej wiedzy. Ci, którzy przeżyli „uprowadzenie przez obcych", mogą uznać moje przypuszczenia odnośnie bliskiego związku pomiędzy tego rodzaju wydarzeniami a DMT jako zakwestionowanie „prawdziwości" ich doświadczeń. Zwolennicy i przeciwnicy prawa aborcyjnego mogą przyczepić się do zaprezentowanej przeze mnie tezy, jakoby uwolnienie przez szyszynkę DMT w 49. dniu od poczęcia wskazywało na przeniknięcie duszy do ciała rozwijającego się płodu. Osoby zajmujące się badaniem mózgu mogą odrzucić moje przypuszczenie odnośnie tego, że DMT wpływa na zdolność mózgu do *odbierania* informacji, a nie ogranicza się wyłącznie do wytwarzania doświadczeń opisywanych przez uczestników naszych eksperymentów. Być może odrzucą oni także przypuszczenie, że DMT może pozwolić naszym mózgom na postrzeganie czarnej materii lub równoległych wszechświatów, wymiarów istnienia zamieszkanych przez świadome istoty.

Jednakowoż, gdybym nie zaprezentował wszystkich idei wiążących się z badaniami poświęconymi DMT oraz pokaźną liczbą opisów doświadczeń uczestniczących w nich osób, nie opisałbym całości tej historii. Bez radykalnych przypuszczeń, które wysuwam, starając się zrozumieć zaprezentowane tu sesje, *DMT: molekuła duszy* w najlepszym wypadku miałaby niewielki wpływ na zakres tematyczny dyskusji poświęconej psychodelikom; w najgorszym zaś okazałaby się dla niego ograniczająca. Poza tym, gdybym postanowił zachować dla samego siebie spekulacje i teorie opierające się na dziesięcioleciach prowadzenia badań i wysłuchaniu setek raportów z sesji z użyciem DMT, nie czułbym się uczciwie. Dlatego też zdecydowałem się opisać wszystko, co się wydarzyło, oraz co ja sam na ten temat myślę. Niezwykle ważne dla nas wszystkich jest zrozumienie fenomenu świadomości. Jest to równie istotne, jak umiejscowienie substancji psychodelicznych w ogóle, a DMT w szczególności, w osobistej i kulturowej matrycy, która sprawia, że czynimy możliwie najwięcej dobra i wyrządzamy jak najmniej szkód. Mając przed sobą tak szeroką perspektywę, najlepszym rozwiązaniem wydaje się nieodrzucanie żadnych pomysłów, dopóki nie uda nam się znaleźć namacalnych przesłanek do ich obalenia. To właśnie z intencją uczynienia dyskusji dotyczącej substancji psychodelicznych bardziej widoczną postanowiłem napisać *DMT: molekuła duszy*.

DMT: MOLEKUŁA DUSZY

PROLOG: PIERWSZE SESJE

Pewnego grudniowego poranka 1990 roku podałem dożylnie Philipowi i Nilsowi wysoką dawkę DMT. Ci dwaj mężczyźni byli pierwszymi osobami, które w ramach badań otrzymały zastrzyk z DMT. Ich zadaniem było pomóc mi w ustaleniu optymalnej dawki tej substancji oraz najlepszego sposobu jej podawania. Byli oni pewnego rodzaju „ludzkimi królikami doświadczalnymi".

Dwa tygodnie wcześniej Philip otrzymał pierwszą dawkę DMT. Jak opiszę to w dalszej części książki, po podaniu domięśniowym (w ramię) nie udało nam się osiągnąć w pełni satysfakcjonujących rezultatów. Zdecydowaliśmy się na aplikację dożylną – tydzień później Nils jako pierwszy otrzymał DMT tą drogą. Jego reakcja wskazywała jednak na to, że podana mu dawka była zbyt niska. Dlatego też zarówno Philip, jak i Nils mieli tego dnia otrzymać znacznie większą porcję DMT drogą dożylną.

Trudno było uwierzyć, że naprawdę podajemy DMT ludziom. Trwający dwa lata proces zdobywania zezwolenia i środków finansowych, który wydawał się przedłużać w nieskończoność, w końcu dobiegł końca. Była to bezustanna walka o realizację obranego przez nas celu.

Philip i Nils mieli już za sobą pewne doświadczenia z DMT i cieszyłem się, że tak było. Mniej więcej rok przed rozpoczęciem naszych badań brali oni udział w ceremonii, podczas której peruwiański znachor podał wszystkim uczestnikom *ayahuaskę*, legendarny wywar zawierający w sobie DMT. Obaj mężczyźni byli zachwyceni tą aktywną po podaniu doustnym postacią DMT, zaś następnego dnia mieli wypróbować DMT w postaci przeznaczonej do palenia, które udostępnił im jeden z uczestników warsztatu. Pragnęli odczuć wywoływane przez nie efekty dużo szybciej i bardziej intensywnie, niż miało to miejsce w przypadku spożycia wywaru.

Doświadczenia Philipa i Nilsa podczas palenia DMT były dość typowe: zdumiewająco szybkie pojawienie się efektów, kalejdoskopowa gra halucynacji wzrokowych i oderwanie się świadomości od ciała fizycznego. Co najciekawsze, towarzyszyło im także wrażenie obecności „kogoś innego", kto przebywał gdzieś w halucynacyjnym świecie, do którego dostęp zapewniła im ta niezwykła substancja psychodeliczna.

Wcześniejsze doświadczenia Philipa i Nilsa z DMT stanowiły bardzo istotny czynnik przy wyborze ich na pierwszych uczestników naszych eksperymentów. Działanie tego środka nie było im bowiem obce. Co jeszcze ważniejsze, byli oni zaznajomieni z efektami wywoływanymi paleniem tej substancji, co umożliwiało im ocenę różnic pomiędzy dwiema odmiennymi metodami jej podania, które brałem pod uwagę: aplikacji domięśniowej (DM) lub dożylnej (DŻ), przy odtwarzaniu pełnych efektów działania palonego DMT. Jako że osoby rekreacyjnie używające DMT zazwyczaj je palą, pragnąłem w możliwie największym stopniu odtworzyć efekty towarzyszące przyjmowaniu tego środka w ten sposób.

W dniu, w którym Philip otrzymał domięśniowo swoją pierwszą dawkę DMT, zacząłem zastanawiać się nad tym, jak będą wyglądać dalsze badania. Metoda DM mogła być zbyt powolna i zbyt łagodna w porównaniu z paleniem substancji. Z tego, co udało mi się przeczytać na temat podawanego w ten sposób DMT, wynikało, że potrzeba około minuty na pojawienie się pierwszych efektów, czyli znacznie więcej niż w przypadku palenia. Jednak jako że wszystkie (z wyjątkiem jednej) publikacje dotyczące badań nad DMT przeprowadzonych z udziałem ludzi opierały się na tej metodzie, musiałem od niej zacząć. Według istniejącej już literatury, dawka, którą podałem Philipowi, czyli 1 miligram na kilogram masy ciała (mg/kg), czyli 75 mg, powinna być umiarkowanej wysokości.

W momencie rozpoczęcia naszych badań Philip miał czterdzieści pięć lat. Ów noszący okulary, brodaty, przeciętnej postury i przeciętnego wzrostu mężczyzna był międzynarodowej sławy psychologiem klinicznym, psychoterapeutą i organizatorem warsztatów. Miał łagodny, ale przykuwający uwagę głos, zaś jego przyjaciele i klienci darzyli go sporą sympatią.

W tamtym czasie Philip rozpoczynał sprawę rozwodową, która okazała się wyjątkowo trudna i czasochłonna. Jego życie było naznaczone wieloma głębokimi przemianami, upadkami i sukcesami, on sam zaś z jednakowym spokojem wydawał się przyjmować zarówno to, co dobre, jak i to, co złe. Lubił żartować, że napisany przez siebie podręcznik samopomocy zatytułowałby *Jak przetrwać swoje życie?*.

Minęło co najmniej pięć lat, odkąd komukolwiek podawałem jakąś substancję drogą DM, dlatego też odczuwałem pewnego rodzaju zdenerwowanie. A co, jeśli popełnię błąd? Ostatnim razem, gdy robiłem podobny zastrzyk, prawdopodobnie, miałem na celu podanie któremuś ze wzburzonych pacjentów haloperidolu, substancji o działaniu antypsychotycznym. Bardzo często ręce i nogi owych pacjentów były jednak unieruchamiane przez sanitariuszy lub policję, aby mieć pewność, że ich pełne chaosu i lęku zachowanie nie przerodzi się w przemoc wobec otoczenia. Dlatego też zrobienie takiego zastrzyku nie było zbyt trudnym zadaniem.

Jako że w przeszłości stosowałem metodę DM setki razy, próbowałem przywołać w pamięci pewność siebie, która mi wtedy towarzyszyła. Kluczem było traktowanie strzykawki jak rzutki. W szkole medycznej sugerowano nam, abyśmy wyobrażali sobie, że rzucamy nią w mięsień naramienny lub mięsień pośladkowy wielki. Wykonanie pojedynczego, płynnego ruchu, a następnie złagodzenie nacisku, gdy tylko igła zanurzała się w mięśniu po przebiciu skóry, przynosiło zazwyczaj wspaniałe rezultaty. Do ćwiczeń wykorzystywaliśmy grejpfruty.

Philip jednak nie był ani grejpfrutem, ani pacjentem cierpiącym na psychozę, który trafił do mnie na przymusowe podanie środka uspokajającego. Był kolegą po fachu, przyjacielem i ochotnikiem do badań, będącym na koleżeńskiej stopie zarówno ze mną, jak i z resztą personelu. Philip był zwiadowcą. Cindy, towarzysząca nam podczas badań pielęgniarka, i ja mieliśmy zostać w „obozie", aby po jego powrocie usłyszeć, gdzie był i co robił.

Przygotowując się do zrobienia zastrzyku, kilkakrotnie przeszedłem korytarz, po czym wszedłem do pokoju Philipa.

Leżał w łóżku; obok niego siedziała Robin, jego nowa dziewczyna. Mankiet ciśnieniomierza luźno opinał jego ramię. Przez cały czas trwania sesji mieliśmy sprawdzać jego tętno i ciśnienie.

Zacząłem opowiadać mu o tym, co go czeka:

– Przetrę twoje ramię spirytusem. Masz tak dużo czasu na przygotowania, ile tylko będziesz potrzebować. Następnie wkłuję się w twoje ramię, upewnię się, czy igła nie trafiła na naczynie krwionośne, a następnie wcisnę tłok strzykawki. Możesz poczuć ból, ale równie dobrze możesz nie poczuć niczego. Tak naprawdę tego nie wiem. Pierwsze efekty powinny pojawić się w ciągu minuty lub wcześniej. Trudno mi dokładnie przewidzieć, co się stanie. Jesteś pierwszy.

Philip na chwilę zamknął oczy, przygotowując się do podróży w nieznane terytoria, do światów, które miał ujrzeć tylko on, pozostawiając nas za sobą, abyśmy troszczyli się o jego funkcje życiowe. Otworzył oczy bardzo szeroko i na chwilę utkwił swój wzrok w mojej osobie, po czym zamknął je ponownie i wziął głęboki wdech. Przy wydechu powiedział:

– Jestem gotów.

Od razu zrobiłem zastrzyk.

Po upływie nieco więcej niż jednej minuty Philip otworzył oczy i zaczął bardzo głęboko oddychać. Wyglądał, jakby znalazł się w odmiennym stanie świadomości. Jego źrenice były rozszerzone, zaczął jęczeć, a rysy twarzy znacznie się zaostrzyły. Zamknął oczy, gdy Robin wzięła go za rękę. Leżał bez najmniejszego ruchu, w zupełnej ciszy. Jego oczy pozostawały zamknięte. Co się z nim działo? Czy wszystko było w porządku? Ciśnienie krwi i puls wydawały się w normie, ale co z jego umysłem? Czy podaliśmy mu zbyt wysoką dawkę? Czy w ogóle odczuwał jakiekolwiek efekty?

Po upływie około 25 minut od zastrzyku Philip otworzył oczy i spojrzał na Robin. Uśmiechnął się i powiedział:

Mogłem dostać więcej.

Wszyscy odetchnęliśmy z ulgą.

Piętnaście minut później, czyli 40 minut po zastrzyku, Philip zaczął niepewnie i powoli mówić.

Nie straciłem poczucia swojego ciała. W porównaniu z paleniem DMT efekty wizualne były mniej intensywne, kolory nie były tak głębokie, a figury geometryczne nie poruszały się tak szybko.

Dla otuchy sięgnął po moją rękę. Była wilgotna ze zdenerwowania, co wywołało w nim niewymuszony, naturalny śmiech. Najwyraźniej byłem bardziej spięty niż on!

Kiedy Philip wstał z łóżka, żeby skorzystać z toalety, wydawał się dość osłabiony. Wypił trochę soku z grejpfrutów i mały kubek jogurtu, po czym wypełnił kwestionariusz ewaluacyjny. Kiedy poszliśmy do sąsiedniego budynku, w którym musiałem coś załatwić, Philip wciąż czuł się „półprzytomny" i nieco oszołomiony. Było niezwykle ważne, żeby przy nim być i obserwować, w jaki sposób będzie on funkcjonował przez następnych kilka godzin. Po trzech godzinach od zrobienia zastrzyku z DMT wyglądał na tyle dobrze, że Robin odwiozła go do domu. Pożegnaliśmy się na przyszpitalnym parkingu, a ja uprzedziłem go, że jeszcze tego wieczoru może spodziewać się z mojej strony telefonu.

Kiedy zadzwoniłem, Philip powiedział, że po opuszczeniu szpitala poszli razem z Robin na lunch. Momentalnie stał się bardziej czujny i skoncentrowany. W drodze do domu odczuwał euforię, zaś kolory były jaskrawsze niż na co dzień. Wydawał się zadowolony.

Kilka dni później Philip przysłał mi spisany przez siebie raport. Najważniejszy był jego ostatni komentarz:

Spodziewałem się wskoczyć na wyższy poziom, opuścić ciało i świadomość mojego ego, wyruszyć w przestrzeń kosmiczną. To się jednak nie zdarzyło.

To, o czym pisze tu Philip, nazywamy obecnie „psychodelicznym progiem" dla DMT. W momencie jego przekroczenia świadomość odrywa się od ciała, a efekty psychodeliczne w pełni zastępują miejsce normalnej zawartości umysłu. Towarzyszy temu poczucie zachwytu i czci oraz niemożliwej do zakwestionowania prawdziwości tego doświadczenia. Z pewnością nie miało to miejsca przy domięśniowym podaniu DMT w proporcji 1 mg/kg.

Philip doskonale sprawdzał się w roli badacza przecierającego nowe szlaki. Był stabilny, dojrzały psychicznie, a na dodatek działanie psychodelików, w szczególności DMT, nie było mu obce. Potrafił także w jasny i zrozumiały sposób porównywać ze sobą różne substancje oraz sposoby ich podawania. Jego osoba utwierdziła mnie w słuszności podjętej przeze mnie decyzji, aby zapisywać na badania wyłącznie osoby mające już doświadczenie z farmakologicznie wywoływanymi odmiennymi stanami świadomości.

Raport Philipa nie pozostawiał wątpliwości co do tego, że efekty DMT przy podaniu DM pojawiają się później niż przy jego paleniu. Brałem pod uwagę aplikowanie wyższych dawek. Jednakże, nawet jeśli pojawiłyby się oznaki silnego działania substancji, było wątpliwe, czy tą drogą możliwe jest wywołanie „odlotu", który pojawia się przy paleniu DMT. Podczas owego „odlotu", następującego zazwyczaj w 15 do 30 sekund po zaciągnięciu się dymem, przeskok z normalnej świadomości do obezwładniającej rzeczywistości psychodelicznej zachodzi w oszałamiająco krótkim czasie. To właśnie ten efekt „działa atomowego" użytkownicy DMT uważają za najbardziej pociągający. Z całą pewnością potrzebowaliśmy szybszej metody dostarczania DMT do organizmów badanych.

Większość osób rekreacyjnie używających DMT pali je w fajce, wysypane na marihuanę lub rośliny niemające żadnego działania psychoaktywnego. Nie jest to idealna metoda przyjmowania tej substancji. Często zapala się ona w kontakcie z ogniem, co może być dekoncentrujące w sytuacji, gdy starasz się nabrać w płuca tak dużo dymu, ile jesteś w stanie. Na dodatek zapach palonego DMT przyprawia o mdłości – przypomina on zapach płonącego plastiku. Kiedy substancja zaczyna działać, zaś pomieszczenie, w którym się znajdujemy, zaczyna rozpadać się na kryształowe kawałeczki (podobnie jak nasze ciało), niemożliwe staje się jednoznaczne stwierdzenie, czy nabierasz dymu w płuca, czy go wydychasz. Wyobraź sobie, że będąc w stanie tego rodzaju odurzenia, starasz się wdychać możliwie najwięcej gryzących i cuchnących chemikaliami oparów!

Najszybszym i najbardziej efektywnym sposobem podania DMT jest jego wstrzyknięcie. W przypadku zastrzyków domięśniowych kwestia rozprowadzenia substancji po organizmie jest uzależniona od relatywnie słabego przepływu krwi przez mięśnie, dlatego też metoda ta jest najwolniejsza. Możliwe jest także podawanie substancji podskórnie – nieco lepszy przepływ krwi czyni tę metodę szybszą, choć zazwyczaj także dość bolesną. Najskuteczniejsze jest wstrzyknięcie jej bezpośrednio do żyły. Przy podaniu dożylnym (DŻ) krew, zawierająca rozpuszczoną w sobie podaną substancję, powraca do serca. Zostaje ona przepompowana przez płuca, aby ponownie trafić do serca, a następnie rozejść się po całym organizmie – docierając także do mózgu. Cały ten proces zajmuje zazwyczaj około 16 sekund*.

Skonsultowałem się z kolegą, który wyprodukował dla nas DMT, dr. Davidem Nicholsem z Uniwersytetu Purdue w Indianie. Przyznał mi rację, że powinienem tę sub-

* Najbardziej bezpośrednią metodą dostarczenia DMT do mózgu byłoby, oczywiście, wstrzyknięcie go bezpośrednio w sam mózg. Nie zetknąłem się z żadnymi badaniami, w których podawano ludziom substancje psychodeliczne w ten sposób. Istnieje jednakowoż raport opisujący bezpośrednie podanie LSD do płynu mózgowo-rdzeniowego poprzez nakłucie lędźwiowe. Jako że w płynie mózgowo-rdzeniowym jest zanurzony mózg, pozwala to substancji na bezpośrednie dotarcie do tego narządu. W ten sposób działanie LSD pojawia się „niemal natychmiastowo". Zobacz Paul Hoch, „Studies in Routes of Administration and Counteracting Drugs" w *Lysergic Acid Dimethyloamide and Mescaline in Experimental Psychiatry*, red. Louis Cholden (Nowy Jork, Grune & Stratton, 1956), str. 8-12.

stancję podawać ochotnikom dożylnie. Zdając sobie sprawę z żywionej przez nas obydwu niepewności odnośnie tej zmiany planów, dodał sucho:

– Cieszę się, że nie jestem w twoim położeniu.

Nadszedł czas, by porozumieć się z dr. W., lekarzem z amerykańskiej Agencji ds. Żywności i Leków (FDA), który po trwającym dwa lata procesie rejestracyjnym nadzorował realizację projektu. Kiedy zapytałem go o zdanie w tej sprawie, roześmiał się i powiedział:

– Jesteś jedynym na świecie naukowcem, który podaje ludziom DMT. Ty jesteś ekspertem. Decyzja należy do ciebie.

Była to prawda, ale obawiałem się wkraczania na te niezbadane terytoria tak szybko, po podaniu tylko jednej dawki DMT. Istniał tylko jeden opublikowany raport opisujący dożylne podanie DMT, dotyczył on jednak pacjentów psychiatrycznych, a nie zdrowych ochotników*.

Ów projekt badawczy z lat 50. skupiał się na pacjentach z silną schizofrenią, z których większość nie była w stanie w wyczerpujący sposób zrelacjonować swoich doświadczeń. Tak naprawdę w przypadku jednej kobiety podanie DMT metodą DŻ spowodowało zanik tętna niemal od razu po zrobieniu zastrzyku. To właśnie ze względu na ten raport starałem się być możliwie najostrożniejszy, jeśli chodzi o zaburzenia pracy serca przy wyborze uczestników badań**.

Dr W. zalecił wypróbowanie przy eksperymentowaniu z metodą DŻ jednej piątej dawki stosowanej DM.

– Prawdopodobnie osiągniesz w ten sposób niższe stężenie DMT w krwi i mózgu niż przy zastrzyku domięśniowym, co da ci pewną swobodę manewrowania – powiedział. – Ryzyko przedawkowania jest wtedy niezwykle niskie. W naszym przypadku oznaczało to zmniejszenie dawki podawanej DM z 1 mg/kg do 0,2 mg/kg DMT podawanego dożylnie.

Philip i Nils z nieskrywanym zapałem zgłosili swoje uczestnictwo w tej nowej i niezbadanej fazie naszych badań: poszukiwania satysfakcjonującej dawki podawanego dożylnie DMT w przypadku zupełnie zdrowych ochotników. Jako że obydwaj palili już tę substancję w przeszłości, mieliśmy możliwość bezpośredniego porównania działania DMT przy jego spalaniu z efektami wywoływanymi podaniem DŻ. W przypadku Philipa mogliśmy dodatkowo porównać metodę DM z DŻ.

W momencie rozpoczęcia naszych badań Nils miał trzydzieści sześć lat. W młodości zaciągnął się do armii, marząc o zostaniu specjalistą od materiałów wybuchowych. Dość szybko zrozumiał jednak, że nie nadaje się do służby wojskowej i złożył podanie

* Niektórzy ludzie przyjmowali DMT dożylnie poza jakimikolwiek badaniami, rekreacyjnie. Jeden z mężczyzn, z którymi rozmawiałem przygotowując kwestionariusz ewaluacyjny, przyjął je w ten sposób w latach 60. Według jego opinii, działanie było „tylko nieznacznie szybsze" w porównaniu z paleniem tej substancji.

** William J. Turner jr. i Sidney Merlis, *Effect of Some Indolealkylamines on Man*, „Archives of Neurology and psychiatry" 81 (1959), str. 121-129.

o jej skrócenie ze względów psychicznych. Philip pełnił rolę psychologa oceniającego jego stan psychiczny, zaś spotkanie to zaowocowało ich późniejszą przyjaźnią.

Nils był żywo zainteresowany substancjami zmieniającymi świadomość i bezustannie poszukiwał zapomnianej rośliny lub produktu pochodzenia zwierzęcego, który mógłby wywoływać tego rodzaju efekty. Opublikował kilka popularnych broszur, między innymi artykuł, w którym ogłosił odkrycie psychodelicznych właściwości jadu ropuchy spotykanej na pustyni Sonora. Jad ten zawiera wysokie stężenie 5-metoksy--DMT, substancji niezwykle zbliżonej do DMT. Efekty jej palenia są dość imponujące.

Nils był osobą wysoką i chudą, roztaczającą wokół siebie czarującą aurę zabawy. Wielokrotnie przyjmował on LSD, „tracąc rachubę koło 150. dawki". Po raz pierwszy palił DMT w domu Philipa mniej więcej rok wcześniej. Doświadczenie to wywarło na nim spore wrażenie. Powiedział:

Wywarło ono na mnie silnie telepatyczny wpływ, tworząc mentalne więzi z otaczającymi mnie osobami. Było to przytłaczające i dezorientujące. Byłem niezwykle podekscytowany, kiedy usłyszałem przemawiający do mnie wewnętrzny głos. W bezpośredni sposób przemawiała do mnie moja intuicja. Było to najbardziej intensywne doświadczenie mojego życia. Chcę do niego wrócić. Ujrzałem inną przestrzeń wypełnioną pasmami jaskrawych barw. Odleciałem tak mocno, że nie mogłem ruszyć nawet rękoma. To jest rodzaj mentalnej mekki, doskonały układ odniesienia dla wszystkich innych psychodelików. Otaczające mnie istoty wyglądały niczym kosmiczne insekty. Zdałem sobie sprawę z tego, że one także były częścią tego miejsca.

Nils otrzymał dożylnie 0,2 mg/kg DMT mniej więcej tydzień po tym, jak Philip przyjął tę substancję metodą DM. Towarzyszyły mi podobne uczucia, jak przy robieniu zastrzyku Philipowi – że jest to z jednej strony moment przełomowy, a jednocześnie próba generalna poprzedzająca coś, co ma dopiero nastąpić. Było bardzo prawdopodobne, że zwiększymy dawkę.

W dniu sesji Nilsa znalazłem go leżącego na szpitalnym łóżku w jednym z pomieszczeń ośrodka badawczego. Był przykryty swoim śpiworem wojskowym. Zabierał go ze sobą za każdym razem, gdy gdzieś wyjeżdżał, zarówno w dosłownym, jak i przenośnym, tego słowa znaczeniu: śpiwór ten towarzyszył mu, kiedy był w drodze, ale także podczas odbywania podróży pod wpływem substancji psychodelicznych.

Cindy i ja usiedliśmy po obydwu stronach jego łóżka. Krótko opowiedziałem mu o tym, czego może się spodziewać. Skinieniem głowy dał znak, że możemy zaczynać.

W połowie zastrzyku Nils powiedział:

Tak, czuję jego smak.

Okazał się on jednym z niewielu ochotników, którzy byli w stanie poczuć smak podawanego dożylnie DMT wraz z tym, jak krew przenosiła je przez usta i język do mózgu. Był metaliczny i dość gorzki. „Dość szybko", pomyślałem.

Moje notatki dotyczące efektów wywoływanych podaniem Nilsowi DMT drogą DŻ są dość pobieżne. Może to wynikać z jego wrodzonej małomówności, ale także z tego, że intensywność tego doświadczenia nie zrobiła na żadnym z nas szczególnie silnego wrażenia. Nils stwierdził, że w porównaniu z działaniem palonego przez siebie w przeszłości DMT 0,2 mg/kg stanowi „może jedną trzecią, może jedną czwartą" pełnej dawki. Czując się może nazbyt pewnie wobec łatwości, z jaką odbyły się owe pierwsze dwie sesje – DM Philipa oraz DŻ Nilsa – postanowiłem natychmiast potroić DŻ dawkę Nilsa: z 0,2 do 0,6 mg/kg.

Moja pewność siebie była jednak przedwczesna. Patrząc z perspektywy czasu, rozsądniejsze byłoby podwojenie dawki, czyli zwiększenie jej do 0,4 mg/kg. Na szczęście nie przeskoczyłem od razu do 0,8 mg/kg, co mogłoby się wydarzyć, gdybym oparł się na sugestii Nilsa, że 0,2 mg/kg wywołuje efekty porównywalne do jednej czwartej poszukiwanej przez nas dawki.

Tego poranka zarówno Philip, jak i Nils otrzymali DŻ 0,6 mg/kg DMT.

Był słoneczny, zimny i wietrzny dzień w Albuquerque. Cieszyłem się, że pracujemy w ogrzewanym budynku. Poszedłem do pokoju Nilsa znajdującego się w Centrum Badawczym. Leżał przykryty śpiworem i oczekiwał na pierwszą dawkę 0,6 mg/kg. Cindy zdążyła już umieścić małą igłę w żyle w jego przedramieniu, przez którą miałem wstrzyknąć roztwór DMT bezpośrednio do krwiobiegu. Usiadła po jego prawej stronie, ja zaś zająłem miejsce po lewej, gdzie znajdowała się rurka stanowiąca obecnie przedłużenie żyły Nilsa. Philip także tam był; gdyby w przypadku Nilsa wszystko poszło zgodnie z planem, jeszcze tego samego popołudnia miał on otrzymać identyczną dawkę. Usiadł przy łóżku, ciekaw doświadczeń Nilsa i gotów dostarczyć nam moralnego wsparcia, gdyby pojawiła się taka potrzeba. W razie konieczności miał stanowić także dodatkową pomoc fizyczną.

Wstrzyknąłem roztwór DMT nieco szybciej, niż zrobiłem to, podając wcześniej Nilsowi dawkę 0,2 mg/kg, w nieco ponad 30 sekund, a nie minutę. Uznałem, że szybsze podanie może zapobiec zbyt szybkiemu rozpuszczeniu się DMT w krwiobiegu. W ten sposób gwałtowniej podniosłoby się stężenie DMT we krwi, a zatem także w mózgu. Kiedy skończyłem robić zastrzyk, Nils powiedział:

Czuję jego smak... Tak jest!

Momentalnie po wypowiedzeniu tych słów zaczął się trząść i wierzgać pod śpiworem. Następnie się podniósł i wykrzyknął:

Będę wymiotował!

Wpatrywał się w nas oszołomiony i niepewny. Cindy i ja spojrzeliśmy na siebie w tym samym momencie, zdając sobie sprawę z tego, że nie przygotowaliśmy żadnego naczynia na tego typu sytuację. Nie przewidzieliśmy tego, że któryś z badanych zechce wymiotować. Nils wymamrotał:

Ale nie jadłem niczego na śniadanie... więc nie mam czym.

Wydawał się wzburzony. Odsunął na bok poduszkę i śpiwór, po czym zwinął się w pozycji embrionalnej, odwracając się od nas i maszyny mierzącej ciśnienie krwi, skręcając przy tym rurkę łączącą urządzenie z mankietem na jego ramieniu. Nie mieliśmy przez to odczytu przez 2 lub 5 minut, kiedy spodziewaliśmy się, że jego ciśnienie i puls osiągną najwyższy, potencjalnie groźny poziom. Próbował wygramolić się z łóżka, wymachując przy tym na oślep swoimi rękoma i nogami – a były to kończyny osoby mierzącej 193 cm wzrostu. Jego dłonie były zimne i wilgotne, kiedy połączonymi siłami staraliśmy się skierować go do wydaje-się-zbyt-małego łóżka. Po 6 minutach Nils próbował zwymiotować nad miską, którą znaleźliśmy w szafce. Jako że musiał w tym celu usiąść, z łatwością umieściliśmy go z powrotem w łóżku i podłączyliśmy aparaturę pomiarową, sprawdzając jego ciśnienie i tętno. W tamtym momencie, 10 minut od zrobienia zastrzyku, jego odczyty były zaskakująco normalne.

Wyciągnął rękę w stronę Cindy, dotykając jej ramienia i swetra. Wyglądało to tak, jakby chciał pogładzić jej włosy, ale zapomniał, co zamierzał zrobić. Utkwił następnie wzrok w mojej osobie i powiedział:

Muszę teraz popatrzeć na ciebie, a nie na Philipa czy Cindy.

Starałem się pozostać możliwie najbardziej spokojny, odpowiadając spojrzeniem i modląc się w duchu, by nie stało się nic złego. W 19. minucie podparł się łokciami i ryknął śmiechem. Wyglądał na „nawalonego": miał wielkie źrenice, wykrzywiony uśmiech, a na dodatek mamrotał coś nieskładnie pod nosem.

W końcu powiedział:

Myślę, że najlepsza byłaby dawka pomiędzy 0,2 a 0,6.

Wszyscy się roześmialiśmy, a panujące w pomieszczeniu napięcie znacznie osłabło. Wydawało się, że ma trzeźwy umysł, przynajmniej w tym momencie.

Mówił dalej:

To jest poruszenie jaźni. Szkoda, że już się kończy. Ujrzałem feerię barw. Znajome uczucie. Tak, wróciłem tam. „Oni" tam byli i rozpoznaliśmy się nawzajem.

– Kto? – zapytałem.

Nikt ani nic dającego się określić jako takie.

Wciąż wydawał się pod wpływem substancji. Nie chciałem wywierać na niego nacisku.

Potrząsnął swoją głową i dodał:

Zejście było niezwykle kolorowe, ale nudne w porównaniu ze szczytem. Podczas szczytu czułem, że wróciłem w miejsce, w którym znalazłem się podczas palenia rok temu. Było mi szkoda je opuszczać.

Wydawało mi się, że jestem bardzo chory. Czułem, że się mną opiekujecie, tak jakbym umierał, a wy próbowalibyście mnie reanimować. Miałem nadzieję, że wszystko jest w porządku. Starałem się po prostu uchwycić to, co działo się wewnątrz.

Na chwilę zamilkł, po czym zakończył:

Jestem zmęczony. Chciałbym się zdrzemnąć, choć tak naprawdę nie jestem senny.

Nils nie miał dużo więcej do opowiedzenia. Był za to głodny jak wilk, ponieważ rozsądnie zrezygnował tego dnia ze śniadania. Podczas wypełniania kwestionariusza ewaluacyjnego z apetytem zjadł sycący posiłek. A zatem Nils nawet uważał, że 0,6 mg/kg to „zbyt dużo"!

Spędziłem kilka minut w pokoju pielęgniarskim, zastanawiając się nad tym, co w zasadzie przed chwilą widzieliśmy. Pomimo że nie mieliśmy odczytów, gdy ciśnienie krwi i tętno Nilsa powinny być najwyższe, to, ogólnie rzecz biorąc, wzrosły one w bardzo niewielkim stopniu. Wydawało się zatem, że podanie 0,6 mg/kg DMT metodą DŻ nie wyrządza fizycznych szkód w organizmie. Nie miałem jednak pewności, czy zwięzłość raportu Nilsa wynikała z tego, że nie pamiętał on, co się z nim działo, czy może z tego, że raczej niechętnie dzielił się on swoimi wewnętrznymi doświadczeniami.

Z pewnością przedarliśmy się za „psychodeliczny próg". Gwałtowność i siła działania, przeświadczenie o prawdziwości doświadczenia, opisane przez Nilsa odczucie obecności nieznanych istot – wszystko to składało się na „pełną" podróż na DMT. Czy jednak była ona zbyt daleka? Nils był „twardogłowym" realistą o dużej samoświadomości, dlatego też, aby doświadczyć poważnych zmian świadomości, potrzebował on wyższych dawek niż wiele innych osób. Jak pójdzie Philipowi?

Przeszliśmy z Philipem przez jasno rozświetlony hol Centrum Badawczego. Po drodze minęliśmy Nilsa, który szukał czegoś do jedzenia w pokoju pielęgniarek. W dalszym ciągu był głodny, ale czuł się znakomicie. Ja sam także się uspokoiłem, widząc, w jak krótkim czasie od wyczerpującego skoku z psychicznego klifu ponownie promieniował dobrym nastrojem.

– Jesteś pewien, że chcesz taką samą dawkę? – zapytałem Philipa.

–Tak – z jego strony nie dało się wyczuć najmniejszych wątpliwości.

Ja sam nie byłem w pełni przekonany.

Mój niepokój z pewnością byłby znacznie mniejszy, gdyby doświadczenia Philipa różniły się od tego, co podczas sesji działo się z Nilsem. Mogliśmy także zmniejszyć dawkę do 0,4 lub 0,5 mg/kg. Byłoby to dość proste do wykonania – wystarczyło nie wciskać tłoka strzykawki w roztworem DMT do samego końca. Pomimo że dawka 0,6 mg/kg wydawała się zupełnie bezpieczna z fizycznego punktu widzenia, możliwość pojawienia się potencjalnie druzgocących efektów psychicznych jawiła się przed naszymi oczyma znacznie bardziej drastycznie niż przed sesją Nilsa. Philip nie mógł być jednak gorszy od swojego przyjaciela i „kolegi-psychonauty". Był gotów przyjąć *swoją* dawkę 0,6 mg/kg.

Tego rodzaju tendencja, aby trwać przy swoim, ryzykując nawet możliwość pojawienia się wyniszczającego wręcz doświadczenia psychodelicznego, była wśród uczestników naszych badań dość łatwa do zauważenia. Najwyraźniej było ją widać podczas przeprowadzanych przez nas w 1991 roku badań nad tolerancją, w ramach których ochotnicy otrzymywali cztery wysokie dawki DMT w 30-minutowych odstępach. Żadna z osób, bez względu na to, jak bardzo wycieńczona by nie była, nie zrezygnowała z czwartej, najwyższej dawki DMT.

Pragnienie Philipa, aby przyjąć tę samą dawkę co Nils, postawiło mnie w położeniu kłopotliwym z perspektywy naukowej, osobistej i etycznej. Podczas wieloletniej edukacji zostałem nauczony, że nie powinno się cofać przed podaniem nieco większej dawki medykamentu, jeśli tylko sprzyjają temu okoliczności. Dla przykładu, bardzo wysokie dawki mogą okazać się niezbędne do osiągnięcia pełnego efektu terapeutycznego w przypadku pacjentów opornych na leczenie. Poza tym bardzo ważne jest zbadanie toksycznych skutków ubocznych zażycia danej substancji, aby być w stanie szybko zareagować, gdyby pojawiły się one ponownie. Ta ostatnia kwestia staje się jeszcze ważniejsza, gdy badania dotyczą właściwości nowego, eksperymentalnego środka.

Jako główny badacz odpowiedzialny za przebieg projektu byłem upoważniony, a zarazem zobowiązany do tego, aby powiedzieć Philipowi, że nie chcę wywoływać u niego doświadczeń podobnych do tego, co po podaniu dawką 0,6 mg/kg przeżył Nils. Z drugiej strony Nils miał się całkiem dobrze. Co jednak najważniejsze, zaplanowałem przeprowadzenie tamtego ranka dwóch sesji z dawką 0,6 mg/kg, aby za ich pomocą określić, czy ilość ta wywołuje podobne efekty w przypadku dwóch różnych osób.

Lubiłem Philipa, a on sam chciał przyjąć 0,6 mg/kg. Ale jakie znaczenie miała w tym przypadku nasza przyjaźń? Nie chciałem podejmować decyzji, kierując się tylko i wyłącznie dobrem panujących pomiędzy nami stosunków, a jednocześnie pragnąłem, by uczestnictwo we wczesnym etapie badań było warte jego zachodu. W końcu wyświadczał on nam pewnego rodzaju przysługę. Philip mieszkał dość daleko od Albuquerque, dlatego kłopotliwe byłoby dla niego stawianie się u nas po raz kolejny, by przyjąć 0,6 mg/kg, gdyby dawka 0,4 lub 0,5 mg/kg okazała się niewystarczająca. Było bardzo wiele czynników pozostających ze sobą w sprzeczności. Miałem nadzieję, że zgadzając się na podanie Philipowi 0,6 mg/kg, podejmuję właściwą decyzję.

Kiedy weszliśmy do przygotowanego dla Philipa pomieszczenia, przywitaliśmy się z jego dziewczyną Robin oraz z Cindy, które już na nas czekały. Philip położył się wygodnie na łóżku. Rozpoczynaliśmy kolejną sesję z dożylnym podaniem 0,6 mg/kg DMT.

Przestronny i sterylny pokój, w którym się znajdowaliśmy, miał błyszczącą czystością podłogę z linoleum, ściany koloru łososiowego oraz wychodzące zza łóżka rurki do podawania tlenu i wody oraz odsysania wydzielin. Na znajdujących się naprzeciwko łóżka drewnianych drzwiach prowadzących do łazienki Philip umieścił wizerunek *Awalokiteśwary* – tysiącramiennego buddyjskiego bóstwa współczucia. Podpięty plątaniną kabli telewizor spoglądał spod sufitu na zmechanizowane, wąskie łóżko przykryte szpitalną pościelą. Urządzenie klimatyzujące wydawało z siebie głośne buczenie. Philip leżał na łóżku i próbował odszukać najwygodniejsze ułożenie ciała.

Cindy gładko i pewnie założyła w jego przedramieniu wkłucie dożylne. Mankiet ciśnieniomierza opinał mu ramię. W jego drugim ramieniu założone było nieco większe wkłucie dożylne, dzięki któremu mogliśmy zbadać stężenie DMT we krwi po zastrzyku. Z wkłuciem tym była także połączona rurka doprowadzająca do żył roztwór soli fizjologicznej. W ten sposób chcieliśmy zapobiec powstawaniu zakrzepów w rurce odprowadzającej krew. Wraz z Cindy usiedliśmy po obu stronach łóżka, na którym leżał Philip. Po wcześniejszej reakcji Nilsa nie mieliśmy pewności, czego tak naprawdę możemy się spodziewać. Robin także usiadła przy łóżku.

Jako że kłopotliwa sesja Nilsa odbyła się relatywnie niedawno, Philip potrzebował małego przygotowania. Wiedział, czego może się po nas spodziewać, kiedy sam będzie leżał na łóżku pod wpływem DMT. Miał świadomość, że jesteśmy w pobliżu, gdyby potrzebował jakiejkolwiek formy pomocy. Życzyliśmy mu powodzenia. Zamknął oczy, rozciągnął się na łóżku, wziął parę głębokich oddechów i powiedział: „Jestem gotów".

Obserwowałem sekundnik znajdującego się na ścianie zegara w oczekiwaniu, aż przetnie „godzinę 6", tak abym wraz z osiągnięciem przez niego „12" mógł odmierzyć 30 sekund potrzebnych na zrobienie zastrzyku. Dochodziła 10 rano.

Tuż po wbiciu igły w rurkę wkłucia dożylnego Philipa, a zarazem tuż przed wciśnięciem tłoka strzykawki zawierającej roztwór DMT, rozległo się głośne i uporczywe pukanie do drzwi. Rozejrzałem się, wyjąłem igłę z rurki, założyłem na nią osłonkę i położyłem strzykawkę na nocnym stoliku znajdującym się obok łóżka.

Za drzwiami stał dyrektor Centrum Badawczego. Wyszedłem na korytarz, odchodząc poza zasięg słyszalności przebywających w pokoju osób. Dyrektor powiedział, że próbki krwi przesłane do analizy pod kątem zawartości DMT zostały pobrane niepoprawnie i że musimy zmienić sposób jej pozyskiwania. Odpowiedziałem mu, że w odpowiedni sposób zmodyfikujemy wykorzystywaną przez nas technikę.

Wróciłem do pokoju Philipa i kolejny raz usiadłem na krześle znajdującym się przy jego łóżku. Miałem wrażenie, że nie zwrócił on najmniejszej uwagi na zaistniałą sytuację, przygotowując się do zwrotu ku własnemu wnętrzu i skupiając się na możliwie najłagodniejszym sposobie wniknięcia w wymiary DMT. Dla niego podróż już się rozpoczęła.

Przeprosiłem za przerwę i starając się rozładować atmosferę spytałem:

– Na czym to stanęliśmy?

Philip odpowiedział tylko chrząknięciem; otworzył na chwilę oczy, skinięciem głowy dał sygnał, abyśmy rozpoczęli, po czym znów je zamknął. Zdjąłem osłonkę z igły i wbiłem ją ponownie w rurkę połączoną z wenflonem. Cindy dała głową sygnał, że także jest gotowa.

– No dobrze, oto DMT – powiedziałem.

Powoli i ostrożnie zacząłem wstrzykiwać 0,6 mg/kg DMT w żyłę Philipa.

W połowie zastrzyku oddech utknął Philipowi w gardle, co brzmiało trochę tak, jakby się zadławił. Dość szybko zorientowaliśmy się, że gdy tego rodzaju reakcja towarzyszy wstrzykiwaniu dużych dawek DMT, czeka nas szalona podróż.

Cichym głosem powiedziałem do Philipa:

– Już skończyłem.

Dwadzieścia pięć sekund po zrobieniu zastrzyku Philip zaczął jęczeć:

Kocham, kocham...

Jego ciśnienie krwi wzrosło nieznacznie, puls natomiast skoczył z początkowych 65 do 140 uderzeń na minutę. Taka zmiana tętna porównywalna jest z pobudzeniem organizmu po wbiegnięciu na trzecie lub czwarte piętro. Philip zaś nie poruszył się nawet o centymetr.

Po upływie minuty Philip podniósł się z łóżka i spojrzał na mnie i na Cindy swoimi wielkimi jak monety oczyma. Jego źrenice były znacznie poszerzone, zaś ruchy wydawały się mechaniczne, nerwowe, przywodzące na myśl marionetkę. Wydawało się, że „nikt nie stoi" za zachowaniami Philipa.

Pochylił się w stronę Robin i pociągnął ją za włosy:

Kocham, kocham...

Po raz drugi tego poranka uczestnik badania oszołomiony DMT został przyciągnięty przez kobiece włosy. W przypadku Nilsa należały one do Cindy, w przypadku Philipa – do Robin. Być może, kiedy osoba przebywająca w tym wysoce psychodelicznym stanie rozgląda się po ponurym pomieszczeniu szpitalnym, to właśnie włosy w najbardziej sugestywny sposób kojarzą się jej z żyjącą, organiczną i dobrze znaną rzeczywistością.

Ku naszej uldze, bez jakiegokolwiek namawiania ani pomocy, Philip po chwili położył się z powrotem na łóżku. Jego skóra była zimna i wilgotna, podobnie jak miało to miejsce w przypadku Nilsa. Jego ciało wykazywało klasyczną reakcję „uciekaj-albo-walcz": podwyższone ciśnienie krwi i tętno, krew odpływająca ze skóry w głąb ciała, aby zasilić organy wewnętrzne – wszystko to zachodziło jednakże niemal zupełnie bez aktywności fizycznej. Pobranie Philipowi krwi było niezwykle trudne – wysokie stężenie hormonów stresu spowodowało reakcję mięśni redukującą dopływ krwi do skóry.

Około 10. minuty Philip zaczął wzdychać:

Jak pięknie, jak pięknie!

Po policzkach spływały mu łzy.

Przeżyłem właśnie coś, co można określić jako doświadczenie transcendentalne. Umarłem i trafiłem do nieba.

Po 30 minutach od zrobienia zastrzyku jego tętno i ciśnienie krwi powróciły do normy.

Leciałem przez bezkresną pustkę. Relatywna przestrzeń i wielkość przestały istnieć.

– Co czułeś, gdy oddech stanął w twoim gardle? – zapytałem.

Czułem w przełyku chłodny, zaciskający się skurcz. Przestraszyłem się. Bałem się, że przestanę oddychać. Na ułamek sekundy pojawiła się myśl: „Odpuść sobie, poddaj się, odpuść sobie", potem działanie substancji rozpuściło nawet to.

– Czy przypominasz sobie pociąganie Robin za włosy?

Co takiego?

Czterdzieści pięć minut po zrobieniu zastrzyku Philip pił herbatę i nie odczuwał już działania substancji. Nie pamiętał też podnoszenia się z łóżka, przyglądania się naszym osobom ani dotykania włosów Robin. Niedługo potem wydawał się odprężony, dlatego też powierzyliśmy go w opiece jego partnerce.

Następnego wieczoru rozmawiałem z Philipem. Czuł się trochę wyczerpany, ale spał dość dobrze. Jego sny były „ciekawsze niż zazwyczaj", ale nie były też wyjątkowo dziwaczne. Tak czy inaczej nie pamiętał żadnego z nich. Następnego dnia przepracował pełne dziesięć godzin, chociaż „nie na pełnym gazie". Jednak, jak sam zauważył, „nikt oprócz mnie nie zorientowałby się, że jestem zmęczony".

Co zadziwiające, to wszystkie notatki, jakie mam z sesji oraz spisanego następnego dnia raportu. Znacząco kontrastuje to z dość obszernymi zazwyczaj opisami sesji narkotycznych, w których uczestniczył Philip. Być może najistotniejszą informacją, jakiej potrzebowaliśmy, był sam fakt, że udało mu się bez większych problemów przetrwać ten poranek.

Jadąc tego wieczoru do domu w kierunku znajdujących się nieopodal Albuquerque gór, myślałem o wydarzeniach, które miały miejsce tego poranka. Cieszyło mnie, że zarówno Nils, jak i Philip bez szwanku powrócili do siebie po dożylnym podaniu im 0,6 mg/kg DMT. Nie dowiedziałem się jednakże zbyt wiele o ich doświadczeniach. Spisane przez nich raporty były niezwykle krótkie i ubogie, jeśli chodzi o jakiekolwiek szczegóły.

Dlaczego napisali oni tak niewiele?

Jedną z możliwości była „pamięć właściwa stanowi świadomości". Chodzi tutaj o zjawisko polegające na tym, że wydarzenia doświadczane w odmiennym stanie świadomości mogą zostać dokładnie zrekonstruowane tylko i wyłącznie po ponownym osiągnięciu tego samego stanu – w codziennym stanie świadomości pozostają niedostępne. Mamy z nim do czynienia w przypadku przebywania pod wpływem takich substancji jak alkohol, marihuana lub leków wydawanych na receptę, na przykład środków uspokajających takich jak Valium, Xanax oraz barbituranów. Zjawisko to pojawia się także w zmienionych stanach świadomości, które nie zostały wywołane farmakologicznie, na przykład podczas hipnozy lub marzeń sennych. W przypadku Nilsa i Philipa wyjaśnienie byłoby bardziej prawdopodobne, gdyby przypomnieli oni sobie więcej materiału z odbytych przez siebie sesji z użyciem 0,6 mg/kg po podaniu niższej, łatwiej poddającej się kontroli dawki DMT. Podczas realizacji naszego projektu nie przytrafiło się to jednak żadnemu z nich.

Inna możliwość polegała na tym, że Nils i Philip cierpieli na delirium, „ostry mózgowy zespół organiczny" lub „ostry zespół majaczeniowy". Słowo *delirium* wywodzi się z łaciny, gdzie *de* oznacza „z" lub „od", zaś *lira* – „bruzdę"; dosłownie daje nam to „pochodzące z bruzdy". Delirium może zostać wywołane czynnikami fizycznymi, takimi jak gorączka, uraz głowy, niedobór tlenu lub niskie stężenie cukru we krwi. Stany delirium mogą wiązać się także z doświadczeniami wywołującymi głębokie traumy psychiczne, na przykład u osób, które przeżyły poważny wypadek.

Nie byłem w pełni przekonany co do tego, że to właśnie „psychiczna trauma" była odpowiedzialna za zamieszanie mające miejsce podczas eksperymentów z użyciem DMT w przypadku Nilsa i Philipa oraz niezdolność przypomnienia sobie przez nich przebiegu sesji. W jakim stopniu była to reakcja psychiczna na działanie DMT, a w jakim bezpośredni efekt działania samej substancji? Mówiąc innymi słowy: wspinanie się po drabinie, aby zobaczyć rozciągający się naokoło krajobraz o niewyobrażalnej sile oddziaływania, może wywołać w jednostce stan delirium lub dezorientacji, ale odpowiedzialna jest za to nie sama drabina, lecz krajobraz, który dzięki niej widzimy. Czy to, co zobaczyli Nils i Philip, było tak dziwaczne, tak niepojęte, tak bardzo zaskakujące, że ich umysły po prostu wyłączyły się, oszczędzając im w ten sposób konieczności dokładnego przyglądania się temu, co się tam znajdowało? Może lepiej było po prostu o tym zapomnieć.

Bez względu na to, czy była to kwestia zbyt dużej ilości substancji czy zbyt silnego doświadczenia, dożylne podanie 0,6 mg/kg DMT tym dwóm zaprawionym w boju psychodelicznym weteranom sprowadzało się wyłącznie do prostego stwierdzenia: „zbyt dużo". Jak później powiedział Philip:

To była kosmiczna lutownica, burza kolorów, coś zdumiewającego... Tak jakbym wypadł za burtę w sam środek wzburzonego sztormem morza i niczym miotany falami korek kręcił się wkoło bez żadnej kontroli.

Ponownie zadzwoniłem do Dave'a Nicholsa, aby przedyskutować kwestię dawki DMT. Jaka powinna być nieco niższa „wysoka" dawka? Zejście do 0,5 mg/kg byłoby jej obniżeniem zaledwie o jedną szóstą, zaś do 0,4 mg/kg – już o jedną trzecią. Chodziliśmy tam i z powrotem. Pomimo że chciałem mieć pewność, że podawana dawka wywołuje pełne efekty, nie zamierzałem jednak narażać naszych ochotników na traumy psychiczne. Po sesjach Philipa i Nilsa czułem się trochę niepewnie. „Przede wszystkim, nie wyrządzaj nikomu krzywdy" można uznać za nadrzędną zasadę medycyny, która jest szczególnie istotna w odniesieniu do badań prowadzonych z udziałem ludzi. Tworzenie grupy niesprawnych psychicznie ochotników nie wchodziło w grę. Mając na uwadze efekty wywołane podczas sesji Philipa i Nilsa przez 0,6 mg/kg, uznaliśmy, że 0,4 mg/kg będzie najwyższą dawką DMT podawaną podczas naszych badań.

Kilka dni później zadzwoniłem do jednego z pionierów badań nad DMT, dr. Stephena Száry, aby raz jeszcze przedyskutować kwestię wysokości dawek. Dr Szára odkrył psychodeliczne właściwości DMT, wstrzykując je sobie we własnym laboratorium w Budapeszcie na początku lat 50. (W pierwszych fazach badań nad psychodelikami prowadzonych z udziałem ludzi zazwyczaj to sami badacze zażywali je w pierwszej kolejności). Kończył on właśnie swoją długą i owocną karierę w amerykańskim Narodowym Instytucie ds. Narkomanii w Waszyngtonie.

Zapytałem go:

– Czy zdarzyło ci się kiedykolwiek podać któremuś ze swoich ochotników zbyt dużo DMT?

Dr Szára przez moment się zastanawiał, po czym odpowiedział ze swoim wyrafinowanym, wschodnioeuropejskim akcentem:

– Tak. Nie byli oni w stanie niczego zapamiętać. Nie byli w stanie przywołać wspomnień tego doświadczenia. Jedyne, co w nich pozostawało, to poczucie, że stało się coś przerażającego. W końcu uznaliśmy, że podawanie tak wysokich dawek jest mało interesujące.

Fascynujące, jak wiele elementów, które miały pojawić się w ciągu następnych pięciu lat, wypłynęło na powierzchnię już owego grudniowego poranka, kiedy dożylnie podałem Nilsowi i Philipowi dawkę DMT w wysokości 0,6 mg/kg. Obecnie słyszymy o doznaniach duchowych i doświadczeniach z pogranicza śmierci, a także nawiązywanych w wymiarach DMT kontaktach z „obcymi". Odczuwałem pewną rozbieżność interesów, jeśli chodzi o przyjaźń oraz cele badań. Dość szybko zaczęły rzucać się w oczy minusy prowadzenia tego rodzaju eksperymentów w szpitalnym otoczeniu. Chęć podawania w pełni psychodelicznych dawek zdążyła już zostać ostudzona przez świadomość możliwości pojawienia się negatywnych reakcji. Istniała rozbudowana sieć kolegów i osób nadzorujących, z których wszyscy w jakiś sposób przyczynili się do realizacji naszego projektu. Każdy z nich w pewnym stopniu uczestniczył w sesjach Nilsa i Philipa.

Przyjrzyjmy się teraz podstawom, na których zostały zbudowane nasze badania – rozległej wiedzy, którą posiadamy na temat substancji psychodelicznych, oraz temu, w jaki sposób nasza nauka i społeczeństwo z niej korzystało. Zaczniemy w ten sposób rozumieć niezwykłą rolę, jaką DMT odgrywa w naszych ciałach, oraz zdumiewający wpływ, jaki może ono wywrzeć na nasze życie.

CZĘŚĆ I

BUDULCE

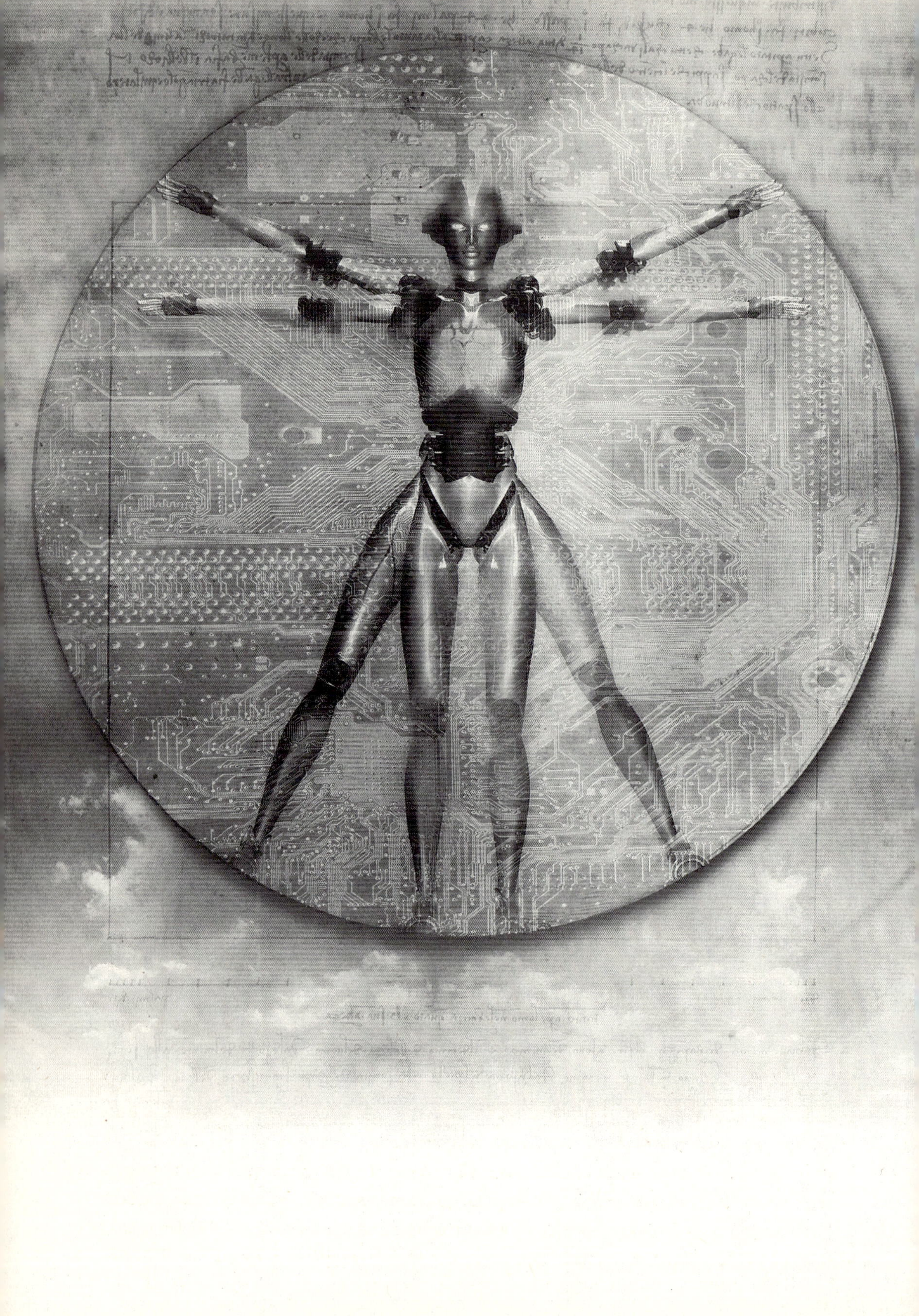

1.

Substancje psychodeliczne:

Nauka i społeczeństwo

Tradycja wykorzystywania przez ludzi roślin, grzybów i tkanek pochodzenia zwierzęcego z racji posiadanych przez nie właściwości psychodelicznych jest znacznie starsza niż spisana historia i najprawdopodobniej poprzedza moment pojawienia się współczesnego człowieka. Ronald Siegel i Terence McKenna zasugerowali na przykład, że nasi małpi przodkowie naśladowali inne zwierzęta poprzez zjadanie wszystkiego, co powodowało u nich niecodzienne zachowania. W ten sposób odkryli oni pierwsze substancje zmieniające świadomość.

Rośnie liczba dowodów potwierdzających, że wiele kultur starożytnych stosowało substancje psychodeliczne ze względu na zmiany wywoływane przez nie w naszej świadomości. Archeolodzy znaleźli pochodzące ze starożytnej Afryki wizerunki grzybów wyrastających z ludzkiego ciała, zaś niedawne odkrycia dotyczące północnoeuropejskiej prehistorycznej sztuki naskalnej w znacznym stopniu wskazują na wpływ, jaki wywarła na nią psychodelicznie zmieniona świadomość.

Niektórzy pisarze zasugerowali, że język wykształcił się z dźwięków wydobywających się poprzez usta z poszerzonych psychodelikami umysłów wczesnych hominidów. Inni wskazywali, że psychodeliczne stany świadomości uformowały podstawy ludzkiego doświadczenia religijnego.

Wizje, ekstaza i loty wyobraźni wywołane prawdopodobnie przez substancje psychodeliczne sprawiły, że zaczęły one pełnić istotną rolę w wielu kulturach starożytnych. Stulecia badań antropologicznych wykazały, że społeczności te używały psychodelików do podtrzymywania panujących w ich ramach więzi społecznych jako czynnika wspomagającego sztukę uzdrawiania oraz źródła inspiracji dla artystycznej i duchowej kreatywności.

Rdzenne ludy Nowego Świata wykorzystywały, i w dalszym ciągu wykorzystują, szeroki wachlarz zmieniających świadomość roślin i grzybów. Większa część posiadanej przez nas wiedzy na temat psychodelików wywodzi się z badania substancji chemicznych znalezionych po raz pierwszy w materiałach zebranych na zachodniej półkuli naszej planety: DMT, psylocybiny, meskaliny oraz różnych związków zbliżonych budową do LSD.

Głębokość i zasięg stosowania psychodelicznych roślin przez mieszkańców Nowego Świata zaskoczyły i zaniepokoiły przybywających z Europy osadników. Ich reakcja mogła być spowodowana względnym brakiem psychodelicznych roślin i grzybów w Europie. Równie istotne były związki substancji zmieniających świadomość z praktykami magicznymi. Kościół skutecznie zatajał informacje dotyczące użycia tego rodzaju środków zarówno na terenie Nowego, jak i Starego Świata, prześladując przy tym osoby posiadające o nich wiedzę lub korzystające z ich właściwości. Dopiero w ciągu ostatnich pięćdziesięciu lat zdaliśmy sobie sprawę z tego, że użycie magicznych grzybów przez meksykańskich Indian nie zniknęło całkowicie w szesnastym wieku.

W Europie nie było zbyt dużego zainteresowania substancjami psychodelicznymi (ani dostępu do nich) aż do drugiej połowy dziewiętnastego wieku. Niektórzy pisarze opisywali swoje „psychodeliczne" doświadczenia wywoływane przez opium lub haszysz, ale potrzebna do wywołania przez nie efektów psychodelicznych dawka była trudna do zażycia, nadmiernie wysoka lub po prostu niebezpieczna. Sytuacja ta zaczęła ulegać zmianie wraz z odkryciem meskaliny w *pejotlu*, pochodzącym z Nowego Świata kaktusie.

Niemieckim chemikom udało się ją wyizolować w latach 90. dziewiętnastego wieku. Co bardziej utalentowane literacko osoby, które badały wywoływane przez nią efekty, podkreślały jej zdolność otwierania wrót prowadzących do „sztucznych rajów". Jednakże zainteresowanie meskaliną medyków i psychiatrów było zaskakująco skromne, zaś badacze do końca lat 30. XX w. opublikowali na jej temat stosunkowo niewiele artykułów. Na ów brak zainteresowania tą substancją mogły wpłynąć pojawiające się w następstwie jej zażycia nieprzyjemne nudności i wymioty.

Inną przyczyną ograniczonego entuzjazmu związanego z meskaliną mógł być brak naukowego lub medycznego kontekstu, który pomógłby zrozumieć wywoływane przez nią efekty. Dominującą siłą w psychiatrii tamtych czasów była Freudowska psychoanaliza. Pomimo że sam Freud był żywo zainteresowany środkami zmieniającymi świadomość, takimi jak na przykład kokaina czy tytoń, sytuacja wyglądała inaczej w przypadku większości jego uczniów. Poza tym Freud był wyjątkowo nieufny w kwestiach religii i uważał, że wszelkie doświadczenia duchowe stanowią reakcję obronną wobec dziecięcych lęków i pragnień. Tego rodzaju podejście najprawdopodobniej nie zachęcało do prowadzenia badań nad meskaliną, która, bądź co bądź, była silnie powiązana z duchowością rdzennych mieszkańców Ameryki. Rewolucję zapoczątkowało pojawienie się LSD.

W 1938 roku szwajcarski chemik Albert Hofmann pracował nad sporyszem, grzybem porastającym zboża. Swoje badania prowadził on na oddziale produktów naturalnych laboratoriów firmy Sandoz, która już w tamtym czasie wiodła prym na rynku farmaceutycznym. Miał nadzieję znaleźć substancję, która umożliwiałaby zatrzymywanie krwotoków macicznych po porodzie. Jedną z zsyntetyzowanych przez niego na bazie sporyszu substancji było LSD-25, czy też dietyloamid kwasu lizergowego. Jako że środek ten wykazywał niewielki wpływ na macice zwierząt laboratoryjnych, Hofmann odłożył go na półkę. Pięć lat później „osobliwe przeczucie" sprawiło, że powrócił do badań nad LSD i przez przypadek odkrył posiadane przez nie potężne właściwości psychodeliczne.

Niesamowitą rzeczą, jeśli chodzi o LSD, było to, że substancja ta wywoływała efekty psychodeliczne przy dawce mierzonej w *milionowych* częściach grama, co oznaczało, że była ona ponad tysiąc razy mocniejsza od meskaliny. Tak naprawdę Hofmann niemalże przedawkował, przyjmując ilość, która, według jego początkowych szacunków, była zbyt niska, by wywołać zmiany w świadomości, a mianowicie ćwiartkę miligrama. Ze swoimi szwajcarskimi kolegami od razu opublikował swoje odkrycia – zostały one upublicznione na początku lat 40. Przez wzgląd na silne zmiany w świadomości wywoływane przez LSD i wpływ tradycyjnie zorientowanych psychiatrów, którzy stworzyli kontekst dla dalszych badań, naukowcy postanowili uwypuklić „psychozomimetyczne" właściwości tej substancji*.

Lata następujące po II wojnie światowej były niezwykle ekscytujące dla psychiatrii. Poza LSD naukowcy odkryli także „antypsychotyczne" właściwości chlorpromazyny czy też thorazyny. Substancja ta poprawiła stan pacjentów cierpiących na poważne zaburzenia umysłowe na tyle, że wielu z nich nie musiało już przebywać w zamknięciu zakładów psychiatrycznych. Wraz z innymi antypsychotycznymi medykamentami w końcu umożliwiła ona lekarzom robienie postępów w pracy z niektórymi z najbardziej dokuczliwych chorób.

W tamtym okresie narodziła się współczesna „psychiatria biologiczna". Dyscyplina ta zajmuje się badaniem relacji zachodzących pomiędzy ludzkim umysłem a chemią

---

* Więcej historycznych informacji dotyczących znaczenia występujących w naturze psychodelików znajduje się w: Marlene Dobkin de Rios, *Hallucinogens: Cross-Cultural Perspectives* (Albuquerque, University of New Mexico Press, 1984); oraz Peter Furst, *Flesh of the Gods: The Ritual Use of Hallucinogens* (Nowy Jork, Waveland, 1990). Oparte na przypuszczeniach rozważania związane z tą tematyką znajdują się w: Ronald Siegel, *Intoxication: Life in Pursuit of Artificial Paradise* (Nowy Jork, EP Dutton, 1989); Terence McKenna, *Pokarm Bogów* (Warszawa, Okultura, 2007); oraz Paul Devereux, *The Long Trip: The Prehistory of Psychedelia* (Nowy Jork, Penguin, 1997).
Najbardziej wyczerpujące źródło informacji dotyczących wczesnego wykorzystania występujących w naturze psychodelików do celów religijnych stanowią prace Wassona – zobacz R. Gordon Wasson, Carl A. P. Ruck oraz Stella Krammrisch, *Persephone's Quest: Entheogens and the Origins of Religion* (New Haven, Yale University Press, 1988). Pogłębiona dyskusja na temat poszczególnych roślin oraz pełnionej przez nie roli w rdzennych społecznościach znajduje się w: Richard E. Schultes i Albert Hofmann, *Plants of the Gods* (Nowy Jork, McGraw Hill, 1979). Szczegóły dotyczące chemii tych roślin znajdują się w: Richard E. Schultes i Albert Hofmann, *The Botany and Chemistry of Hallucinogens* (Springfield, Charles C. Thomas, 1980); oraz Jonathan Ott, *Pharmacotheon* (Kennewick, Natural Products Co., 1993). Nie przestaje zachwycać także napisana przez Alberta Hofmanna opowieść o odkryciu przez niego LSD – *LSD... moje trudne dziecko* (Warszawa, Wydawnictwo Latawiec, 2001).

naszego mózgu i stanowi dziecko zrodzone ze związku dziwnej pary: LSD i thorazyny. Swatem zaś była w tym przypadku serotonina.

W 1948 roku badacze odkryli, że przenoszona przez krew serotonina jest odpowiedzialna za kurczenie się mięśni wyścielających żyły i tętnice. Było to niezwykle istotne do zrozumienia tego, w jaki sposób możliwe jest opanowanie procesu krwawienia. Nazwa serotoniny pochodzi od łacińskiego *sero*, oznaczającego „krew", oraz *tonin*, oznaczającego „zaciśnięcie".

Kilka lat wcześniej, w połowie lat 50., serotoninę znaleziono w mózgu zwierząt laboratoryjnych. Dalsze eksperymenty pomogły ustalić, gdzie się ona dokładnie znajduje oraz jakie efekty wywiera na elektryczne i chemiczne funkcje pojedynczych komórek nerwowych. Substancje chemiczne lub zabiegi chirurgiczne, które wpływały na zawierające serotoninę obszary zwierzęcych mózgów, w znaczący sposób zmieniały ich zachowania seksualne, poziom agresji, a także wiele podstawowych funkcji biologicznych ich organizmów. Obecność i aktywność serotoniny w mózgu oraz jej wpływ na zachowania zwierząt przesądziły o przyznaniu jej miana pierwszego znanego nam neuroprzekaźnika*.

W tym samym czasie naukowcy wykazali, że cząsteczki LSD i serotoniny są do siebie pod wieloma względami niezwykle podobne. Dowiedli oni następnie, że LSD i serotonina rywalizują ze sobą w wielu obszarach mózgu. W niektórych eksperymentach LSD blokowało działanie serotoniny, w innych natomiast naśladowało jej funkcjonowanie.

Za sprawą tych odkryć LSD stało się najpotężniejszym dostępnym nam narzędziem, jeśli chodzi o poznawanie relacji zachodzących pomiędzy umysłem a mózgiem. Gdyby niezwykły wpływ LSD na odczucia i emocje wynikał z określonych i zrozumiałych dla nas zmian w funkcjonowaniu znajdującej się w mózgu serotoniny, możliwe stałoby się „chemiczne rozłożenie" konkretnych funkcji psychicznych na ich podstawowe składniki fizjologiczne. Inne substancje zmieniające świadomość o równie dobrze scharakteryzowanym wpływie na różne neuroprzekaźniki mogłyby doprowadzić do rozkodowania rozmaitych doświadczeń i odkrycia leżących u ich podstaw mechanizmów chemicznych.

Dziesiątki badaczy z całego świata podawało oszałamiająco szeroką gamę substancji psychodelicznych tysiącom cieszących się dobrym zdrowiem ochotnikom i pacjentom psychiatrycznym. Przez ponad dwie dekady poszukiwania te były obficie wspierane przez jednostki rządowe i prywatnych darczyńców. Naukowcy opublikowali kilkaset artykułów i kilkadziesiąt książek. Podczas wielu międzynarodowych kon-

* Neuroprzekaźniki umożliwiają chemiczną komunikację pomiędzy komórkami nerwowymi mózgu. Komórka przekazująca sygnał aktywuje neuroprzekaźnik, który następnie dociera do odpowiedniego miejsca wiążącego komórki odbierającej ten sygnał. To połączenie przekaźnika z receptorem rozpoczyna ciąg reakcji kończący się wypuszczeniem własnego neuroprzekaźnika przez komórkę odbierającą sygnał. Proces ten powtarza się co jakiś czas. Innymi dobrze znanymi neuroprzekaźnikami są na przykład noradrenalina (norepinefryna), acetylocholina oraz dopamina.

ferencji, spotkań i sympozjów omawiano najnowsze odkrycia w dziedzinie badań nad substancjami psychodelicznymi oraz ich wpływu na ludzi*.

Laboratoria firmy Sandoz dostarczały badaczom LSD, tak aby mogli oni wywoływać krótkie epizody psychotyczne u zdrowych ochotników. Naukowcy mieli nadzieję, że tego rodzaju eksperymenty rzucą nieco światła na naturalnie pojawiające się zaburzenia psychotyczne, takie jak schizofrenia.

Sandoz zalecał także podawanie LSD osobom odbywającym staż psychiatryczny, aby wykształcić w nich poczucie empatii wobec przyszłych pacjentów. Młodzi lekarze byli zafascynowani owym tymczasowym spotkaniem z szaleństwem. Bezpośrednia konfrontacja z własnymi, wypartymi do nieświadomości wspomnieniami i uczuciami sprawiła, że psychiatrzy ci nabrali przeświadczenia, że niezwykłe właściwości substancji psychodelicznych mogą przyspieszyć rozwój psychoterapii.

Niezliczone publikacje wskazywały, że normalne mechanizmy terapii mówionej były znacznie skuteczniejsze, gdy terapia ta wspomagana była dodatkowo użyciem substancji psychodelicznych. W dziesiątkach naukowych artykułów opisywano niesamowite osiągnięcia, jeśli chodzi o postępy u opierających się dotychczas leczeniu pacjentów, którzy cierpieli na obsesje i kompulsje, stres pourazowy, zaburzenia odżywiania, stany lękowe, depresję, alkoholizm i uzależnienie od heroiny. Gwałtowne przełomy opisywane przez badaczy wykorzystujących „psychoterapię psychodeliczną" rozbudziły w ich kolegach po fachu zainteresowanie dobroczynnymi właściwościami tych substancji w przypadku zrozpaczonych i dręczonych bólem śmiertelnie chorych pacjentów. Pomimo że psychoterapia psychodeliczna miała niewielki wpływ na zasadniczy stan zdrowia tych pacjentów, dokonywała ona znaczących zmian w ich psychice. Depresja stawała się łagodniejsza, gwałtownie zmniejszało się zapotrzebowanie na środki przeciwbólowe, rosła w nich natomiast akceptacja samej choroby oraz nieuchronności śmierci. Poza tym pacjenci oraz członkowie ich rodzin otwierali się na najbardziej podstawowe zagadnienia dotyczące panujących pomiędzy nimi relacji, o których z racji towarzyszącego im potężnego ładunku emocjonalnego nie byli w stanie dotychczas rozmawiać. Niezwykle szybkie efekty wywoływane przez tę nową terapię wydawały się szczególnie korzystne w przypadkach, w których największe znaczenie miał czas. Niektórzy terapeuci uważali, że za „cudowne" efekty psychoterapii psychodelicznej były odpowiedzialne transformacyjne, mistyczne oraz duchowe doświadczenia uczestniczących w niej osób**.

Na dodatek szybko dało się zauważyć, że doświadczenia opisane przez ochotników przebywających w głębokich stanach psychodelicznych są uderzająco podob-

---

* Aby odczuć ogrom informacji zgromadzonych w tamtych latach, zobacz: Abram Hoffer i Humphrey Osmond, *The Hallucinogens* (Nowy Jork, Academic Press, 1967). Zaskakujące, że po czterdziestu latach od ukazania się tej książki pozostaje ona najlepszym źródłem informacji o substancjach psychodelicznych.

** Znakomity przegląd naukowych podstaw dotyczących psychoterapii wspomaganej psychodelikami znajduje się w: Walter N. Pahnke, Albert A. Kurland, Sanford Unger, Charles Savage oraz Stanislav Grof, *The Experimental Use of Psychedelic (LSD) Psychoterapy*, „Journal of the American Medical Association" 212 (1970), str. 1856-63.

ne do tych, które opisują osoby praktykujące tradycyjne wschodnie medytacje. Zbieżność zachodząca pomiędzy zmianami w świadomości wywoływanymi przez substancje psychodeliczne a będącymi następstwem zastosowania technik medytacyjnych przyciągnęły uwagę pisarzy spoza kręgów akademickich, między innymi angielskiego powieściopisarza i filozofa religii – Aldousa Huxleya. Huxley miał za sobą wyjątkowo pozytywne doświadczenia z meskaliną i LSD. Wyniósł je z sesji przeprowadzonych pod czujnym okiem kanadyjskiego psychiatry Humphreya Osmonda, który odwiedził go w Los Angeles w latach 50. Huxley wkrótce opisał swoje przeżycia wraz z wywołanymi przez nie przemyśleniami. Jego pisma poświęcone naturze oraz wartości doświadczenia psychodelicznego były przekonywające i fascynowały, inspirując tym samym wiele osób do podjęcia prób osiągnięcia (a w przypadku naukowców wywołania) duchowego oświecenia poprzez stosowanie substancji zmieniających świadomość. Pomimo że zaprezentowane przez niego idee zaowocowały narodzinami potężnego ruchu powszechnych eksperymentów z psychodelikami, sam Huxley pozostawał zagorzałym zwolennikiem teorii, w myśl której wyłącznie elitarna grupka intelektualistów i artystów powinna mieć dostęp do tych substancji. Nie wierzył on w to, że zwyczajne osoby są w stanie stosować psychodeliki w najbezpieczniejszy i najbardziej produktywny sposób*.

Badania dotyczące śmiertelnych chorób oraz dyskusje poświęcone podobieństwom pomiędzy efektami wywoływanymi przez substancje psychodeliczne i doświadczenia mistyczne przyczyniły się jednakże do narodzin niełatwej mieszanki nauki i religii. Badania w znacznym stopniu zaczynały wykraczać poza ramy początkowych planów firmy Sandoz.

Sprawę skomplikowało dodatkowo udostępnienie LSD w latach 60. W mediach pojawiały się doniesienia o coraz częstszych wizytach na oddziałach pomocy doraźnej, samobójstwach, morderstwach, występowaniu wad wrodzonych i uszkodzonych chromosomach. Szeroko nagłośniona sprawa odejścia dr. Timothy Leary'ego i jego zespołu badawczego z Uniwersytetu Harwardzkiego od stosowania reguł prowadzenia badań naukowych zaowocowała ostatecznie ich zwolnieniem. Wydarzenia te wzmocniły narastające podejrzenia, jakoby nawet naukowcy mieli utracić kontrolę nad owymi potężnymi substancjami psychoaktywnymi**.

Media uwypukliły i przejaskrawiły negatywne fizyczne i psychologiczne następstwa przyjmowania psychodelików. Niektóre z tych doniesień opierały się na niedokładnie zebranych materiałach; inne były po prostu zmyślone. Dalsze publikacje

* Aldous Huxley, *Drzwi percepcji/Niebo i piekło* (Warszawa, Przedświt, 1991).

** Historycy bardzo często przeciwstawiają charakterystyczne dla Leary'ego dość nieformalne podejście do stosowania psychodelików z poglądami Huxleya, według którego, ich użycie powinno zostać ograniczone do nielicznej, elitarnej grupki przywódców i artystów. Faktem pozostaje jednak, że gdyby nie dość awanturnicze podejście Leary'ego (zobacz Timothy Leary, *Flashbacks* [Nowy Jork, JP Tarcher, 1997]) oraz Kena Keseya (zobacz Paul Perry, *On the Bus* [St. Paul, Thunder's Mouth Press, 1997]), wielu z nas nie miałoby najprawdopodobniej sposobności zetknięcia się z tymi substancjami.

oczyściły psychodeliki z podejrzeń dotyczących ich wysokiej toksyczności, w tym także wywoływania przez nie uszkodzeń chromosomów. Przeprowadzone później badania uzupełniające odbiły się jednakże dużo słabszym echem niż początkowe doniesienia medialne o szkodliwości tych substancji.

W literaturze psychiatrycznej także pojawiły się artykuły opisujące „bad tripy", czyli niepożądane reakcje psychiczne na zażyty psychodelik. Pragnąc zająć się tym problemem w planowanych przeze mnie badaniach, przeczytałem każdy dostępny mi artykuł opisujący tego rodzaju negatywne efekty i opublikowałem rezultaty własnych poszukiwań. Dość jasno wynikało z nich, że odsetek jakichkolwiek komplikacji psychicznych w kontrolowanych warunkach badawczych był niezwykle niski, zarówno jeśli chodzi o zdrowych ochotników, jak i pacjentów psychiatrycznych. Problemy pojawiały się natomiast w sytuacji, gdy niestabilna lub cierpiąca na zaburzenia psychiczne osoba zażywała zanieczyszczoną lub nieznaną jej substancję psychodeliczną w połączeniu z alkoholem i innymi narkotykami, w niekontrolowanych warunkach i bez należytego nadzoru*.

Reagując na niepokoje społeczne wywołane niekontrolowanym stosowaniem LSD, pomijając przy tym zastrzeżenia niemalże każdego badacza zajmującego się tą dziedziną, Kongres Stanów Zjednoczonych wprowadził w 1970 roku przepis, na mocy którego LSD oraz inne psychodeliki stawały się nielegalne. Rząd nakazał naukowcom zwrócić posiadane substancje, zaś praca papierkowa niezbędna do otrzymywania nowych dostaw psychodelików na potrzeby eksperymentów stała się tak czasochłonna i uciążliwa, że powstanie nowych projektów badawczych na tym polu stawało się coraz mniej prawdopodobne. Fundusze na badania zostały obcięte, a badacze przerwali swoją pracę. Wraz z pojawieniem się nowego ustawodawstwa zainteresowanie prowadzonymi z udziałem ludzi badaniami dotyczącymi psychodelików osłabło równie szybko, jak się pojawiło, tak jakby substancje te na powrót stawały się nieodkryte.

Biorąc pod uwagę ogromny postęp w badaniach nad psychodelikami, jaki nastąpił przed trzydziestoma laty, zaskakujące jest, jak mało informacji na ich temat zawierają dzisiejsze programy kształcenia lekarzy i psychiatrów. Przez dwadzieścia lat poprzedzających ich delegalizację psychodeliki stanowiły aktywne pole poszukiwań psychiatrii. Obecnie lekarze i psychiatrzy praktycznie nic o nich nie wiedzą.

Kiedy byłem jeszcze studentem medycyny w połowie lat 70. (nie minęło zatem jeszcze nawet dziesięć lat od zmiany prawa narkotykowego), psychodeliki stanowiły temat zaledwie dwóch wykładów w ciągu czterech lat moich studiów. Było to nawet więcej informacji, aniżeli otrzymywali studenci innych uczelni medycznych, jako że w Wyższej Szkole Medycznej im. Alberta Einsteina w Nowym Jorku, gdzie się uczyłem, funkcjonowała grupa zajmująca się prowadzeniem na zwierzętach badań dotyczących środków zmieniających świadomość. W połowie lat 90. prowadziłem na Uniwersytecie

* Rick J. Strassman, *Adverse Reactions to Psychedelic Drugs. a Review of the Literature*, „Journal of Nervous and Mental Disease" 172 (1984), str. 577-95.

Nowego Meksyku seminarium dla stażystów psychiatrii poświęcone badaniom nad substancjami psychodelicznymi – najprawdopodobniej jedyne tego rodzaju zajęcia w naszym kraju na przestrzeni dekad.

Brak zainteresowania środowisk akademickich psychodelikami częściowo wynikał z tego, że nie prowadzono w związku z nimi jakichkolwiek badań z udziałem ludzi. W przypadku szkolących się lekarzy niezbędne jest zapoznawanie się z popularnymi niegdyś teoriami i technikami, nawet jeśli nie mają one w chwili obecnej zbyt wielu zwolenników. Substancje psychodeliczne wydawały się jednakże pozostawać poza obowiązującym w psychiatrii dyskursem.

Większość teorii, technik i substancji na polu psychiatrii klinicznej przechodzi dość przewidywalny ciąg ewolucyjny: propozycja, testowanie, a następnie udoskonalanie na potrzeby przyszłego stosowania. Dlatego też nie jest zaskakujący fakt, że wraz ze zbieraniem coraz większej liczby danych podczas pierwszej fali prowadzonych z udziałem ludzi badań nad psychodelikami zaczęło pojawiać się coraz więcej stojących ze sobą w sprzeczności wniosków. Jak można się spodziewać, stopniowo malał entuzjazm odnośnie do twierdzeń, że substancje te wywołują „modelową psychozę" czy też, że „leczą" trudne przypadki, z którymi nie mogą poradzić sobie psychoterapeuci. Naturalnym procesem w badaniach psychiatrycznych jest dopracowywanie przez naukowców metod, zastosowań oraz stawianych sobie pytań. Nie stało się tak jednakże w przypadku substancji psychodelicznych. Zamiast tego poświęcone im badania przeszły bardzo nienaturalny proces ewolucji. Początkowo były one „cudownymi substancjami", następnie – „potwornymi", a na końcu przestały dla wielu osób istnieć.

Uważam, że studenci i stażyści medycyny oraz psychiatrii uczą się tak niewiele na temat substancji psychodelicznych nie z racji tego, że poświęcone im badania się zakończyły, ale raczej – *w jaki sposób* się one zakończyły. Proces ten w ogromnym stopniu zniechęcił akademicką psychiatrię i spowodował, że odwróciła się ona od tego rodzaju środków.

Badania psychodeliczne stanowiły dość nieprzyjemny i upokarzający rozdział w życiu wielu najbardziej znaczących na tym polu naukowców. Byli oni najlepszymi i najbystrzejszymi psychiatrami swojego pokolenia. Wielu cieszących się obecnie ogromnym szacunkiem badaczy Ameryki Północnej i Europy (niejednokrotnie zajmujących wysokie stanowiska na uczelniach wyższych i w organizacjach państwowych zajmujących się psychiatrią) rozpoczynało swoją karierę zawodową, badając właściwości substancji psychodelicznych. Najbardziej znaczący przedstawiciele tej grupy zawodowej odkryli, że dowody naukowe i zdrowy rozsądek nie były w stanie obronić prowadzonych przez nich badań przed wprowadzaniem w życie represyjnych rozwiązań prawnych, których siłą napędową były domysły, emocje i przekazy medialne.

Gdy tylko wprowadzono nowe prawo, organizacje rządowe nadzorujące badania oraz dostarczające pieniędzy na ich realizację bardzo szybko wycofały zezwolenia, same substancje oraz środki finansowe. Psychodeliki, które wcześniej były postrzegane przez badaczy jako niezwykłe klucze do chorób umysłowych i które zapoczątkowały dziesiątki karier zawodowych, zaczęły wzbudzać strach i nienawiść.

Innym problemem było to, że substancje te stawały się źródłem kłopotliwych sporów także w ramach samej psychiatrii. Biologicznie zorientowani psychiatrzy nie mieli zbyt dużej cierpliwości wobec swoich kolegów po fachu, którzy przeżyli „nawrócenie" i zaczęli wychwalać duchowe efekty tych substancji, uważając przy tym podejście skupione wyłącznie na pracy mózgu za ograniczone. Psychiatria nigdy nie czuła się wyjątkowo komfortowo w kwestii spraw duchowych, dlatego też pojawiło się na tym polu zupełnie nowe zjawisko obejmujące sobą wyniki badań nad psychodelikami: „transpersonalny" obszar teorii i praktyki. W ten oto sposób przynajmniej niektórzy badacze psychodelików mogli po cichu odetchnąć z ulgą na myśl, że nie muszą już dłużej zajmować się skomplikowanymi, sprzecznymi i zagmatwanymi efektami, jakie substancje te wywoływały u nich, a także u ich pacjentów i kolegów po fachu.

Z jakich względów ktokolwiek chciałby wypowiadać się na temat tego problematycznego rozdziału w historii akademickiej psychiatrii przed audytorium wypełnionym po brzegi dwiema setkami bystrych studentów medycyny? Ówczesna grupka badaczy zajmujących się psychodelikami w większości składała się z profesjonalnych naukowców, a nie fanatyków. Wiedzieli wystarczająco dużo, aby nie krytykować publicznie zachowania swoich kolegów i ofiarodawców. Lepiej jest uczyć się przez całe życie*.

Przyjrzeliśmy się już w pewnej mierze kontekstowi badań nad psychodelikami, skupmy się zatem teraz na ich działaniu.

Psychodeliki wywołują swoje efekty za sprawą złożonej mieszaniny trzech czynników: *nastawienia*, *otoczenia* oraz *substancji*.

Nastawienie jest reprezentowaną przez nas postawą, zarówno długotrwałą, jak i chwilową. Składają się na nią nasza przeszłość, nasza teraźniejszość oraz nasza potencjalna przyszłość, a także nasze preferencje, poglądy, przyzwyczajenia i odczucia. Nastawienie obejmuje również nasze ciało i mózg.

Doświadczenie psychodeliczne opiera się także na *otoczeniu*: tym, kto lub co znajduje się w bezpośredniej przestrzeni wokół nas; środowisku, w którym przebywamy – czy jest naturalne lub miejskie, czy jesteśmy w pomieszczeniu czy na zewnątrz; jakości powietrza oraz otaczających nas dźwiękach i tak dalej. Otoczenie obejmuje sobą także *nastawienie* osób, w towarzystwie których przebywamy pod wpływem substancji – czy są one nam bliskie czy zupełnie obce, rozluźnione czy spięte, czy są wspierającymi przewodnikami czy dociekliwymi naukowcami.

---

* Późniejsze ujawnienie, że CIA było zaangażowane w podawanie LSD i innych psychodelików nieświadomym niczego cywilom oraz rekrutom armii, stanowiło źródło dodatkowego wstydu i zakłopotania w tej i tak już wystarczająco bolesnej mieszaninie emocji. Zobacz Martin A. Lee i Bruce Shlain, *Acid Dreams: The Complete Social History of LSD, the CIA, the Sixties, and Beyond* (Nowy Jork, Grove Press, 1986); oraz Jay Stevens, *Storming Heaven: LSD and the American Dream* (Nowy Jork, Grove Press, 1998). Znajduje się tam sporo informacji odnośnie do tego niezwykłego rozdziału w historii USA mającego na celu zwiększenie bezpieczeństwa narodowego.

W końcu mamy także samą *substancję*.

Przede wszystkim, w jaki sposób się do niej odnosimy? Nawet pośród samych badaczy nie panuje w tej kluczowej kwestii zgoda. Niektórzy z nich nie przepadają za słowem *substancja*, określając ją mianem *molekuły, związku, środka, lekarstwa* lub *sakramentu*.

Nawet jeśli zgodzimy się używać słowa *narkotyk*, zwróćmy uwagę, jak wieloma różnymi nazwami możemy się wobec niego posługiwać: *halucynogen* (substancja wywołująca halucynacje), *enteogen* (substancja wywołująca poczucie kontaktu z boskością), *substancja mistykomimetycza* (naśladująca stany mistyczne), *oneirogen* (substancja wywołująca sny), *fanerotym* (substancja wywołująca namacalne odczucia), *fantastykant* (substancja stymulująca fantazję), *psychodysleptyk* (substancja zakłócająca funkcjonowanie umysłu), *substancja psychozomimetyczna* lub *psychotogen* (odpowiednio: naśladująca lub wywołująca psychozę) oraz *psychotoksyna* i *schizotoksyna* (trucizna wywołująca odpowiednio psychozę i schizofrenię).

Kwestia samego nazewnictwa nie jest bez znaczenia. Gdyby wszyscy byli zgodni co do tego, czym psychodelik jest lub co wywołuje, z pewnością nie powstałoby tak wiele słów na określenie tej samej substancji. Wielość etykietek odzwierciedla głęboką i niezakończoną debatę dotyczącą psychodelików oraz ich działania.

Naukowcy rzadko uznają ogromną rolę używanych przez nich w odniesieniu do tych substancji słów, nawet jeśli zdają sobie sprawę z tego, w jak potężnym stopniu oczekiwania wpływają na ich działanie. Studenci psychologii uczą się tego podczas zajęć wprowadzających z psychologii, gdy zapoznają się z przełomowymi wynikami badań opublikowanych w latach 60. Eksperymenty te polegały na podawaniu ochotnikom adrenaliny, hormonu „uciekaj-albo-walcz", manipulując przy tym żywionymi wobec niej oczekiwaniami. Wywoływała ona spokój i stan relaksacji u ochotników, których poinformowano, że podawany środek ma działanie uspokajające. Osoby, którym powiedziano, że badana substancja jest stymulantem, odczuwały zazwyczaj niepokój i nadmiar energii*.

Dlatego też sposób, w jaki odnosimy się do przyjmowanej przez nas lub podawanej komuś substancji, wpływa na nasze oczekiwania odnośnie do tego, jakich efektów możemy się po niej spodziewać. Zmienia także same efekty jej działania oraz to, jak je interpretujemy. W przypadku psychodelików używana przez nas terminologia wpływa na wywoływane przez nie reakcje w tak potężnym stopniu, ponieważ substancje te sprawiają, że stajemy się dużo bardziej podatni na sugestie.

Poza kwestią sposobu odnoszenia się do samych psychodelików, wpływ na otoczenie i nastawienie, a zatem także na reakcję na podanie tych substancji, mają także określenia, których używamy wobec używających je jednostek. Czy przyjmująca je osoba jest *przedmiotem badań* czy ich *uczestnikiem*? *Klientem* czy *celebrantem*? Czy

* Stanley Schachter i Jerome E. Singer, *Cognitive, Social, and Physiological Determinants of Emotional State*, „Psychological Review" 69 (1962), str. 379-99.

my, którzy je podajemy, jesteśmy *przewodnikami, opiekunami* czy *badaczami*? *Szamanami* czy *naukowcami*?

Spróbuj przeprowadzić następujące ćwiczenie umysłowe: Zastanów się, czy chciałbyś znaleźć się w sytuacji, w której byłbyś „przedmiotem badania" poddanym wpływowi „środka psychozomimetycznego". Następnie wyobraź sobie, jak czułbyś się w roli „celebranta" uczestniczącego w „ceremonii", podczas której wykorzystany zostanie „enteogenny sakrament". W jaki sposób owe dwa odmienne od siebie podejścia wpłyną na twoją interpretację halucynacji i dramatycznych zmian nastroju wywołanych działaniem substancji? Czy będziesz „odchodził od zmysłów", czy też doznawał „oświecającego doświadczenia"?

Gdybyś to ty był osobą podającą komuś psychodelik, jakiego rodzaju zachowania oczekiwałbyś od uczestników swoich badań, a które uznałbyś za mało istotne? Dużo zależałoby od tego, czy podawałbyś „schizotoksynę" czy „fantastykant". Możesz pobudzić „doświadczenie wyjścia z ciała", pracując w „szamańskim" kontekście, a jednocześnie zahamować te same efekty, podając lek antypsychotyczny, jeśli za punkt wyjścia uznasz kontekst „psychozomimetyczny"*.

Halucynogen jest terminem medycznym najczęściej stosowanym w odniesieniu do substancji psychodelicznych, uwypuklającym powodowane przez nie zmiany percepcyjne, przede wszystkim wizualne. Pomimo że owe percepcyjne efekty psychodelików są czymś powszechnym, nie są one jedynymi skutkami ich zażycia ani tym bardziej niekoniecznie muszą być one najwyżej cenione. Wizje mogą być tak naprawdę zakłóceniami odciągającymi nas od bardziej pożądanych właściwości tego doświadczenia, takich jak intensywna euforia, głębokie wglądy intelektualne i duchowe oraz rozpuszczanie fizycznych granic naszego ciała.

Osobiście wolę posługiwać się terminem *psychodelik,* czyli „substancja ukazująca umysł", aniżeli słowem *halucynogen.* Psychodeliki ujawniają zawartość naszego umysłu, myśli i uczucia ukryte w podświadomości, ukryte, zapomniane, niedostrzegane, może nawet zupełnie niespodziewane, ale tak czy inaczej istniejące. W zależności od nastawienia i otoczenia ta sama substancja, w tej samej dawce, może wywołać kompletnie odmienną reakcję u tej samej osoby. Jednego dnia nie dzieje się nic nadzwyczajnego; innego wzbijasz się w górę otoczony ekstatycznymi i wnikliwymi odkryciami; jeszcze następnego zmagasz się natomiast z przerażającym koszmarem. Ogólna

* Oprócz pojawiania się tak wielu różnych nazw, psychodeliki zainspirowały także do działania całkiem spore rzesze zwolenników. Nie znam żadnych innych substancji, może z wyjątkiem marihuany, które cieszyłyby się poparciem tak wielu organizacji stawiających sobie za cel przekazywanie na ich temat informacji i promowanie ich stosowania. W przypadku psychodelików istnieją dziesiątki takich organizacji, z tysiącami opłacających składki członków. Zajmują się one wydawaniem czasopism, zakładaniem list korespondencyjnych, serwisów informacyjnych oraz stron internetowych. Organizują i sponsorują konferencje oraz wydają poświęcone takiej tematyce książki. Nieżyjący już dr Freedman z UCLA, jeden z wczesnych badaczy LSD i siła napędowa stojąca za prowadzonymi przeze mnie badaniami, ukuł termin *kultogen,* nawiązując do graniczącej z fanatyzmem gorliwości, zarówno zwolenników, jak i przeciwników, używania tych substancji skupiających się zazwyczaj na wybranych przez siebie efektach ich zażycia. Użytkownicy opiatów, kokainy czy rozpuszczalników nie organizują się w tak efektywny sposób. Co zatem jest tak wyjątkowego w psychodelikach, że wywołują one tak silne reakcje?

natura *psychodelików*, terminu niezwykle pojemnego, jeśli chodzi o interpretacje, odpowiada tego rodzaju efektom.

Słowo *psychodeliczny* cieszy się własnym kulturowym i lingwistycznym życiem. Obecnie może się odnosić do stylu sztuki, sposobu ubierania się, a nawet do wydarzeń, którym towarzyszą szczególnie dotkliwe doświadczenia. Jeśli chodzi o racjonalny dyskurs dotyczący narkotyków, *psychodeliki* przywodzą na myśl także wyniesione z lat 60. silne emocje i konflikty dotyczące kwestii społecznych i politycznych, które nie są bezpośrednio powiązane z całością zagadnienia. Wielu z nas, widząc słowo *psychodelik*, pomyśli sobie o „kontrkulturze", „rebelii", „liberalizmie" czy „lewicy". Podejmę jednakże ryzyko używania go w dalszej części niniejszej książki, ponieważ uważam, że jest to najlepszy termin, jakim dysponujemy. Mam nadzieję, że nie urażę w ten sposób nikogo, w kim słowo to budzi wewnętrzny sprzeciw.

Bez względu na to, jaką terminologią będziemy się posługiwać, większość z nas zgodzi się co do tego, że substancje psychodeliczne są czymś materialnym, chemicznym. Jest to najbardziej podstawowy poziom, od którego możemy rozpocząć próby zrozumienia tego, czym one są i w jaki sposób działają.

Towarzyszące zamieszczonym poniżej opisom diagramy przedstawiają budowę chemiczną kilku różnych związków mających psychodeliczne właściwości. Poszczególne kule reprezentują atomy, w większości węgla, które nie zostały oznaczone. „N" oznacza azot, „P" – fosfor, zaś „O" – tlen. Liczne atomy wodoru są połączone z innymi atomami tworzącymi molekułę; jest ich jednakże na tyle dużo, że niepotrzebnie zmniejszałyby przejrzystość diagramów, dlatego postanowiłem zrezygnować z ich umieszczenia.

Istnieją dwie główne chemiczne rodziny substancji psychodelicznych: fenetylaminy oraz tryptaminy*.

Na grupę fenetylamin składają się pochodne „macierzystego związku chemicznego" – fenetylaminy.

* Substancje z innych rodzin także mogą mieć właściwości psychodeliczne, ale tylko w ograniczonych pewnym zakresem dawkach. Dla przykładu, substancje występujące w roślinach z rodziny psiankowatych, np. w bieluniu, wywołują halucynacje i zmiany w procesie myślenia. Towarzyszy im jednak stan delirycznego oszołomienia, a także zaburzenia w pracy serca oraz temperaturze ciała. Bardzo często ich użytkownicy nie pamiętają zbyt dobrze swoich doświadczeń, zaś zażycie „trochę większej niż trzeba" dawki może okazać się bardzo toksyczne i prowadzić nawet do śmierci. Z drugiej strony nie odnotowano żadnego przypadku, w którym bezpośrednią przyczyną zgonu była sama substancja psychodeliczna.
Substancje takie jak ketamina („K" lub „ketka") czy fencyklidyna (PCP lub „anielski pył") także wywołują efekty psychodeliczne. Są one jednakże wykorzystywane przede wszystkim jako środki znieczulenia ogólnego i przy wyższych dawkach prowadzą do utraty przytomności. „Klasyczne" psychodeliki, takie jak LSD czy meskalina, nie prowadzą do znieczulenia ogólnego.
Poza tym psychoaktywne właściwości ketaminy, PCP i substancji znajdujących się w roślinach z rodziny psiankowatych opierają się na odmiennych niż w przypadku LSD, psylocybiny i DMT mechanizmach farmakologicznych. Do naszych celów ograniczę zakres tematyczny dyskusji dotyczącej „psychodelików" do substancji mających podobną budowę i farmakologiczne właściwości. Przegląd wszystkich substancji wywołujących efekty psychodeliczne znajduje się w: Peter Stafford, *Psychedelics Encyclopedia* (Berkeley, Ronin Press, 1992).

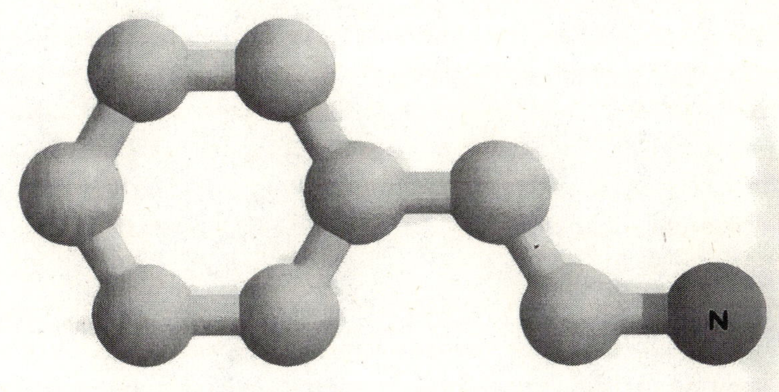

fenetylamina

Najbardziej znaną fenetylaminą jest meskalina, substancja pozyskiwana z pejotlu – kaktusa spotykanego w południowo-zachodniej części Ameryki Północnej.

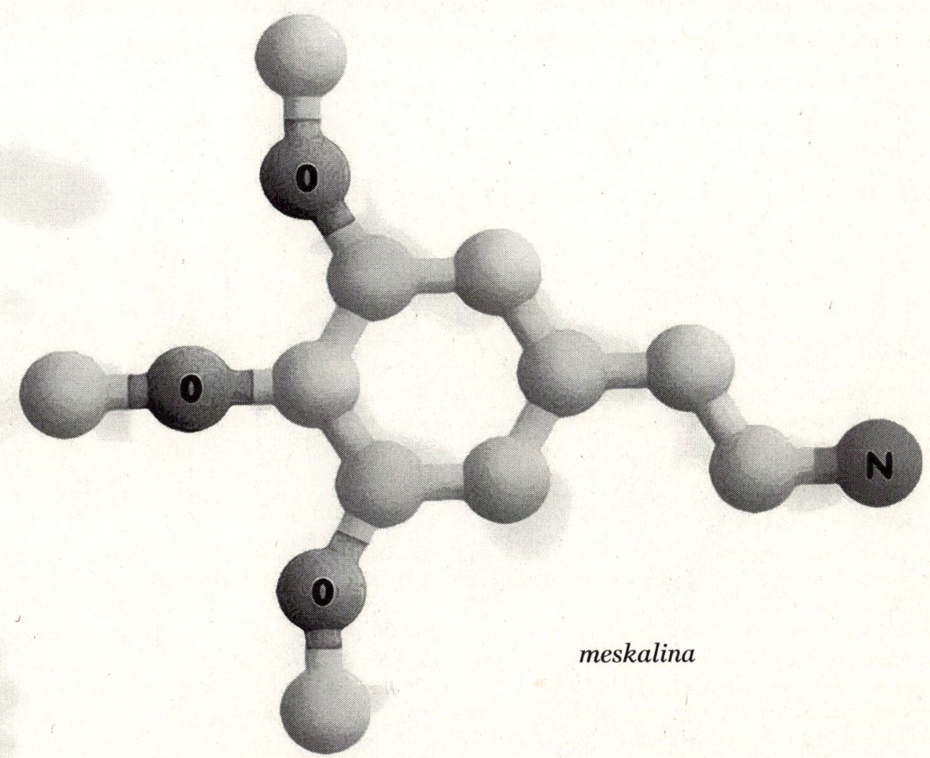

meskalina

Inną słynną fenetylaminą jest MDMA, znana także jako „ecstasy".

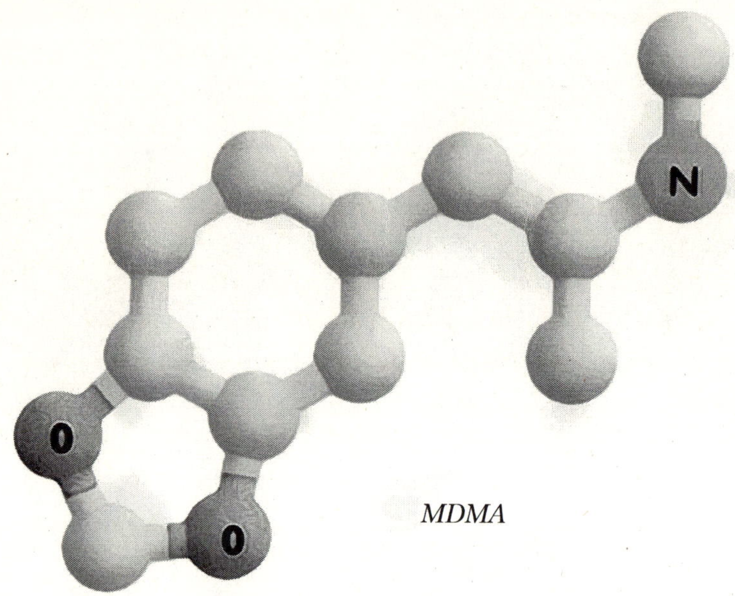

MDMA

Grupa tryptamin stanowi drugą rodzinę substancji psychodelicznych. Są one zbudowane na bazie związku o nazwie tryptamina, będącego pochodną tryptofanu – obecnego w naszej diecie aminokwasu.

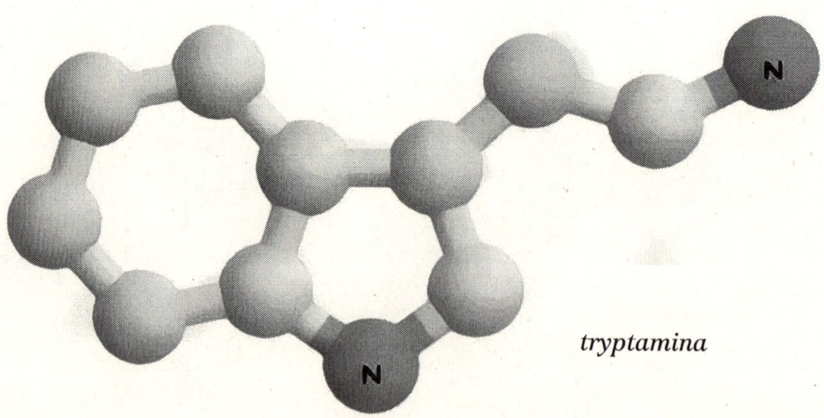

tryptamina

Do tryptamin należy, na przykład, serotonina, a mówiąc dokładniej: 5-hydroksytryptamina. Nie ma ona jednakże psychodelicznych właściwości. Ma ona o jeden atom tlenu więcej niż tryptamina.

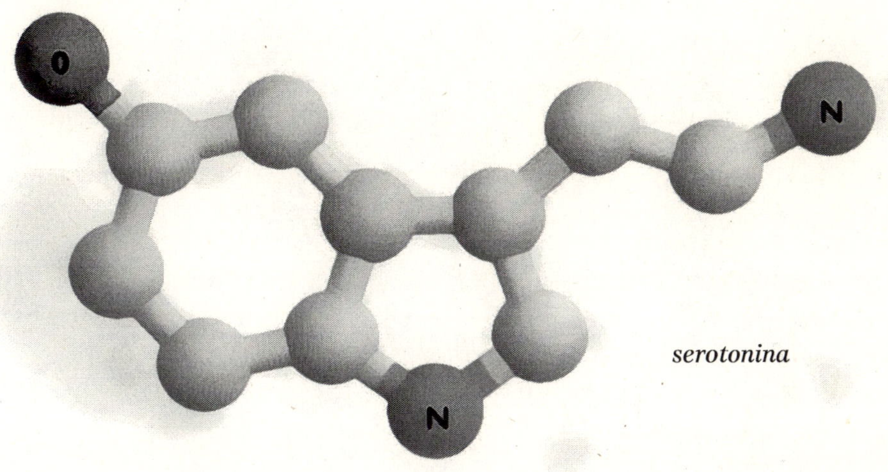

serotonina

Tryptaminą jest także DMT, będące najprostszym, jeśli chodzi o budowę chemiczną, psychodelikiem. Wystarczy po prostu do tryptaminy dodać dwie grupy metylowe, czego efektem będzie otrzymanie „dimetylotryptaminy”: DMT*.

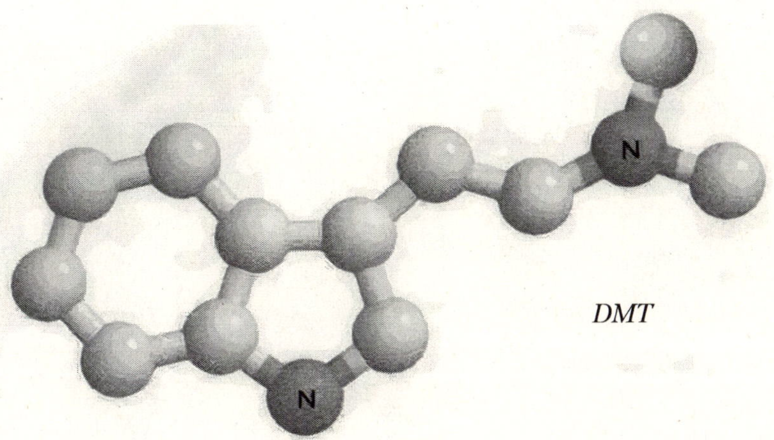

DMT

* Grupy metylowe składają się z węgla i trzech atomów wodoru i same w sobie stanowią najprostszy dodatek do cząstek organicznych.

„Dziadek" wszystkich współczesnych psychodelików, LSD, ma tryptaminowy rdzeń, podobnie jak ibogaina – afrykański psychodelik mający szeroko dyskutowane właściwości antyuzależnieniowe.

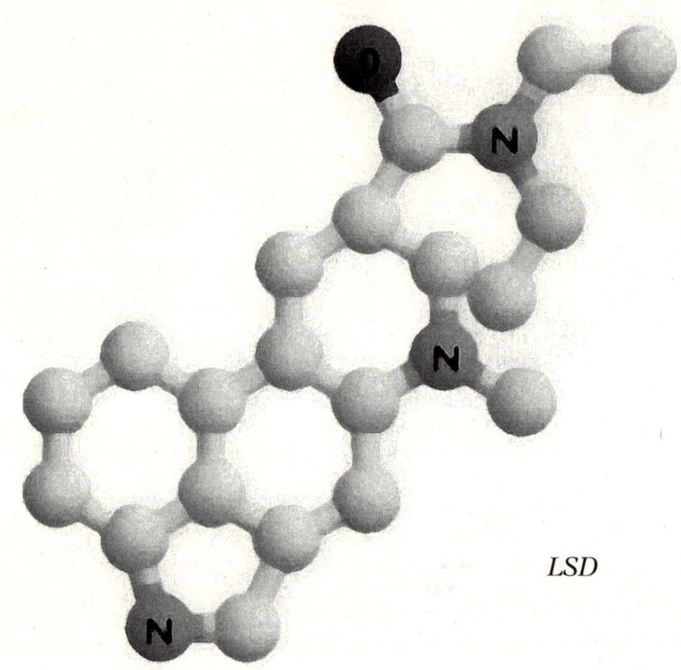

LSD

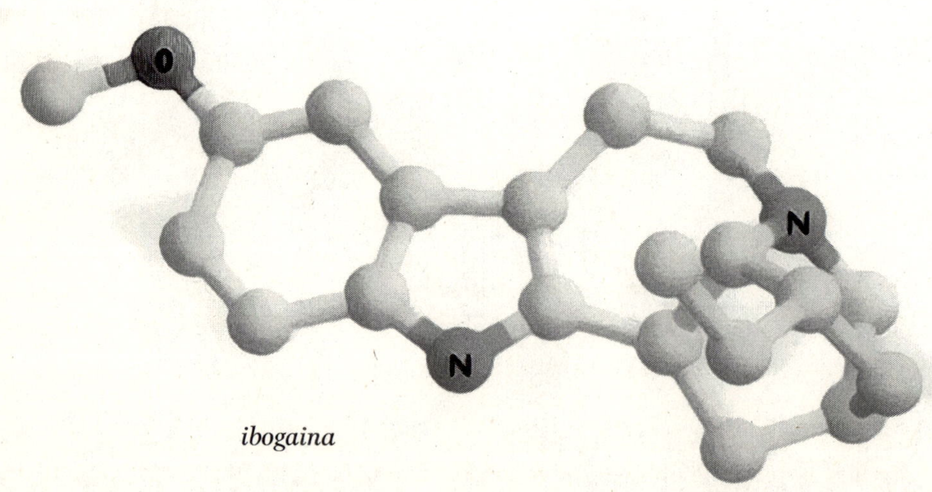

ibogaina

Jednym z najbardziej znanych psychodelików tryptaminowych jest psylocybina, substancja czynna, znajdująca się w „magicznych grzybach".

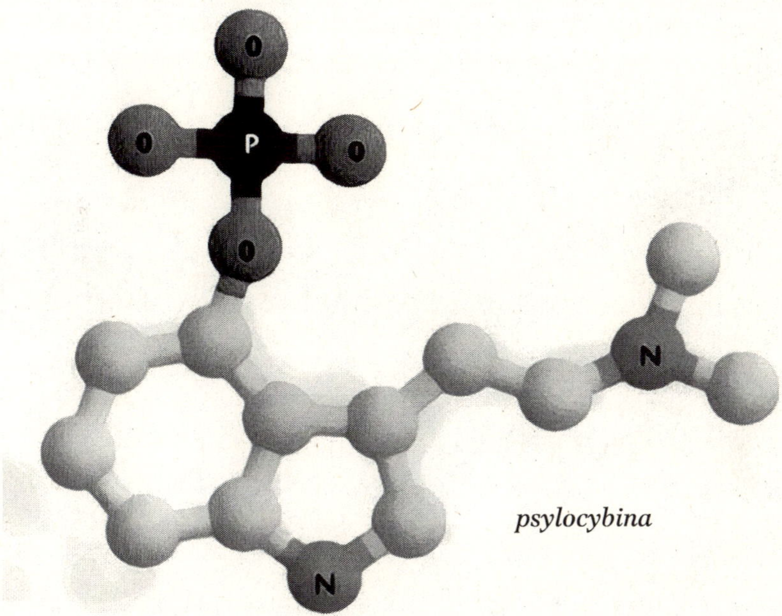

psylocybina

Po zjedzeniu owych grzybów ciało usuwa z psylocybiny atom fosforu, przekształcając ją w psylocynę.

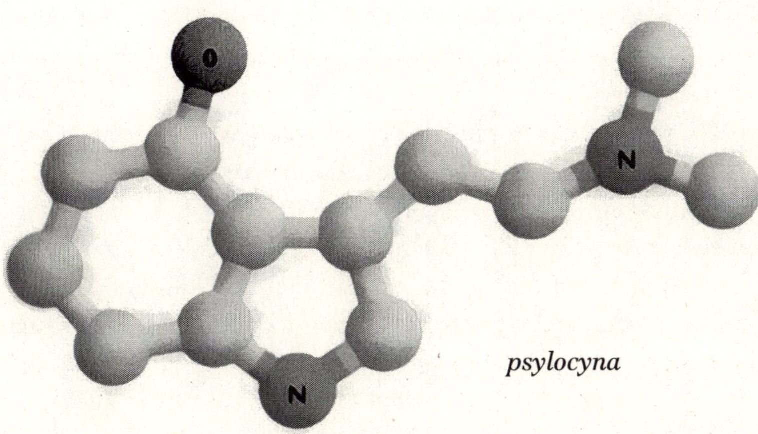

psylocyna

Psylocyna różni się od DMT obecnością tylko jednego atomu tlenu. Lubię myśleć o psylocybinie/psylocynie jako o „aktywnym DMT po podaniu doustnym".

Inną ważną tryptaminą jest 5-metoksy-DMT czy też 5-MeO-DMT. Różni się ono od DMT wyłącznie jedną grupą metylową oraz jednym atomem tlenu.

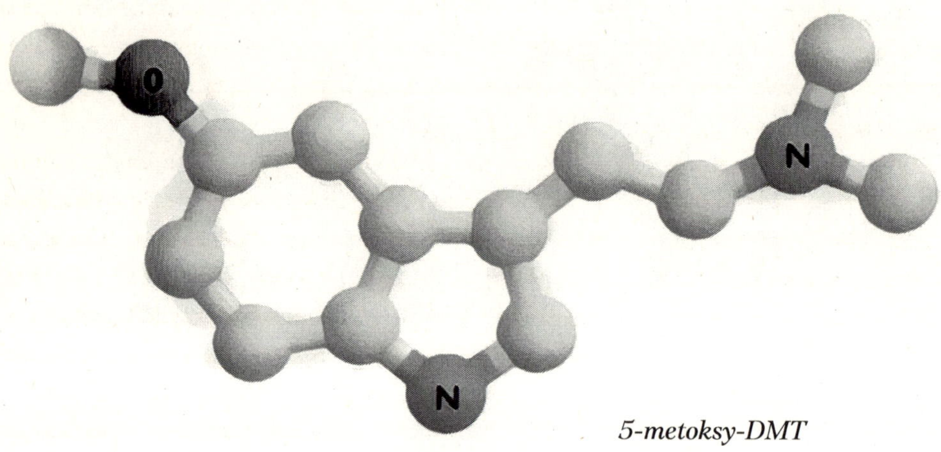

5-metoksy-DMT

Wiele roślin, grzybów i tkanek zwierzęcych, zawierających DMT, ma w sobie także 5-MeO-DMT. Podobnie jak ma to miejsce w przypadku DMT, użytkownicy 5-MeO-DMT zazwyczaj je palą*.

Oprócz chemicznej *budowy* psychodeliki wykazują także *działanie*. To właśnie w tym miejscu chemia staje się *farmakologią*, nauką zajmującą się działaniem poszczególnych substancji.

Jednym ze sposobów opisu działania psychodelików jest skupienie się na tym, jak szybko pojawiają się efekty ich przyjęcia i jak długo się one utrzymują.

Efekty wywoływane przez DMT i 5-MeO-DMT pojawiają się niezwykle szybko, ale też bardzo krótko się utrzymują. Podczas badań podawaliśmy DMT dożylnie – przy zastosowaniu tej metody uczestnicy zaczynali odczuwać działanie już po kilku uderzeniach serca. „Szczyt" następował po upływie 1 do 2 minut, zaś do „normalności" powracali oni w ciągu 20 minut do pół godziny.

* 5-MeO-DMT jest substancją czynną znajdującą się w wydzielinach pochodzących z gruczołów jadowych ropuchy, występującej w okolicach pustyni Sonoran, *Bufo alvarius*. Substancja ta nie jest przyjmowana poprzez lizanie ropuch, jak swego czasu błędnie prezentowały to doniesienia medialne. Zamiast tego jej nieustraszeni użytkownicy łapią ropuchę i bezboleśnie „doją" z niej jad na szkiełko. Puszczają ropuchę wolno, suszą zebrane wydzieliny i spalają je w fajce. Zobacz Wade Davis i Andrew T. Weil, *Identify of the New World Psychoactive Toad*, „Ancient Mesoamerican" (1988), str. 51-59.

LSD, meskalina i ibogaina są substancjami o dłuższym czasie działania. Pierwsze efekty pojawiają się po upływie od 30 minut do jednej godziny po ich połknięciu. Działanie LSD może utrzymywać się do 12 godzin, ibogainy zaś – do 24. Efekty wywoływane przez psylocybinę trwają nieco krócej; pojawiają się po mniej więcej 30 minutach i zanikają po 4 do 6 godzinach.

Inną podstawową kategorią farmakologiczną jest „mechanizm działania", czyli sposób, w jaki dana substancja wpływa na funkcjonowanie mózgu. Kwestia ta jest szczególnie ważna, ponieważ to właśnie poprzez zmiany w sposobie działania mózgu psychodeliki wywołują zmiany w świadomości.

Najwcześniejsze prowadzone z udziałem ludzi i zwierząt eksperymenty psychofarmakologiczne sugerowały, że LSD, meskalina, DMT i inne substancje psychodeliczne oddziałują przede wszystkim na układ serotoninowy mózgu. Badania na zwierzętach, w przeciwieństwie do badań na ludziach, były kontynuowane przez ponad trzydzieści lat i pomogły w ostatecznym dowiedzeniu kluczowej roli tego neuroprzekaźnika.

Serotonina przez dziesięciolecia była uważana za najważniejszy neuroprzekaźnik i nic nie wskazuje na to, by miało to ulec zmianie. Nowe, bezpieczniejsze i bardziej skuteczne leki antypsychotyczne opierają swoje działanie właśnie na serotoninie. Nowa generacja antydepresantów, z których najbardziej znany jest Prozac, również zmienia sposób funkcjonowania przede wszystkim tego neuroprzekaźnika.

Uważamy obecnie, że psychodeliki w niektórych przypadkach naśladują działania serotoniny, w innych zaś je blokują. Badacze zajmują się obecnie określeniem tego, na który z mniej więcej dwudziestu rodzajów receptorów serotoninowych wpływają psychodeliki. Owe miejsca „dokowania" serotoniny znajdują się w skupiskach komórek nerwowych w obszarach mózgu odpowiedzialnych za regulowanie najważniejszych procesów psychologicznych i fizjologicznych: krążenia krwi, stężenia hormonów i utrzymywania temperatury ciała, a także za sen, odżywianie, nastrój, percepcję i kontrolę motoryczną.

Kiedy już przez pryzmat obiektywnych i wymiernych danych przyjrzeliśmy się temu, czym psychodeliki są i jak działają, skierujmy naszą uwagę ku temu, jakie *odczucia* w nas wywołują, ponieważ wyłącznie poprzez umysł jesteśmy w stanie dostrzec wywoływane przez nie efekty.

Jest bardzo ważne, aby pamiętać o tym, że choć udało nam się wyjaśnić bardzo dużo, jeśli chodzi o działanie psychodelików z farmakologicznego punktu widzenia, w dalszym ciągu nie wiemy niemal nic o tym, w jaki sposób zmiany w chemii mózgu w *bezpośredni sposób* wiążą się z subiektywnym czy też wewnętrznym doświadczeniem. Dotyczy to zarówno psychodelików, jak i Prozacu. Oznacza to, że daleko nam do zrozumienia tego, w jaki sposób aktywacja konkretnego receptora serotoninowego przekłada się na powstawanie nowych myśli oraz emocji. Nie „odczuwamy" zablokowania receptora serotoninowego, lecz raczej ekstazę. Nie „postrzegamy" aktywacji płata czołowego; zamiast tego widzimy anioły i demony.

Niemożliwe jest dokładne przewidzenie tego, co stanie się po tym, jak danego dnia przyjmiemy substancję psychodeliczną. Niezależnie od tego będziemy posługiwać się pewną generalizacją, jeśli chodzi o ich subiektywne działanie, ponieważ umożliwi nam to wyrobienie sobie obrazu „standardowej" reakcji na ich zażycie. Możemy tego dokonać, uśredniając wszystkie doświadczenia własne oraz doświadczenia znanych nam osób, opisy wszystkich „tripów", które odbyto do tej pory. (Jako „trip" rozumiem pełne efekty typowych substancji psychodelicznych, takich jak LSD, meskalina, psylocybina lub DMT. Trip jest trudny do zdefiniowania, ale z pewnością jesteśmy w stanie zorientować się, kiedy go odbywamy!).

Poniższe opisy nie dotyczą „łagodnych" psychodelików takich jak MDMA czy marihuana o przeciętnej mocy; nie odnoszą się także do reakcji na niskie dawki psychodelików, w przypadku których efekty przypominają skutki zażycia substancji niepsychodelicznych, takich jak amfetamina.

Psychodeliki wywierają wpływ na nasze funkcje mentalne: percepcję, emocje, myślenie, świadomość ciała i postrzeganie własnej jaźni.

Efekty percepcyjne, czy też sensoryczne, bardzo często (choć nie zawsze) dominują w doświadczeniu. Przedmioty znajdujące się w naszym polu widzenia wydają się jaśniejsze lub ciemniejsze, większe lub mniejsze, mogą także zmieniać swój kształt lub topnieć. Przy zamkniętych lub otwartych oczach postrzegamy rzeczy, które nie mają zbyt wiele wspólnego ze światem zewnętrznym: wiry, kolory, przestrzenie wzorów geometrycznych lub kształtne obrazy przedstawiające poruszające się obiekty ożywione lub nieożywione.

Dobiegające do nas dźwięki stają się cichsze lub głośniejsze, łagodniejsze lub bardziej zgrzytliwe. Słyszymy nowe rytmy w szeleszczącym wietrze. Śpiew lub mechaniczne odgłosy pojawiają się w cichym dotychczas otoczeniu.

Skóra staje się mniej lub bardziej wrażliwa na dotyk. Wyostrza się lub stępia zmysł smaku i powonienia.

Nasze emocje nadmiernie ożywają lub zupełnie zanikają. Niepokój lub strach, przyjemność lub odprężenie, poczucie rozszerzania się lub kurczenia stają się nadmiernie intensywne lub zupełnie nieobecne. Na dwóch biegunach znajdują się przerażenie i ekstaza. Dwa przeciwstawne sobie odczucia mogą pojawiać się w tym samym momencie. Konflikty emocjonalne stają się bardziej dotkliwe, ale równie możliwe staje się doświadczenie nowego rodzaju emocjonalnej akceptacji. Rozbudza się nasze zrozumienie tego, jak czują się inne osoby lub zupełnie przestają nas one obchodzić.

Nasze procesy myślowe przyspieszają lub zwalniają. Same myśli stają się bardziej mgliste lub nabierają ostrości. Możemy doświadczyć braku jakichkolwiek myśli lub nie być w stanie powstrzymać ich zalewu. Pojawiają się nowe wglądy w problematyczne zagadnienia lub stajemy się zupełnie bezsilni i grzęźniemy coraz bardziej w mentalnych koleinach. Znaczenie poszczególnych rzeczy i zjawisk staje się mniej lub bardziej istotne od nich samych. Czas się skraca: w mgnieniu oka mogą minąć dwie godziny; może się on także rozciągać – każdej minucie towarzyszy wówczas niekończący się pochód wrażeń i pomysłów.

Nasze ciała stają się rozpalone lub zziębnięte, ociężałe lub niesamowicie lekkie; kończyny dłuższe lub krótsze; możemy mieć wrażenie unoszenia się w górę lub zapadania się w bezdennej przestrzeni. Nasz umysł wydaje się odłączać od ciała, które może przestać dla nas istnieć.

Możemy mieć większą lub mniejszą kontrolę nad naszą „jaźnią". Doświadczamy, jak inne osoby wywierają wpływ na nasz umysł i ciało – może to przynosić nam pożytek lub wywoływać przerażenie. Możemy uznać, że jesteśmy władcami oczekującej nas przyszłości lub że znajdujemy się we władaniu losu, który z góry określa to, co się z nami stanie – wszelkie starania stają się wówczas pozbawione sensu.

Psychodeliki wywierają wpływ na każdy aspekt naszej świadomości. To właśnie owa jedyna w swoim rodzaju świadomość odróżnia nas od wszystkich gatunków znajdujących się poniżej nas i sprawia, że możliwe stają się rozważania dotyczące tego, co ponad nami – tego, co uważamy za święte. Być może jest to kolejny powód, dlaczego psychodeliki są tak przerażające, a zarazem tak inspirujące: zaginają one i rozciągają strukturę, podstawowe kategorie definiujące oraz filary, na których opieramy naszą ludzką tożsamość.

Tym właśnie są substancje psychodeliczne. Istnieje złożony i niezwykle bogaty kontekst ich postrzegania – perspektywa doceniana przez nieliczne osoby. Nie są to nowe substancje – mamy na ich temat bardzo dużo informacji. Zapoczątkowały one współczesną erę psychiatrii biologicznej, zaś nagłośnienie ich nadużywania przedwcześnie zakończyło niezwykle obiecujące badania z udziałem ludzi.

To właśnie w tej rozszalałej mieszaninie sprzeczności, ambiwalencji i kontrowersji starałem się odnaleźć punkt zaczepienia, który pozwoliłby mi sformułować własny program badawczy. Z której strony najpierw „ugryźć" zagadnienie? W którym kierunku powinienem skierować swoje poszukiwania? Potrzebowałem klucza, za pomocą którego mógłbym otworzyć szufladę zawierającą zagrzebane głęboko badania nad psychodelikami.

Z tego trzęsawiska wyłoniła się jednak pewna mała i słabo poznana molekuła: DMT. Nie mogłem zignorować przyciągania, jakie odczułem ze strony tej substancji, pomimo że miałem dość mętne pojęcie, w jaki sposób mógłbym w ogóle do niej dotrzeć. Nie byłem też w stanie przewidzieć tego, dokąd zawędruję, kiedy już ją odszukam.

2.

Czym jest DMT

Głównym bohaterem niniejszej książki jest N,N-dimetylotryptamina, czyli DMT. Pomimo że jest dość prosta z chemicznego punktu widzenia, owa molekuła „duszy" umożliwia naszej świadomości wniknięcie w najbardziej niezwykłe wizje, myśli i odczucia. Otwiera na oścież wrota prowadzące do światów wykraczających poza zasięg naszej wyobraźni.

DMT istnieje w ciele każdego z nas, a także w królestwie zwierząt i roślin. Jest ono naturalnym składnikiem zarówno organizmu ludzkiego, jak i organizmów innych ssaków, zwierząt morskich, ropuch i żab; znajduje się w trawach i ziarnach, grzybach i pleśniach, a także w korach, kwiatach i korzeniach różnych roślin.

Psychodeliczny alchemik Alexander Shulgin poświęca DMT cały rozdział swojej książki *TIKHAL: Tryptamines i Have Known and Loved*. Dość trafnie zatytułował ów rozdział „DMT jest wszędzie". Pisze on: „DMT znajduje się (...) w tym tu kwiecie, w tamtym drzewie i w owym zwierzęciu. Mówiąc najprościej, odnajdziemy je wszędzie, gdziekolwiek tylko byśmy nie zechcieli spojrzeć". W rzeczy samej łatwiej byłoby chyba sporządzić raport odnośnie do tego, gdzie *nie* znaleziono DMT*.

DMT najobficiej występuje w roślinach porastających obszary Ameryki Łacińskiej. Zamieszkujący te tereny ludzie już około dziesięciu tysięcy lat temu poznali jego niesamowite właściwości. Dopiero na przestrzeni ostatnich 150 lat udało nam się jednakże wyrobić pewne pojęcie odnośnie wiekowości relacji zachodzącej pomiędzy DMT a naszym gatunkiem.

Począwszy od połowy dziewiętnastego wieku, eksploratorzy Amazonii, w szczególności pochodzący z Anglii Richard Spruce oraz Niemiec Alexander von Humboldt, opisali działanie egzotycznych, zmieniających świadomość tabak i napojów sporzą-

* Alexander Shulgin i Ann Shulgin, *TIKHAL* (Berkeley, Transform Press, 1997), str. 247-84.

dzanych z roślin przez rdzenne plemiona. W dwudziestym wieku amerykański botanik, Richard Schultes, kontynuował te niebezpieczne, ale niezwykle pociągające badania terenowe. Najsilniej rzucały się w oczy efekty wywoływane przez psychoaktywne tabaki oraz sposób ich zażywania.

Rdzenne plemiona Ameryki Łacińskiej wciąż z nich korzystają, używając wobec nich wielu różnych nazw, między innymi *yopo*, *epena* oraz *jurema*. Przyjmują oni dość wysokie dawki, czasem sięgające nawet 30 gramów lub więcej. Jedna z technik ich podania wygląda tak, że osoba pomagająca przy pomocy rurki gwałtownie wdmuchuje sproszkowaną mieszankę roślinną do nosa zażywającej ją osoby. Siła uderzenia okazuje się zazwyczaj wystarczająco potężna, by ściąć ją z nóg.

Spruce i van Humboldt donosili, że psychodeliczne tabaki natychmiastowo obezwładniały używających je krajowców. Żaden z nich nie odważył się jednakże sprawdzić na własnej skórze, jakie mają one działanie. W pełni wystarczało im przyglądanie się odurzonym Indianom, którzy po ich przyjęciu miotani byli drgawkami, wymiotowali i wydobywali z siebie pozbawione ładu odgłosy. Owi pierwsi badacze słyszeli także opowieści o wspaniałych wizjach, „podróżach poza ciało", przewidywaniu przyszłości, odnajdywaniu zaginionych przedmiotów oraz nawiązywaniu kontaktu ze zmarłymi przodkami i innymi bezcielesnymi istotami.

Inna mieszanka roślinna, tym razem przyjmowana w formie wywaru, wydawała się wywoływać podobne efekty, ale w wolniejszym tempie. Napój ten także był nazywany na wiele różnych sposobów, na przykład *ayahuasca* lub *yagé*. Stanowił on źródło inspiracji dla wielu tamtejszych dzieł sztuki naskalnej oraz umieszczanych na ścianach chat malowideł – współcześnie określilibyśmy je mianem „sztuki psychodelicznej".

Spruce i von Humboldt zebrali próbki tych roślin i wrócili z nimi do Europy. Przez następnych kilkadziesiąt lat nie wzbudzały one zbyt dużego zainteresowania, ponieważ brakowało rozwiązań technologicznych, które umożliwiłyby dokonanie dalszych analiz ich składu oraz działania z chemicznego punktu widzenia.

Podczas gdy psychodeliczne rośliny leżakowały w archiwach Muzeum Historii Naturalnej, prowadzący niezależne badania kanadyjski chemik R. Manske zsyntetyzował nową substancję nazywaną N,N-dimetylotryptaminą, czyli DMT. Zgodnie z tym, co zaprezentował w napisanym przez siebie artykule z 1931 roku, za sprawą chemicznej modyfikacji tryptaminy stworzył on kilka substancji. Tematyką tą zainteresował się, ponieważ owe substancje występowały w północnoamerykańskiej roślinie trującej, kielichowcu. Jedną z nich było DMT*.

Z tego, co wiadomo, Manske wyprodukował DMT, opisał jego budowę, po czym umieścił je w ciemnym kącie swojego laboratorium, gdzie w spokoju porastało kurzem. Nikt nie zdawał sobie wówczas sprawy z istnienia DMT w zmieniających świa-

* R. H. F. Manske, *A Synthesis of the Methyl-Tryptamines and Some Derivatives*, „Canadian Journal of Research" 5 (1931), str. 592-600.

domość roślinach, z jego psychodelicznych właściwości ani z tego, że znajduje się ono w ludzkim ciele. Kręgi naukowe nie były zainteresowane problematyką psychodelików jeszcze przez następne dekady, aż do końca drugiej wojny światowej.

Na początku lat 50. odkrycie LSD i serotoniny zatrzęsło fundamentami tradycyjnej freudowskiej psychiatrii i stało się żyznym gruntem dla pojawienia się nowego świata neuronauki. Zainteresowanie substancjami psychodelicznymi było szczególnie rozbudzone w rosnących kręgach naukowców określających się mianem „psychofarmakologów". Chemicy rozpoczęli badania kory, liści i nasion roślin, których psychodeliczne właściwości opisano już sto lat wcześniej. Próbowali oni odszukać i wyizolować substancje czynne odpowiedzialne za wywoływane przez nie efekty. Rodzina tryptamin wydawała się logicznym obiektem zainteresowania, ponieważ zarówno LSD, jak i serotonina są tryptaminami.

Na wyniki owych poszukiwań nie trzeba było długo czekać. W 1946 roku O. Gonçalves wyizolował DMT z południowoamerykańskiego drzewa wykorzystywanego do przygotowywania psychodelicznej tabaki i podzielił się swoimi odkryciami w języku hiszpańskim. W 1955 roku M.S. Fish, N.M. Johnson oraz E.C. Horning opublikowali pierwszy anglojęzyczny artykuł opisujący obecność DMT w innym, blisko spokrewnionym drzewie, z którego otrzymywano przeznaczone do wdychania mieszanki o analogicznych właściwościach. Mimo że naukowcy ci zdawali sobie sprawę z tego, że DMT znajdowało się w roślinach wywołujących psychodeliczne efekty, nie wiedzieli oni, iż DMT samo w sobie było psychoaktywne*.

W latach 50. węgierski chemik i psychiatra Stephen Szára przeczytał o głębokich zmianach świadomości wywoływanych przez LSD i meskalinę. Zamówił trochę LSD z laboratoriów Sandoza, aby móc rozpocząć własne badania dotyczące związków chemii ze świadomością. Jako że Szára znajdował się za „żelazną kurtyną", szwajcarska firma odrzuciła jego prośbę, ponieważ nie chciała ryzykować, że potężne LSD trafi w ręce komunistów. Niezrażony odmową przejrzał ostatnie publikacje dotyczące obecności DMT w amazońskich tabakach. Następnie samodzielnie zsyntetyzował trochę tej substancji w swoim laboratorium w Budapeszcie w 1955 roku.

Szára połykał coraz większe dawki DMT, ale nie odczuwał żadnych efektów. Próbował zażyć nawet jeden gram, czyli setki tysięcy razy potężniejszą porcję niż aktywna dawka LSD. Zaczął się zastanawiać, czy przypadkiem coś w jego układzie trawiennym powstrzymywało działanie przyjmowanego doustnie DMT. Może konieczne było jego wstrzyknięcie. Jego przeczucie znacznie poprzedzało mające dopiero nastąpić odkrycie, że w jelitach istnieją mechanizmy, które prowadzą do rozpadu podanego doustnie DMT niemalże od razu po jego połknięciu – mechanizmy, które już tysiące lat temu nauczyli się obchodzić mieszkańcy Ameryki Południowej.

---

* O. Gonçalves de Lima, *Observaçoes Sôbre o Vihno de Jurema Utilazado Pelos Indios Pancarú de Tacaratú (Pernambuco)*, „Arquiv. Inst. Persquisas Argon." 4 (1946), str. 45-80; oraz M. S. Fish, N. M. Johnson i E. C. Horning, *Piptadenia Alkaloids, Indole Bases of P. Peregrina (L.) Benth. And Related Species*, „Journal of the American Chemical Society" *77* (1955), str. 5892-95.

W 1956 roku Szára zrobił sobie domięśniowy (DM) zastrzyk roztworu DMT. Użył wtedy ilości odpowiadającej połowie tego, co obecnie uważane jest za „pełną" dawkę:

> *Po upływie trzech lub czterech minut zacząłem doświadczać wrażeń wzrokowych, które w dużej mierze przypominały to, co znałem z opisów Hofmanna [dotyczących LSD] i Huxleya [dotyczących meskaliny] (...) Czułem ogromne, naprawdę ogromne podekscytowanie. Było oczywiste, że poznałem tajemnicę*.*

Później, po dwukrotnym zwiększeniu dawki, powiedział:

> *Pojawiły się symptomy [fizyczne], takie jak zaczerwienienie skóry, dreszcze, lekkie mdłości, [rozszerzenie źrenic], wzrost ciśnienia krwi i przyspieszone tętno. Towarzyszyły im zjawiska ejdetyczne [obrazy widmowe czy też „ślady" postrzeganych wzrokowo obiektów], iluzje optyczne, pseudohalucynacje, a następnie prawdziwe halucynacje. Składały się na nie ruchome, orientalne motywy o żywej kolorystyce, następnie zaś ujrzałem szereg szybko zmieniających się, wspaniałych obrazów. Twarze ludzi wydawały się maskami. Mój stan emocjonalny kilkakrotnie osiągnął poziom euforii. Moja świadomość została kompletnie zalana halucynacjami, na których skupiała się cała moja uwaga; z tego też względu nie jestem w stanie zaprezentować świadectwa wydarzeń, które miały miejsce w moim otoczeniu. Po upływie od 45 minut do 1 godziny symptomy zniknęły, ja zaś mogłem zabrać się do opisania tego, co mi się przytrafiło**.*

Szára szybko znalazł trzydziestu ochotników, w większości młodych, węgierskich lekarzy. Wszyscy otrzymali pełne dawki psychodeliczne***.

Jeden z uczestników opisywał swoje doświadczenia następująco:

> *Cały świat jest wspaniały (...) Pomieszczenie jest pełne duchów. Przyprawia mnie to o zawrót głowy (...) Teraz to już za dużo! (...) Czuję się dokładnie tak, jakbym leciał w powietrzu (...) Mam wrażenie, że znajduję się ponad tym wszystkim, ponad ziemią.*

---

* Stephen Szára, *The Social Chemistry of Discovery: The DMT Story*, „Social Pharmacology" 3 (1989), str. 237-48.

** Stephen Szára, *The Comparison of the Psychotic Effects of Tryptamine Derivatives with the Effects of Mescaline and LSD-25 is Self-Experiments*, w „Psychotropic Drugs", red. W. Garattini oraz V. Ghetti (Nowy Jork, Elsevier, 1957), str. 460-67.

*** A. Sai-Halasz, G. Brunecker oraz S. Szára, *Dimethylotroptamin: Ein Neues Psychoticum*, „Psychiat. Neurol.", Basel 135 (1958), str. 285-301.

Dobrze jest wiedzieć, że wróciłem już na ziemię (...) Wszystko posiada duchowe mrowienie, ale jest tak rzeczywiste (...) Czuję, że wylądowałem (...).

Jedna z uczestniczących w eksperymencie kobiet mówiła natomiast:

Jakie to wszystko jest proste (...) Przede mną znajdują się dwaj cisi, słoneczni bogowie (...) Wydaje mi się, że witają mnie w tym nowym świecie. Panuje przeszywająca cisza, tak jak na pustyni (...) W końcu jestem w domu (...) Niebezpieczna gra; tak łatwo byłoby nie wracać. Z trudem utrzymuję świadomość tego, że jestem lekarzem, ale nie jest to ważne; więzi rodzinne, badania, plany i wspomnienia wydają mi się bardzo odległe. Tylko ten świat ma znaczenie; jestem wolna i zupełnie osamotniona.

Zachodni świat odkrył DMT, a DMT wniknęło w jego świadomość.

Pomimo okazjonalnie przydarzających się „bad tripów" wśród swoich ochotników Szárze podobała się krótkość działania DMT. Jest ono relatywnie łatwe w użyciu, w pełni psychodeliczne, zaś eksperymenty można przygotowywać i przeprowadzać nawet w ciągu kilku godzin. Po ucieczce z Węgier z zapasem DMT pod koniec lat 50. spotkał się ze swoim berlińskim kolegą, który włączył go do badań poświęconych LSD. W końcu Szára miał okazję spróbować tego legendarnego psychodeliku. Pomimo że uznał jego działanie za bardzo interesujące, nie do końca odpowiadał mu dwunastogodzinny czas jego działania.

Po wyemigrowaniu do USA zajął się w głównej mierze kontynuacją swoich badań nad DMT. Zatrudnił się w Narodowym Instytucie Zdrowia w Bethesda, w stanie Maryland, gdzie przepracował następne trzy dziesięciolecia. Przez wiele lat przed odejściem na emeryturę, do 1991 roku, zajmował stanowisko kierownika badań przedklinicznych w Narodowym Instytucie ds. Narkomanii.

Inne grupy badawcze potwierdziły i rozwinęły odkrycia Száry dotyczące tego, że DMT jest aktywne dopiero po wstrzyknięciu. Zaskakujące jest jednakże to, jak mało szczegółowych informacji dotyczących wpływu tej substancji na psychikę można znaleźć w raportach badaczy innych niż Szára.

Dla przykładu, laboratorium, w którym zatrudniony był Szára przed opuszczeniem Węgier, donosiło tylko, że DMT u zdrowych ochotników wywoływało „[psychotyczny] stan (...) zdominowany przez kolorowe halucynacje, utratę poczucia czasu i przestrzeni, euforię, urojone doświadczenia, a czasami niepokój i zmętnienie świadomości"*.

Jednym z najprężniej działających ośrodków zajmujących się prowadzeniem poświęconych psychodelikom badań z udziałem ludzi w Ameryce był publiczny szpital

* A. Sai-Halasz, *The Effect of Antiserotonin on the Experimental Psychosic Induced by Dimethylortyptamine*, „Expertientia" 18 (1962), str. 137-38.

w Lexington, w stanie Kentucky. Osoby odbywające wyroki pozbawienia wolności za naruszenie prawa dotyczącego narkotyków otrzymywały tam dziesiątki zmieniających świadomość substancji w nadziei, że ich udział w badaniu może posłużyć do opracowania bardziej skutecznych form terapii. Niestety, jedyne, co na temat DMT możemy przeczytać w sprawozdaniach z tych badań, jest to, że wywołuje ono „efekty mentalne niepokoju, halucynacji (zazwyczaj wzrokowych) oraz zaburzeń percepcji"*. Jeszcze mniej odkrywcze były badania prowadzące przez amerykański Narodowy Instytut Zdrowia Psychicznego. W ramach tamtejszych eksperymentów grupa osób mających doświadczenie w stosowaniu psychodelików miała za zadanie tylko i wyłącznie wskazać na skali numerycznej, na jak dużym „haju" byli oni po przyjęciu pełnej dawki DMT. Możemy przeczytać tam jednak także komentarze osób prowadzących, z których wynika, że większość owych zaprawionych w boju ochotników przyznawało, że „większym niż kiedykolwiek w życiu"**.

„Subkultura psychodeliczna" dotarła do DMT wkrótce po tym, jak odkryły ją środowiska badawcze, ale najwcześniejsze doniesienia dotyczące efektów tej substancji nadawały jej miano „przerażającego narkotyku". William Burroughs, autor *Nagiego lunchu*, był jedną z pierwszych osób, które spróbowały DMT. Doświadczenia wyniesione ze spotkania z tym środkiem były, zarówno dla niego, jak i jego angielskich kolegów, dość nieprzyjemne. Leary przytacza opowieść Burroughsa o pewnym psychiatrze, który razem ze swoim znajomym wstrzyknął sobie DMT w londyńskim mieszkaniu. Znajomy wpadł w panikę i w oczach psychiatry jawił się jako „wirujący, kręcący się gad". „Dylemat lekarza: w którym miejscu powinno się robić dożylny zastrzyk [antidotum] rozszalałemu, orientalnie-marsjańskiemu wężowi?"***.

Jest to równie dobry przykład wagi nieodpowiedniego otoczenia i nastawienia jak następująca sytuacja: dwójka ludzi w tym samym momencie odurzona zastrzykiem z DMT w obskurnym mieszkaniu; jedna odpowiedzialna jest za drugą. „Przerażający" narkotyk, w rzeczy samej.

Dość trudno było przezwyciężyć wzbudzającą postrach reputację DMT, nawet po tym, jak Leary opublikował pozytywne opisy działania tej substancji. DMT zyskało pewną popularność wśród osób, które ceniły sobie krótki czas jego działania. Niektórzy śmiałkowie zażywali je podczas przerwy na lunch – tego rodzaju eskapady zyskały dość dyskusyjne miano „podróży w interesach"****.

---

* D. E. Rosenberg, Harris Isbell oraz E. J. Miner, *Comparison of Placebo, N-Dimethyl-tryptamine and 6-hydroxy-N-dimethylotryptamine in Man*, „Psychopharmacology" 4 (1963), str. 39-42.

** Jonathan Kaplan, Lewis R. Mandel, Richard Stillman, Robert W. Walker, W. J. A. Vandenheuvel, J. Christian Gillin oraz Richard Jed Wyatt, *Blood and Urine Levels of N,N-Dimethylotryptamine Following Administration of Psychoactive Dosages to Human Subjects*, „Psychopharmacology" 38 (1974), str. 239-45.

*** Timothy Leary, *Programmed Communication During Experiences with DMT*, „Psychedelic Review" 8 (1966), str. 83-95.

**** Owa ambiwalencja, jeśli chodzi o efekty wywoływane zażyciem DMT, pomogła tej substancji pozostać stosunkowo niedostrzeganą, dopóki Terence McKenna nie zaczął jej publicznie wychwalać w połowie lat 80. Bardziej niż ktokolwiek inny, to właśnie McKenna, poprzez swoje wykłady, książki, wywiady oraz nagrania rozbudził w ludziach świadomość istnienia DMT.

Pomimo że Szára i jego koledzy bezustannie publikowali artykuły z prowadzonych przez siebie badań dotyczących DMT, pozostawało ono farmakologiczną ciekawostką: działające intensywnie, krótko, a na dodatek występujące w roślinach. Z pewnością DMT pozostawało w tyle w porównaniu z LSD, które wywierało coraz większe wrażenie na środowiskach badaczy zajmujących się psychiatrią. Sytuacja uległa jednak zmianie wraz z odkryciem DMT w mózgach myszy i szczurów, a następnie szlaku, za sprawą którego organizmy tych zwierząt wytwarzają ów potężny psychodelik.

Czy DMT istnieje także w *ludzkim* ciele? Wydawało się to dość prawdopodobne, ponieważ w próbkach tkanki pobranej z płuc człowieka naukowcy wykryli enzymy uczestniczące w tworzeniu DMT podczas poszukiwań tych samych enzymów u innych zwierząt.

Wyścig się rozpoczął. W 1965 roku zespół badawczy z Niemiec opublikował w sztandarowym brytyjskim czasopiśmie naukowym („Nature") artykuł, który głosił, że udało się wyizolować DMT z ludzkiej krwi. W 1972 roku nagrodzony Nagrodą Nobla Julius Axelrod z amerykańskiego Narodowego Instytutu Zdrowia doniósł natomiast o wykryciu DMT w tkance ludzkiego mózgu. Dodatkowe badania wykazały, że DMT można także znaleźć w ludzkim moczu oraz płynie mózgowo-rdzeniowym, w którym zanurzony jest nasz mózg. Niedługo potem naukowcy odkryli szlaki analogiczne do odkrytych u zwierząt niższych, za sprawą których organizm człowieka produkuje DMT. DMT stało się tym samym pierwszym *endogennym* ludzkim psychodelikiem*.

Słowo *endogenny* oznacza, że dana substancja jest wytwarzana przez ciało: od *endo* oznaczającego „wewnątrz" i *genous* – „generowany" lub „tworzony". Endogenne DMT jest zatem DMT tworzonym wewnątrz naszego ciała. Istnieją także inne endogenne substancje, z którymi zdążyliśmy się zapoznać, na przykład *endo*genne, mo*rfino*podobne *endorfiny*.

Odkrycie DMT w ludzkim ciele wywołało jednakże znacznie mniejsze owacje aniżeli odkrycie endorfin. Jak zobaczymy w dalszej części tego rozdziału, jednoznacznie negatywne odczucia żywione w tamtym czasie względem substancji psychodelicznych dosłownie zwróciły naukowców *przeciwko* badaniu endogennego DMT. Dla kontrastu: odkrycie endorfin zostało uhonorowane przyznaniem Nagrody Nobla.

W naturalny sposób odkrycia te doprowadziły do postawienia zasadniczego pytania: Co właściwie DMT robi w naszych ciałach?

Odpowiedź psychiatrii brzmiała: Być może powoduje choroby psychiczne.

Była ona sensowna z punktu widzenia tej dziedziny, ponieważ skupiała się na wyjaśnianiu i leczeniu psychopatologii. Nie obejmowała jednakże jakichkolwiek innych odpowiedzi, które z naukowego punktu widzenia również zasługiwały na zaintereso-

---

* Doskonały przegląd podsumowujący dane dotyczące endogennego DMT znajduje się w: Steven A. Barker, John A. Monti oraz Samuel T. Christian, *N,N-dimethylotryptamine: An Endogenous Hallucinogen*, „International Review of Neurobiology" 22 (1981), str. 83-110.

wanie. Ograniczając się wyłącznie do badania roli, jaką DMT odgrywa w powstawaniu psychoz, naukowcy utracili niezwykłą szansę zanurzenia się głębiej w tajemnice skrywane przez naszą świadomość.

Kręgi akademickie uważały, że LSD i pozostałe „psychozomimetyki" wywołują u zdrowych ochotników krótkotrwałą „modelową psychozę". Szło za tym przeświadczenie, że jeśli udałoby się znaleźć „endogenny psychozomimetyk", przyczyny poważnych schorzeń psychicznych, a zapewne także i lekarstwa umożliwiające ich leczenie, znalazłyby się automatycznie w zasięgu naszych możliwości. Odkrycie DMT, pierwszej znanej nam substancji tego rodzaju, wskazywało, że nasze poszukiwania być może dobiegły końca. Dla przykładu, ktoś mógłby podawać DMT zdrowym ochotnikom, wywołując w nich tym samym psychozę, aby w ten sposób opracować nowe leki, które blokowałyby działanie tego środka. Następnie owym „anty-DMT" zaczęto by leczyć pacjentów psychiatrycznych. Jeśli przyczyną psychozy była u tych pacjentów nadmierna produkcja DMT przez ich organizmy, „anty-DMT" wykazywałoby właściwości antypsychotyczne.

Badacze skupieni na działaniu DMT już mieli przyspieszyć swoje prace, kiedy w 1970 roku kongres uchwalił ustawę, na mocy której DMT oraz inne psychodeliki trafiły do kategorii objętej niezwykle rygorystycznymi obostrzeniami prawnymi. Niemalże niemożliwe stało się w ten sposób prowadzenie jakichkolwiek badań dotyczących DMT. Niedługo potem, w 1976 roku, artykuł opublikowany przez naukowców z amerykańskiego Narodowego Instytutu Zdrowia Psychicznego, czy też NIMH (ang. *National Institute of Mental Health*), oznajmiał kres poświęconych DMT badań prowadzonych z udziałem ludzi. Jego autorzy byli czołowymi badaczami, z których wielu podawało DMT ludziom. Doszli oni do słusznego wniosku, że materiały łączące DMT ze schizofrenią były bardzo skomplikowane i niepewne. Jednakże, zamiast zaproponować bardziej dopracowane i skrupulatne badania dotyczące problematycznych obszarów, autorzy ci uznali:

> *Podobnie jak w przypadku każdej dobrej teorii naukowej, model schizofrenii oparty na DMT zostanie ostatecznie potwierdzony lub obalony przez dane, które w heurystyczny sposób generuje. Mamy nadzieję, że w możliwie najbliższej przyszłości zbierane podczas badań informacje powołają tę teorię do życia lub wyprawią jej przyzwoity pochówek*.*

Ów „przyzwoity pochówek" miał miejsce dość szybko. W ciągu roku lub dwóch lat pojawił się ostatni artykuł dotyczący poświęconych DMT badań z udziałem ludzi. Niewielu naukowców płakało z tego powodu.

---

* J. Christian Gillin, Jonathan Kaplan, Richard Stillman i Richard Jed Wyatt, *The Psychedelic Model of Schizophrenia: The Case of N,N-dimethylotryptamine*, „American Journal of Psychiatry" 133 (1976), str. 203-208.

Czy DMT zostało pogrzebane żywcem przez tych, których kariera i reputacja były zagrożone tym kontrowersyjnym obszarem badań? Pole związku DMT z psychozą nie różniło się od jakichkolwiek innych badań psychiatrii biologicznej, których celem było wyjaśnienie skomplikowanych i niezrozumiałych relacji zachodzących pomiędzy mózgiem a umysłem. Zachęcanie do ich porzucenia wydaje się mieć raczej polityczne aniżeli naukowe podstawy.

Mówiąc ogólnie, istniały dwa rodzaje badań skupiających się wokół teorii „psychozy DMT". W pierwszych porównywano poziom DMT we krwi zdrowych ochotników i cierpiących na zaburzenia pacjentów. Drugie natomiast koncentrowały się na zestawianiu ze sobą subiektywnych efektów wywoływanych przez substancje psychodeliczne z tymi, które towarzyszą pojawiającym się samoistnie stanom psychotycznym. Zespół z Narodowego Instytutu Zdrowia Psychicznego, który podważył teorię „psychozy-DMT", doprowadzając do zawieszenia prowadzonych z udziałem ludzi badań nad DMT, odnosił się krytycznie do obydwu powyższych podejść. Wchodzący w jego skład naukowcy wskazywali na brak znaczących różnic pomiędzy ilością DMT we krwi zdrowych ochotników i pacjentów psychotycznych; odrzucili oni także twierdzenia, jakoby efekty wywoływane przez DMT oraz symptomy schizofrenii przejawiały wystarczająco dużo podobieństw, by przeprowadzać dodatkowe badania.

Omówmy najpierw pierwszą kwestię – dane dotyczące DMT we krwi. W gruncie rzeczy wszystkie badania dotyczące tej substancji mierzyły jej poziom we krwi pobieranej z żył znajdujących się w przedramieniu. Nierozsądnym wydaje się jednak oczekiwać, że wyniki te mogą posłużyć jako źródło precyzyjnych danych dotyczących funkcjonowania DMT w niezwykle małych, wysoce wyspecjalizowanych, odrębnych od siebie obszarach naszego mózgu. Związki pomiędzy składem krwi a działaniem mózgu będą tym trudniejsze do ustalenia, jeśli DMT jest wytwarzane w pierwszym rzędzie przez sam mózg.

Trudność tę dostrzegają wszyscy naukowcy, nawet w przypadku tak dobrze zbadanych substancji jak serotonina. Dziesiątki badań nie powiodło się przez wzgląd na niemożność przekonywającego zestawienia ze sobą poziomu tej substancji we krwi pobieranej z przedramienia z diagnozą psychiatryczną, która zakładała zaburzenia w funkcjonowaniu układu serotoninowego mózgu. Dlatego też mało prawdopodobne, że opierając się na stężeniu DMT we krwi, możliwe będzie wyciągnięcie jakichkolwiek rzeczywistych wniosków odnośnie do różnic pomiędzy zdrowymi i psychotycznymi jednostkami. Skoro psychiatrzy wymagają tego rodzaju danych dla wszystkich substancji chemicznych wpływających na pracę mózgu, dlaczego nie słychać głosów namawiających do zarzucenia badań nad serotoniną?

Jeśli chodzi o porównywanie ze sobą schizofrenii do efektów wywoływanych przez DMT, sprawa wygląda jeszcze mniej obiecująco. Schizofrenia jest niesamowicie złożonym syndromem. Istnieją jej różne postaci, takie jak „paranoidalna",

„zdezorganizowana" lub „niezróżnicowana". Mamy także do czynienia z wieloma stadiami jej rozwoju, między innymi „wczesną", „ostrą", „późną" lub „przewlekłą". Spotykamy nawet objawy „zwiastunowe", które pojawiają się, zanim choroba stanie się wystarczająco widoczna, by móc postawić jednoznaczną diagnozę. Na dodatek symptomy schizofrenii rozwijają się przez miesiące i lata, jednostka zaś zmienia swoje zachowania, aby radzić sobie ze swoimi niecodziennymi doświadczeniami. Tego rodzaju przystosowanie tworzy z kolei nowe symptomy i zachowania.

Oczekiwanie, że substancja jednorazowo podana zdrowemu ochotnikowi wywoła u niego schizofrenię, nie jest uzasadnione. Współcześnie nikt już nie twierdzi, że jest to możliwe. Nawet wtedy panowała raczej zgoda co do tego, że objawy schizofrenii i efekty wywoływane przez substancje psychodeliczne w dużej mierze się ze sobą pokrywają. Halucynacje oraz inne zaburzenia zmysłowe, gwałtowne i silne wahania nastroju, zakłócenia w odczuwaniu cielesnej i personalnej tożsamości – wszystko to *może* pojawić się w schizofrenii oraz stanach psychodelicznych.

W psychiatrii zawsze mamy do czynienia zarówno z podobieństwami, jak i różnicami pomiędzy schorzeniami, które staramy się zrozumieć, oraz modelami, których używamy do ich badania. Bezustannie staramy się opracować lepsze modele, ale opieramy się na tych, które już mamy, pamiętając przy tym o ich wadach. Odrzucenie przez zespół z Narodowego Instytutu Zdrowia Psychicznego efektów wywoływanych przez DMT jako nieprzystających do tych, które towarzyszą „prawdziwym" stanom psychotycznym, było niezgodne z powszechnie akceptowaną teorią i praktyką prowadzenia badań psychiatrycznych oraz zgromadzonymi dotychczas danymi*.

Jeśli podstawy naukowe dla odrzucenia poświęconych DMT badań z udziałem ludzi były tak wątłe, dlaczego je zakończono? Jakie znaczenia skrywała retoryka „powoływania do życia" i „przyzwoitego pochówku"? Dane domagały się dalszego wyjaśnienia. Zamiast tego federalni naukowcy zrezygnowali z tego obiecującego obszaru badań, namawiając innych, by uczynili to samo.

DMT znalazło się w niewłaściwym miejscu i niewłaściwym czasie. Racjonalne badania dotyczące jego funkcji zostały odsunięte na bok za sprawą antypsychodelicznego poruszenia, które towarzyszyło niekontrolowanemu używaniu (a często nadużywaniu) tego rodzaju substancji. Tendencja do ograniczania dostępności środków psychodelicznych, która stanowiła odpowiedź na szerzące się obawy związane ze zdrowiem, wpłynęła na badania nad DMT w ten sam sposób, jak miało to miejsce w przy-

* Pomimo zastrzeżeń dotyczących teorii schizofrenii opartej na DMT warto zauważyć, że w ciągu dwudziestu pięciu lat, które minęły od jej odrzucenia przez naukowców, nie odkryto żadnej innej substancji, która równie dobrze nadawała się do pełnienia roli endogennego psychozomimetyku.

padku LSD oraz innych psychodelików. Sprawy polityczne wzięły górę nad zasadami naukowymi*.

Grzęznąc coraz bardziej w ruchomych piaskach dowodzenia roli DMT w schizofrenii oraz w konsekwencji blokowania wszelkich inicjatyw wskutek antypsychodelicznych nastrojów społecznych, żadna z osób badających właściwości DMT nie ośmieliła się podtrzymać najbardziej oczywistego i narzucającego się pytania, którym pierwsza fala badań nad psychodelikami z udziałem ludzi nie była w stanie się zająć. Była to zagadka, której nie mogłem zlekceważyć:

Co DMT robi w naszych ciałach?

DMT jest najprostszym z tryptaminowych psychodelików. W porównaniu z innymi cząsteczkami jest ono dość małe. Jego waga wynosi 188 „jednostek cząsteczkowych", co oznacza, że jest ono nieznacznie większe od glukozy, najprostszego cukru znajdującego się w naszych ciałach, który waży 180, a także jest ono tylko dziesięciokrotnie cięższe od cząsteczki wody, która waży 18. Dla porównania waga LSD wynosi 323, meskaliny zaś – 211**.

DMT jest blisko spokrewnione z serotoniną, neuroprzekaźnikiem, na który w tak dużym stopniu wpływają substancje psychodeliczne. Z farmakologicznego punktu widzenia DMT jest podobne do innych znanych nam psychodelików.

---

* W tym kontekście fascynujące jest przyglądanie się, w jaki sposób opinia publiczna i polityka kształtują sposób funkcjonowania środowisk badawczych. Obecnie mamy do czynienia z lawiną pieniędzy przeznaczonych na badania „ketaminowego modelu schizofrenii" oraz związanych z tym tematem publikacji. Jak już zostało to wcześniej omówione, ketamina jest substancją znieczulającą, której niskie dawki wywołują efekty psychodeliczne. Podobnie jak w przypadku „klasycznych" substancji psychodelicznych, istnieje dużo podobieństw pomiędzy skutkami przyjęcia ketaminy a objawami schizofrenii. Jednakowoż, podobnie jak miało to miejsce w przypadku porównywania ze sobą schizofrenii i standardowych psychodelików, napotkamy tu prawdopodobnie także równie wiele punktów wspólnych, jak i rozbieżności.
Istnieją przynajmniej dwa uzasadnienia bieżących postępów na polu badań nad ketaminą. Po pierwsze, wykorzystuje się obecnie znacznie więcej skal ewaluacyjnych, które skuteczniej niż dotychczas porównują schizofrenię z efektami wywołanymi przyjęciem określonej substancji. Otrzymujemy w ten sposób obiektywne potwierdzenie podobieństw pomiędzy schizofrenią a odurzeniem ketaminą. Narzędzie to traktuje jednakże po macoszemu rzeczywiste, kliniczne różnice pomiędzy tymi dwoma stanami. To właśnie owe zaczerpnięte z „prawdziwego życia" rozbieżności skłoniły badaczy do zanegowania zasadności porównywania ze sobą działania typowych substancji psychodelicznych z objawami schizofrenii.
Inna, być może nawet istotniejsza, różnica polega na tym, że ketamina jest substancją „legalną". Istnieje bardzo niewiele ograniczeń, jeśli chodzi o możliwość jej stosowania w badaniach z udziałem ludzi. Tak czy inaczej, dający się obecnie zaobserwować gwałtowny wzrost popularności rekreacyjnego używania ketaminy zacieśnia związane z nią regulacje prawne. Na dodatek obawy dotyczące pogłębiania się objawów schizofrenii wskutek stosowania ketaminy oraz charakter zezwoleń niezbędnych do prowadzenia tych badań przyczyniają się do wzrastającego niepokoju w związku z eksperymentami z użyciem tej substancji, podobnie jak miało to niegdyś miejsce w przypadku środków psychodelicznych.

** Wytworzenie DMT „od zera" w laboratorium nie jest zbyt skomplikowanym zadaniem. Chemik mający przeciętne zdolności jest w stanie zsyntetyzować je w ciągu kilku dni niezbyt ciężkiej pracy. Trudność związana z jego otrzymywaniem nie wynika z samego mechanizmu jego wytwarzania, ale z niedostępności niezbędnych składników lub prekursorów. Rządowe jednostki zajmujące się narkotykami monitorują zasoby owych prekursorów bardzo skrupulatnie, zaś do zakupu czegokolwiek, co może stanowić podstawę do syntezy psychodelików, wymagane jest specjalne zezwolenie.

Oddziałuje ono na receptory serotoninowe w bardzo zbliżony sposób, jak czyni to LSD, psylocybina czy meskalina. Receptory te występują w wielu miejscach naszego ciała – można je znaleźć w naczyniach krwionośnych, mięśniach, gruczołach i skórze.

DMT wywiera jednakże najbardziej interesujący wpływ na mózg. To właśnie znajdujące się tam obszary obsiane tego rodzaju receptorami odpowiadają za nastrój, percepcję i myślenie. Pomimo że mózg odmawia do siebie dostępu większości substancji, przejawia wyjątkowe i dość niezwykłe upodobanie, jeśli chodzi o DMT. Nie jest to jednak w żadnym wypadku naginanie prawdy, aby zasugerować, że mózg odczuwa „głód" jego przyjmowania.

Mózg jest bardzo wrażliwym narządem, szczególnie podatnym na oddziaływanie toksyn i zaburzenia metaboliczne. Niemalże niemożliwa do przebicia tarcza, bariera krew-mózg, uniemożliwia niepożądanym substancjom wydostanie się z krwi i przedarcie się przez naczynia włoskowate do tkanki mózgowej. Mechanizm ten obejmuje także utrzymywanie z daleka złożonych węglowodanów i tłuszczy, których inne tkanki używają do wytwarzania energii. Mózg spala zamiast nich najczystszą postać paliwa: cukier prosty, czyli glukozę.

W „transporcie czynnym" przez barierę krew-mózg uczestniczy jednak kilka niezbędnych cząsteczek. Słabo wyspecjalizowane molekuły-nośniki przenoszą je do mózgu w procesie wymagającym pokaźnej ilości drogocennej energii. W większości przypadków jest oczywiste, dlaczego mózg czynnie transportuje niektóre związki chemiczne na swój święty teren; zezwolenie wstępu mają na przykład aminokwasy potrzebne znajdującym się w mózgu proteinom.

Dwadzieścia pięć lat temu japońscy naukowcy odkryli, że mózg czynnie transportuje DMT przez barierę krew-mózg do swoich tkanek. Nie znam jakiejkolwiek innej substancji psychodelicznej, która cieszyłaby się podobnym uprzywilejowaniem. Powinniśmy utrzymywać ten niezwykły fakt w pamięci, kiedy pomyślimy o tym, jak chętnie biologicznie zorientowani psychiatrzy zaprzeczyli żywotnej roli, jaką DMT może odgrywać w naszym życiu. Skoro DMT jest tylko nieznaczącym produktem ubocznym naszego metabolizmu, dlaczego mózg zawiesza wobec niego swoje rygorystyczne ograniczenia*?

Kiedy organizm wyprodukuje lub przyjmie z zewnątrz DMT, jest ono rozkładane w ciągu kilku sekund przez enzymy nazywane monoaminooksydazą (MAO). Występują one obficie we krwi, wątrobie, żołądku, mózgu oraz jelitach. To właśnie działa-

* Toshihiro Takahashi, Kazuhiro Takahashi, Tatsuo Ido, Kazuhiko Yanai, Ren Iwata, Kiichi Ishiwata i Shigeo Nozoe, *11C-Labelling of Indolealkylamine Alkaloids and the Comparative Study of Their Tissue Distributions"*, „International Journal of Applied Radiation and Isotopes" 36 (1985), str. 965-69; oraz Kazuhiko Yanai, Tatsuo Ido, Kiichi Ishiwata, Jun Hatazawa, Toshihiro Takahashi, Ren Iwata i Taiju Matsuzawa, *In Vivo Kinetics and Displacement Study of Carbon-11-Labeled Hallucinogen, N,N-[11C]Dimethyltryptamine*, „European Journal of Nuclear Medicine" 12 (1986), str. 141-46.

nie MAO powoduje, że działanie DMT jest tak krótkie. Gdziekolwiek i kiedykolwiek by się ono nie pojawiło, ciało zużywa je w mgnieniu oka*.

W pewnym sensie DMT jest „pokarmem mózgu" – jest traktowane w podobny sposób, jak mózg obchodzi się z glukozą, która jest dla tego narządu najcenniejszym paliwem. Stanowi ono część systemu „szybkiego obrotu": szybko dopuszczane, szybko zużywane. Mózg czynnie transportuje DMT przez swój system obronny i równie szybko je dezaktywuje. Wygląda to tak, jakby DMT było potrzebne do podtrzymywania normalnego funkcjonowania mózgu. Dopiero wtedy gdy jego stężenie wykracza ponad „normę", pojawiają się niecodzienne doświadczenia.

Ponieważ już przyjrzeliśmy się DMT z punktu widzenia historii i nauki, powróćmy do najsilniej narzucającego się pytania – pytania, na które nikomu nie udało się w wyczerpujący sposób odpowiedzieć: „Co DMT robi w naszych ciałach?". A pytając bardziej precyzyjnie: Dlaczego wytwarzamy w naszych ciałach DMT?

Moja odpowiedź brzmi: Ponieważ jest to molekuła duszy.

Czym w takim razie jest owa molekuła duszy? Co ona powoduje i w jaki sposób to robi? Dlaczego DMT jest głównym kandydatem do tego miana?

Artysta wizjoner Alex Grey naszkicował niezwykle inspirujące wyobrażenie molekuły DMT. Jego dzieło pomogło mi wypracować nowy, znacznie bardziej klarowny sposób rozmyślania nad tymi pytaniami. Przyjrzyjmy się dokładnej temu rysunkowi i zastanówmy się, w jaki sposób odzwierciedla on właściwości tej substancji.

* W jakiś niesamowity sposób przedpiśmienne plemiona południowoamerykańskie nauczyły się łączyć ze sobą rośliny zawierające DMT z innymi, które były bogate w substancje utrudniające funkcjonowanie MAO, czyli inhibitory MAO. W zestawieniu z inhibitorami MAO przyjęte doustnie DMT przeciwstawia się działaniu tych enzymów na tyle długo, aby móc przedostać się do krwiobiegu i wywrzeć swoje efekty psychiczne, zanim MAO ponownie będą w stanie je zahamować. To właśnie na tym polega tajemnica ayahuaski, w przypadku której przyjęte doustnie DMT pozostaje aktywne. Wolniejsze wchłanianie z żołądka i jelit oznacza także, że działanie zawartego w ayahuasce DMT utrzymuje się przez 4 do 5 godzin, a nie tylko kilku minut, jak ma to miejsce przy wstrzykiwaniu tej substancji.

Molekuła duszy powinna w wiarygodny sposób wywoływać stany psychiczne, które określamy mianem „duchowych" – poczucie zdumiewającej radości, bezczasowości i pewność, że to, czego doświadczamy, jest „bardziej rzeczywiste niż rzeczywistość". Tego rodzaju substancja może wywołać u nas akceptację współistnienia przeciwieństw takich jak śmierć i życie, zło i dobro; rozbudzić w nas wiedzę dotyczącą trwania świadomości po śmierci biologicznej, głębokie zrozumienie podstawowej jedności wszelkich zjawisk oraz poczucie, że mądrość lub miłość przenikają wszelkie istnienie.

Molekuła duszy kieruje nas także ku wymiarom duchowym. Światy te pozostają zazwyczaj niewidzialne zarówno dla nas, jak i naszych urządzeń pomiarowych; nie są one także osiągalne, gdy przebywamy w normalnym stanie świadomości. Jednakże teoria głosząca, że wymiary owe znajdują się „tylko w naszych umysłach", jest równie prawdopodobna, jak teoria, według której tak naprawdę istnieją one niezależnie od nas, „na zewnątrz". Jeśli tylko uda nam się zmienić możliwości odbiorcze naszych mózgów, będziemy w stanie do nich dotrzeć i wchodzić z nimi w interakcje.

Co więcej, pamiętajmy o tym, że molekuła duszy sama w sobie nie ma jakichkolwiek duchowych właściwości. Jest ona narzędziem, nośnikiem. Pomyślcie o niej jak o kutrze, rydwanie, dosiadającym konia zwiadowcy, czymś, do czego jesteśmy w stanie uwiązać naszą świadomość. Wciąga nas ona w świat znany tylko jej. Musimy się mocno trzymać i być gotowi na wszelkie duchowe wymiary, zarówno niebo, jak i piekło, zarówno baśniowe fantazje, jak i najgorsze koszmary. Pomimo że rola molekuły duszy może wydawać się iście anielska, nie ma pewności, czy nie zabierze nas ona w przestrzenie zamieszkiwane przez demony.

Dlaczego DMT jest tak atrakcyjnym kandydatem do roli molekuły duszy?

Wywoływane przez nie efekty są niezwykłe i w pełni psychodeliczne. Mieliśmy okazję zapoznać się z niektórymi z wczesnych raportów z tego rodzaju właściwości sporządzanych przez nieprzygotowanych i niespodziewających się niczego uczestników pierwszych związanych z DMT badań klinicznych, które przeprowadzono w latach 50. i 60. W dalszej części książki przeczytamy jeszcze więcej o tym, jak niepojęte są efekty wywołane przez tę substancję w przypadku bardzo doświadczonych i dobrze przygotowanych ochotników, którzy brali udział w naszych eksperymentach.

Równie istotną kwestią jest fakt, że DMT występuje w naszych ciałach. Produkujemy je w naturalny sposób. Nasz mózg je wyszukuje, przyciąga i bez trudów absorbuje. Jako endogenny psychodelik, DMT może wiązać się z samoistnie pojawiającymi się stanami psychodelicznymi, które nie mają nic wspólnego z przyjmowaniem jakichkolwiek substancji, ale których podobieństwo do doświadczeń pojawiających się w następstwie ich zażycia jest uderzające. Pomimo że doświadczenia te z pewnością mogą wiązać się z psychozą, musimy uwzględnić w naszej dyskusji także stany, które nie są interpretowane w kategoriach chorób psychicznych. Być może to właśnie niesieni na skrzydłach DMT możemy doświadczyć zmieniających życie stanów umysłu związanych z narodzinami, śmiercią i jej pograniczem, nawiązać kontakt z różnymi istotami oraz osiągnąć mistyczną/duchową świadomość. Omówię te kwestie obszerniej w dalszej części książki.

W rozdziale tym mieliśmy okazję dowiedzieć się, „czym" jest DMT. Teraz musimy skierować naszą uwagę ku „jak" i „gdzie". Opierając się na przygotowanych wcześniej podstawach, możemy teraz zapoznać się z tajemniczą szyszynką. Szyszynka, jako potencjalny „gruczoł duszy", czyli miejsce wytwarzania endogennego DMT, będzie przedmiotem moich rozważań w następnych dwóch rozdziałach. Zaczniemy także przyglądać się okolicznościom, w których nasze ciała mogą produkować psychodeliczne dawki DMT.

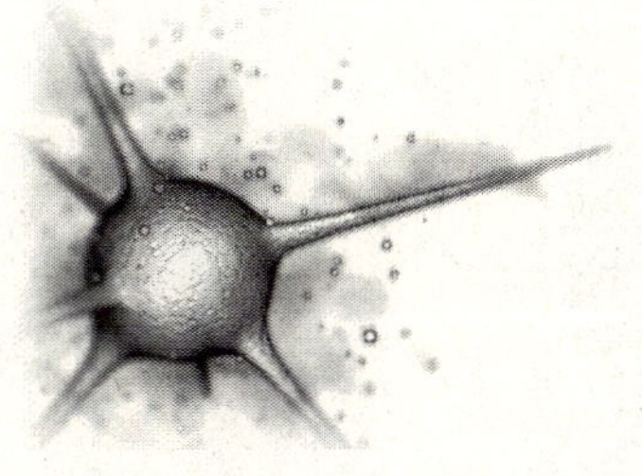

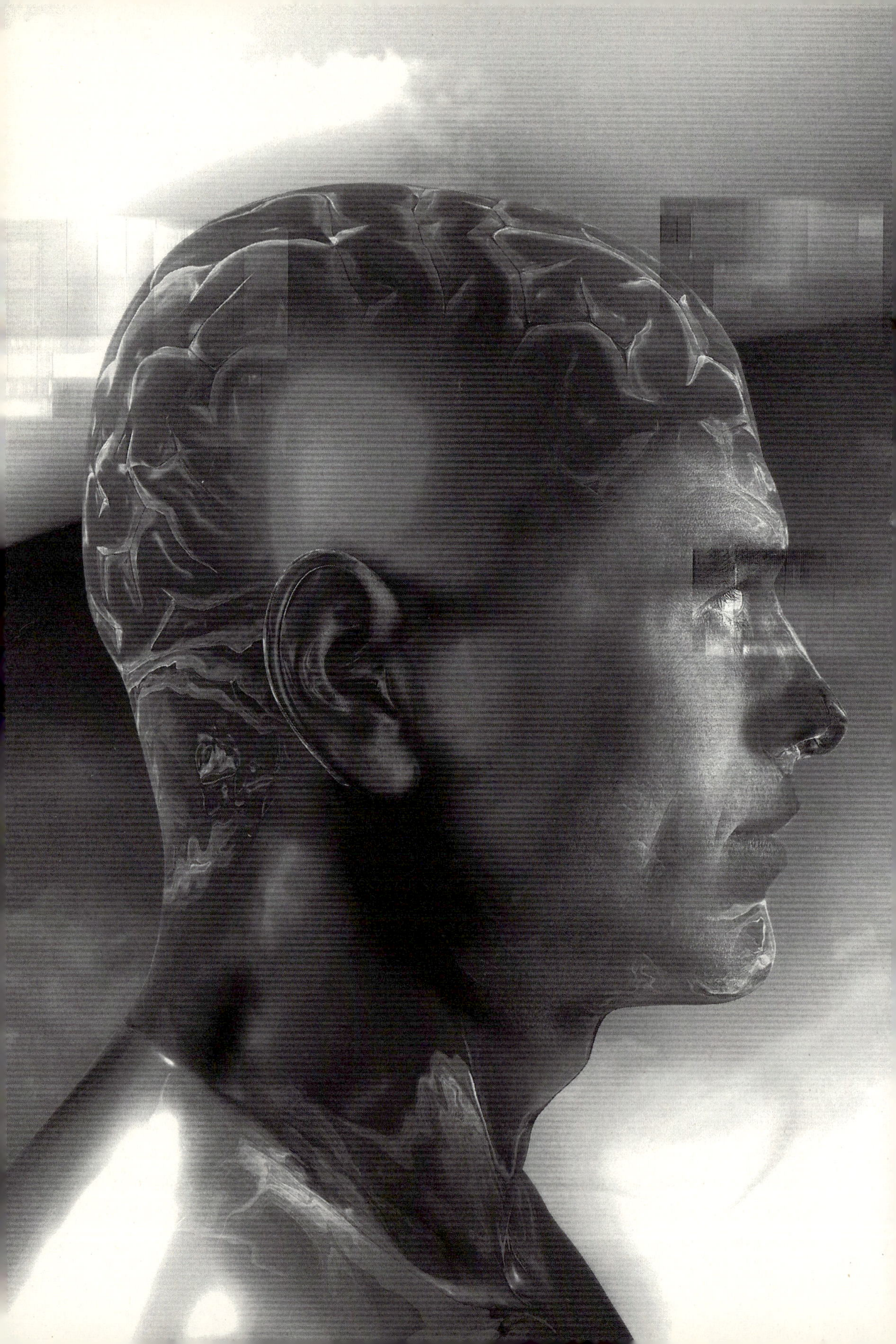

3.

SZYSZYNKA:

GRUCZOŁ DUSZY

Jedną z moich najgłębszych motywacji, jeśli chodzi o prowadzenie badań nad DMT, było poszukiwanie biologicznej podstawy doświadczenia duchowego. Duża część tego, czego nauczyłem się na przestrzeni lat, sprawiła, że zacząłem zastanawiać się, czy szyszynka wytwarza DMT podczas stanów mistycznych i innych naturalnie pojawiających się doświadczeń „psychodelicznych". Hipotezy te wypracowałem jeszcze przed przestąpieniem do badań w Nowym Meksyku. Rozwijam je w rozdziale 21., aby za ich pomocą objąć to, co odkryliśmy podczas eksperymentów.

W tym rozdziale skupię się natomiast na omówieniu tego, co wiemy na temat szyszynki. W następnym zaś rozwinę dane, sugerując pewne warunki, w których szyszynka, jako potencjalny gruczoł duszy, może wytwarzać prowadzące do odmiennych stanów świadomości dawki endogennego DMT.

Na początku lat 70., jeszcze jako student Uniwersytetu Stanfordzkiego, przeprowadziłem badania laboratoryjne dotyczące rozwoju układu nerwowego kurzego płodu. Byłem ciekaw, w jaki sposób pojedyncza, zapłodniona komórka mogła wykształcić w pełni rozwinięty i sprawnie funkcjonujący organizm. Było to niezwykle ekscytujące pole badań, poza tym chciałem sprawdzić, na ile pociąga mnie uprawianie nauki w laboratorium. Mniej szlachetna motywacja polegała na tym, że dodatkowe badania mogły zwiększyć moje szanse na dostanie się na akademię medyczną.

Pomimo zapału związanego z prowadzonymi przeze mnie badaniami nosiłem głębokie poczucie winy w związku z uśmiercanymi pisklakami. Nękały mnie koszmary, w których kurczaki ganiały mnie przez zamglone i złowrogie przestrzenie. Uchodziłem z życiem tylko dzięki temu, że udawało mi się wskoczyć na pralkę należącą do mojej matki!

Nie zapowiadało się także, że praca laboratoryjna mogła dostarczyć mi możliwości badania tematów, które coraz bardziej mnie fascynowały. Będąc na Uniwersytecie Stanfordzkim, zapisałem się zajęcia dotyczące snu i marzeń sennych, hipnozy, psychologii świadomości, psychologii fizjologicznej oraz buddyzmu – najbardziej nowatorskich zagadnień na kalifornijskich uczelniach w tamtym czasie.

Pragnąc pozbierać do kupy swoje myśli, udałem się do studenckiego ośrodka służby zdrowia i porozmawiałem z jednym z psychiatrów. Polecił mi spotkać się z dr. Jamesem Fadimanem, psychologiem, który pracował w Stanfordzkiej Szkole Inżynieryjnej.

Zadzwoniłem do jego sekretarki, umówiłem się na spotkanie, po czym otrzymałem niezwykle mętne wskazówki dotyczące tego, w jaki sposób trafić do „inżynieryjnego zakątka" uczelni. Po tym, jak w końcu udało mi się odnaleźć właściwą drogę, znalazłem się w biurze Jima. Siedział zwrócony plecami do okna, przez które wlewało się światło słoneczne. Było ono tak jasne, że nie widziałem nawet wyraźnie twarzy Jima. „Aureola" wokół jego głowy dodatkowo wzmocniła odczuwaną przeze mnie niepewność. Wiedziałem, że będzie to ważne dla mnie spotkanie.

Aby poradzić sobie ze zdenerwowaniem, rozpocząłem rozmowę pytaniem o to, co w ogóle on, psycholog, robił w wydziale inżynieryjnym. Zaśmiał się i odpowiedział: „Uczę inżynierów tego, w jaki sposób mają myśleć. Są bystrzy, co do tego nie ma wątpliwości, ale czy potrafią oni rozwiązywać problemy z wyobraźnią? Jakie jest ich podejście do procesu twórczego? Pomagam im spojrzeć na poszczególne sytuacje z innej perspektywy".

Nie wiedziałem, że Jim pracował z Willisem Harmanem, który w pobliskim instytucie badawczym eksperymentował z wpływem substancji psychodelicznych na kreatywność. Opublikowane przez niego wyniki tych poszukiwań, pochodzące sprzed ponad trzydziestu lat i pozostające jedynym źródłem tego rodzaju informacji w literaturze, wskazywały na ogromny potencjał, jeśli chodzi o stymulowanie procesu twórczego przez owe substancje. Zastanawiam się, jak wielu stanfordzkich studentów, których był promotorem, wzięło udział w tych badaniach*.

Jim pochylił się do przodu, przez co oślepiające światło przybrało na mocy. Zapytał mnie:

– A co *ty* tutaj robisz?

Powiedziałem mu. Moje pomysły nie były precyzyjnie sformułowane. Byłem zafascynowany psychodelikami. Niedawno zacząłem praktykować medytację transcendentalną. Byłem silnie zainteresowany problematyką pisanej przeze mnie pracy zaliczeniowej. Wydawało się, że istnieje łącząca to wszystko nić. Ale czym ona była? Gdzie mogłem poszukiwać czynnika jednoczącego?

Jim rozsiadł się wygodniej i przybrał zamyślony wyraz twarzy – lub tak mi się tylko wydawało, ponieważ jego twarz w dalszym ciągu była niemal niewidoczna za sprawą oślepiających promieni słonecznych.

---

* Willis W. Hartman, Robert H. McKim, Robert E. Mogar, James Fadiman i Myron J. Stolaroff, *Psychedelic Agents in Creative Problem-Solving: a Pilot Study*, „Psychological Reports" 19 (1966), str. 211-27.

– Powinieneś przyjrzeć się szyszynce – powiedział w końcu. Moja żona Dorothy robi obecnie film o doświadczeniu wewnętrznego światła opisywanego przez mistyków. Szyszynka przyciągnęła jej uwagę jako metafizyczne źródło owego światła, ukoronowanie poszukiwań licznych tradycji. Może rzeczywiście wytwarza ona światło we wnętrzu naszych głów?

– Jak się pisze »szyszynka«? – zapytałem, biorąc swój notes.

Zamieniliśmy kilka zdań o moich planach po ukończeniu studiów, po czym nasze krótkie spotkanie dobiegło końca.

Stosując się do wskazówek Jima, rozpocząłem szukanie wszelkich informacji, które dotyczyły szyszynki – niewielkiego organu znajdującego się w samym środku naszych mózgów. Jeszcze tego roku szkolnego napisałem kilka artykułów tworzących bardzo ogólnikowy szkielet teorii, które rozwinąłem w późniejszym czasie*.

Mistyczne tradycje, zarówno Wschodu, jak i Zachodu, pełne są opisów oślepiającego światła towarzyszącego głębokiemu duchowemu urzeczywistnieniu. Owo „oświecenie" stanowi zazwyczaj następstwo przechodzenia świadomości przez różne poziomy duchowego, psychologicznego i etycznego rozwoju. Wszystkie tradycje mistyczne opisują ten proces oraz jego etapy.

W judaizmie, na przykład, świadomość przechodzi przez *sefiroty*, czyli kabalistyczne ośrodki duchowego rozwoju, z których najwyższą jest *Keter* czy też Korona. We wschodniej tradycji ajurwedycznej ośrodki te są nazywane *czakrami*, zaś przepływająca przez nie energia wiąże się z określonymi rodzajami doświadczeń. Najwyższa *czakra* także jest nazywana czakrą korony czy też tysiącpłatkowym lotosem. Według obydwu tych tradycji, zarówno *sefira* nazywana Koroną, jak i *czakra* korony znajdują się na czubku głowy, co z anatomicznego punktu widzenia koresponduje z ludzką szyszynką**.

Pierwsze informacje dotyczące szyszynki możemy odnaleźć w pismach Herofilusa, greckiego filozofa pochodzącego z trzeciego wieku przed naszą erą, czyli z czasów Aleksandra Wielkiego. Słowo to pochodzi od łacińskiego *pineus*, powiązanego z sosną, *pinus*. Ów niewielki organ przypomina bowiem kształtem szyszkę sosnową i nie jest większy aniżeli paznokieć małego palca dłoni.

Szyszynka jest wyjątkowa ze względu na swoje osamotnienie w mózgu. Wszystkie inne obszary mózgu tworzą pary, co oznacza, że mają swój lewy i prawy odpowiednik; mamy na przykład prawy i lewy płat czołowy oraz prawy i lewy płat skroniowy. Jako jedyny pozbawiony pary organ ukryty głęboko w naszym mózgu, szyszynka pozostawała anatomiczną ciekawostką przez niemal dwa tysiąclecia. Nikt w świecie zachodnim nie miał najmniejszego pojęcia, do czego może ona służyć.

---

* Ponad dwadzieścia lat później, w 1995 roku, podczas zgromadzenia w Manaus, w brazylijskiej Amazonii, poznałem Dorothy Fadiman. Po tym, jak wróciła do swojego domu w Kalifornii, przesłała mi kopię nakręconego przez siebie w latach 70. filmu dotyczącego światła, pt. *Radiance*. Krąg w końcu został domknięty.

** Czakra korony, czy też tysiącpłatkowy lotos, nie jest tożsama z tzw. „trzecim okiem", które znajduje się na środku czoła, tuż nad linią oczu, i które najłatwiej byłoby połączyć z przysadką mózgową.

Zainteresowanie szyszynką wzrosło po tym, jak przykuła ona uwagę Kartezjusza. Ten siedemnastowieczny francuski filozof i matematyk, który jest autorem słynnej maksymy „Myślę, więc jestem", potrzebował jakiegoś źródła owych myśli. Na mocy introspekcji doszedł do wniosku, że możliwe jest myślenie tylko o jednej rzeczy w określonym momencie. Z którego obszaru mózgu mogły pochodzić owe osamotnione myśli? Kartezjusz zasugerował, że przez wzgląd na swoją nietypowość to właśnie szyszynka generuje nasze myśli. Uważał on na dodatek, że umiejscowienie tego organu bezpośrednio nad wodociągiem mózgu, którym przepływa płyn mózgowo-rdzeniowy, czyni tę tezę jeszcze bardziej prawdopodobną.

Komory mózgowe – głębokie jamy znajdujące się głęboko w mózgu – wytwarzają płyn mózgowo-rdzeniowy. Ta przejrzysta, słona, bogata w proteiny ciecz stanowi wyściółkę mózgu, ochraniając go przed nagłymi wstrząsami i uderzeniami. Dostarcza ona także substancji odżywczych tkankom mózgu oraz pobiera z nich zbędne produkty przemiany materii.

W czasach Kartezjusza przepływ płynu mózgowo-rdzeniowego przez układ komorowy wydawał się idealnym odpowiednikiem przepływu myśli. Jeśli szyszynka „wydzielała" myśli do płynu mózgowo-rdzeniowego, czy istniało coś, co w lepszy sposób odzwierciedlałoby proces „przepływu świadomości"*.

Kartezjusz miał także głęboko duchowe oblicze. Uważał on, że myślenie, czy też ludzka wyobraźnia, jest przede wszystkim zjawiskiem duchowym, które jest nam dostępne za sprawą naszej boskiej natury – tego, co dzielimy z Bogiem. Oznacza to, że nasze myśli są przejawem duszy oraz dowodem na jej istnienie. Kartezjusz sądził, że szyszynka odgrywała kluczową rolę w wyrażaniu się duszy:

> *Pomimo że dusza łączy się z całym ciałem, istnieje pewna jego część [szyszynka], w której oddziałuje ona bardziej niż gdziekolwiek indziej (...) [Szyszynka] jest zawieszona pomiędzy przewodami opanowanymi przez tchnienia żywotne [przewodzący rozum, niosące odczucie i ruch] tak że może być przez nie poruszana (...) i przenosi ów ruch do duszy (...) i przeciwnie, maszyna cielesna jest tak zbudowana, że za każdym razem, gdy gruczoł ten jest w taki czy inny sposób poruszany przez duszę, lub w tym przypadku przez jakąkolwiek inną przyczynę, wywiera on wpływ na otaczające go tchnienia żywotne***.

* Idea związku płynu mózgowo-rdzeniowego ze świadomością otrzymała ostatnio zastrzyk pobudzenia ze strony badań dotyczących mózgu. Komórki wyścielające komory są obficie obsiane receptorami serotoninowymi. To właśnie owe komórki wyścielające wytwarzają płyn mózgowo-rdzeniowy. LSD lgnie do tych receptorów z niesamowitą determinacją. Być może psychodeliki zmieniają tak naprawdę naszą świadomość w tak potężny sposób poprzez kontrolę produkcji tej niezwykłej cieczy. Kartezjusz i jego następcy z pewnością roześmialiby się w głos, słysząc tego rodzaju „współczesne" odkrycia!

** Rene Descartes, „The Inner-relation of Soul and Body", w: *The Way of Philosophy*, red. P. Wheelright (Nowy Jork, Odyssey, 1954), str. 357.

Kartezjusz zaproponował wobec tego, że szyszynka stanowi „siedzibę duszy", pośrednika pomiędzy naszą duchowością i cielesnością. Spotykają się w niej ciało i umysł, wpływając na siebie nawzajem i oddziałując na siebie w obie strony.

Jak blisko prawdy był Kartezjusz? Co współczesna biologia wie na temat szyszynki? Czy możemy te informacje wiązać z naturą duszy?

Szyszynka ewolucyjnie starszych zwierząt, takich jak jaszczurki czy płazy, jest także nazywana „trzecim okiem". Podobnie jak dwoje oczu służących zmysłowi wzroku, trzecie oko także ma soczewkę, rogówkę i siatkówkę. Jest wrażliwe na światło i pomaga w regulowaniu temperatury ciała oraz koloru skóry – dwóch najważniejszych aspektów obronnych związanych z jasnością otoczenia. W tych prymitywnych szyszynkach wytwarzana jest melatonina, najważniejszy hormon szyszynkowy.

W miarę jak zwierzęta wspinały się po drabinie ewolucyjnej, szyszynka chowała się do wewnątrz, w coraz głębszych obszarach mózgu, odcinając się tym samym od wpływów otoczenia. Pomimo że szyszynka ptaków nie znajduje się już na czubku ich czaszki, w dalszym ciągu pozostaje ona wrażliwa na zewnętrzne światło, jako że otaczające ją kości są grubości kartki papieru. Szyszynka ssaków, w tym także ludzi, jest ukryta w jeszcze głębszych zakamarkach mózgu i nie jest w bezpośredni sposób uwrażliwiona na światło, przynajmniej w przypadku dojrzałych osobników.

Interesujące wydają się rozważania teoretyczne dotyczące tego, że wraz z tym, jak szyszynka pełniła coraz bardziej „duchowe" funkcje, potrzebowała większej ochrony przed światem zewnętrznym i przenosiła się do coraz głębszych części czaszki*.

W przypadku ludzkiego płodu szyszynka staje się widoczna po siedmiu tygodniach, czyli 49 dniach od momentu poczęcia. Jedną z kwestii, która najbardziej przyciągnęła moją uwagę, było to, że niemalże dokładnie w tym samym czasie pojawiają się pierwsze sygnały umożliwiające rozpoznanie płci przyszłego dziecka. Wcześniej niemożliwe jest określenie, czy jest to dziewczynka czy chłopczyk. Tak więc szyszynka i najistotniejszy czynnik różnicujący ludzkości, płeć męska lub kobieca, pojawiają się równocześnie.

Szyszynka człowieka tak naprawdę nie do końca jest częścią mózgu – wykształca się ona z wyspecjalizowanych tkanek znajdujących się na podniebieniu płodu, a stamtąd przemieszcza się do samego środka mózgu. Wydaje się zajmować najlepsze z możliwych miejsc.

Już wspominałem, że szyszynka znajduje się nieopodal kanałów płynu mózgowo-rdzeniowego, co umożliwia produkowanym przez nią wydzielinom przenikanie do najgłębszych zakamarków mózgu. Na dodatek zajmuje ona miejsce w pobliżu najważniejszych ośrodków emocjonalnych i czuciowych mózgu.

Owe czuciowe, czy też percepcyjne, centra nazywane są *colliculi* – wzgórkami górnymi (wzrokowymi) i dolnymi (słuchowymi). Są to guzki wyspecjalizowanej tkan-

* Nie wiemy, czy otwór w czaszce, ciemiączko, które znajduje się bezpośrednio nad szyszynką *noworodka*, dopuszcza wystarczającą ilość światła, aby wywierać na nią wpływ.

ki mózgu stanowiące stacje przekaźnikowe rejestrujące i interpretujące dane sensoryczne. Oznacza to, że elektryczne i chemiczne impulsy pochodzące z oczu i uszu muszą przejść przez colliculi, zanim będziemy mogli odebrać je w naszym umyśle jako obrazy i dźwięki. Szyszynka znajduje się dokładnie nad owymi wzgórkami i jest od nich oddzielona wyłącznie wąskim kanałem płynu mózgowo-rdzeniowego. Dlatego też wszelkie wydzieliny pochodzące z tego organu momentalnie trafiają do colliculi.

Na dodatek niewielką szyszynkę otacza układ limbiczny, czyli „emocjonalny", będący zbiorem struktur mózgowych ściśle powiązanych z doświadczeniem takich uczuć, jak radość, gniew, strach, niepokój i przyjemność. Tak oto szyszynka ma także bezpośredni dostęp do ośrodków emocjonalnych mózgu.

Przez wiele lat psychologowie uważali szyszynkę ssaków za mózgowy odpowiednik wyrostka robaczkowego. Był to szczątkowy organ, stanowiący pozostałość po naszych gadzich przodkach, którego rola nie była nam znana. Uległo to zmianie w 1958 roku, kiedy to amerykański dermatolog Aaron Lerner odkrył melatoninę. Był to jeden z głównych bodźców dla narodzin czegoś, co może zostać określone mianem ery „melatoninowej hipotezy dotyczącej funkcji szyszynki".

Lerner był zainteresowany bielactwem nabytym (łac. *vitiligo*), chorobą skóry, która powoduje depigmentację, czyli rozjaśnienie płatów skóry na całym ciele. Podczas badań przeprowadzonych w 1917 roku zauważono, że wyciąg z szyszynki krów rozjaśniał skórę żab. Lerner doszedł w ten sposób do wniosku, że bielactwo jest związane z pracą szyszynki. Rozłożył na czynniki pierwsze ponad dwanaście tysięcy krowich szyszynek i w końcu udało mu się znaleźć substancję rozjaśniającą skórę. Nazwał ją melatonina, ponieważ wpływała ona na kolor naskórka poprzez oddziaływanie na czarny pigment określonych komórek: *melas*, czarny; *tonin*, zawężanie lub uciskanie. (Pomimo całej wykonanej przez Lernera pracy do dziś nie udało się potwierdzić związków melatoniny z bielactwem nabytym)*.

W tym samym czasie naukowcy manipulowali rytmem dnia i nocy, próbując lepiej zrozumieć wpływ światła na rozmnażanie – co nie było tak błahą kwestią, biorąc pod uwagę ekonomiczną wartość wpływania na reprodukcję zwierząt w przemyśle żywieniowym. Odkryto wówczas, że bezustanne ciemności blokują funkcje reprodukcyjne i powodują kurczenie się narządów seksualnych; stymulują także rozrost szyszynki i produkcję melatoniny. Z drugiej strony bezustanne światło prowadziło do kurczenia się szyszynki, spadku poziomu melatoniny w organizmie i rozbudzenia funkcji seksualnych. Opierając się na tych odkryciach, naukowcy doszli do wniosku, że melatonina jest kluczową dla szyszynki wydzieliną, której obecność hamuje funkcje reprodukcyjne, jej brak natomiast wywołuje ich rozbudzenie. Mówiąc w skrócie: melatonina ma potężne działanie antyreprodukcyjne**.

* Aaron B. Lerner, James D. Case, Yoshiyata Takahashi, Teh H. Lee i Wataru Mori, *Isolation of Melatonin, the Pineal Gland Factor That Lightens Melanocytes*, „Journal of the American Chemical Society" 30 (1958), str. 2587.

** F. Karsch, E. Bittman, D. Foster, R. Goodman, S. Legan i J. Robinson, *Neuroendocrine Basis of Seasonal Reproduction*, „Recent Progress in Hormone Research" 40 (1984), str. 185-232.

Teraz, kiedy szyszynka stała się, przynajmniej w pewnym stopniu, mniej tajemnicza, skupmy się na tym, w jaki sposób melatonina wiąże się z domniemanymi *duchowymi* właściwościami tego gruczołu. Byłem szczerze przekonany, że gdzieś w mózgu znajduje się molekuła duszy, wywołując lub wspomagając wchodzenie w mistyczne i inne naturalnie pojawiające się odmienne stany świadomości. Początkowo uznałem, że ową „molekułą duszy", chemicznym mediatorem, poprzez który porozumiewają się ze sobą ciało i dusza, może być wytwarzana w szyszynce melatonina. Gdyby okazało się, że melatonina wykazuje głęboko psychodeliczne właściwości, moje poszukiwania nośnika, za sprawą którego szyszynka wywiera wpływ na nasze życie duchowe, dobiegłyby końca.

Pełną nazwą melatoniny jest N-acetylo-5-metoksytryptamina. Już po samej nazwie i budowie możemy stwierdzić, że melatonina jest tryptaminą, podobnie jak DMT i 5-metoksy-DMT.

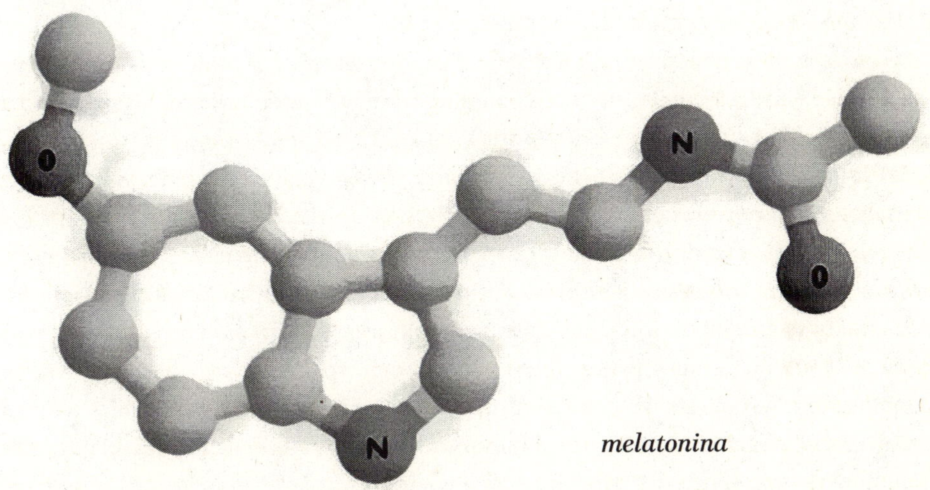

melatonina

Dysponujemy obecnie dość dokładną wiedzą dotyczącą tego, w jaki sposób ciało reguluje produkcję melatoniny. Jest ona „hormonem ciemności". Światło hamuje wytwarzanie melatoniny – ma to miejsce zarówno w przypadku promieni słonecznych, jak i światła sztucznego pochodzenia. Im dłuższa jest noc, tym więcej melatoniny. Im dłuższy dzień, tym mniej melatoniny. Poza sygnalizowaniem, czy jest dzień czy noc, wzorce wytwarzania melatoniny informują także zwierzę o tym, jaka jest pora roku. Owo długoterminowe działanie melatoniny pomaga przygotować się do właściwych reakcji sezonowych – związanych z zachodzeniem w ciążę na wiosnę lub jesienią, hibernacją w zimie czy utratą tłuszczu latem.

Noradrenalina i adrenalina (czy też norepinefryna i epinefryna) są dwoma neuroprzekaźnikami, które pobudzają syntezę melatoniny w szyszynce. Są one uwalniane bezpośrednio do szyszynki przez niemalże dotykające jej komórki nerwowe. Neuroprzekaźniki są wychwytywane przez wyspecjalizowane receptory, które rozpoczynają następnie wytwarzanie melatoniny. Adrenalina i noradrenalina są produkowane przez gruczoły nadnerczowe, które wypuszczają je do krwiobiegu w sytuacjach podwyższonego stresu. Substancje te są kluczowymi czynnikami reakcji ciała na zagrożenie: reakcji „uciekaj-albo-walcz". Na funkcjonowanie szyszynki mają jednakże wpływ tylko i wyłącznie adrenalina i noradrenalina wypuszczane przez znajdujące się w pobliżu zakończenia nerwowe, a nie przez gruczoły nadnerczowe.

Nie tego mogliśmy się spodziewać. Jako że szyszynka nie wykształca się z tkanki mózgowej, pozostaje ona poza barierą krew-mózg i powinna reagować na substancje przenoszone przez krew. Pomimo tego ciało chroni szyszynkę z zaciekłą uporczywością. Adrenalina i noradrenalina wydzielane do krwi przez gruczoły nadnerczowe w reakcji na stres nigdy nie dostają się do szyszynki. Systemy ochronne szyszynki zbudowane z „odkurzających" komórek nerwowych po prostu „czyszczą" krew z przenoszonych przez krew adrenaliny i noradrenaliny w niesamowicie skuteczny sposób. Nie jest zaskakujące, że przeszkoda ta czyni niemalże niemożliwym pobudzanie szyszynki do wytwarzania melatoniny w ciągu dnia.

Szyszynkę otaczają małe naczynka krwionośne, dlatego też, kiedy już wytworzy ona melatoninę, hormon ten momentalnie przedostaje się do krwiobiegu i rozchodzi po ciele. Szyszynka wydziela także melatoninę bezpośrednio do płynu mózgowo-rdzeniowego, przez co może ona jeszcze szybciej wpływać na pracę mózgu.

Zadanie melatoniny w ludzkim organizmie nie jest w pełni zrozumiałe, pomimo że w dużym stopniu wyjaśniliśmy jej oddziaływanie w przypadku innych zwierząt. Niezwykle interesujące wydaje się ustalenie, czy melatonina wpływa w taki sam sposób na funkcje reprodukcyjne człowieka, jak ma to miejsce w przypadku pozostałych ssaków. Poziom melatoniny u ludzi spada drastycznie w okresie dojrzewania płciowego. Niektórzy badacze sądzili, że być może umożliwia to narządom seksualnym wyzwolenie się z narzucanych przez szyszynkę ograniczeń i rozpoczęcie dojrzałego funkcjonowania. Nie istnieją jednakże rozstrzygające dowody na poparcie tego rodzaju tez. Naukowego potwierdzenia nie doczekała się także rola, jaką melatonina odgrywa w zmęczeniu wywołanym zmianą stref czasowych, zimowej depresji, śnie, nowotworach czy starzeniu się*.

Jakakolwiek substancja mająca być molekułą duszy musi przynajmniej wykazywać psychodeliczne właściwości. Czy to, że z chemicznego punktu widzenia melatonina wykazuje uderzające podobieństwo do DMT i 5-metoksy-DMT oznacza, że ma ona działanie psychoaktywne?

* Z wiekiem w naszych szyszynkach wzrasta stężenie wapnia. Zwapniała szyszynka stanowi znakomity wskaźnik wyznaczający linię pośrodkową mózgu podczas prześwietleń czaszki i tomografii komputerowej. W komórkach produkujących melatoninę zbiera się jednak niewielka ilość owego wapnia, dlatego też, pomimo że poziom melatoniny spada z wiekiem, proces ten nie jest powiązany z postępującym zwapnieniem szyszynki.

Niektóre z wczesnych badań sugerowały, że melatonina może wywoływać odmienne stany świadomości. Na przykład, przyjmowanie jej wysokich dawek przed położeniem się do łóżka wydawało się wywoływać niezwykle realistyczne sny. Dość trudno jest jednakże interpretować te starsze badania. Nie były one bowiem ukierunkowane na poszukiwanie psychodelicznych efektów towarzyszących podawaniu melatoniny. Był tylko jeden sposób, aby przekonać się, czy melatonina ma psychodeliczne właściwości – podanie jej ochotnikom.

Po zakończeniu stażu psychiatrycznego spędziłem pięć lat w Fairbanks, na Alasce, pracując w lokalnym ośrodku opieki zdrowotnej. Doświadczenia wyniesione przeze mnie z Arktyki wprowadziły mnie w zupełnie nowy obszar badań nad „zimową depresją". Syndrom ten rozbudził ponowne zainteresowanie biologii szyszynką i melatoniną. Badania dotyczące ich znaczenia w kontekście zimowej depresji mogły bowiem dać nam szansę na zrozumienie i opracowanie właściwego sposobu leczenia szeroko rozumianych sezonowych zaburzeń nastroju. Niesamowity zbieg okoliczności dał mi możliwość skupienia się na tajemnicach skrywanych przez szyszynkę. Nie miałem jednakże zbyt dużej wiedzy odnośnie do prowadzonych na tym polu badań z udziałem ludzi, dlatego też postanowiłem ją poszerzyć.

Przeprowadziłem się do San Diego, gdzie przez rok byłem zatrudniony jako pracownik naukowo-badawczy na Uniwersytecie Kalifornijskim, uczestnicząc w prowadzonych tam badaniach klinicznych związanych z psychofarmakologią. Dzięki temu nauczyłem się pisać wnioski o przyznanie grantów, projektować eksperymenty oraz podawać badane substancje w warunkach klinicznych. Przeprowadzałem ewaluacje, pobierałem krew i inne próbki biologiczne, po czym analizowałem i omawiałem zgromadzone dane.

Idąc tropem kolegi z San Diego, dr. Jonathana Lisansky'ego, trafiłem do Albuquerque, gdzie podjąłem pracę pod nadzorem dr. Glenna Peake'a, endokrynologa dziecięcego. Glenn był kierownikiem naukowym Głównego Centrum Badań Klinicznych Uniwersytetu Nowego Meksyku – wybitnej jednostki badawczej opłacanej przez amerykański Narodowy Instytut Zdrowia. Glenn, Jonathan i ja przeprowadziliśmy w jej ramach obszerne, trzyletnie badania dotyczące działania melatoniny na zdrowych ochotnikach, których rezultatem było odkrycie pierwszej, i jak dotąd jedynej, udokumentowanej roli melatoniny, jeśli chodzi o fizjologię człowieka: przyczynia się ona do wczesnoporannego obniżenia temperatury ciała.

Wiele biologicznych funkcji człowieka wyznacza jego rytm dobowy. Jedną z najbardziej odpornych jest temperatura naszego ciała, która gwałtownie spada około godziny trzeciej w nocy. Wtedy też stężenie melatoniny osiąga najwyższy poziom.

Zbadaliśmy dziewiętnastu mężczyzn, którzy całą noc spędzali w jasnym pomieszczeniu. Przez cały ten czas pozostawali bez snu, a światło lamp było na tyle jasne, by zapobiec wytwarzaniu melatoniny. Spadek temperatury ich ciała miał się nijak w porównaniu do spadku, który ma miejsce w normalnych warunkach. Zaczęliśmy się zastanawiać, czy przypadkiem nie odpowiadał za to brak melatoniny. Okazało się, że podawanie melatoniny powodowało oczekiwany spadek temperatury. Na podstawie tych badań uznaliśmy, że melatonina odgrywa kluczową rolę we wczesnoporannym obniżaniu się temperatury ciała każdego z nas*.

Dla mnie najważniejsze były wyniki zebrane na podstawie kwestionariusza, za pomocą którego oceniane były psychologiczne właściwości melatoniny. Dokonana przeze mnie interpretacja dawała pewną nadzieję na stwierdzenie, że hormon ten mógł mieć zdolność wywoływania głębokich zmian w świadomości. Odkryliśmy jednakże, że melatonina wywołuje niewiele więcej poza uspokojeniem i relaksacją.

Byłem rozczarowany brakiem znaczącego wpływu melatoniny na świadomość człowieka. Z tego względu trudno było mi ukryć podekscytowanie, kiedy pod koniec naszego projektu otrzymałem w środku nocy telefon z jednostki badawczej informujący o tym, że jeden z uczestników przez przypadek otrzymał dziesięciokrotnie większą dawkę melatoniny, niż powinien. Mogło to być niezwykle interesujące. Skoro niskie dawki melatoniny wywoływały tak nieznaczne efekty, ów wypadek przy pracy mógł natchnąć nowym życiem poszukiwania psychologicznych właściwości tej substancji.

Z uwagą wysłuchałem wyjaśnień jednej z uczestniczących w badaniach pielęgniarek dotyczących tego, w jaki sposób personel pomylił się w aplikowanej dawce. Wyglądało to na najzwyczajniejszą w świecie pomyłkę. Poza tym tętno i ciśnienie krwi uczestnika wydawały się utrzymywać w normie. Bardziej interesował mnie jednak stan jego umysłu.

– Jak on się czuje? – zapytałem.

– No cóż – ziewnęła. – Bardzo trudno jest mi powstrzymać go od przysypiania, żeby wypełniał kwestionariusze. Oczy same mu się zamykają.

– Nie ma halucynacji ani niczego podobnego? – dopytałem z nadzieją.

– Aż takiego szczęścia Pan nie ma, panie doktorze – roześmiała się w odpowiedzi.

– Nie, nie, cieszę się, że nic mu się nie stało – szybko odpowiedziałem bardziej rzeczowym głosem.

Wydarzenie to, bardziej niż wszystko inne, utwierdziło mnie w przekonaniu, że melatonina nie jest psychodelikiem. Prowadzone przeze mnie badania bezustannie skłaniały mnie do poszukiwania molekuły duszy w szyszynce. Przyjrzyjmy się teraz informacjom i pomysłom, które pojawiły się w trakcie tych rozważań. Zaczniemy także rozpatrywać kluczową rolę szyszynki, jeśli chodzi o wytwarzanie DMT.

---

* Rick J. Strassman, Clifford R. Quails, E. Jonathan Lisansky i Glenn T. Peake, *Elevated Rectal Temperature Produced by All-Night Bright Light Is Reversed by Melatonin Infusion in Men*, „Journal of Applied Physiology" 71 (1991), str. 2178-82.

Wczesne godziny poranne są także okresem, w którym najczęściej doświadczamy marzeń sennych – niektóre badania sugerowały, że duże dawki melatoniny powodują ich rozbudzenie. Nie byliśmy w stanie zbadać tego w naszych eksperymentach, ponieważ uczestnicy musieli pozostawać przytomni i mieć otwarte oczy, by w ten sposób powstrzymywać wydzielanie melatoniny. Gdyby substancja ta rzeczywiście stymulowała pojawianie się marzeń sennych, można by oczekiwać, że ochotnicy, których produkcja melatoniny została zahamowana, mieliby mniej sugestywne sny. Co ciekawe, substancje blokujące nocne wytwarzanie tego hormonu rozbudzały sny, a nie im zapobiegały.

4.

Psychodeliczna szyszynka

Jeszcze przed rozpoczęciem badań nad melatoniną przejrzałem dostępną mi literaturę, z której wynikało, że substancja ta może nie być molekułą duszy. Zastanawiałem się, czy szyszynka wytwarza inne substancje, które wykazywałyby psychodeliczne właściwości. Będąc jednakże w dalszym ciągu w początkowym okresie mojej kariery zawodowej, długo przed tym, jak zacząłem projektować badania poświęcone DMT, bardzo szybko zorientowałem się, jak kontrowersyjne mogą być tego rodzaju idee.

W 1982 roku podjąłem roczne szkolenie z badań klinicznych związanych z psychofarmakologią na Uniwersytecie Kalifornijskim w San Diego. Pomimo że skupiałem się przede wszystkim na zależnościach pomiędzy gruczołem tarczowym a nastrojem, starałem się w możliwie największym stopniu poszerzać moją wiedzę na temat szyszynki.

Jednym z moich nauczycieli był dr K., specjalista w dziedzinie rytmów biologicznych, melatoniny i snu. W połowie trwania mojego stypendium naukowo-badawczego postanowiłem podzielić się z nim rodzącymi się w mojej głowie pomysłami odnośnie do psychodelicznej roli szyszynki. Przechadzaliśmy się po jednym z niezliczonych korytarzy Szpitala Weteranów w San Diego. Nasza rozmowa była długa i obejmowała szerokie spektrum tematyczne. Kiedy zapadła dłuższa chwila ciszy, postanowiłem spróbować.

– Jak myślisz – rozpocząłem – czy jest możliwe, żeby szyszynka wytwarzała substancje psychodeliczne? Wydaje się dysponować odpowiednimi składnikami. Może w jakiś sposób wywołuje ona spontaniczne coś w rodzaju stanów psychodelicznych – na przykład psychozę.

Wolałem nie wgłębiać się w temat, dlatego też nie wspomniałem nawet słowem o moich bardziej kontrowersyjnych podejrzeniach odnośnie do szyszynki – o tym, że być może pełni ona istotną rolę w pojawianiu się bardziej egzotycznych stanów świadomości, takich jak doświadczenia z pogranicza śmierci czy uniesienia mistyczne.

Dr K. zatrzymał się i obrócił na pięcie. Zmarszczył swoje brwi i przyglądał mi się badawczo zza szkieł swoich okularów. Z jego oczu ewidentnie wiało grozą. Ups, pomyślałem.

– Pozwól, że ci to wyjaśnię, Rick – słowa wypowiadał bardzo wolno i stanowczo. – Szyszynka nie ma nic wspólnego z substancjami psychodelicznymi.

Był to ostatni raz tamtego roku, gdy podczas rozmowy z kimkolwiek użyłem w jednym zdaniu słów *szyszynka* i *psychodelik*.

Niemniej jednak kontynuowałem swoje poszukiwania w literaturze przedmiotu, formułując niektóre z teorii zawartych w niniejszej książce. Opierałem się przy tym na informacjach wyniesionych z dokładniejszego zapoznania się z pracami innych naukowców oraz wynikach własnych badań poświęconych melatoninie.

Hipotezy te nie zostały potwierdzone, ale wywodzą się z udokumentowanych naukowo danych połączonych z duchowymi i religijnymi obserwacjami i naukami. Wiele z tych podejrzeń jest możliwych do zweryfikowania przy użyciu dostępnych narzędzi i metod. Konsekwencje owych teorii mogą wywołać dogłębne zaniepokojenie, ale mogą one także stworzyć bardzo obiecujący i pełen nadziei kontekst dla dalszych poszukiwań.

Najbardziej ogólna hipoteza głosi, że w określonych momentach naszego życia szyszynka wytwarza psychodeliczne ilości DMT. Produkcja DMT przez szyszynkę jest konsekwencją i namacalnym skutkiem procesów o niematerialnym, energetycznym charakterze. Otrzymujemy w ten sposób nośnik, który umożliwia nam świadome doświadczanie przemieszczania się naszej siły życiowej w jej najbardziej ekstremalnych przejawach. Konkretnymi przykładami tego rodzaju zjawisk mogą być następujące sytuacje:

Kiedy nasza indywidualna siła życiowa wnika w rozwijający się w łonie matki płód (moment, w którym stajemy się w pełni istotami ludzkimi), przechodzi ona przez szyszynkę i zalewa nasz organizm pierwszą, pierwotną falą DMT.

Później, w momencie narodzin, szyszynka wyzwala więcej DMT.

U niektórych z nas pochodzące z szyszynki DMT pośredniczy w najważniejszych doświadczeniach towarzyszących głębokiej medytacji, psychozie oraz doświadczeniom z pogranicza śmierci.

Kiedy umieramy, siła życiowa opuszcza nasze ciało przez szyszynkę i ponownie wyzwala psychodeliczną molekułę duszy.

Szyszynka ma wszystkie budulce niezbędne do wytworzenia DMT. Dysponuje ona na przykład najwyższym stężeniem serotoniny w stosunku do pozostałych części ciała, serotonina jest zaś podstawowym prekursorem melatoniny szyszynkowej. Ma ona także zdolność przekształcenia serotoniny w tryptaminę, co jest kluczowym krokiem w tworzeniu DMT.

Szyszynka ma także niezwykle wysokie stężenie pewnych enzymów, które przekształcają serotoninę, melatoninę lub tryptaminę w substancje psychodeliczne. Owe enzymy, *metylotransferazy*, wprowadzają do cząsteczek grupę metylową, to znaczy jeden atom węgla i trzy atomy wodoru. Proces ten jest nazywany *metylacją*. Po dwukrotnej metylacji tryptaminy otrzymamy di-metylo-tryptaminę, czyli DMT. Z racji tego, że szyszynka ma wystarczająco wysokie stężenie niezbędnych enzymów i prekursorów, stanowi ona najbardziej prawdopodobne miejsce, jeśli chodzi o produkcję DMT. Zaskakujące, że nikt nigdy nie przyglądał się jej pod tym kątem.

Szyszynka wytwarza także inne substancje mogące potencjalnie wywoływać odmienne stany świadomości, beta-karboliny. Mogą one zahamować rozkład DMT przez istniejącą w ciele monoaminooksydazę (MAO). Jednym z najlepszych przykładów działania beta-karbolin jest *ayahuasca*. Rośliny zawierające beta-karboliny są łączone z innymi roślinami, które mają DMT, w psychodelicznym wywarze Amazonii. Dzięki temu przyjęte doustnie DMT pozostaje aktywne. Gdyby nie beta-karboliny, znajdująca się w jelitach MAO momentalnie zniszczyłaby połknięte DMT, sprawiając, że nie wywierałoby ono jakichkolwiek efektów na nasze umysły.

Nie ma pewności, że same beta-karboliny mają psychodeliczne właściwości. Znacząco wzmacniają one jednak działanie DMT. Tak oto szyszynka może wytwarzać zarówno DMT, jak i substancje, które potęgują oraz wydłużają wywoływane przez nie efekty.

W jakich okolicznościach szyszynka może wytwarzać DMT, a nie minimalnie psychoaktywną melatoninę? Przede wszystkim uchylone muszą zostać określone ograniczenia, które w normalnych okolicznościach powstrzymują szyszynkę przed produkowaniem DMT:

- *system ochrony komórkowej* wokół szyszynki;
- obecność *substancji antyDMT* w szyszynce;
- niska aktywność *metylotransferazy*, enzymu wytwarzającego DMT;
- skuteczność *monoaminooksydazy,* enzymu niszczącego DMT.

Zasadą przewodnią pierwszej fali prowadzonych z udziałem ludzi badań dotyczących DMT było porównywanie właściwości tej substancji ze stanami schizofrenicznymi. W naturalny sposób podejście to stanowiło dla naukowców podstawę badania czterech powyższych elementów ludzkiego układu DMT. Wyniki owych badań nad psychozą niosą ze sobą dane, które mogą służyć jako poparcie mojej hipotezy odnośnie do tego, w jaki sposób szyszynka wytwarza DMT.

Uwypuklanie przeze mnie związku pomiędzy DMT i psychozami nie wynika jednakże z mojej wiary w to, że jest to jedyna rola endogennego DMT. Chodzi bardziej o to, że, według mnie, psychoza jest jedynym naturalnie występującym odmiennym stanem świadomości, na temat którego mamy jakiekolwiek rzeczywiste dane. Uważam, że inne „spontaniczne stany psychodeliczne", takie jak doświadczenia z pogranicza śmierci lub duchowe, także są powiązane z endogennym DMT. Badania na ten temat nie zostały jednakże dotychczas przeprowadzone*.

Głównym czynnikiem przeciwdziałającym nadmiernej produkcji DMT w szyszynce jest najprawdopodobniej niesamowicie efektywny system ochronny tego narządu, który został omówiony w poprzednim rozdziale. Najlepszym przykładem jego skuteczności są problemy, z którymi zetknęliśmy się, próbując stymulować produkcję melatoniny w ciągu dnia.

Adrenalina i noradrenalina, neuroprzekaźniki pobudzające nocne wytwarzanie melatoniny, są razem określane mianem *katecholamin*. Komórki nerwowe niemalże przylegające do szyszynki uwalniają owe katecholaminy, co aktywizuje określone receptory tkanki szyszynkowej i inicjuje syntezę melatoniny.

Gruczoły nadnerczowe także produkują adrenalinę i noradrenalinę, uwalniając je do krwiobiegu w reakcji na stres. Kiedy jednak przenoszone przez krew katecholaminy wytworzone przez nadnercze docierają do szyszynki, znajdujące się wokół niej komórki nerwowe momentalnie je wychwytują i unieszkodliwiają. Dlatego też sytuacje, w których ma miejsce produkcja katecholamin w nadnerczu, na przykład w momencie stresu lub podczas ćwiczeń fizycznych, nie powodują tworzenia się melatoniny w ciągu dnia.

Przeprowadziliśmy badania, które dość jasno to wykazały. Czołowi atleci wzięli udział w maratonie, którego trasa przebiegała w dużej mierze na wysokości powyżej 3000 m n.p.m. Zmierzyliśmy poziom melatoniny przed wyścigiem i po jego zakończeniu. Dla wielu uczestniczących w nim osób było to „niemalże" doświadczenie z pogranicza śmierci. Pomimo tego stężenie melatoniny w ich organizmach wzrosło wyłącznie do poziomu odpowiadającego ilości tej substancji wydzielanej podczas zwy-

---

* Pomimo że DMT może mieć związek zarówno z doświadczeniami duchowymi, jak i psychotycznymi, jest niezwykle ważne, aby je od siebie odróżniać. Oczywiście, do pewnego stopnia mają one wspólne cechy, na przykład dojmujące przeczucie nieuchronności nadchodzących zdarzeń, wzmocnienie doznań wzrokowych i słuchowych oraz zmiany w odczuwaniu upływu czasu.

Zazwyczaj jednakże doświadczenia mistyczne stanowią rezultat zamierzonych i w pełni świadomych starań ukierunkowanych na ich osiągnięcie. Osoba praktykująca poszukuje ich, istnieje intelektualny i moralny kontekst stymulujący ich występowanie, zaś ich ekspresja jest społecznie sankcjonowana i akceptowana.

Z drugiej strony symptomy schizofrenii są przeważnie kompletnie nieoczekiwane, niemile widziane i występują u osób cierpiących na problemy emocjonalne i zaburzenia zachowania. Doświadczenia te nie mają wsparcia ze strony społeczeństwa, a zarówno jednostka, jak i związane z nią osoby pragną, by dobiegły one końca.

Tak jak miało to miejsce w przypadku ochotników uczestniczących w naszych badaniach, nastawienie i otoczenie mają równie duży wpływ na doświadczenia wywoływane przez DMT jak substancja sama w sobie. To, w jaki sposób jednostka wykorzysta obecność naturalnie wytworzonego DMT w swoim życiu, wynika z dużo szerzej rozumianego nastawienia i otoczenia: kim ta osoba jest, jakie są jej wcześniejsze doświadczenia i oczekiwania, w jaki sposób poddaje się ona działaniu DMT i je interpretuje, oraz od społecznego kontekstu jej doświadczenia.

kłego snu – z pewnością nie była to eksplozja chemicznych możliwości mózgu! Tak czy inaczej, ujrzeliśmy, że *jest* możliwe obejście tarczy ochronnej szyszynki, jeśli napięcie psychiczne stanie się wystarczająco silne*.

Neuronaukowcy uważają, że owa przeszkoda w aktywacji szyszynki wynika z tego, że dość problematyczne byłoby dla zwierząt doświadczanie swojego otoczenia jako „ciemnego" w środku dnia. Jako że szyszynka wytwarza zazwyczaj melatoninę wyłącznie w nocy, jej produkcja za dnia wywoływałaby „poczucie", że ciemność zapadła o „niewłaściwej" porze, powodując tym samym dezorientację zwierzęcia.

Wyjaśnienie to nie jest jednak specjalnie przekonujące. Wydzielanie melatoniny w ciągu dnia nie jest na tyle „niebezpieczne", by zasługiwać na tak skomplikowany i skuteczny system obronny. Efekty wywoływane przez melatoninę nie są natychmiastowe – aby zaistnieć, wymagają one godzin, a nawet dni. Na dodatek światło dzienne niemalże od razu hamuje produkcję melatoniny, przywracając systemowi stan wyjściowy sprzed pojawienia się jakichkolwiek wewnętrznych zakłóceń.

Weźmy jednak pod uwagę, co by się stało, gdyby stres bez przeszkód stymulował szyszynkę do produkcji DMT, a nie melatoniny. DMT jest fizycznie obezwładniające i powoduje zalew niespodziewanych i niemożliwych do opanowania doznań wzrokowych i emocjonalnych. Częste eksplozje DMT z pewnością byłyby bardziej niebezpieczne dla zwierzęcia, aniżeli wydzielanie melatoniny.

Być może melatonina jest tak trudna do wytworzenia w ciągu dnia, ponieważ *jakiekolwiek* naruszenie systemu ochronnego szyszynki jest niedopuszczalne. Szyszynka wznosi dla nadmiernego stresu barierę, która oddziela ją od wszystkiego, co znajduje się na zewnątrz. Jedna z sytuacji, w których szyszynka może wytworzyć DMT, ma zatem miejsce, gdy produkcja wywołanych stresem katecholamin jest tak wysoka, że ochrona szyszynki przestaje dawać sobie z nimi radę.

Jest także możliwe, że system obronny szyszynki nie funkcjonuje w normalny sposób w przypadku jednostek psychotycznych. Dość dużo danych popiera tę ideę w pośredni sposób. Stres wzmaga halucynacje i urojenia u psychotycznych pacjentów. Poziom DMT u tych osób jest uzależniony od zaawansowania psychozy – im bardziej intensywne objawy, tym większe ilości DMT. Wiemy, że stężenie DMT wzrasta także u zwierząt narażonych na stres. Dość przeciętny poziom wywołanych stresem katecholamin może przerastać możliwości obronne szyszynki u osób psychotycznych,

---

* Rick J. Strassman, Otto Appenzeller, Alfred J. Lewy, Clifford R. Qualls i Glenn T. Peake, *Increase in Plasma Melatonin, beta-Endorphin, and Cortisol After a 28.5-Mile Mountain Race: Relationship to Performance and Lack of Effect of Naltrexone*, „Journal of Clinical Endocrinology and Metabolism" 69 (1989), str. 540-45.

Odczuwany przez biegaczy „haj" nie jest zwykłym odczuciem euforii związanym z uwalnianiem endorfin. Towarzyszą mu także zmiany sensoryczne: błyskanie i rozjaśnienie pola widzenia; poczucie lekkości ciała, które niemalże unosi się ponad ziemią; wrażenie, że czas dramatycznie zwalnia. Wszystkie te efekty są opisywane także przez osoby, którym podawano niskie dawki DMT. Być może biegacze i ochotnicy przyjmujący niewielkie ilości DMT opisują efekty tego samego biologicznego zdarzenia: nadmiernej, ale nie w pełni psychodelicznej ilości DMT w mózgu. W przypadku biegaczy potężna fala adrenaliny i noradrenaliny może stymulować produkcję DMT w szyszynce i w naturalny sposób wywoływać doświadczenia odpowiadające zażyciu niskich dawek tej substancji. Niestety, obecnie nie jesteśmy w stanie zmierzyć poziomu DMT, aby sprawdzić prawdziwość tej hipotezy.

prowadząc w ten sposób do zwiększonej produkcji DMT, które prowadzi następnie do nasilenia się objawów*.

Inny czynnik, chroniący w normalnych sytuacjach ciało przed produkowaniem przez szyszynkę psychodelicznych ilości DMT, znajduje się w niej samej. Wykazano, że pewna dość niewielka proteina, odkryta początkowo we krwi, utrudnia funkcjonowanie enzymów biorących udział w tworzeniu DMT. Szyszynka ma całkiem wysoki poziom owych protein, będących swoistym „antyDMT". Gdyby zablokować działanie tego inhibitora, DMT miałoby większe szanse na powstanie. Czy istnieje lepsze miejsce dla substancji zapobiegającej nadmiernemu wydzielaniu niebezpiecznych dawek DMT aniżeli miejsce, w którym ono powstaje – sama szyszynka?

Dane zebrane podczas badań dotyczących psychozy także wspierają powyższe twierdzenie. Osobom cierpiącym na schizofrenię w ramach eksperymentalnej terapii lat 60. podawano wyciąg z szyszynki. Ich stan ulegał znaczącej poprawie. Wyjaśnienie tych odkryć brzmiało następująco: wyciąg z szyszynki dostarczał pacjentom dodatkowej dawki antyDMT, którego brakowało w ich własnych szyszynkach. W ten sposób byli oni w stanie skuteczniej zwalczać patologicznie wysoki poziom DMT, dzięki czemu dręczące ich psychotyczne objawy słabły**.

Dwa inne ewentualne hamulce produkcji DMT w szyszynce wiążą się z dwoma enzymami: produkującymi oraz rozkładającymi molekułę duszy w naszych ciałach.

Badacze odkryli, że metylotransferazy (enzymy, które tworzą DMT) są bardziej aktywne u osób cierpiących na schizofrenię aniżeli w normalnych warunkach. Może to zwiększać produkcję DMT. Naukowcy przeszukali wiele ludzkich tkanek w poszukiwaniu źródła zaburzeń tego enzymu, ale, niestety, nie wzięli pod uwagę szyszynki***.

W końcu, gdyby zaburzyć działanie systemu MAO, który normalnie niszczy DMT, przetrwałoby więcej DMT, wywołując tym samym objawy „psychodeliczne"/psychotyczne. Enzymy MAO są mniej skuteczne u schizofreników aniżeli u zdrowych ochotników, dlatego też niewykluczone, że osoby z zaburzeniami psychicznymi nie pozbywają się DMT wystarczająco szybko ze swoich organizmów, co także może powodować podniesienie się poziomu DMT w stopniu uniemożliwiającym normalne funkcjonowanie. Pomimo że naukowcy dokładnie zbadali aktywność MAO w wielu tkankach ludzkiego ciała, nie oszacowali, niestety, *szyszynkowej* aktywności tego enzymu w kontekście schizofrenii.

Przyjrzyjmy się teraz mniej patologicznym, ale równie powszechnym i naturalnie pojawiającym się odmiennym stanom świadomości, z punktu widzenia których wy-

* Robin M. Murray, Michael C. H. Oon, Richard Rodnight, James L. T. Birley i Alan Smith, *Increased Excretion of Dimethyltryptamine and Certain Features of Psychosis. A Possible Association*, „Archives of General Psychiatry" 36 (1979), str. 644-49.

** L. Bigelow, *Effects of Aqueous Pineal Extract on Chronic Schizophrenia*, „Biological Psychiatry" 8 (1974), str. 5-15.

*** Richard Jed Wyatt, J. Christian Gillin, Jonathan Kaplan, Richard Stillman, Lewis R. Mandel, H. S. Ahn, W. J. A. Vandenheuvel i R. W. Walker, *N,N-Dimethyltryptamine – a Possible Relationship to Schizophrenia?*, „Advances in Biochemical Psychopharmacology" 11 (1974), str. 299-313.

twarzane w szyszynce DMT może odgrywać znaczącą rolę. Należy do nich świadomość snu.

Czas, w którym jesteśmy najbardziej podatni na przeżywanie marzeń sennych, jest także czasem, w którym poziom melatoniny jest najwyższy, czyli około 3 w nocy. Jako że melatonina sama w sobie ma bardzo łagodne właściwości psychoaktywne, można założyć, że kluczową rolę może tu odgrywać inna substancja wytwarzana w szyszynce, której poziom byłby porównywalny do poziomu melatoniny. Jednym z bardziej prawdopodobnych kandydatów jest DMT. Nikt jednakże nie przyglądał się do tej pory 24-godzinnym rytmom DMT u zdrowych ochotników, starając się w ten sposób zbadać zależność pomiędzy stężeniem DMT a intensywnością i liczbą snów.

Dr Jace Callaway zasugerował, że pochodzące z szyszynki beta-karboliny mogą działać stymulująco na pojawianie się marzeń sennych. Pomimo że wpływ tych alkaloidów na psychikę w dalszym ciągu nie jest do końca zrozumiały, beta-karboliny wytwarzane w szyszynce, przez wzgląd na skuteczność, z jaką wzmacniają działanie DMT, z całą pewnością mogłyby w niebezpośredni sposób pobudzać naszą zdolność przeżywania snów*.

Także medytacja lub modlitwa prowadzą niekiedy do odmiennych stanów świadomości. Podłożem dla tego rodzaju mistycznych lub duchowych doświadczeń może być produkowane przez szyszynkę DMT.

We wszelkiego rodzaju tradycjach duchowych możemy natknąć się na niezwykle psychodeliczne opisy doświadczeń transformacyjnych. Perspektywa ich osiągnięcia stanowiła bodziec motywujący ludzi do praktykowania w ramach owych tradycji. Oślepiająco białe światło, spotkania z demonicznymi lub anielskimi istotami, ekstaza emocjonalna, wyjście poza czas, przytłaczające dźwięki, poczucie przechodzenia przez śmierć i zmartwychwstanie, nawiązywanie kontaktu z potężną i kochającą obecnością przenikającą całą rzeczywistość od podstaw – opisy tego rodzaju doświadczeń pojawiają się w przekazach wszystkich tradycji duchowych. Są one także charakterystyczne dla w pełni psychodelicznego doświadczenia z DMT.

W jaki sposób medytacja może powodować produkcję DMT w szyszynce?

Niektóre praktyki medytacyjne, takie jak na przykład jednopunktowa koncentracja na własnym oddechu, prowadzą do niezwykle silnego zestrojenia ze sobą uwagi i świadomości. Synchronizację tę odzwierciedla mierzona przy pomocy elektroencefalogramu aktywność elektryczna mózgu. Na podstawie licznych badań udało się wykazać, że osoby mające doświadczenie w medytacji generują wolniejsze i lepiej zorganizowane wzory fal mózgowych niż osoby, które pozostają w codziennym stanie świadomości. Im „głębsza" medytacja, tym wolniejsze i silniejsze są fale.

Inne szkoły wzbogacają te praktyki uważności takimi metodami jak na przykład śpiew. Pieśni, szczególnie te spisane w pradawnych językach, mają rzekomo wyjąt-

---

* Jace Callaway, *A proposed mechanism for the visions of dream sleep*, „Medical Hypotheses" 26 (1988), str. 119-24.

kowe właściwości duchowe, mogą bowiem wywierać przemożny wpływ na psychikę człowieka. Do błogich i wzniosłych stanów umysłu mogą także prowadzić praktyki wizualizacyjne, podczas których jednostka buduje coraz bardziej złożone i dynamiczne obrazy oczyma wyobraźni.

Doświadczeniom tym towarzyszy bardzo dynamiczna, ale jednocześnie nieporuszona jakość. Przypomina to falę stojącą w samym środku rzeki – patrząc na nią wydaje się, że jest zupełnie nieruchoma, pomimo że otaczają ją rwące prądy. Tak naprawdę to właśnie szalejąca ze wszystkich stron woda tworzy samą falę. Wszystkie te fale emitują natomiast jedyny w swoim rodzaju dźwięk.

Tego rodzaju zjawiska falowe, poprzez generowanie dźwięku związanego z ich częstotliwością, tworzą szerokie i rozproszone pola wywierania wpływu – przedmioty znajdujące się w ich zasięgu zaczynają wibrować z tą samą częstotliwością. Zjawisko to jest określane mianem *rezonansu.*

Przykładem potężnych efektów rezonansu może być sytuacja, w której określony ton powoduje pękanie szkła, nawet gdy sam dźwięk nie jest wyjątkowo głośny. Szkło rezonuje z częstotliwością odpowiadającą otaczającym je odgłosom. Niektóre tony mogą prowadzić do powstania nadmiernego napięcia w strukturze szkła, a w konsekwencji do jej rozerwania.

Na podobnej zasadzie techniki medytacyjne opierające się na dźwiękach, wzroku lub umyśle mogą generować określone wzorce fal, których pola wywołują w mózgu rezonans. W ciągu wielu tysiącleci metodą prób i błędów ustalono, że określone „święte" słowa, obrazy i doświadczenia mentalne wywołują konkretne efekty – być może dzieje się tak za sprawą pól generowanych przez nie w naszym mózgu. Owe pola powodują, że liczne układy zaczynają wibrować i pulsować z określoną częstotliwością. Możemy poczuć, jak nasz umysł i ciało rezonują z tego rodzaju doświadczeniami duchowymi. Szyszynka, oczywiście, także zaczyna brzęczeć z tą samą częstotliwością.

W narządzie tym może zachodzić proces podobny do opisanej powyżej sytuacji z pękającym szkłem, choć znacznie mniej destruktywny. Szyszynka zaczyna „wibrować" z częstotliwościami, które osłabiają przeszkody uniemożliwiające powstawanie DMT: osłonę komórkową szyszynki, stężenie enzymów oraz liczne antyDMT. Efektem końcowym jest psychodeliczna eksplozja szyszynkowej molekuły duszy, skutkująca subiektywnym stanem mistycznej świadomości*.

* Pola magnetyczne także mogą wywierać wpływ na umysł – ma to na przykład miejsce, gdy dana osoba doświadcza zmian świadomości w określonych lokalizacjach, nazywanych „miejscami mocy". Ostatnie badania opisują wpływ pola magnetycznego na funkcjonowanie szyszynki, powstrzymując ją przede wszystkim przed wytwarzaniem melatoniny. Może to zmieniać ukierunkowanie szyszynkowej energii i prowadzić do produkcji DMT.
Propozycję związku pomiędzy DMT a porwaniami przez obcych opisuję w innym rozdziale. Jest to jednakże odpowiednie miejsce, aby nadmienić, że doświadczenia te zachodzą czasem w pobliżu linii wysokiego napięcia, które wytwarzają wokół siebie potężne pola magnetyczne. Poza tym spotkania z obcymi często mają miejsce w konkretnych lokalizacjach, co także może sugerować wpływ pola magnetycznego.

Do tej pory przyglądaliśmy się sytuacjom, które nie zagrażają życiu człowieka: psychozie i doświadczeniom duchowym. Zwrócimy się teraz ku bardziej dramatycznym wydarzeniom, podczas których także mamy zazwyczaj do czynienia z wniknięciem w subiektywne, psychodeliczne rzeczywistości: narodzinom, śmierci oraz doświadczeniom z jej pogranicza.

Nie jest przesadne stwierdzenie, że sytuacje te wiążą się z niezwykle silnym napięciem psychicznym. Siła życiowa robi, co tylko może, aby utrzymać się przy pogrążonej w walce powłoce cielesnej. Przez nasz organizm przetacza się wówczas potężna fala hormonów stresu, między innymi stymulujących szyszynkę katecholamin – adrenaliny i noradrenaliny.

Zacznijmy od procesu narodzin. Towarzyszące mu doświadczenia są wysoce psychodeliczne z punktu widzenia nieznieczulonej matki. A co dopiero w przypadku noworodka! Wiemy, że DMT jest obecne w organizmach nowo narodzonych zwierząt laboratoryjnych. Nie ma powodów, aby uznać, że nie może go być także w przypadku ludzi. Nikt jednakże nie poszukiwał DMT w ciałach przychodzących na świat dzieci ani rodzących matek.

Podczas normalnego porodu waginalnego organizm rodzącej kobiety zostaje zalany katecholaminami. Powódź owych hormonów stresu u matki i dziecka może być wystarczająco potężna, aby pokonać system obronny szyszynki i zainicjować produkcję DMT. Gdy matka otrzyma środki znieczulające, wytwarzana jest mniejsza ilość katecholamin. Ich poziom jest jeszcze niższy w przypadku cesarskiego cięcia. Dlatego też w tych sytuacjach szyszynki matki oraz dziecka mogą produkować znacznie mniej DMT.

Wysokie stężenie DMT podczas narodzin stanowi wyjaśnienie podstawowych założeń i wniosków psychoterapii psychodelicznej. Według dr. Stanislava Grofa, eksperymentującego z LSD psychoterapeuty o ponadprzeciętnym doświadczeniu zawodowym, większość tego, co wydarza się podczas sesji terapii psychodelicznej, stanowi odtworzenie procesu narodzin. Odkrył on, że osoby, które przyszły na świat przez cesarskie cięcie, w mniejszym stopniu dają się „ponieść" terapii psychodelicznej aniżeli osoby, które przeszły poród waginalny. Obecność psychodelicznych ilości DMT podczas normalnego porodu i jego nieproporcjonalnie niskie stężenie przy cesarskim cięciu (wynikające z niedostatecznej aktywności hormonów stresu) mogą stanowić wyjaśnienie tych odkryć*.

* Jane Butterfield English, *Different Doorway: Adventures of a Caesarean Born* (Mt. Shasta, Earth Heart, 1985). Grof opracował „psychodeliczną" terapię, która nie opierała się na użyciu substancji zmieniających świadomość, lecz na przedłużonej hiperwentylacji. Trzydzieści do sześćdziesięciu minut kontrolowanej pracy z oddechem skutkuje pojawieniem się odmiennych stanów świadomości, które można porównać do doświadczeń zainicjowanych dużymi dawkami substancji psychodelicznych. Technika ta wywiera silny wpływ na funkcjonowanie organizmu: jego chemia staje się bardziej zasadowa; spada poziom wapnia; bariera krew-mózg staje się mniej szczelna; znacząco wzrasta stężenie hormonów stresu. Wszystko to może przyczyniać się do aktywacji rzadko używanych szlaków w szyszynce. Zobacz Stanislav Grof, *The Holotropic Mind* (Nowy Jork, HarperSanFranscisco, 1993).

Być może, aby w pełni dać się „ponieść" potężnym doświadczeniom emocjonalnym jako osoby dorosłe, potrzebujemy bezpiecznego i sprawdzonego układu odniesienia powstającego w nas podczas pierwszej, naturalnie pojawiającej się „sesji z dużą dawką DMT", która towarzyszy procesowi narodzin. W przeciwnym razie, gdy w przyszłości będziemy wchodzić w tak nietypowe i niespodziewane stany świadomości, będą one wywoływały zupełnie obce dla nas doświadczenia i w efekcie odbierzemy je jako dezorientujące i przerażające. Brakuje nam w pełni wiarygodnych danych dotyczących przypadków, gdy tego rodzaju przeżycia kończyłyby się w zadowalający sposób.

Potężne fale hormonów stresu towarzyszą także doświadczeniom z pogranicza śmierci czy też NDE (ang. *near-death experience*). Duża część związanej z tą problematyką literatury opisuje je jako przeżycia mistyczne, psychodeliczne i psychicznie przytłaczające. Być może także podczas nich zalewane są mechanizmy obronne szyszynki, zaś nieaktywne w innych okolicznościach szlaki służące do produkcji DMT zostają uruchomione.

Posiadamy bardzo ograniczoną wiedzę fizjologiczną o samej śmierci. Co dzieje się z naszymi ciałami, naszymi mózgami i naszymi umysłami, kiedy umieramy? Jak długo trwa cały ten proces? Czy kończy się wraz z ustaniem oddechu? Czy może jest jakiś powód, dla którego wiele tradycji dostarcza wskazówek, po jakim czasie można przemieścić zmarłego i gdzie go pochować? Dlaczego tak duży nacisk kładą one na to, by nie zakłócać spokoju szczątkowej świadomości? W ten oto sposób musimy wziąć pod uwagę także wpływ rozkładających się tkanek szyszynki na naszą świadomość zarówno podczas doświadczeń z pogranicza śmierci, jak i po nastąpieniu zgonu.

Tkanka szyszynkowa umierającego lub niedawno zmarłego człowieka jeszcze przez kilka godzin (a nawet dłużej) może produkować DMT i oddziaływać na utrzymującą się świadomość. Podczas gdy odczyty fal naszego „martwego" mózgu są już „płaskie", kto może orzec o tym, co tak naprawdę dzieje się w naszym wnętrzu?

Aby rozpocząć sprawdzanie hipotezy, w myśl której rozkładająca się tkanka szyszynkowa wytwarza substancje psychodeliczne, wiele lat temu wyciąłem szyszynki ze zwłok dziesięciu osób, do których miałem dostęp w pobliskiej kostnicy. Wysłałem je następnie do innego laboratorium, aby zbadano je pod kątem DMT. Niestety, mózgi tych osób nie zostały „świeżo zamrożone", czyli wycięte od razu po śmierci i umieszczone w płynnym azocie – głębokie mrożenie powstrzymuje bowiem tkanki przed rozkładem. W badanych przez nas szyszynkach nie udało się znaleźć DMT. Nawet jeśli się w nich znajdowało, niewykluczone, że ogromne opóźnienie w poddaniu tkanek analizie – w niektórych przypadkach sięgające nawet kilku dni – doprowadziło do jego zniszczenia.

W końcu substancje psychodeliczne mogą wpływać na szyszynkę, używając tym samym jej oraz procesu formowania DMT jako pośredników umożliwiających im działanie.

Na szyszynce znajdują się receptory LSD, meskalina natomiast podnosi poziom serotoniny w szyszynce. Oprócz opisanych już wcześniej właściwości polegających na wzmacnianiu i przedłużaniu działania DMT beta-karboliny pobudzają także wytwarzanie melatoniny. DMT jest natomiast najsilniej działającym spośród kilku psychodelików stymulujących produkcję tego hormonu w szyszynce.

DMT sprzyja formowaniu ewentualnego budulca dla siebie, co przypomina sytuację, w której jedną małą zapałką rozpalamy całe ognisko. Najpierw podpalamy nią gazety, od których ogień przenosi się na chrust, a następnie na coraz większe gałęzie. Na podobnej zasadzie omówione już okoliczności, które sprzyjają produkcji endogennego DMT, mogą mieć swoje źródło w bardzo niewielkiej ilości nowo wytworzonego surowca. W ten sposób może rozpocząć się proces formowania jeszcze większej ilości DMT, ponieważ wzrasta poziom niezbędnych do jego powstania prekursorów. W końcu jest także „moment zapłonu" odpowiadający w pełni psychodelicznemu wybuchowi szyszynkowego DMT. Psychodeliczny „płomień" wypala się samoistnie po tym, jak wyczerpią się niezbędne dla niego surowce.

Ta „związana z DMT hipoteza dotycząca funkcji szyszynki" pozwala nam powiązać ze sobą wszystkie wątki pozostawione bez odpowiedzi przez melatoninową hipotezę dotyczącą funkcji szyszynki.

Jedną z tych kwestii zdążyłem już omówić wcześniej – dotyczy ona potężnego antystresowego systemu ochronnego szyszynki. Hipoteza melatoninowa nie dostarczała nam bezpośredniego wyjaśnienia tej zagadki. Hipoteza związana z DMT pozwala nam rozwiązać ją w dużo bardziej satysfakcjonujący sposób – ciało tak bezwzględnie chroni szyszynkę, ponieważ w ten sposób codzienny poziom stresu nie uwalnia psychodelicznych ilości DMT i tym samym nie działa na nas obezwładniająco.

Kolejna zagadka, którą melatoninowa hipoteza pozostawia bez odpowiedzi, wiąże się z niezwykłym miejscem położenia szyszynki. Przypomnę, że narząd ten nie jest nawet zbudowany z tkanek mózgowych. Wywodzi się on z wyspecjalizowanych komórek pochodzących z podniebienia płodu. Z jakiego powodu przemieszcza się ona do samego centrum mózgu?

Z racji położenia w tej dogodnej pozycji szyszynka niemalże dotyka ośrodków odpowiadających za przetwarzanie danych wzrokowych i słuchowych. Na dodatek otaczają ją emocjonalne ośrodki układu limbicznego, zaś jej wyjątkowe położenie umożliwia natychmiastowe dostarczanie produkowanych przez nią substancji bezpośrednio do płynu mózgowo-rdzeniowego.

Z tradycyjnego punktu widzenia przyjęło się uważać, że miejsce, w którym znajduje się szyszynka, jest takie, a nie inne, ponieważ w ten sposób narząd ten może lepiej reagować na oświetlenie. Droga z oczu do szyszynki jest jednakże dziwnie kręta. Łączące je nerwy tak naprawdę wychodzą z głowy i okrążają szyję, aby następnie powrócić do głęboko ukrytego wnętrza czaszki. Dlatego też szyszynka byłaby równie skuteczna, gdyby znajdowała się wewnątrz szyi lub w górnej części rdzenia kręgowego, wypuszczając melatoninę bezpośrednio do krwiobiegu i informując tym samym zwierzę o warunkach świetlnych otoczenia.

Być może miejsce położenia szyszynki sprawia, że melatonina w najbardziej efektywny sposób wpływa na znajdujące się w jej pobliżu ważne ośrodki mózgu, takie jak przysadka mózgowa odpowiadająca za regulowanie funkcji reprodukcyjnych. Zadanie to nie wymaga jednakże od szyszynki, by znajdowała się głęboko wewnątrz mózgu. Przenoszona przez krew melatonina produkowana w innej części organizmu równie dobrze spełniałaby swoją rolę, tak jak ma to miejsce w przypadku hormonów produkowanych przez jajniki czy gruczoły nadnerczowe.

Być może melatonina potrzebuje natychmiastowego dostępu do płynu mózgowo-rdzeniowego i to właśnie z tego powodu szyszynka zwisa ze sklepienia komory wypełnionej owym płynem. Wydziela ona jednakże melatoninę równomiernie przez wiele godzin, a działanie tej substancji jest odczuwane na przestrzeni dni lub tygodni. Dlatego też hormony o tego rodzaju właściwościach nie potrzebują bezpośredniego dostępu do płynu mózgowo-rdzeniowego.

Wpływ melatoniny na psychikę jest raczej niewielki. Wywoływane przez nią efekty zmieniają świadomość w niewielkim stopniu i nie uzasadniają bezpośredniego dostępu do colliculi i układu limbicznego, głęboko ukrytych struktur mózgu, które zajmują się regulowaniem percepcji i emocji.

Gdyby lokalizacja szyszynki miała na celu wspomaganie roli melatoniny w naszym życiu, narząd ten nie musiałby zatem znajdować się w samym centrum naszego mózgu.

Uzasadnieniem dla zajmowanego przez szyszynkę miejsca byłoby natomiast wytwarzanie przez nią DMT. Wydzielanie tej substancji bezpośrednio do ośrodków wzrokowych, słuchowych i emocjonalnych, do których szyszynka niemalże przylega, wywierałoby gruntowny wpływ na nasze wewnętrzne doświadczenia. Widzielibyśmy, słyszeli, czuli i myśleli w sposób, który niemożliwym czyniłby rozpatrywanie pod tym kątem melatoniny.

Ze względu na niezwykle krótką żywotność, sięgającą zaledwie kilku minut, także samo DMT korzystałoby z niewielkich odległości (mierzących parę milimetrów) pomiędzy szyszynką i ważnymi strukturami mózgu. Za sprawą płynu mózgowo-rdzeniowego mogłoby ono trafiać bezpośrednio do tych części mózgu, bez konieczności wcześniejszego przenikania do krwiobiegu. Gdyby DMT przenikało najpierw do krwi, enzymy MAO niszczyłyby je długo przed tym, jak zdążyłoby ono powrócić do mózgu i wywrzeć wpływ na naszą psychikę.

Rozważania te w skuteczny sposób czynią zbędnym jedno z głównych zastrzeżeń, jeśli chodzi o teorię wiążącą DMT z psychozą: brak różnic pomiędzy poziomem DMT we krwi zdrowych ochotników i cierpiących na psychozy pacjentów. Z obecnej perspektywy możemy już zrozumieć, że stężenie DMT we krwi pobieranej z przedramienia może nie mieć zbyt dużo wspólnego z wpływem wywieranym przez nie na ukryte obszary naszego mózgu, obszary, w których DMT jest rozkładane niemal równie szybko jak powstaje.

Rozumowanie to zaprowadzi nas w końcu do przypuszczenia, że rozkładająca się tkanka szyszynkowa może wywierać wpływ na świadomość po śmierci biologicznej. Gdyby owo pośmiertne DMT trafiało bezpośrednio do płynu mózgowo-rdzeniowego, mogłoby ono docierać do ośrodków czuciowych i emocjonalnych na drodze zwykłej dyfuzji – bijące serce nie byłoby już dla niego niezbędne.

Kiedy już omówiliśmy dwie teorie dotyczące funkcji szyszynki w przypadku ludzi – model oparty na melatoninie i model oparty na DMT – nadszedł czas, aby pokusić się o analizę konsekwencji niesionych przez owe dwa sprzeczne ze sobą paradygmaty.

W poprzednim rozdziale opisałem, w jaki sposób szyszynka za sprawą melatoniny hamuje funkcje reprodukcyjne, w bieżącym natomiast postawiłem hipotezę, w myśl której szyszynkowe DMT otwiera nasze zmysły na dogłębne doświadczenia psychodeliczne. Wydaje się, jakby we wnętrzu szyszynki istniało potężne, dynamiczne napięcie pomiędzy dwiema rolami, jakie może ona odgrywać, z jednej strony duchową, z drugiej – seksualną.

Warto podkreślić, że z perspektywy wielu tradycji duchowych wstrzemięźliwość seksualna jest niezbędna do osiągnięcia najwyższych stanów duchowych. Wyjaśnieniem tego poglądu jest fakt, że aktywność płciowa zmienia ukierunkowanie energii potrzebnej do pełnego rozwoju duchowego. Jednostka musi zatem wybrać pomiędzy życiem cielesnym a życiem duchowym. Niemniej jednak celibat jest dość trudny do pogodzenia z reprodukcją, dlatego też pojawia się konflikt pomiędzy ciągłością gatunku a antyseksualnym dążeniem do osiągnięcia ostatecznego rozkwitu jednostkowej duszy.

Konflikt ten z biologicznego punktu widzenia może rozgrywać się w szyszynce. Cenne surowce mogą posłużyć do tworzenia ważnej z punktu widzenia reprodukcji melatoniny lub duchowo niezastąpionego DMT – hormonu ciemności, substancji wewnętrznego światła.

Opozycja ta w rzeczywistości może jednak okazać się znacznie mniej wyrazista. Weźmy pod uwagę ewentualność, że wydzielanie szyszynkowego DMT prowadzi do ekstazy seksualnej osiąganej na drodze wysiłku fizycznego, hiperwentylacji oraz silnych emocji towarzyszących aktowi seksualnemu. Doznania charakterystyczne dla psychodelików towarzyszą nam podczas orgazmu. Tak naprawdę niezwykle przyjemne efekty wywoływane pobudzaną seksualnie produkcją DMT mogą być jednym z głównych czynników napędzających zachowania reprodukcyjne.

Osoby praktykujące tantrę starają się osiągnąć to, co najlepsze w obydwu tych wymiarach. Ta tradycja duchowa dostrzega, że pobudzenie seksualne i orgazm wywołują wysoce ekstatyczne stany świadomości, dlatego też jej zwolennicy uznają, że stosunek płciowy może zostać potraktowany jako technika medytacyjna. Poprzez połączenie seksu i medytacji adepci tantry osiągają stany świadomości nieosiągalne dla osób praktykujących w pojedynkę. Uwolnienie szyszynkowego DMT, stymulowane zarówno przez głęboką medytację, jak i aktywność seksualną, może skutkować pojawianiem się szczególnie wyrazistych efektów psychodelicznych.

Jest także trzeci element wiążący ze sobą reprodukcję i wyższą świadomość – energetyczna macierz, w której wnętrzu toczy się walka pomiędzy rywalizującymi ze sobą funkcjami szyszynki. Jest to *dusza,* czy też *siła życiowa.*

Niezwykle trudno jest wprowadzić pojęcie „duszy" do jakiejkolwiek dyskusji mieszczącej się w ramach nauki jako całości, a biologii w szczególności. Jeszcze trudniejsze jest jednakże *nierobienie* tego w sytuacji, gdy domagają się tego obserwowane przez nas zjawiska. Aby w sposób bezpośredni i wnikliwy zająć się problemami wiążącymi się z zaprezentowanym przeze mnie materiałem, musimy jednakże wziąć pod uwagę tę kontrowersyjną kategorię pojęciową.

Jak zatem zdefiniujemy duszę?

Porównajmy ze sobą życie i śmierć: stan bycia żywym i bycia martwym. W jednym momencie myślimy, poruszamy się i odczuwamy. Komórki ulegają podziałowi, zastępując te, które obumierają w wątrobie, płucach, skórze czy sercu. Chwilę później nasz oddech ustaje; nasze serce uderza po raz ostatni. Na czym polega różnica? Co zniknęło, a jeszcze przed chwilą w nas było?

Istnieje coś, co nas „ożywia", gdy łączymy się z naszymi ciałami. Kiedy to coś znajduje się wewnątrz materii, manifestuje się poprzez ruch i ciepło. Mózgowi dostarcza energii niezbędnej do odbierania i przekształcania w świadomość naszych myśli, odczuć i spostrzeżeń. Kiedy tego czegoś nie ma, gaśnie światło, a silnik się zatrzymuje. Czymkolwiek to jest, obecność owej ożywiającej siły daje nam możliwość nawiązywania kontaktu z tym, co znajduje się tu i teraz.

Pomimo że owa siła życiowa nie jest „osobowa", ma ona „historię" dotyczącą konkretnej bryły materii ożywionej, z której się składamy. Dzieliła ona z nami nasze doświadczenia, ale niezależnie od jakichkolwiek wydarzeń pozostawała niezmieniona. Jej ruch wytworzył wyjątkowe pola wpływu poprzez dźwięki i tony wydawane przez mentalne i fizyczne aktywności naszego ciała. Kiedy nasze organizmy stają się zbyt słabe, by dalej mieścić w sobie siłę życiową, zostają przez nią opuszczone. Pewna jej część przechodzi w inną materię, inna część – rozpuszcza się w otoczeniu. Jedyne w swoim rodzaju pola tworzone przez jej przywiązanie do naszego ciała istnieją jednak jeszcze przez jakiś czas po śmierci, a następnie ulegają zupełnemu rozproszeniu. Im silniejsze jest pole lub im głośniejszy jest dźwięk, tym więcej czasu potrzeba, aby siła życiowa zanikła.

Jedna z najważniejszych przyczyn mojej fascynacji szyszynką wiąże się z rolą, jaką narząd ten pełni w życiu duchowym człowieka. Waga i znaczenie tego problemu dotarły do mnie w momencie, w którym jako student medycyny w połowie lat 70.

dowiedziałem się o zdumiewającej zbieżności ze sobą łączącej szyszynkę i buddyjskie wierzenia dotyczące reinkarnacji. Muszę z całym naciskiem podkreślić, jak silne wrażenie wywarło na mnie to odkrycie i w jak dużym stopniu napędzało ono moje poszukiwania dotyczące duchowego znaczenia szyszynki oraz molekuły duszy, która może się w niej znajdować.

Już wcześniej wiedziałem o tym, że *Księga Umarłych* buddyzmu tybetańskiego naucza, że dusza niedawno zmarłej osoby potrzebuje czterdziestu dziewięciu dni, aby się „reinkarnować". Oznacza to, że od chwili zgonu danej osoby do „odrodzenia się" siły życiowej w innym ciele mija siedem tygodni. Pamiętam bardzo dokładnie chłód krążący wzdłuż mojego kręgosłupa, gdy kilka lat później, czytając własną pracę dotyczącą rozwoju płodu, odkryłem, że ten sam okres czterdziestu dziewięciu dni wyznacza dwa przełomowe momenty w formowaniu się ludzkiego płodu. Licząc od momentu poczęcia, potrzeba czterdziestu dziewięciu dni, by pojawiły się pierwsze zarysy szyszynki. W tym samym czasie pojawiają się także pierwsze sygnały sugerujące płeć przyszłego dziecka. Zatem odrodzenie duszy, szyszynka i narządy seksualne – wszystkie potrzebują siedmiu tygodni, by się zamanifestować.

Zwróciłem uwagę na tę zbieżność niedługo po ukończeniu dwudziestego roku życia. Nie wiedziałem jednak wówczas, w jaki sposób mógłbym złożyć moje spostrzeżenia w spójną całość. W dalszym ciągu tego nie wiem. Tak naprawdę przypuszczenia wiążące ze sobą odległe od siebie zjawiska w oparciu o zbieżność czasową mogą w równym stopniu stanowić przejaw myślenia życzeniowego lub starej zielarskiej „doktryny sygnatur", zgodnie z którą właściwości danej rośliny są uzależnione od jej wyglądu. Jeśli przypomina ona kształtem serce, musi być przydatna w leczeniu schorzeń serca.

To, co proponuję, można niemalże określić mianem „doktryny minionego czasu". Jeśli zarówno dawne teksty buddyjskie, jak i współczesna embriologia człowieka wskazują, że oba te niepowiązane ze sobą wydarzenia następują po upływie czterdziestu dziewięciu dni od momentu poczęcia, muszą być one ze sobą powiązane. Ich związek jest, być może, dość kruchy z logicznego punktu widzenia, ale na poziomie intuicyjnym wydaje mi się niezwykle interesujący.

W jaki sposób pojawienie się szyszynki i narządów rozrodczych czterdzieści dziewięć dni od poczęcia wiąże się z siłą duchową czy życiową?

W momencie śmierci (jeśli założymy, że doświadczenia z jej pogranicza mogą stanowić dla nas jakikolwiek drogowskaz) następuje gwałtowne przesunięcie naszej świadomości z dala od utożsamienia z ciałem fizycznym. Szyszynkowe DMT sprawia, że owe pozacielesne treści stają się dostępne. Wszystkie opisane dotychczas czynniki składają się na ostateczną eksplozję produkcji DMT: uwalnianie katecholamin, osłabiony rozkład i wzmożone formowanie DMT, osłabnięcie antyDMT oraz rozkład tkanki szyszynkowej. Dlatego też niewykluczone, że to właśnie szyszynka jest najbardziej aktywnym organem w momencie śmierci. Czy możemy zatem stwierdzić, że siła życiowa opuszcza nasze ciało przez szyszynkę?

Następstwem owej powodzi DMT jest przedarcie się naszej świadomości poza zasłony, które skrywają zazwyczaj to, co buddyści tybetańscy nazywają *bardo*, czyli stany pośrednie pomiędzy obecnym a następnym wcieleniem. DMT otwiera nasze wewnętrzne zmysły na stany „pomiędzy" wraz z towarzyszącymi im miriadami wizji, myśli, dźwięków i odczuć. Wraz z tym, jak ciało staje się zupełnie bezwładne, świadomość się od niego odrywa i zaczyna istnieć jako pole otoczone polami innych przejawionych zjawisk.

Molekuła duszy przestaje być przydatna jako zwiadowca eksplorujący owe wymiary. Przeprowadza nas na drugi brzeg, gdzie jesteśmy pozostawieni samym sobie. W ciągu następnych czterdziestu dziewięciu dni używamy naszej woli, naszego skupienia, aby przetworzyć zgromadzone przez siebie doświadczenia, wspomnienia, przyzwyczajenia, skłonności oraz odczucia żywione względem wcielenia, które właśnie dobiegło końca. Jeśli owa walka z historią osobistą zostanie zakończona pomyślnie, świadomość rozpuszcza się w polu energetycznym otoczenia. Przypomina to sytuację, w której uderzono w dzwon; początkowo głośny dźwięk rozpuszcza się w otaczających odgłosach, a następnie zanika.

To, co pozostaje, osiada na następnej formie życia, która wydaje się najbardziej odpowiednia do poradzenia sobie z kwestiami, z którymi nie udało się dotychczas poradzić. Podobne pola rezonują ze sobą: C-moll ciąży ku innemu C-moll, skłonności zwierzęce ku zwierzętom, jakości roślinne ku roślinom, sprawy ludzkie ku istotom ludzkim.

Jeśli chodzi o ludzi, owe nieprzepracowane tendencje, owe niedokończone sprawy mogą wniknąć w płód tylko wtedy gdy będzie on na to odpowiednio „przygotowany". Gotowość ta może wymagać czterdziestu dziewięciu dni i przybierać formę szyszynki zdolnej do tworzenia DMT. Narząd ten może służyć jako antena lub piorunochron duszy. Dokładnie w tym samym momencie następuje wykształcenie się cech płciowych charakterystycznych dla chłopca lub dziewczynki. Dostarczone są biologiczne ramy, poprzez które siła życiowa może się zamanifestować.

Przenikanie owej energii, przejście siły życiowej z przeszłości w teraźniejszość, przez szyszynkę w ciało płodu, może być pierwszym i najbardziej pierwotnym rozbłyskiem DMT. Jest to świt świadomości, umysłu, postrzegania siebie jako odrębnego bytu biologicznego i seksualnego. Oślepiające światło szyszynkowego DMT wydzielanego przez powstający mózg zaznacza przekroczenie tego progu.

Aż do przełomowego czterdziestego dziewiątego dnia życia płód może być wyłącznie istotą cielesną, a nie cielesno-duchową. Dlatego też, czy czterdzieści dziewięć dni stanowi okres, po upływie którego możemy mówić o powstaniu odrębnej, czującej, a zatem także duchowej istoty?

W niniejszym rozdziale starałem się zasugerować, że naturalnie pojawiające się odmienne stany świadomości stanowią następstwo wzmożonej produkcji DMT w organizmie. Co by się jednakże stało, gdyby ktoś nie miał szyszynki, na przykład wskutek nowotworu lub udaru? Czy osoba taka miałaby jednakowy dostęp do świadomości doświadczeń wywoływanych przez endogenne DMT jak ludzie mający nienaruszoną szyszynkę?

Enzymy i prekursory znajdujące się w szyszynce nie występują tylko i wyłącznie w niej samej, jednakże wysokie stężenie tych substancji i wyjątkowo dogodne umiejscowienie szyszynki czynią z niej idealne źródło wytwarzania molekuły duszy. Wątroba, płuca, krew, oczy i mózg – wszystkie mają surowce mogące posłużyć do produkcji DMT. Tak naprawdę przez wiele lat badacze półżartem określali schizofrenię chorobą płuc przez wzgląd na znajdujące się tam ogromne ilości enzymów biorących udział w formowaniu DMT! Wszystkie te organy mogą wytwarzać DMT w identycznych okolicznościach, które pobudziłyby do tego szyszynkę.

Zdając sobie sprawę z radykalności moich teorii, wierzyłem jednocześnie, że mogą one zostać zbadane przy użyciu tradycyjnych metod naukowych, czyli na drodze przeprowadzania eksperymentów, analizowania danych i modyfikowania teorii w oparciu o otrzymywane wyniki. Następnym krokiem w procesie konstruowania hipotezy było zatem określenie, czy podawanie ludziom DMT prowadziło do tych samych doświadczeń. Gdyby okazało się, że przyjmowane z zewnątrz DMT wywołuje podobne efekty jak przypuszczalna produkcja DMT wewnątrz organizmu, na przykład podczas doświadczeń z pogranicza śmierci i uniesień mistycznych, moja hipoteza stałaby się znacznie bardziej prawdopodobna. Dlatego też musiałem znaleźć sposób na przeprowadzenie badań nad DMT z udziałem ludzi.

Zajmowałem się jednak melatoniną – hormonem szyszynkowym, którego efekty w niewielkim stopniu przypominały działanie DMT. Dalsze brnięcie w badania dotyczące fizjologii melatoniny wydawały mi się daremne.

Artykuł poświęcony niepożądanym reakcjom na przyjmowanie psychodelików, który napisałem w San Diego i który został opublikowany, kiedy prowadziłem już badania nad melatoniną, przyciągnął uwagę Ricka Doblina, niestrudzonego fundraisera i popularyzatora badań nad substancjami psychodelicznymi. W 1985 roku zaprosił mnie on na konferencję, podczas której miałem okazję poznać czołowych badaczy zajmujących się naukowymi poszukiwaniami dotyczącymi psychodelików oraz terapii opierającej się na ich stosowaniu. Profesjonaliści z różnych dziedzin zebrali się, aby prowadzić rozległe i wszechstronne dyskusje poświęcone temu, co wywołuje doświadczenie psychodeliczne i co można z nim zrobić dalej. Owi nowo poznani koledzy stanowili dla mnie źródło wsparcia, inspiracji, wartościowych doświadczeń i drogocennych informacji. Sprawili oni, że z dużo większą swobodą zacząłem myśleć o tym, w jaki sposób mógłby wyglądać mój przyszły projekt badań poświęconych psychodelikom.

W Boże Narodzenie 1987 roku mój mentor z Uniwersytetu Nowego Meksyku, Glenn Peake, zmarł nagłą śmiercią, wracając do domu po porannym bieganiu. Zrozpaczony i pogrążony w smutku zacząłem wahać się nad kierunkiem planowanych przeze mnie badań. Istniał bardzo poważny rozdźwięk pomiędzy eksperymentami, które były uznawane za „poważane”, a tym, ku czemu w największym stopniu sam się skłaniałem. Z jednej strony zajmowałem się badaniami nad melatoniną, z drugiej – pociągał mnie temat psychodelików. Przedwczesna śmierć Glenna przyczyniła się do przyspieszenia decyzji o przeskoczeniu tej rozbieżności. Podczas odprawianego za jego osobę nabożeństwa żałobnego przypomniałem sobie jedną z najbardziej szczerych porad, jakie od niego otrzymałem: „Badaj to, co naprawdę chcesz badać. Kogo obchodzi, co pomyślą sobie o tym inni ludzie?”.

Postanowiłem przerwać moje badania nad melatoniną i rozpocząć przygotowania projektu dotyczącego DMT. Omówiłem te pomysły z przewodniczącymi, dyrektorami i osobami zarządzającymi wydziałami uniwersyteckimi, które pomagały mi w eksperymentach z melatoniną. Wszyscy uważali, że zmiana przedmiotu badań niesie ze sobą rzeczywiste, ale w pełni zrozumiałe ryzyko. Wszyscy jednakże okazali się bardzo pomocni w konstruowaniu przeze mnie nowego projektu, „jeśli tym właśnie chcesz się teraz zajmować”.

Lata przygotowań dobiegły końca. Mogłem zająć się tym, co mnie interesowało – teraz albo nigdy. Był 1988 rok.

CZĘŚĆ II

POCZĘCIE I NARODZINY

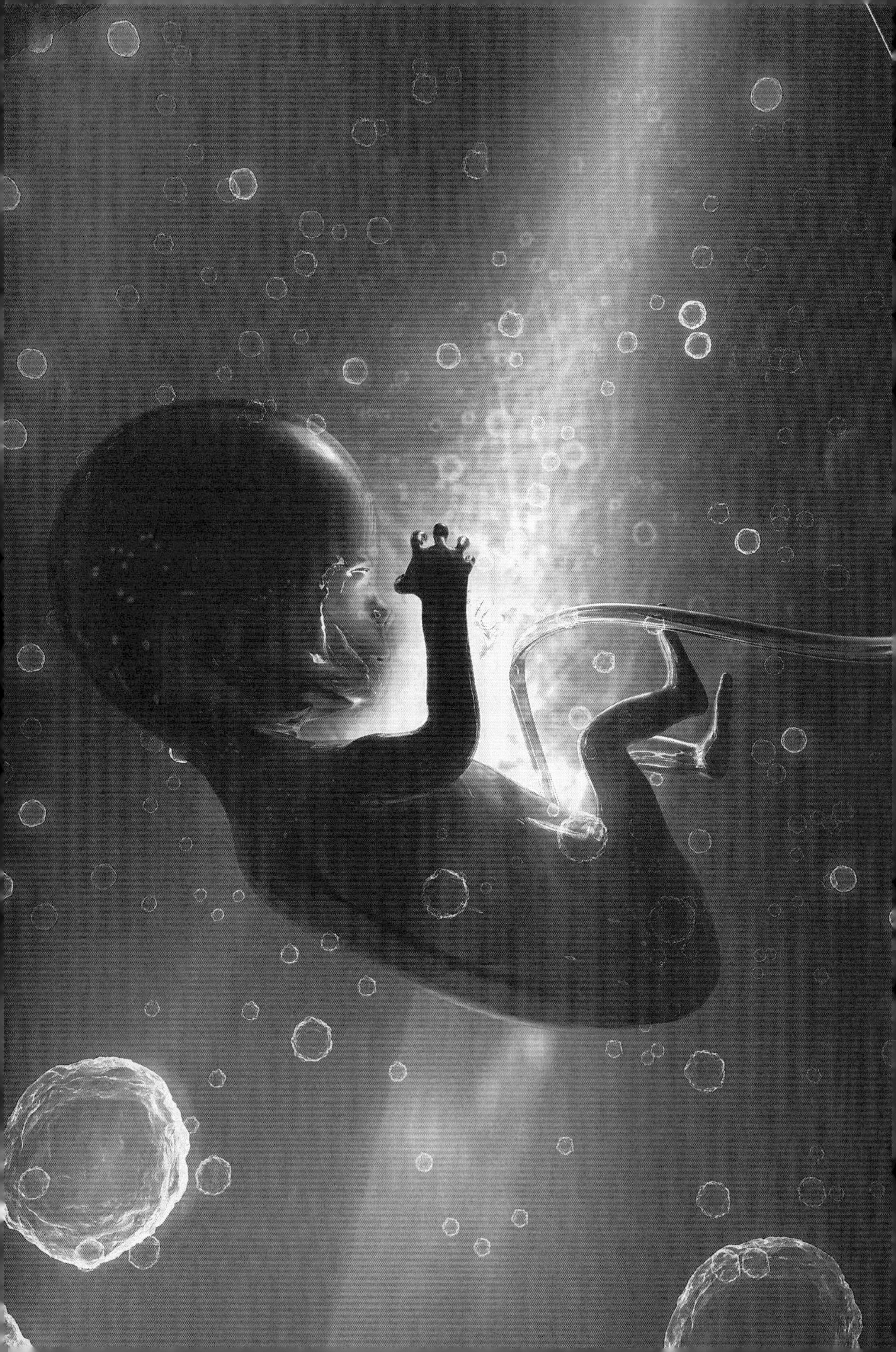

5.

89-001

Istniały dwa różne, ale zazębiające się pola, po których poruszałem się podczas przygotowań do planowanych przeze mnie badań nad DMT z udziałem ludzi. Pierwszym był obszar samych badań klinicznych, drugim natomiast – kwestie wiążące się z regulacjami administracyjnymi. W tym rozdziale skupię się na naukowej stronie badań i formułowaniu poświęconego im projektu. W następnym natomiast opiszę labirynt komisji i agencji, przez które musiał przebrnąć stworzony przeze mnie wniosek.

Komisja ds. Etyki Badań z Udziałem Ludzi Uniwersytetu Nowego Meksyku recenzuje każdy projekt, którego celem jest prowadzenie badań na istotach ludzkich. Wszystkie wnioski zostają oznaczone określonym numerem. Pierwsze dwie cyfry odnoszą się do roku, trzy następne zaś odnoszą się do kolejności nadsyłania protokołów. Wniosek dotyczący badań nad DMT złożyłem pod koniec 1988 roku. Był to pierwszy projekt, którym komisja miała zająć się podczas swoich styczniowych obrad. W ten sposób moje badania zostały oznaczone jako *89-001*.

Początek, nad którym spędziłem długie godziny pisania i redagowania już miesiąc wcześniej, próbując stworzyć możliwie najlepsze zdanie otwierające, brzmiał:

„Niniejszy projekt rozpocznie się ponownym przyjrzeniem się psychobiologii używania przez ludzi tryptaminowego halucynogenu, N,N-dimetylotryptaminy (DMT), będącego przy tym substancją endogenną".

Niemal dwa lata później, 15 listopada 1990 roku, otrzymałem od amerykańskiej Agencji ds. Żywności i Leków pismo, w którym było napisane:

„Rozpatrzyliśmy Pański wniosek (...) dochodząc do wniosku, że stworzony przez Pana projekt badań spełnia kryteria bezpieczeństwa i nie ma przeciwwskazań odnośnie do jego realizacji".

Miałem już pewne doświadczenie, jeśli chodzi o trudności związane z podawaniem substancji zmieniających świadomość ludziom. Zdobyłem je już kilka lat przed rozpoczęciem badań nad DMT, kiedy to złożyłem do Agencji ds. Żywności i Leków (FDA) wniosek dotyczący MDMA, substancji stymulującej o łagodnym działaniu psychodelicznym znanej szerzej pod nazwą „ecstasy".

Na początku lat 80. istniała dość luźna sieć terapeutów, którzy podawali tę substancję swoim pacjentom w celu zwiększenia skuteczności prowadzonej przez siebie psychoterapii. Nie była ona nielegalna, zaś owi psychiatrzy i psycholodzy odkryli, że wywoływane przez nią efekty sprzyjały pracy terapeutycznej znacznie bardziej, niż miało to miejsce w przypadku LSD. Ku ich przerażeniu, ów „cudowny narkotyk", podobnie jak LSD dekadę wcześniej, zaczął być powszechnie używany rekreacyjnie na kampusach uniwersyteckich. Na dodatek zaczęły pojawiać się artykuły naukowe, według których MDMA powodowały uszkodzenia mózgu u zwierząt laboratoryjnych. W 1985 roku Administracja Legalnego Obrotu Lekarstwami (DEA) zaklasyfikowała MDMA do „Grupy I", umieszczając ją tym samym na liście substancji objętych najbardziej rygorystycznymi ograniczeniami prawnymi.

Niemalże wszyscy terapeuci używający MDMA próbowali wpłynąć na DEA, aby wycofało swoje orzeczenie. Musiałem przebyć niezwykle długą i krętą drogę, zanim w końcu otrzymałem zezwolenie na podawanie MDMA w zgodzie z nowym ustawodawstwem.

W 1986 roku złożyłem aplikację do FDA. Moim celem było podawanie MDMA ludziom i zbadanie wpływu wywieranego przez tę substancję na ich ciało i psychikę. Po otrzymaniu od FDA standardowego pisma pt. „Może Pan przystąpić do badań, jeśli nie otrzyma Pan od nas żadnego sygnału w ciągu 30 dni", pomyślałem sobie: „Wspaniale! Będę mógł rozpocząć pracę już w ciągu miesiąca!". Jednakże, niczym z zegarkiem w ręku, FDA zadzwoniło do mnie po upływie dwudziestu dziewięciu dni, oznajmiając, że jeszcze nie mogę rozpocząć realizacji swojego projektu. Wkrótce otrzymałem list, w którym znajdowały się bardziej szczegółowo rozpisane zastrzeżenia odnośnie do neurotoksyczności MDMA. Nie byli w stanie udzielić mi informacji dotyczących tego, kiedy będą dysponować wystarczającą ilością informacji, by udzielić mi zezwolenia. Mogło to zająć trochę czasu.

Moja aplikacja dotycząca badań nad MDMA trafiła do archiwów FDA i już tam pozostała. Zdałem sobie sprawę jednakże, że FDA jest ogromną i raczej konserwatywnie zorientowaną organizacją. Musiała nią być. Stało się to dla mnie w pełni jasne podczas nieformalnej rozmowy z dr. L., który stał na czele jednostki zajmującej się recenzją mojego wniosku odnośnie ewentualnych badań nad MDMA.

Dr L. i ja braliśmy wspólnie udział w konferencji naukowej w 1987 roku. Tak się złożyło, że staliśmy obok siebie podczas przerwy na kawę. Postanowiłem się przedstawić i zapytałem, czy wziąłby pod uwagę udzielenie mi zezwolenia na eksperymenty z MDMA. Jako że w największym stopniu niepokoiła go możliwość pojawienia się uszkodzeń mózgu przy długoterminowym podawaniu tej substancji zdrowym ochotnikom, zaproponowałem, że badania te można przeprowadzić na śmiertelnie chorych pacjentach. W sposób, który z obecnej perspektywy wydaje mi się dość nonszalancki i okrutny, powiedziałem mu, że w przypadku osób, których przewidywany czas dalszego trwania życia nie przekracza sześciu miesięcy, kwestia ta nie będzie miała aż tak dużego znaczenia. Dodałem także, że badania takie mogłyby stanowić przełom w pracy psychoterapeutycznej ze śmiertelnie chorymi pacjentami.

Dr L. odpowiedział bardzo rzeczowo: „Umierające osoby też mają swoje prawa, pan natomiast nie chce tracić nadarzającej się okazji. Poza tym rzeczywistość czasami mija się z postawioną diagnozą". Jakiś czas później przysłał mi list, w którym potwierdzał swój sprzeciw wobec badań nad MDMA, w tym także przeprowadzanych z udziałem osób umierających.

Kilka lat później, już w trakcie badań nad DMT, FDA przysłało mi list, w którym pytano mnie, czy chciałbym anulować złożony przeze mnie wniosek o otrzymanie pozwolenia na badania nad MDMA. Wydawało się to dobrym pomysłem, więc wyraziłem zgodę.

Wraz z tym, jak podczas realizowania moich badań nad melatoniną stawało się coraz bardziej oczywiste, że hormon ten nie wywołuje zbyt spektakularnych zmian w psychice, postanowiłem odwiedzić mojego przyjaciela i kolegę po fachu, którego opinia w tych sprawach zawsze była dla mnie bardzo wartościowa. Siedząc na strychu jego domu w Kalifornii w sierpniu 1988 roku, spędziliśmy cały dzień, przyglądając się różnego rodzaju perspektywom, które mogłyby stanowić szkielet projektu badań dotyczących psychodelików i prowadzonych z udziałem ludzi. Doszliśmy do dwóch stosunkowo oczywistych, ale mających kluczowe znaczenie wniosków.

Po pierwsze, DMT z pewnością było substancją, która nadawała się do badania. Jej działanie było niezwykle interesujące, poza tym wszyscy mamy pewne jej ilości w naszych ciałach. Po drugie, jakiekolwiek badania dotyczące psychodelików nie mogą stać w sprzeczności (a wręcz muszą pokrywać się) z bieżącymi obawami dotyczącymi nadużycia narkotyków. Rząd Stanów Zjednoczonych wydawał miliardy dolarów, starając się zwalczyć problemy związane z niekontrolowanym używaniem substancji psychoaktywnych. Z pewnością jakaś część tych pieniędzy mogłaby zostać przeznaczona na prowadzone z udziałem ludzi badania nad DMT. Zamiast walczyć z rządem i próbować znieść obowiązujące ograniczenia prawne, większy sens wydawało się mieć bezpośrednie odwołanie się do myślenia naukowego, które w ostatecznym rachunku napędza wszelakie badania. Wszyscy chcieliśmy wiedzieć, jak działają takie substancje jak DMT, zarówno jeśli chodzi o doświadczenia przyjmującej je osoby, jak i fizjologiczne reakcje jej organizmu.

Moi koledzy nie dawali projektowi badań nad DMT zbyt dużych szans na powodzenie. Sprawa MDMA działała na wielu z nich zniechęcająco. „Wiesz, wróżył mi jeden z nich, jedynym, co napiszesz na ten temat, będzie plan badań. Zobacz, co się stało z twoim wnioskiem dotyczącym MDMA". Nad projektem badań poświęconych MDMA pracowałem jednakże w samotności. W badaniach nad DMT dysponowałem poparciem i poradą dr. Daniela X. Freedmana.

Danny'ego Freedmana poznałem w 1987 roku na jednej z wielu konferencji naukowych, na których zacząłem pojawiać się w tamtym czasie. Tego rodzaju spotkania oraz zawiązywane podczas nich znajomości stanowią nieodłączną część rytuału budowania udanej kariery naukowej. Dr Freedman, drobny mężczyzna przypominający nieco postawą krasnala, był zapewne najważniejszą osobą amerykańskiej psychiatrii w tamtym czasie. Swoją karierę rozpoczynał na wydziale psychiatrycznym Uniwersytetu Yale, badając na zwierzętach laboratoryjnych wpływ LSD. Po jakimś czasie zrezygnował, aby zająć stanowisko przewodniczącego wydziału psychiatrycznego Uniwersytetu w Chicago. W momencie kiedy go poznałem, był nauczycielem akademickim oraz wiceprzewodniczącym wydziału psychiatrycznego na Uniwersytecie Kalifornijskim w Los Angeles.

Zajmował on także stanowisko przewodniczącego Amerykańskiego Towarzystwa Psychiatrycznego oraz każdej większej organizacji działającej w obszarze psychiatrii biologicznej. Zamiast rozglądać się za wygodną posadą rządową, postanowił on pełnić władzę jako redaktor najbardziej wpływowego pisma akademickiego dotyczącego psychiatrii, „Archives of General Psychiatry". Do jego codziennych obowiązków należało rozwijanie lub burzenie czyjejś kariery poprzez zaakceptowanie lub odrzucenie każdego z tysięcy artykułów, które podsyłali mu początkujący naukowcy.

Freedman przeszkolił dziesiątki najwybitniejszych badaczy działających w środowiskach akademickich i przemyśle. Potrafił dzwonić do kogoś w środku nocy, aby przedyskutować ostatnie odkrycia naukowe lub kwestie polityczne. Miał nieskończone zasoby energii i wydawał się niemalże w ogóle nie potrzebować snu. Palił jednego papierosa za drugim, popijając przy tym hektolitry potwornie mocnej kawy. Uwodzicielski i czarujący, potrafił jednak także niespodziewanie zaatakować, gdy ktoś wywołał jego gniew.

Napisany przez niego w 1968 roku artykuł *O używaniu i nadużywaniu LSD* pod wieloma względami stanowił dla mnie układ odniesienia*.

Podziwiałem jego rzeczowe, ale otwarte podejście do klinicznych badań nad psychodelikami. Pomimo że w latach 50. pracował on z pacjentami cierpiącymi na schizofrenię, którzy znajdowali się pod wpływem LSD, swoje badania prowadził niemal wyłącznie na zwierzętach. Jego wczesne artykuły poświęcone zwierzęcej farmakologii i LSD stworzyły grunt dla przyszłych badań laboratoryjnych dotyczących roli serotoniny, jeśli chodzi o efekty wywoływane przez substancje psychodeliczne. Zeznawał on także w 1966 roku przed amerykańską komisją senacką, której obradom przewodził senator Robert Kennedy i która zadecydowała o umieszczeniu psychodelików na liście substancji kontrolowanych prawnie.

* Daniel X. Freedman, *On the Use and Abuse of LSD*, „Archives of General Psychiatry" 18 (1968), str. 330-47.

Freedman miał poważne wątpliwości co do możliwości przeprowadzenia z udziałem ludzi rzetelnych badań dotyczących psychodelików. Uważał on, że ochotnicy mają zbyt dużo oczekiwań odnośnie do działania podawanej im substancji. Obawiał się także ryzyka związanego z „zawodnością personelu", dość eufemistycznie odnosząc się w ten sposób do zażywania substancji psychoaktywnych przez zespół nadzorujący badania. Z tym ostatnim problemem sami mieliśmy okazję bezpośrednio zmierzyć się w naszych późniejszych badaniach w Nowym Meksyku.

Podczas naszych spotkań i korespondencji Freedman zapewniał mnie, że jest skłonny zapewnić mi wszelkiego rodzaju pomoc, pod warunkiem że prowadzone przeze mnie badania nad DMT skupią się tylko i wyłącznie na zagadnieniach farmakologicznych. Według niego, badania z zakresu psychoterapii wywołałyby nieuzasadniony entuzjazm, dostarczając przy tym wątpliwych wyników i wywołując naukowe kontrowersje. Znacznie bezpieczniejsze i bardziej praktyczne było w pierwszej kolejności potwierdzenie i poszerzenie wiedzy, którą wynieśliśmy z badań przeprowadzanych na zwierzętach. Pomimo że logika, którą się posługiwał, była nie do obalenia, trzymanie się przez nas tego biomedycznego modelu stało się przyczyną pewnych problemów, które napotkaliśmy w późniejszej fazie naszych badań.

Pod przewodnictwem dr. Freedmana rozpisałem projekt badań nad DMT, który opierał się na zależności pomiędzy dawką a reakcją. Był on prosty, rozsądnie brzmiący i możliwy do zrealizowania. Koncentrował się wokół czterech konkretnych celów:

- pozyskania „sprawnie funkcjonujących, doświadczonych użytkowników halucynogenów" jako ochotników;
- opracowania metody służącej do pomiaru poziomu DMT we krwi;
- stworzenia nowego kwestionariusza, za pomocą którego możliwe byłoby ocenienie wpływu DMT na psychikę;
- opisania psychicznych i fizjologicznych reakcji na różne dawki DMT.

Po zwięzłym omówieniu historii psychodelików w akademickiej psychiatrii zwróciłem uwagę, że mimo iż w dalszym ciągu były prowadzone badania na zwierzętach, w dużej mierze niezbadane pozostawały doświadczenia ludzi. Wiele osób wciąż nadużywało substancji psychodelicznych, dlatego też zrozumienie, dlaczego tak się działo i w jaki sposób tak naprawdę działają te substancje, wiązało się bezpośrednio z problematyką zdrowia publicznego.

Omówiłem także dostępne w tamtym czasie informacje dotyczące wpływu DMT na żywe istoty, wymieniając przy tym właściwości, które czyniły z niego idealnego kandydata do pierwszoplanowej roli w planowanych przeze mnie badaniach nad psychodelikami. Podkreślałem, że jednym z najlepszych powodów wyboru DMT był fakt, że tak naprawdę słyszała o nim stosunkowo niewielka liczba osób. Gdyby informacja o prowadzonych przeze mnie badaniach trafiła do mediów, przykułaby ich uwagę w dużo mniejszym stopniu, niż miało to miejsce w przypadku badań nad LSD.

Przywoływałem także argumentację „endogennego psychozomimetyku", argumentując, że naukowcom w dalszym ciągu nie udało się znaleźć jakiejkolwiek innej substancji, która w większym stopniu zasługiwałaby na miano naturalnie występującej schizotoksyny. Badacze wynajdowali coraz to nowe substancje antypsychotyczne, blokujące te same receptory serotoninowe, które były aktywowane przez psychodeliki. Dlatego też im więcej wiedzieliśmy o DMT, tym więcej mogliśmy się nauczyć o zaburzeniach psychotycznych. Gdyby udało nam się zablokować działanie DMT u zdrowych jednostek, być może zyskalibyśmy tym samym nową broń umożliwiającą skuteczniejszą walkę ze schizofrenią.

Zwracałem również uwagę, że krótki czas działania DMT czynił tę substancję znacznie łatwiejszą w użyciu od tych, których efekty utrzymują się przez dłuższy czas. Kwestia ta była szczególnie ważna w mało przyjaznym otoczeniu szpitalnym.

W końcu z opublikowanych już materiałów dotyczących prowadzonych z udziałem ludzi badań nad DMT, w szczególności badań dr. Száry, bardzo jednoznacznie wynikało, że substancja ta może być stosowana w bezpieczny sposób.

Po tym wprowadzeniu przechodziłem do teoretycznych fundamentów badań nad DMT: modelu biomedycznego. Psychofarmakolodzy dość stanowczo orzekli, że psychodeliki, w tym także DMT, aktywowało wiele receptorów mózgowych, które reagowały także na serotoninę. Badania laboratoryjne na zwierzętach, kontynuowane przez dekady po zakończeniu badań na ludziach, pozwoliły określić, o jakie receptory serotoninowe dokładnie chodzi. Zamierzałem oprzeć się na owych danych dotyczących zwierząt i sprawdzić, czy sytuacja wygląda podobnie w przypadku ludzi.

Czynniki najbardziej istotne z biologicznego punktu widzenia miały *neuroendokrynną* naturę. Neuroendokrynologia jest nauką o wpływie różnych substancji na hormony poprzez uprzednie stymulowanie przez nie określonych obszarów mózgu. Dla przykładu, aktywacja określonych receptorów serotoninowych w mózgu powoduje wzrost stężenia konkretnych hormonów przysadkowych we krwi, takich jak hormon wzrostu, prolaktyna oraz beta-endorfiny. Hormony, których poziom zmienia się pod wpływem przyjętej substancji, wskazują, na które z receptorów mózgowych substancja ta wywiera wpływ.

Receptory serotoninowe regulują także tętno, ciśnienie krwi, temperaturę ciała i wielkość źrenic. Aby dokładnie opisać zewnętrzne oznaki ich aktywowania przez zażycie DMT, zamierzałem przyglądać się wszystkim zmiennym. Były to obiektywne dane liczbowe.

Planowałem przyjmować do badań tylko i wyłącznie osoby mające już pewne doświadczenie, jeśli chodzi o psychodeliki, ponieważ uznałem, że będą one w stanie lepiej opisać efekty działania substancji aniżeli ci, którzy nie mają najmniejszego pojęcia, czego się spodziewać. Poza tym istniało znacznie większe prawdopodobieństwo, że osoby te nie wpadną w panikę w konfrontacji z niezwykle potężnymi efektami wywoływanymi przez DMT, które mogły być jeszcze bardziej dezorientujące w surowym otoczeniu ośrodka badań klinicznych. W końcu istniały także nieprzyjemne, ale jak najbardziej realne kwestie związane z odpowiedzialnością. Wolałem uniknąć ewentualnych procesów sądowych w sytuacji, gdyby ludzie uznali, że zaczęli stosować psychodeliki po tym, jak wzięli udział w prowadzonych przeze mnie badaniach. Jako że osoby te stosowały tego rodzaju substancje w przeszłości, eliminowało to groźbę jakichkolwiek oskarżeń, że zetknęli się z nimi za sprawą uczestnictwa w projekcie.

Od ochotników wymagaliśmy także funkcjonowania na relatywnie wysokim poziomie, to znaczy pracy zarobkowej lub kontynuowania nauki oraz podtrzymywania stabilnych związków z najbliższymi im osobami. W ten sposób mogliśmy mieć pewność, że osoby te były wystarczająco silnie osadzone w codziennej rzeczywistości, aby poradzić sobie z uczestnictwem w drobiazgowych i wymagających badaniach. Chciałem także, żeby dysponowali oni wsparciem pochodzącym ze źródeł innych niż sam zespół badawczy i w razie potrzeby mogli się do nich zwrócić o jakąkolwiek pomoc.

Spośród zgłaszających się do nas osób planowaliśmy wyselekcjonować osoby odpowiednie zarówno z perspektywy medycznej, jak i psychologicznej. Kobiety nie mogły być w ciąży ani spodziewać się zajścia w ciążę. Każdego dnia przeprowadzaliśmy także badania moczu pod kątem ewentualnej obecności rekreacyjnych narkotyków w organizmie*.

Przyglądając się stosowanym dotychczas sposobom mierzenia wpływu psychodelików na psychikę badanych, doszedłem do wniosku, że wszystkie wykorzystywane w przeszłości kwestionariusze opierały się na założeniu, że działanie tych substancji jest nieprzyjemne i przypomina stan psychozy. Nowe, mniej stronnicze narzędzie skonstruowane w oparciu o relacje osób lubiących działanie psychodelików mogło dostarczyć szerszego spojrzenia na wywoływane przez nie efekty. Zaproponowałem, aby w tym celu została przeprowadzona możliwie największa liczba wywiadów z rekreacyjnymi użytkownikami DMT. Dostarczyłyby one bardzo szerokiego spojrzenia na działanie tej substancji, stając się jednocześnie punktem wyjścia przy projektowaniu nowego kwestionariusza ewaluacyjnego. Wraz z postępem badań mogłem udoskonalać jego postać, bazując na zgromadzonych danych.

Niezbędne było także określenie metody mierzenia poziomu DMT we krwi. Mieliśmy do wyboru kilka różnych technik i chcieliśmy wybrać spośród nich tę, która wydawała się najłatwiejsza, a zarazem najbardziej miarodajna. Najbardziej obiecu-

---

* Nie pobieraliśmy owych próbek moczu, aby odrzucić niektórych z naszych ochotników. Interesowało nas raczej sprawdzenie, czy doświadczenia osób, u których testy te wypadły pozytywnie, różniły się w jakiś sposób od doświadczeń osób, które nie korzystają z rekreacyjnych narkotyków. Podczas pierwszych badań grupka osób, w moczu których wykryto obecność innych substancji psychoaktywnych, była bardzo skromna, zaś ich przeżycia nie odbiegały znacząco od przeżyć pozostałych uczestników. W późniejszych badaniach postanowiliśmy zarzucić przeprowadzanie tych kosztownych testów.

jąca była ta, którą wykorzystali badacze z Narodowego Instytutu Zdrowia Psychicznego – grupa, która napisała wspomniany już wcześniej artykuł o „przyzwoitym pochówku".

W oparciu o pochodzące z 1976 roku badania opisujące wpływ DMT na ludzkie hormony obliczyliśmy, że dwunastu ochotników wystarczało do ukazania statystycznie znaczących różnic w reakcji na przyjęcie różnych dawek DMT oraz nieaktywnego roztworu soli fizjologicznej. W większości badań skupiających się na działaniu określonych dawek podawano ochotnikom jedną „wysoką" dawkę, jedną „niską" oraz dwie „średnie", aby w ten sposób opisać możliwe spektrum efektów wywoływanych przez daną substancję. Chciałem podać tak dużo DMT, jak było to możliwe, dlatego też zdecydowałem, że każdy z ochotników otrzyma placebo oraz cztery dawki DMT – jedną wysoką, jedną niską i dwie średnie.

Ochotnicy mieli metodą podwójnie ślepej próby otrzymywać losowo różne dawki DMT. *Losowo* oznacza, że kolejność podawania nie została w żaden sposób określona, tak jakby to rzut kości decydował o tym, którego dnia będzie podana konkretna dawka. Dr Clifford Quaills, biostatystyk z Głównego Centrum Badań Klinicznych Uniwersytetu Nowego Meksyku, stworzył na swoim komputerze losowy ciąg poszczególnych dawek, zakleił kopertę zawierającą kartkę z wydrukiem, po czym wysłał ją do szpitalnej apteki. *Metoda podwójnie ślepej próby* oznacza natomiast, że ani ochotnicy, ani ja nie wiedzieliśmy, jak wysoka dawka zostanie danego dnia wykorzystana. Listę z kolejnością zastrzyków oraz ilością podawanego DMT miał do wglądu tylko i wyłącznie farmaceuta.

Celem takiego zaprojektowania badań było zminimalizowanie wpływu oczekiwań na otrzymywane wyniki. W rozdziale 1. odnosiłem się do klasycznego eksperymentu ukazującego kluczową rolę oczekiwań w determinowaniu efektów wywoływanych przez przyjmowaną substancję. Na tej samej zasadzie, gdyby ochotnicy wiedzieli, że za chwilę otrzymają niską dawkę DMT, mogłoby to w bardzo konkretny sposób ukierunkować ich doświadczenia. Mogli oni na przykład reagować w sposób odpowiadający ich wyobrażeniu oddziaływania niskiej dawki, a nie temu, co działo się z nimi w rzeczywistości i było wywołane efektem placebo lub dawką średnią.

Poza tym, zanim przystąpiliśmy do prowadzenia skomplikowanych badań na podwójnie ślepej próbie, uznaliśmy, że najlepiej będzie rozpocząć od podania uczestnikom naszych eksperymentów dwóch „kontrolnych" dawek DMT. Niska dawka 0,05 mg/kg miała wprowadzać w otoczenie, w którym prowadzone były badania bez ryzyka pojawienia się efektów tak silnych, że najsilniejszą reakcją byłaby dezorientacja. Podawana następnie wysoka dawka 0,4 mg/kg miała pozwolić ochotnikom doświadczyć najmocniejszego poziomu intoksykacji, z którym mieli się zmierzyć podczas późniejszych badań na podwójnie ślepej próbie. Określiliśmy ją mianem „dawki kalibrującej". Gdyby uczestnicy otrzymali swoją pierwszą wysoką dawkę w środku samego badania, ale nie wiedzieliby, że jest ona najwyższa spośród przewidywanych, mogliby odczuwać strach przed otrzymaniem jeszcze silniejszej dawki podczas następnej sesji. Poprzez podanie ochotnikom wysokiej dawki już wcześniej, otrzymywali oni możliwość zrezygnowania z uczestnictwa w badaniach przed ich rozpoczęciem. Mieliśmy w ten sposób pewność, że zbierane przez nas dane nie stracą swojej ważności, gdyby ktoś rozmyślił się w trakcie realizacji projektu. W ten oto sposób uczestnicy otrzymywali tak naprawdę sześć dawek DMT – dwie „kontrolne" oraz cztery „podwójnie ślepe".

Prowadząc eksperymenty z nowymi środkami, uwzględnia się zazwyczaj także zjawisko placebo. Badania na próbie kontrolowanej przez placebo pomagają dokonać wyraźniejszego rozróżnienia pomiędzy wpływem oczekiwań uczestnika a działaniem samej substancji. Samo słowo *placebo* pochodzi z łaciny i oznacza „zadowolę" lub też, parafrazując, „spełnię twoje oczekiwania". Większość z nas zwykła myśleć o placebo jako o neutralnej substancji, którą określa się mianem *nieaktywnego placebo*. Najbardziej znanym przykładem nieaktywnego placebo są pastylki z cukru. W naszych badaniach nad DMT rolę tę pełnił roztwór soli fizjologicznej.

Z praktycznego punktu widzenia utrzymanie kontrolowanych przez placebo badań na podwójnie ślepej próbie „podwójnie ślepymi" jest niezwykle trudnym zadaniem. Następstwa podania aktywnych substancji są bowiem zazwyczaj znacznie łatwiejsze do dostrzeżenia niż w przypadku podania soli fizjologicznej lub cukru. Zarówno uczestnicy, jak i prowadzący eksperyment są zazwyczaj niemal od razu w stanie określić, czy podczas sesji zostało użyte placebo czy badany środek.

W pierwszym projekcie badań nad DMT skupionym wokół zagadnienia „dawka-reakcja" chcieliśmy jednakże wykorzystać placebo, aby sprawdzić, czy ochotnicy i my sami jesteśmy w stanie odróżnić działanie najniższej dawki od substancji zupełnie neutralnej. Pod tym względem podawanie placebo miało ogromne znaczenie*.

Nasz projekt miał także swoje słabości. Przed otrzymaniem pierwszej dawki podczas podwójnie ślepych badań ochotnicy odczuwali zazwyczaj dość wyraźny niepokój. Czy czeka ich dziś wysoka dawka? Czy też mogą się zrelaksować? Kiedy stawało się oczywiste, że podczas pierwszych „podwójnie ślepych" sesji nie została użyta wyższa dawka, niepokój pojawiał się także przed następnymi sesjami, co nie miało miejsca w przypadku osób, które trafiły na najwyższą dawkę już na samym początku. Pomimo że losowa kolejność otrzymywania poszczególnych dawek najprawdopodobniej „wyrównywała" ten problem ze statystycznego punktu widzenia, miało to swoją cenę, jeśli chodzi o samych ludzi.

* Poprosiliśmy uczestników, żeby zgadywali, jaką dawkę otrzymali danego dnia. Bardzo łatwo przychodziło im wskazanie sesji, podczas której otrzymali oni wysoką dawkę. Niezwykle interesujące było jednak odkrycie tego, jak trudne okazało się odróżnienie od siebie dawek pośrednich, 0,1 mg/kg oraz 0,2 mg/kg. Co jeszcze bardziej zaskakujące, wielu uczestników myliło ze sobą najniższą dawkę z roztworem soli fizjologicznej. Bardziej dokładny w ocenach okazał się stworzony przez nas kwestionariusz. Zebrane zaraz po sesjach dane dość trafnie wykazały, że 0,2 mg/kg wywoływało silniejszą reakcję psychiczną aniżeli 0,1 zaś 0,05 – silniejszą niż słona woda, nawet jeśli sami uczestnicy nie mieli pewności co do zażytej przez siebie ilości.

Zastanawiałem się także nad tym, w jaki sposób poradzić sobie z niepożądanymi efektami psychicznymi i cielesnymi. Pierwszą reakcją na pojawienie się u badanych paniki byłoby uspokajanie ich poprzez zwyczajną rozmowę, której celem byłoby dodanie otuchy i stworzenie poczucia bezpieczeństwa. Gdyby nie przyniosło to oczekiwanych skutków, mieliśmy zamiar podawać łagodny środek uspokajający, na przykład wstrzyknąć Valium; zastrzyk z mocniejszym środkiem, takim jak chloropromazyna, wchodził w grę tylko i wyłącznie w sytuacji, w której ktoś zupełnie wyrwałby się spod kontroli. Na wypadek pojawienia się reakcji alergicznych, takich jak na przykład dyszenie lub silna wysypka, mieliśmy pod ręką także podawane dożylnie antyhistaminy. Gdyby ciśnienie krwi niebezpiecznie wzrosło, możliwe byłoby podanie pod język tabletki z nitrogliceryną, tak jak czyni się to w przypadku osób cierpiących na dusznicowy ból serca.

Do wniosku dołączyłem również listę kilkudziesięciu tekstów źródłowych popierających zaprezentowane przeze mnie pomysły. Znajdowały się tam między innymi artykuły pochodzące z pierwszej fali badań nad psychodelikami prowadzonych z udziałem ludzi. Były tam także prace dotyczące tego, co wiedzieliśmy na temat efektów wywoływanych przez substancje psychodeliczne u zwierząt oraz ich wpływu na receptory serotoninowe. Uprzedzając ewentualne obawy dotyczące środków bezpieczeństwa, odsyłałem także do mojego artykułu poświęconego niepożądanym efektom psychodelików. Zasugerowałem w nim, że jeśli dana osoba nie ma problemów ze zdrowiem psychicznym, jest dobrze przygotowana i otoczona opieką przed, w trakcie oraz po sesji, ryzyko pojawienia się poważnych i długotrwałych efektów ubocznych jest niezwykle niskie.

Kopie wniosku trafiły do wszystkich komisji, które zajmowały się nadzorowaniem prowadzonych z udziałem ludzi badań dotyczących nadużywania narkotyków, między innymi do Komisji ds. Etyki Badań z Udziałem Ludzi na Uniwersytecie Nowego Meksyku, Amerykańskiej Agencji ds. Żywności i Leków (FDA) oraz Amerykańskiej Administracji Legalnego Obrotu Lekarstwami (DEA). Badania miały zostać przeprowadzone w Głównym Centrum Badań Klinicznych Uniwersytetu Nowego Meksyku, dlatego wysłałem jedną kopię także tam. Centrum Badań mogło pokryć koszty analizowania sporej liczby próbek krwi pod kątem stężenia DMT i hormonów, dlatego do tamtejszego laboratorium dostarczyłem także sporządzony przeze mnie kosztorys.

Zbliżała się trudniejsza część: przekonanie wszystkich osób odpowiedzialnych za nadzór i sfinansowanie projektu, że badania te są bezpieczne, warte przeprowadzenia i zasługują na dofinansowanie.

6.

Labirynt

Prawo o Kontrolowanych Substancjach z 1970 roku ma za zadanie chronić obywateli Stanów Zjednoczonych przed substancjami stanowiącymi dla nich potencjalne zagrożenie. Ustawa ta uniemożliwia jednak dostęp do tych środków także osobom zajmującym się eksperymentami klinicznymi. Stanowi ona labirynt, przez który musi przejść każdy, kto chciałby przeprowadzić badania dotyczące psychodelików z udziałem ludzi.

Prawo o Kontrolowanych Substancjach umiejscawia wszystkie substancje w pięciu „grupach" w zależności od ich „potencjalnego nadużywania", „obecnie uznanego zastosowania medycznego" oraz „bezpieczeństwa użycia pod nadzorem lekarskim". Substancje z Grupy I są najostrzej traktowane, ponieważ mają „wysoki potencjał nadużywania", „brak użyteczności medycznej", zaś ich używanie jest „niebezpieczne nawet pod nadzorem lekarskim". Pomimo licznych zastrzeżeń i sprzeciwów ze strony dziesiątek uznanych psychiatrów, między innymi dr. Daniela Freedmana, Kongres umieścił LSD i pozostałe substancje psychodeliczne w Grupie I.

Grupa II obejmuje takie substancje jak metamfetamina i kokaina. Mają one wysoki potencjał nadużywania, ale także pewną użyteczność medyczną – kokaina jako środek znieczulający miejscowo podczas operacji oka, metamfetamina natomiast do leczenia nadpobudliwych dzieci. Kodeina należy do Grupy III, ponieważ jest powszechnie stosowanym środkiem przeciwbólowym, mającym potencjał nadużycia „mniejszy niż" substancje z Grupy I i II, wywołując przy tym mniej poważne efekty niepożądane, jeżeli jest podawana pod nadzorem lekarza. Substancje z Grupy IV, takie jak Xanax czy Valium, mają potencjał nadużycia „mniejszy niż" Grupa III, zaś ich medyczne użycie wiąże się z mniejszą liczbą problemów.

Jeśli chodzi o psychodeliki, wysoki potencjał nadużycia, na który zwrócili uwagę ustawodawcy, nie polega na ich kompulsywnym, niekontrolowanym stosowaniu, jak ma to miejsce w przypadku narkotyków takich jak heroina czy kokaina. Tak naprawdę jedną z ich cech charakterystycznych jest to, że nie wywołują one niemal żadnych efektów, kiedy są zażywane przez trzy lub cztery dni pod rząd, zaś nagłe odstawienie nie prowadzi do pojawienia się głodu narkotycznego. Chodziło bardziej o *dotkliwość* wywoływanych przez nie doświadczeń, które w pewnych okolicznościach mogą być destrukcyjne i szkodliwe. To właśnie ze względu na silnie destabilizujące działanie psychodelików Kongres zdecydował, że powinny zostać one poddane rygorystycznej kontroli.

Naukowcy prowadzący badania kliniczne w latach 50. i 60. dostrzegali zagrożenia związane ze stosowaniem LSD i innych psychodelików i zazwyczaj opisywali je w swoich raportach. W ten sposób mogli oni skutecznie zapobiegać pojawianiu się niepożądanych reakcji psychicznych spowodowanych zażyciem tego rodzaju środków lub szybko je minimalizować. Jednakże rosnąca popularność niekontrolowanego użycia psychodelików oraz pojawiające się w mediach informacje odnośnie do naruszania protokołu badawczego przez Leary'ego i jego kolegów z Harvardu wywołało łatwe do przewidzenia konsekwencje. Substancje te *rzeczywiście* powodowały szeroko nagłaśniane problemy, zaś zmniejszenie szkód mogło nastąpić tylko na drodze zamknięcia niektórych drzwi.

Aby powstrzymać falę nadużywania psychodelików, Kongres uwypuklił ich negatywne właściwości kosztem pozytywnych i zupełnie neutralnych. To, co jeszcze wczoraj było „bezpieczne pod nadzorem lekarskim", stało się „niebezpieczne nawet pod nadzorem lekarskim". „Użyteczność medyczna" jako narzędzie badawcze i szkoleniowe oraz w roli wsparcia w pracy psychoterapeutycznej szybko zmieniły się w „brak uznanego zastosowania medycznego".

Pracując przy przygotowaniu wniosku o prowadzenie eksperymentów z DMT przez cały system nadzorujący, miałem wrażenie, jakbym wpatrywał się w czarną dziurę.

Proces rozpoczął się w 1988 roku. Przez następne dwa lata prowadziłem zapiski odnoszące się do każdej rozmowy telefonicznej, każdego listu, spotkania, faksu i dyskusji związanej z 89-001, protokołem dotyczącym badań nad DMT. Przyglądając się moim notatkom, zebrałem najistotniejsze spostrzeżenia wyniesione ze wszystkich tych interakcji, po czym omówiłem je w 1990 roku w chwili otrzymania zezwolenia na rozpoczęcie badań. Napisany przeze mnie artykuł nazywałem żartobliwie „Co by się stało, gdyby przejechał mnie autobus?". Uznałem, że jest niezwykle istotne, aby inni ludzie także dowiedzieli się, w jaki sposób odnaleźć wyjście z tego labiryntu. Przejście przez niego jest jak najbardziej wykonalne. Na wypadek, gdyby z jakichś względów nie udało się przeprowadzić badań nad samym DMT, pragnąłem pozostawić wszystkie te wskazówki*.

---

* Rick J. Strassman, *Human Hallucinogenic DrugResearch in the United States: a Present-Day Case History and Review of the Process*, „Journal of Psychoactive Drugs" 23 (1991), str. 29-38.

Pierwszymi strażnikami wymiaru regulacji prawno-administracyjnej były dwie komisje Wydziału Lekarskiego na Uniwersytecie Nowego Meksyku: Naukowa Komisja Konsultacyjna Centrum Badawczego oraz Komisja ds. Etyki Badań z Udziałem Ludzi.

Naukowa Komisja Konsultacyjna Głównego Centrum Badań Klinicznych zajmowała się merytoryczną stroną mojego wniosku. Wchodzący w jej skład koledzy-badacze oceniali wartość naukową badań i sugerowali ewentualne poprawki. Decydowali oni także o tym, czy mogą one zostać przeprowadzone w ramach Centrum Badawczego oraz czy otrzymam dofinansowanie na dużą liczbę testów krwi, które zamierzałem wykonać. Jako że spędziłem dwa lata, prowadząc w Centrum Badawczym realizowany z udziałem ludzi projekt poświęcony melatoninie, byłem w tamtym okresie członkiem tej komisji.

Komisja ds. Etyki Badań z Udziałem Ludzi zajmowała się natomiast bezpieczeństwem zaproponowanych przeze mnie badań. Jej obowiązkiem było upewnienie się, że projekt spełnia wymagania BHP oraz że formularz świadomej zgody w jasny sposób prezentował charakter eksperymentów oraz związane z nimi niebezpieczeństwa.

Na szczęście, przewodniczący najbardziej istotnej komisji do spraw etyki okazał się zwolennikiem libertarianizmu, to znaczy poglądu, zgodnie z którym jednostka jest ważniejsza niż państwo. Uważał on, że dobrze wyedukowani ludzie mogą sami o sobie decydować. Jego motto, jako osoby stojącej na czele pierwszego i najważniejszego zespołu recenzenckiego, brzmiało: „Nie jesteśmy tu, aby bawić się w Boga".

Kluczowym elementem wszelkiego rodzaju badań z udziałem ludzi jest formularz świadomej zgody. Badacz opisuje w nim główne cele badania oraz motywacje skłaniające go do ich realizacji. Dokument ten niezwykle dokładnie, z otępiającą wręcz liczbą szczegółów, prezentuje także oczekiwania względem biorących w nim udział osób. Zawiera on opis ewentualnych zagrożeń oraz korzyści płynących z uczestnictwa w projekcie, omawia dokładnie sposób pracy zespołu badawczego i zastrzega, że w razie wystąpienia jakichkolwiek problemów, pokryte zostaną wszelkie koszty odwrócenia niepożądanych efektów. Formularz przypomina także, że udział w eksperymentach jest w pełni dobrowolny. Oznacza to, że każdy z uczestników może w każdej chwili zrezygnować, bez względu na przyczyny i bez ponoszenia żadnych konsekwencji. W sytuacji, gdyby któryś z ochotników czuł się nieuczciwie traktowany, formularz świadomej zgody zawierał także nazwiska i numery telefonów osób, do których można było zwrócić się o pomoc.

Podczas gdy prowadziłem rozmowy z komisjami uniwersyteckimi, rozpocząłem równoległą współpracę z dwiema agencjami federalnymi Stanów Zjednoczonych, które stanowiły ostatnie i znacznie bardziej potężne instytucje nadzorujące. To właśnie do nich należało podjęcie ostatecznych decyzji.

Pierwszą z nich była amerykańska Administracja Legalnego Obrotu Lekarstwami (DEA). Mieli oni swoje miejscowe biuro w Albuquerque; siedziba główna znajduje się natomiast w Waszyngtonie. DEA miało zadecydować, czy otrzymam zgodę na posiadanie DMT. Gdyby tak się stało, dysponowałbym *zezwoleniem obejmującym substancje należące do Grupy I*.

Drugą z instytucji rządowych była Agencja ds. Żywności i Leków (FDA), której siedziba główna także znajduje się w Waszyngtonie. FDA miało z kolei określić, czy podawanie DMT ludziom jest bezpieczne i uzasadnione. Gdybym otrzymał zgodę FDA, dysponowałbym *zezwoleniem na badanie eksperymentalnej substancji*.

Rozsyłając wnioski do komisji uniwersyteckich, zastrzegłem, że badania nie będą mogły się rozpocząć, dopóki DEA i FDA nie udzielą mi zgody na podawanie DMT. Agencje te potrzebowały jednak uprzedniej zgody organów lokalnych.

Formularz świadomej zgody stanowił najważniejszą przeszkodę, ja zaś dość szczerze poinformowałem komisje ds. etyki odnośnie do spodziewanych przeze mnie efektów działania DMT. Nie chciałem, żeby ochotnicy myśleli, że eksperymenty te będą czymś łatwym i przyjemnym, ale jednocześnie nie chciałem ich także straszyć, uwypuklając potencjalnie negatywne efekty. Na drugiej stronie dokumentu ochotnicy mogli przeczytać:

> *Przyjmuję do wiadomości, że specyfik wywiera przede wszystkim wpływ na psychikę. Mogą pojawić się u mnie wzrokowe i/lub słuchowe halucynacje lub innego rodzaju zaburzenia percepcyjne. Zmianie może ulec także moje postrzeganie czasu (może on się dłużyć lub upływać szybciej niż zazwyczaj). Może pojawić się we mnie bardzo silne napięcie emocjonalne, zarówno przyjemne, jak i nieprzyjemne. Przeciwstawne sobie odczucia lub myśli mogą być przeze mnie doświadczane równocześnie. Mogę stać się niezwykle wyczulony na najbliższe otoczenie; z drugiej strony mogę także nie zwracać na nie najmniejszej uwagi. Mogę mieć wrażenie, że mój umysł oderwał się od ciała. Mogą pojawić się odczucia zbliżającej się śmierci lub rzeczywistego umierania. Bardzo częstą reakcją jest jednak także stan euforii. Specyfik zaczyna działać bardzo szybko, zaś przy wyższych dawkach pierwsze efekty mogą pojawić się w ciągu 30 sekund. Szczyt działania przypada na 2-5 minut po podaniu, zaś efekty działania utrzymują się przez następne 20-30 minut. Najprawdopodobniej powrócę do zupełnie normalnego stanu świadomości w ciągu godziny od zastrzyku.*

Zważywszy na ryzyko, dokument był zwięzły, lecz szczery:

> *Najważniejsze efekty DMT mają naturę psychologiczną i zostały opisane powyżej. Utrzymują się one zazwyczaj nie dłużej niż przez jedną godzinę. Czasem zdarza się, że reakcja emocjonalna wywołana dzia-*

łaniem specyfiku może trwać dłużej (tj. 24 do 48 godzin). Mogę zostać w Centrum Badawczym tak długo, jak będzie to konieczne, aby odzyskać równowagę psychiczną, w tym także spędzić w tym miejscu noc, jeśli pojawi się taka potrzeba (...) DMT jest bezpieczne, jeśli chodzi o stronę fizyczną. Jego umiarkowana dawka w niewielkim stopniu podnosi ciśnienie krwi i tętno.

Byłoby przedwczesnym i niestosownym sugerować w formularzu świadomej zgody, że uczestnicy badań nad DMT mieli otrzymać jakiekolwiek bezpośrednie korzyści. Pomimo że zdawałem sobie sprawę, iż większości ochotników doświadczenia wywołane przez DMT przypadną do gustu, nie miałem zamiaru sugerować, że przeprowadzam eksperymentalną terapię dla osób z rozpoznaną chorobą. Dlatego też w dalszej części dokumentu można było przeczytać:

Nie istnieją jakiekolwiek osobiste korzyści stanowiące następstwo uczestnictwa w tych badaniach. Potencjalnie wartościowe może być jednak pełniejsze zrozumienie mechanizmu działania substancji halucynogennych.

W ciągu tygodnia od przesłania projektu badawczego komisja ds. etyki poprosiła mnie o dołączenie zdania informującego o „braku obecnie uznanego zastosowania medycznego" w akapicie otwierającym formularz świadomej zgody. Odpowiedziałem, że zdanie takie niepotrzebnie odstraszałoby potencjalnych ochotników. Poza tym, gdybym otrzymał niezbędne zezwolenie, zdanie takie przestałoby być prawdziwe. Substancja zyskałaby bowiem zastosowanie medyczne; w tym przypadku stałoby się narzędziem używanym w badaniach klinicznych. Moja odpowiedź została zaakceptowana.

Bardzo ważną kwestią, którą musiałem omówić z komisją ds. etyki, Centrum Badawczym oraz zarządem szpitala uniwersyteckiego, było zapewnienie poufności i anonimowości. Niemalże wszyscy ochotnicy mieli pracę i rodzinę, których nie chcieli niepotrzebnie narażać, przyznając się do stosowania nielegalnych substancji. Przyznanie się do łamania ustawy antynarkotykowej było warunkiem wstępnym uczestnictwa w naszych badaniach, ponieważ przyjmowaliśmy tylko i wyłącznie osoby mające już doświadczenie z zażywaniem psychodelików. Spotkałem się z pracownikami szpitalnej bazy danych i rejestracji, siostrą przełożoną, administratorem Centrum Badawczego oraz szpitalnym prawnikiem. Wspólnymi siłami opracowaliśmy dość skomplikowany, ale efektywny plan działania.

Karta badań przeprowadzanych w poradni Centrum Badawczego miała zawierać informacje istotne z medycznego punktu widzenia. Było to szczególnie ważne, gdyby u któregoś z uczestników w najbliższej przyszłości pojawiły się, na przykład, problemy z sercem. Pomocne byłyby wówczas nawet najbardziej podstawowe dane dotyczące pracy tego organu. Dlatego też w tabelach zawierających wyniki badań lekarskich i testów laboratoryjnych umieszczaliśmy prawdziwe imię i nazwisko ochotnika. Nie było tam żadnej wzmianki o stosowaniu substancji psychoaktywnych ani informacji, które mogłyby połączyć te osoby z prowadzonymi przeze mnie badaniami.

Formularz świadomej zgody, dołączany zazwyczaj do karty, wymagał od uczestników podpisania się rzeczywistym imieniem i nazwiskiem. Aby zapewnić im poufność, trzymałem wszystkie formularze złożone pod kluczem w gabinecie znajdującym się w moim domu. Karta zawierająca prawdziwe dane osobowe opatrzona była komentarzem: „Zgoda podpisana i złożona u głównego badacza".

Każdy z ochotników zostawał następnie oznaczony numerem, na przykład DMT-3. Od tego momentu stawali się oni w pełni anonimowi, ja zaś byłem jedyną osobą, która miała dostęp do ich prawdziwych danych. Każdy z nich otrzymywał nową kartę oznaczoną już tylko przydzielonym im kodem. Systemu takiego używaliśmy już podczas prowadzenia badań psychiatrycznych uszczegóławiających ich problemy emocjonalne oraz sposób używania substancji psychoaktywnych.

Istniała jeszcze jedna niezwykle ważna kwestia. Wiązała się ona z zewnętrznymi agencjami, które starały się uzyskać wgląd w karty uczestników i oszacować dzięki temu długotrwały wpływ stosowania eksperymentalnych substancji. Podczas moich badań nad melatoniną do formularza świadomej zgody dołączyłem zdanie informujące, że wytwórca melatoniny oraz FDA będą mieć możliwość przeglądania kart pacjentów, aby na bieżąco badać wszelkie problemy i zagrożenia wiążące się z przyjmowaniem tego hormonu. Po umieszczeniu podobnej informacji w formularzu ułożonym na potrzeby badań nad DMT kilku potencjalnych ochotników wyraziło swój sprzeciw. Tak czy inaczej, konieczne było wprowadzenie jakiegoś mechanizmu, który umożliwiałby badanie ewentualnych długoterminowych problemów ze zdrowiem wywoływanych przez DMT. Niezbędne do tego było jednakże uzyskanie dobrowolnej zgody uczestnika.

Wypracowaliśmy ostatecznie następujący kompromis: w sytuacji, gdyby FDA lub wytwórca DMT zechcieli przejrzeć karty uczestników badań lub przeprowadzić z nimi wywiady, musieliby w pierwszej kolejności zgłosić się do mnie. Omówiłbym tę kwestię z ochotnikami i sprawdził, którzy z nich są tym zainteresowani. Zapiski z badań z pewnością zostałyby zdobyte na mocy nakazu sądowego, ale bez odpowiedniego klucza miały one ograniczoną użyteczność. Zawsze mógłbym odmówić ujawniania prawdziwych danych osobowych na mocy tajemnicy lekarskiej. Byłoby przy tym sporo zamieszania, ale warto było spróbować.

Ostatecznie, w ciągu pięciu lat trwania badań z udziałem ponad sześćdziesięciu ochotników nie nastąpiło jakiekolwiek naruszenie poufności lub anonimowości. Nie pojawiły się także wówczas żadne żądania dotyczące wglądu w karty pacjentów ze strony władz.

Członkowie Naukowej Komisji Konsultacyjnej Centrum Badawczego przyznali, że mój wniosek dotyczący badań nad DMT jest stosunkowo czytelny i prostolinijny. Zdawali sobie oni sprawę z tego, że najważniejsze przeszkody w przypadku tego projektu mają przede wszystkim charakter etyczny, polityczny i administracyjny – wchodzą zatem bardziej w obszar zainteresowania komisji ds. etyki.

Istniały jednak również kwestie bezpieczeństwa i odpowiedzialności. Centrum Badawcze poprosiło mnie, żebym zatrzymał ochotników na noc, upewniając się w ten sposób, że będą oni otoczeni profesjonalną opieką pielęgniarską przynajmniej przez dobę od uczestnictwa w eksperymencie. Odpowiedziałem, że w znaczący sposób ograniczałoby to liczebność osób zainteresowanych udziałem w eksperymentach. We wcześniejszych badaniach nad DMT uczestników odsyłano do domów jeszcze tego samego popołudnia (sesje odbywały się z rana) i nie wiązało się to z jakimikolwiek problemami. Odpowiedź ta została zaakceptowana.

Centrum Badawcze pragnęło także ustalić najlepszą porę dnia na podawanie DMT. Czy wrażliwość na tę substancję zmieniała się w zależności od rytmu dobowego? Czy reakcje były silniejsze rano czy wieczorem? Odpowiedziałem, że nie mam na ten temat informacji, ale podając DMT wszystkim o jednakowej porze, czyli rano, czynnik ten zostałby znormalizowany. Zbadanie ewentualnych zmian wrażliwości na DMT w zależności od pory pozostawało możliwe podczas realizacji innego projektu.

Moi koledzy-badacze poprosili również o zaprezentowanie obszerniejszej bibliografii dotyczącej badań prowadzonych na zwierzętach, które poświęcone były kwestii stężenia interesujących mnie hormonów we krwi. Sporządzenie tego rodzaju listy było dość łatwym zadaniem. W końcu poproszono mnie także, aby zebrać od ochotników próbki moczu i przeprowadzić testy dotyczące zażywanych przez nich substancji.

W ciągu miesiąca, 19 lutego 1989 roku, Centrum Badawcze zatwierdziło mój wniosek, zgadzając się także na sfinansowanie planowanych przeze mnie badań dotyczących poziomu hormonów we krwi oraz opracowania metody pomiaru stężenia DMT w ludzkim organizmie.

Trzy dni później badania zatwierdziła także Komisja ds. Etyki Badań z Udziałem Ludzi.

Wobec takiego obrotu spraw zacząłem rozglądać się za źródłem samego DMT. Równocześnie musiałem mieć pewność, że kiedy już je znajdę, będę dysponował zezwoleniem na posiadanie tej substancji. Mniej problematyczna była kwestia posiadania, która zależała od DEA i wydawanego przez nie zezwolenia obejmującego substancje należące do Grupy I.

W kwietniu 1989 roku udałem się do apteki szpitala uniwersyteckiego, aby omówić kwestie wymogów DEA odnośnie do przechowywania substancji z Grupy I. Tamtejsi farmaceuci brali już wcześniej udział w badaniach poświęconych marihuanie, dlatego też, ich zdaniem, szpital był w stanie zapewnić wystarczające środki bezpieczeństwa.

Wysłałem do DEA wniosek o przyznanie zezwolenia obejmującego substancje należące do Grupy I. Zapewniałem, że posiadanie przez nas laboratoryjnych próbek DMT jest niezbędne, abyśmy mogli rozpocząć opracowywanie metody pomiaru stężenia DMT w ludzkiej krwi. W późniejszym czasie zezwolenie to powinno uwzględniać także DMT, które planowaliśmy podawać naszym ochotnikom – powinno być ono czystsze niż substancja używana do badań laboratoryjnych. Aż do momentu zatwierdzenia przez FDA badań oraz czystości przeznaczonego dla ludzi DMT nie mogliśmy rozpocząć naszych eksperymentów.

Aplikacja kierowana do DEA musiała zawierać także przypisany DMT „numer substancji". Zadzwoniłem do biura DEA w Waszyngtonie i poprosiłem pracownika, z którym rozmawiałem, aby odszukał DMT w państwowym rejestrze substancji. Podana przez niego liczba trafiła do odpowiedniej rubryczki.

Dwa tygodnie później ponownie zadzwoniłem do DEA, ale nie potwierdzili oni otrzymania wysłanego przeze mnie wniosku. Mój rozmówca powiedział mi: „Przeprowadzamy się do nowego biura i wszystko zostało zapakowane do pudeł".

Minęły kolejne dwa tygodnie – moja aplikacja wciąż pozostawała bez odpowiedzi. Po kilku dniach odesłano mi cały wniosek. Znajdujący się tam numer DMT był nieprawidłowy. Załącznikiem do przesyłki był dokument zawierający informację o właściwym kodzie odpowiadającym tej substancji. Osoba, z którą rozmawiałem, podała mi niewłaściwą liczbę. Wpisałem prawidłowy numer i jeszcze tego samego dnia odesłałem „poprawioną" aplikację.

DEA zażądało także zezwolenia na pracę z substancjami należącymi do Grupy I, które wydawała Komisja Farmaceutyczna stanu Nowy Meksyk; w ciągu kilku tygodni udało mi się zdobyć wymagane zaświadczenie. Od personelu Komisji Farmaceutycznej usłyszałem, że wszystko zależy teraz od DEA.

DEA odpowiedziało mi, że otrzymam zezwolenie na korzystanie z laboratoryjnych próbek DMT, jeśli szpitalna apteka oraz jej personel spełnią niezbędne wymogi bezpieczeństwa. Praca papierkowa przeszła z Waszyngtonu do Denver, z Denver zaś do Albuquerque.

W czerwcu 1989 roku na uniwersytecie pojawiła się przedstawicielka lokalnego biura DEA, agentka D. Najpierw spotkała się ze mną, a następnie rzuciła okiem na naszą szpitalną aptekę. Poprosiła o nazwiska wszystkich pracowników, którzy mieli styczność z DMT, oraz nasze adresy, numery telefonów i numery ubezpieczenia społecznego. Zwróciła uwagę na kilka kwestii niezgodnych z normami bezpieczeństwa i zażądała zdobycia zamykanej na klucz chłodziarki. Chłodziarka ta miała znaleźć się w specjalnym, przeznaczonym do przechowywania narkotyków schowku, który także powinien być zamykany na klucz. Jedyną kopię klucza do chłodziarki otrzymać miał szpitalny farmaceuta. Nie chcieli oni podejrzewać mnie o kradzież w sytuacji, gdyby zniknęła któraś z przechowywanych tam substancji.

Moja rozmówczyni miała dość niepokojący zwyczaj zbyt częstego żartowania: „No cóż, w ten sposób nie wylądujesz w więzieniu" albo: „Nie martw się – dzięki temu nie wyjdziesz stąd w kajdankach". Próbowałem śmiać się razem z nią. Przy pożegnaniu podsumowała swoją wizytę następująco: „Mówiąc szczerze, chodzi o twój tyłek. W razie jakichkolwiek problemów – kradzieży, zagubienia, nieprawidłowo prowadzonej dokumentacji – to od ciebie będziemy oczekiwać wyjaśnień".

Wizyta agentki D. wywołała we mnie niepokój, a w szczególności jej ostatnie słowa: „Tak przy okazji, skąd weźmiesz DMT, które chcesz podawać swoim ochotnikom?".

Jeszcze w tym samym miesiącu DEA zatwierdziło mój wniosek dotyczący posiadania laboratoryjnych próbek DMT. Jako że zobowiązałem się, że nie będę podawał ludziom owego gorszego gatunkowo specyfiku, z rozpoczęciem badań musiałem jednakże poczekać na zgodę FDA dotyczącą czystszego DMT – substancji należącej już do innej kategorii. W ten sposób decyzja dotycząca przyznania mi zezwolenia na posiadanie nadającego się do podawania ludziom DMT w dalszym ciągu była uzależniona od DEA.

W marcu 1989 roku, w ciągu tygodnia od otrzymania uniwersyteckich zezwoleń na prowadzenie badań nad DMT i kontaktowaniu się z DEA na wszelkie możliwe sposoby, zadzwoniłem do Laboratoriów Sigma w St. Louis, w stanie Missouri. Sigma była firmą zajmującą się zaopatrywaniem w artykuły chemiczne, która dostarczała mi melatoniny podczas badań dotyczących szyszynki człowieka. Jako że w ich katalogu znajdowało się także DMT, zapytałem, czy mógłbym je u nich kupić. Poprosiłem o czyste DMT, które nadawałoby się do podawania ludziom i posłużyłoby do badania stężenia tej substancji w płynach ciała. Poprosiłem także o substancję nadającą się do badań klinicznych. Sigma odpowiedziała mi, że wytworzenie laboratoryjnego DMT nie stanowi żadnego problemu – jedynym wymogiem było posiadanie zezwolenia obejmującego substancje należące do Grupy I.

Bardziej skomplikowanym zadaniem okazało się zdobycie DMT, które mógłbym podawać ludziom, ponieważ wymagało to od Sigmy zgromadzenia określonej dokumentacji dla FDA, „dokumentacji DMF" (ang. *drug master file*). Sigma poleciła skontaktowanie się z badaczami, którzy prowadzili wcześniejsze badania nad DMT z udziałem ludzi i zdobycie informacji dotyczących ich źródeł zaopatrzenia. W ten sposób Sigma wiedziałaby o tym, jak wielu szczegółów wymaga FDA. Gdyby podczas poszukiwań instytucji mających tego rodzaju dokumentację pojawiły się jakiekolwiek problemy, jej przedstawiciele zalecali powoływanie się na obowiązującą w Stanach Zjednoczonych Ustawę o wolności informacji. Dawała ona amerykańskim obywatelom możliwość zdobywania informacji objętych tajemnicą zawodową, dopóki nie zagrażały one amerykańskiemu systemowi bezpieczeństwa narodowego.

Udało mi się zdobyć listę wszystkich obowiązujących obecnie w kraju zezwoleń na badania z substancjami narkotycznymi – korzystając z niej mogłem kontaktować się z każdym, kto miał zezwolenia dotyczące DMT. Niestety, nie było takich osób. Pomimo powoływania się na Ustawę o wolności informacji nie udało mi się także zdobyć informacji o tego rodzaju uprawnieniach z przeszłości. FDA nie miało żadnych archiwów ani akt dotyczących zezwoleń na badania nad DMT.

Mój wniosek dotyczący wydania zezwolenia na podawanie DMT ludziom wpłynął do FDA pod koniec kwietnia. Poprosiłem w nim o reaktywowanie zezwoleń dotyczących DMT, z których korzystało niegdyś pierwsze pokolenie badaczy psychodelików. Miałem przy tym nadzieję, że samo FDA będzie w stanie odszukać tę starą i zapomnianą dokumentację. Jeden z naukowców, który podawał ludziom DMT, współautor artykułu o „przyzwoitym pochówku", wyraził zgodę, by FDA przejrzało w moim imieniu posiadane przez niego archiwa. W późniejszej korespondencji zorientował się jednak, że nie ma informacji o samej substancji i nie mógł sobie przypomnieć, kto był jego dostawcą. Życzył mi jednak powodzenia.

Na początku maja FDA przysłało pierwszy list, podpisany przez panią P., w którym znajdowała się informacja, że jeśli w ciągu miesiąca nie otrzymam od nich żadnej wiadomości, mogę rozpocząć badania. Oczywiście, w dalszym ciągu nie miałem DMT. FDA miało już jednakże mój wniosek, zaś cała aplikacja otrzymała własny numer identyfikacyjny, wobec czego Sigma zgodziła się omówić z FDA kwestię zdobycia dla mnie dokumentacji DMF.

W czerwcu pani P. z FDA powiedziała, że Sigma nie dostarczyła im wystarczającej ilości informacji dotyczących sposobu wytwarzania przez siebie DMT. Sigma odpowiedziała natomiast, że ich europejski dostawca nie wyraził zgody na udostępnianie tego rodzaju informacji – była to tajemnica handlowa. Sigma była także zaniepokojona tym, że FDA wymagało znacznie więcej informacji o DMT niż o jakichkolwiek innych substancjach przeznaczonych do badań z udziałem ludzi, które firma ta dostarczała w przeszłości. Sigma podała mi nazwisko chemika zajmującego się złożonym przeze mnie wnioskiem: pani R. Na przestrzeni następnego półtora roku przeprowadziliśmy ze sobą dziesiątki rozmów.

Zapytałem panią R., dlaczego FDA wymagało więcej informacji dotyczących DMT, niż miało to miejsce w przypadku melatoniny, którą zajmowałem się wcześniej.

– To zależy od konkretnego przypadku – odpowiedziała.

Sigma narzekała, że FDA zachowuje się niedorzecznie. FDA nie mogło przejść dalej, dopóki nie otrzymało większej ilości informacji. Zapytałem panią R., czy może wie, kto był dostawcą Sigmy, ponieważ pragnę skontaktować się z nim bezpośrednio. Przedstawiła mi typowanego przez siebie kandydata. Kiedy jednak poprosiłem Sigmę, żeby potwierdziła tę informację, uznano to za pogwałcenie wzajemnego zaufania. Tak czy inaczej, zgodzili się przesłać do biura FDA wszystkie informacje, które mieli o swoim DMT.

Zapytałem panią R.:

– Gdyby DMT Sigmy nie miało wszystkich wymaganych danych produkcyjnych, czy mógłbym je oczyścić do tego stopnia, żeby zaspokajało stawiane przez nich wymagania?

Wątpiła, czy istnieje taka możliwość. Dyrektorem jednostki FDA, w której pracowała, był ten sam człowiek, który kilka lat wcześniej powiedział mi na konferencji neurologicznej: „Umierające osoby też mają swoje prawa". Blokował on wszystkie dotychczasowe wnioski dotyczące oczyszczenia substancji przeznaczonych do badań laboratoryjnych i podawania ich ludziom.

– Może w tym przypadku stanie się inaczej – powiedziała. – To jest nowa jednostka, zarządzana przez nowe osoby.

Była to prawda. Rosnąca fala zachorowań na AIDS i nadużywania narkotyków zwróciła uwagę na to, jak powolny jest proces wydawania zezwoleń przez FDA. Jego usprawnieniem miała się zająć owa nowa jednostka. Na szczęście, stworzona przeze mnie aplikacja trafiła właśnie tam, a nie do jednostki zarządzanej niegdyś przez dr. L., gdzie wniosek dotyczący badań nad MDMA nigdy nie doczekał się realizacji.

Minęło kilka miesięcy, a pani R. wciąż nie otrzymała jakichkolwiek informacji od Sigmy. Firma ta miała poczucie, że FDA naruszyło zasadę poufności i najprawdopodobniej nie chciała głębiej wnikać w proces, który, jak się spodziewano, mógł być długi i bardzo skomplikowany. Jaki mogła mieć w tym interes? Straciłem nadzieję na zdobycie od Sigmy DMT nadającego się do badań z udziałem ludzi.

W sierpniu 1989 roku otrzymałem z FDA gęsto zapełniony słowami list prezentujący dwadzieścia wymogów, które musiało spełnić podawane ludziom DMT. Nie było tam żadnych wzmianek odnośnie do ogólnej toksyczności substancji, której ocena wymagałaby przeprowadzenia złożonych i drogich badań na zwierzętach. List nie odnosił się także do naukowej wartości całego projektu. Zachęcano mnie jednakże do wzięcia tych kwestii pod uwagę.

Zadzwoniłem do znajomego chemika, który podzielił się ze mną kiedyś bardzo pesymistycznymi przewidywaniami odnośnie do uzyskania przeze mnie zgody na rozpoczęcie badań. Zapytałem go wprost:

– Czy zrobiłbyś dla mnie DMT?

Odmówił. Uważał on, że jego obecne laboratorium nie spełniłoby wymagań niezbędnych do zdobycia uprawnień „wytwórcy". Wolałem nie ryzykować utraty czasu i pieniędzy.

Zadałem to samo pytanie dr. Davidowi Nicholsowi, chemikowi i farmakologowi z Uniwersytetu Purdue w Indianie. Polecił mi on dr. K. z Narodowego Instytutu Zdrowia Psychicznego, który prowadził program mający na celu wytwarzanie trudnych do zdobycia eksperymentalnych substancji. Dr K. powiedział mi, że podpisana przez niego umowa zabrania wykorzystywania tych substancji w badaniach z udziałem ludzi, chociaż niewykluczone, że w przyszłości zajmie się syntezą środków przeznaczonych do tego rodzaju celów. Dr K. polecił mi zadzwonić do Lou G., swojego dawnego znajomego z chicagowskiej firmy zajmującej się zaopatrywaniem w artykuły chemiczne.

Jak się okazało, Lou (który utrzymał swoje stanowisko, pomimo że jego firma została wykupiona przez inną) dostarczył sporą część DMT użytego podczas badań nad tą substancją prowadzonych z udziałem ludzi, które odbyły się na terenie Stanów Zjednoczonych. Jego chicagowska firma nie udostępniała jednak korzystającym z jej usług badaczom informacji dotyczących procesu produkcji ani toksyczności substancji w przypadku zwierząt.

Lou zaśmiał się przez telefon i powiedział:

– Po prostu powiedzieliśmy im, że jest czyste – „mniej więcej 95 procent". Wszystko było w tamtym czasie znacznie mniej formalne.

Napisałem do Narodowego Instytutu ds. Narkomanii (NIDA – ang. *National Institute on Drug Abuse*) z pytaniem, czy możliwe jest zdobycie od nich DMT nadającego się do badań z udziałem ludzi. Po upływie miesiąca napisałem ponownie. Odpowiedział mi pan W., informując, że substancje stosowane przez NIDA pochodzą przeważnie z laboratorium znajdującego się w Karolinie Północnej. Pracującą w nim grupę prowadził dr C.

Zadzwoniłem do niego i dowiedziałem się, że nie mogą oni syntetyzować substancji, które można by wykorzystać w badaniach z udziałem ludzi. Kiedy powołałem się na upublicznione niedawno badania, podczas których użyto specyfików wyprodukowanych w jego laboratorium, powiedział, że będzie musiał się tą sprawą zająć. Nawet gdyby zgodził się stworzyć jakąś substancję, nie miał zamiaru składać do FDA dokumentacji DMF.

– Nie chcę brać na siebie odpowiedzialności – powiedział. – Moje ubezpieczenie nie obejmuje użycia tych substancji przez ludzi. Nie ma tego w mojej umowie.

Dr C. zaproponował mi zdobycie DMT od NIDA i oczyszczenie go do wymaganych 99,5% czystości. Według niego, NIDA miała około 5 gramów „odłożonych na półkę".

Kiedy zapytałem o to pana W., usłyszałem w odpowiedzi:

– Nasze DMT jest już zbyt stare. Poza tym nie mamy na jego temat żadnych danych produkcyjnych. Mamy podpisaną umowę z dr. C. Jego laboratorium dostarcza nam tego, o co poprosimy. Istnieje jeszcze jedno laboratorium, które produkuje substancje przeznaczone do badań z udziałem ludzi. Myślę, że ważniejsze jest jednak to, że nie ma ostatnio zbyt dużego zapotrzebowania na DMT. Przeznaczenie dużej części pieniędzy z naszej umowy na tak mało znaną substancję byłoby dla nas mało opłacalne. Zobaczymy, czy uda mi się coś załatwić.

Kilka tygodni później pan W. oddzwonił, mówiąc, że dr C. może wyprodukować dla mnie DMT, ale będę musiał pokryć wszystkie koszty. Zgodził się stworzyć kosztorys, ale powtórzył, że nie złoży do FDA wymaganej dokumentacji DMF.

– To zbyt dużo pracy – usłyszałem.

Wyglądało to obiecująco, przynajmniej do pewnego stopnia. Kiedy zapytałem panią R. z FDA, czy jest możliwość złożenia przeze mnie dokumentacji za dr. C., powiedziała, że zaraz do mnie oddzwoni.

– Czy jeśli dr C. wyprodukuje DMT, naprawdę będę mógł go użyć?

– Skonsultuję to z osobami zajmującymi się nadużywaniem substancji psychoaktywnych – odpowiedziała.

– A co mogłoby stanąć na przeszkodzie?

– Nie wiem. Odezwie się do pana nasz dyrektor, dr H. – odpowiedziała.

Opracowany przez dr. C. kosztorys opiewał na sumę przewyższającą 50 000$.

– No cóż... – powiedziałem. – Dziękuję za sprawdzenie.

Kolejne drzwi zostały zamknięte.

Zadzwoniłem do pani R.:

– Chyba nie mam zbyt dużego szczęścia. Co mogłaby mi pani doradzić?

– Pójdę do Archiwum Federalnego i zobaczę, czy uda mi się dotrzeć do akt osób, które zajmowały się badaniem DMT w przeszłości.

W lipcu 1989 roku pani R. udało się znaleźć teczki ze starą dokumentacją.

– Załączone tu informację są tragiczne – powiedziała. – Nie ma tu niczego – ani danych wyniesionych z badań na zwierzętach, ani informacji związanych z właściwościami chemicznymi substancji. To my zamknęliśmy te badania. Nie odpowiedzieli na nasze prośby o sporządzenie bardziej wyczerpujących raportów. Te dokumenty w niczym panu nie pomogą.

– A jak to się stało, że w ogóle dopuściliście te badania?

– Nie mam pojęcia. Nie pracowałam tu w tamtym czasie.

Próbowała przemycić w głosie nutkę nadziei:

– Prześlę panu wszystko, co niezbędne do założenia własnej teczki.

Informacje, które otrzymałem, były jednak przeznaczone dla dużych koncernów farmaceutycznych, takich jak Lilly, Merck czy Pfizer. Z mojej perspektywy nie miały zbyt dużej wartości.

Zadzwoniłem do pani R.

– Potrzebuję pomocy. Dlaczego jej od pani nie otrzymuję?

– Naszym dyrektorem jest dr H. Podam panu jego numer. Proszę nalegać, żeby rozmawiać z nim osobiście.

Zadzwoniłem do biura dr. H. Jego sekretarka powiedziała:

– Powinien pan porozmawiać z dr. W.

Zanim zdążyłem zareagować, przekierowała połączenie do dr. W.

– Dr W., słucham! – zagrzmiał przyjazny, ale stanowczy głos po drugiej stronie słuchawki. – Jestem jedynym medykiem zajmującym się tu nadużywaniem substancji. To nowa jednostka. Wiem, przez co pan przeszedł, ale naszym zadaniem jest panu pomóc. Proszę nie tracić nadziei.

– W jaki sposób mogę zdobyć DMT do badań z udziałem ludzi? – zapytałem.

– Proszę znaleźć kogoś, kto je dla pana zrobi.

– Może David Nichols z Purdue?

– To niewykluczone – odpowiedział.

– Czy mógłby pan z nim o tym porozmawiać?

– Niech dr Nichols napisze do naszego dyrektora, dr. H. Oto jego adres. Osobą, która zajmie się pana sprawą, jest pani M. Proszę do niej zadzwonić za dwa tygodnie.

Czułem, że po przeprowadzeniu tej rozmowy coś uległo zmianie.

Zadzwoniłem do Dave'a Nicholsa. Zaproponował mi cenę 300$ – pokrycie samych kosztów zaopatrzenia.

Pomimo prowadzenia wszystkich tych rozmów telefonicznych zdawałem sobie sprawę z tego, że rozstrzygającą kwestią dla realizacji całego projektu było zdobycie dofinansowania spoza uniwersytetu. Dodatkowy zastrzyk gotówki umożliwiłby mi bowiem pełniejsze zaangażowanie w poszukiwania DMT nadającego się do badań z udziałem ludzi oraz pomógł Centrum Badawczemu opłacić zlecone przeze mnie prace, co w znaczącym stopniu zwiększyłoby poparcie mojego projektu.

Przeglądając stare badania poświęcone DMT i schizofrenii, zauważyłem, że pewną ich część sfinansowała (w ramach realizowanego przez siebie programu Badań nad Schizofrenią) Fundacja Rytu Szkockiego (ang. *Scottish Rite Foundation*). Poprosiłem ich o przesłanie mi wzoru aplikacji o dofinansowanie. Stworzony przeze mnie program badań nad DMT omawiał w końcu znaczenie zrozumienia wywoływanych przez tę substancję efektów w kontekście poszukiwań potencjalnego kandydata na endogenną schizotoksynę. Wystarczyło po prostu nieznacznie zmodyfikować postać aplikacji, kładąc wyraźniejszy nacisk na kwestie związane z tym zagadnieniem.

Napisałem do dr. Freedmana, informując go o złożeniu przeze mnie wniosku o grant w Fundacji Rytu Szkockiego. Odpisał mi, że należy on do tamtejszej naukowej komisji recenzenckiej i „być może" udzielą mi oni rocznego dofinansowania. Po upływie miesiąca, we wrześniu 1989 roku, otrzymałem powiadomienie o przyznaniu mi rocznego stypendium na realizację projektu.

Ponownie napisałem do dr. Freedmana, przekazując mu informacje o postępach w poszukiwaniu czystego DMT. Dopisał on do mojego listu krótką adnotację, sporządził kopię i wysłał ją do dyrektora Narodowego Instytutu ds. Narkomanii (ang. *National Institute on Drug Abuse*), będącego jego niegdysiejszym studentem. Napisana przez niego telegraficzna notka kończyła się zdaniem: „Strassman potrzebuje kogoś z NIDA do współpracy. Jakieś sugestie?".

We wrześniu zadzwoniłem do pana W. z NIDA. Niedawno wrócił ze spotkania z dr. C., podczas którego wspólnie omawiali kwestię zdobywania substancji z Grupy i na potrzeby badań naukowych.

– Chcemy panu pomóc – powiedział. – Proszę zadzwonić do pani B. z DEA i zapytać, w jaki sposób można uzyskać zgodę na wyprodukowanie dla pana małej porcji przez dr. Nicholsa. Jeśli będzie ona zbyt duża, dr Nichols będzie potrzebował uprawnień wytwórcy, co wiąże się z zapewnieniem bardzo kosztownych środków bezpieczeństwa.

Zadzwoniłem do pani B.

– Czy Dave Nichols może wyprodukować trochę czystego DMT na potrzeby moich badań?

– No cóż – odpowiedziała. – Jeśli dr Nichols zamierza być wytwórcą, będzie musiał spełnić dość rygorystyczne wymogi bezpieczeństwa. Czy gdzieś w okolicy jego uniwersytetu znajduje się biuro DEA? Ktoś od nich mógłby do niego zajrzeć i poinformować go o obowiązujących przepisach. Dr Nichols oceni wtedy, czy jest w stanie im sprostać.

W moim głosie dało się wyczuć rosnące zdenerwowanie.

– Wszędzie szukałem DMT, którego mógłbym użyć w badaniach z udziałem ludzi: w Sigmie i innej firmie zajmującej się zaopatrywaniem w artykuły chemiczne, Narodowym Instytucie ds. Narkomanii, Narodowym Instytucie Zdrowia Psychicznego; pytałem też badaczy zajmujących się tą substancją w przeszłości oraz dr. C. z Karoliny Północnej. Zgodę na jego wyprodukowanie, na dodatek w bardzo przystępnej cenie, wyraził Dave Nichols. Potrzebuje on pani zgody. Udało mi się zdobyć zewnętrzne dofinansowanie, projekt wspierany jest też przez Uniwersyteckie Centrum Badawcze. Zaczynam już powoli tracić rozum. Wyrywam sobie włosy z głowy. Moje dziąsła krwawią. Nawet swoją żonę doprowadzam już do szaleństwa.

Zapadła chwila ciszy. Usłyszałem dźwięk przypominający odsuwanie krzesła od biurka.

– Momencik... – w jej głosie dało się wyczuć szczere zainteresowanie. – Tak, istnieje w przepisach klauzula „równoległych działań". Dr Nichols może wyprodukować niewielką ilość, jeśli podejmie pan z nim czynną współpracę. W ten sposób jego laboratorium nie będzie musiało spełniać dodatkowych wymogów bezpieczeństwa.

Usłyszałem, że wyciąga skądś grubą książkę:

– Będzie mógł wyprodukować je... – zaczęła czytać fragment tekstu – ... w ograniczonym do następującego stopnia zakresie...

Mówiła tak szybko, że nie zdążyłem nic zapisać.

Pani B. zakończyła:

– Niech dr Nichols do mnie napisze. Oto mój adres. Będzie musiał zdobyć pewne dodatkowe zezwolenia, określając, jak dużo DMT planuje wyprodukować. Porozmawiam z naszym farmaceutą i upewnię się, że ta ilość mieści się w normie.

– W porządku – powiedziałem. – Brzmi wspaniale. Bardzo pani dziękuję za pomoc.

Zadzwoniłem do dr. W. Przyznał mi, że „nieoficjalnie" mój projekt obnaża wadliwość ustawodawstwa dotyczącego narkotyków: w jaki sposób naukowcy mają badać te substancje?

Opisał mi następnie krok po kroku, w jaki sposób spełnić dwadzieścia wymogów, o których wspominał otrzymany przeze mnie kilka miesięcy temu czterostronicowy list z FDA. Miało to na celu zgromadzenie informacji dających im podstawy do stwierdzenia, że DMT „nie stwarza zagrożenia dla ludzi".

Wydział Psychiatrii Uniwersytetu Nowego Meksyku zgodził się zapłacić Dave'owi Nicholsowi trzysta dolarów za wyprodukowanie DMT. Z wypisaniem czeku trzeba było jednak zaczekać na wydanie przez DEA *zezwolenia obejmującego substancje należące do Grupy I.*

DEA nie zamierzało jednak zatwierdzić ani wniosku Dave'a o zgodę na wyprodukowanie przez niego DMT, ani zezwolenia na posiadanie przeze mnie substancji z Grupy I, dopóki protokół nie uzyska akceptacji ze strony FDA. FDA natomiast nie mogło wydać mi zezwolenia, dopóki nie miałem samej substancji i nie przeprowadziłem testów potwierdzających bezpieczeństwo jej użycia. Na dodatek DEA domagało się wydanego przez FDA potwierdzenia, że Dave ma prawo przeprowadzić syntezę substancji psychoaktywnej.

Cztery miesiące później, w styczniu 1990 roku, Dave w końcu otrzymał zgodę DEA na wyprodukowanie DMT. Od razu zamówił potrzebne mu prekursory i zabrał się do pracy.

W międzyczasie otrzymałem od Sigmy próbkę przeznaczonego do badań laboratoryjnych DMT i umieściłem ją w zamykanej na klucz chłodziarce znajdującej się w specjalnym schowku w szpitalnej aptece. W niewielkiej fiolce znajdowało się sto miligramów proszku, czyli jedna dziesiąta grama. Centrum Badawcze zaczęło opracowywać miarodajną metodę mierzenia poziomu DMT w ludzkiej krwi.

Na dodatek stworzona przeze mnie aplikacja otrzymała bardzo wysoką ocenę NIDA i wszystko wskazywało na to, że otrzymam środki finansowe potrzebne do realizacji projektu. Przyznano mi dwa granty, ale w dalszym ciągu nie mogłem podawać DMT ludziom! Było to dość dziwaczne. Wszyscy chcieli, żebym rozpoczął te badania, ale nikt nie wiedział, w jaki sposób dostarczyć mi substancje niezbędne do ich przeprowadzenia.

W lutym DEA otrzymało od FDA wystarczająco dużo informacji, aby upewnić się, że protokół jest na tyle dopracowany, że „zasadniczo" zostanie przez tę agencję zatwierdzony. DEA zgodziło się wydać mi zezwolenie obejmujące substancje należące do Grupy I. Zadzwonił do mnie jednak ich reprezentant i przekazał mi złe nowiny.

– Kontrola Naruszeń zablokowała pańskie zezwolenie.

– Co to jest Kontrola Naruszeń? – zapytałem.

– Zrobię co w mojej mocy. Zadzwonię do pana w przyszłym tygodniu.

Następnego dnia pani B. z DEA, kobieta, która pomogła wyjść z impasu, zadzwoniła, aby poinformować, że Dave jest tak naprawdę wytwórcą i powinien spełnić dodatkowe wymogi dotyczące bezpieczeństwa. Nie wiedziałem, co powiedzieć.

Powiedziałem jej więc o tym:

– Nie wiem, co powiedzieć.

– Podam panu nazwisko i numer telefonu agenta DEA w Indianapolis, niedaleko Uniwersytetu Purdue. Odpowiada on za cały ten region. Poinformuje dr. Nicholsa o obowiązujących przepisach.

Zadzwoniła ponownie jeszcze tego samego dnia.

– Przepraszam. Dr Nichols zajmuje się też produkcją innego specyfiku, który pomyliliśmy z pańskim wnioskiem dotyczącym DMT. To mój błąd. Może pan kontynuować to, co zaplanował.

W tym tygodniu zadzwonił do mnie także Dave, mówiąc, że pracujący na Purdue prawnicy doradzili mu nie produkować DMT przez wzgląd na mogące się z tym wiązać zobowiązania. Zatelefonowałem do pana W. z NIDA, pytając go, czy badania oparte na zezwoleniu dotyczącym substancji należących do Grupy I wiązały się kiedykolwiek z oskarżeniami o nadużycia i postępowanie stojące w sprzeczności z etyką zawodową.

Przekazał mi dodające otuchy wieści:

– Nigdy nie trafiliśmy do sądu w związku z dostarczaniem do badań z udziałem ludzi marihuany, czyli substancji z Grupy I. Niech się pan tylko upewni, że stworzony przez pana formularz świadomej zgody jest nie do podważenia.

Oddzwonił tego samego dnia i połączył mnie z adwokatem reprezentującym NIDA.

Usłyszałem od niego:

– Najpierw zostanie pozwany pan, potem pana uniwersytet, następnie być może FDA, a w końcu i dr Nichols. On robi tylko to, co jest zgodne z przepisami FDA. Nie on podejmuje decyzję dotyczącą tego, komu podać jaką dawkę – to pańska odpowiedzialność.

Poinformowałem o tym Dave'a, na co odpowiedział mi:

– Mam nadzieję, że wiesz, co robisz. Dostajesz ode mnie i naszych prawników ogromny kredyt zaufania.

Maj i czerwiec wypełniły poszukiwania laboratoriów, w których mogliśmy przeprowadzić wymagane przez FDA testy dotyczące DMT. Jeden z nich wymagał jednak rozesłania DMT do jednostek badawczych, co spowodowało, że dwa pierwsze laboratoria, z którymi się kontaktowaliśmy, odmówiły uczestnictwa w badaniach nad substancją z Grupy I. Udało się zdobyć zgodę przy trzeciej próbie.

W lipcu 1990 roku Dave zakończył pracę nad syntezą DMT i zajął się przeprowadzaniem wszystkich wymaganych przez FDA testów mających na celu zidentyfikowanie substancji i potwierdzenie jej czystości. Okazało się, że stworzone przez niego DMT miało niemalże 100 procent czystości.

Na początku lipca przesłał do mojej kliniki pięć gramów DMT nocnym kurierem. Przez cały dzień trzymałem je w swoim gabinecie, a przed powrotem do domu podjechałem do szpitalnej apteki, żeby zostawić tam fiolkę.

Zadzwoniłem do dr. W., aby poinformować go o tym, że otrzymaliśmy już DMT, ale przeprowadzenie wszystkich testów i opracowanie otrzymanych wyników może potrwać kilka miesięcy.

Odpowiedział:

– Zbierz wszystko co potrzebne i prześlij do pani R., chemiczki, i pani P. Zadzwoń do nich tydzień później. Powiedzą ci, że nigdy w życiu nie widziały żadnej przesyłki od ciebie. Jeśli w ciągu dwóch tygodni nie dostaniesz od nich żadnych wieści, zadzwoń do mnie. Jeden facet otrzymał zezwolenie, ale czekał dodatkowy miesiąc, zanim ktoś go poinformował.

W szpitalnej aptece sporządzono roztwór DMT rozpuszczonego w słonej wodzie. To właśnie w takiej postaci miałem podawać je uczestnikom naszych badań. Farmaceuta podzielił cały zapas do stu szklanych fiolek. Miały zostać z nich pobrane także próbki do testów zleconych przez FDA. Jako że miałem jeszcze kilka ostatnich pytań, we wrześniu zadzwoniłem do pani R. raz jeszcze. Nie rozmawialiśmy ze sobą od kilku miesięcy.

– Muszę odświeżyć sobie pamięć, jeśli chodzi o tę sprawę – powiedziała.

Po wykonaniu kilku dodatkowych telefonów była w stanie udzielić mi wszystkich potrzebnych informacji.

Pod koniec października wszystkie testy były już zakończone i we wszystkich DMT wypadło pomyślnie. Złożyłem wymagane dokumenty do teczki i wysłałem je przesyłką ekspresową. Po upływie miesiąca zacząłem wydzwaniać, ale nikt nie odpowiedział na tuzin wiadomości, które pozostawiłem sekretarce. Zadzwoniłem do dr. W.

– W czym problem? – zapytał. – Zazwyczaj dzwoni pan do mnie, kiedy coś idzie nie po pana myśli.

– Czy mogę rozpocząć badania nad DMT?

– Zajrzę tam i zobaczę, co uda mi się załatwić.

Zadzwoniłem ponownie na początku listopada. Sekretarka poinformowała mnie, że ich jednostka zmieniła biuro, ale co pół godziny sprawdzali, czy nie pozostawiono jakichś wiadomości.

5 listopada 1990 roku wieczorem zadzwoniła pani M., która zajmowała się moim projektem:

– Może pan przystąpić do realizacji projektu.

– Czy ustna zgoda jest wszystkim, czego potrzebuję?

– Tak.

– Obawiam się, że uniwersytet może tego nie zaakceptować. Czy może mi pani przefaksować list? – zapytałem.

– Tak, zrobię to jutro.

Listopad w górach stanu Nowy Meksyk jest zimny i suchy, wietrzny i trudny do zniesienia. Wiele spośród wszystkich tych telefonów wykonałem ze swojego domu położonego w górach Manzano, które znajdują się na południowy wschód od Albuquerque. Czasami zdarzało mi się żartować, że moja aplikacja musi zostać przyjęta, ponieważ mam ładniejszy widok z okna niż ktokolwiek w Waszyngtonie.

Kilkanaście metrów od samego domu, w osobnym budynku, znajdował się warsztat tkacki mojej byłej żony. Odkładając słuchawkę po przeprowadzeniu ostatniej rozmowy z panią M., przygotowałem się do konfrontacji z mroźnym wiatrem i powolnym krokiem przeszedłem żużlową ścieżką do zabudowań gospodarczych, aby podzielić się nowinami.

– Powiedzieli, że mogę zaczynać.

Położyłem się na zimnej, cementowej podłodze i wpatrywałem w sufit.

– To wspaniale, kochanie – odpowiedziała, po czym schyliła się, żeby pocałować mnie w policzek.

Przez następnych dziesięć dni codziennie dzwoniłem, żeby zdobyć obiecany faks. Dostałem go w końcu 15 listopada. Na samym dole napisanego ręcznie dokumentu pani M. dopisała: „Wesołego Święta Dziękczynienia!".

Tego samego dnia otrzymałem telefon z laboratorium informujący mnie, że znajdujące się w szklanych fiolkach DMT rozłożyło się w 30 procentach; stało się zbyt słabe, by można je było wykorzystać. Zadzwoniłem do laboratoryjnego technika:

– W jaki sposób obliczałeś skupienie?

– Ważąc DMT w postaci wolnej zasady – odpowiedział.

– To nie jest wolna zasada. To jest sól*.

– Hmm, nie wiedziałem o tym. Zgadza się. W takim razie wszystko w porządku, przepraszam za zamieszanie.

Cztery dni później podałem Philipowi pierwszą dawkę DMT.

---

* Postać soli jest niezbędna, by DMT rozpuszczało się w wodzie. Podobnie jest w przypadku kokainy – wolna zasada nie rozpuszcza się w wodzie, ale różne sole kokainy już tak.

CZĘŚĆ III

OTOCZENIE, NASTAWIENIE I DMT

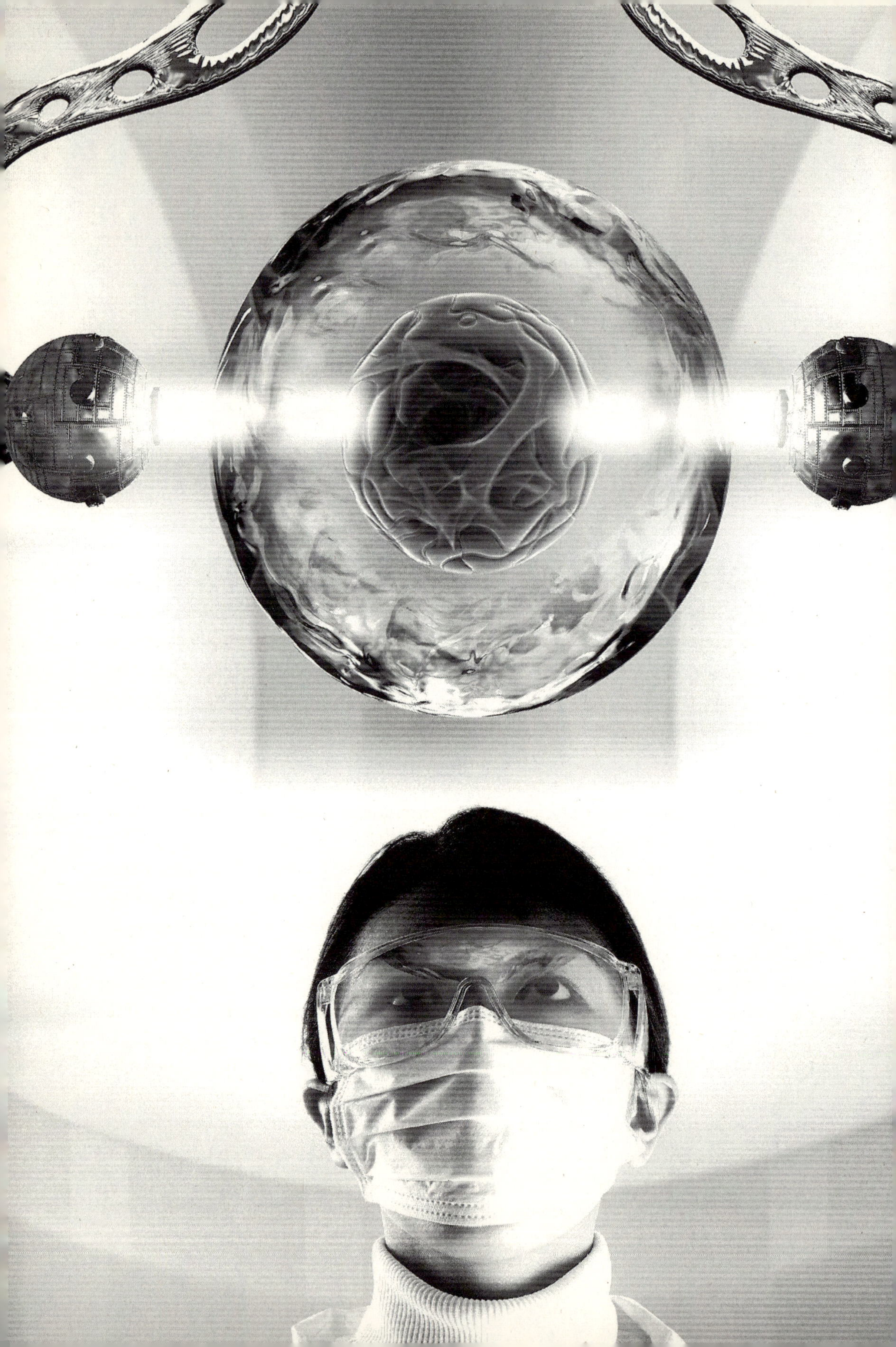

7.

Będąc ochotnikiem

Pod koniec 1990 roku otrzymałem zgodę na rozpoczęcie badań nad DMT. Niedługo potem, przy pomocy Philipa i Nilsa jako moich ludzkich królików doświadczalnych, określiłem najbardziej odpowiednią dawkę i sposób podania tej substancji. Nadeszła pora poszukiwań ewentualnych ochotników. Mimo że swój udział w badaniach zadeklarowało wielu moich bliskich przyjaciół, musiałem poszerzyć grupę uczestników także o osoby spoza własnego kręgu towarzyskiego.

Wolałem nie poszukiwać uczestników poprzez ogłoszenia, ponieważ mogło to zaowocować prawdziwym zalewem telefonów, a nie chciałem tracić czasu na rozmowy z przypadkowymi osobami. Publiczne obwieszczenie także mogłoby trafić do lokalnych mediów i przyciągnąć uwagę niechcianych osób.

Brałem pod uwagę osoby uczące się na Uniwersytecie Nowego Meksyku, mając przy tym w pamięci problemy, z którymi musiał poradzić sobie Leary i jego koledzy z Harvardu po tym, jak włączyli do badań swoich studentów. Gdybym poszukiwał ochotników na uniwersytecie, musieliby to być studenci ostatniego roku, a nie osoby młodsze i mniej dojrzałe. Chciałem także, aby każdy wydział miał nie więcej niż jednego przedstawiciela. Podczas badań prowadzonych przez Leary'ego na Harvardzie zaczęły powstawać kliki studentów zażywających substancje psychoaktywne. Wykształcili oni w sobie nastawienie „my" kontra „oni", co przyczyniło się do narodzin nieprzyjemnych konfliktów pomiędzy uczestnikami badań a ich koleżankami i kolegami z wydziału. Tego rodzaju zawiść i chorobliwe pragnienie rywalizacji na Harvardzie były czynnikami, które w dużej mierze przyczyniły się do ostatecznego rozwiązania grupy Leary'ego.

Chęć uczestnictwa w badaniach zadeklarowało kilka osób należących do mojego kręgu towarzyskiego i zawodowego. Dwie z nich znałem z wydziału psychiatrii, jedna przyjaźniła się z moją byłą żoną, siedem innych należało natomiast do grupy znajomych, z którą utrzymywałem kontakt od wielu lat. Ponad trzydzieści pozostałych osób dowiedziało się o moich badaniach w różny sposób; byli to znajomi innych ochotników, prenumeratorzy biuletynów informujących o prowadzonych w Albuquerque badaniach lub osoby, którym zdarzyło się po prostu być świadkiem rozmowy dotyczącej planowanych przeze mnie eksperymentów.

Dla wygody będę posługiwał się tu profilem hipotetycznego ochotnika o imieniu Alex – trzydziestodwuletniego, żonatego mężczyzny, który pracuje jako programista i mieszka niedaleko Santa Fe. Jako że większa część zgłaszających się do nas osób była mężczyznami, uznałem, że nikt nie poczuje się pokrzywdzony tym, że nasz uśredniony uczestnik także otrzyma taką płeć.

Pierwszym zadaniem Alexa było zatelefonowanie do mojego biura. Telefon odbierała pracująca na wydziale psychiatrii sekretarka, a jakiś czas później odpowiadał na niego jeden z członków zespołu badawczego. Po krótkiej rozmowie dotyczącej wieku, wcześniejszych doświadczeń z psychodelikami oraz stanu zdrowia fizycznego i psychicznego umawiano Alexa na wizytę u mnie w gabinecie.

Przed naszym spotkaniem wysłałem Alexowi teczkę zawierającą między innymi formularz świadomej zgody dotyczący planowanego przeze mnie badania, kilka przystępnych artykułów dotyczących samego DMT oraz napisane przeze mnie kilka lat wcześniej artykuły dotyczące szyszynki, DMT i świadomości. W późniejszym czasie, już po przystąpieniu do realizacji projektu, załączałem także materiały prezentujące wyniki naszej dotychczasowej pracy.

Moje spotkanie z Alexem trwało nie krócej niż godzinę. Musiałem dowiedzieć się o Alexie możliwie najwięcej i zdecydować, czy weźmie on udział w naszych badaniach. Na tej samej zasadzie także Alex musiał ocenić, czy jestem odpowiednią osobą do sprawowania nadzoru nad doświadczeniami wywołanymi u niego podaniem DMT.

Bardzo istotną kwestią była ocena, na ile ustabilizowane życie prowadził on w danym momencie. Jeśli wydawało mi się ono chaotyczne, wolałem nie wpisywać go na listę uczestników. Jeśli przechodził on jakiś etap przejściowy, mógłby zrezygnować z uczestnictwa w środku badań. Jeśli jego zdolność podtrzymywania trwałych relacji z innymi ludźmi wydała mi się wątpliwa, mógłby nie poradzić sobie z silnie destabilizującym działaniem DMT. Mógłby pod wpływem substancji stracić zaufanie do osób opiekujących się nim podczas sesji lub odczuwać brak wsparcia, gdyby jego doświadczenia okazały się wyjątkowo przygnębiające.

Jeśli Alex używał narkotyków lub alkoholu, był zobowiązany przez pewien czas z nich zrezygnować lub ograniczyć ich stosowanie. Było to szczególnie istotne w przypadku korzystania z kokainy lub psychodelików, ponieważ mogłyby one zaburzać reakcję wywołaną podaniem DMT.

Kwestią kluczową były informacje dotyczące wcześniejszego stosowania substancji psychodelicznych oraz towarzyszących im doświadczeń. Liczba tych doświadczeń nie była tak istotna jak ich jakość. Jako że sesje z wysokimi dawkami DMT miały, najprawdopodobniej, cisnąć Alexa w bardziej odległe zakamarki psychodelicznego kosmosu, niż miało to miejsce kiedykolwiek wcześniej, wolałem mieć pewność, że był on przynajmniej w pewnym stopniu zaznajomiony z przestrzenią, do której miał trafić.

– Jak dalekie podróże zdarzyło ci się odbyć na psychodelikach? – pytałem Alexa. – Czy kiedykolwiek zdarzyło ci się umrzeć? A może utraciłeś jakikolwiek kontakt ze swoim ciałem i otaczającym cię światem?

Równie ważne było określenie, do jakiego stopnia Alex był w stanie kontrolować swoje zachowania pod wpływem psychodelików. W pewnym sensie „bad tripy" interesowały mnie bardziej niż udane podróże, ponieważ zdawałem sobie sprawę z tego, że otoczenie, w którym mieliśmy pracować, sprzyjało pojawianiu się raczej nieprzyjemnych doznań.

Idealne badania dotyczące psychodelików zakładałyby pełną współpracę obu stron. Niezależnie od mojego komfortu psychicznego Alex miał względem siebie prawo i obowiązek skupić się na tym, co tak naprawdę sądzi o moim pomyśle podawania DMT podczas badań. Alex wypytałby zatem o kierującą mną motywację, o to, co spodziewam się wykazać podczas eksperymentów, oraz w jaki sposób planujemy nadzorować przebieg sesji. Mógłby zastanawiać się, czy praktykuję w ramach jakiegoś wyznania oraz czy mam osobiste doświadczenie z psychodelikami. Sposób, w jaki odpowiadałbym na tego rodzaju pytania, stanowiłby dla niego źródło niezwykle istotnych informacji emocjonalnych.

Tydzień później spotykaliśmy się w 5-East, skrzydle badawczym Uniwersytetu Nowego Meksyku, aby przeprowadzić niezbędne badania medyczne. Pobieraliśmy krew na potrzeby podstawowych testów i na podstawie elektrokardiogramu, czyli EKG, ocenialiśmy stan jego serca.

Wszyscy przyglądaliśmy się żyłom Alexa, które nabrzmiewały, jak pielęgniarka zakładała nad jego łokciem opaskę uciskową. Ważne było to, żeby uczestnicy mieli dobre żyły, bowiem planowaliśmy pobierać od nich dość dużo krwi. Jeśli żyły Alexa zbyt łatwo się zapadały, mogło to powodować niepotrzebny stres podczas badań.

Skrupulatnie przeglądałem dokumentację medyczną pacjenta i przeprowadzałem niezbędne badania lekarskie. Wyniki tych badań były istotne, ale równie ważne było zbudowanie bliskiej, bezpośredniej relacji z drugą osobą przed podaniem jej DMT. Zadawanie Alexowi często krępujących pytań dotyczących jego zdrowia, dotykanie go i ogólne oswajanie się ze sobą na najbardziej podstawowym, cielesnym poziomie pomagało stworzyć atmosferę zaufania i zażyłości, na której planowałem się opierać, gdy uczestnik zostanie wchłonięty przez potężne, dezorientujące i potencjalnie regresywne działanie DMT.

Jeśli wyniki Alexa mieściły się w normie, umawialiśmy go na badanie stanu psychicznego. Wywiady te opierały się na dziewięćdziesięciostronicowym formularzu i mogły trwać nawet kilka godzin. Wszystkie przeprowadzała współpracująca z nami pielęgniarka Laura; była to dla niej także pierwsza okazja do zapoznania się z przyszłymi badanymi. Laura odsyłała następnie Alexa z plikiem kolejnych kwestionariuszy i ankiet.

Gdy otrzymaliśmy je z powrotem, umawialiśmy Alexa na dwie pierwsze kontrolne sesje z DMT: podczas pierwszej podawaliśmy niską dawkę 0,05 mg/kg, a następnego dnia wysoką, czyli 0,4 mg/kg. W przypadku Alexa i pozostałych mężczyzn pierwsze sesje przeprowadzaliśmy w pierwszym możliwym terminie. W przypadku kobiet musieliśmy wziąć pod uwagę ich cykle menstruacyjne i dostosować do nich terminy eksperymentów. Uznaliśmy, że zarówno sesje kontrolne, jak i wszystkie późniejsze będą przeprowadzane w ciągu dziesięciu dni od momentu, w którym ustąpi krwawienie miesięczne.

W dniu przeprowadzania sesji Alex zostawiał swój samochód na parkingu znajdującym się na południe od szpitala. Informował ochronę o tym, że przyjechał „na badania", po czym otrzymywał stosowną nalepkę. Przechodząc przez kładkę dla pieszych biegnącą nad Lomas Boulevard, trafiał w końcu na izbę przyjęć, skąd był odprawiany już jako DMT-22. Kierowano go na piąte piętro Centrum Badawczego. Przechodził przez poradnię i przez podwójne drzwi trafiał ostatecznie do odpowiedniej jednostki szpitala.

Alex rejestrował się przy stanowisku pielęgniarskim, gdzie witała go jedna z salowych.

– Cześć, DMT-22 – mówiła. – Jak się dziś miewasz?

– Nie najgorzej, chociaż dziwnie się czuję, gdy ktoś nazywa mnie DMT-22.

– Och, nie przejmuj się. Przywykliśmy do tego. Pozwól, że założę ci opaskę identyfikacyjną.

Umieszczała identyfikator na nadgarstku Alexa, po czym sprowadzała go na dół, do pokoju 531.

Początkowo używaliśmy jakiegokolwiek pomieszczenia znajdującego się w Centrum Badawczym, które było akurat wolne. Najlepsze były te najcichsze – z dala od pomieszczeń dla personelu, tętniącego życiem bufetu, ale także niezbyt blisko podwójnych drzwi prowadzących do skrzydła 5-East.

Czasami nie mieliśmy żadnego wpływu na to, gdzie przeprowadzana była sesja – w niektórych pomieszczeniach panowała bardzo ponura atmosfera. Niekiedy pracowaliśmy w pomieszczeniu, którego ściany były wyłożone ołowiem. Znajdowało się ono na samym końcu oddziału i zostało stworzone z myślą o pacjentach, którym w ramach walki z nowotworem wszczepiano radioaktywne implanty. Zdarzało nam się także korzystać z „pokoju wyciągowego", gdzie trafiali pacjenci cierpiący na urazy wielonarządowe oraz uszkodzenia kości. Znajdująca się nad łóżkami „klatka" miała zaczepy na liny, obręcze i przewody służące do unieruchamiania połamanych kończyn. Większość uczestników badań twierdziła, że ta klatka im nie przeszkadza, ale we mnie budziła ona grozę i utrudniała koncentrację. Po przeprowadzeniu jednej lub dwóch sesji, podczas których musiałem manewrować naokoło niej, zacząłem dbać o to, by konstrukcja ta była rozmontowywana przed przystąpieniem do pracy.

Inne pomieszczenie znajdujące się w tej samej części oddziału służyło do przeszczepiania szpiku kostnego. Absolutnie sterylne, z potężnymi wentylatorami na suficie oraz parą podwójnych drzwi prowadzących do przedpokoju, zapewniało niezbędne bezpieczeństwo pacjentom poddawanym temu zabiegowi. Na szczęście, mieliśmy dostęp do przełączników regulujących pracę wentylatorów.

Potrzebowaliśmy przyjemniejszego miejsca do pracy. Poprosiłem o zmianę wystroju jednego z pomieszczeń. Przyznane mi przez Narodowy Instytut ds. Narkomanii dofinansowanie obejmowało tego rodzaju renowacje. Wybraliśmy pokój 531.

Pomieszczenie to było kwadratowe, mierzące około pięciu metrów szerokości i długości oraz stosunkowo spokojne – znajdowało się w najdalej wysuniętej na północ części oddziału. Na końcu korytarza znajdowały się drzwi prowadzące na klatkę schodową, obok nich natomiast wspomniane wcześniej pomieszczenie z ołowianymi ścianami. Bezpośrednio naprzeciwko pokoju 531 były drzwi prowadzące na salę służącą do wykonywania przeszczepów szpiku kostnego, ale nie było widać jej wnętrza.

Spotkaliśmy się z osobami z działu inżynierii klinicznej i wprowadziliśmy w pomieszczeniu kilka zmian. Stolarze wykonali obudowę zakrywającą rurki i przewody wychodzące z panelu znajdującego się za łóżkiem oraz niewielką szafkę pod zlewem. Dodatkowa izolacja drzwi pozwoliła w większym stopniu odciąć się od dźwięków dochodzących z korytarza. Po jednej z najbardziej irytujących sesji, podczas której zaczął ryczeć znajdujący się pod sufitem głośnik, poprosiliśmy elektryka, żeby przy stanowisku pielęgniarskim zainstalował przełącznik, za pomocą którego moglibyśmy wyłączać nagłośnienie w dowolnym momencie.

Niewiele mogliśmy zdziałać, jeśli chodzi o samo łóżko, ponieważ musiało odpowiadać określonym przepisom, a łóżka szpitalne konstruowane na specjalne zlecenie są niezwykle kosztowne. Drewniane wezgłowie i oparcie dla nóg uczyniły je nieznacznie przyjemniejszym. Ogromną różnicę uczyniła natomiast zmiana umeblowania – w pomieszczeniu znalazł się bujany fotel i podnóżek dla mnie, duże i wygodne krzesło dla Laury lub innej pielęgniarki oraz dwa krzesła dla odwiedzających.

Wraz z moją byłą żoną, która zajmowała się projektowaniem i szyciem gobelinów, spędziliśmy długie godziny, próbując dobrać odpowiednie tkaniny do obicia krzeseł. Miały one w miarę możliwości działać kojąco, ale jednocześnie nie wywoływać w uczestnikach badań przygnębienia lub znużenia w sytuacji, gdyby podczas sesji zdarzyło im się otworzyć oczy. Dodatkowy czynnik polegał na tym, że tkaniny te powinny odpowiadać efektom wizualnym, które wywoływało DMT, ale nie być przy tym na tyle stymulujące, żeby przyciągać wzrok ochotników znajdujących się w odmiennym stanie świadomości. Najbardziej odpowiedni wydawał nam się przyjemny, delikatnie zmieniający odcienie błękit pokryty plamkami i wzorkami. Zwieńczeniem naszych starań było rozłożenie w pomieszczeniu jednolicie niebieskiego dywanu i pomalowanie białych ścian błękitną farbą w bladym, uspokajającym odcieniu.

Wszystkie zmiany, które wprowadziliśmy w pokoju 531, niosły ze sobą także pewne problemy, choć wszystkie były możliwe do rozwiązania. Jako że stał się on teraz niemal zupełnie odizolowany od zewnętrznych dźwięków, znajdujący się w środku wentylator wydawał się pracować znacznie głośniej niż dotychczas. Wielu ochotników nie przykładało do tego najmniejszej wagi, inni natomiast odczuwali z tego powodu poirytowanie. Na dodatek pomieszczenie przylegało do znajdującej się w sąsiednim pomieszczeniu łazienki i kiedy ktoś brał tam prysznic, wszystko było bardzo dokładnie słychać. Na dodatek, gdy osoba ta była ciężko chora, przez ścianę często docierały do nas jej pokasływania i jęki.

Kolejnym czynnikiem, na który nie mieliśmy wpływu, były hałasy docierające spoza szpitala. Kilka kilometrów na południe od niego znajdowało się międzynarodowe lotnisko w Albuquerque oraz baza amerykańskich sił powietrznych. Pomimo że trasy lotu większości samolotów nie przebiegały nad szpitalem, czasami pogoda zmuszała pilotów do zmian. Mimo podwójnych szyb w oknach hałas ten potrafił działać na nerwy. Niekiedy przeszkadzały nam także odgłosy dochodzące z terenu samego szpitala, w szczególności wydobywające się z ubijarki śmieci znajdującej się tuż pod oknem pokoju 531.

Kiedy już Alex znalazł się w pokoju 531, salowa, która go do niego przyprowadziła, mierzyła jego tętno, ciśnienie krwi, ważyła go i sprawdzała temperaturę ciała. Przychodził także ktoś z personelu kuchennego, pytając Alexa, co chciałby zjeść po badaniach: jakąś zakąskę, późne śniadanie, wczesny lunch, czy ma to być danie wegetariańskie czy mięsne, czego chciałby się napić. Mało kto skarżył się na jedzenie!

Załóżmy, że pielęgniarką towarzyszącą nam tego dnia była Laura. Wchodziła ona do pokoju i zaczynała przygotowywać się do podania niskiej dawki DMT. Pod ramieniem Alexa umieszczała niebieską, pokrytą plastikiem tkaninę, która mierzyła około 30x30 cm. Szmatka ta miała za zadanie chronić obicie łóżka przed używanym do odkażania roztworem jodyny. Wchłaniała ona także krew, która mogła wyciec podczas zakładania wkłucia dożylnego. Laura myła i dezynfekowała przedramię, w którym miał znaleźć się wenflon. Na drugim ramieniu zakładała natomiast mankiet urządzenia mierzącego puls i ciśnienie krwi.

Podczas pierwszych kontrolnych sesji nie pobieraliśmy od uczestników krwi. Wszystkim, czego potrzebowaliśmy do podania DMT, była jedna mała igła. Kiedy jednak zamierzaliśmy badać krew, Laura zakładała dodatkowo na drugim ramieniu dość skomplikowane urządzenie. Konstrukcja ta składała się z plątaniny plastikowych rurek, które umożliwiały jednoczesne pobieranie krwi ochotnika oraz podawanie mu sterylnego roztworu soli fizjologicznej. Po pobraniu krwi Laura wstrzykiwała do rurki trochę heparyny – środka rozrzedzającego krew – aby zmniejszyć prawdopodobieństwo pojawienia się zakrzepów. Zapchanie się owej igły uniemożliwiłoby nam dalszą pracę, ponieważ w ogromnym stopniu opieraliśmy się na pomiarze stężenia różnych substancji w płynach ciała.

Kiedy pobieraliśmy próbki krwi, musieliśmy zapewnić im odpowiednio niską temperaturę. W tym celu ustawialiśmy obok łóżka miednicę wypełnioną pokruszonym lodem, w którym znajdowały się oczekujące na wypełnienie fiolki. Dobrym pomysłem było odkręcenie ich przed rozpoczęciem sesji, ponieważ przy otwieraniu wydają one dość głośny „wystrzał".

Używaliśmy także doodbytniczego termometru. Chcieliśmy mierzyć temperaturę kilka razy przed, w trakcie i po podaniu DMT. Mniej problematyczne było w takiej sytuacji jednorazowe umieszczenie termometru na cały czas trwania sesji, aniżeli zajmowanie Alexa kolejnym urządzeniem pomiarowym. Poza tym termometr doodbytniczy daje najdokładniejsze odczyty temperatury. Laura umieszczała go pół godziny przed rozpoczęciem badań i wyjmowała po zakończeniu pracy. Był to elastyczny, pokryty gumą przewód o średnicy około trzech milimetrów. Wchodził on na głębokość od dziesięciu do piętnastu centymetrów i nie powodował żadnego dyskomfortu, chyba że dana osoba cierpiała na hemoroidy. Pomimo utrzymującej go w odpowiednim miejscu taśmy zdarzało mu się wysunąć, w szczególności gdy ochotnik zachowywał się podczas sesji wyjątkowo niespokojnie. Jedyną osobą, która nie zgodziła się na termometr doodbytniczy, był Nils.

Termometr był podłączony do małego, przenośnego komputera, który co minutę dokonywał odczytu. Przymocowaliśmy go do poręczy łóżka, zaś po zakończeniu sesji ściągałem zebrane dane bezpośrednio do komputerów Centrum Badawczego.

Wszystkie te przygotowania, nawet gdy badanie było podwójnie ślepe i obejmowało także pobieranie krwi, zabierały nam nie więcej niż 20 minut od momentu wejścia Alexa do pomieszczenia. Staraliśmy się działać możliwie najbardziej sprawnie.

Zazwyczaj docierałem na oddział około 30-40 minut przed planowanym podaniem DMT. Na miejscu wypytywałem pielęgniarkę, w jakiej formie wydaje się Alex, co dawało mi pierwszą wskazówkę dotyczącą tego, jak będzie wyglądać pozostała część przedpołudnia. W pokoju 531 wymienialiśmy z Alexem uprzejmości, a następnie udawałem się po odbiór DMT.

Schodziłem sześć pięter w dół, do piwnicy, skręcałem w prawo i przechodziłem przez korytarz pozastawiany kontenerami. Potężne, metalowe drzwi prowadzące do apteki znajdowały się po prawej stronie. Był na nich napisany grubą czcionką komunikat: PROSZĘ DZWONIĆ TYLKO RAZ. DRZWI NALEŻY DELIKATNIE POPCHNĄĆ OD RAZU PO SYGNALE. Wcisnąłem przycisk domofonu. Kamera przemysłowa spoglądała na mnie badawczo.

Czasami czekałem na korytarzu tak długo, że wbrew temu, co podpowiadał mi zdrowy rozsądek, dzwoniłem kilkakrotnie. Niekiedy nie udawało mi się otworzyć drzwi wystarczająco szybko i byłem zmuszony zadzwonić jeszcze raz.

Wzdłuż całej ściany znajdującego się za drzwiami przedpokoju przebiegał blat, z którego wychodziła gruba, wysoka na półtora metra szyba, prawdopodobnie kuloodporna. Widać było przez nią zajętych pracą farmaceutów, za nimi zaś szafki, w których przechowywane były wszystkie używane w szpitalu lekarstwa. Znajdował się tam także schowek na substancje narkotyczne.

Pomagający nam w badaniach farmaceuta otwierał drzwi, sam wychodził do innego pomieszczenia i otwierał małą chłodziarkę, w której przechowywano nasze substancje psychoaktywne. Strzykawka była zazwyczaj napełniana zaplanowaną wcześniej dawką DMT już poprzedniego wieczoru. Farmaceuta umieszczał na niej samą osłonkę, ponieważ zakładanie tam igły byłoby kłopotliwe, a nawet niebezpieczne – mógłby on przypadkowo wstrzyknąć sobie DMT. Znajdujący się w strzykawce roztwór był zamrożony – kiedy podpisywałem wymagane formularze, umieszczałem go w kieszeni fartucha, żeby zaczął się rozpuszczać.

W drodze powrotnej informowałem pielęgniarki, że zastrzyk zostanie zrobiony w ciągu najbliższych 15 minut. Miałem nadzieję, że na ruchliwym zazwyczaj oddziale uda się dzięki temu zachować względną ciszę. Słyszały one z ust naszych ochotników wystarczająco dużo dziwnych opowieści, a czasami nawet krzyki i jęki wydobywające się z pokoju, w którym odbywały się badania, by zorientować się, że będzie miało miejsce coś poważnego. Wyłączały głośnik w pokoju 531 i przez następną godzinę lub więcej oczekiwały na mój powrót. Ja natomiast udawałem się do pomieszczenia z lekami, aby nabrać tam sterylnego roztworu soli fizjologicznej podawanego zaraz po zrobieniu zastrzyku i założyć igłę na strzykawkę zawierającą DMT. Do kieszeni wkładałem też kilka nasączonych alkoholem wacików do przetarcia wkłucia dożylnego, w które miałem zrobić zastrzyk.

Wracając do pokoju Alexa, umieszczałem na drzwiach tabliczkę z napisem: „Trwa sesja. Nie przeszkadzać". Czasami jednak nawet to okazywało się niewystarczające. Jeden lub dwa razy sesję przerywało głośne wtargnięcie sprzątaczek, które wchodzą do szpitalnych pomieszczeń, kiedy im się podoba. Woleliśmy także uniknąć niespodziewanych telefonów, dlatego przed rozpoczęciem sesji upewniałem się, że aparat jest odłączony od gniazdka. Obchodziłem następnie łóżko Alexa i siadałem na swoim miejscu.

– To jest DMT – mówiłem, wyjmując z kieszeni małą strzykawkę i kładąc ją na łóżku obok nóg Alexa.

Przez kilka minut wymienialiśmy się nowinami i przygotowywaliśmy się do sesji. Kiedy rozmawialiśmy, z górnej szuflady stojącej przy łóżku szafki wyjmowałem jeszcze jedną fiolkę sterylnego roztworu soli fizjologicznej. Po wbiciu igły nabierałem z niej tak dużo płynu, że niemal zupełnie wypełniał on strzykawkę zawierającą DMT – dodatkowe rozrzedzenie roztworu pozwalało bowiem w łatwiejszy sposób kontrolować szybkość wykonywania zastrzyku. Pielęgniarki poprosiły mnie, abym przeznaczone do tego celu fiolki z solą fizjologiczną trzymał z dala od tych, z których korzystała reszta personelu. Obawiały się, że gdyby jedna lub dwie krople roztworu DMT przeniknęły do innych fiolek, mogłoby to wywołać niechcianego „tripa" u którejś z osób przebywających na naszym oddziale.

Podtrzymując rozmowę, rozpoczynałem osobisty rytuał – przypinałem mój żółty notatnik do podkładki do pisania, zapisując w nim numer Alexa, datę, numer protokołu oraz podawaną dawkę. Na lewym marginesie nakreślałem kolumnę określającą w minutach odstępy czasu, w których miałem mierzyć ciśnienie krwi i tętno: -30, -1, 2, 5, 10, 15, 30.

Pytałem:

– Czy miałeś dzisiejszej nocy jakieś sny?

Marzenia senne z nocy poprzedzającej udział w badaniu mogły ukazać nam obawy, nadzieje i pragnienia żywione przez ochotnika względem nadchodzącej lub którejś z poprzednich sesji. Załóżmy, że Alex nie mógł przypomnieć sobie żadnych snów.

Z kieszeni wyjmowałem także strzykawkę z solą fizjologiczną oraz nasączone alkoholem waciki, po czym kładłem je na łóżku obok strzykawki zawierającej roztwór DMT.

– Czy zażywałeś dzisiaj lub zeszłej nocy jakieś lekarstwa?

– Nie.

– Co zamierzasz robić po dzisiejszej sesji?

– Mam pracę na kilka godzin, a potem już nic specjalnego. Zrelaksuję się, pomyślę o jutrze. Porządnie się wyśpię.

Czasami te krótkie rozmowy rozciągały się do rozmiarów krótkich sesji terapeutycznych. Problemy związkowe, obawy dotyczące kariery zawodowej lub szkoły, kwestie duchowe lub religijne wywołane uczestnictwem w badaniach – wszystko to warto było omówić przed rozpoczęciem tak głębokiej i gruntownej podróży przez wymiary DMT.

Zaczynałem opowiadać Alexowi, czego może się spodziewać.

– Dzisiejsza dawka DMT jest mała. Możesz nawet nie odczuć jego działania. Nie traktuj jednak tej sesji lekceważąco. Lepiej się dobrze przygotować, niż dać się zaskoczyć. Nie będziemy nic robić po tym, jak dostaniesz DMT. Będziemy siedzieć w ciszy i pilnować, żeby nie stało ci się nic złego. Gdybyś potrzebował kontaktu fizycznego, po prostu wyciągnij rękę, a któreś z nas ją chwyci. Pomożemy ci, jeśli stracisz nad sobą kontrolę. Poza tym to będzie twoje doświadczenie, nie nasze. Jesteś w dużej mierze zdany tylko na siebie.

W pierwszej turze badań zalecałem, by ochotnicy zamykali oczy na początku sesji i otwierali je, gdy efekty zaczną słabnąć. Zdarzało się jednak czasem tak, że szok następujący w minutę lub dwie minuty po podaniu wysokiej dawki DMT powodował odruchowe otwarcie oczu i próbę zorientowania się w sytuacji. Zazwyczaj tylko pogarszało to sprawę. Pomieszczenie, które i tak nie było specjalnie przyjazne, przybierało wówczas jeszcze bardziej złowrogi wygląd. Podobnie sytuacja wyglądała w przypadku przebywających w pokoju osób, czyli pielęgniarki i mnie. Dlatego też postanowiliśmy w tej części sesji zasłaniać oczy ochotników opaską. Była ona wykonana z delikatnej satyny i przypominała te, których używają pasażerowie samolotów lub osoby lubiące przespać się w ciągu dnia. Znalezienie jej w pobliskich aptekach nie było łatwym zadaniem.

Po tym wprowadzeniu mówiłem:

– Poświęć na przygotowanie tyle czasu, ile potrzebujesz. Pomocne może okazać się skupienie na oddechu, na swoim ciele. W ten sposób łatwiej się zrelaksujesz. Daj mi znać, gdy będziesz gotów. Powiem ci, kiedy do zrobienia zastrzyku pozostanie kilka sekund. Oczyszczę teraz wenflon wacikiem. Alkohol, którym jest nasączony, bardzo szybko wyparuje, więc jego zapach nie będzie ci przeszkadzać. Wbiję następnie igłę, ale nie będę wstrzykiwał DMT. Jest mi dużo łatwiej, kiedy wkłuwam się z lekkim wyprzedzeniem. Powiem ci, kiedy zacznę. Możesz poczuć chłód lub mrowienie; może też pojawić się pieczenie lub wrażenie, że wewnątrz ciała coś zaczęło się pienić – u niektórych pojawiają się tego rodzaju doświadczenia. Zrobienie zastrzyku powinno zająć 30 sekund, powiem ci, kiedy skończę. Wstrzykniemy następnie sól fizjologiczną, żeby mieć pewność, że nie zatrzymał się w niej roztwór DMT. W tym przypadku także poinformuję cię, kiedy zacznę i kiedy skończę. Czy masz jakieś pytania?

– Nie, wszystko jest jasne.

Towarzyszący temu momentowi przepływ napięcia w pomieszczeniu za każdym razem mnie fascynował. Tylko jeden z uczestników naszych badań przyjmował wcześniej rekreacyjnie narkotyki drogą dożylną, nikt jednak nie przyjmował w ten sposób psychodelików. Niesiona przez ten element nowość wystarczała, żeby postawić wszystkich w stanie podwyższonej gotowości.

Kiedy już opisałem Alexowi cały proces i przygotowałem się do zastrzyku, zaczynałem zastanawiać się nad tym, jak poradzi on sobie z wysoką dawką, którą miał otrzymać następnego dnia. Nie było jednak pewności, czy czekająca go za chwilę niska dawka nie wywrze wpływu na jego świadomość. Kilku ochotników po jej przyjęciu zrezygnowało z dalszego udziału w badaniach. W przypadku niektórych osób to my musieliśmy odmówić, ponieważ ich ciśnienie krwi przekroczyło wyznaczony przez nas punkt graniczny.

Mówiłem dalej:

– Alex, to zacznie działać bardzo szybko. Być może nawet zanim skończę robić zastrzyk. Możesz poczuć lekki strach. Zrób co w twojej mocy, żeby pozostać czujnym i zrelaksowanym, pewnym siebie, ale jednocześnie biernym. Efekty osiągną swój szczyt po kilku minutach. Rozluźnij się i zaczekaj jakiś czas, zanim postanowisz coś powiedzieć, ponieważ jeśli nie zaczekasz z tym 10 lub 15 minut, przegapisz bardzo subtelne efekty towarzyszące powracaniu do codziennego stanu świadomości. Zaczynajmy więc. Jesteś gotów?

– Jasne, jestem gotów – odpowiadał Alex.

Aby osiągnąć stan głębokiego rozluźnienia i relaksacji potrzebny do pełnego doświadczenia efektów wywoływanych przez DMT, prosiliśmy ochotników, żeby już podczas robienia zastrzyku leżeli na plecach. W ten sposób mogliśmy uniknąć zamieszania związanego z próbą ułożenia Alexa w wygodnej pozycji, kiedy tracił normalną świadomość swojego ciała i poddawał się działaniu psychodeliku.

Regulowaliśmy łóżko, na którym leżał. Niektórzy ochotnicy prosili o nieznaczne uniesienie głowy. Kilku uznało, że najwygodniej będzie im ze zgiętymi kolanami – podwyższaliśmy wówczas delikatnie dolną część łóżka lub podkładaliśmy im pod nogi poduszki. Upewnialiśmy się także, że opaska na oczy jest dobrze założona.

Alex brał kilka głębokich wdechów, poprawiał ubranie, ułożenie rąk, nóg, stóp i mówił:

– Proszę zaczynać.

– W porządku. Zaczniemy za 5 sekund... Dobrze, zaczynam.

Delikatnie wciskałem tłok strzykawki, mając nadzieję, że nie będzie żadnych problemów, takich jak zakrzep lub wysunięcie się igły z żyły.

Po 30 sekundach strzykawka była pusta. Wysuwałem igłę z rurki.

– DMT podane.

Zębami zdejmowałem osłonkę znajdującą się na końcu strzykawki zawierającej roztwór soli fizjologicznej. Wsuwając igłę mówiłem:

– Teraz przepłuczę rurkę.

Piętnaście sekund później ją wysuwałem, mówiąc:

– W porządku, skończyłem.

Poza zaznajamianiem Alexa z technicznymi szczegółami związanymi z dożylnym podawaniem DMT konieczne było także przekazanie mu niezbędnych instrukcji dotyczących wypełniania kwestionariusza. Mogliśmy spędzić godzinę na samym wyjaśnianiu znajdujących się tam terminów lub sformułowań. Po kilku sesjach Alex był w stanie wypełnić go samodzielnie w dziesięć minut.

Przed zakończeniem sesji mówiłem:

– Nie jedz ani nie pij dziś zbyt dużo. Spróbuj się dobrze wyspać. Pamiętaj, żeby jutro przyjechać na czczo. Jeśli musisz wypić kawę, zrób to przynajmniej dwie godziny przed tym, jak się u nas pojawisz.

Najlepiej mieć pusty żołądek na wypadek, gdyby podanie DMT wywołało nudności. Nie warto było jednak ryzykować nieprzyjemny ból głowy spowodowany brakiem kawy.

Uzupełniałem kartę DMT-22 i pisałem na niej: „Brak problemów po przyjęciu niskiej dawki. Pacjent wypisany na noc ze szpitala. Umówiony jutro przed południem na podanie wysokiej dawki”.

Alex wracał następnego dnia rano. Przeprowadzaliśmy niezbędne czynności wprowadzające, po czym przygotowywaliśmy się do zastrzyku. Spoglądałem na siedzącą po drugiej stronie łóżka Laurę i widziałem, że na wszelki wypadek postawiła w zasięgu ręki miskę na wymioty. Do stojącego obok mnie kosza na śmieci wyrzucałem zużyte waciki i opakowania, w których się one znajdowały, po czym mówiłem:

– Zacznie działać równie szybko, ale tym razem będzie to znacznie mocniejsze. Możesz poczuć się zaskoczony. Nawet nie staraj się stawiać oporu, ponieważ zazwyczaj jest to niemożliwe.

– W porządku – Alex uśmiechał się blado, ale zdecydowanie.

– Co zazwyczaj robisz, kiedy czujesz, że doświadczenie psychodeliczne zaczyna cię przytłaczać?

– Zwykle zaczynam wolno i powoli oddychać. Nauczyłem się tego dzięki wieloletniej praktyce medytacji. Mogę też dotknąć tego – mówił, wskazując na znajdujący się na jego szyi tybetański różaniec.

Pozostali ochotnicy także zabierali ze sobą jakieś przedmioty, na przykład kamień lub kawałek drewna. Niektórzy podczas sesji zaczynali mruczeć lub śpiewać. Kilku z nich przywoływało wizerunek nauczyciela, przyjaciela lub ukochanej osoby. Ochotnicy mający doświadczenie w medytacji przed przyjęciem DMT uspokajali swój umysł i przez cały czas trwania sesji starali się utrzymać wewnętrzną równowagę.

– Czasami ludzie mają wrażenie, że umarli lub umierają w tym momencie – mówiłem. – Albo że podaliśmy im zbyt wysoką dawkę. Jak dotąd nikomu nie stała się krzywda. Dawka ta jest zupełnie bezpieczna dla twojego organizmu, ale może spowodować gwałtowny wzrost ciśnienia krwi i tętna. W razie jakichkolwiek problemów możesz liczyć na naszą pomoc. Osoby, którym wydaje się, że umarły, reagują zazwyczaj w dwojaki sposób. Niektórzy kopią, krzyczą i próbują to powstrzymać. Inni natomiast stwierdzają: „W porządku, umieram, przyjrzyjmy się zatem, jak to jest. To bardzo interesujące". Oczywiście, łatwiej o tym mówić, niż wcielić w życie.

– Wiem, co masz na myśli.

– Najprawdopodobniej nie zwrócisz uwagi na pierwszy pomiar ciśnienia krwi, który przeprowadzimy po upływie dwóch minut od zastrzyku. Poczujesz dopiero następny – po pięciu minutach.

Kończyłem wypełnianie rubryczek w swoim notesie: DMT-22, data, numer protokołu, dawka. Narysowałem też kolumny do wpisywania wyników pomiaru ciśnienia krwi i tętna.

Kiedy wszystko było już omówione i przygotowane, Alex, Laura i ja patrzyliśmy na siebie nawzajem. Gdyby nad szpitalem przeleciał teraz samolot, poczekalibyśmy jeszcze chwilę z rozpoczęciem sesji. Wraz z tym, jak zbliżała się pora zrobienia zastrzyku, wypełniające pokój powietrze zaczynało się zagęszczać. Nie było już nad czym dłużej dyskutować.

Alex zakładał opaskę na oczy, my zaś obniżaliśmy mu podgłówek. Przygotowywałem wszystkie potrzebne strzykawki i przysuwałem się do łóżka. Laura rozgrzewała swoje dłonie na wypadek, gdyby Alex potrzebował uspokajającego dotyku.

– Jesteś gotów? – pytałem.

– Tak – jego głos był ledwie słyszalny.

– Powodzenia, będziemy na ciebie tutaj czekać – mówiła Laura.

Patrzyłem, jak sekundnik mojego zegarka zbliża się do godziny dziewiątej i mówiłem:

– Zacznę za 5 do 10 sekund.

Kiedy dochodził do godziny dwunastej, cichym głosem informowałem:

– Zaczynam robić zastrzyk...

Dziesięć, dwadzieścia, trzydzieści sekund, powoli naciskałem tłok strzykawki. Towarzyszące mi w tym momencie emocje zawsze były silne i sprzeczne: zazdrość o fantastyczne doświadczenie czekające Alexa, smutek spowodowany wszelkim bólem, jakiego mógłby on doznać, wątpliwości zmieszane z poczuciem, że to, co robię, ma ogromne znaczenie.

– DMT podane.

Czas przyspieszał i zwalniał w tym samym momencie. Moje ruchy wydawały mi się bardzo szybkie, a jednocześnie ociężałe. Czy Alexowi nic się nie stanie? Czy poradzi sobie w tej podróży? Czułem, jak serce wali w mojej piersi. Czy *my* poradzimy sobie w tej podróży?

Nie było już możliwości odwrotu.

– Przepłuczę rurkę...

Zanim zdążyłem skończyć zdanie, Alex mamrotał:

Zaczyna się...

Robił niesamowicie głęboki wdech, a następnie głośno wypuszczał powietrze z płuc, gdy wypowiadałem:

– W porządku, skończyłem.

Wiedziałem, że prawdopodobnie nie słyszał już końcówki tego zdania ani że nie zapamięta swojego głośnego wydechu.

Opierałem się o swoje krzesło i spoglądałem raz na Laurę, raz na nieruchome ciało Alexa. Minęła minuta. Dziewięćdziesiąt sekund. Zbliżała się chwila pierwszego odczytu ciśnienia krwi. Jako że DMT osiągało właśnie szczyt swojego działania, Alex prawdopodobnie nie zwróciłby najmniejszej uwagi na mankiet urządzenia pomiarowego.

W mojej głowie i sercu rozbrzmiewały echem słowa Alexa.

Zaczyna się...

8.

Podawanie DMT

Przeprowadzenie początkowego badania skoncentrowanego wokół zagadnienia dawki-reakcji zajęło większą część 1991 roku. Wzięło w nim udział dwunastu ochotników, z których każdy otrzymał niską i wysoką dawkę DMT, a następnie te same dawki na zasadzie podwójnie ślepej próby. Ów cykl zastrzyków dopełniało podanie dwóch dawek średnich oraz placebo, czyli roztworu soli fizjologicznej.

Kiedy już zgromadziliśmy informacje dotyczące wywoływanych przez DMT efektów, rozpoczęliśmy projekt, którego celem było zbadanie, czy ciąg zastrzyków z DMT prowadzi do wykształcenia się tolerancji na tę substancję.

Tolerancja ma miejsce w sytuacji, gdy po kilkakrotnym podaniu ta sama dawka danej substancji wywołuje coraz słabsze efekty. Tolerancja na LSD, psylocybinę i meskalinę pojawia się szybko i niemal w pełni po trzech lub czterech dniach ich codziennego przyjmowania. Mówiąc innymi słowy: ilość, która pierwszego dnia miała w pełni psychodeliczne działanie, była niemalże niewyczuwalna czwartego dnia.

Wykazanie rosnącej tolerancji w przypadku DMT okazało się niezwykle trudne, nawet przy podawaniu zwierzętom pełnych dawek tej substancji co dwie godziny przez dwadzieścia jeden dni z rzędu. Nie wykazały jej także jedyne upublicznione badania z udziałem ludzi, w których badacze podawali domięśniowo po dwie dawki przez pięć kolejnych dni*.

Doniesienia osób używających DMT rekreacyjnie stały ze sobą w sprzeczności. Niektórzy twierdzili, że mogą je palić przez całą noc, nie odczuwając przy tym żadnej różnicy, jeśli chodzi o siłę działania; według innych opisów, odporność na tę substan-

* Gillin et al. (1976); oraz B. Kovacic i Edward F. Domino, *Tolerance and Limited Cross-Tolerance to the Effects of N,N-Dimethyltryptamine (DMT) and Lysergic Acid Diethylamide-25 (LSD) on Food-Rewarded Bar Pressing in the Rat*, „Journal of Pharmacology and Experimental Therapeutics" 197 (1976), str. 495-502.

cję pojawiała się natomiast już po przyjęciu jej trzy lub cztery razy z rzędu. Ważnym czynnikiem może być tu jednakże zwykłe zmęczenie – ciągłe wdychanie dużej ilości oparów DMT podczas jednego posiedzenia jest dość trudne. Owa „tolerancja" mogła być zatem wynikiem wchłaniania niedostatecznej ilości DMT w płuca po odbyciu dwóch lub trzech podróży.

Brak pojawiania się tolerancji na DMT był także jednym z czynników skłaniających do uznania go za naturalnie występującą schizotoksynę. Gdyby organizm wykształcał tolerancję wobec endogennego DMT, psychotyczne objawy schizofrenii utrzymywałyby się tylko przez pewien czas. Psychotyczne symptomy są jednak zazwyczaj przewlekłe i stałe, dlatego też wykazanie, że stosowanie DMT nie prowadzi do wzrostu tolerancji, stanowiłoby ważny argument na rzecz uznania roli tej substancji w pojawianiu się niektórych zaburzeń psychicznych.

Badanie zjawiska tolerancji pociągało mnie także z innych powodów. Krótki czas działania DMT wydawał się ograniczać jego użyteczność jako narzędzia do jakiejkolwiek wewnętrznej pracy psychologicznej lub duchowej. Jedyne, co można robić pod jego wpływem, to starać się dotrwać do końca podróży. W przypadku naszych ochotników rozeznanie w bieżącej sytuacji powracało do nich dopiero wtedy, gdy zaczynało słabnąć działanie samej substancji. Wielokrotne wnikanie w stan wywoływany przez DMT mogło przyczynić się do pełniejszego wykorzystania jego niesamowitych właściwości psychodelicznych.

Kolejnym, mniej oczywistym powodem skłaniającym mnie do realizacji tego projektu zaraz po zakończeniu eksperymentów z dawką-reakcją był fakt, że byłoby to „czyste" badanie DMT. Protokoły poświęcone zjawisku tolerancji mogłyby zapoczątkować badania mechanizmów wywierania wpływu różnych substancji w połączeniu z DMT na funkcjonowanie znajdujących się w mózgu receptorów, przede wszystkim serotoninowych. Coś podpowiadało mi, że badania te, będące powtórzeniem eksperymentów laboratoryjnych na zwierzętach, byłyby dość trudne do zrealizowania w przypadku ludzi. Z perspektywy czasu wydaje mi się, że chciałem odłożyć w czasie przeprowadzanie takich eksperymentów tak długo, jak było to możliwe.

Zasugerowałem, że przyczynę niepowodzenia wcześniejszych badań poświęconych wzrostowi tolerancji stanowił krótki czas działania DMT. Podczas eksperymentów dotyczących LSD, psylocybiny i meskaliny dzienną dawkę podawano jednorazowo. Działanie tych substancji utrzymywało się jednakże od 6 do 12 godzin, a zatem wielokrotnie dłużej niż w przypadku DMT. Sugerowało to, że w celu wykazania spadku wrażliwości na DMT powinno się je podawać w znacznie krótszych odstępach czasu, co 30-60 minut.

Innym rozwiązaniem było równomierne podawanie DMT przez kroplówkę. Uniemożliwiało to jednakże wysłuchanie relacji po ustaniu efektów wywołanych każdym kolejnym zastrzykiem. Dlatego też w przypadku użycia wlewu kroplowego komunikacja byłaby znacznie utrudniona.

Po dwóch miesiącach prób i błędów ustaliłem, że najlepszym rozwiązaniem będzie zrobienie czterech zastrzyków zawierających roztwór 0,3 mg/kg DMT w półgodzinnych odstępach czasu. Dawka ta, pomimo że w pełni psychodeliczna, była niższa od najwyższej spośród używanych przez nas podczas badań, czyli 0,4 mg/kg. Jeden z mężczyzn, Cal, był w stanie podołać czterem dawkom 0,4 mg/kg podawanym co pół godziny. Z kolei jego żona Linda po trzech zastrzykach była tak wyczerpana, że nie wyraziła zgody na przyjęcie czwartej, ostatniej dawki. Mając w pamięci wstrząsające doświadczenia wywołane podaniem Philipowi i Nilsowi zbyt dużej ilości DMT, zgodziłem się bez najmniejszych zastrzeżeń. Lepiej postępować bezpiecznie, niż później żałować.

Badania nad tolerancją przeprowadziliśmy z udziałem trzynastu ochotników, z których wielu brało wcześniej udział w projekcie skupionym na dawce-reakcji. Nowi uczestnicy przeszli przez identyczne badania jak wcześniejsze osoby oraz otrzymali kontrolnie wysoką i niską dawkę DMT.

Pomimo że eksperymenty dotyczące tolerancji były podwójnie ślepe oraz kontrolowane podaniem placebo (roztworu soli fizjologicznej), przestawały być „ślepe" już po kilku sekundach od zrobienia pierwszego zastrzyku. Od razu można się było zorientować, czy w strzykawce znajdowało się DMT, czy sól fizjologiczna. Jeśli było to DMT, uczestnika czekały tego ranka jeszcze trzy dalekie podróże.

Podobnie jak podczas realizacji projektu dawka-reakcja, pobieraliśmy od ochotników próbki krwi, używaliśmy także skróconej wersji kwestionariusza, którego wypełnienie zajmowało około pięciu minut. Pomimo zwięzłości sprawdził się on znakomicie. Uczestnicy zaczynali mówić po upływie 10 do 15 minut, wypełniając następnie kwestionariusz. Mieliśmy wtedy czas na szybkie przetworzenie ich doświadczeń oraz przygotowanie następnej podróży w ciągu następnych 5 lub 10 minut. Jeśli w strzykawce znajdował się roztwór soli fizjologicznej, spędzaliśmy poranek, prowadząc zupełnie swobodne rozmowy.

Badanie wykazało, że kilkakrotne podanie DMT nie zwiększa tolerancji na tę substancję. Doświadczenia naszych uczestników były równie psychodeliczne zarówno po czwartym, jak i po pierwszym zastrzyku. Z tego względu, na co zresztą miałem nadzieję, byli oni w stanie lepiej spożytkować kilkakrotnie przyjętą wysoką dawkę, niż miało to miejsce w przypadku pojedynczego doświadczenia. Wiele opowieści zamieszczonych w dalszej części książki pochodzi właśnie z tego badania*.

Po opisaniu *efektów* wywoływanych przez DMT model biomedyczny wymagał wykazania, *w jaki sposób* owe efekty powstają. Umożliwiały to badania poświęcone *mechanizmom działania*. Jako że nasze poszukiwania miały pewne podstawy farmakologiczne, owe eksperymenty mogłyby posłużyć do ustalenia, które receptory mózgowe odpowiadają za efekty wywoływane zażyciem DMT.

---

* Rick J. Strassman, Clifford R. Quails i Laura M. Berg, *Differential Tolerance to Biological and Subjective Effects of Four Closely Spaced Doses of N,N-Dimethyltryptamine in Humans*, "Biological Psychiatry" 39 (1996), str. 784-95.

Pierwszy z tych projektów dotyczył pindololu. Pindolol jest substancją wykorzystywaną w praktyce lekarskiej do obniżania zbyt wysokiego ciśnienia krwi. Jego działanie opiera się na zahamowaniu funkcjonowania niektórych receptorów adrenalinowych. Inną właściwością pindololu jest to, że blokuje on pewien receptor serotoninowy, „1A". W przypadku zwierząt DMT jest wychwytywane właśnie przez ten receptor, dlatego też mógłby on pełnić istotną rolę, jeśli chodzi o efekty wywoływane podaniem tej substancji. Gdyby na przykład zablokowanie receptora „1A" przez pindolol powodowało „mniej emocjonalne" doświadczenie niż w przypadku zażycia samego DMT, moglibyśmy przypuścić, że jest on odpowiedzialny za wywołaną przez DMT reakcję emocjonalną. Jak się okazało, pindolol znacząco *wzmacnia* efekty DMT, podnosząc przy tym także ciśnienie krwi.

W badaniu poświęconym pindololowi brało udział jedenastu ochotników, wśród których znajdowało się kilka osób uczestniczących wcześniej w badaniu dawka-reakcja oraz dotyczącym tolerancji. Pomimo że wywołane podczas niego doświadczenia reakcje były wyjątkowo silne, projekt ten zaowocował mniej dramatycznymi opisami pracy wewnętrznej, niż miało to miejsce w przypadku badań nad wzrostem tolerancji.

Następne badanie poświęcone blokowaniu receptorów koncentrowało się wokół cyproheptadyny, substancji antyhistaminowej o dodatkowych właściwościach antyserotoninowych. W tym przypadku cyproheptadyna uniemożliwiała wychwytywanie substancji przez receptor serotoninowy „2", który, według badaczy, pełni kluczową rolę, jeśli chodzi o działanie psychodelików.

Miało ono taki sam przebieg jak badanie dotyczące pindololu – ochotnicy otrzymywali cyproheptadynę na kilka godzin przed podaniem DMT. Większość uczestników była świeżo zwerbowanymi ochotnikami. Do końca projektu dotrwało ośmiu z nich.

Ze względu na nieznaczne zahamowanie działania DMT postanowiliśmy podawać wyższą dawkę, 0,4 mg/kg, wraz z blokerem serotoninowym oraz bez niego. Jako że cyproheptadyna najwyraźniej nie potęgowała efektów wywoływanych przez DMT, mieliśmy nadzieję, że użycie wyższej dawki pozwoli nam ustalić poziom zahamowania. Uspokajające właściwości tej substancji były jednakże na tyle silne, że utrudniały interpretację zebranych danych. Trudno było ocenić, na ile mieliśmy do czynienia z zablokowaniem DMT, a na ile z ogólnym uspokojeniem.

Praca z nowymi ochotnikami zaczynała być w tamtym czasie coraz bardziej problematyczna, podobnie jak nakłanianie dotychczasowych uczestników do udziału w dalszych eksperymentach. Kto chciałby przyjmować substancję, która tłumi działanie DMT? Mogłem starać się przyciągać ludzi do tego projektu, podkreślając, że otrzymają oni dwie dawki czystego DMT: jedną podczas pierwszego dnia badań, drugą zaś w połączeniu z cyproheptadyną-placebo. Słyszałem jednak przepraszającą nutę w moim głosie, tak jakbym chciał sprzedać komuś używany samochód.

Rozpocząłem realizację kilku innych eksperymentów, które otrzymały zgodę uniwersytetu i FDA. Nie udało mi się jednak otrzymać wystarczającej ilości środków finansowych, żeby przeprowadzić pogłębione badania.

Jednym z tych projektów były badania nad naltreksonem. Stanowiły one kontynuację eksperymentów poświęconych mechanizmom działania, które miały na celu wskazanie receptorów mózgowych regulujących efekty wywoływane przez DMT. Naltrekson blokuje receptory opioidowe, toteż jest on przydatny w leczeniu uzależnienia od heroiny. Jako że zebrane podczas badań na zwierzętach dane wykazały istnienie relacji pomiędzy opiatami a psychodelikami, naltrekson dawał nam szansę na dowiedzenie się więcej na temat owej relacji w przypadku ludzi.

Zaczęliśmy wstępną pracę z trzema ochotnikami. Jeden z nich czuł się jednak na tyle źle pod wpływem samego naltreksonu, że zrezygnował już po pierwszej sesji. Dwóch pozostałych tak czy inaczej nie odczuwało zbyt wyraźnych efektów, dlatego też projekt został zawieszony.

Inny projekt pilotażowy miał na celu ocenę, czy faza cyklu menstruacyjnego kobiety wywiera jakiś wpływ na reakcję spowodowaną zażyciem DMT. Wiele kobiet donosiło o cyklicznych wahaniach ich wrażliwości na psychodeliki. Poza tym badania na zwierzętach jednoznacznie wskazywały, że hormony seksualne wywierają wpływ na działanie psychodelików oraz innych substancji powiązanych z pracą serotoniny.

Podzieliliśmy cykl miesięczny jednej z kobiet, Willow, której doświadczenia wywołane przez DMT były zazwyczaj głębokie i wnikliwe, na fazę wczesną, środkową i późną. W przypadku owej jedynej ochotniczki nie pojawiły się jakiekolwiek znaczące różnice, jeśli chodzi o wpływ DMT na psychikę. Jako że nie mieliśmy środków na rozwinięcie tego fascynującego kierunku badań nad tą substancją, projekt zatrzymał się na przebadaniu jednej osoby.

Przy badaniu stanu wywoływanego zażyciem DMT wykorzystaliśmy także nowe urządzenia technologiczne. Trzech ochotników otrzymało w Centrum Badawczym dawkę 0,4 mg/kg DMT, podczas gdy my rejestrowaliśmy ich fale mózgowe przy użyciu EEG, czyli elektroencefalogramu. Mieliśmy nadzieję, że ustalimy w ten sposób, które obszary mózgu są bardziej, a które mniej aktywne po przyjęciu DMT.

Prowadzenie tych badań było bardzo trudne, ponieważ maszyny do EEG są niezwykle nieporęczne i hałaśliwe, a na dodatek wymagają bezustannej regulacji. Poza tym do czaszek ochotników mocno przylegało osiemnaście elektrod, przyklejonych w odpowiednich miejscach mocnym klejem o najsilniejszym zapachu, z jakim kiedykolwiek miałem styczność. Pomimo że wszyscy trzej uczestnicy „w pełni" zareagowali na DMT, otoczenie, w którym odbywała się sesja, było szczególnie nieprzyjazne. Zaprosiłem do udziału w badaniu tylko owych trzech ochotników, ponieważ chciałem mieć pewność, że zebrane przeze mnie dane będą na tyle imponujące, że usprawiedliwią dyskomfort związany z tym miejscem. Wyniki nie były jednakże pod żadnym względem wyjątkowe, dlatego też nie przeprowadzaliśmy więcej eksperymentów z EEG.

W końcu skorzystałem także z najnowocześniejszych technik neuroobrazowania, jakimi dysponował w tamtym czasie Uniwersytet Nowego Meksyku. Było to „funkcjonalne obrazowanie magnetyczno-rezonansowe", zmodyfikowane obrazowanie rezonansu magnetycznego (MRI – ang. *magnetic resonance imaging*), które bada raczej metabolizm mózgu aniżeli jego budowę. Moglibyśmy dzięki temu wykazać na przykład, że obszary mózgu odpowiedzialne za wizje zużywają więcej cukru po wizualnym doświadczeniu wywołanym przez DMT.

Sprzęt potrzebny do obrazowania rezonansem magnetycznym zdominował otoczenie w jeszcze większym stopniu, niż miało to miejsce w przypadku maszyny do EEG. Tomograf, dodatkowy sprzęt oraz obsługujący je personel – wszystko to wymagało osobnego budynku w innej części kampusu. Były to jedyne badania nad DMT, które zostały przeprowadzone poza Centrum Badawczym.

Maszyna MRI generuje niezwykle silne pola magnetyczne, dlatego ani w pomieszczeniu, ani w ciele badanej osoby nie może znajdować się jakikolwiek metal. W przeciwnym razie zostałby on natychmiast przyciągnięty przez maszynę. Pomieszczenie, w którym znajduje się tomograf, jest olbrzymie i dość chłodne, ponieważ zmniejsza to ilość energii niezbędnej do utrzymania pól magnetycznych.

Nasi ochotnicy byli na potrzeby badania wsuwani do bardzo wąskiej, metalicznie lśniącej rury. Poznałem wielu ludzi, którzy po raz pierwszy doświadczyli ataku paniki właśnie podczas tomografii MRI, przez wzgląd na panującą w jego wnętrzu ciasnotę. Teraz miałem okazję zrozumieć, dlaczego tak się działo.

Najgorszy ze wszystkiego był jednak hałas. Maszyna MRI ma potężną spiralę, która porusza się tam i z powrotem, trochę tak jak w przypadku pralki, tylko że dziesięciokrotnie szybciej i stukrotnie głośniej. Wydawane przez spiralę ŁUP-ŁUP-ŁUP-ŁUP-ŁUP-ŁUP-ŁUP kojarzyło mi się z odgłosami wydawanymi przez wiertarkę udarową. Każda osoba przebywająca w pomieszczeniu, a przede wszystkim sam badany, musi korzystać z zatyczek do uszu. Pomimo tego panujący tam hałas przyprawiał o ciarki.

Niemniej jednak część uczestników naszych badań była niewiarygodnie wytrzymała. Podobało im się działanie DMT, chcieli pomóc w eksperymentach i byli żywo zainteresowani, co może wykazać tomografia. W pomieszczeniu MRI byłem z nimi tylko ja. Po drugiej stronie grubej, „dźwiękoodpornej" szyby siedziało natomiast czterech lub pięciu badaczy skupionych na tablicach przyrządów, tarczach regulacyjnych, suwakach i przyciskach. Kontaktowaliśmy się za pośrednictwem interkomu. Badanie się rozpoczęło; wstrzyknąłem DMT i pozostawałem w pomieszczeniu przez cały czas trwania sesji, sprawdzając ciśnienie krwi i dostarczając moralnego wsparcia. Moi koledzy co kilka minut dokonywali odczytów z urządzeń.

Biorąc pod uwagę nakład pracy, stres i oczekiwania, zebrane w ten sposób dane również okazały się niespecjalnie odkrywcze. Zespół obsługujący maszynę MRI uważał, że tomograf mógłby lepiej wychwytywać zmiany w mózgu powodowane wstrzyknięciem DMT, gdyby poddać go gruntownym i kosztownym modyfikacjom.

Nie darzyłem jednakże tej maszyny specjalną sympatią i wolałem oszczędzić kolejnym ochotnikom, ale także sobie, jej ogłuszającego hałasu, klaustrofobicznej ciasnoty i oddziaływania potężnych pól magnetycznych.

Pomimo że może to brzmieć, jakbym stracił wszelką skromność lub resztki zdrowego rozsądku, biorąc pod uwagę rodzaj badań, na które udało mi się namówić ochotników, wolałem nie narażać ich dodatkowo na działanie radioaktywności. Pozytonowa tomografia emisyjna (PET – ang. *positron emission tomography*) dostarcza bardzo ładnych i czytelnych zdjęć aktywności mózgu, będąc przy tym, jak mi się wydawało, mało szkodliwą procedurą. Udało mi się znaleźć osoby zainteresowane przeprowadzeniem badań nad DMT przy użyciu PET – wyniki tych badań stanowiłyby podstawę dokładniejszych analiz dotyczących oddziaływania DMT na poszczególne obszary mózgu. Po zdobyciu większej ilości informacji na temat promieniowania towarzyszącego tej procedurze, postanowiłem jednak z niej zrezygnować.

Niniejszy oraz poprzedni rozdział skupiały się na opisaniu nastawienia i otoczenia w naszych badaniach: kim byli ochotnicy oraz w jakich okolicznościach otrzymywali oni DMT. We wcześniejszych rozdziałach dokonałem natomiast krótkiego przeglądu informacji, które mamy na temat samej substancji. Teraz, kiedy już trójnóg nastawienia, otoczenia i substancji jest kompletny, możemy podążyć za molekułą duszy i zobaczyć, dokąd nas ona zaprowadzi.

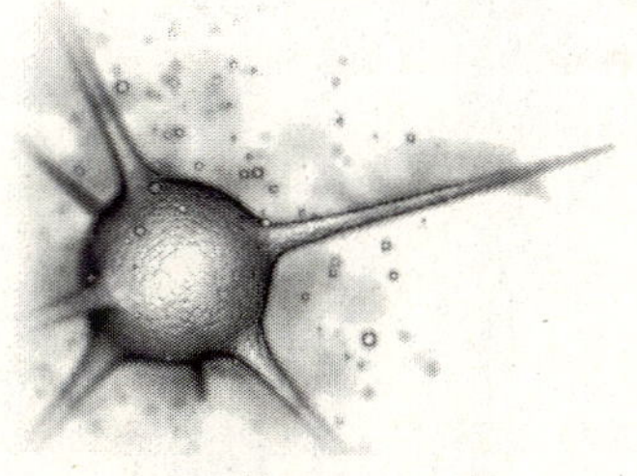

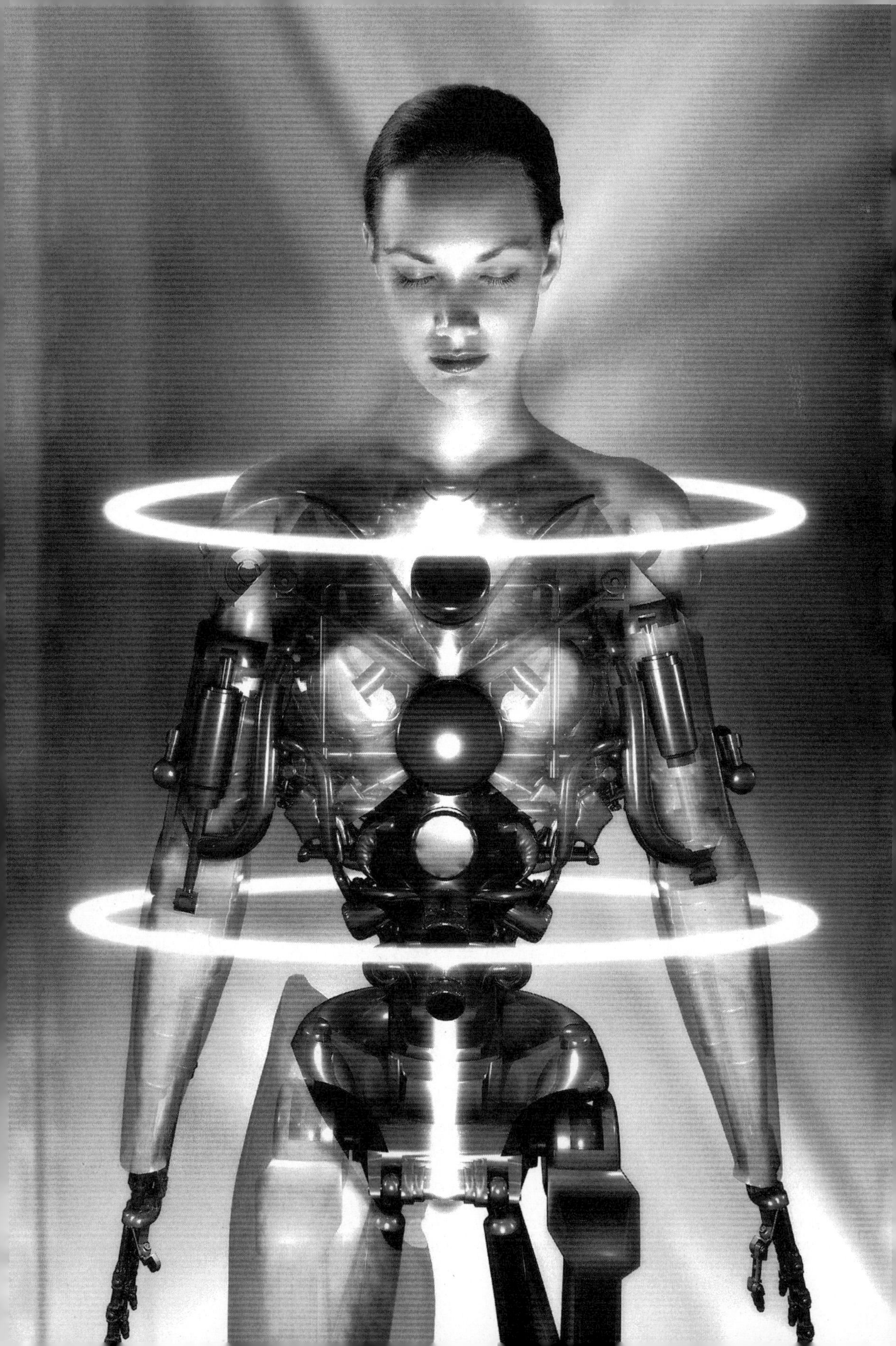

9.

POD WPŁYWEM

Opisywanie, jak to jest przebywać w wymiarach DMT, przypomina próbę relacjonowania przeżyć towarzyszących zdobywaniu szczytu górskiego, orgazmowi oraz innym pozawerbalnym, ale oszałamiająco silnym doświadczeniom. Jednakowoż, jako że większość z nas nigdy nie będzie miała okazji uczestniczyć w projekcie badawczym dotyczącym DMT, postaram się zaprezentować ogólny opis tego, co dzieje się po dożylnym podaniu różnych dawek tej substancji*.

W przypadku naszych ochotników pełna dawka DMT podawanego dożylnie niemal od razu prowadziła do pojawienia się wyrazistych, psychodelicznych wizji, poczucia, że umysł oddzielił się od ciała, oraz zniewalających emocji. Efekty te zupełnie zastępowały treści zajmujące ich życie psychiczne tuż przed podaniem substancji. Dla większości ludzi psychodeliczna dawka DMT wynosiła 0,2, 0,3 oraz 0,4 mg/kg.

Działanie rozpoczynało się w ciągu kilku sekund od momentu, w którym kończyłem robić trwający 30 sekund zastrzyk z DMT. Kiedy przepłukiwałem wkłucie dożylne roztworem soli fizjologicznej 15 sekund później, ludzie byli już zazwyczaj kompletnie zanurzeni w psychodelicznych wymiarach. Szczyt działania DMT następował w ciągu dwóch minut od podania, natomiast w przypadku większości naszych ochot-

* Wyniki badań dawka-reakcja, w których opisaliśmy efekty wywoływane przez różne ilości DMT, zostały opublikowane w czasopiśmie dr. Freedmana, „Archives of General Psychiatry", w 1994 roku. Jeden z artykułów prezentował dane biologiczne, drugi natomiast reakcje psychiczne oraz nowy kwestionariusz. Freedman otoczył owe publikacje szczególną troską, domagając się ich wielokrotnej redakcji. Niestety, zmarł rok przed tym, jak w końcu trafiły one do druku – nie doczekał tym realizacji swojego wieloletniego marzenia: przywrócenia do życia badań nad psychodelikami prowadzonych z udziałem ludzi. Zobacz Rick J. Strassman i Clifford R. Quails, *Dose-Response Study of N,N-Dimethyltryptamine in Humans. I: Neuroendocrine, Autonomic, and Cardiovascular Effects*, "Archives of General Psychiatry", 51 (1994), str. 85-97; oraz Rick J. Strassman, Clifford R. Quails, Eberhard H. Uhlenhuth i Robert Kellner, *Dose-Response Study of N,NDimethyltryptamine in Humans. II: Subjective Effects and Preliminary Results of a New Rating Scale*, „Archives of General Psychiatry", 51 (1994), str. 98-108.

ników efekty zaczynały słabnąć po pięciu minutach. Większość była w stanie rozmawiać po upływie 12-15 minut od zrobienia zastrzyku, mimo że w dalszym ciągu odczuwali oni wpływ substancji. Niemal wszyscy zaczynali czuć się względnie normalnie w ciągu pół godziny.

Po zrobieniu zastrzyku kilkakrotnie mierzyliśmy stężenie DMT we krwi, dzięki czemu udało nam się potwierdzić, że poziom tej substancji w pełni pokrywa się z wpływem wywieranym przez nią na psychikę. Oznacza to, że stężenie DMT we krwi było najwyższe po upływie 2 minut od podania, zaś po upływie pół godziny spadało ono do granicy wykrywalności. Jako że mózg czynnie transportuje DMT przez barierę krew-mózg, można na zdrowy rozum uznać, że poziom DMT w mózgu wzrastał równie szybko, jak ilość tej substancji we krwi.

Niższe dawki DMT, 0,1 i 0,05 mg/kg, nie były na ogół psychodeliczne, ale z całą pewnością wywierały pewien wpływ na psychikę badanych. Efekty te miały przede wszystkim charakter emocjonalny i cielesny, chociaż u osób o szczególnie wysokiej wrażliwości nawet owe niskie dawki wywoływały wyraźnie psychodeliczną reakcję. Tak naprawdę niektórzy ochotnicy rezygnowali z dalszego udziału w badaniach, ponieważ nawet przy dawce 0,05 mg/kg nie czuli się dobrze. My także musieliśmy odmówić dalszego uczestnictwa kilku osobom po podaniu tej dawki kontrolnej. Ich ciśnienie krwi wzrastało na tyle gwałtownie, że obawialiśmy się o pracę ich serc – mogłyby one nie wytrzymać przyjęcia ośmiokrotnie wyższej dawki czekającej ich następnego dnia.

Kiedy wywoływane przez DMT efekty psychologiczne się nasilały, w ślad za nimi podążała jaźń cielesna wraz ze swoim zbiorem reakcji. Po przyjęciu wysokiej dawki organizm wykazywał początkowo typową reakcję stresową „uciekaj-albo-walcz". Tętno i ciśnienie krwi gwałtownie się podnosiły, przy czym przebieg czasowy tego wzrostu odpowiadał nasileniu się reakcji psychicznych. Po krótkiej chwili, opierając się wyłącznie na ciśnieniu krwi ochotnika, byliśmy niemalże w stanie przewidzieć, na ile intensywne będą jego przeżycia podczas bieżącej sesji.

Przeciętnie tętno, czy też puls, wahało się pomiędzy 70 uderzeniami na minutę a ponad 100. Rozpiętość była jednakże całkiem duża. Puls niektórych badanych przekraczał 150 uderzeń, podczas gdy u innych wzrastał maksymalnie do 95. Ciśnienie krwi także skakało od 110/70 do przeciętnego 145/100. Obie te wartości zmniejszały się równie gwałtownie, jak wzrastały – zaczynały spadać pomiędzy 2. a 5. minutą od zrobienia zastrzyku.

Podnosił się także poziom wszystkich badanych przez nas hormonów przysadkowych. Dla przykładu, stężenie we krwi beta-endorfiny, przypominającej morfinę, endogennej substancji, wzrastało po upływie 2 minut od podania DMT i osiągało swój szczyt w 5. minucie. DMT stymulowało także nagły skok uwalniania wazopresyny, prolaktyny, hormonu wzrostu oraz kortykotropiny. Ostatnia z tych substancji odpowiedzialna jest za pobudzanie nadnerczy, które w efekcie uwalniają kortyzol – potężny steroid stresu o wszechstronnym działaniu, podobny do kortyzonu. Wzrost stężenia tych hormonów mógł wywoływać niektóre efekty psychologiczne – omówię tę kwestię dokładniej w rozdziale 21.

Przy podawaniu wysokich dawek DMT dwukrotnie wzrastała średnica źrenic, z początkowych 4 milimetrów do niemal 8, przy czym wzrost ten był najwyraźniejszy w drugiej minucie po zrobieniu zastrzyku. Wolniej podnosiła się temperatura ciała – zaczynała wzrastać od 15. minuty sesji aż do momentu, w którym wyjmowaliśmy termometr, czyli po upływie godziny.

Spośród wszystkich mierzonych przez nas czynników biologicznych wzrostu stężenia nie zarejestrowaliśmy jedynie w przypadku produkowanej w szyszynce melatoniny. Było to zdumiewające i po raz kolejny skłoniło mnie do rozmyślań dotyczących tajemniczej natury owego potencjalnego gruczołu duszy.

Być może przyjmowane z zewnątrz DMT nie było wystarczająco potężnym bodźcem, aby pokonać omówione już wcześniej mechanizmy obronne szyszynki. Pomimo że poziom hormonów stresu podnosi się za sprawą molekuły duszy, jej ilość mogła być zbyt niska do pobudzenia produkcji melatoniny w ciągu dnia.

Możliwe także, że egzogenne DMT tak naprawdę stymulowało szyszynkę, aby wytwarzała własne *endogenne* DMT. Wykorzystywana przez nas metoda pomiaru stężenia DMT mogła jednakże nie być wystarczająco dokładna, aby odróżnić od siebie DMT pochodzące z różnych źródeł.

Oczywiście, ochotnicy nie rejestrowali wzrostu prolaktyny ani nie doświadczali w swojej świadomości podwyższonego ciśnienia krwi. To raczej pojawiające się w ich umysłach obrazy, odczucia i myśli stanowią rdzeń efektów wywoływanych przez molekułę duszy.

Na samym początku pierwszej sesji z wysoką dawką DMT efekty działania substancji niemal dla wszystkich były obezwładniające. Pojawiał się wówczas silny, gwałtownie narastający i wywołujący (przynajmniej przez pewien czas) niepokój – „odlot" ciała i umysłu. Często rozpoczynał się on, zanim zdążyłem skończyć przepłukiwać rurkę roztworem soli fizjologicznej.

Wraz z tym, jak pojawiały się pierwsze efekty, niektórzy ochotnicy wypowiadali niemal bez zastanowienia: „No to ruszamy!". Kilku z nich porównało to uczucie do „pociągu towarowego", „punktu zerowego" lub „działa atomowego". Niektórzy donosili, że „oddech stanął im w gardle" albo że „uciekło z nich życie". Osoby, które paliły DMT w przeszłości, miały o tyle przewagę nad pozostałymi, że były przygotowane na pojawiającą się na samym początku dezorientację. Uważały one także, że działanie podawanego dożylnie DMT jest znacznie silniejsze i bardziej gwałtowne aniżeli w przypadku palenia tej substancji.

Niemal wszyscy zwrócili uwagę na towarzyszące działaniu DMT „wibracje", poczucie potężnej energii pulsującej w ich wnętrzu z bardzo wysoką częstotliwością.

Przykładowe komentarze to: „Bałem się, że te wibracje rozsadzą mi głowę"; „Kolory i wibracje były tak silne, że myślałem, iż wybuchnę"; „Nie sądziłem, że uda mi się wytrzymać we własnej skórze".

Ów przypływ efektów wywoływanych przez DMT szybko prowadził do utraty świadomości ciała, co wzbudzało u niektórych ochotników poczucie, że ich życie dobiegło końca. Temu rozdzieleniu ciała i umysłu towarzyszyło nasilenie się efektów wizualnych. Zazwyczaj słyszeliśmy wówczas wypowiedzi w rodzaju: „Moje ciało przestało istnieć" lub „Moje ciało się rozpuściło – stałem się czystą świadomością". Nasi badani doświadczali wyraźnego oddalenia się świadomości od ciała – „spadania", „wznoszenia się", „wzlatywania", poczucia lekkości lub szybkiego ruchu.

Niektórzy mężczyźni (ale żadna kobieta) doznawali szczególnie silnych bodźców w okolicach genitaliów. W niektórych przypadkach były one przyjemne, w innych – emocjonalnie neutralne lub nijakie. Żaden z badanych nie ejakulował.

Odlot towarzyszący początkowym efektom niemal nieuchronnie wywoływał u uczestników badań strach i niepokój. Jednak większość odzyskiwała stabilność swojego doświadczenia w ciągu 15-30 sekund poprzez pogłębienie oddechu, cielesną relaksację lub cokolwiek innego, co, według nich, mogło pomóc im się rozluźnić. Być może, z racji swoich wcześniejszych doświadczeń z psychodelikami, bardzo często byli oni w stanie rozgraniczyć emocje od fizycznych reakcji swojego organizmu bez niepotrzebnej paniki.

W przypadku pełnej dawki DMT przeważającymi efektami czuciowymi były doznania wizualne. Zazwyczaj nie było zbyt dużej różnicy pomiędzy tym, co nasi ochotnicy „widzieli" przy otwartych oczach, a co przy zamkniętych. Otwarcie oczu często sprawiało jednak, że wizje przesłaniały to, co fizycznie znajdowało się w pomieszczeniu. Wywoływało to sporo zamieszania, dlatego też mniej dezorientujące było utrzymywanie zamkniętych oczu przez cały czas trwania sesji. Z tego też powodu przed podaniem DMT postanowiliśmy zakładać naszym ochotnikom na oczy czarną opaskę.

Badani widzieli wszelkiego rodzaju zjawiska i rzeczy. Najmniej złożone były kalejdoskopowe wzory geometryczne, które czasami nabierały cech charakterystycznych dla kultury Majów, Azteków lub islamu. Na przykład, „piękne, różowe pajęczyny; wydłużanie się światła", „niesamowicie skomplikowane, kolorowe figury geometryczne, tak jakbym z odległości kilku centymetrów przyglądał się ekranowi kolorowego telewizora".

Kolory tych wizji były jaskrawsze, intensywniejsze i głębsze niż te, które postrzegamy w codziennym stanie świadomości i podczas snów: Przypominało to błękit nieba nad pustynią, ale na innej planecie. Barwy były tysiąckrotnie bardziej wyraziste. Zanikały różnice pomiędzy tłem a tym, co wybijało się na pierwszy plan, tak że pole widzenia badanych mogły wypełniać niekończące się obrazy. Niemożliwe było tym samym ustalenie, co znajduje się „z przodu", a co „z tyłu". Wiele osób używało wobec tego efektu takich określeń jak „czterowymiarowość" lub „ponadwymiarowość".

Zdarzały się także bardziej konkretne doznania wizualne. Należały do nich na przykład „fantastyczny ptak", „drzewo życia i wiedzy" czy „sala balowa z kryształowymi żyrandolami". Pojawiały się także „tunele", „schody", „kanały" oraz „wirujący złoty dysk". Inni badani widzieli „wewnętrzny sposób funkcjonowania" maszyn lub ciał, „wnętrze twardego dysku komputera", „podwójne helisy DNA" czy „pulsujący krąg wokół mojego serca".

Jeszcze większe wrażenie robił odczuwany przez uczestników badań lęk przed istotami ludzkimi lub „obcymi", które wydawały się świadome ich obecności i próbowały nawiązać z nimi kontakt. Uczestnicy spotykali w ten sposób „pająki", „modliszki", „jaszczurki" oraz „coś przypominającego kaktusa saguaro".

Doznania wizualne utrzymywały się do momentu, w którym ciała uczestników zaczynały metabolizować DMT. Po zdjęciu opasek lub otwarciu oczu pomieszczenie wydawało się im nieznośnie jasne. Znajdujące się w pokoju przedmioty falowały i promieniowały wewnętrznym światłem. Badani, czasem zahipnotyzowani wzorami pokrywającymi drewniane drzwi do toalety, opowiadali o przesadnie pogłębionej percepcji.

Kilku uczestników badań donosiło nam o dziwacznym załamaniu się normalnej płynności ich sposobu postrzegania: „Wasze ruchy nie należą do was, nie wydają się już gładkie i skoordynowane oraz wyglądacie jak roboty; poruszacie się spazmatycznie, bardziej mechanicznie, geometrycznie".

U mniej więcej połowy ochotników pojawiły się doznania słuchowe: dźwięki wydawały się im zniekształcone, zdarzało im się także słyszeć odgłosy, które nie docierały do innych osób znajdujących się w pomieszczeniu. Efekty te były najwyraźniejsze podczas szczytu działania DMT. Czasami polegały one tylko i wyłącznie na intensyfikacji normalnego sposobu słyszenia. U innych pojawiała się głuchota czynnościowa i nie słyszeli oni dźwięków wydawanych przez maszynę do pomiaru ciśnienia krwi ani jakichkolwiek innych odgłosów dochodzących z zewnątrz.

Dość rzadko zdarzało się badanym słyszeć konkretne głosy lub muzykę. Były to raczej pojedyncze dźwięki, opisywane w różny sposób, na przykład jako „pisk", „jęki i szumy", „paplanina" lub „chrzęsty i zgrzyty". Wiele osób zwracało uwagę na podobieństwo doznań słuchowych wywołanych przez DMT do tych, które pojawiają się po zażyciu podtlenku azotu – odgłosów przypominających „kaczkę" gitarową, wibracji, drgań słyszanych dźwięków. Od czasu do czasu badani słyszeli także wszelkiego rodzaju dziwaczne efekty dźwiękowe, które pojawiają się w kreskówkach.

Czasami nasi ochotnicy tracili zupełnie orientację i zapominali o tym, że znajdują się w szpitalu i biorą udział w badaniu naukowym. Niektórzy mieli jednak wystarczająco silną psychikę, aby zachować lotność umysłu nawet pod wpływem DMT: „Mój umysł zdecydowanie znajdował się gdzie indziej, ale nieprzerwanie czynił uwagi odnośnie do stanu, w którym się znajdowałem". Niemniej jednak zdarzały się także sesje, podczas których początkowa dezorientacja utrzymywała się aż do momentu, gdy efekty DMT zaczynały słabnąć.

Większość ludzi uważała przyjęcie wysokiej dawki DMT za ekscytujące, euforyczne i niesamowicie przyjemne doświadczenie. Czasami owa ekstaza wiązała się w bezpośredni sposób z wizjami. Mogła ona jednak pochodzić także z nowych wglądów uzyskanych podczas sesji: „Czuję się wspaniale, tak jakbym przeżywał objawienie". Bardzo często była to czysta rozkosz pozbawiona konkretnego ukierunkowania.

W przypadku innych osób odczuwany przez nie strach i niepokój były niemalże nie do zniesienia. Wypowiedzi w rodzaju: To było okropne. Nigdy w życiu się tak nie bałem; straszne, nieznośna tortura; „Myślałem, że to się nigdy nie skończy" odnoszą się do tego rodzaju odczuć.

Pomimo że wielu badanych doświadczało pod wpływem DMT potężnych emocji, zarówno pozytywnych, jak i negatywnych, niektórzy opisywali ich całkowity brak, nawet podczas sesji z wysoką dawką: „Próbowałem wzbudzić w sobie jakąkolwiek reakcję emocjonalną w związku z tym, co ujrzałem, ale nie byłem w stanie tego zrobić".

Kiedy już działanie DMT się stabilizowało, substancja ta wywierała zaskakująco mały wpływ na zdolność ochotników do zdroworozsądkowego myślenia. „Mój rozum funkcjonował zupełnie normalnie"; „W pełni zdawałem sobie sprawę z przebiegu całości doświadczenia; „Kiedy tylko efekty zaczęły nieznacznie słabnąć, pojawiła się we mnie dziennikarska wnikliwość"; „Stałem się obserwatorem".

Inne osoby czuły jednak, że ich sposób myślenia nie jest do końca normalny; niektórzy zastanawiali się nawet, czy DMT nie wywołało u nich psychozy: „Wszystko wyglądało w zasadzie tak jak powinno, ale nieco inaczej. Wydawało mi się, że zegar zaczyna pracować za każdym razem, gdy na niego spoglądam. Pomieszczenie nabrało złowrogich barw". Inna osoba powiedziała nam: „Wiecie, w jaki sposób schizofrenicy opowiadają o przypisywaniu rzeczom odmiennych sensów i znaczeń? Na przykład o tym, że niezwykle ważny zaczyna być dla nich zwyczajny liść? To było coś w tym rodzaju".

Wszystkie osoby opowiadały o utracie normalnego sposobu postrzegania czasu. Niemal każdy z uczestników był, na przykład, zaskoczony tym, jak długo zajmowało im ponowne odkrycie jego upływu podczas sesji. Często mieli oni wrażenie, że od rozpoczęcia eksperymentu minęło zaledwie kilka minut. Podczas szczytu działania DMT pojawiało się zwykle poczucie kontaktu z wiecznością: w ciągu kilku pierwszych minut po zrobieniu zastrzyku badani doświadczali bowiem niezwykłego zagęszczenia czasu.

Ochotnicy donosili, że w ich odczuciu wysoka dawka powodowała niemal zupełną utratę kontroli. Czuli się całkowicie bezradni, obezwładnieni, niezdolni do funkcjonowania w „prawdziwym" świecie lub komunikowania się z nim: „Czuję się jak niemowlę, bezradny, niezdolny do zrobienia czegokolwiek". Bardzo często cieszyli się wówczas, że znajdują się w szpitalu! Poza ową utratą kontroli niektórzy badani mieli poczucie, że nieznana im „inteligencja" lub „siła" kieruje ich umysłami i wywiera na nie wpływ. Było to szczególnie częste podczas nawiązywania kontaktu z różnego rodzaju „istotami".

Niemal wszyscy uczestnicy badania uważali, że ich pierwsza wysoka dawka DMT wynosiła ich „wyżej niż kiedykolwiek". Owej sesji kontrolnej towarzyszyło jednak zazwyczaj znacznie więcej lęku niż kolejnym. Kiedy ochotnicy byli już przygotowani na utratę kontroli, łatwiej było im poddać się czekającemu ich doświadczeniu. Zaczynali także rozumieć, że przyjęcie samej substancji nie stanowi dla nich żadnego zagrożenia i że zakończą sesję bez najmniejszego uszczerbku na zdrowiu psychicznym i fizycznym. Z upływem czasu nabierali oni również do nas większego zaufania i wiedzieli, że mogą liczyć na nasze wsparcie, kiedy przytłoczy ich działanie DMT.

Pomimo że najbardziej zadziwiające efekty były wywoływane przez wysokie dawki, także w przypadku niższych pojawiały się różnego rodzaju reakcje, które nasi ochotnicy uważali za przyjemne i interesujące.

Dawka stosowana podczas badań nad tolerancją, 0,3 mg/kg, była w pełni psychodeliczna i wielu osobom odpowiadała najbardziej – przede wszystkim dlatego, że powodowała ona głębokie wniknięcie w odmienny stan świadomości, nie wywołując przy tym tak silnego strachu.

Niższa dawka, 0,2 mg/kg, stanowiła zazwyczaj próg niezawodnego pojawienia się efektów psychodelicznych. Niemal wszyscy badani doświadczali po jej przyjęciu intensywnych wrażeń wzrokowych, rzadko kiedy pojawiały się jednak doznania słuchowe. Niektórzy szczególnie wrażliwi ochotnicy woleli tę dawkę od 0,3 czy 0,4 mg/kg.

Dawka 0,1 mg/kg cieszyła się najmniejszym uznaniem. Badani odczuwali po jej przyjęciu wibracje i podniesienie się poziomu energii psychicznej, ale nigdy nie wywołała ona pełnego doświadczenia psychodelicznego. Jej podanie prowadziło zazwyczaj do pojawienia się nieprzyjemnego napięcia fizycznego i psychicznego. Jedna z osób powiedziała nam: „Mam wrażenie, że moje ciało ma smak pieprzu. Ta dawka wywołuje wszystkie negatywne doznania cielesne bez jakichkolwiek pozytywnych doświadczeń psychicznych".

Najniższa dawka DMT, 0,05 mg/kg, była dość przyjemna i niemal wszyscy uczestnicy relacjonowali, że po jej podaniu mieli ochotę się uśmiechać lub śmiać. Jeden z badanych, który w przeszłości próbował heroiny, powiedział, że dawka ta przypominała mu trochę działanie narkotyku: „Miałem wrażenie, że otula mnie ciepła wata".

W przypadku kilku osób owa niewielka ilość DMT wywołała stosunkowo silne doświadczenia. Stanowiło to dla nas ostrzeżenie, że czekająca ich następnego dnia wysoka dawka może mieć szczególnie potężne działanie.

Czytelnicy zaznajomieni z działaniem psychodelików stwierdzą zapewne, że wywoływane przez DMT efekty są mniej lub bardziej charakterystyczne dla tej grupy substancji. Pomimo że pod wieloma względami DMT przypomina LSD, meskalinę czy psylocybinę, ma ono w sobie coś niedoścignionego. Może to być spowodowane jego natychmiastowym działaniem lub unikatową budową chemiczną – nie wiem.

Być może przyczyną tego jest fakt, że mózg jest zaznajomiony z tym endogennym psychodelikiem i aktywnie go wychwytuje. Bez względu na przyczyny nasi ochotnicy powracali z podróży, które zarówno oni, jak i ja uważaliśmy za niemożliwe. Naszą uwagę skierujemy teraz właśnie na tego rodzaju opowieści.

CZĘŚĆ IV

SESJE

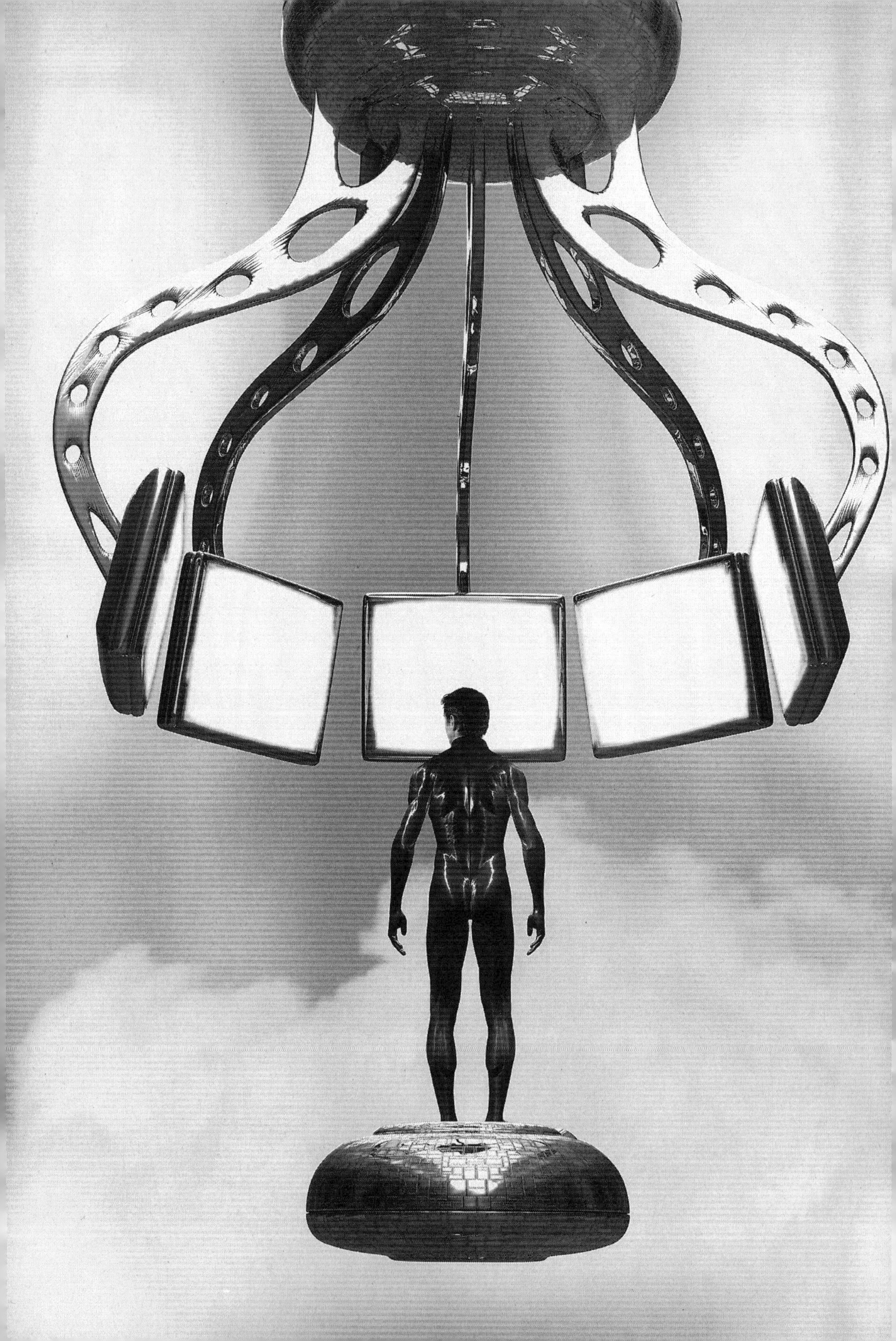

10.

WPROWADZENIE
DO OPISU PRZYPADKÓW

Podczas każdej sesji z DMT sporządzałem szczegółowe notatki dotyczące wszystkiego, co wydarzyło się danego dnia: co powiedział lub zrobił ochotnik; jak wyglądał i jakie wzbudzał we mnie odczucia; jaki był stan pomieszczenia, w którym odbywało się badanie; jaka była pogoda i co wydarzyło się w światowej polityce; zachowanie i sygnały emocjonalne wysyłane przez inne osoby znajdujące się z nami w pomieszczeniu, czyli pielęgniarkę, rodzinę lub przyjaciół ochotnika i osób odwiedzających, a także moje myśli i odczucia.

Po powrocie do biura dyktowałem sporządzone przeze mnie notatki sekretarce, a ona zapisywała je w pliku tekstowym na swoim komputerze. Po wydrukowaniu zapiski te zajmowały ponad tysiąc stron z pojedynczym odstępem między wierszami.

Po zakończeniu każdej sesji z DMT wysyłałem uczestniczącej w niej osobie kopię moich notatek do przejrzenia. Prosiłem ją o zredagowanie ich pod kątem czytelności, trafności i kompletności oraz o dopisanie wszystkiego, co tylko przychodziło jej do głowy od momentu zakończenia badań. Niektórzy ochotnicy uzupełnili moje zapiski wycinkami z gazet, listami, dziełami sztuki i poezją, które wiązały się w jakiś sposób z ich spotkaniem z molekułą duszy.

Pomimo że podczas większości sesji podawaliśmy psychodeliczne ilości DMT, wielokrotnie w strzykawce znajdowała się niska dawka lub placebo. W te dni panowała znacznie luźniejsza atmosfera, co dodatkowo dawało nam szansę na omówienie i przepracowanie wcześniejszych doświadczeń z wysoką dawką. Znacznie lepszym pomysłem było robienie tego, gdy ochotnicy znajdowali się w mniej zmienionym lub zupełnie normalnym stanie świadomości. Fale szoku wywołane doznaniami związanymi z przyjęciem dużej ilości DMT rozciągały się znacząco poza pojedynczą sesję, rozbrzmiewając echem we wszystkich aspektach życia danej osoby przez dni, miesiące, a nawet lata.

DMT wywiera bardzo silny wpływ na naszą świadomość, ale nie zmienia jej całkowicie. Gdyby udało nam się zamknąć wywoływane przez nią doświadczenia w ograniczonej liczbie kategorii, moglibyśmy skoncentrować się na hipotezach, które posłużyłyby do opisania doznań pojawiających się w następstwie przyjęcia tej substancji. Stworzenie spójnych i uzasadnionych kategorii może pomóc nam także w zrozumieniu szerokiego wachlarza różnych opowieści, które za chwilę przytoczę.

Innym powodem kategoryzowania tych doświadczeń jest próba poparcia hipotezy, w myśl której podawane z zewnątrz DMT wywołuje odmienne stany świadomości podobne do doznań osób przeżywających spontaniczne doświadczenia psychodeliczne. Mam tu na myśli stany z pogranicza śmierci oraz uniesienia mistyczne, a także zjawiska nazywane uprowadzeniami przez obcych. Gdyby okazało się, że zakres doświadczeń wywołanych przez zewnętrzną substancję oraz pojawiających się naturalnie w znaczącym stopniu się pokrywają, stanowiłoby to argument na korzyść roli endogennego DMT w wywoływaniu owych spontanicznych doświadczeń psychodelicznych. Otworzyłoby to przed nami szeroki wachlarz możliwości, jeśli chodzi o dalsze badania, dając jednocześnie szansę na pełniejsze zrozumienie i skuteczniejsze wykorzystanie tych odkryć.

Niemal wszystkie doświadczenia zawarte w doniesieniach naszych ochotników dają się zamknąć w trzech głównych grupach. Pomimo że podczas samych sesji pojawiały się przynajmniej dwie kategorie doświadczeń, jedna z nich zazwyczaj jednoznacznie wyróżniała się na tle pozostałych*.

Te trzy kategorie nazwałem doświadczeniami *personalnymi*, *niewidzialnymi* oraz *transpersonalnymi*.

Personalne doświadczenia wywołane przez DMT są ograniczone do procesów psychicznych i cielesnych konkretnego badanego. DMT pomagało niektórym osobom otworzyć aleje wiodące do lepszego zrozumienia swojej psychiki lub relacji łączącej je z ich ciałem. Rozdział 11. pt. „Odczucia i myślenie" prezentuje kilka przykładów tego rodzaju reakcji. Kiedy badani zbliżali się do najdalszych granic tej kategorii, zaczynały pojawiać się doświadczenia z pogranicza śmierci oraz duchowe. To, co personalne, stawało się wówczas *transpersonalne*.

---

* Musimy odróżnić tę klasyfikację od danych zebranych za pomocą Kwestionariusza Działania Halucynogenów. Pomimo że proces opracowywania i sposób użycia KDH bardziej szczegółowo opiszę w dalszej części książki, warto już teraz wspomnieć o tym, czego kwestionariusz ten dotyczył i czym różni się on od sposobów kategoryzowania doświadczeń, którą za chwilę zaprezentuję.

Przedmiotem badania KDH był umysł, a nie konkretny ochotnik. Kwestionariusz ten zawierał skale numeryczne służące do oceny różnych aspektów działania DMT w oparciu o teoretyczne rozumienie sposobu funkcjonowania ludzkiego umysłu. W tym ujęciu kilka zmiennych, takich jak percepcja, emocje, świadomość ciała, myślenie oraz skłonności, mieszało się ze sobą i składało się na to, co określamy zazwyczaj mianem aktualnego stanu psychicznego.

Kategorie efektów, które proponuję w tym rozdziale, odnoszą się z kolei do doświadczeń danej osoby, a nie tylko jej umysłu. Oczywiście, efekty te kształtują całe doświadczenie, ale nie nadają mu żadnego konkretnego znaczenia. Może się ono pojawić tylko i wyłącznie w kontekście wyjątkowości jednostkowego ciała, duszy i umysłu.

Cechą charakterystyczną przeżyć należących do kategorii *doświadczeń niewidzialnych* jest zetknięcie się z namacalnymi i niezależnie istniejącymi rzeczywistościami współistniejącymi wewnątrz tej, która jest nam dostępna na co dzień. Jeśli owe plany istnienia były zamieszkane, nawiązywanie kontaktu ze znajdującymi się tam „istotami" sprawiało, że sesje te były najbardziej niepokojące i najtrudniejsze do opanowania. Przytaczam niektóre z tych dziwacznych opowieści w rozdziałach 13. i 14.

Największym zainteresowaniem i uznaniem cieszyły się jednakże te sesje, podczas których pojawiały się doświadczenia *transpersonalne*. Zaliczam do nich także doświadczenia z pogranicza śmierci oraz duchowo-mistyczne. Opisuję je w rozdziale 15. pt. „Śmierć i umieranie" oraz 16. pt. „Stany mistyczne".

Ostatni rozdział dotyczący opisów przypadków jest zatytułowany „Ból i strach" i koncentruje się na negatywnych, przerażających i potencjalnie szkodliwych efektach zażycia DMT, które należą do wszystkich trzech kategorii doświadczeń: personalnych, niewidzialnych oraz transpersonalnych.

Niniejsze wprowadzenie jest także dobrą okazją, aby wspomnieć o tym, w jaki sposób reagowaliśmy na to, co mówili i robili badani podczas swoich sesji z DMT. W rozdziale 7. zdążyłem już nadmienić, że po podaniu DMT siedzieliśmy z pomagającą mi w badaniach pielęgniarką po obu stronach łóżka w zupełnym milczeniu. Pozwalaliśmy ochotnikom na kompletne zanurzenie się w swoim doświadczeniu, ograniczając przekazywane im instrukcje do absolutnego minimum. Nie byliśmy jednakże w stanie zachować pełnej neutralności i bierności w sytuacji, w której badany informował nas o dezorientujących lub pełnych niepokoju doznaniach. Wszystkim ochotnikom służyliśmy wsparciem i pomocą, jeśli tylko były im one potrzebne.

Istnieje spora różnica pomiędzy wspieraniem danej osoby a wmawianiem jej, przez jakiego rodzaju doświadczenia przed chwilą przeszła. Po przyjęciu wysokiej dawki DMT ochotnicy stawali się niezwykle podatni na sugestie, otwarci i bezradni, dlatego też komunikowanie się z innymi osobami znajdującymi się w pomieszczeniu wymagało od nas ogromnego wyczucia. Refleksje, wsparcie, wiedza, porady i możliwe interpretacje nie są tym samym co krytyka, próby przekonywania i pranie czyjegoś mózgu.

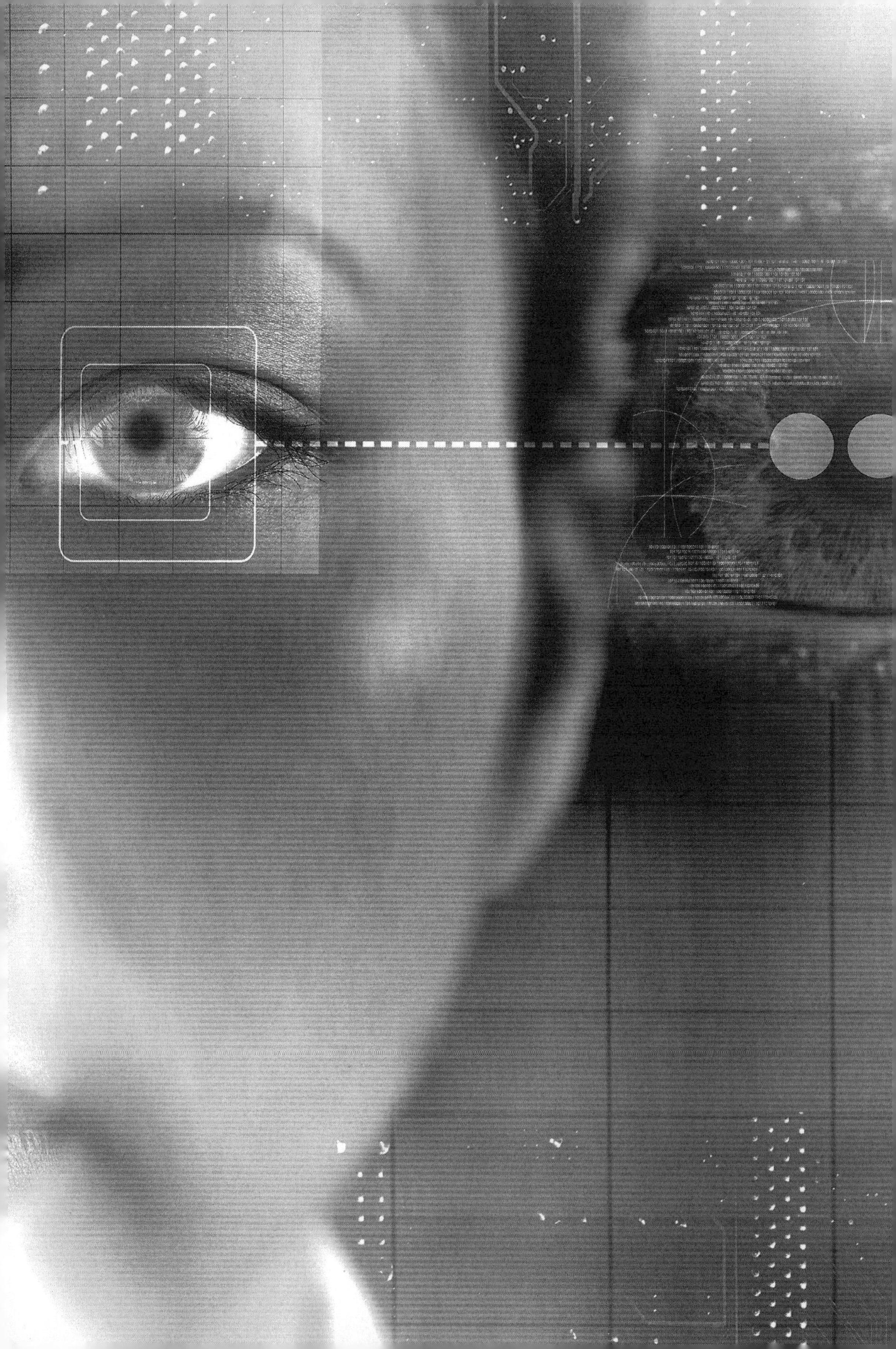

11.

Odczucia i myślenie

Doświadczenia personalne wywołane podaniem DMT w większości ograniczały się do jednostkowego ciała i umysłu – wymiaru odczuć i myślenia. Zjawiska z tego poziomu nie różnią się znacząco od tego wszystkiego, czego wysłuchuje w swoim gabinecie zwyczajny psychoterapeuta, czyli spraw związanych z płynącymi z ciała odczuciami oraz pochodzącymi z umysłu myślami.

Większość naszych ochotników mniej lub bardziej świadomie liczyła na to, że DMT wywoła u nich duchowy przełom – dostarczy im ostatecznej odpowiedzi na pytanie dotyczące przyczyny ich narodzin lub doprowadzi ich do zjednoczenia z Boskością, wewnątrz której ustają wszelkie konflikty, ich miejsce zaś zajmuje niezmącona pewność. DMT, jako prawdziwa molekuła duszy, dostarczało im jednakże podróży, której potrzebowali, a nie tej, na którą liczyli.

Niektórzy badani rozwiązywali podczas swoich sesji dręczące ich problemy osobiste. Po ich zakończeniu mieli wrażenie, że udało im się przepracować coś ważnego, a ich samopoczucie uległo znaczącej poprawie. Wydawało się, że działają tu podstawowe mechanizmy psychoterapii: myślenie, przywoływanie w pamięci, przeżywanie, łączenie emocji z poglądami. W przypadku większości z nas konfrontacja z bolesnymi odczuciami jest trudnym wyzwaniem, w czym pomocne może okazać się DMT. Sesja Stana pomogła mu, na przykład, nawiązać kontakt z najbardziej nieokiełznanymi emocjami, które pozostawały dla niego niedostępne w codziennym stanie świadomości.

Podstawowym narzędziem wspomagającym osobisty rozwój i umożliwiającym lepsze zrozumienie własnej psychiki są marzenia senne. Przesiąknięte symbolami wizje, które pojawiają się po przyjęciu DMT, są do nich pod wieloma względami podobne. Sesje Marshy z wysokimi dawkami stanowią piękny przykład, w jaki sposób molekuła duszy może skierować naszą uwagę na to, co w danym momencie jest dla nas najważniejsze.

W przypadku wielu z nas traumatyczne doświadczenia ustanawiają warunki sprzyjające bezustannemu odtwarzaniu sytuacji, podczas których musimy stawiać czoło wciąż tym samym emocjom. Przyjęcie wysokiej dawki DMT w znaczącym stopniu przypomina doznanie urazu fizycznego i psychicznego. Na przykładzie Cassandry zobaczymy, w jaki sposób możliwe jest konstruktywne wykorzystanie tego aspektu działania molekuły duszy.

Zakładałem, że wielu ochotników będzie podczas naszych badań przepracowywać swoje konflikty emocjonalne i psychologiczne. Tego rodzaju sesje mogłyby otworzyć drogę prowadzącą do psychoterapii wspomaganej podawaniem psychodelików. Zwracalibyśmy baczną uwagę, w jaki sposób DMT wywiera wpływ na ochotników i czy jest on korzystny, a następnie próbowalibyśmy zastosować te spostrzeżenia w dalszej pracy psychoterapeutycznej.

Wiele osób z pierwszego pokolenia badaczy psychodelików uczyniło takie podejście terapeutyczne filarem swojej pracy z klientami. Naszym zamiarem było odświeżenie szlaków przetartych przez nich w przeszłości i osadzenie wyznawanej przez nich orientacji w bardziej współczesnym kontekście.

Byłem przygotowany na prowadzenie tego rodzaju sesji. Wierzyłem, że poprzez użycie psychodelików ochotnicy są w stanie osiągnąć wartościowe wglądy w osobiste konflikty, problemy oraz symptomy psychosomatyczne. Poza tym wieloletnie poddawanie się, praktykowanie i nauczanie psychoterapii opartej na podejściu psychoanalitycznym przygotowało mnie do pracy z bolesnymi emocjami, których można się było spodziewać w trakcie sesji z DMT.

Stan podjął się uczestnictwa w naszych badaniach w wieku czterdziestu dwóch lat. Jego żona, z którą byli małżeństwem od czternastu lat, zajmowała się prowadzeniem terapii oddechowej i pracowała z wieloma pacjentami przebywającymi w Centrum Badawczym. Zadzwoniła do mnie, ponieważ uznała, że jej mąż mógłby być zainteresowany uczestnictwem w planowanym przeze mnie projekcie.

Stan był jednym z najbardziej doświadczonych użytkowników substancji psychodelicznych, którzy wzięli udział w naszych badaniach – przyjmował on LSD „ponad czterysta razy". „Nie nazywają tego »kwasem« bez przyczyny", śmiał się podczas naszego pierwszego spotkania. Co kilka miesięcy wraz z grupką najbliższych przyjaciół, którzy podzielali jego przeświadczenie dotyczące zbawiennego wpływu psychodelików, zażywał LSD lub grzybki.

Stan był zadbanym, zwracającym uwagę na swój wygląd mężczyzną o przeciętnym wzroście i budowie ciała. Miał żonę, córkę i zajmował odpowiedzialne stanowisko w samorządzie lokalnym. Dość niechętnie dzielił się swoimi wewnętrznymi doświadczeniami i deklarował, że jego zainteresowanie badaniami nad DMT wynika z pragnienia „pogłębienia dostępnej na ten temat wiedzy oraz eksploracji własnej psychiki".

Kontrolna sesja Stana z dawką 0,05 mg/kg przebiegła bardzo spokojnie. Podobnie jak w przypadku wielu innych osób, już na samym początku miał on ochotę się uśmiechać.

Następnego dnia podaliśmy Stanowi wysoką dawkę. Kiedy wszedłem do jego pokoju z całym zestawem igieł, strzykawek i wacików do dezynfekcji, zastałem go siedzącego ze skrzyżowanymi nogami na poduszce medytacyjnej. Oparcie łóżka było podniesione na tyle, na ile było to możliwe. Stan był jedną z tych osób, które lepiej czuły się w pozycji siedzącej niż leżącej.

Nie powiedział nam zbyt dużo o doświadczeniach, które wyniósł z tej sesji. Pozostawał jednak pod wrażeniem siły, z jaką rozpoczynało się działanie DMT. Uznał nawet, że być może bardziej odpowiadałaby mu dawka nieco wyższa niż 0,4 mg/kg, które otrzymał tamtego poranka.

Nie miał także pewności, czy DMT wywarło na niego jakikolwiek pozytywny wpływ.

Nie jest ono równie pożyteczne co LSD czy psylocybina. Działa zbyt szybko i nie da się tak naprawdę z nim pracować. Nie ma się nad tym żadnej kontroli. Trudno to nazwać doświadczeniem duchowym. Nie było to także pobudzające na poziomie emocjonalnym.

Kiedy zapytaliśmy Stana, co zobaczył przed oczyma, usłyszeliśmy od niego tylko: „dużo kalejdoskopowych błękitów i fioletów".

Stan przeszedł pomyślnie przez badania dawka-reakcja, ale nie zrobiły one na nim zbyt dużego wrażenia. Udział w projekcie był dla niego jednak dość przyjemnym doświadczeniem, dlatego też poprosił, żeby powiadomić go o terminie następnych badań.

Po upływie około roku Stan wpisał się na listę uczestników naszego projektu poświęconego tolerancji. Wiele się w jego życiu przez ten czas pozmieniało. Jego żona doświadczyła nawrotu poważnej choroby psychicznej i przygotowywała papiery rozwodowe. Trwały przygotowania do trudnej walki o prawo do opieki nad córką, z którą Stan w dalszym ciągu mieszkał.

Zastanawiałem się nad tym, czy w zaistniałej sytuacji sesja z DMT przyniesie mu pewnego rodzaju emocjonalną przejrzystość. Pomimo że cele naszych badań pozostawały niezmienione, Stan przechodził w tamtym czasie niezwykle trudne chwile i jeśli udział w naszym projekcie mógł mu w jakiś sposób pomóc, tym lepiej.

Jak się okazało, już podczas pierwszej „podwójnie ślepej" sesji trafił on na substancję czynną – cztery razy z rzędu podałem mu tym samym wysoką dawkę DMT. Pierwsze dwa zastrzyki pomogły mu pozbyć się uciążliwego napięcia.

Mmm. Kolory były takie jak zazwyczaj. Myślę, że pomimo pewnego niepokoju przyjmę kolejne dawki.

Odwołując się żartobliwie do jego „psychodelicznej brawurowości", ale także zachęcając go do zrobienia następnego kroku, powiedziałem mu:

– Zakładałem, że tak czy inaczej byś z nich nie zrezygnował.

Położył się w ciszy z opaską na oczach.

Podoba mi się ta opaska.

Okazało się, że jest całkiem przydatna...

– Powiedz mi coś o swoich myślach i odczuciach.

Czuję lekki niepokój. Nigdy wcześniej go nie było.

Zasugerowałem mu:

– Dużo się w twoim życiu ostatnio działo. Zastanawiam się, czy ten niepokój nie wiąże się z niepewnością i utratą kontroli, których niedawno doświadczyłeś. DMT sprzyja poczuciu bezradności, co może być dla ciebie szczególnie nieprzyjemne.

Po pięciu minutach od zrobienia trzeciego zastrzyku Stan powiedział:

Czuję lekkie nudności.

Zauważyłem, że w przypadku odmiennych stanów świadomości problemy żołądkowe bardzo często są sposobem ciała na odwrócenie naszej uwagi od niepokoju i przykrości. Podczas medytacji, seansu hipnotycznego lub po zażyciu substancji psychodelicznych (nawet marihuany) z jakiegoś powodu łatwiej jest odczuwać mdłości niż smutek.

Nie martwcie się, nie będę wymiotować. Może to wynikać z moich obaw i problemów z zatokami. Część tych obaw dotyczy szkolnych spraw mojej córki. Jest w piątej klasie i dziś muszę zdecydować o tym, co stanie się z nią w przyszłym roku. Rozwód jest dla niej trudnym doświadczeniem, głównie ze względu na problemy, które dotknęły jej mamę. Dla mnie także jest to trudne, ale dla niej pewnie jeszcze trudniejsze.

– Jestem pewien, że jest to trudne również dla twojej żony. To jest straszna sytuacja.

Tak. W pewnym sensie żałuję, że ta dawka nie jest wyższa. Mógłbym się przez to przebić.

– Przepracować to?

Tak, przepracować to.*

– Jakie masz odczucia odnośnie dwóch kolejnych dawek?

Uśmiechnął się.

Czuję sprzeczne ze sobą emocje: z jednej strony się boję, ale z drugiej nie mogę się już doczekać przyjemności.

---

* Pomysł ten jest rozpowszechniony wśród osób, które używają psychodelików jako narzędzia umożliwiającego rozwój osobisty. Takie podejście opiera się na przeświadczeniu o oczyszczającym i wyzwalającym działaniu katharsis. Potężne i wstrząsające doświadczenia emocjonalne bywają znacznie skuteczniejsze niż długotrwałe omawianie danego problemu. W praktyce klinicznej niezbędne są jednak obie te metody radzenia sobie z zablokowanymi emocjami. Katharsis w oderwaniu od jakichkolwiek wglądów niekoniecznie przyniesie długoterminowe korzyści, podobnie jak pozbawione aspektu emocjonalnego wglądy także nie sprzyjają postępom w pracy rozwojowej.

Pozycja leżąca mogła mu pomóc w odzyskaniu poczucia bezpieczeństwa i kontroli, a także skłonić go do wyrzucenia z siebie wszystkich emocjonalnych toksyn. Zapytałem go:

– Czy chcesz się położyć?

Nie jestem przekonany, czy cokolwiek to zmieni, ale w porządku, spróbujmy. Czy macie jakąś miskę, na wypadek gdybym jednak zaczął wymiotować?

– Tak, mamy tu kosz na śmieci. Może nie jest piękny, ale ma na tyle duży otwór, że być może uda się niczego nie pobrudzić.

Po przyjęciu trzeciej dawki Stan prawą ręką złapał dłoń Laury, lewą zaś – moją.

Nie jestem pewien czwartej dawki. Nie wiem, czy dam sobie z nią radę.

Minęły dopiero 3 minuty. Zobaczymy, jak będziesz się czuł za chwilę.

Po pięciu minutach powiedział żartobliwym tonem:

Dobra, wezmę ją dla ciebie, Rick.

– Trzecia zawsze wydaje się najmocniejsza.

Tylko tak mówisz.

– Niezupełnie. Ludzie często wyglądają słabo po trzeciej dawce, ale po czwartej im się poprawia.

Chyba mam sporo nieprzepracowanych uczuć.

– Bardzo możliwe.

Łatwo ci mówić.

– Wiem. Przepraszam, jeśli zabrzmiało to protekcjonalnie. Jak ci się wydaje, dlaczego te uczucia wciąż są nieprzepracowane?

Te emocje są bardzo silne. Czuję, jak się we mnie kłębią. Unikam ich ze względu na rozwód... Są bardzo nieprzyjemne, choć to chyba zbyt łagodne określenie. Napięcie psychiczne podnosiło się podczas każdej sesji, ale teraz czuję znacznie większy spokój. To nieprzepracowane uczucie odeszło. Może coś się stało. Może za 15 minut nie będę już o tym mówił.

Po 10 minutach od czwartego i ostatniego zastrzyku Stan zrobił wydech przez zaciśnięte usta i powiedział:

Podróż jest teraz znacznie przyjemniejsza. To tak jakby podczas surfowania trzy kolejne fale cię przewracały, ale czwarta była idealna. Chcę to zrobić jeszcze raz!

Wszyscy roześmialiśmy się z ulgą, widząc, że Stan czuje się już lepiej. W przypadku mężczyzny, który zachowywał tak dużo dla siebie, dotychczasowe duszenie w sobie niepokoju musiało wywołać niezwykle potężne napięcie emocjonalne.

Przez następnych kilka minut Stan leżał zrelaksowany w zupełnej ciszy, delektując się nowo odkrytym spokojem wewnętrznym.

Po czwartej dawce wydawał się w doskonałym nastroju. Zjadł lunch i niemal od razu wyszedł.

Kilka dni później rozmawialiśmy przez telefon.

Stan powiedział mi:

– Czuję się dobrze. Wczoraj i dzisiaj wypełniała mnie łagodna euforia, prawdopodobnie spowodowana moimi doświadczeniami. Nie byłem pewien, czy chcę przejść przez wszystkie cztery dawki. Coś we mnie w końcu ustąpiło. Być może po prostu sobie odpuściłem i dzięki temu mogło nastąpić kilka zmian. Pierwsza dawka wywołała mieszane uczucia. Druga i trzecia były obezwładniające i wzbudziły we mnie tylko i wyłącznie nieprzepracowany niepokój. Dopiero czwarta dawka była w porządku.

– Czy te sesje były dla ciebie przyjemne? – zapytałem.

– Niespecjalnie. To było jak odkurzanie mojego układu nerwowego. W pewnym sensie mnie oczyściło. To doświadczenie było niezwykle dynamiczne. Jego efekty narastają. Coś się stało, coś się zmieniło pomiędzy trzecią a czwartą dawką. Po trzeciej po prostu się poddałem.

Stan nie dopuszczał do siebie swoich uczuć. Podobnie jak wielu innych ochotników, lubił psychodeliki ze względu na intensywność wywoływanych przez nie emocji. Po zażyciu dużych dawek LSD mógł *coś* odczuć – być może nie było to zbyt przyjemne, ale i tak było lepsze niż nic. Kiedy mamy poczucie, że utknęliśmy ze swoim życiem w miejscu, jest to zazwyczaj spowodowane tym, że nie potrafimy nawiązać kontaktu z emocjami dotyczącymi naszej obecnej sytuacji. W przypadku Stana ów „odkurzacz" stopniowo pochłaniał narosłe w nim blokady psychiczne. Równie ważne było jednak to, że zupełnie świadomie zastanawiał się nad zmianami zachodzącymi w jego życiu. Dręczyły go niepewność i strach. Pomimo że „wiedział", co się dzieje, nie był w stanie porozumieć się z szalejącymi w nim emocjami. „Nieukierunkowany" niepokój był ściśle powiązany z zamętem panującym w jego życiu. Kiedy udało mu się to pojąć, mógł zacząć to przepracowywać. Emocjonalna siła DMT nakreśliła zatem przed nim pewne możliwości.

Żart Stana, że przyjmie ostatnią dawkę DMT przez wzgląd na mnie, a nie dla siebie, ukazuje ciekawy konflikt: interesowało nas zebranie danych, ale staraliśmy się równocześnie troszczyć o potrzeby naszych ochotników. Gdyby doświadczenia Stana były jednoznacznie bolesne i destrukcyjne, z pewnością przerwalibyśmy eksperyment. Wydawał się on jednak skłonny kontynuować, nam natomiast nie zdarzyło się poważnie myśleć o zawieszeniu projektu już na samym początku. Niemniej jednak jego uwaga brzmiała zupełnie szczerze.

Wizje, które przewijały się przed oczami naszych badanych po podaniu im DMT, czasami przypominały im marzenia senne. Sny natomiast, jak powiedział kiedyś Freud, są „królewską drogą do nieświadomości". Obserwowanie ich, myślenie i rozmawianie na ich temat mogą nam pomóc w zrozumieniu ukrytych emocji, o których istnieniu możemy wnioskować jedynie na podstawie niepokojących objawów, które gnębią nas, kiedy przebywamy w codziennym stanie świadomości.

Wyobraźmy sobie, że u kogoś niespodziewanie pojawia się paraliż prawej ręki, którego fizycznej przyczyny nie ujawniły nawet liczne badania lekarskie. Osoba ta udaje się zatem do psychiatry, który na wstępie pyta ją, czy pamięta ona swoje sny. Okazuje się, że nasz wymyślony pacjent śnił ostatniej nocy o tym, że bije swojego szefa. Psychiatra może wówczas zasugerować, że paraliż ręki wyraża głęboki gniew odczuwany wobec swojego przełożonego, o którego istnieniu osoba ta nie miała pojęcia. Być może boi się dopuścić do siebie te emocje, ponieważ nie wie, co by się stało, gdyby pozwoliła im wypłynąć na powierzchnię. W umyśle pacjenta zapala się wtedy lampka, a jego ręka znów zaczyna funkcjonować normalnie!

Pomimo że powyższy przykład brzmi tak, jakby został zaczerpnięty z emitowanej w niedzielny poranek kreskówki, dość dobrze ukazuje on istotę mechanizmu, za sprawą którego praca ze snami może być pożyteczna. Objawy niekoniecznie muszą być tak oczywiste jak paraliż ręki; bardzo często jest to niepokój, przygnębienie lub problemy w relacjach z innymi ludźmi.

Naszym założeniem było zachowanie możliwie największej neutralności podczas nadzorowania sesji z użyciem DMT. Ignorowanie konfliktów psychicznych wyłaniających się z doświadczeń ochotnika oznaczałoby jednakże jego zaniedbywanie. Czasami musiałem podejmować szybką decyzję odnośnie do tego, czy rozwijać wątek rozpoczynany przez badanego, czy od razu go zakończyć i zobaczyć, czy gdzieś w dalszej części sesji nie pojawi się rozwiązanie odczuwanej przez niego dezorientacji lub niepewności. Musiałem także brać pod uwagę ryzyko, że wszelkiego rodzaju komentarze lub interpretacje mogą wywrzeć destabilizujący wpływ na życie tej osoby. Marsha, na przykład, zmagała się z kwestią swojego małżeństwa.

W momencie przystąpienia do naszych badań Marsha była czterdziestopięcioletnią Afroamerykanką. Jej dwa wcześniejsze małżeństwa zakończyły się rozwodem, a od sześciu lat pozostawała w związku z białym mężczyzną. Marsha była osobą niezwykle szczerą, a na dodatek miała wspaniałe poczucie humoru. Przez ostatnie półrocze cieszyła się szczególnie dobrym nastrojem. Czuła ogromną ulgę po tym, jak postanowiła zrezygnować ze studiów uzupełniających, ponieważ uznała, że są one odczłowieczające i nie oferują jej żadnego wparcia, jeśli chodzi o jej rasowe i etniczne pochodzenie. Wciąż borykała się jednak z problemami małżeńskimi, które dotyczyły przede wszystkim tego, że jej partner był „bardziej zdołowany niż ja". Brała pod uwagę zakończenie tego związku.

Marsha przyjmowała substancje psychodeliczne mniej więcej trzydzieści razy w swoim życiu i uważała, że w znaczącym stopniu „otwierają one umysł". Zgłosiła się do naszych badań, „by pomóc moim przyjaciołom", „ponieważ jest to dla mnie wyzwanie" oraz dlatego że „mój mąż nie mógł w nich uczestniczyć – w ten sposób mógł pośrednio dzielić ze mną te doświadczenia". Jej partner nie został wpisany na listę uczestników, ponieważ miał zbyt wysokie ciśnienie krwi.

Marsha bez żadnych problemów przeszła sesję kontrolną z niską dawką DMT. Wysoka dawka, którą otrzymała następnego dnia, sprawiła, że zupełnie wyszła ona ze swojego ciała. Kiedy ujrzała siebie w pięknej, przypominającej kopułę konstrukcji podobnej do Taj Mahal, poczuła przytłaczający strach.

Myślałam, że umarłam i nigdy już nie uda mi się wrócić. Nie wiem, co się stało. Nagle rozległo się głośne „ŁUP!". Wróciłam. To była najpiękniejsza rzecz, jakiej kiedykolwiek doświadczyłam.

Marsha bardzo szczegółowo opisała to, co ujrzała, oraz w jaki sposób owa sesja ją odmieniła. To był niesamowicie przyjemny poranek. Wysłuchaliśmy jej sprawozdania i nie mieliśmy zbyt wiele do dodania. Eksperyment bardzo się jej podobał. Nie towarzyszyły mu żadne napięcia, dlatego też wszyscy cieszyliśmy się jej szczęściem.

Marsha wzięła także udział w naszych badaniach nad cyproheptadyną. Kiedy przyszła pora na jej czwartą, podwójnie ślepą sesję, byliśmy niemal pewni (biorąc pod uwagę jej doświadczenia podczas wcześniejszych sesji), że ową ostatnią dawką będzie 0,4 mg/kg.

Na samym początku powiedziała:

– Mam nadzieję, że spotkam dziś przodków i że pomogą mi oni uporać się z obecnymi problemami życiowymi.

Mówiła o swoim małżeństwie; jej mąż przechodził terapię, podczas której psychoterapeuta powiedział mu, że powinien być wobec niej bardziej szczery. W rezultacie usłyszała od niego, że staje się coraz „grubsza" i że budzi to w nim seksualną niechęć. Zastanawiała się, czy ja także uważam ją za otyłą.

– Być może jest to kwestia czegoś więcej niż tylko tego, ile ważysz – odpowiedziałem wymijająco.

Skinęła głową, dając nam znak, że możemy przygotować się do zrobienia zastrzyku.

Kilka minut przed podaniem DMT do pomieszczenia wszedł mąż Marshy, aby towarzyszyć nam podczas sesji. Atmosfera stała się nieco smutna, ale jednocześnie pełna nadziei.

Po 15 minutach od zastrzyku Marsha zaczęła mówić.

Nigdy nie przyszłoby mi do głowy, że będzie tak to wyglądało. Nie było żadnego etapu przejściowego. Nie ujrzałam gwiazd i punkcików światła, tak jak ostatnim razem. Wiecie, co się stało? Znalazłam się na karuzeli! Wszędzie widziałam lalki obu płci poubierane w stroje z końca dziewiętnastego wieku. Były naturalnej wielkości. Kobiety nosiły gorsety, miały duże piersi i pośladki, ale w talii były bardzo wąskie. Wirowały wokół mnie na czubkach palców. Mężczyźni natomiast nosili cylindry i jeździli na dwumiejscowych rowerach. Jedna karuzela za drugą. Kobiety miały namalowane na policzkach czerwone kółka, w tle było zaś słychać muzykę organową. Widziałam także kręcących się tam i z powrotem klownów. Pomimo że znajdowali się gdzieś w tle, miałam wrażenie, że w znacznie większym stopniu zdają sobie sprawę z mojego istnienia niż manekiny.

Brzmiało to jak sen. Było to także kolejne spotkanie z klownami lub błaznami, o których od jakiegoś czasu słyszałem od innych ochotników. Opowieści te wydawały się jednakże mniej istotne od opisanej przez Marshę wizji i towarzyszących jej odczuć.

Przed zrobieniem zastrzyku rozmawialiśmy o kwestiach „terapeutycznych". Postanowiłem założyć czapkę, którą często miewałem na głowie podczas spotkań z klientami, i zobaczyć, co z tego wyniknie. Kiedy ktoś przychodzi do mnie i zaczyna opowiadać o swoim śnie, pytam go zazwyczaj:

– Jakie odczucia on w tobie wzbudził? – zadałem to pytanie także Marshy.

To niewłaściwe pytanie, zadaj jakieś.

Marsha nie była w tamtym momencie gotowa do przepracowywania snu, więc skierowałem temat naszej rozmowy na bardziej powierzchowny aspekt jej doświadczenia, karnawałową atmosferę.

– Czy było to zabawne?

Tak.

Zastanawiałem się, czy możemy zejść nieco głębiej?

– Czy było to *naprawdę* zabawne?

Tak, ale nie było to Taj Mahal. Liczyłam, że spotkam przodków, świątynię lub że zobaczę wysokich Afrykanów w tradycyjnych strojach.

– Zamiast tego trafiłaś do wesołego miasteczka?

A jakże! Byłam tam jedynym człowiekiem. Wszyscy mieli te domalowane uśmiechy, ich twarze miały jednakowy wyraz. Pomyślałam sobie: „Hej, co tu się dzieje?".

Po chwili dodała:

Czułam w sobie seksualną energię, pragnienie tego, żeby wzmocnić doznania, żeby odczuwać jeszcze więcej. Nigdy wcześniej mi się to nie przytrafiło na DMT. Wydaje mi się, że podnieciło mnie piękno tych manekinów.

Zdjęła z oczu opaskę i spojrzała na swojego męża, mówiąc:

Pieprzmy się!

Roześmiałem się.

– Przykro mi, ale musicie z tym poczekać, aż wrócicie do domu.

Mąż Marshy zwrócił się w moją stronę i zapytał:

– Czy ludzie miewają seksualne doświadczenia pod wpływem DMT?

Pomimo że pytanie to było zupełnie uzasadnione, nie do końca pasowało do osobistych i silnie emocjonalnych wątków, które były aktywne w tamtym momencie. Musiałem coś odpowiedzieć, ale zrobiłem to możliwie najbardziej zwięźle i z nadzieją na przywrócenie wcześniejszego kierunku rozmowy.

– Często pojawia się energia seksualna, ale raczej rzadko wiąże się to z pragnieniem odbycia stosunku.

Wiedziałem, że jeśli mam w jakikolwiek sposób pomóc Marshy zinterpretować jej doświadczenia, muszę działać szybko. Co chciała nam przekazać molekuła duszy?

– Czy te manekiny były białe?

Tak, wszystkie były białe. Nie było śladu innych ras w niczym, co zobaczyłam.

– To ciekawe. DMT wydaje się działać na swój sposób. Co o tym sądzisz?

Nie mam pojęcia. Jestem wyczerpana i piekielnie głodna.

– Twoje opisy brzmią jak przerysowanie lub karykatura kanonów piękna osób rasy białej. Jest to interesujące w kontekście naszej wcześniejszej rozmowy – twoich rozterek dotyczących wagi.

To prawda, być może powinnam nauczyć się śmiać z własnej sylwetki.

Spojrzała na męża i powiedziała:

Powiedziałam Rickowi o twojej terapii i o tym, że uważasz, że jestem gruba.

Wzbudziła w nim lekkie zakłopotanie.

Za młodu byłam całkiem szczupła. Kiedy się poznaliśmy, ważyłam około 10 kilogramów mniej niż obecnie. Wyglądałam jak patyk. W mojej kulturze pożądana figura jest masywna i krągła – duże piersi, duża talia i duża pupa. Chude osoby są uważane za brzydkie. Używano wobec nich słowa, które oznacza „chudy", ale jest równoznaczne z „okropny", „chory", „niedobry".

Mąż Marshy przeprosił i wyszedł do toalety. Po powrocie wyczuł, że jego obecność w pomieszczeniu utrudnia jej swobodną rozmowę o tych sprawach, więc postanowił wrócić do pracy. Wraz z Marshą długo jeszcze kontynuowaliśmy tę rozmowę, aby w końcu zejść na inne tematy.

Zazwyczaj nie ukierunkowywałem naszych badanych w takim stopniu, jak miało to miejsce w przypadku Marshy tamtego dnia. Wizje, które wywołało w niej DMT, wydawały się jednakże tak silnie związane z jej ówczesnymi problemami, że nie mogłem zignorować tak czytelnego komunikatu przekazywanego nam przez molekułę duszy. Biały mąż Marshy porównywał ją do swojego wyobrażenia idealnej kobiety, które coraz mniej przystawało do jej osoby. Jej sylwetka nie była, według niego, „odpowiednia". Jednakże pojawiające się w wizji manekiny były pozbawione życia i kręciły się bez żadnego celu. Marsha pamiętała, jak wysoko jej rodzina ceniła kobiety o pełnych kształtach i próbowała dorównać temu ideałowi. Miała wrażenie, że jej naturalna seksualność jest w pełni wystarczająca. Pragnęła uprawiać seks ze swoim mężem, aby odbudować porozumienie na najbardziej podstawowym poziomie. Jej partner nie potrafił jednak odpowiednio zareagować na odczuwane przez nią w tamtym momencie potrzeby emocjonalne. Odzwierciedlało to istniejące pomiędzy nimi problemy.

DMT może być także użyteczne z innych względów. W kontrolowanych warunkach substancja ta może bowiem posłużyć do wywołania traumatycznych doświadczeń. *Trauma* wywodzi się od greckiego słowa oznaczającego „ranę". Według mojego słownika, trauma to „poważny szok emocjonalny mający głęboki i długotrwały wpływ na osobowość".

Traumatyczne doświadczenia pozostają zazwyczaj poza naszą kontrolą. Nie wybieramy sobie, na przykład, dzieciństwa pełnego przemocy, ponoszenia konsekwencji kataklizmów lub katastrof wywołanych przez człowieka albo sytuacji rzeczywistego zagrożenia życia. Kiedy już doświadczymy tego rodzaju wydarzeń, naturalną skłonnością naszego umysłu jest odgradzanie się od strachu, poczucia bezsilności i niepokoju, które w danym momencie nas przytłaczają.

Niemniej jednak nieprzepracowane traumy przenikają z powrotem do naszego życia. Możemy bezustannie znajdować się w sytuacjach, które prowadzą do ciągłego pojawiania się duchów i cieni odczuć stanowiących następstwo urazów psychicznych. Jesteśmy w ten sposób niejako zmuszani do tego, żeby powielać te same schematy, które wywoływały w nas odczucia, z którymi nie mogliśmy sobie poradzić za pierwszym razem – zazwyczaj kiedy byliśmy bezbronnymi dziećmi. Agresywny współmałżonek może, na przykład, przenosić na swojego partnera uczucia, których sam doznawał ze strony któregoś z rodziców. Relacje oparte na głębokich związkach emocjonalnych mogą być trudne właśnie z racji tego, że bycie blisko drugiej osoby oznacza w dużej mierze bezbronność.

Jeśli mamy przepracować traumę, musimy stanąć z nią twarzą w twarz. Zazwyczaj wymaga to dobrowolnego zdecydowania się na ponowne przeżycie odczuć, które ją spowodowały, tym razem jednak w otoczeniu osób, na których możemy polegać. Najważniejszym problemem, na który natrafiamy, jest jednak to, w jaki sposób uzyskamy dostęp do tych emocji.

W wielu przypadkach zażycie wysokiej dawki DMT może być traumatyczne i prowadzić do utraty kontroli oraz zaniku osobowej tożsamości. Bardzo często słyszeliśmy podczas sesji z DMT słowo „szok". Nawet sam zacząłem się nim posługiwać, przygotowując badanych do ich pierwszej sesji z dawką 0,4 mg/kg. Kilka osób zasugerowało, abyśmy zamówili dla nich koszulki z napisem: „Przetrwałem 0,4".

Jestem przekonany, że wiele osób zainteresowało się projektem badań nad DMT, ponieważ uczestnictwo w nim dawało możliwość dobrowolnego doświadczenia traumatycznej sytuacji pod okiem wykwalifikowanych opiekunów. Całkowita utrata kontroli w bezpiecznym i pełnym wsparcia otoczeniu umożliwia nawiązanie pełnego kontaktu z dręczącymi nas bolesnymi emocjami, a tym samym ich przepracowanie i przezwyciężenie. Jedną z osób, których bieżące życie utrudniała niemożność wyrażania i odczuwania swoich emocji, była Cassandra.

Zapisując się do projektu badań nad DMT, Cassandra miała dwadzieścia dwa lata, co czyniło ją jedną z najmłodszych uczestniczek. Jej wygląd i styl bycia wywoływał u większości osób, z którymi się spotykała, dość mieszane uczucia – ja także nie byłem pod tym względem wyjątkiem. Ubierała się w przesadnie męski sposób i obnosiła się ze swoją biseksualną orientacją. Zarówno mężczyźni, jak i kobiety uważali jej śliczną i łagodną twarz oraz androgyniczną budowę ciała za pociągające. Jej rozmyślna niedbałość, jeśli chodzi o wygląd zewnętrzny, w wielu osobach wywoływała ciepłe, matczyne wręcz uczucia – starsze pielęgniarki na naszym oddziale chciały ją w pierwszym momencie wykąpać i nakarmić. Cassandra miała wysoki iloraz inteligencji, dosadne poczucie humoru i bezpośredni sposób bycia. Była dość skomplikowaną kobietą, a zrozumienie, z kim tak naprawdę masz do czynienia, wymagało w jej przypadku trochę wysiłku.

Relacje z innymi ludźmi stanowiły dla Cassandry źródło wielu cierpień. Jej rodzice rozwiedli się, zanim zdążyła dożyć pierwszego roku życia. Opiekująca się nią matka zaniedbywała swoje obowiązki. Kiedy Cassanda skończyła szesnaście lat, matka zostawiła ją na tydzień pod opieką swojego nowego męża. Została przez niego w tym czasie wielokrotnie zgwałcona, co wzmocniło w niej ambiwalentne uczucia względem zarówno mężczyzn, jak i kobiet: z jednej strony ich nienawidziła i nie potrafiła im zaufać, z drugiej natomiast – potrzebowała od nich ochrony i miłości.

Pojawił się u niej zespół stresu pourazowego. Kiedy znajdowała się w sytuacjach intymnych z partnerami, nachodziły ją wspomnienia gwałtu. W wieku dwudziestu lat postanowiła, że nigdy nie będzie mieć dzieci i poddała się zabiegowi podwiązania jajowodów.

Cassandra wielokrotnie nawiązywała krótkotrwałe związki partnerskie i terapeutyczne. Początkowo miała skłonność do idealizowania swoich terapeutów lub kochanków. Doświadczała jednak ciągłych rozczarowań wynikających z tego, że nie byli oni w stanie zapewnić jej ciepła, którego tak bardzo potrzebowała. Przyjaźniła się z jednym z uczestników naszych badań i po zakończeniu projektu dotyczącego tolerancji nawiązała z nim relację o charakterze seksualnym. Wkrótce wyjechała z kraju, nie zostawiając żadnych namiarów.

Prezentuję historię Cassandry tutaj, chociaż równie dobrze mogłaby ona trafić do rozdziałów dotyczących kontaktowania się z różnego rodzaju istotami czy doświadczeń mistycznych. Zdarzyło się jej bowiem podczas sesji zarówno wchodzić w interakcje z „klownami", jak i odnaleźć w sobie stan głębokiego i pogodnego spokoju, którego nigdy wcześniej nie miała okazji zaznać. Jednakże wpływ napotykanych przez nią istot ukierunkowany był przede wszystkim na wywołanie w niej poczucia bycia kochaną i szczęśliwą, zaś mistyczne rozwiązania konfliktów wewnętrznych przychodziły dopiero po przejściu niezwykle bolesnych procesów psychologicznych. Sesje Cassandry, podobnie jak wielu innych osób, stanowiły hybrydy łączące w sobie więcej niż jeden rodzaj doświadczeń.

Poza tym w przypadku Cassandy miałem wrażenie, jakbym przeprowadzał psychoterapię, a nie tylko pomagał jej interpretować doznania duchowe lub „transwymiarowe". Umieszczam ją w rozdziale dotyczącym odczuwania-myślenia, czyli kategorii doświadczeń personalnych, ze względu na reakcję, jaką jej sesje z DMT wywołały we mnie oraz w niej.

Cassandra miała jasno określone oczekiwania dotyczące uczestnictwa w naszych badaniach: „Chcę zobaczyć, jak działa DMT".

Poprosiła nas także, żebyśmy nie zadawali jej zbyt wielu pytań, „tak żebym mogła po prostu cieszyć się jego działaniem".

Mieliśmy pewne wątpliwości, czy będzie ona w stanie poradzić sobie z dużymi dawkami DMT. Wiedzieliśmy, że potrafi być nieprzewidywalna i wybuchowa, dlatego też staraliśmy się zwracać szczególną uwagę, żeby nie odniosła wrażenia, że cokolwiek na niej wymuszamy. Woleliśmy nie przywoływać w pokoju 531 jakichkolwiek motywów związanych z gwałtem.

Kontrolna, niska dawka DMT okazała się łagodna i bardzo przyjemna. Następnego dnia spotkaliśmy się, aby podać jej 0,4 mg/kg.

Kiedy efekty zaczynały nieco słabnąć, Cassandra powiedziała:

Coś mnie złapało i mocno pociągnęło za rękę. Wydawało się mówić: „No chodź!". Zaczęłam unosić się nad czymś, co przypominało cyrk. Nigdy wcześniej nie zdarzyło mi się przebywać poza swoim ciałem. Na samym początku poczułam lekkie swędzenie w miejscu, w którym podawano mi substancję. Niezwykle szybko przelecieliśmy przez labirynt. Używam liczby mnogiej, ponieważ miałam wrażenie, że ktoś mi towarzyszy.

To było odlotowe. Przed oczyma ujrzałam obłąkane przedstawienie cyrkowe. Trudno mi to opisać. Znajdowała się tam grupka błaznów, którzy popisywali się przede mną swoimi sztuczkami. Mieli wielkie nosy i dzwonki przymocowane do czapek – wyglądali bardzo śmiesznie. Czułam jednak, że działają na mnie przy tym podniecająco.

Chcę to zrobić jeszcze raz. Chcę sprawdzić, czy uda mi się to spowolnić.

Zadzwoniłem do niej następnego dnia.

Powiedziała mi:

– Zrozumienie tego jest niemożliwe. Wolałabym jeszcze raz to zrobić, poczuć, jak to jest. Zmiana perspektywy działa bardzo odświeżająco, umożliwia dostrzeżenie, jak nieznaczące są moje codzienne zmartwienia. Wczoraj po południu czułam ogromny spokój. Samo doświadczenie było tak intensywne, że przez krótką chwilę chciałam, żeby dobiegło już końca. Skupiłam się jednak na oddechu i w pełni poddałam się temu, co się ze mną działo. To było tak dziwaczne, nieprzewidywalne... Nie sądzę, żeby można się było do tego przygotować. Wolałabym nie wnikać w swoje wnętrze zbyt głęboko.

Zgodziła się wziąć udział w badaniach nad tolerancją.

Cassandra była w bardzo dobrym nastroju, kiedy miesiąc później wchodziła do pokoju 531.

– Rzuciłam moją dotychczasową pracę w pobliskiej restauracji. Nie bardzo wiem, co mam robić dalej ze swoim życiem. Poznałam ostatnio kobietę, która naprawdę wpadła mi w oko; dużo o niej myślę – powiedziała.

– Co sądzisz obecnie o samych badaniach? – zapytałem.

– Przez ostatni miesiąc dochodziłam do siebie po wysokiej dawce i po raz pierwszy w życiu naprawdę czułam swoje ciało. Zazwyczaj zamykam się we własnej głowie. Dobrze pamiętam to odczucie – miało na mnie terapeutyczny wpływ. Przebywanie we własnym ciele naprawdę mi się podobało.

– Czy możesz podtrzymać w sobie to odczucie?

– Trudno jest robić wszystko naraz – odpowiedziała. – Przez bardzo długi czas nie miałam ze swoim ciałem żadnego kontaktu, walczyłam z nim... Wydaje mi się, że to będzie stopniowy proces.

Już pierwszego dnia badań nad tolerancją Cassandra trafiła na substancję czynną – po upływie dwóch minut od zastrzyku jej ciśnienie krwi i tętno gwałtownie podskoczyły.

Nie mówiła zbyt dużo na temat swojej pierwszej sesji tego poranka, ale wydawała się czuć dość pewnie. Po wypełnieniu pierwszego z czterech kwestionariuszy powiedziała:

Dużo myślałam o mojej nowej przyjaciółce. To było miłe, ale chciałabym, żeby następna sesja była tylko moja.

Kiedy odzyskała mowę po drugiej sesji, powiedziała:

To zabawne. Tym razem bardziej sobie odpuściłam i nie stanowiło to dla mnie żadnego problemu. Po prostu czułam się bardzo dobrze. Nie miałam wielkich, wnikliwych objawień. Ciało jest prawdziwą kulą u nogi, nieprawdaż? Zdecydowanie czułam obecność innych istot – były dla mnie miłe, przyjazne i troskliwe. Wydawały się bardzo małe, tak jakby mogły wniknąć w moje ciało i umysł. Doznałam pełnego oderwania od swojego ciała, ale te małe istoty w jakiś sposób wiedziały, jak się do niego dostać.

– Co sądzisz o trzeciej dawce?

Powinieneś to opatentować, chociaż chyba jest na to trochę za późno. Chciałabym podtrzymać to odczucie... Gdyby wszyscy ludzie robili to codziennie, świat byłby znacznie piękniejszym miejscem. Życie byłoby dużo lepsze. To ma niesamowity potencjał – czucie się dobrze z samą sobą. Wydaje mi się, że do podobnych efektów prowadzić ma medytacja.

– Nie jestem pewien, czy to możliwe.

Ja też.

Dziesięć minut po przyjęciu swojej trzeciej dawki Cassandra zaczęła się uśmiechać. Nagle zza prowadzących na korytarz drzwi dobiegły nas potworne odgłosy kasłania.

W dalszym ciągu to czuję. Utrzymuję to wszystko, to całe gówno, w lewej części swojego brzucha. Tym razem zrozumiałam, że muszę odpuścić zupełnie. Wciąż jestem zrelaksowana. Czuję ciepło i przyjemne mrowienie.

Wyglądało na to, że coś się uaktywniło. Gdyby moje poniższe pytania wywołały w niej rozdrażnienie lub wycofanie, zrezygnowałbym z drążenia tematu. Cassandra wydawała się jednak prosić o pomoc.

– Co utrzymujesz?

Ból.

– Jaki ból?

Chyba cały ból.

Zaczęła płakać.

Chyba cały ból, jaki kiedykolwiek czułam.

– Jest silny?

Tak...

Zaczęła płakać jeszcze bardziej.

– Nie ma nic złego w tym, żeby go odczuwać... i pozwolić mu odejść.

Tak, pozwolić mu odejść...

15 minut później westchnęła:

Czuję się, jakbym miała nowe ciało... znacznie bardziej świadome.

–To *jest* twoje ciało.

Roześmiała się sucho, po czym znów się rozpłakała.

To nie są łzy smutku, to są łzy oświecenia.

– To nie ma znaczenia.

Czułem jej rozdrażnienie, kiedy mówiła:

Właśnie, że ma.

– Wydaje mi się, że tak czy inaczej mogą one działać oczyszczająco.

Tak. Po dzisiejszym poranku zostanę guru. Wiesz, na czym polega poszukiwanie sensu życia przez każdego człowieka? Na tym, żeby mieć poczucie, że się go znalazło. Zazwyczaj nie bierzemy udziału w swoim życiu.

– Co masz na myśli?

Wszystko odnośnie do życia. Nie jest ono zazwyczaj specjalnie inspirujące. Nikt nas nie uczy, żeby skupiać się na sobie. Żeby dostrzec siłę, która drzemie w naszym wnętrzu. Życie wciska nas w rolę ofiary. Wiem, że to może brzmieć banalnie, ale wydaje mi się, że to prawda. Wszystko przytrafia się nam, kiedy nie mamy kontroli nad naszym życiem. Te doświadczenia z DMT są jak medytacja – dają dostęp do wewnętrznej mocy, wewnętrznej siły. Pamiętasz to pytanie z waszego kwestionariusza o „istotę wyższą lub Boga"? No cóż, nie do końca mi to odpowiada, ponieważ zakłada istnienie czegoś na zewnątrz, a ja czuję łączność z czymś, co znajduje się głęboko we mnie. Podczas tej sesji znacznie silniej odczułam obecność towarzyszących mi istot, a jednocześnie to ja byłam w centrum zainteresowania. Pierwsza podróż dotyczyła tylko mnie, druga – bardziej tych istot; trzecia była ich połączeniem.

– Co sądzisz o czwartej dawce, która za chwilę cię czeka?

Postaram się najmocniej, jak potrafię, a nawet jeszcze bardziej. Schodzę coraz głębiej i głębiej.

Niedługo po podaniu Cassandrze ostatniej dawki grupka stojących na korytarzu ludzi zaczęła prowadzić głośną dyskusję. W szóstej minucie usłyszeliśmy głośny łomot. Po pięciu minutach Cassandra powiedziała:

Czuję się bardzo kochana.

– To miłe uczucie.

Tak, ciepłe.

Wyglądała na smutną i zaczęła stukać palcami prawej dłoni w łóżko.

Dzieje się bardzo dużo.

Zza drzwi dobiegały coraz bardziej niepokojące dźwięki – ktoś zaczął wiercić w ścianie. Pomyślałem sobie, jak niesamowite jest to, że nasi ochotnicy są w stanie zupełnie ignorować panujący na oddziale chaos i dalej zanurzać się w swoich doświadczeniach.

Cassandra zdjęła opaskę z oczu, ale otworzyła je dopiero po dłuższej chwili. Jej wzrok był utkwiony w pustkę. Spojrzała na sufit i znów zaczęła płakać.

– Co czujesz?

Wszystko będzie w porządku. Nie muszę już zamartwiać się takimi sprawami jak: „Dokąd trafię? Co zrobię?". Dodaje mi to otuchy.

– Przypływ optymizmu?

Tak, to bardzo odświeżające. Mam wrażenie, jakbym składała się z tysięcy odrębnych części, a ta substancja połączyła je w jedną całość. Odczuwam pełnię.

– Wspominałaś o tym, że czujesz się kochana.

To było odczucie w klatce piersiowej. Czułam tam ciepło i rozdęcie. Byłam kochana przez napotkane istoty, czy cokolwiek to było. To było naprawdę przyjemne i podnoszące na duchu.

Kilka tygodni później rozmawiałem z Cassandrą przez telefon.

Powiedziała mi:

– Zaszło kilka znaczących i bardzo korzystnych zmian w moim ciele. Mam wrażenie, że odzyskałam swój żołądek. Po raz pierwszy od lat jestem w stanie zrobić naprawdę głęboki wdech. Poza tym mam w sobie więcej optymizmu. Ostatnio trochę mniej, ale nieznacznie. Przypomina mi to optymizm towarzyszący medytacji. To trochę tak, jakby ktoś robił mi masaż najgłębiej ukrytych tkanek. Podczas swojej trzeciej podróży naprawdę byłam w stanie zupełnie sobie odpuścić. Myślę, że zostałam zraniona podczas gwałtu i dlatego spychałam pewne sprawy do swojego wnętrza – próbowałam się bronić. Przez całe lata kumulowały się one w moim brzuchu. Czuję ogromną ulgę. DMT było w moim przypadku znacznie bardziej skuteczne niż jakakolwiek terapia. Wszystkie terapie przypominały mi o wszystkim, co było i jest złe. Pod wpływem DMT zaczęłam postrzegać i odczuwać samą siebie jako dobrą osobę, jako osobę kochaną przez spotkane przeze mnie elfy.

– Elfy? – zapytałem.

– Odczuwałam obecność wielu istot. Były niezwykle wesołe i dobrze się bawiły. Sprawiały przy tym, że czułam się kochana. Z każdą kolejną dawką pojawiało się we mnie silniejsze poczucie bezpieczeństwa i głębsze odprężenie. Wspaniale byłoby zażywać DMT, na przykład, raz w roku, żeby nabrać w ten sposób dodatkowej perspektywy i zobaczyć, gdzie w danym momencie się w swoim życiu jest. Pozwolić się uleczyć. Przez cały czas czuję w moim brzuchu ulgę. Powrócił też lekki ucisk, ale na najbardziej podstawowym poziomie wiem, że jestem w stanie zupełnie się go pozbyć.

– To może być cenny układ odniesienia – dodałem.

Freud stworzył pojęcie *przeniesienia*, określając w ten sposób zjawisko polegające na tym, że w nawykowy sposób reagujemy na innych, tak jakby były to ważne osoby z naszej przeszłości. Podczas terapii bardzo często pojawia się *przeciwprzeniesienie*, czyli mechanizm przenoszenia osobistych odczuć terapeuty na swojego klienta.

Przez całe swoje życie Cassandra w relacjach z innymi ulegała mechanizmowi przeniesienia. Jako że przeniesienie zawsze współistnieje z przeciwprzeniesieniem, jej osoba wywoływała u ludzi niezwykle silne reakcje. Dzielenie się ze mną swoim znakomitym samopoczuciem może stanowić zarówno pułapkę, jak i wielką szansę. Musieliśmy spojrzeć na naszą relację w oderwaniu od dezorientującego tańca przeniesienia i przeciwprzeniesienia.

W następnym miesiącu Cassandra przyjechała na drugą część badań nad tolerancją: cztery podawane kolejno dawki placebo.

Po tym, jak zrobiłem czwarty zastrzyk z roztworu soli fizjologicznej, powiedziałem:

– Dziękujemy za udział.

– Dziękuję. Jesteś osobą, z którą łatwo mi się rozmawiało.

Uznałem, że to dobry początek zrobienia czegoś więcej, zanim się pożegnamy. Była w pełni przytomna i stabilna, więc powiedziałem dość bezpośrednio:

– Zastanawiam się, czy miałaś jakieś problemy z tym, żeby zaufać lekarzowi-mężczyźnie, który planuje obezwładnić cię substancją zmieniającą świadomość.

– Ufałam ci – odpowiedziała. – Tak naprawdę w ogóle się tym nie przejmowałam. Zmieniłeś moje życie.

Wiedząc o tym, że Cassandrze zdarza się wynosić ludzi na piedestał, aby potem ich z niego strącić, starałem się być bardzo ostrożny:

– Pomogłem raczej stworzyć kontekst, w którym *sama* mogłaś je zmienić.

– Być może. DMT odziera cię aż do samej duszy. Wiem, że nie ma się czym martwić. DMT ukazało mi, że można wyjrzeć ponad to wszystko. Ogólnie rzecz biorąc, wszystko będzie w porządku. Przypomina mi się podejście Samuela Coleridge'a: Jeśli przyśni ci się cudowny sen i zabierzesz z niego różę, po czym obudzisz się, a w twojej dłoni rzeczywiście będzie znajdowała się róża, oznacza to, że ten sen był prawdą. Miałam takie wrażenie, kiedy wróciłam do domu i zobaczyłam na swojej ręce siniaki i miejsca po igle – czułam, że naprawdę byłam tam, gdzie byłam, i czułam to, co czułam.

Przypadek Cassandry pokazał nam, jak niesamowicie ważne jest odpowiednie reagowanie na wszystko, co pojawia się podczas sesji z DMT. Odzywałem się możliwie jak najmniej, tylko tyle, by podtrzymać jej proces – nie starając się go oceniać lub w jakikolwiek sposób doprowadzić do utraty jej zaufania. Gdyby coś takiego się stało, Cassandra, najprawdopodobniej, doświadczyłaby tego jako kolejnego naruszenia swojej integralności psychicznej, zaś cała jej praca poszłaby na marne.

W przypadku sesji Cassandry mieliśmy do czynienia z mieszaniną różnego rodzaju motywów. Na pierwszy plan wydaje się jednakże wychodzić ponowna konfrontacja z powstałym na skutek gwałtu urazem psychicznym, który przejawia się pod postacią symptomu fizycznego – bólu brzucha. DMT pomogło jej nawiązać emocjonalny kontakt z tym, co symbolizowało odczuwany przez nią dyskomfort oraz jakie jest tak naprawdę jego źródło. Molekuła duszy pokazała Cassandrze, że może stracić nad sobą kontrolę i nawet w towarzystwie silniejszego od siebie mężczyzny czuć się kochana i bezpieczna. Kwestia tego, *kto* ją kochał i mówił jej, że jest dobra, oraz charakter tej miłości kierują już naszą uwagę ku innym kategoriom doświadczeń, takim jak nawiązywanie kontaktu z istotami z innych wymiarów oraz duchowości.

Zarówno Marsha, jak i Cassandra spotkały w swoich wizjach klownów i istoty, które wydawały się przebywać gdzieś poza pokojem 531. Przyjrzyjmy się teraz owym innym światom (oraz ich mieszkańcom), do których może nas zaprowadzić molekuła duszy. Nie mają one ani personalnej, ani transpersonalnej natury. Są one raczej niewidzialne, a na dodatek całkiem zaskakujące i niespodziewane zarówno dla ochotników, jak i zespołu badawczego.

12.

Niewidzialne światy

W niniejszym rozdziale zaczniemy podążać za molekułą duszy w kierunku bardziej niesamowitych terytoriów. Nie są one zbyt łatwe do dostrzeżenia ani zrozumienia, ponieważ związane z nimi doświadczenia w mniej bezpośredni sposób dotyczą myśli, odczuć i ciał uczestników naszych badań. Wskazują one raczej na niezależne poziomy egzystencji, z których istnienia zdajemy sobie zazwyczaj sprawę w bardzo niewielkim stopniu. Doniesienia te mogą stanowić wyzwanie dla naszego sposobu postrzegania świata, zmuszając nas do poszukiwania odpowiedzi na pytania: „Czy to jest sen? Halucynacja? A może rzeczywistość?", „Gdzie znajdują się te miejsca? W naszym wnętrzu czy na zewnątrz nas?".

Tego rodzaju doświadczenia zdążyły się już pojawić w przytaczanych przeze mnie relacjach badanych osób. Marsha odbyła podróż do „Taj Mahal", Cassandra natomiast została wciągnięta w „obłąkane przedstawienie cyrkowe", w którym uczestniczyli klowni i inne istoty. W niniejszym rozdziale skoncentruję się na tym, *dokąd* zabiera nas DMT. Jest to niezbędne do opisywania przestrzeni otwieranych przez molekułę duszy.

Interesującym aspektem tych doniesień jest fakt, że bardzo rzadko były one motywem dominującym – stanowiły one zazwyczaj niewielki fragment całości sesji. Przestrzenie, do których trafiali ochotnicy, z pewnością były niezwykłe, ale znacznie ważniejszą kwestią były związane z nimi odczucia i przypisywane im przez ochotników znaczenie. Oczywiście, kiedy zaczynały pojawiać się w nich obce „formy życia", niemal niemożliwe było odwrócenie od nich swojej uwagi, dlatego też istoty te stanowią przedmiot mojego zainteresowania w osobnych rozdziałach.

Pomimo swojej nietypowej natury fragmenty te stanowią pewnego rodzaju przygotowanie gruntu dla kolejnej płaszczyzny istnienia, do której może nas zaprowadzić molekuła duszy. „Gdzie" stanowi zaledwie tło, scenerię; sednem sprawy jest natomiast „kto". W pierwszej kolejności przyjrzyjmy się jednak owym niesamowitym krajobrazom.

Na najbardziej podstawowym poziomie biologicznym mieliśmy do czynienia z postrzeganiem DNA oraz innych organicznych związków chemicznych.

Karl był pierwszym uczestnikiem naszych badań dawka-reakcja: DMT-1. Zaczął mówić po dwóch minutach od podania mu pierwszej niskiej dawki:

Widziałem spirale wyglądające jak DNA, były czerwone i zielone.

Dobrze znany model podwójnej helisy ujrzał także Philip, którego straszne doświadczenia wywołane dawką 0,6 mg/kg zostały już opisane wcześniej. Miało to miejsce podczas jego podwójnie ślepej sesji z dawką 0,4 mg/kg.

Efekty wizualne układały się w żelatynowe rurki, które przypominały pierwotniaki lub wnętrze komórek. Widziałem zachodzące w nich procesy i obracające się DNA. Wyglądało to tak, jakbym obserwował je pod mikroskopem.

Cleo, której doświadczenia opiszę dokładniej w dalszej części książki, również zetknęła się z wizjami DNA:

Widziałam konstrukcję o spiralnym kształcie, która przypominała DNA. Była zbudowana z niesamowicie jasnych sześcianów. „Odczułam" te kostki w tym samym momencie, w którym zmieniła się moja świadomość.

W jednym z następnych rozdziałów zaprezentuję także bardziej obszernie przypadek Sary, która doświadczyła kontaktu z obcymi istotami. Warto w tym miejscu przytoczyć jej przeżycia związane z DNA:

Poczułam, że DMT wyzwala energię mojej duszy i przepuszcza ją przez DNA. Stało się to w momencie, w którym straciłam swoje ciało. Ujrzałam spirale przypominające mi to, co widziałam w Chaco Canyon. Mogło to być DNA. Być może nasi przodkowie o tym wiedzieli. DNA jest sprzężone ze wszechświatem w podobny sposób jak podróże kosmiczne. Trzeba je odbywać poza swoim ciałem. Niedorzeczne jest wyobrażanie sobie przemierzania kosmosu w małych statkach.*

Niektórzy badani doświadczali przedstawień informacji o mniej biologicznym charakterze.

Vladan, czterdziestodwuletni filmowiec z Europy Wschodniej, był jednym z najbardziej zaangażowanych w nasze badania ochotników; zgłosił się do wielu pilotażowych badań, mających na celu sprawdzenie różnych kombinacji leków, które można by stosować z DMT. Był on także osobą, która otrzymała największą ilość

* Chaco Canyon jest oddalone od Albuquerque o mniej więcej trzy godziny drogi na północny zachód. Przez stulecia zamieszkiwali tam Indianie Anasazi, będący najprawdopodobniej przodkami współczesnych plemion Pueblo. Kwestia tego, skąd pochodzili Anasazi i dokąd się udali po opuszczeniu znajdującego się tam kamiennego miasta w połowie trzynastego wieku, w dalszym ciągu pozostaje jedną z największych zagadek archeologicznych. Ich kultura dysponowała nie tylko niezwykle wyszukaną wiedzą astronomiczną, ale także technikami nawadniania pól, które wprawiają w osłupienie, jeśli weźmie się pod uwagę minimalny poziom opadów deszczu na tym terenie. Chaco Canyon oczarowuje każdego, kto się tam znajdzie, a wiele osób odbywa do tego miejsca mistyczne wręcz pielgrzymki.

psylocybiny podczas naszych wstępnych badań dotyczących ustalenia najwłaściwszych dawek.

Po przyjęciu stosunkowo niskiej dawki 0,1 mg/kg podczas badań nad pindololem Vladan ujrzał bogate w znaczenia symbole:

Podczas szczytu działania pojawiły się geometryczne efekty wizualne – trójwymiarowe cieniowane okręgi i stożki. Były one bardzo ruchliwe. Przypominało to obserwowanie jakiegoś alfabetu, ale na pewno nie angielskiego. Były to baśniowe litery, coś pomiędzy runami a cyrylicą lub pismem arabskim. Miałem poczucie, że zawierają one jakąś informację – nie było w nich przypadkowości.*

Biorąc udział w późniejszych badaniach nad cyproheptadyną, Vladan otrzymał 0,2 mg/kg DMT i ponownie ujrzał przypominające alfabet znaki:

Widziałem tablice z jakimiś hieroglifami o zaokrąglonych krawędziach. Nie były namalowane. Wyglądały bardziej jak wycinanki z papieru, przez które mogłem zobaczyć kolory.

Kolejny uderzający przykład wizualnej transformacji języka i liczb stanowią doświadczenia Heather. Miała dwadzieścia siedem lat i należała do najbardziej doświadczonych osób, które zgłosiły się do naszych badań. Heather przyjmowała psychodeliki ponad dwieście razy, z czego kilkunastokrotnie paliła DMT, była także dość dobrze zaznajomiona z działaniem marihuany, stymulantów i MDMA. Ponadto dziesięć razy piła zawierający DMT wywar o nazwie *ayahuasca*.

Powracając do siebie po przyjęciu pierwszej wysokiej dawki DMT powiedziała:

*Przez całą podróż towarzyszyła mi kobieta mówiąca po hiszpańsku. Miała dość niezwykły akcent. Być może to nie był hiszpański, ale bardzo go przypominał. W pewnym momencie powiedziała „Regular"** i zasłoniła wszystko białym kocem, po czym na zmianę go opuszczała i podnosiła. To było naprawdę dziwaczne. Ujrzałam liczby. To było jak taniec numerologii i języka. Przed oczyma przewijały mi się różne barwy i cyfry rzymskie, które układały się w słowa. Skąd pochodzą słowa? Kobieta przesłoniła wszystko trzymanym przez siebie kocem.*

Zaczęło się typowo dla DMT, ale potem zawędrowałam znacznie dalej niż kiedykolwiek wcześniej. W uszach słyszałam głośne dzwonienie. W pewnym momencie znalazłam się przed czymś, co przypominało język lub liczbę. To było zupełnie nieprawdopodobne. Być może to coś chciało mnie czegoś nauczyć. Jako pierwsza pojawiła się przede mną cyfra „2", ale kiedy się rozejrzałam, zobaczyłam wokół siebie masę innych cyfr pozamykanych w osobnych pudełkach. W pewnym momencie pudełka zaczęły się rozpuszczać, a cyfry układały się w coraz dłuższe liczby.

* Runy są starożytnym nordyckim narzędziem dywinacyjnym, podobnym do I-Chingu i tarota. Pochodzą one co najmniej sprzed 1000 r. p.n.e. i zazwyczaj były umieszczane na kamieniach. Współczesny alfabet runiczny składa się z dwudziestu czterech różnych symboli.

** „Regular" oznacza w języku hiszpańskim „zwyczajny", „normalny", „stały". Akcent powinno się kłaść na ostatnią sylabę. (W języku angielskim słowo to ma bardzo podobne znaczenie – *przyp. tłum.*).

Eli był trzydziestoośmioletnim architektem i jedną z najbardziej nieustraszonych osób, które zgłosiły się do naszych badań. Zdarzyło mu się pod wpływem LSD doświadczyć „regresji do wczesnego dzieciństwa, podczas której zobaczył siebie siedzącego w pokoju". Po tym, jak podczas badań nad cyproheptadyną otrzymał dawkę 0,4 mg/kg, powiedział:

Co ciekawe, kiedy zacząłem doświadczać szeregu halucynacji, powiedziałem do siebie: „A, to jest Logos". W zasadzie znaczenie ma błękitno-żółty rdzeń.*

Roześmiałem się, słysząc w jego ustach sformułowanie „w zasadzie" i powiedziałem:

– Z twojej perspektywy.

Wiem! To jest jak włókna języka lub DNA albo czegoś innego. Są wszędzie, wszędzie naokoło. Po niebieskich, amebicznych kształtach ujrzałem pulsujące punkty. „Całkiem ich dużo", pomyślałem. To było przyjemne uczucie. Potem cała rzeczywistość stała się pomarszczona. Rozejrzałem się naokoło – wszędzie znajdowały się symbole. To miejsce było czymś w rodzaju rdzenia rzeczywistości, w którym przechowywane jest wszelkie znaczenie. Wdarłem się do głównego pomieszczenia.

Próbując nadążyć za Elim, zacząłem się zastanawiać:

– Wydaje mi się, że przedostałeś się przez pewnego rodzaju błonę i trafiłeś na poczucie sensu i pewności.

Dokładnie! Nie wiem, czy to przez to, że interesuję się komputerami, czy nie, ale przypomina to nieprzetworzone jeszcze bity rzeczywistości. To coś znacznie więcej niż tylko zera i jedynki. To wyższy poziom, znacznie potężniejszy.

Eli kontynuował opisywanie „pomieszczenia", w którym się znalazł. Sprawozdanie to pozwala wyrobić sobie szersze spojrzenie na wizje wywoływane przez DMT.

Znajdowałem się w białym pomieszczeniu. Doświadczałem emocji i odczuć, które dawały mi silne poczucie bycia współrzeczywistością. Przypominało to mój stary sen – uderzyłem w nim w samochód, w którym znajdowały się latynoskie dzieci. Były na mnie naprawdę wściekłe. Powiedziałem do nich: „Jeśli czujecie do mnie odrazę, czujecie ją wobec siebie. Nasze kultury się ze sobą zlały, więc nie ma przed tym ucieczki". Ich kultura, nasza kultura były współrzeczywiste, istniały jednocześnie. Białe pomieszczenie składało się przede wszystkim ze światła i przestrzeni. Znajdowała się w nim sterta sześcianów wypełnionych symbolami, niczym Logos świadomości.

Inni badani trafiali do pomieszczeń, które przypominały im „salę zabaw" lub „żłobek", pewnego rodzaju przestrzeń stworzoną specjalnie dla nich, pełną znaczenia i głębi.

Gabe, trzydziestotrzyletni lekarz, mieszkał i pracował na wsi. Był jednym z niewielu ochotników, którzy palili wcześniej DMT. Po otrzymaniu 0,4 mg/kg DMT w połączeniu z cyproheptadyną, opowiedział nam:

* Według klasycznej filozofii greckiej oraz neoplatoników, Logos jest kosmiczną przyczyną nadającą światu porządek, cel oraz inteligencję.

Widziałem miejsca i postacie kojarzące mi się ze żłobkiem. Nie było tam dzieci, ale tryskające energią zwierzęta. Przypomniałem sobie scenę z dzieciństwa czy też raczej towarzyszące mu odczucie – przerażenie. Trudno mi to opisać, może łatwiej byłoby to narysować. Znów byłem dzieckiem. Znajdowałem się w wózku stojącym w pomieszczeniu, w którym przebywały osoby wyglądające tak, jakby ktoś wyciął je z kreskówki. Nie było to coś, co pragnąłem zobaczyć.

Aaron zajmował się torowaniem nowych dróg w świadomości przy użyciu różnego rodzaju legalnych technik: urządzeń elektrycznych stymulujących fale mózgowe, suplementów diety i witamin oraz wschodnich praktyk duchowych. Kiedy zaczynaliśmy współpracę, miał czterdzieści sześć lat. Był jednym z niewielu ochotników pochodzenia żydowskiego, przez co odczuwałem z nim pewnego rodzaju więź. Był pełen nadziei, ale jednocześnie bardzo sceptyczny; z jednej strony nie mógł się doczekać doświadczeń wywoływanych przez DMT, z drugiej – modlił się, żeby wyjść z nich bez szwanku.

Podczas jego sesji z DMT oraz pindololem pojawiły się dwa elementy pochodzące z niewidzialnych światów: informacyjny aspekt języka oraz motyw żłobka/pokoju zabaw.

Nie ma tu żadnych drzwi; nie ma nic, przez co mógłbym przejść. Jestem albo tutaj – i widzę zupełną ciemność, albo tam – i zanurzam się w wizjach. Nie mogę jednak w żaden sposób na nie wpłynąć. Zobaczyłem hieroglify Majów. To było ciekawe. Hieroglify zmieniły się nagle w pokój, a ja poczułem się tak, jakbym był dzieckiem. Wszędzie naokoło mnie leżały zabawki. I już. To było urocze.

Tyrone miał trzydzieści siedem lat, kiedy wziął udział w badaniach dawka-reakcja. Był moim byłym uczniem – jako młodszy asystent przez rok pozostawał pod moją bezpośrednią opieką.

Kiedy zaczął wracać do siebie po podaniu podwójnie ślepej dawki 0,2 mg/kg DMT, powiedział:

Widziałem mieszkania przyszłości!

Roześmiał się z tego, jak bardzo niespodziewane było to doświadczenie.

To były cudowne pomieszczenia mieszkalne. Różowe, pomarańczowe, żółte – tego rodzaju kolory, raczej jaskrawe.

– Skąd wiesz, że pochodziły one z przyszłości? – zapytałem.

Miejsca do siedzenia, stoliki i reszta wyposażenia wychodziła ze ścian. Nigdy nie widziałem czegoś podobnego. Wyglądało to naprawdę nowocześnie. Mieszkanie wyglądało niemalże organicznie. Było piękne, a nie tylko funkcjonalne. Meble wydawały się pełne życia... Miałem poczucie, że wyrastają z czegoś żywego, ze zwierzęcia, z żyjącej istoty. To mieszkanie napawało mnie zachwytem. Czułem potężne doznania estetyczne tak, jakbym patrzył na piękne malowidło i zatracał się w nim, zatra-

cał się w szczęściu. Pod koniec sesji wyszedłem na zewnątrz i wskoczyłem w przestrzeń, w szczelinę w ziemi. Nie była ona jednak ułożona horyzontalnie, lecz wertykalnie. Szczelina w przestrzeni.

Aaron brał także udział w badaniu z użyciem EEG. Kilka dni po przeprowadzeniu sesji, podczas której otrzymał dawkę 0,4 mg/kg, otrzymałem od niego ręcznie napisany list, w którym dokładnie opisał ujrzane przez siebie miejsce. Zobaczymy tu pewne oznaki wskazujące na to, że te dziwaczne wymiary są zamieszkane.

Nie było powrotu. Po krótkiej chwili zdałem sobie sprawę, że coś się dzieje po mojej lewej stronie. Zobaczyłem psychodeliczną, wielobarwną przestrzeń zbliżającą się do pokoju. Tętniła on impulsami elektrycznymi. Ściany i podłoga pomieszczenia zlały się ze sobą. Tuż przede mną pojawiło się przypominające podium podwyższenie. Poczułem, że jakaś obecność coś mi oferuje. Chciałem wiedzieć, gdzie się znalazłem, ale w odpowiedzi „odczułem", że nie mam tam czego szukać. Owa obecność nie była wrogo nastawiona, ale nieco szorstka i podenerwowana.

Phillip zdecydowanie łatwiej poradził sobie z podwójnie ślepą dawką 0,4 mg/kg, aniżeli przyjętym podczas wstępnych eksperymentów 0,6 mg/kg. Oto opis miejsca, w którym się znalazł:

Natarczywe, szeleszczące efekty wizualne dość szybko zaczęły ustępować. Obserwowałem z lotu ptaka dziwny, niesamowity krajobraz, przypominający nieco Ziemię. Widziałem jakieś góry. Widok był bardzo przyjazny i zachęcający. To było tak realistyczne, że musiałem otworzyć oczy. Kiedy jednak to zrobiłem, pejzaż przeniósł się na sufit pomieszczenia. Postanowiłem z powrotem zamknąć oczy, żeby dokładniej przyjrzeć się temu, co ukazywało mi się w wizji. Przypominało to bardzo jaskrawy, fluorescencyjny plakat. Unosiłem się kilka kilometrów nad powierzchnią. Czułem, że robię to całym sobą, że nie jest to zwykłe złudzenie wzrokowe. Widziałem tam pokryte antenami konstrukcje przypominające teleskopy, stacje przekaźnikowe lub wieże ciśnień. Chciałbym, żebyście mogli to zobaczyć. Przestrzeń rozciągała się aż po horyzont. Tamtejsze słońce było innego koloru niż nasze ziemskie.

Zakończymy ten rozdział przypadkiem Seana, który po DMT ujrzał świat bardzo podobny do naszego. Nie miał on jednak nic wspólnego z pokojem 531 i był zamieszkany przez istoty inne niż Laura i ja. Przykład ten podoba mi się o tyle, że łączy w sobie treści omawiane w tym rozdziale z problematyką następnego. Mówiąc innymi słowy, scena ta ma miejsce „gdzieś indziej", „ktoś tam jest" i „coś się dzieje", ale wszystko to jest na tyle bliskie naszej rzeczywistości, jakby tylko próbowało nas oszukać co do swojej „odmienności".

Oświecenie, którego doświadczył Sean, bardziej szczegółowo zostanie opisane w dalszej części książki. W tym miejscu skupimy się na tym, co usłyszeliśmy od niego po trzeciej sesji z dawką 0,3 mg/kg przeprowadzanej w ramach naszych badań nad tolerancją. Po krótkim zastanowieniu, tuż przed zrobieniem czwartego, ostatniego zastrzyku, powiedział:

O tak, byli tam ludzie, przewodnicy. Wraz z meksykańską rodziną siedziałem na ganku domu znajdującego się na pustyni. Mieliśmy stamtąd widok na ogródek. Bawiłem się z dziećmi, byłem członkiem tej rodziny. Miałem poczucie, że tuż za mną lub gdzieś niedaleko mnie stoi starszy mężczyzna. Chciałem z nim porozmawiać, ale w jakiś sposób dał mi do zrozumienia, że ważniejsze jest, abym spotkał się z młodą dziewczyną. To było rozluźniające i miało na mnie dobroczynny wpływ. Wszystko wydawało się dziać zupełnie naturalnie. Nie miałem poczucia, że to sen. „Wygląda to jak zupełnie zwyczajny dzień", pomyślałem. Stanąłem jednak w miejscu i dotarło do mnie, że to podróż na DMT. Była tam także grupka czarnoskórych ludzi, którzy wydawali się mnie szarpać. Miałem poczucie, że coś ze mnie wyciągają. To było nieprzyjemne. Wzywali mnie do siebie.

Starając się podtrzymać jego ciąg myślowy, powiedziałem:

– Brzmi to jak fragment którejś z książek Carlosa Castanedy*.

Rzeczywiście... w ogóle o tym nie myślałem.

Być może uznacie, że wizja ta wcale nie jest czymś niezwykłym. Każdemu z nas zdarza się w końcu śnić o niezwykłych miejscach i zdarzeniach. Jednakże nasi ochotnicy nie tylko je widzieli, ale byli święcie przekonani co do prawdziwości swojego doświadczenia. Kiedy otwierali oni oczy, nasza codzienna rzeczywistość i rzeczywistość ujrzana w wizji nakładały się na siebie.

Poza tym wszystko to nie działo się podczas snu. Nasi badani byli nie tylko przytomni, ale także w pełni świadomi, co się z nimi dzieje, i zdolni do wykonywania różnych czynności w tych nieznanych im światach. Zaskakujące, jak często słyszałem z ich ust: „Rozejrzałem się i zobaczyłem, że...".

Słuchanie o tego typu doświadczeniach sprawiło także, że zacząłem wykraczać poza swoje ograniczenia jako psychiatra kliniczny i pracownik naukowy. Byłem bardzo powściągliwy, jeśli chodzi o komentowanie doniesień na temat owych niewidzialnych wymiarów. Trudno było dotrzymać kroku naszym badanym, a często po prostu nie wiedziałem, co mógłbym powiedzieć. To właśnie wtedy zacząłem zwalczać w sobie tendencję do traktowania tych opowieści jako snów lub wytworów pobudzonej przez DMT wyobraźni. Z drugiej strony coraz bardziej wątpiłem także w moje wyobrażenie odnośnie do doświadczeń wywoływanych zażyciem DMT. Czy ci ludzie *naprawdę* trafiali gdzieś indziej? Co tak naprawdę się z nimi działo?

* Carlos Castaneda był antropologiem, który prowadził badania terenowe na meksykańskiej pustyni, spędzając kilka lat w towarzystwie indiańskiego szamana, don Juana Matusa. Wiele z opisywanych przez Castanedę sytuacji rozpoczynało się od zwykłych spotkań z don Juanem i jego przyjaciółmi. Bardzo często odbywały się one w miejscach przypominających to, co w swojej wizji zobaczył Sean. Zobacz np.: Carlos Castaneda, *Nauki don Juana*, Rebis, Poznań, 2000.

To nie są błahe pytania. Jak widzieliśmy w poprzednim rozdziale, niezwykle istotna w pracy z osobami znajdującymi się pod wpływem DMT jest umiejętność empatycznego, życzliwego i pełnego wyczucia reagowania na to, o czym opowiadają. Nieprzemyślane, pełne sceptycyzmu uwagi mogłyby sprawić, że badani poczuliby się lekceważeni, a to z pewnością zaowocowałoby nieprzyjemnymi lub pełnymi lęku doświadczeniami. Namiastką tego było beznamiętne odrzucenie przez Seana mojej sugestii, jakoby ujrzana przez niego wizja meksykańskiej rodziny opierała się na wspomnieniu książek Carlosa Castanedy. On rzeczywiście *był* z nimi; z jego perspektywy nie mogło to być nic innego.

Poza empatycznym reagowaniem i baczną obserwacją doświadczeń naszych badanych musiałem także pomóc im w zrozumieniu tego, co się wydarzyło. Kiedy jednak coraz częściej trafiali oni do niewidzialnych wymiarów, zadanie to dla wszystkich stało się znacznie trudniejsze. Jak zobaczymy w dwóch następnych rozdziałach, kwestia ta nabrała jeszcze większego znaczenia, gdy w sesjach zaczęły dominować spotkania z obcymi istotami.

13.

SPOTKANIA PRZEZ ZASŁONĘ: 1.

W tym rozdziale oraz następnym zaprezentuję najbardziej niezwykły i najtrudniejszy do zrozumienia materiał, jaki udało nam się zgromadzić podczas badań nad DMT. Bardzo często, kiedy ludzie pytają mnie: „Co odkryłeś?", najłatwiejszym wyjściem jest udzielenie im wymijającej odpowiedzi.

Kiedy przeglądam swoje notatki, bezustannie zaskakuje mnie, jak wielu uczestników naszych badań w taki czy inny sposób „nawiązało kontakt" z „nimi," czyli obcymi istotami. Przydarzyło się to przynajmniej połowie badanych, którzy używali wobec nich takich określeń jak „istoty", „byty", „obcy", „przewodnicy" lub „pomocnicy". Owe „formy życia" przybierały postać klownów, gadów, modliszek, pszczół, pająków, kaktusów lub patykowatych istot. Widząc zapisane przeze mnie podczas sesji wypowiedzi w rodzaju: „Tam są te istoty", „Byłem prowadzony", „Znalazły mnie bardzo szybko", w dalszym ciągu odczuwam zdumienie. Wygląda to tak, jakby mój umysł odrzucał możliwość zaakceptowania tego, co znajduje się tam czarno na białym.

Być może opowieści te przysparzają mi tak wielu problemów, ponieważ pozostają w sprzeczności nie tylko z powszechnie podzielanym sposobem postrzegania świata, ale także moim. Nasz współczesny pogląd opiera się na uznawaniu codziennej świadomości oraz przyrządów pomiarowych za jedyne uprawomocnione narzędzia poznawania rzeczywistości. Jeśli nie jesteśmy w stanie czegoś zobaczyć, usłyszeć, powąchać, posmakować lub dotknąć w codziennym stanie umysłu lub za pomocą wzmacniających nasze zmysły technologii, oznacza to, że to coś nie jest prawdziwe.

Kultury plemienne utrzymują natomiast ciągły kontakt z mieszkańcami niewidzialnych wymiarów, a pozostawanie na granicy światów nie stanowi dla nich żadnego problemu. Bardzo często członkowie owych społeczności wykorzystują w tym celu psychodeliczne rośliny.

Wielu współczesnych naukowców wierzy w duchowy aspekt naszego istnienia. Ich osobiste przekonania mogą jednakże stać w pewnej sprzeczności z pracą zawodową. To, co mówią, może kłócić się z tym, co czują. Trudno jest bowiem pozostać „obiektywnym" w kwestiach związanych z sercem i duszą. Naukowcy mogą próbować zaszufladkować pokładaną przez siebie wiarę, ale nigdy nie będą w stanie zweryfikować lub potwierdzić swoich duchowych intuicji. Mogą także skłaniać się ku bardziej umiarkowanym poglądom, starając się w ten sposób zachować spójność z intelektualnym zrozumieniem. Mogą oni również po prostu lekceważyć obecność aniołów i demonów w świętych księgach wielu kultur lub postrzegać je jako symboliczne lub halucynacyjne wytwory wybujałej wyobraźni religijnej.

Brak otwartej dyskusji na tego rodzaju tematy w znacznym stopniu utrudnia choćby wyobrażenie sobie, w jaki sposób moglibyśmy wzbogacić nasz sposób postrzegania niematerialnych wymiarów o informacje gromadzone za pomocą metod naukowych. Co by się stało, gdybyśmy podczas badań dotyczących rzeczywistości duchowych zaczęli wykorzystywać takie substancje jak DMT?

Poza pytaniami o istnienie niematerialnych wymiarów musimy także rozbudować nasze wyobrażenia, czego możemy w tych wymiarach doświadczyć. Czy nasza konstrukcja duchowa i religijna jest w stanie ogarnąć to, co znajduje się na innych poziomach egzystencji? Historie, które za chwilę zaprezentuję, pod wieloma względami nie przystają do opowieści o spotkaniach z aniołami i demonami, do których przywykliśmy. Wykraczają one także poza to, co większość z nas uznaje za „zwyczajne" doświadczenia duchowe.

Mam nadzieję, że relacje naszych badanych przyczynią się do rozbudzenia zainteresowania niematerialnymi wymiarami i zachęcą do ich poznawania przy użyciu dostępnych nam narzędzi intelektualnych, intuicyjnych i technologicznych. Kiedy bowiem pojawi się zapotrzebowanie na informacje dotyczące owych rzeczywistości, będą one mogły stać się w pełni akceptowanym przedmiotem poszukiwań badawczych. Jak na ironię, być może przy konstruowaniu satysfakcjonujących odpowiedzi na pytania odnośnie do wniknięć w „świat duchowy", będziemy musieli w większym stopniu oprzeć się na nauce, a w szczególności kosmologii i fizyce teoretycznej aniżeli bardziej konserwatywnych tradycjach religijnych.

Spodziewałem się tego rodzaju doświadczeń od samego początku naszych badań. Zdążyłem już zapoznać się z opowieściami Terence'a McKenny o „samotransformujących się mechanicznych elfach" spotkanych przez niego po wypaleniu dużej ilości DMT. Bardzo podobne motywy pojawiały się także w wywiadach, które przed rozpoczęciem badań na Uniwersytecie Nowego Meksyku przeprowadziliśmy z dwudziestoma osobami mającymi doświadczenia z tą substancją. Jako że większość badanych pochodziła z Kalifornii, uznałem, że tego rodzaju opowieści należy po prostu uznać za element specyfiki Zachodniego Wybrzeża.

Nie byłem zatem ani intelektualnie, ani emocjonalnie przygotowany na częstotliwość, z jaką spotkania te przytrafiały się podczas naszych badań, a także na absolutnie dziwaczny charakter tych doświadczeń. Wydaje mi się, że w równym stopniu były one zaskakujące dla naszych ochotników, nawet tych, którzy zażywali już DMT w przeszłości. Niespodziewane było także to, co z wieloma badanymi wyczyniały napotykane przez nich istoty: manipulowały nimi, komunikowały się, pokazywały coś, pomagały, przesłuchiwały. Z całą pewnością mieli oni na siebie obustronny wpływ. Ta ulica z całą pewnością była dwukierunkowa.

Jakkolwiek dziwaczne nie byłyby te doniesienia, opisy sprowokowanych zażyciem DMT „spotkań" pojawiały się już w literaturze naukowej pochodzącej z lat 50. Udokumentowane w tamtym okresie przypadki z niesamowitą dokładnością zapowiadały to, co usłyszeliśmy niemalże czterdzieści lat później. Bardziej uderzające jest jednak to, że w raportach z badań nad jakimikolwiek innymi psychodelikami nie udało mi się odszukać opisów podobnych doświadczeń. Tylko w przypadku DMT ludzie spotykali się z „nimi", z innymi istotami zamieszkującymi niematerialne światy.

Owe starsze protokoły pochodzą z eksperymentów przeprowadzanych z udziałem pacjentów cierpiących na schizofrenię, z których wielu było hospitalizowanych przez lata, a nawet dekady. Osoby te nie były specjalnie wylewne, wnikliwe ani sympatyczne. DMT podawano im podczas realizacji projektu mającego na celu określenie, na ile stan wywoływany zażyciem tej substancji przypomina objawy schizofrenii. Naukowcy chcieli także zbadać, czy pacjenci psychotyczni są bardziej czy mniej wrażliwi na działanie DMT.

Oto wypowiedź jednego z cierpiących na schizofrenię pacjentów, który w ramach prowadzonych na Węgrzech badań Stephena Száry otrzymał domięśniowo wysoką dawkę DMT:

Znalazłem się w dziwacznym śnie, ale tylko na samym początku... Widziałem niesamowite stworzenia, karły lub coś takiego... były czarne i się ruszały.*

Amerykański zespół badawczy także podawał DMT pacjentom ze schizofrenią. Spośród dziewięciu badanych osób tylko jedna kobieta była w stanie cokolwiek powiedzieć o swoich doświadczeniach. Po domięśniowym otrzymaniu solidnej dawki 1,25 mg/kg DMT stwierdziła:

*Widziałam wielką przestrzeń, a te istoty sprawiały mi ból. Nie przypominały ludzi (...) Były okropne! Znalazłam się w świecie pomarańczowych istot**.*

Tego rodzaju opowieści powinny nam jasno dać do zrozumienia, że to, o czym donosili nasi ochotnicy, nie było jakimś New Age'owym wymysłem ograniczonym tylko i wyłącznie do Santa Fe z początku lat 90. Molekuła duszy ukazywała niewidzialne

---

* Z. Boszormenyi i Stephen I. Szára, *Dimethyltryptamine Experiments with Psychotics*, „Journal of Mental Science" 104 (1958), str. 445-53.

** Turner and Merlis (1959).

światy oraz ich mieszkańców na długo przed tym, jak przystąpiliśmy do realizacji naszych badań.

Sesja Karla, podczas której spotkał on inne formy życia (podobnie jak jego wizje DNA przedstawione w poprzednim rozdziale), stanowiła zapowiedź znacznie bardziej złożonych opowieści, które mieliśmy dopiero usłyszeć z ust naszych ochotników. Karl był czterdziestopięcioletnim kowalem. W dalszej części książki opiszę także oświecenie, którego doświadczyła jego żona Elena.

Osiem minut po wstrzyknięciu wysokiej dawki DMT Karl opowiedział o następującym spotkaniu:

To było naprawdę dziwne. Zobaczyłem dużą grupkę elfów. Zachowywały się figlarnie i hałaśliwie. Cztery z nich pojawiły się na poboczu autostrady, którą bardzo często podróżuję. Rządziły tym miejscem, to było ich terytorium! Były mniej więcej mojego wzrostu i trzymały transparenty, na których wirowały niesamowicie piękne, skomplikowane wzory geometryczne. Jeden z nich powodował, że nie byłem w stanie się poruszyć. Nie było mowy o tym, żeby cokolwiek zrobić; miały nade mną pełną kontrolę. Chciały, żebym patrzył! Usłyszałem coś w rodzaju chichotu – to był ich śmiech lub bardzo szybka i głośna paplanina.

W poprzednim rozdziale przedstawiłem doświadczenia Aarona. Powróćmy teraz do jego pierwszej, kontrolnej, wysokiej dawki DMT. Po dziesięciu minutach od zrobienia zastrzyku spojrzał na mnie i wzruszył ramionami, po czym roześmiał się, mówiąc:

Najpierw pojawił się ciąg efektów wizualnych przypominających kwieciste mandale, a następnie w moją twarz weszło coś podobnego do insekta i latało nade mną, kiedy działanie substancji przybierało na sile. To coś wyssało mnie z mojej głowy i wypchnęło w przestrzeń kosmiczną. Zobaczyłem czarną otchłań z milionami gwiazd. Znalazłem się w ogromnej poczekalni lub czymś podobnym. Pomieszczenie było niezwykle długie. Czułem, że ten „insekt" obserwuje mnie wraz z innymi, podobnymi do niego istotami. Po chwili jednak stracił mną zainteresowanie. Zostałem zabrany w kosmos i przebadany.

Aaron podsumował swoje spotkania z tymi istotami podczas jednej z kolejnych, podwójnie ślepych sesji z wysoką dawką DMT:

To ma też złowrogą, obcą, owadzią, niezbyt przyjemną stronę, prawda? Nie na zasadzie: „Dostaniemy cię, skurwysynie", ale raczej czegoś podobnego do opętania. Podczas doświadczenia pojawia się poczucie, że ktoś lub coś stara się przejąć nad tobą kontrolę. To tak, jakby trzeba było się przed nimi bronić, czymkolwiek by nie byli. Jedno jest pewne – oni tam są. Ja zdaję sobie sprawę z ich istnienia, a oni z mojego. Wydają się istnieć według zupełnie innego porządku. To jak wchodzenie na obce terytorium – nigdy nie ma się pewności, jakie tam panują zwyczaje. To coś zupełnie innego... te gadzie istoty, które się tam znajdują.

– A co z przerażeniem? – zapytałem. – Co w najgorszym wypadku mogą zrobić te istoty, gdyby przejęły nad tobą pełną kontrolę?

Właśnie o to chodzi. Poczucie obcości wywołuje już sama możliwość, że mogłoby się to wydarzyć.

W dalszej części książki omówię fizyczne problemy, jakie pojawiły się u Lucasa w następstwie przebytej przez niego sesji z wysoką dawką. Ale na razie przyjrzyjmy się fragmentowi listu, który otrzymaliśmy od niego kilka dni po tym doświadczeniu:

Nie ma żadnego sposobu, żeby się na to przygotować. W pewnym momencie pojawia się dźwięk, bzzzz... Zaczyna narastać i przyspieszać. Czułem, że działanie coraz bardziej przybiera na sile, aż nagle ŁUP! Znalazłem się nad stacją kosmiczną. Poczułem obecność przynajmniej dwóch istot, jedna znajdowała się po mojej lewej stronie, druga – po prawej. Prowadziły mnie w kierunku platformy. Byłem świadom obecności wielu innych bytów znajdujących się na pokładzie stacji – maszyn, zmechanizowanych stworzeń, które »wyglądały« (przewyższając liczbą szczegółów nawet najbardziej dokładne wizerunki) jak połączenie manekinów do testów zderzeniowych ze szturmowcami Imperium z Gwiezdnych Wojen, z tą jednak różnicą, że były to istoty żywe, a nie roboty. Ich ciała pokrywał wzór szachownicy, który był najbardziej widoczny na ich ramionach. Zajmowały się jakimiś rutynowymi pracami technicznymi i nie zwracały na mnie żadnej uwagi. Pozostając w stanie obezwładniającego oszołomienia, otworzyłem oczy.

W tym momencie tętno i ciśnienie krwi Lucasa spadły do tego stopnia, że z trudnością mogliśmy je zarejestrować.

W rozdziale 15. opiszę szamańskie doświadczenie śmierci-odrodzenia, które przeszedł Carlos po przyjęciu swojej pierwszej wysokiej dawki DMT. Podczas jednej z sesji spotkał pomocne istoty, które próbowały zminimalizować odczuwany przez niego niepokój:

Widziałem zupełnie inny świat, mający własną strukturę i krajobraz. Była tam jedna lub dwie istoty. Miały one nawet płcie. Ich skóra przybrała dziwny kolor. Próbowałem się z nimi komunikować, ale nie miałem na to wystarczająco dużo czasu. Kiedy się tam znalazłem, byłem rozbity, zdenerwowany, poruszony. Próbowali złagodzić mój strach, żebyśmy mogli znaleźć wspólny język.

Gabe, o którego przygodach w żłobku lub sali zabaw mogliśmy przeczytać w poprzednim rozdziale, odczuł ze strony „duchów" jeszcze większą troskę i dbałość. Miało to miejsce podczas jego pierwszej sesji z wysoką dawką DMT:

Początkowo miałem atak paniki. W pewnym momencie jednak najpiękniejsze kolory, jakie kiedykolwiek widziałem, zaczęły układać się w istoty. Było ich całe mnóstwo. Przemawiały do mnie, ale nie wydawały przy tym żadnego dźwięku. Wygląda-

ło to raczej tak, jakby udzielały mi błogosławieństwa... duchy życia udzielały mi błogosławieństwa. Mówiły mi, że życie jest czymś dobrym. Początkowo miałem wrażenie, że z ogromną prędkością przemykam przez jaskinię, tunel albo przestrzeń kosmiczną. Czułem się jak kula staczająca się w pustkę.

Wiele spotkań, które przydarzyły się naszym ochotnikom w niematerialnych światach, wiązało się z nieodpartym poczuciem przekazywania sobie informacji ze znajdującymi się w nich bytami. Charakter owych informacji bywał bardzo różny. W niektórych przypadkach dotyczyły one „biologii" napotkanych istot.

Chris był trzydziestopięcioletnim, żonatym sprzedawcą komputerów. Był także osobą uzdolnioną artystycznie i występował w przedstawieniach lokalnego teatru. Przed przystąpieniem do naszych badań przyjmował substancje psychodeliczne ponad pięćdziesiąt razy. Miał nadzieję, że sesje z DMT wprowadzą go w stan świadomości, którego poszukiwał przez osiem lat stosowania LSD, doświadczając co najwyżej jego przebłysków.

Przyjęcie pierwszej kontrolnej wysokiej dawki okazało się dla niego „najbardziej krzepiącym doświadczeniem życia". Jego umysł na tyle swobodnie oddzielił się od ciała, że Chris pomyślał: „Jeśli tak wygląda śmierć, to nie ma się czego obawiać".

Kilka tygodni później spotkaliśmy się ponownie podczas badań nad tolerancją.

Po przyjęciu pierwszej dawki zdjął z oczu opaskę i powiedział:

Zobaczyłem dłonie, które gładziły mnie po twarzy i oczach. To było trochę krępujące. Znajdowało się tam więcej istot. Obserwowały mnie i próbowały określić, kim jestem. Wydawały się przyjazne. Początkowo pomyślałem, że to odczucie wywołuje opaska na oczach, ale okazało się, że nie!

Wypełniając kwestionariusz, dodał:

Żeby dostać się do tego wymiaru, musiałem przejść przez bardzo nieprzyjazne miejsca. Miałem wrażenie, że dostępu do niego strzegą szpony.

Uczestnictwo w tych eksperymentach okazało się dla niego dość trudne, potrzebował otuchy. Pozwoliłem sobie podążyć za intuicją: „Jeśli pojawi się taka potrzeba, pozwól tym pazurom rozerwać się na strzępy... może się to okazać bardzo pomocne".

Rozczłonkowanie ciała stanowi część szamańskich inicjacji, prawda? Czułem obecność istoty przypominającej smoka... kolory były te same – czerwień, złota żółć.

– Kolory bywają tylko zasłoną, kotarą, zapowiedzią czegoś innego. Nawet jeśli są tak piękne, możesz przez nie przeniknąć na drugą stronę.

Kiedy zaczął wracać do siebie po drugiej dawce, wyglądał na skołowanego. Wydawał się szukać odpowiednich słów.

To było nieprawdopodobne. Nie widziałem żadnych kolorów. Usłyszałem ten sam dźwięk co zwykle: przyjemne brzęczenie rozlegające się w moim wnętrzu. Zobaczyłem trzy istoty, trzy materialne byty. Z ich ciał rozchodziły się promienie, a następnie do nich powracały. Wyglądały jak humanoidalne gady. Próbowały mi coś przekazać, ale czyniły to w milczeniu, wyłącznie za pomocą gestów. Chciały, żebym zobaczył wnętrza ich ciał. Wniknąłem w nie i zrozumiałem cykl reprodukcji. Zobaczyłem, co jest przed narodzinami, jak dusza wnika w ciało. Istoty nie zniknęły jednak od razu po tym, jak zrozumiałem, o co im chodziło. Widziałem je jeszcze przez jakiś czas. Ich obecność była niezwykle namacalna.

Słyszałem już wcześniej wiele opisów podobnych spotkań i jedyne, co mogłem zrobić, to potwierdzić jego doświadczenie:

– Aż trudno w to uwierzyć, prawda?

Staram się nadać temu kierunek, zaplanować to, co zobaczę, ale nic z tego. Myślałem, że pojawiła się we mnie tolerancja, aż tu nagle ŁUP! Przed oczyma widzę tę trójkę.

Chris wydawał się nieco zakłopotany, kiedy opowiadał o swoim doświadczeniu. Próbowałem dać mu jakiś punkt zaczepienia, mówiąc:

– Trzeba przyznać, że brzmi to dość niezwykle.

Z pewnością. Kiedy zsuwałem z oczu opaskę, nie byłem pewien, czy chcę z tobą o tym wszystkim rozmawiać.

Trzecia dawka Chrisa była stosunkowo spokojna. Utrzymał pełną świadomość swojego ciała – czuł, jak jego serce uderza w klatce piersiowej, a żołądek burczy z głodu.

Podczas czwartej sesji pojawiło się wiele motywów przewijających się przez trzy wcześniejsze, a także elementy doświadczenia mistycznego:

Chciały pokazać mi tak dużo, jak się da. Porozumiewały się za pomocą słów. Przypominały z wyglądu klownów, błaznów lub chochliki. Była ich tam cała masa, wszystkie zajmowały się jakimiś śmiesznymi czynnościami. Ta wizja w pełni mnie pochłonęła. Czułem niesamowity spokój i miałem wrażenie, że znalazłem się w bardzo przyjaznym miejscu. Dotarła do mnie wiadomość, że ofiarowano mi dar, że ta przestrzeń jest moja i mogę w niej przebywać, kiedy tylko zechcę. Powinienem odczuwać wdzięczność, że mam ciało, że żyję. Udałem się dalej. Zobaczyłem błękitne dłonie, z których wyleciało nagle tysiące trzepoczących stworzeń. „Co za przedstawienie!", pomyślałem. To miało na mnie naprawdę dobroczynny wpływ.

Czułem, że to wszystko jest częścią mnie. Wiedziałem, że to nigdy mnie nie opuści, że jest moje, że jestem z tym trwale związany. Całe to doświadczenie było kluczowe dla mojego rozwoju duchowego. To była samoinicjacja, której poszukiwałem w LSD. LSD dużo mi dało, ale nie dało mi wszystkiego.

Jeszcze dziwniejsze są opowieści dotyczące mniej lub bardziej inwazyjnych badań, które w tych niematerialnych wymiarach przeprowadzały na naszych ochotnikach znajdujące się tam istoty.

Jim, trzydziestosiedmioletni nauczyciel, należał do osób, które niezbyt chętnie dzieliły się swoimi doświadczeniami. Podczas badań nad tolerancją rozmawialiśmy o przedarciu się na drugą stronę ściany jaskrawych kolorów, które, jak sam mówił, działały na niego rozpraszająco. Jako że miał poczucie, że mogą się tam znajdować jakieś „istoty", zachęcałem go więc, żeby to sprawdził. Po tym, jak powrócił do siebie po ostatniej sesji, powiedział bez śladu jakichkolwiek emocji:

Poszedłem za nimi, tak jak proponowałeś. Znajdowali się tam jacyś naukowcy, którzy zaczęli sondować mój umysł. Wsuwali mi w źrenice długie światłowody.

Od lat nie dokonywaliśmy pomiarów szerokości źrenic, więc wizja ta nie miała nic wspólnego z tym, co działo się w pokoju 531. Zapytałem Jima, co w tamtym momencie czuł:

To było naprawdę dziwaczne, ale dość szybko zorientowałem się, że to działanie DMT.

Jeremiah miał pięćdziesiąt lat i był jednym z naszych najstarszych ochotników. Niedawno przeszedł na emeryturę po kilkudziesięcioletniej służbie wojskowej i rozpoczynał nowy etap swojego życia zawodowego – przechodził właśnie szkolenie z zakresu doradztwa medycznego. Zakładał też po raz trzeci rodzinę i uczestniczył w prowadzonych przez nas badaniach dawka-reakcja. Był bardzo zajętym człowiekiem.

W ciągu kilku pierwszych minut kontrolnej sesji z dużą dawką DMT Jeremiah wydał z siebie serię okrzyków: *Ooo!, Wow!, Niesamowite!* Na jego twarzy pojawił się promienny, szeroki uśmiech. Wyglądał, jakby się doskonale bawił.

Znalazłem się w nowocześnie wyglądającym żłobku. Towarzyszył mi mierzący około półtora metra Gumby.*

Czułem się jak niemowlę. Nie jak ludzkie niemowlę, ale niemowlę spokrewnione z inteligencjami reprezentowanymi przez Gumby'ego. Zdawał on sobie sprawę z mojego istnienia, ale niespecjalnie się mną przejmował. Wydawał się raczej obojętny, niczym rodzic spoglądający do kojca, w którym leży jego roczne dziecko. Kiedy zupełnie zanurzyłem się w wizji, usłyszałem dźwięk: hmmmm. Doszły do mnie dwa męskie głosy, które prowadziły ze sobą rozmowę. Słyszałem, że jeden z nich mówi: „Już przybył".

Czułem proces ewolucji. Te inteligencje się nam przyglądają. Istnieje jakaś nadzieja, że jest coś więcej niż tylko bałagan, który sami sobie tutaj urządzamy.

Nie miałem jakiegokolwiek wpływu na moje doświadczenia. W żaden sposób nie mogłem przewidzieć, co będzie się ze mną działo. To było zupełne zaskoczenie! Próbowałem otworzyć się na miłość, ale miałem poczucie, że to głupie. Jedyne, co mogłem robić, to obserwować.

Uznałem, że ostatnia uwaga jest szczególnie interesująca, ponieważ podważała moje założenie, że wszystko, z czym zetknął się Jeremiah, było wytworem jego

* Gumby jest postacią z programu telewizyjnego dla dzieci, który w USA był wyświetlany na przełomie lat 50. i 60. Ludzik ten był stworzony z przypominającej plastelinę substancji oklejonej wokół metalowego przewodu, dzięki czemu mógł on przybierać różne kształty. Jego 30-centymetrowe figurki były wspaniałą zabawką dla dzieci. Gumby'emu towarzyszył konik Pokey. Animatorzy wyginali i poruszali ciałami bohaterów, a następnie wprawiali ich w ruch techniką zdjęć poklatkowych.

umysłu, a nie „prawdziwymi" spostrzeżeniami. „Otworzyć się na miłość" to skrótowe określenie próby przekształcenia niepokoju wywołanego niespodziewanym lub nieprzyjemnym doświadczeniem w doświadczenie miłości. Gdyby to, co zobaczył Jeremiah, stanowiło tylko i wyłącznie wytwory jego wyobraźni, mógłby zmienić swoją reakcję. To, że czuł się przy tym „głupio", skojarzyło mi się z daremnością „otwierania się na miłość" wobec nadjeżdżającej z naprzeciwka ciężarówki. „Otwieranie się na miłość", w momencie gdy znalazł się w żłobku obcych istot, byłoby tak jałową i nieodpowiednią reakcją, że aż wydaje się to śmieszne.

Kilka miesięcy później Jeremiah brał udział w podwójnie ślepej sesji, podczas której podałem mu 0,4 mg/kg DMT.

W piątej minucie zaczął mówić:

Działanie jest znacznie silniejsze niż w przypadku pierwszej mocnej dawki. To jest inny świat. Zobaczyłem niesamowite urządzenia. Znajdowałem się w dużym pomieszczeniu; była tam także istota, która nadzorowała pracę maszyn.

Czuję się trochę niepewnie... jakbym był nadwrażliwy na coś... czuję, że przechodzą mnie delikatne dreszcze.

– Pomocne może okazać się zamknięcie oczu. Oprócz tego przykryjemy cię kocem.

Na samym środku zobaczyłem maszynę pokrytą wijącymi się rurkami – nie przypominały w tym jednak węży, ale żywe maszyny. To były solidne, niebieskoszare rury wykonane z czegoś, co wyglądało jak plastik. Ich zakończenia były zasklepione. Miałem wrażenie, że maszyna robi mi przegląd, przeprogramowuje mnie. Z tego, co mi się wydaje, znajdował się tam także człowiek. Stał za tablicą sterowniczą – dokonywał odczytów i manipulował przełącznikami. Był bardzo pochłonięty swoją pracą. Przyglądałem się rezultatom działania tej maszyny, być może z własnego mózgu. To było dość przerażające przeżycie, tak intensywne, że z trudnością je zniosłem. Wszystko zaczęło się w momencie, w którym usłyszałem brzęczący, płaczliwy dźwięk.

Podczas swojej ostatniej podwójnie ślepej sesji Jeremiah otrzymał nieco mniejszą, ale w dalszym ciągu psychodeliczną, dawkę 0,2 mg/kg. Sesja ta odbywała się w pomieszczeniu, w którym stała klatka służąca do wyciągów ortopedycznych. Jeremiah twierdził jednak, że nie stanowi to dla niego żadnego problemu. Pomagającą mi tego ranka pielęgniarką nie była Cindy, lecz Josette.

W 10. minucie Jeremiah powiedział:

Ujrzałem cztery wyraźne postacie spoglądające na mnie z góry, tak jakbym leżał na stole operacyjnym. Otworzyłem oczy, żeby sprawdzić, czy zobaczę ciebie i Josette, ale was nie było. Wykonali wcześniej jakąś czynność, a teraz obserwowali jej następstwa. Ich możliwości techniczne i wiedza naukowa były niesłychanie zaawansowane. Spoglądali na znajdujący się dokładnie przede mną drążek trakcyjny. Wydaje mi się, że mówili: „Żegnaj. Do zobaczenia".

Josette powiedziała, że to, co opisał Jeremiah, przypomina jej niektóre z jej „dziwacznych" snów i opowiedziała nam jeden z nich.

Jeremiah odpowiedział:

Widziałem sen, który właśnie opisałaś. Nie spodziewałem się czegoś takiego, ale to prawda. Ktoś mógłby uznać, że czułem się badany, ponieważ sprawdzaliście moje źrenice, a sprzęt, który zobaczyłem, to urządzenia z tego pomieszczenia. Ale to tylko przenośnia, a zarazem nie jest to żadna przenośnia. To jest zupełnie niezależna rzeczywistość.

Josette pobrała ostatnią próbkę krwi i wyszła z pomieszczenia, zamykając za sobą drzwi. Jeremiah i ja rozluźnialiśmy się w ciszy.

DMT pokazało mi, że rzeczywistość jest bezgranicznie zmienna. Istnieje duże prawdopodobieństwo istnienia równoległych wymiarów. Mogą one być bardziej skomplikowane niż odległe planety zamieszkane przez społeczności kosmitów. Ta wizja jest zbyt bliska naszej rzeczywistości. DMT nie przypomina swoim działaniem narkotyku. To bardziej zetknięcie się z nową technologią aniżeli odurzenie.

Możesz się na tym skupiać lub nie, ale proces będzie się toczył dalej, nawet bez twojej uwagi. Nie wrócisz do miejsca, z którego wyruszyłeś, ale do miejsca, do którego odeszły wszystkie rzeczy, kiedy rozpoczynałeś podróż. To nie jest halucynacja, ale spostrzeżenie. Kiedy tam jestem, nie jestem odurzony. Jestem przytomny i trzeźwy.

Motyw badań i eksperymentów przeprowadzanych na ochotnikach przeniesionych przez molekułę duszy do niematerialnych rzeczywistości powraca także podczas sesji Dmitria.

Dmitri był greckiego pochodzenia i w momencie rozpoczęcia naszych badań nad DMT miał dwadzieścia sześć lat. Mieszkał razem z Heather, o której doświadczeniach mogliśmy przeczytać w rozdziale 12. Pracował jako pisarz i redaktor, był przy tym doświadczonym i opanowanym eksploratorem przestrzeni wewnętrznej. Około sześćdziesięciu razy palił DMT, odbył „kilkaset tripów na LSD", zażywał także ketaminę (od pięćdziesięciu do stu razy) oraz MDMA (około trzydziestu razy).

Kiedy dotarłem na miejsce, Dmitri nie wydawał się specjalnie zainteresowany harmonogramem badań:

– Nie jestem tym specjalnie zaaferowany. Wiem, że to bardzo mała dawka.

– Poczekaj do jutra – odpowiedziałem.

Dziesięć minut po tym, jak zrobiłem zastrzyk, Dmitri powiedział:

To było całkiem psychodeliczne, bardziej, niż się spodziewałem.

Podczas sesji przeprowadzanej następnego dnia towarzyszyli nam dr V. i jego asystent, pan W. Dr V. pracował w Narodowym Instytucie ds. Narkomanii (agencji, która sfinansowała moje badania), gdzie opracowywał właśnie projekt leczenia osób uzależnionych od narkotyków przy użyciu afrykańskiego halucynogenu o nazwie ibogaina. Chciał przyjrzeć się efektom wywołanym podaniem substancji psychodelicznej w otoczeniu szpitalnym.

Pan W. natomiast był jedną z najbardziej pomocnych osób, kiedy próbowałem zdobyć DMT przeznaczone do badań z udziałem ludzi. Cieszyło mnie, że mogę podzielić się z nim rezultatami naszych wspólnych wysiłków.

Tego dnia towarzyszyła nam także partnerka Dmitria, Heather. Wraz z Dmitriem, Laurą i mną w pomieszczeniu przebywało zatem łącznie sześć osób. Jak na pokój 531, był to prawdziwy tłum.

Niemal od razu, kiedy skończyłem robić zastrzyk, Dmitri zaczął szybko i głęboko oddychać. Kilkakrotnie wzdychał i ziewał, tak jakby próbował w ten sposób rozproszyć rosnące napięcie fizyczne. Po upływie mniej więcej 9 minut poprosił o wodę i podziękował po wypiciu kilku łyków. Zwilżył usta i zaczął mówić:

Przypomina to łagodny stan szoku. Czuję się dość słabo.

– Przykryjemy cię kocem.

W porządku.

– Nie zapominaj o oddychaniu. Może się teraz uwalniać bardzo dużo energii.

Poprosiłem Laurę, aby wyszła na korytarz i wyłączyła jakieś wydające piski urządzenie. Dmitri nie do końca wiedział, co się dzieje, więc postanowił zignorować całe zamieszanie.

Pierwszą rzeczą, na którą zwróciłem uwagę, było pieczenie z tyłu szyi. Usłyszałem bardzo głośne brzęczenie, które początkowo przypominało dźwięk pracującego wentylatora. Zaczęło mnie pochłaniać. Poddałem się i nagle... ŁUP!

Miałem wrażenie, że łóżko, w którym leżałem, znalazło się w pozaziemskim laboratorium. Widziałem tam jakieś istoty. Próbowałem rozgryźć, co się naokoło mnie dzieje. Byłem gdzieś przewożony. Istoty nie wyglądały na obcych, ale ich zamiary pozostawały tajemnicą. Wszystko widziałem trójwymiarowo. Spodziewałem się kreskówkowych stworów, jakby wyciętych z reklam LSD, ale to było coś zupełnie innego. Nie przypominało żadnego z moich wcześniejszych doświadczeń z DMT.

Mieli już przygotowane dla mnie miejsce. Nie byli tak zdziwieni naszym spotkaniem jak ja. To było kompletnie niepsychodeliczne. Mogłem koncentrować się na najmniejszych szczegółach. Znajdowała się tam jedna istota, która wydawała się dowódcą – to ona stała za tym wszystkim; pilnowała, żeby wszystko odbywało się zgodnie z planem. Pozostałe były sanitariuszami, czy raczej ich kompletnym wypaczeniem.

Aktywowali mój obwód seksualny, przez co wypełniła mnie energia orgazmiczna o niesamowitej mocy. Pojawił się głupkowaty wykres, przypominający prześwietlenie promieniami rentgena w konwencji filmu animowanego. Żółte światełka sygnalizowały, że wszystko jest w porządku. Dokładnie sprawdzali wszystkie moje wyniki. Kiedy działanie DMT zaczęło słabnąć, nie mogłem pozbyć się myśli, że to „kosmici".

Bardzo żałuję, że z nimi nie porozmawiałem. Byłem zdezorientowany i przytłoczony odczuwanym wobec nich podziwem. Wiedziałem, że przygotowują mnie do wypeł-

nienia jakiegoś zadania. Chcieli mi pokazać wiele rzeczy, ale czekali, aż zapoznam się z otoczeniem, mechanizmami działania i językiem tego miejsca.

W pomieszczeniu panowała surrealistyczna atmosfera. Grupka ludzi słuchała niezwykle dziwacznej opowieści. Miałem nadzieję, że dr V. i pan W. czują się dobrze. Zastanawiałem się także, czy od przyszłego tygodnia stracę środki na badania, czy może dostanę dodatkowe dofinansowanie.

Nie przypominało to doniesień o uprowadzeniach przez obcych, które słyszałem. Te istoty były przyjazne. Czułem, że z jedną z nich łączą mnie bliskie więzi. Chciała mi coś powiedzieć albo żebym to ja jej coś powiedział, ale nie mogliśmy się ze sobą porozumieć. To była niemal seksualna więź; seksualna nie w sensie stosunków seksualnych, lecz absolutnego zjednoczenia naszych ciał. Wypełniała mnie głęboka miłość względem tych istot. Ich praca zdecydowanie miała związek z moją obecnością. Pozostaje dla mnie jednak tajemnicą, czym dokładnie się one zajmowały.

Zamknijmy ten rozdział opisem jednego z najbardziej uderzających zabiegów przeprowadzanych na naszych ochotnikach przez te obce istoty. Ben został podczas swojej sesji nie tylko dokładnie przebadany, ale także poddany procedurze wszczepiania czegoś w jego ciało. Miał dwadzieścia dziewięć lat i niedawno przeprowadził się w nasze okolice z Seattle. Nigdzie nie mógł zbyt długo zagrzać miejsca i w ciągu ostatnich dziesięciu lat pracował w mniej więcej trzydziestu zawodach – przez dwa lata był, na przykład, żołnierzem żandarmerii wojskowej. Od dawna przyjaźnił się z Chrisem, którego przygody z obcymi istotami zostały już opisane wcześniej.

Ben miał dość groźny wygląd – głowa ogolona niemalże do gołej skóry, muskularna sylwetka i bardzo bezpośredni sposób bycia. Aktywnie poszukiwał wszelkich zmian i nowości, dlatego nie zdziwiło mnie, że w rubryczce dotyczącej przyczyn chęci wzięcia udziału w badaniach w stanie Nowy Meksyk wpisał: „Jestem poszukiwaczem i liczę, że będzie to dla mnie ciekawe doświadczenie".

Podobnie jak miało to miejsce w przypadku Dmitria, kontrolna, niska dawka DMT wywołała u Bena stosunkowo silną reakcję. Duża wrażliwość na DMT była dla nas sygnałem, że następnego dnia może on przeżyć najpotężniejsze doświadczenie psychodeliczne w swoim życiu. Zasugerowałem mu, żeby dobrze się przygotował.

Pomimo lekkiego zdenerwowania Ben nie mógł się już doczekać swojej sesji z wysoką dawką. Poświęciłem na przygotowania nieco więcej czasu niż zazwyczaj, radząc mu, żeby spróbował wziąć kilka głębokich oddechów, kiedy poczuje, że DMT zaczyna działać.

– Nabranie powietrza w płuca może być ostatnią rzeczą, jaką zapamiętasz; możesz nawet nie zarejestrować wydechu. Będzie to oznaczać, że jesteś na miejscu.

Tuż po zrobieniu zastrzyku Ben próbował oddychać tak głęboko, jak mógł. Jego oddech uspokoił się w momencie, w którym znalazł się pod wpływem DMT. Było widać, jak serce uderza mu w klatce piersiowej. Po mniej więcej 3 minutach na jego karku pojawiła się pokrzywka – objaw ten występował u kilku innych ochotników, którzy po sesji opowiadali nam naprawdę zdumiewające historie.

W 8. minucie całym ciałem Bena zaczęły targać skurcze, a z jego gardła wydobyły się chrząkania.

Nadszedł czas, żeby w jakiś sposób ściągnąć go z powrotem na ziemię. „Przykryjemy cię kocem. Postaraj się złagodzić napięcie poprzez koncentrację na oddechu".

Zaczął oddychać coraz wolniej i stopniowo się uspokajać, aż na jego twarzy pojawił się szeroki uśmiech. Milczał znacznie dłużej niż większość naszych ochotników. Po upływie 36 minut postanowiłem go wybudzić.

Zaczęło się od dźwięku. Był bardzo wysoki i przenikliwy, jakby wydobywał się z silnie naprężonego przewodu.

Znajdowało się tam cztery lub pięć istot. Znalazły mnie bardzo szybko. Może to zabrzmi niedorzecznie, ale z wyglądu przypominały kaktusy saguaro. Ozdabiały je geometryczne, jakby peruwiańskie motywy. Wydawały się bardzo elastyczne, ale mało wytrzymałe. Nie były wobec mnie życzliwe, ale nie były także wrogo nastawione. Badały mnie. Sprawiały wrażenie, jakby wiedziały, że mają mało czasu. Chciały się dowiedzieć, co tam robię. Nie odpowiedziałem, ale one i tak już wiedziały. Kiedy w końcu uznały, że wszystko ze mną w porządku, wróciły do swoich spraw.

Jego oczy były otwarte, przeszklone, wpatrzone w sufit. Wydawał się nie pojmować tego, przez co przed chwilą przeszedł.

– Wiem, że to brzmi dla ciebie niewiarygodnie, podobnie jak dla nas, ale to się zdarza.

Powoli, jakby nie miał pewności, czy w ogóle nam o tym opowiadać, powiedział:

Miałem wrażenie, że włożono mi coś w lewe przedramię, o tutaj, kilka centymetrów pod tatuażem z ogniwem łańcucha wokół nadgarstka. Kiedy mnie znaleźli, najpierw poczułem dezorientację, a potem strach. Coś w rodzaju: „Hej! A to co?!". Nie miałem jednak wystarczająco dużo czasu, żeby krzyknąć: „Kim do cholery jesteście? Pokażcie jakieś dokumenty!".

Doniesienia o kontaktach z niematerialnymi istotami, które usłyszeliśmy z ust naszych badanych, są zaskakująco spójne. Przed nagłym przeniesieniem w świat „obcych" większość z nich słyszała te same dźwięki i wibracje. Ochotnicy trafiali w wizjach do łóżka stojącego w jakimś laboratorium lub supernowoczesnym pomieszczeniu. Zamieszkujące ów „inny" wymiar istoty posiadały wysoką inteligencję i wykazywały zainteresowanie naszymi badanymi. Wydawały się przy tym oczekiwać na ich przybycie i od razu zabierały się do pracy. Czasami jedna z tych istot była dowódcą i kierowała poczynaniami pozostałych. Ochotnicy bardzo często podkreślali emocjonalną naturę związków nawiązywanych z tymi bytami – czuli z ich strony miłość, troskę, ale czasem także obojętność profesjonalisty.

Istoty te wydawały się testować, sondować, badać, a nawet modyfikować ciała i umysły naszych ochotników. Czasami zdarzało się tak, że najpierw przeprowadzały one swoje badania i dopiero po tym, jak wyniki były pozytywne, wchodziły w dalsze interakcje. Bardzo często porozumiewały się z badanymi, próbując przekazać im jakieś informacje za pośrednictwem gestów, telepatii lub wizji. Cel nawiązywania tych kontaktów nie był do końca jasny, ale kilku ochotników miało poczucie, że istoty te starają się ich udoskonalić lub przyspieszyć ewolucję całej naszej rasy.

Byłem zdumiony zarówno liczebnością, jak i dziwaczną naturą tego rodzaju doniesień. W tym rozdziale przedstawiłem opowieści dość dobrze obrazujące, dlaczego moje reakcje na wypowiedzi badanych często były ograniczone do niezbędnego minimum. Początkowo próbowałem uniknąć problemów związanych z opracowywaniem jakiegokolwiek modelu wyjaśniającego te doświadczenia, czy to na moje potrzeby, czy to na potrzeby badanych. Po jakimś czasie wszyscy musieliśmy jednak nadać tym sesjom jakiś sens.

Jako psychiatra kliniczny brałem pod uwagę, że regularność pojawiania się tych doniesień oraz ich spójność, ale także leżące u ich podstaw przeświadczenie o realności doświadczenia, wspierają wyjaśnienie biologiczne. Aktywowaliśmy chemicznie określone części mózgu, co prowadziło do pojawienia się wizji i odczuć. Jak inaczej można wytłumaczyć fakt, że tak wiele osób podzielało te same doświadczenia i spotykało niezwykle podobne do siebie owadopodobne, gadzie istoty?

Sądziłem, że te przeżycia były halucynacjami, aczkolwiek niezwykle skomplikowanymi – że były po prostu wytworami chemii mózgu wywoływanymi podaniem „halucynogennej" substancji, czymś podobnym do świadomego snu. Podczas sesji z dużymi dawkami DMT oczy wielu ochotników zaczynały się obracać pod powiekami. Nasunęło mi to oczywiste skojarzenie z fazą szybkich ruchów gałek ocznych, podczas której pojawiają się nasze sny. DMT mogło wywoływać stan świadomego śnienia.

Nasi badani jednakże uporczywie odrzucali wyjaśnienie biologiczne, ponieważ umniejszało ono doniosłość, spójność i niepodważalność ich doświadczeń. Jak ktokolwiek mógł im wmawiać, że kawałek odpowiednio pobudzonej tkanki mózgu prowadzi do pojawienia się spotkań z obcymi istotami, poddawania eksperymentom i przeprogramowywania? Badanych nie satysfakcjonowała także sugestia, jakoby była to kwestia zachowania świadomości podczas snu. Wielu z nich zastrzegało na samym początku swojej opowieści, że „To nie był sen" lub „Nie byłbym w stanie czegoś takiego wymyślić, nawet gdybym bardzo chciał".

Na nieco bardziej abstrakcyjnym poziomie próbowałem także wyjaśnienia psychologicznego. Doświadczenia te byłyby zatem symbolicznym przejawem czegoś innego: pragnień, obaw lub nierozwiązanych konfliktów. Jednakże owe „symboliczne" wyjaśnienia również nie zdały egzaminu. Nawet najbardziej umiarkowane interpretacje okazywały się niewypałami. W jaki sposób te doświadczenia miały odzwierciedlać tendencje psychiczne takie jak agresja czy pragnienie zależności?

Próbując wyjaśnić nawet najdziwniejsze sesje, niektórzy ochotnicy skłaniali się ku niemal akademickiemu wyjaśnieniu: „To tylko narkotyk".

W przypadku innych osób potrzeba odszukania bardziej odpowiedniego wyjaśnienia stawała się sprawą najwyższej wagi. W jaki sposób mogli oni przejść przez tego rodzaju doświadczenie? Czy była to tylko ich wyobraźnia? W jaki sposób umysł może tworzyć sytuacje, które wydają się bardziej prawdziwe aniżeli to, czego doświadczamy na jawie? Jeśli to była „prawda", w jaki sposób można powrócić do swojego dotychczasowego życia, wiedząc, że istnieje niezliczona liczba niewidzialnych wymiarów, które na dodatek są zamieszkiwane przez inteligentne formy życia? Kim są te istoty? Jaki jest charakter relacji łączącej je z naszymi ochotnikami po tym, jak już nawiązali oni ze sobą „kontakt"?

W pewnym momencie postanowiłem odejść od mojego redukcjonistycznego, materialistycznego podejścia – od przeświadczenia, że „ja wiem, z czym mamy do czynienia". Nie żeby ta decyzja sprawiła, że słuchając opowieści naszych badanych zacząłem się lepiej czuć. Przestałem jednak ryzykować, że pogorszę tylko sytuację, próbując wyjaśnić ich doświadczenia w kategoriach zjawisk, z którymi nie mają one nic wspólnego. Interpretowanie, wyjaśnianie lub jakakolwiek inna forma upraszczania tych sprawozdań powodowała zazwyczaj, że badani zamykali się w sobie, ja zaś wiedziałem, że jeśli nie zachęcę ich do mówienia, stracę cenne i niezwykle ważne elementy układanki.

W ten sposób w ramach myślowego eksperymentu postanowiłem zachowywać się, jakby odwiedzane przez naszych ochotników światy oraz spotykane tam istoty były rzeczywiste, równie rzeczywiste jak pokój 531, szpitalne łóżko, pielęgniarka i ja. Takie podejście dawało wolność bardziej empatycznego reagowania, a także sprawdzenia, dokąd nas to wszystko zaprowadzi. Umożliwiało także uwzględnienie nowych sposobów postrzegania niesamowicie spójnych doniesień, które słyszeliśmy z ust badanych przez nas osób.

Niemniej jednak przyjmowanie takiego podejścia wobec opisów spotkań z obcymi istotami było dość problematyczne. Zacząłem się zastanawiać, czy nie ulegałem jakiejś zbiorowej psychozie.

Podobne wątpliwości dręczyły także uczestników badań. Po tym, jak podczas spotkań towarzyskich organizowanych po zakończeniu projektu usłyszeli oni od swoich koleżanek i kolegów o spotkaniach z nieznanymi im istotami, kilka osób postanowiło założyć specjalną grupę wsparcia, która zbiera się co miesiąc lub dwa. Powody? „Nie mogę z nikim o tym porozmawiać", „Nikt by tego nie zrozumiał. To jest zbyt dziwaczne", „W ten sposób chcę sobie przypominać, że nie zwariowałem".

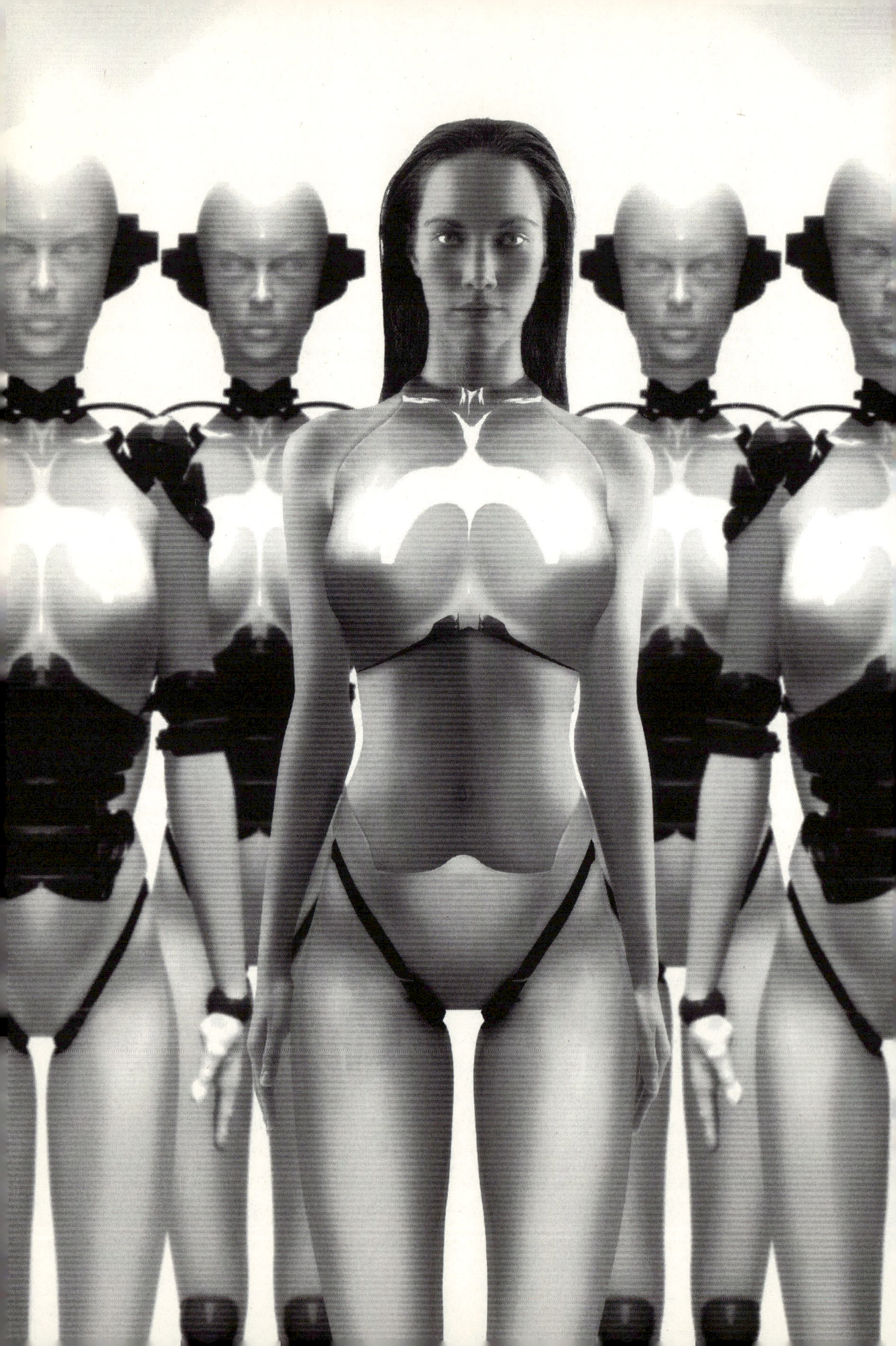

14.

Spotkania przez zasłonę: 2.

W tym rozdziale opiszę dwa najbardziej złożone przypadki spotkań z obcymi istotami, jakie miały miejsce podczas naszych eksperymentów w Albuquerque. Jakościowo są one bardzo podobne do relacji, które zostały zaprezentowane już wcześniej. Wyróżnia je jednak liczba szczegółów oraz ogromne znaczenie, jakie przypisywały im przeżywające je osoby, czyli Rex i Sara. Opowieści te obfitują w zupełnie nieoczekiwane i wstrząsające ciągi doświadczeń, unaoczniając tym samym, jak niezwykłe wymiary może nam ukazać DMT.

Sesje te sprawiły także, że zacząłem odczuwać wątpliwości i zakłopotanie, dokąd prowadzi nas molekuła duszy. To właśnie na tym etapie badań zacząłem zastanawiać się, czy będę w stanie doprowadzić je do końca. Przyglądając się sprawozdaniom ochotników, doszedłem do wniosku, że moje wyobrażenia dotyczące umysłu, mózgu i rzeczywistości są zbyt ograniczone, aby zawrzeć w sobie doświadczenia takich osób jak Rex czy Sara. Zacząłem także mieć wątpliwości, na ile jesteśmy w stanie wspierać i rozumieć naszych ochotników, a także czy możemy im pomóc w zintegrowaniu przeżyć wyniesionych z wymiarów, do których trafiali. Czy otwieraliśmy puszkę Pandory? W jaki sposób nasi badani mogli powrócić do swojego dotychczasowego życia po tym, jak doświadczyli kontaktu z niemożliwą do wytłumaczenia, ale jak najbardziej namacalną rzeczywistością? Co mogliśmy im powiedzieć, aby złagodzić odczuwaną przez nich dezorientację?

Sara uczestniczyła w badaniach jako DMT-34, Rex natomiast – jako DMT-42. W momencie gdy zgłosili oni chęć uczestnictwa w naszych eksperymentach, mijało dwa i pół roku od rozpoczęcia projektu dotyczącego DMT. Choć nie było to łatwe, zdążyliśmy przez ten czas oswoić się z opowieściami o spotkaniach z inteligentnymi formami życia, które przytrafiały się naszym ochotnikom. Gdyby sesje Rexa i Sary miały miejsce we wcześniejszych etapach badań, bardzo możliwe, że nie bylibyśmy w stanie udzielić im wystarczającego wsparcia ani wydobyć z nich tak wielu szczegółów.

Doświadczenia tych osób mogły być tak niesamowite, ponieważ były one w stanie dość szybko przezwyciężyć niedowierzanie i szok spowodowane przeniknięciem do niewidzialnych światów i nawiązaniem kontaktu z zamieszkującymi tam istotami. Oprócz tego oboje mieli za sobą dość trudną przeszłość oraz niesłychaną zdolność zachowywania trzeźwości umysłu w stresujących i przerażających sytuacjach – próbowali się z nich jak najwięcej nauczyć; niczego nie lekceważyli i akceptowali tak dużo, jak tylko byli w stanie.

Rex miał czterdzieści lat, kiedy zgłosił się do naszych badań. Służąc w wojsku, zdarzyło mu się kiedyś zażyć trochę PCP, czy też „anielskiego pyłu", myśląc, że jest to THC, czyli substancja czynna marihuany. Następstwem tej pomyłki była psychoza i tygodniowy pobyt w szpitalu psychiatrycznym. Przez kilka lat Rex uczył się na uniwersytecie, ale problemy finansowe i brak miejsca zamieszkania spowodowały, że musiał przerwać studia. W wieku dwudziestu kilku lat wpadł w depresję spowodowaną rozwodem. Pomimo tych wszystkich przejść jego stan emocjonalny był na tyle dobry, że bez najmniejszych wątpliwości zatwierdziliśmy jego udział w badaniach.

Rex miał surową męską urodę, ale w obyciu był bardzo łagodny. Jego ciemne oczy, włosy i wąsy kontrastowały z bladą cerą. Był jedynym badanym, który częściej zwracał się do mnie „doktorze Strassman" niż „Rick". Pomimo że z wykształcenia był stolarzem, miał także pewne osiągnięcia w dziedzinie twórczego pisania. Sympatyzował ponadto z wiccą – religią opierającą się na związku z naturą.

Na pytanie, dlaczego postanowił zgłosić się do badań, Rex odpowiedział następująco:

– Chcę zbadać możliwości umysłu, naturę prawdziwej i postrzeganej przez nas rzeczywistości oraz nasze relacje z tą rzeczywistością i Bogiem. Mam nadzieję, że zyskam w ten sposób przynajmniej pełniejsze zrozumienie siebie.

Jako że reakcja Rexa na pierwszą niską dawkę DMT była zaskakująco silna, mogłem przypuszczać, że następnego dnia czekają go naprawdę potężne doświadczenia. Po upływie pięciu minut od zrobienia zastrzyku powiedział:

Usłyszałem buczenie. Nie mogłem stwierdzić, czy to dźwięk pracującej klimatyzacji, czy nie. Po chwili poczułem obecność obcych, humanoidalnych istot. Wokół nich wiły się kolorowe spirale, dzięki którym mogłem ujrzeć zarys ich sylwetek. Opierając się na tym, co przeczytałem wcześniej, spodziewałem się raczej spotkań ze skrzatami, a nie czymś takim.

Łóżko zaczęło się obracać i kołysać. Poczułem się nieswojo, tak jakby groziło mi jakieś niebezpieczeństwo. Poczułem ucisk w klatce piersiowej, który przybrał następnie postać obcego bytu. Próbowałem się rozluźnić i nawiązać z nim kontakt. Istota ta wydawała się panować nad sytuacją w znacznie większym stopniu niż ja. Czułem, że jest zainteresowana moją osobą i odczuwanym przeze mnie strachem.

Pamiętam to uczucie z czasów dzieciństwa. Kiedy się czegoś bałem, próbowałem się uspokoić, powtarzając: „Najgorsze, co może mi się przytrafić, to trafienie przed oblicze Boga". W ten sposób odzyskiwałem równowagę.

Wiedziałem, że następnego dnia, najprawdopodobniej, czeka go zupełnie druzgocące spotkanie z tymi istotami. Uznałem, że uczciwie będzie go o tym uprzedzić, przygotować, przynajmniej w takim stopniu, w jakim mogłem to uczynić, opierając się na doświadczeniach innych osób. Niemniej jednak czułem się dość dziwnie mówiąc:

– Wydają się tobą interesować. W ogóle interesują się ludźmi, a w szczególności tym, co ludzie czują.

Próbował zachowywać się swobodnie.

Super...

– Przygotuj się, że jutro możesz zostać rozczłonkowany. Wiem, że to brzmi dość groźnie, ale, prawdopodobnie, czeka cię podróż wyboistą drogą.

Następnego ranka obudziłem się podenerwowany. Jak pójdzie Rexowi? Miał w końcu otrzymać ośmiokrotnie wyższą dawkę niż dzień wcześniej.

Możliwie najszybciej zabraliśmy się do pracy. Rex powiedział mi:

– Chyba najbardziej obawiam się zawrotów głowy i nudności.

Jego uwaga przypomniała mi o tybetańskiej praktyce medytacyjnej, której nauczyłem się wiele lat wcześniej. Metoda ta polegała po prostu na ciągłym pytaniu siebie: „Czy tym właśnie jestem?". Bez względu na udzieloną odpowiedź – „moim ciałem", „moją pracą", „moimi relacjami z innymi" – konieczne było ponowne zadanie pytania: „Czy *tym* właśnie jestem?". Ciało, umysł, tożsamość, poglądy, uczucia – wszystko zaczynało się rozmywać. Ta medytacja podziałała na mnie na tyle silnie, że w trakcie jej przeprowadzania musiałem wybiec z pomieszczenia i zwymiotować.

Zastanawiałem się, czy coś podobnego nie miało miejsca w przypadku Rexa:

– Czasami nudności i zawroty głowy mogą wiązać się z czymś, czego nie potrafimy zaakceptować, czymś niezgłębionym, ale oczywistym. Czy zdarzyło się ostatnio coś ważnego, o czym starasz się nie myśleć?

– Jakieś sześć tygodni temu rozstałem się ze swoją dziewczyną. Dzisiaj rano do niej zadzwoniłem. Nie wiem, czy zrywanie z nią było dobrym pomysłem.

Kobiety. Związki. Zaufanie.

– A twoje małżeństwo? Jakie ono było?

– U żony zdiagnozowano schizofrenię paranoidalną. Zachowywała się strasznie. Czułem się przez nią bardzo źle.

– A zatem, do pewnego stopnia mamy tu do czynienia z lękiem przed zaangażowaniem. Zaangażowanie oznacza bycie wykorzystywanym przez kogoś, kto jest zupełnie szalony.

– Tak – dostrzegł także pewien związek. – Poza tym bałem się reakcji organizmu na DMT, tego, że poczuję się niedobrze i umrę w wyniku reakcji uczuleniowej. Zastanawiałem się, czy objawami uczulenia był ucisk w klatce piersiowej i głowie.

Kierując rozmowę z powrotem na emocje, a nie reakcje ciała, przycisnąłem Rexa, mówiąc:

– Ważna jest kwestia przywiązania. Przywiązania do siebie, ale także przywiązania do nieposiadania jaźni. Sądzę, że chodzi także o przywiązanie do wiary w to, że znajdujesz się pod czyjąś opieką i że nikt cię nie wykorzysta, kiedy znajdziesz się w potrzebie.

Kontynuowaliśmy tę rozmowę przez jakiś czas. Po upływie mniej więcej pół godziny Rex wydawał się znacznie spokojniejszy, chociaż sam zacząłem odczuwać mdłości i zawroty głowy. Wyglądało na to, że Rex pozbył się odczuwanego przez siebie lęku, ale także, że przeniósł się on na moją osobę. Powiedziałem, że możemy zaczynać. Energicznie przeszedłem kilka razy tam i z powrotem przez korytarz i zwilżyłem twarz zimną wodą w łazience, dzięki czemu poczułem się względnie normalnie.

Przez kilka minut po zrobieniu zastrzyku Rex leżał w zupełnym spokoju. Widok ten sprawił, że umieściłem w swoim notesie zwięzłą notatkę: „Dzięki Bogu".

W siódmej minucie na jego karku pojawiła się pokrzywka. Laura wskazała fiolkę z antyhistaminą, którą trzymaliśmy pod ręką, na wypadek gdyby podrażnienie skóry było zbyt silne lub reakcja alergiczna rozprzestrzeniła się do płuc, powodując w ten sposób duszności. Rzeczywiście, *miał* reakcję alergiczną. Jakby wyczuwając nasze obawy, Rex wyciągnął swoją lewą dłoń w kierunku Laury, a ona delikatnie ją chwyciła.

W dziesiątej minucie Rex zdjął opaskę z oczu i powiedział:

Kiedy zaczęło mnie pochłaniać, zobaczyłem, że wszędzie naokoło znajdują się owadopodobne istoty. Ewidentnie starały się do mnie dostać. Robiłem co w mojej mocy, aby nie dopuścić do utraty świadomości, kim jestem lub byłem. Im silniej walczyłem, tym bardziej demoniczne stawały się te istoty. Zaczęły sondować moją psychikę i duszę. W końcu zacząłem puszczać kolejne części siebie, ponieważ nie byłem już w stanie ich utrzymać. Wciąż jednak kurczowo trzymałem się przeświadczenia, że wszystko jest Bogiem, że Bóg jest miłością i że oddaję się Bogu i miłości Boga. Byłem pewien, że umieram. Kiedy zaakceptowałem swoją śmierć i rozpuszczenie w boskiej miłości, insektoidy zaczęły posilać się moim sercem, pożerając w ten sposób uczucia miłości i oddania.

To nie przypominało działania LSD. Czułem, że wszystko się wokół mnie zasklepia, co stało w sprzeczności z poczuciem przestrzeni doświadczanym przeze mnie pod wpływem LSD. Czułem się osaczony. Nigdy wcześniej nie doświadczyłem czegoś takiego. Te istoty interesowały się przede wszystkim emocjami. Trzymałem się mojej ostatniej myśli, że Bóg jest tożsamy z miłością, one jednak zapytały mnie: „Nawet tutaj? Nawet tutaj?". „Oczywiście, że tak", odpowiedziałem. Zacząłem się z nimi kochać. One natomiast zaczęły kochać się ze mną, nie przerywając przy tym swojej uczty. Nie wiem, czy były one rodzaju męskiego, czy żeńskiego, czy jakiegoś innego. Doświadczenie to było niezwykle dziwaczne, ale niekoniecznie nieprzyjemne. Poczułem, że te istoty manipulują moim DNA, że zmieniają jego budowę.

W tym momencie wszystko zaczęło się rozmywać. One jednak nie chciały, żebym odchodził.

Mając w pamięci wiele wcześniejszych opowieści, powiedziałem:

– Tak, interesują się nami i naszymi uczuciami. I nie, nie chcą, żebyśmy odchodzili.

Intensywność była niemalże niemożliwa do zniesienia. Im bardziej starałem się walczyć, tym bardziej złowrogie stawały się te postacie. Chyba będę potrzebował po tym wszystkim terapii – seks z owadami!

W dalszym ciągu starałem się znaleźć psychologiczne wyjaśnienie tych tajemniczych doświadczeń. Powiedziałem:

– To mogły być twoje lęki, twoje ograniczenia.

Rex nie wydawał się przekonany.

Hmmm. Być może... nie wiem. To była niewerbalna komunikacja. „Nawet tutaj? Nawet tutaj?" nie było wypowiadane przy użyciu słów. To była komunikacja empatyczna, telepatyczna.

Po upływie 28 minut w dalszym ciągu wydawał się gdzieś daleko.

– Jak się teraz czujesz?

Teraz? Mam wrażenie, że moje ciało nie do końca należy do mnie. Wciąż czuję, że przepływa przez nie coś z obcego wymiaru. Czuję, jak to coś mnie przenika.

– A co z emocjami?

Emocje, emocje... czuję lekką euforię.

– Cieszysz się, że wciąż żyjesz?

Roześmiał się i spojrzał na mnie przytomnym wzrokiem:

Tak! Cieszę się, że wciąż żyję!

– Mogłeś stracić przytomność, kiedy te istoty na tobie żerowały. Nie byłoby to nic zaskakującego. Większość ludzi w takiej sytuacji, najprawdopodobniej, by zemdlała.

Zgadza się. To prawda. Zależy od osoby, ale z pewnością takie doświadczenie działa obezwładniająco. Może to jaźń? Może to te istoty? Sam już nie wiem. Po prostu nie wiem, skąd się te rzeczy biorą.

Podobnie jak w przypadku wielu innych ochotników, wypełnianie kwestionariusza pomogło Rexowi uczynić jego sprawozdanie spójniejszym i bardziej wyczerpującym. Jego spostrzeżenia w znacznej mierze pokrywały się z tym, co na temat spotkań z istotami z innych wymiarów usłyszeliśmy od pozostałych badanych:

Jeśli chodzi o pytanie, jak bardzo czułem się odurzony – nie wiem. Zachowałem przytomny umysł. Widziałem to wszystko bardzo wyraźnie. Nie byłem na „haju", nie czułem otępienia; to się po prostu działo.

Rex brał także udział w pilotażowym badaniu dotyczącym pindololu. Najpierw miał otrzymać dawkę DMT, a po zniknięciu wszystkich objawów podalibyśmy mu doustnie pindolol. Następnie, po upływie 90 minut, kiedy pindolol wywiera najsilniejszy wpływ na receptory serotoninowe, ponownie dostałby DMT.

Sesje z użyciem 0,05 oraz 0,1 mg/kg DMT, zarówno te z podaniem pindololu, jak i bez niego, przebiegały stosunkowo spokojnie. Czas ten wykorzystaliśmy na przepracowanie spotkania z ucztującymi owadami-kosmitami, które przydarzyło mu się po otrzymaniu wysokiej dawki.

Mam teraz poczucie, że istnieje coś więcej: coś, do czego nie mam dostępu w swoim codziennym życiu. Wydaje mi się, że to jest następstwo nawiązania kontaktu z obcymi istotami – oczekuję tego kontaktu w swoim codziennym życiu. Liczę na to, że tak się stanie. Wiem, że to możliwe.

Musiałem zapytać:

– Jak wygląda seks z obcymi? Jakbyś miał to nazwać, to byłby to stosunek czy może bardziej odczucie, czy coś innego?

To coś bardzo pozytywnego i ciepłego. Przypomina pojawiające się po seksie poczucie, że jest się czujnym i pełnym życia.

Podczas późniejszych badań Rex otrzymał dwie dawki 0,2 mg/kg, jedną z pindololem, drugą bez niego. Wydawało się, że pierwsza dawka wywarła na niego umiarkowany wpływ:

Zdaję sobie sprawę, że intensywne pulsowanie-bzyczenie i odczuwane przeze mnie wibracje są próbą nawiązania ze mną kontaktu przez te istoty. Zobaczyłem je i poczułem, że poddają mnie jakimś eksperymentom. Ujrzałem przed sobą złowrogą twarz, ale niemal od razu jedna z istot starała się mnie uspokoić. W pewnym momencie wszędzie wokół mnie otworzyła się przestrzeń. Zobaczyłem tam jakieś stworzenia i maszyny. Wydawały się zawieszone w czarnej pustce. Przestrzeń rozciągała się w nieskończoność. Dzielili się tym ze mną, pozwalali mi to wszystko oglądać. W pewnym momencie naszło mnie wrażenie, że umieram. Niemal od razu pojawiła się kobieta, aby dodać mi otuchy. Towarzyszyła mi, kiedy przyglądałem się stworzeniom i maszynom. Jej obecność wywoływała we mnie poczucie głębokiej relaksacji i spokoju.

Cieszyło mnie to, że w końcu zaczął odnajdować jakieś wsparcie w swoich podróżach:

– Wreszcie! Przyjaciółka!

Tak. Miała podłużną głowę. Domyślam się, że wcześniej strażnicy nie pozwalali mi jej zobaczyć.

Ponownie spróbowałem wyjaśnić jego doświadczenia z perspektywy psychologicznej. Powiedziałem:

– Strażnicy to posiadane przez ciebie rzeczy. To otaczające cię przedmioty, które uniemożliwiają ujrzenie tego, co jest po drugiej stronie.

Podobnie jak wcześniej, Rex nie był przekonany:

Wiem, ale oni wyglądali jak coś więcej. Wyglądali jak strażnicy, jak wojownicy strzegący bram.

Mówił dalej:

Wlewali we mnie swój przekaz. To było niesamowicie intensywne doświadczenie. Nie miałem pewności, czy wytrzymam. Z twarzy towarzyszącej mi istoty wydobywały się strumienie psychodelicznego, żółtego światła. Próbowała się ze mną porozumiewać. Wyglądała na bardzo zainteresowaną moją osobą oraz tym, czego doświadczałem w następstwie naszego spotkania.

Spojrzałem w górę. Znajdowały się tam jakieś zielone kontury, które się obracały i zmieniały swój kształt. Miałem wrażenie, że opiekująca się mną istota pokazywała mi, w jaki sposób się nimi posługiwać. Kontury przybrały postać terminalu komputerowego. Wydaje mi się, że ta istota chciała, bym spróbował porozumiewać się z nią przy pomocy tego urządzenia. Ja jednak nie miałem pojęcia, w jaki sposób się nim posługiwać.

Powróciliśmy do pracy po 90 minutach. Wiedziałem, że mająca zaraz nastąpić sesja z użyciem 0,2 mg/kg DMT oraz podaniem pindololu może być najsilniejszym doświadczeniem Rexa z DMT. Ostrzegłem go:

– Biorąc pod uwagę, jak mocno zareagowałeś na pierwszą dawkę 0,2 mg/kg, druga może być naprawdę potężna. Jesteś gotów?

– Myślę, że tak.

Jako że w drugiej minucie od zrobienia zastrzyku ciśnienie krwi Rexa było dość wysokie, 180/130, dałem Laurze znać, aby zmierzyła je ponownie po upływie minuty. Utrzymywało się na tym samym poziomie, a na dodatek jego tętno zaczęło zwalniać – jest to normalny fizjologiczny mechanizm obronny mający na celu ochronę mózgu i innych narządów przed zbyt wysokim ciśnieniem krwi. Rex wyglądał jednak całkiem dobrze.

W piątej minucie jego rozkurczowe ciśnienie krwi (czyli najniższa wartość ciśnienia tętniczego) utrzymywało się na poziomie przekraczającym 105. Pomyślałem sobie: „To zbyt silna reakcja". Po upływie 12 minut od rozpoczęcia sesji Rex zdjął z oczu opaskę. Wydawał się wstrząśnięty:

Czuję coś bardzo dziwnego. Tak jakbym unosił się w gorącej wodzie.

– Gorąco ci?

Hmmm, trochę. Bardziej chce mi się spać. Działanie było naprawdę silne. Miałem wrażenie, że będzie się utrzymywać w nieskończoność, że nigdy nie osłabnie. To było to samo miejsce – bezgraniczny, rozświetlony neonowymi światłami, supernowoczesny ul... a wszędzie wokół mnie znajdowały się inteligentne istoty przypominające owady.

Uniósł ręce nad głowę, spojrzał na swoją prawą dłoń i się roześmiał.

W pewnym momencie poczułem wilgoć na całym ciele. Te istoty czymś mnie ochlapywały. Wszystko tam wydawało się przyjazne. Nie wydaje mi się, żebym stracił przytomność, ale teraz nie mogę sobie wszystkiego przypomnieć.

Ze zdumieniem spojrzał na sufit.

Przykro mi, panie doktorze. Nie pamiętam.

– W porządku. Wróciłeś do nas. To najważniejsze.

Nie dawał jednak za wygraną:

Zobaczyłem istotę, która mi wcześniej towarzyszyła... Czułem w sobie pulsującą wibrację. Te istoty chciały, żebym się do nich przyłączył, żebym został z nimi. Kusiły mnie... Stałem przed ciągnącym się w nieskończoność korytarzem. Przez długi czas słyszałem niezwykle intensywne brzęczenie. Obrazy zmieniały się przed moimi oczami jak w kalejdoskopie. Nagle wszystko osłabło i wtedy trafiłem do ula. Zobaczyłem istotę, która mi pomagała, ale nie tę samą, którą spotkałem wcześniej.

Była bardzo inteligentna, ale w niczym nie przypominała człowieka. Była raczej podobna do pszczoły. Oprowadzała mnie po ulu. Była bardzo przyjaźnie nastawiona. Czułem, że całe to miejsce przenikała ciepła, zmysłowa energia. Uznałem, że życie w tak przyjemnym, pełnym miłości miejscu musi być czymś wspaniałym. Istota powiedziała mi, że to właśnie tam spoczywa nasza przyszłość. Nie mam najmniejszego pojęcia, z jakiego powodu to powiedziała, co miała na myśli ani czy to dobrze, czy źle. Pamiętam, że kiedy poczułem, że zaczynam wracać, powtarzałem sobie: „Chcę o tym pamiętać. Chcę o tym pamiętać". Ale zapomniałem.

Dokąd trafił Rex? Kim były podobne do owadów istoty, które tak bardzo się nim interesowały i utrzymywały z nim tak niejednoznaczną relację – z jednej strony paraliżując go i pożerając, z drugiej – opiekując się nim i obdarzając miłością? Moje propozycje wyjaśnienia tych doświadczeń za pomocą kategorii psychologicznych nie znalazły poparcia ze strony Rexa – sytuacja wyglądała bardzo podobnie w przypadku większości badanych, którym próbowałem pomóc zinterpretować przeżycia w ten sposób.

Rex wydawał się zadowolony z przebytej sesji, zaś wyniesione z niej doświadczenia łączył z coraz bardziej złożonymi i bogatymi w symbole snami, które przytrafiały mu się od jakiegoś czasu. Zaczął także interesować się literaturą dotyczącą psychodelicznych roślin i szamanizmu.

Przed jedną z ostatnich sesji z podaniem pindololu Rex poprosił mnie, żebym rzucił okiem na podrażniony pieprzyk, który znajdował się na jego nodze. Poradziłem mu, żeby niezwłocznie zapisał się na wizytę u dermatologa. Okazało się, że to czerniak złośliwy. Rex musiał zrezygnować z dalszego uczestnictwa w naszych badaniach ze względu na terapię nowotworową. Na szczęście czerniak się nie rozprzestrzenił, Rex zaś powrócił do zdrowia po wycięciu guza. Do tego czasu zdążyłem już jednak wyjechać z Nowego Meksyku.

Sara została włączona do projektu badań nad DMT w wieku czterdziestu dwóch lat. Mieszkała ze swoim drugim mężem Kevinem, ich małym dzieckiem oraz dwójką dzieci z jej pierwszego małżeństwa. Pracowała jako niezależna pisarka i uczęszczała na studia uzupełniające. Była potężnie zbudowaną kobietą o rudych włosach i błyszczących, błękitnych oczach. Była bezpośrednia w obyciu; bez względu na temat rozmowy z jej twarzy nie znikał szelmowski uśmieszek.

Sara miała za sobą, najprawdopodobniej, najcięższą depresję spośród wszystkich badanych przez nas osób. W wieku dwudziestu kilku lat próbowała odebrać sobie życie przepisanymi jej lekami przeciwbólowymi, wskutek czego przez dwa tygodnie musiała być przymusowo hospitalizowana, a przez następnych kilka lat zażywała antydepresanty. Niemniej jednak od ponad dziesięciu lat nie przyjmowała żadnych leków i cieszyła się znakomitym zdrowiem. Była przy tym jedną z najbardziej wnikliwych i zadowolonych z życia osób, które uczestniczyły w naszych badaniach.

Sara powiedziała nam, że któregoś razu, gdy jako dziecko miała wysoką gorączkę, odwiedził ją „anioł". Od tamtej pory ma swoich „duchowych przewodników", z którymi kontaktuje się, gdy tylko potrzebuje wsparcia i porady. Uważała, że jest „bardziej wrażliwa na uzdrawiające i duchowe energie aniżeli większość ludzi". Podobnie jak Rex, Sara praktykowała wiccę – znali się zresztą ze spotkań wyznawców tej religii.

Sara zgłosiła się do badań, ponieważ poszukiwała „osobistego zrozumienia i poszerzenia świadomości". Powiedziała:

– Mam nadzieję, że uda mi się osiągnąć pełniejszy wgląd we własną psychikę oraz relacje wiążące mnie ze wszechświatem i niewidzialnymi wymiarami.

Jej obawy dotyczyły przede wszystkim „zagubienia w otchłani i bycia niewystarczająco odważną, by stawić czoło wyzwaniu".

Doświadczenia Sary po przyjęciu niskiej dawki DMT w dużej mierze pokrywały się z doznaniami innych ochotników – były przyjemne i relaksujące, ale niezbyt silne. Sesja z użyciem wysokiej dawki, którą przeprowadziliśmy następnego dnia, wywarła na nią jednak bardzo głęboki wpływ. Przyjrzyjmy się zapiskom, które otrzymałem od niej po upływie około tygodnia od tamtego poranka:

Rick powiedział: „W porządku; zaczniemy za około 15 sekund". Czułam chłodny dotyk jego dłoni – ostatni, krzepiący pomost łączący mnie z rzeczywistością. Próbowałam liczyć uderzenia mojego serca, aby zająć czymś swój umysł. Zdążyłam doliczyć do trzech.

Usłyszałam dźwięk, bzyczenie, które przechodziło w świst. Nagle wystrzeliłam ze swojego ciała z taką siłą, z taką gwałtownością, jakbym osiągnęła szybkość światła. Otaczające mnie kolory były agresywne, przerażające; miałam wrażenie, że mogłyby mnie pochłonąć. Czułam się tak, jakbym znalazła się na platformie lecącej z prędkością świetlną wprost na ogromną psychodeliczną piłę łańcuchową. Byłam przerażona. Czułam się zupełnie osamotniona, zagubiona jak nigdy wcześniej. W jaki sposób można opisać poczucie, że jest się jedyną istotą w całym wszechświecie?

Słyszałam odgłosy: wysokie zawodzenie, które kojarzyło mi się z głosami aniołów. Nie podnosiły mnie one jednak na duchu. Były bezduszne. Moje istnienie nie miało dla nich żadnego znaczenia. To był po prostu podkład dźwiękowy przenikający ot-

chłań wszechświata. Miałam wrażenie, że przestaję istnieć w postaci fizycznej, że staję się pozbawioną ciała formą energetyczną. Istota tego, kim jestem, pozostawała samotnie zawieszona w próżni, w przejściowej przestrzeni egzystencji, w której dusze oczekują na ponowną inkarnację. Nie było tam żadnych fizycznych form życia, a jedynie dźwięki i barwy. Śpiewające anioły tylko mi się przyglądały. Pomimo że w żaden sposób nie próbowały mnie pocieszać ani uspokajać, udało mi się powrócić z niezwykle silnym poczuciem Miłości.

Męska istota próbowała się ze mną porozumieć, ale nie rozumiałam, o co jej chodzi. Zapytałam swoim umysłem: „Co?". Jego odpowiedź nie miała jednak dla mnie najmniejszego sensu. Starał się mi przekazać, że coś zobaczę. Ale co? Próbowałam dopytywać: „Czy będę wiedziała, o co ci chodzi, kiedy już to zobaczę?". Usłyszałam hałas przypominający pracę silnika. Zmieszał się z głosem. Zaczęłam wracać. Głos zniknął.

Początkowo poczułam napięcie na mojej twarzy. Stawała się coraz bardziej namacalna. Czułam mankiet urządzenia mierzącego ciśnienie krwi. Pozostałe części mojego ciała także pojawiły się na swoim miejscu; wiedziałam, że wróciłam już w pełni. Podniosłam opaskę z oczu. Na widok Laury i Ricka poczułam, jak wypełnia mnie wzruszenie i głęboka miłość. Zwróciłam głowę w kierunku Kevina. Co za wspaniała ulga.

Sara uczestniczyła także w naszych badaniach nad tolerancją. Przyjrzyjmy się sporządzonym przez nią zapiskom z tamtego dnia. Nie wymagają one niemalże żadnych komentarzy z mojej strony.

Dawka nr 1:

> *Pierwsza podróż byłą pełna wirujących kolorów. Trochę się bałam, ale wciąż powtarzałam sobie: „Rozluźnij się, otwórz na doświadczenie, poddaj się mu". Następnie zobaczyłam coś, co mogę porównać tylko do kasyn Las Vegas – błyskające i wirujące światła we wszystkich kolorach. Byłam tym dość zawiedziona. Miałam nadzieję przeżyć głębokie doświadczenia duchowe, a wylądowałam w Las Vegas! Zanim jednak zdążyłam poczuć się zupełnie rozczarowana, „odleciałam" w inne miejsce, aby obejrzeć przedstawienie klownów. Przypominali nieco zabawki lub postacie z kreskówek. Ich widok bardzo mnie bawił. Początkowo się powstrzymywałam, ale po krótkiej chwili ryknęłam głośnym śmiechem.*
>
> *Rick powiedział mi, że spotkania z klownami przydarzyły się wielu innym osobom. Tak naprawdę zapytał mnie: „O, widziałaś klownów?", tak jakby to byli jego dobrzy znajomi. Po chwili dodał: „Tak, są przekomiczni". Poczułam się po tym znacznie pewniej.*

Dawka nr 2:

> *Tym razem agresywnie wirujące kolory nie wywoływały we mnie żadnego niepokoju. W pewnym momencie z tych wzorków wyłoniła się pulsująca „istota". Może to zabrzmi dziwacznie, ale przypominała nieco Dzwoneczka z „Piotrusia Pana". Próbowała mnie nakłonić, żebym za nią poszła. Początkowo nie miałam zbytniej ochoty, ponieważ nie miałam pojęcia, w jaki sposób znaleźć drogę powrotną. Kiedy postanowiłam jednak pójść za tą istotą, poczułam, że substancja nie działa już wystarczająco mocno, abym mogła to uczynić. Powiedziałam jej: „Nie mogę już z tobą nigdzie iść. Muszę wracać". Nie wydawała się urażona, a wręcz przeciwnie – towarzyszyła mi tak długo, jak była w stanie. Miałam poczucie, że w ten sposób chce się ze mną pożegnać. Powrót przebiegał bardzo powoli i niechętnie zdjęłam z oczu opaskę. Kiedy otworzyłam oczy, wszyscy zdawali się iskrzyć!*

Wiedziałem, że Sara była bliska jakiegoś przełomu, ale gwałtowna reakcja na kolorowe halucynacje w jakiś sposób nie pozwalała jej przejść na drugą stronę.

– Spróbuj nie zwracać uwagi na te kolory. Nie przestaniesz ich widzieć, ale możesz nauczyć się je lekceważyć.

– Czy dobrze jest się na coś nastawiać, na przykład na to, że jeszcze raz zobaczę tę pulsującą, lśniącą istotę?

– Najlepiej nie mieć żadnych oczekiwań. Jeśli na coś liczysz, a to coś się nie pojawi – tylko się rozczarujesz. Możesz wtedy zareagować rozdrażnieniem. Spróbuj po prostu poczuć swoje ciało leżące na łóżku i oczyścić swój umysł.

Kiwnęła głową. Wszyscy zamilkliśmy na chwilę, żeby spojrzeć przez okno na piękne chmury, które zbierały się na wiosennym niebie.

Sara wyglądała na wyczerpaną.

Dawka nr 3:

> *Zdałam sobie sprawę, że to, o czym mówił Rick, było prawdą, że najbardziej intensywna część każdej podróży wiązała się z obserwowaniem tych jaskrawych kolorów. Tym razem dość szybko przedarłam się przez nie „na drugą stronę". Znalazłam się w ciemnej otchłani. Nagle pojawiły się w niej istoty. Widziałam tylko ich zarysy, tak jakby się przed czymś ukrywały. Cieszyły się na mój widok. Dały mi do zrozumienia, że nawiązywały już ze mną wcześniej kontakt. Wydawały się zadowolone, że odkryliśmy tę technologię. Czułam się jak duchowy wędrowiec, który zszedł za bardzo z obranego przez siebie kursu i zamiast wniknąć w duchową rzeczywistość, znalazł się na innej planecie.*

Te istoty chciały dowiedzieć się czegoś więcej o naszych ciałach fizycznych. Powiedziały mi, że ludzie istnieją na wielu różnych poziomach. Musiałam powrócić do swojego organizmu na pomiar ciśnienia i pobranie próbek krwi. Miałam wrażenie, że to one, a nie Laura, zbierają na mój temat informacje i że są mi za to bardzo wdzięczne. W pewnym stopniu mieliśmy ze sobą coś wspólnego. Poradziły mi, abym „doceniała spokój".

Czułam, że wraz z tym, jak działanie DMT ustępowało, zaczynam oddalać się od tych istot. Wracając, zobaczyłam rzeczy z ich świata, których nie jestem w stanie opisać. Myślałam o tym, że mieszkańcy południowego Pacyfiku widzieli tylko małe łódki, a nie potężne statki, którymi podróżował kapitan Cook, dopóki nie weszli na pokład i osobiście ich nie dotknęli.

Powrót okazał się bardzo trudny. Byłam nieco zagubiona, ale poczułam miłość Kevina i zaczęłam kierować się w jej stronę.

Według moich notatek, Sara wstała z łóżka i poszła skorzystać z toalety. Po powrocie powiedziała:

– Jestem zmęczona, ale gotowa na czwartą dawkę.

– To ostatnia dawka. Do dzieła.

Kevin dodał:

– Tylko wróć do nas cała.

W piątej minucie od zrobienia zastrzyku tętno i ciśnienie krwi Sary podskoczyły bardziej niż po podaniu wcześniejszych dawek. Jej odczyty nie były tak wysokie nawet w drugiej minucie, kiedy to reakcja organizmu powinna być najbardziej widoczna. Ewidentnie się z czymś zmagała, ale dopiero później mieliśmy się dowiedzieć z czym. Według moich zapisków, w 10. minucie zaczęła mruczeć:

My też mamy coś, co może was zainteresować. Duchowość... W porządku, pośpieszcie się. Właśnie tak... Robię to dla was...

A oto relacja Sary z dawki nr 4:

Od razu wniknęłam w głęboką przestrzeń. One wiedziały, że do nich wracam, i czekały na moje przybycie. Powiedziały mi, że mogą podzielić się z nami wieloma rzeczami, jeśli tylko uda nam się przedłużyć kontakt. Ponownie czegoś ode mnie chciały, ale nie chodziło tylko o informacje dotyczące cielesności. Były zainteresowane emocjami i uczuciami. Powiedziałam do nich: „Mamy coś, co możemy wam ofiarować: „duchowość". Wydaje mi się, że tak naprawdę chodziło mi o Miłość. Próbowałam wymyślić, w jaki sposób to zrobić. Czułam olbrzymi ładunek energii zbierającej się po mojej lewej stronie. Biło stamtąd olśniewające, różowe światło o białych krawędziach. Wiedziałam, że jest to energia duchowa i Miłość. Istoty znajdowały się po mojej prawej stronie, więc rozłożyłam swoje ramiona, sięgając aż do granic wszechświata. Stałam się pomostem pomiędzy wymiarami. Pozwoliłam energii przepłynąć przez moje ciało w kierunku spotkanych przeze mnie istot. Powiedziałam coś w rodzaju: „Spójrzcie, to dla was. Przyjmijcie to". Były bardzo wdzięczne. Poczułam, że działanie DMT zaczyna ustępować. Musiałam przygotować się do powrotu.

Byłam trochę rozczarowana tym, że całe doświadczenie poświęciłam na „dawanie", podczas gdy tym, czego poszukiwałam, było duchowe oświecenie. Czy może powinnam była najpierw poprosić o coś w zamian? Chyba nie czuję się zbyt komfortowo w roli duchowego emisariusza reprezentującego ziemski wymiar. Starałam się jednak najlepiej, jak byłam w stanie. Zawsze wydawało mi się, że nie jesteśmy jedynymi mieszkańcami wszechświata. Sądziłam jednak, że obcych można spotkać tylko i wyłącznie gdzieś w zewnętrznej przestrzeni, pod postacią świateł i latających spodków. Nigdy nie przyszło mi do głowy, że możemy się z nimi kontaktować, wnikając we własne wnętrze. Wydawało mi się, że jedyne, z czym możemy się zetknąć, to osobista przestrzeń archetypów i mitologii. Oczekiwałam spotkań z duchowymi przewodnikami i aniołami, a nie obcymi formami życia.

W moich zapiskach pojawia się także wzmianka, że pod koniec sesji Sara powiedziała także:

Widziałam urządzenia, z których wychodziły jakieś drążki. Wyglądały jak maszyny.

– To mogły być maszyny.

Sara następująco opisała stan swojego umysłu po przeprowadzeniu sesji:

– Trudno jest o tym wszystkim opowiedzieć. Czy to było prawdziwe? Z pewnością wydawało się prawdziwe, ale sny też bywają bardzo realistyczne. To jednak różniło się od snu, nawet świadomych snów, które czasem mi się przytrafiają. Czy naprawdę spotkałam inne formy życia? Czy naprawdę przesłałam im moc Miłości i duchowości? Co jeszcze bardziej niepokojące, czy w jakiś sposób mnie naznaczyły? Czy w jakiś sposób mnie obserwują? Nie do końca wiem, co o tym myśleć, to wszystko wydaje mi się dość szalone. Co gorsza, czuję się trochę osamotniona w swoim doświadczeniu. Czy ktoś, kto nigdy tam nie był, jest w stanie mnie zrozumieć? Może DMT sprawiło, że zwariowałam? Z pewnością zmieniło moje życie. Co dalej mam z tym wszystkim zrobić?

Przed rozpoczęciem badań nad DMT nie byłem zaznajomiony z literaturą poświęconą uprowadzeniom przez obcych. Podobnie sytuacja wyglądała w przypadku większości badanych. Nie miałem o tego rodzaju zagadnieniach najmniejszego pojęcia i niespecjalnie mnie one interesowały. Temat ten wydawał się jeszcze bardziej niszowy niż badania dotyczące substancji psychodelicznych! Kiedy jednak zauważyłem, że opowieści o spotkaniach z obcymi istotami powtarzają się dość często, zdałem sobie sprawę z tego, że nie mogę się dłużej tłumaczyć nieznajomością zagadnienia. Pomimo tego, co podpowiada mi zdrowy rozsądek, czuję się zobowiązany, żeby podzielić się swoimi przypuszczeniami odnośnie do nawiązywania kontaktu z „obcymi formami życia".

Kiedy przyjrzymy się częstym doniesieniom o „uprowadzeniach przez obcych", nie sposób nie zwrócić uwagi na uderzające podobieństwo owych spotkań z przeżyciami wywoływanymi przyjęciem DMT. Tak znaczące zbieżności mogą pomóc nam w dopuszczeniu do siebie ewentualności, że doświadczenia bycia uprowadzonym przez obcych stanowią następstwo wzmożonej produkcji DMT w mózgu. Tego rodzaju przeżycia mogą pojawiać się spontanicznie we wszystkich opisanych przeze mnie wcześniej okolicznościach pobudzających produkcję szyszynkowego DMT. Mogą także zostać wywołane przyjęciem DMT z zewnątrz, tak jak miało to miejsce w przypadku badanych przez nas osób.

W naszej współczesnej kulturze można dostrzec wyraźną fascynację tematyką uprowadzeń przez obcych. W swoich książkach *Abduction* oraz *Passport to the Cosmos** psychiatra John Mack opublikował historie wielu osób, którym przydarzyły się tego typu doświadczenia.

Mack opisuje, że na samym początku „świadomość zostaje wypełniona jasnym światłem, buczeniem, drżeniem ciała lub paraliżem (...) bądź też pojawieniem się jednej lub wielu humanoidalnych istot, czasem nawet istot o ewidentnie ludzkich sylwetkach". Mack zwraca szczególną uwagę na wibracje o wysokiej częstotliwości, o których opowiadają uprowadzeni – sprawiają one, że osoby te mają wrażenie, jakby na poziomie komórkowym rozpadały się na części.

Niektórzy trafiają w przyjazne miejsca (takie jak na przykład „park z huśtawkami"), z których „wynurzają się" tajemnicze postacie. Wiele uprowadzonych osób opowiada o tym, że znalazły się na czymś w rodzaju stołu operacyjnego lub kozetki. Obcy przejmowali nad nimi pełną kontrolę. Pomimo absolutnie niespodziewanego i dziwacznego charakteru tego, przez co przechodzili, nie ma wątpliwości, że z ich perspektywy te doświadczenia były jak najbardziej prawdziwe. Wielu z nich określiło je nawet jako „bardziej rzeczywiste niż rzeczywistość".

Na tym początkowym etapie uprowadzani odczuwają zazwyczaj niepokój o różnym stopniu nasilenia, przede wszystkim w sytuacji, gdy pojawia się wrażenie odrywania się świadomości od ciała. Dla wielu osób już samo doświadczenie strachu jest

* John E. Mack, *Abduction* (Nowy Jork, Ballantine, 1994) oraz *Passport to the Cosmos* (Nowy Jork, Crown, 1999).

w jakimś stopniu transformujące. „Otwarcie się" na odczuwane przez siebie przerażenie wydaje się zmieniać charakter doświadczenia z negatywnego na pozytywny. Jednostka może mieć wówczas poczucie „dryfowania w przestrzeni" lub trafić „pod kopułę, pod którą znajdują się jakieś urządzenia i komputery". Kiedy już uprowadzony się tam znajdzie, „zaczynają krzątać się wokół niego tajemnicze istoty. Są one pochłonięte pracą, której osoba ta nie jest w stanie zrozumieć". Wiele osób opowiada także o widzianych przez nie tunelach wypełnionych energią i światłem.

„Typowy" obcy przypomina istoty często pojawiające się w doniesieniach medialnych: duża głowa, chude ciało, ogromne oczy, małe usta lub ich brak, szara skóra. Mack pisze jednak także o częstych spotkaniach z gadami, modliszkami i pająkami.

Niektóre z uprowadzonych osób miały wrażenie, że były poddawane czemuś w rodzaju neuropsychologicznego programowania lub że pomiędzy nimi a napotkanymi istotami zachodziła niezwykle szybka wymiana informacji. Obcy częściej porozumiewali się przy pomocy uniwersalnego języka symboli wizualnych aniżeli dźwięków lub słów.

Często powtarzającym się motywem są także niezwykle skomplikowane maszyny reprodukcyjne, których obcy używają do hodowli „mieszańców obu ras". Mack opisuje jednak, że „tworzenie hybryd ludzi i obcych w żadnym wypadku nie jest wszystkim, co się tam dzieje (...) Obcy przyglądają się z bliska uprowadzonym osobom (...) Badają je, sondują i obserwują ich funkcje życiowe. Czasami do swoich eksperymentów używają oni aparatury wprowadzanej do odbytu lub okrężnicy, przy czym od czasu do czasu pojawiają się opowieści o cudownych uzdrowieniach. (...) Uprowadzane osoby opowiadają także o sondach wprowadzanych do ich mózgów poprzez nozdrza, uszy lub oczy. Czują, że w ten sposób obcy zmieniają ich psychikę (...) Pod skórę wszczepiane bywają implanty (...) które, według uprowadzonych, są urządzeniami monitorującymi stan ich organizmów lub ułatwiającymi zlokalizowanie miejsca, w którym się znajdują".

Osoby, które przeszły przez tego rodzaju doświadczenia, opowiadają, że „istoty te są żywo zainteresowane funkcjonowaniem naszych organizmów oraz naszym życiem emocjonalnym. Podobnie jak ma to miejsce w przypadku spotkań z aniołami, wydają się one zazdrościć nam naszej cielesności (...) potrzebują czegoś, czego może dostarczyć wyłącznie ludzka miłość". Czasami przybiera to postać kontaktów seksualnych pomiędzy uprowadzonymi osobami a obcymi. Doświadczenia te „mogą być zarówno oziębłe i sprowadzone do poziomu fizjologii, jak i ekstatyczne, przekraczające wszystko, co może zaoferować ziemska miłość".

Mack opisuje także, że „poczucie pełnego zjednoczenia uprowadzonego z obcymi istotami jest jednym z najpotężniejszych i najczęściej powtarzających się aspektów tego rodzaju doświadczeń (...) Bardzo często początkowe wspomnienia (...) dotyczą zimnych i zupełnie obojętnych kontaktów, podczas których obcy (w szczególności szare gady lub pogrążone w modlitwie istoty przypominające modliszki) sprawiają, że uprowadzony staje się zupełnie bezsilny". Niejednokrotnie uprowadzone osoby mają wrażenie, że z jedną z obcych istot (sprawującą zazwyczaj nad wszystkim kontrolę) łączy je szczególnie silna więź.

Związki łączące uprowadzonych z obcymi mogą przekształcić się w poczucie bliskości lub głębokiego zrozumienia, a czasem nawet w miłość. Kilka spośród badanych przez Macka osób opowiadało, że kiedy trafiali do rzeczywistości zamieszkiwanej przez obcych, byli przez nich „pozdrawiani"; napotykane istoty przekazywały im telepatycznie: „Witajcie z powrotem!". Niektórzy przeżywali ciąg spotkań mający swój początek już we wczesnym dzieciństwie.

Osoby mające za sobą tego rodzaju doświadczenia często donosiły, że obcy natarczywie starali się im przekazać, że Ziemia znajduje się w niebezpieczeństwie. Zdarzało się, że byli oni postawieni przed wyborem: albo dostarczą materiału do stworzenia mieszańca, albo zgodzą się popularyzować informacje dotyczące postępującej degradacji środowiska naturalnego.

Podczas realizacji swojego projektu badawczego Mack zauważył kolejny często powtarzający się, być może najbardziej podstawowy, aspekt uprowadzeń przez obcych. Mam tu na myśli transformacyjny i duchowy charakter tego doświadczenia: „(...) załamanie się postrzegania czasu i przestrzeni, wrażenie przenikania do innych wymiarów rzeczywistości lub nieznanych wszechświatów (...) poczucie silnego związku z wszelkim stworzeniem". Uprowadzane osoby czują się w owych wymiarach na tyle dobrze, że rodzi się w nich pragnienie, „aby nigdy stamtąd nie wracać". Wiele z nich nabiera przekonania, że ich świadomość przetrwa biologiczną śmierć i przestaje odczuwać przed nią lęk. Jedna z osób chciała nawet popełnić samobójstwo, aby w ten sposób powrócić do błogiego stanu, w którym znalazła się podczas uprowadzenia.

Podobieństwo doniesień o uprowadzeniach przez obcych z „doświadczeniami" nawiązywania kontaktu z tajemniczymi istotami opisywanymi przez naszych badanych jest niezaprzeczalne. Czy po przeczytaniu opowieści zaprezentowanych w dwóch ostatnich rozdziałach ktokolwiek ma jeszcze wątpliwości, że zażycie DMT może prowadzić do „typowego" spotkania z obcymi? Czy ktokolwiek byłby w stanie odróżnić doniesienia naszych ochotników od opowieści uprowadzonych osób?

Kontakty z formami życia zamieszkującymi inne wymiary wywoływały szok i zaniepokojenie. Pragnienie ich przeżycia nie należało do powodów, dla których ktokolwiek zgłaszał chęć uczestnictwa w naszych badaniach. Ja także się ich nie spodziewałem. Większość ochotników poszukiwała raczej transpersonalnych, mistycznych i duchowych stanów świadomości. Skierujmy teraz naszą uwagę na tego typu doświadczenia.

15.

ŚMIERĆ I UMIERANIE

Wyrażenie „doświadczenia z pogranicza śmierci", czyli NDE (ang. *near-death experience*), weszło do naszego języka wraz z opublikowaniem *Życia po życiu* Raymonda Moody'ego w 1975 roku oraz *Życia w śmierci* Kennetha Ringa w 1980*.

Tego rodzaju odmienne stany świadomości pojawiają się, gdy ciało staje w obliczu sytuacji zagrażającej życiu, na przykład, kiedy osoba uprawiająca wspinaczkę skałkową odrywa się od klifu i zaczyna spadać. Mogą one także zostać wywołane rzeczywistym umieraniem ciała, na przykład podczas silnego ataku serca lub tonięcia.

W ogólnym zarysie doświadczeniom bliskim śmierci towarzyszy wrażenie szybkiego przemieszczania się przez tunel, niejednokrotnie przy akompaniamencie głosów, śpiewów lub muzyki. Czuje się wówczas obecność innych istot – żyjących lub zmarłych krewnych, przyjaciół i członków rodziny. Istoty te mogą także przybrać postać duchów, aniołów lub innych „pomocników". Jednostka często zdaje sobie sprawę z tego, że jej życie dobiegło końca.

Wiele osób wchodzi wówczas w stan głębokiego spokoju, chociaż niektórzy doświadczają przerażających wizji i silnego rozchwiania emocjonalnego. Czasami powracają poukładane chronologicznie wspomnienia z całego dotychczasowego życia danej osoby. Niektórzy dostają nakaz powrotu do świata żywych, ponieważ nie przyszła jeszcze chwila ich śmierci.

Momentem szczytowym NDE może być zjednoczenie z pełnym miłości, potężnym, białym światłem, które roztacza wokół siebie aurę boskości, świętości, sacrum. Prowadzi to do wejścia w doświadczenie mistyczne lub duchowe, podczas którego czas i przestrzeń tracą jakiekolwiek znaczenie. Podczas NDE pojawia się poczucie wchło-

* Raymond A. Moody, *Życie po życiu*, (Warszawa, Instytut Wydawniczy PAX, 1980) oraz Kenneth Ring, *Life at Death: a Scientific Investigation of the Near-Death Experience* (Nowy Jork, Coward, McCann, and Geoghegan, 1980).

nięcia przez siłę wyższą, przez coś przekraczającego możliwości ludzkiej wyobraźni: „źródło wszelkiego istnienia". Pojawia się pewność, że świadomość istnieje także po śmierci biologicznej. Osoby, które doszły do mistycznego poziomu NDE, powracają do codziennego stanu świadomości pełne wdzięczności za otrzymane życie i wolne od strachu przed śmiercią. Wiele z nich odwraca przy tym swoją uwagę od spraw materialnych i kieruje ją ku duchowości.

Przeświadczenie o prawdziwości doświadczeń z pogranicza śmierci jest na tyle silne, że często można o nich usłyszeć, iż były „bardziej rzeczywiste niż rzeczywistość". Osoby, które „powróciły z NDE", nie potrafią opisać, co się z nimi działo; wiele z nich uważa, że tego rodzaju przeżycia „przekraczają możliwości języka".

Jako że do przeprowadzenia badań dotyczących DMT skłoniło mnie między innymi podejrzenie, że molekuła duszy może być uwalniana przez szyszynkę w momencie śmierci lub w sytuacjach zagrożenia nią, przysłuchiwałem się opowieściom o tego typu doświadczeniach z największą uwagą. Gdyby zażycie DMT wywoływało stan podobny do NDE, wzmocniłoby to hipotezę, w myśl której endogenne DMT w naturalny sposób wywołuje doświadczenia z pogranicza śmierci.

Motywy związane ze śmiercią i umieraniem pojawiły się w całej okazałości tylko w przypadku dwóch badanych przez nas osób, Willow i Carlosa. Dlatego też, patrząc z perspektywy tego, co mogliśmy zaobserwować podczas badań, uważam, że moje pierwotne przypuszczenia były dość naiwne.

Musimy powrócić do najbardziej podstawowej kwestii: nastawienia i otoczenia. Nie było wątpliwości, że podczas naszych badań wiele osób doświadczyło zupełnego i dość gwałtownego oddzielenia świadomości od ciała. Większość z nas uznałaby w takiej sytuacji, że umiera. Większość uczestników naszych badań miała już jednakże wcześniej do czynienia z tego rodzaju dysocjacją podczas wcześniejszych eksperymentów z psychodelikami. Wiedzieli, co się z nimi dzieje, kiedy opuszczali ciało leżące w Centrum Badawczym. Zdawali sobie sprawę z tego, że nie umierają, dlatego też mogli obserwować kolejne etapy działania substancji z zachowaniem równowagi i pewności siebie. Jako że nie wpadali w panikę, mogli oni skupić się na zapamiętywaniu swoich doświadczeń. Po upływie kilku minut działanie DMT słabło, a oni powracali do swoich ciał.

Oczywiście, gdyby ich doświadczenia wyjścia z ciała trwały dłużej niż kilka minut, a my naprawdę robilibyśmy wszystko, co w naszej mocy, aby przywrócić ich do życia, sprzyjałoby to pojawieniu się bardziej „klasycznego" NDE. Nasi ochotnicy wchodzili jednakże w stan świadomości, który mógłby zostać uznany za śmierć lub pogranicze śmierci tylko przez osoby nieprzygotowane i niemające doświadczenia z psychodelikami.

W pierwszej kolejności zajmijmy się sesjami, podczas których przewijały się motywy związane ze śmiercią, ale nie wybijały się one na pierwszy plan. Biorące w nich udział osoby określały zazwyczaj stan wywołany przyjęciem dużej dawki DMT jako

„podobny do śmierci". Następnie poświęcimy więcej uwagi sesjom Willow i Carlosa, u których temat śmierci i umierania zajmował centralne miejsce.

Podczas sesji Eleny z wysoką dawką DMT pojawiło się wiele elementów charakterystycznych dla doświadczeń duchowego oświecenia. Więcej na ich temat przeczytamy w następnym rozdziale. Póki co przyjrzyjmy się fragmentowi listu, który otrzymałem od niej po upływie roku od jej udziału w badaniu:

Sesje z DMT ofiarowały mi prawdziwie subiektywne zrozumienie zjawisk opisanych w Tybetańskiej Księdze Umarłych. *Jeszcze większym darem jest dla mnie świadomość, że miałam okazję doświadczyć śmierci i powrotu do świata żywych.*

Odniesienia do *Tybetańskiej Księgi Umarłych* pojawiają się także w sprawozdaniach wielu innych osób. Ów starożytny buddyjski tekst opisuje różne stany *bardo*, przez które przechodzi jednostka od momentu śmierci do odrodzenia się w innej formie życia. *Bardo* bywa czasem określane mianem „stanu pośredniego", to znaczy stanu pomiędzy życiem, śmiercią i odrodzeniem. Opisy *bardo* w znacznej mierze pokrywają się z doniesieniami osób, którym przytrafiło się doświadczenie z pogranicza śmierci*.

Podczas jednej z sesji mającej na celu ustalenie dawki odpowiedniej do badań nad tolerancją, Sean powiedział nam:

To jest niesamowite, dziwaczne, poza jakąkolwiek kontrolą. Zawsze coś się z tego wyniesie. Sam dowiedziałem się, jak to jest umrzeć, jak to jest być zupełnie bezradnym w obliczu śmierci. To było bardzo pouczające.

Refleksje Seana dotyczące doświadczeń duchowego oświecenia również zaprezentuję w następnym rozdziale.

Eli, z którą mieliśmy już do czynienia w rozdziale 12., po swojej pierwszej wysokiej dawce DMT napisała do nas następujący list:

Byłam oszołomiona i zupełnie bezradna. Kiedy jednak spróbowałam się rozluźnić, wszystko uległo znaczącej zmianie. Wiedziałam, że przechodzę przez pierwsze bardo śmierci, że byłam już tutaj wielokrotnie i nie mam się czego obawiać. „Czuję się tak samo jak ostatnim razem, pomyślałam. Utrzymanie świadomości sprawiło, że w mojej głowie pojawiła się następująca myśl: „Ale to moje pierwsze przejście na drugą stronę!". Doszłam do wniosku, że wyrwałam się z czasu i przestrzeni i albo doświadczałam „schematu", wedle którego dokonuje się moja śmierć, albo znalazłam się w przyszłości, kiedy to po raz kolejny miałam uznać, że „już tu byłam i ponownie tu trafiłam".

* *Tybetańska Księga Umarłych*, Kraków 2007.

Kilka miesięcy później, podczas innych badań, Eli powiedziała:

– Nie obawiam się już śmierci. Trafiasz tam na krótką chwilę i wiesz już, jak to jest. Myślę, że to działa w ten sposób. Te eksperymenty bardzo pomogły mi w zrozumieniu *Tybetańskiej Księgi Życia i Umierania.* *

Już wiem, jak to jest być zupełnie wyzwoloną.

Joseph był trzydziestodziewięcioletnim biznesmenem, półkrwi Włochem i półkrwi rdzennym Amerykaninem. Doświadczenia wyniesione przez niego z sesji z DMT także wiązały się ze śmiercią:

Wydaje mi się, że zażycie wysokiej dawki DMT przypomina śmierć. Wyrzuca cię poza ciało. Dzięki DMT byłem w stanie oswoić się ze śmiercią i perspektywą opuszczenia naszego wymiaru istnienia. Myślę, że ta substancja byłaby bardzo pomocna w przypadku osób przebywających w hospicjach i śmiertelnie chorych.

Doświadczenia Willow i Carlosa, w przeciwieństwie do przeżyć pozostałych badanych, były zdominowane przez motyw umierania i pogranicza śmierci. Przyjrzyjmy się teraz ich relacjom.

Przystępując do naszych badań nad DMT, Willow miała trzydzieści dziewięć lat. Była mężatką i mieszkała z dala od miasta, w spokojnej części kraju. Była pracownicą socjalną pomagającą osobom uzależnionym od narkotyków. Dostrzegała, jak ironiczne jest to, że sama postanowiła wziąć udział w tego rodzaju badaniach i bardzo ceniła sobie wagę, jaką przykładaliśmy do zapewnienia naszym ochotnikom pełnej anonimowości.

Willow stosowała substancje psychodeliczne dwa lub trzy razy do roku – w ciągu całego swojego życia przyjęła je mniej więcej trzydziestokrotnie. Zgłosiła się do naszego projektu ze względu na „ciekawość i możliwość doświadczenia głębszych lub wyższych stanów świadomości oraz aby zyskać pełniejsze zrozumienie mojego sposobu funkcjonowania".

Pierwsza niska dawka Willow wywołała silniejsze efekty niż w przypadku większości badanych osób.

Nigdy nie miałam tak wielu wizji.

Ostrzegłem ją przed sesją czekającą ją następnego dnia, mówiąc, że „Przypomina to trochę opadanie z wysokiego urwiska".

Lubię myśleć o sobie, że miałabym wystarczająco dużo odwagi, żeby sama z niego skoczyć.

Następnego poranka nie traciliśmy czasu na niepotrzebne pogawędki i niemal od razu zabraliśmy się do pracy. Nie było jeszcze nawet 8 rano, kiedy skończyłem podawać Willow DMT. Jej ciało delikatnie zadrżało.

---

* Sogyal Rinpocze, *Tybetańska Księga Życia i Umierania*, Warszawa 2005. Książka ta jest współczesną interpretacją *Tybetańskiej Księgi Umarłych.*

Oprócz tego, że w trzeciej minucie od zastrzyku nad szpitalem przeleciał samolot, cała sesja przebiegła w absolutnej ciszy, która była prawdziwym błogosławieństwem przy podawaniu wysokich dawek DMT. Willow pozostawała w bezruchu. Po upływie 25 minut zacząłem się trochę niepokoić i łagodnym głosem zapytałem ją, czy wszystko w porządku.

Czuję się dobrze. Jestem w niesamowicie uroczym miejscu. Nie mam zbyt dużej ochoty go opuszczać.

Na samym początku po swojej prawej stronie zobaczyłam tunel światła. Zwróciłam się ku niemu, żeby mu się lepiej przyjrzeć. Identyczny tunel znajdował się także po lewej stronie. Ich ułożenie nie było przypadkowe. Czułam, że gdzieś na końcu znajduje się ich źródło. Tunele się rozszerzały – kształtem były podobne do wielkich lejów. Pulsowały niezwykle jasnym światłem. Słyszałam dziwną muzykę, która wzmacniała emocjonalny wydźwięk tego, co się ze mną działo. Przykuwała moją uwagę. Poczułam, że zaczynam się zmniejszać, a wszystko wokół mnie rośnie. Tuż obok mnie, po prawej stronie, zobaczyłam jakieś istoty. Miałam poczucie ogromnej prędkości. To było najważniejsze. Wszystko przesuwało się w mgnieniu oka. Nabrałam zupełnie innej perspektywy... To było znacznie bardziej rzeczywiste niż życie.

Zobaczyłam, że prawy i lewy tunel łączą się ze sobą. Znajdowały się tam chochliki o dużych twarzach. Miały skrzydła i ogony. Nie przyglądałam się im zbyt uważnie. Obok nich zobaczyłam większe istoty, które mnie wspierały i uspokajały. To było ich królestwo. Czułam bijące od nich miłosierdzie, radość i pogodę ducha. Zło i dobro ze sobą walczyły: chochliki przeciwko wysokim istotom.

Coś przeze mnie przemknęło. Pamiętam, że w pewnym momencie pomyślałam sobie: „Przyszedł moment rozstania". Przypominałam sobie o swoim ciele tylko wtedy gdy przełykałam ślinę lub nabierałam powietrza w płuca. Miałam nieodparte wrażenie, że umieram i że nie ma w tym niczego strasznego.

Słyszałam kiedyś opowieści o świecącym, białym tunelu, ale wyobrażałam go sobie zupełnie inaczej. Sądziłam, że będzie prowadził prosto, a nie rozchodził się na boki i zbiegał z powrotem w jednym miejscu. Nie był też tak jasny, jak się spodziewałam.

To niesamowite, że DMT jest także w naszych organizmach. Znajduje się w nich nie bez przyczyny. Daje nam szansę na doświadczanie śmierci. Miałam poczucie, że umieram, odchodzę, rozpadam się.

– Jak się czujesz po powrocie do swojego ciała?

Póki co nie najgorzej.

W jej głosie dało się wyczuć nutkę tęsknoty.

Po drugiej stronie jest zupełnie inaczej. Nie ma tam ograniczeń, nie ma słów ani ciała. Na początku zobaczyłam białą, bezkresną przestrzeń. Potem miało miejsce całe to wielowymiarowe doświadczenie. Czułam, że żyję. Kiedy przenikałam do tamtego wymiaru, moje ciało wydawało się mi przypominać: „Pamiętaj o mnie". Nie był to jednak okrzyk desperacji, ale próba uczynienia doświadczenia bardziej rzeczywistym z perspektywy zmysłów. Ciało pragnęło, żebym wróciła.

Kiedy skierowałam wzrok w dół, wydawało mi się, że widzę światła pochodzące z naszego świata. Miałam wrażenie, że trafiłam do równoległej rzeczywistości.

Kilka miesięcy później, podczas naszych badań nad fazami cyklu menstruacyjnego, Willow ponownie otrzymała wysoką dawkę DMT. Kiedy działanie środka zaczęło ustępować, powiedziała nam:

To jest jak kosmiczny żart. Gdybyśmy tylko wiedzieli o tym, co nas czeka, wszyscy byśmy się zabili.

Przeczytałam kilka książek o doświadczeniach z pogranicza śmierci, między innymi Saved by the Light *i* Embraced by the Light*. To, co można w nich przeczytać, w bardzo dużym stopniu przypomina stan wywoływany zażyciem DMT*.*

Każdy powinien chociaż raz spróbować wysokiej dawki DMT. Miejsce, do którego się trafia, jest tak wspaniałe, tak kompletne, że ma się ochotę uczynić naszą rzeczywistość równie doskonałą. A jednak, kiedy tylko zaczęłam wracać do swojego ciała, poczułam, że jest ono ciężkie i ograniczające. Poza tym nasze postrzeganie czasu wydaje się co najmniej dziwne. Po tamtej stronie rozciąga się wieczność.

Pomimo że określanie czyichkolwiek doświadczeń po DMT „klasycznymi" nigdy nie jest dobrym pomysłem, wydaje mi się, że słowo to dość dobrze pasuje do przeżytego przez Willow doświadczenia z pogranicza śmierci. Jej świadomość oddzieliła się od ciała, szybko przemieszczała się przez jasny tunel czy też przez tunele, kierując się w stronę ciepłego, miłosiernego, wszechwiedzącego światła. Niektóre z napotkanych istot pomagały jej w podróży, inne próbowały jej zaszkodzić. W początkowej fazie towarzyszyła jej piękna muzyka. Czas i przestrzeń straciły jakiekolwiek znaczenie. Odczuwała pokusę, żeby już nie wracać, ale zrozumiała, że musi podzielić się tym, co wyniosła z ujrzanego przez siebie świata. Jej zjednoczenie z białym światłem i rozkoszowanie się nim miało wyraźnie duchowy i mistyczny wydźwięk.

Budząca się świadomość znajdujących się gdzieś w dole „świateł pochodzących z naszego świata" także przywodzi na myśl jedno z ostatnich bardo z *Tybetańskiej Księgi Umarłych*. Jest to etap, w którym dusza poszukuje nowego ciała, w które mogłaby się inkarnować, widzi światła docierające ze świata i zaczyna zstępować w dół.

Uwaga Willow dotycząca tego, że gdyby wszyscy dowiedzieli się, jak wspaniałe jest „życie pozagrobowe", mielibyśmy do czynienia z falą samobójstw, wskazuje na kolejne podobieństwo doświadczeń Willow z „naturalnie powstającymi" NDE: osoby, które przeszły przez NDE, wcale nie śpieszą się z odbieraniem sobie życia. Nabierają one raczej przekonania, że „życie po śmierci" rzeczywiście istnieje, a perspektywa śmierci przestaje być dla nich przerażająca. W konsekwencji zaczynają prowadzić pełniejsze i bardziej satysfakcjonujące życie.

---

* Dannion Brinkley, *Saved by the Light* (Nowy Jork, Harper, 1995) oraz Betty J. Eade, *Embraced by the Light* (Nowy Jork, Bantam, 1994).

To, że popularna literatura dotycząca doświadczeń z pogranicza śmierci zawierała opisy kojarzące się Willow z przebytymi przez nią sesjami z DMT, wydało mi się bardzo interesujące. Aby ostatecznie uwierzyć, że łączenie ze sobą NDE z wysokim poziomem DMT w organizmie może nas dokądś zaprowadzić, potrzebowałem jednak jakiegoś dodatkowego potwierdzenia.

Carlos był żywiołowym, wygadanym i lubiącym wdawać się w żartobliwe spory czterdziestoczterolatkiem. Jego korzenie sięgały z jednej strony Hiszpanii, z drugiej – Indian zamieszkujących północny Meksyk. Był żonaty od niemal dwudziestu lat i cieszył się dwójką dorosłych już dzieci. Carlos pracował jako programista komputerowy i przez kilka lat uczęszczał na Uniwersytet Nowego Meksyku. Praktykował także miejski szamanizm. Prowadził grupę, w której nauczał, w jaki sposób możliwe jest osiąganie odmiennych stanów świadomości poprzez śpiew i techniki wizualizacyjne. Był osadzony w kilku wymiarach jednocześnie. Jego uczestnictwo w badaniach stanowiło dla nas prawdziwe wyzwanie.

Carlos był dobrze zorientowany, jeśli chodzi o substancje zmieniające świadomość. Przyjmował psychodeliki „ponad sto razy", określając swoje doświadczenia jako „zupełnie dziwaczne". Ostatnio miał okazję spożyć nasiona *Datury stramonium*, czyli bielunia dziędzierzawy, silnie toksycznej i dość niebezpiecznej rośliny wywołującej stan delirium i zaburzenia w postrzeganiu rzeczywistości. Dawka psychodeliczna i śmiertelna różnią się od siebie w niebezpiecznie małym stopniu.

Carlos nie oczekiwał zbyt wiele po „lekarstwach białego człowieka". Wzbudzało to we mnie bardzo ambiwalentne odczucia. Z jednej strony miałem ochotę mu „pokazać, kto ma lepsze narkotyki". Może nie jest to zbyt szlachetne nastawienie, ale przyszło mi to do głowy! Z drugiej strony obawiałem się jednak, że może być on w nieprzyjemny sposób zaskoczony siłą działania DMT. Jego nonszalancja mogła bowiem maskować głębiej ukryte lęki.

Kiedy przyjechałem do szpitala, aby przeprowadzić pierwszą kontrolną sesję Carlosa, zastałem go siedzącego w moim bujanym fotelu. Okazało się, że przyjechał dwie godziny wcześniej. Niczego nie pozostawiał przypadkowi i starał się w ten niezbyt subtelny sposób sprawdzić moją reakcję.

– To będzie raczej spacer do pobliskiego sklepu spożywczego niż podróż do innego wymiaru – powiedział.

Zanim zabraliśmy się do pracy, Carlos uznał, że DMT musi zostać wyświęcone „energią czterech stron świata" i ofiarowane w intencji wspólnoty. Był to tradycyjny, szamański sposób przygotowania substancji zmieniającej świadomość do spożycia. Jego modlitwy były krótkie, ale niezwykle szczere. Skutecznie wypełniły pomieszczenie atmosferą głębokiej czci.

Jego pierwsza sesja przebiegała stosunkowo łagodnie aż do 15. minuty od zrobienia zastrzyku, kiedy to Carlos zaczął się trząść. Początkowo pojawiły się delikatne skurcze, które stopniowo przerodziły się w drgawki całego ciała.

Nie znoszę tego momentu. Czuję, że moja energia jest niestabilna. Ciało drży jak zawsze podczas podróży duchowej. Dzieje się tak za każdym razem, gdy zażywam psychoaktywne substancje. Czy inni też tak mają?

Nie spodziewałem się tak dużej wrażliwości.

Dobrze zastanowiłem się nad odpowiedzią, dostrzegając w tej rozmowie szansę na zbudowanie pomiędzy nami głębszych i bardziej szczerych stosunków.

– Czasami tak... w szczególności przy wysokich dawkach. Przy niskich zdarza się to bardzo rzadko. Zastanawiam się, czy nie jest to objaw strachu.

Carlos naprawdę był dość niespokojny i roztrzęsiony. Wyglądał niemalże na przerażonego.

Bez obaw, wszystko jest w porządku. Wysokość dawki nie ma dla mnie znaczenia. Drgawki są efektem dawnych urazów.

Drżenie ciała zaczęło ustępować, kiedy tylko zajął się wypełnianiem kwestionariusza. Po skończeniu zjadł kanapkę i opuścił szpital.

Temat reakcji Carlosa na tak niską dawkę DMT powrócił w mojej późniejszej rozmowie z Laurą. Pomimo że sam określił siłę działania jako „łagodną", jego ciało wydawało się sygnalizować coś wręcz przeciwnego. Postanowiliśmy nagiąć trochę nasze zasady i przed podaniem mu 0,4 mg/kg zacząć od dwukrotnie niższej dawki, czyli 0,2 mg/kg.

Kiedy poinformowałem go o planowanych przez nas zmianach, Carlos odpowiedział tylko:

– Wy najlepiej wiecie, co robić.

Tego rodzaju przezorność wydawała się jak najbardziej uzasadniona. Kiedy tydzień później wszedłem do pomieszczenia, żeby przygotować się do następnej sesji, Carlos wyglądał na roztrzęsionego tym, że pielęgniarka trzykrotnie próbowała założyć mu wkłucie dożylne.

– To się zaczęło jeszcze w latach 70., kiedy zdarzyło mi się wejść do kościoła – powiedział.

Coraz bardziej zaczynałem martwić się jego samopoczuciem, a nie tym, że „lekarstwo białych ludzi" może okazać się zbyt słabe.

Ostrzegłem go:

– Twoja reakcja może być naprawdę silna. Będziesz mógł sobie wyobrazić, jak działa dwa razy większa dawka.

– W porządku, już nie mogę się doczekać. Mam nadzieję, że tym razem efekty będą bardziej psychodeliczne.

Po 12 minutach od zrobienia zastrzyku Carlos głośno się roześmiał i krzyknął:

O rany! To nie ma żadnej wartości duchowej... żadnej! Zadaj mi kilka pytań.

– No dobrze, co się stało?

Zastanawiałem się: „Co to może być?". I nagle zrozumiałem, że to było działanie DMT. Nie da się o tym wszystkim opowiedzieć. To było jak słuchanie muzyki, która jest po prostu zbyt głośna! Nie miałem pojęcia, co się ze mną dzieje. Przyszło mi do głowy, że umarłem. Zażywałem w swoim życiu bardzo dużo psychodelików i nigdy nie przydarzyło mi się coś takiego. Mój układ nerwowy został kompletnie zmiażdżony, a dusza roztrzaskała się na kawałki.

– Co masz na myśli, mówiąc „dusza"? Wydaje się, jakby chodziło ci o obraz samego siebie, o twoją tożsamość.

No cóż, można się kłócić o definicje.

– W moim rozumieniu, dusza jest czymś, co trwa poza narodzinami i śmiercią. Istnieje przed nami i po nas, i jest niezależna od ciała fizycznego.

Jestem przyzwyczajony do „ja" będącego ciałem. Mogę je porzucić. Dusza jest zatem od niego niezależna.

Nasza rozmowa wydawała się napawać go entuzjazmem.

Zobaczyłem, kim tak naprawdę jestem na najbardziej podstawowym poziomie. Wiesz, że dźwiękowo i wizualnie można się zestroić z indywidualną jaźnią jednostki? Zobaczyłem ją w całej okazałości.

– Pamiętaj, że to tylko połowa wysokiej dawki.

Przerażająca myśl.

Czy naprawdę był gotów zażyć dwa razy większą dawkę DMT niż przed chwilą? Mówiąc szczerze, wolałem, żeby dał sobie z tym spokój, niż żebyśmy wszyscy tego później żałowali.

– Co sądzisz o podwojeniu dawki?

Jaką to ma wartość? W jaki sposób moje doświadczenie mogłoby pomóc ludzkości lub mojej społeczności? Gdybym powrócił z jakimś pouczającym przekazem – wtedy byłoby to wspaniałe.

Roześmiałem się i powiedziałem:

– No cóż, już od dwudziestu minut bez przerwy opowiadasz o tym „niczym".

Kiedy jednak skończył wypełniać kwestionariusz, powiedział:

Sądzę, że dotrwam do końca tych badań. Wezmę 0,4, a potem wezmę udział w badaniach nad pindololem. Nie sądzę jednak, żebym miał to kiedykolwiek powtórzyć. Myślę, że południowoamerykańscy szamani stosują DMT w połączeniu z innymi roślinami, aby wzbogacić jego działanie i nadać jego zażywaniu głębsze znaczenie. Czyste DMT wydaje mi się puste i płytkie.

Kiedy wszedłem do pokoju przed przeprowadzeniem sesji z użyciem 0,4 mg/kg DMT, Carlos był spocony i roztrzęsiony. Powiedział:

– To przede wszystkim reakcja fizjologiczna. Napięcie. Nie można być na to przygotowanym. W przypadku *Datury* także odczuwałem strach przed śmiercią, ale stopniowo mogłem się do niego przyzwyczaić. Kiedy tydzień temu podałeś mi dawkę 0,2 mg/kg, miałem poczucie, że wstrzyknąłeś mi nie to, co trzeba, że zostałem otruty i umarłem. Najgorsze w tym jest poczucie przymusu. Zażywam substancje psychodeliczne, aby móc opuścić swoje ciało, a nie żeby być z niego na siłę wyciąganym.

Próbowałem dodać mu otuchy:

– Ta dawka jest większa, ale działanie pozostaje jakościowo podobne.

Kiedy robiłem zastrzyk, Carlos zaczął śpiewać. Jego głos urwał się w trakcie przepłukiwania przeze mnie rurki. W drugiej minucie wydał z siebie głośne westchnienie, a po upływie około czterech minut znów zaczął śpiewać, tym razem znacznie ciszej.

Po 12 minutach powiedział:

Proszę, zdejmijcie mi opaskę z oczu.

Laura spełniła jego prośbę.

To było naprawdę niesamowite. Przez mniej więcej cztery minuty nie byłem człowiekiem.

Taka dawka generuje napięcie, którego Carlos nigdy wcześniej nie zaznał w swojej historii.

Odkaszlnął i powiedział:

Stałem się Stwórcą.

– Stwórcą czego?

Stwórcą wszystkiego. Zdarzało mi się już odczuwać to w przeszłości, ale nigdy na tak głębokim poziomie.

– Jeden z naszych ochotników zwykł mawiać, że po zażyciu dawki 0,4 mg/kg nie da się już być ateistą.

Zgadzam się.

Carlos wziął głęboki wdech i zaczął opowiadać, co się z nim działo. Mówił z taką prędkością, że trudno było za nim nadążyć.

Usłyszałem brzęczenie będące dźwiękiem całego wszechświata. Było wszechogarniające, wręcz przytłaczające. Pomyślałem sobie: „No nie! Jak to się stało, że tutaj trafiłem?". Czułem, że coś jest nie tak i że sytuacja przez cały czas się pogarsza. W pewnym momencie przestałem postrzegać jak istota ludzka. Nie miałem już w sobie żadnych emocji.

Zobaczyłem mężczyznę leżącego w szpitalnym łóżku. Był nagi. Po jednej stronie łóżka siedział jakiś mężczyzna, po drugiej – kobieta. Początkowo nie przypominali mi oni nikogo, kogo mógłbym znać. Byli zupełnie przeciętnymi istotami ludzkimi. Z kontekstu wywnioskowałem, że osoby, które obserwuję, to Laura, ty i ja sam. Sposób odbierania rzeczywistości był kompletnie inny niż na co dzień. Nie wiedziałem, że biorę udział w jakimś badaniu.

Z mężczyzną na łóżku było coś nie tak. Leżał tam, ponieważ starano się przywrócić go do życia. Umierał. Przyczyną śmierci było napięcie wywołane przez DMT. Nie pojawił się żaden z moich duchów opiekuńczych. Nie wiedziały o tym, co się dzieje.

Mężczyzna został uleczony, więcej niż uleczony. Odrodził się. Został wyleczony ze śmierci, wyrwany z jej objęć, aby następnie stać się stworzycielem całego wszechświata.

Moje ciało stopniowo nabierało coraz wyraźniejszych kształtów. Powracałem do swojego codziennego wyglądu. Obserwowałem stworzenie wszechświata, począwszy od najbardziej podstawowej energii mentalnej, przez wibracje o różnej częstotliwości, aż do materialnych przedmiotów. Zdałem sobie sprawę, że odtwarzam szpital i pomieszczenie, w którym się znajdowałem. Wraz z tym, jak świat nabierał coraz większej gęstości, coraz bardziej miałem ochotę go zobaczyć, więc poprosiłem o zdjęcie mi z oczu opaski. Zachwyciły mnie moje palce, tak jakbym dopiero się narodził.

Prowadziłem kiedyś zajęcia o tym, że wszechświat jest wytworem naszych umysłów. Teraz mogłem zaobserwować, w jaki sposób się to odbywa. Kiedy zdałem sobie sprawę, że jesteście konstruktami mojej świadomości, zmieniło się moje nastawienie. Czułem z wami taką bliskość, jakbyście byli moją córką i synem.

Muszę przyznać, że moje doświadczenie było klasycznym doświadczeniem śmierci i odrodzenia. Zdarzało mi się ono już w przeszłości, ale nigdy nie było tak intensywne jak pod wpływem DMT. Te wizje miały naprawdę niesamowitą budowę i atmosferę, były pełne światła.

Dawka 0,2 mną wstrząsnęła, teraz jednak w pełni przeszedłem na drugą stronę. Wiedziałem, że istnieje znacznie więcej niż to, czego możemy doświadczyć za życia. Nigdy się jednak nie spodziewałem tego, że znajdę się tam w tak młodym wieku. To było jedno z tych przeżyć, które wspomina się aż do swojej śmierci. Spodziewałem się doświadczyć czegoś takiego podczas przeprowadzania z przyjaciółmi jakiegoś rytuału w górach, a nie w szpitalnym łóżku.

Oprócz tego, że byłem pod wrażeniem przebiegu tej sesji, zastanawiałem się także, co spowodowało tego rodzaju doświadczenia. „Stwarzanie" Laury, mnie i szpitala odwróciło równowagę sił w pomieszczeniu. Carlos nie musiał już obawiać się ani nas, ani DMT. Nie było jednak sensu w sugerowaniu interpretacji idących w tym kierunku. Carlos z pewnością uznałby je za mało wartościowe. Zamiast tego postanowiłem po prostu podzielić się tym, co czułem, gdy słuchałem jego opowieści:

– Wyglądałeś na zaskoczonego.

To było prawdziwe zaskoczenie.

Doświadczenie Carlosa nie należało do typowych doświadczeń z pogranicza śmierci, o których możemy przeczytać we współczesnej literaturze popularnonaukowej. Bliższe najbardziej rozpowszechnionemu obecnie wyobrażeniu NDE były przeżycia Willow. Podczas sesji Carlosa z wysoką dawką DMT pojawiło się jednakże wiele elementów, które osoby praktykujące szamanizm opisują jako część ich duchowej inicjacji na wyższy poziom. Mam tu na myśli doświadczenia śmierci-zmartwychwstania*.

Carlos doświadczył raczej swojej śmierci, a nie samego procesu umierania. Ujrzał swoje ciało leżące bez życia na łóżku. Nie wyglądało ono jednakże dokładnie tak jak

* Mircea Eliade, *Szamanizm i archaiczne techniki ekstazy*, Warszawa 1994 oraz Michael Harner, *Droga szamana*, Wrocław 2007.

to, które zostawiał w ziemskim wymiarze, ponieważ kiedy molekuła duszy przenikała do jego mózgu, miał na sobie ubranie. Wraz z odrodzeniem Carlosa na nowo stworzony został także cały wszechświat. Także w tym przypadku pojawia się mistyczne uniesienie towarzyszące zwykle kulminacyjnemu momentowi doświadczeń z pogranicza śmierci. Carlos ujrzał proces stwarzania w podobny sposób, jak miało to miejsce w przypadku Sary podczas jej pierwszej sesji z wysoką dawką DMT (którą opisałem w poprzednim rozdziale) oraz w przypadku Eleny, której historię przedstawię w rozdziale następnym: olbrzymi ładunek energii przybierał najpierw postać wibracji, aby następnie uformować świat materialny. Carlos czuł się jak noworodek i przyglądał się swoim palcom tak, jakby był niemowlęciem, które dopiero zaczyna odkrywać swoje ciało.

Istnieje znacząca różnica pomiędzy personalnym a transpersonalnym poziomem doświadczeń wywoływanych przez DMT. Molekuła duszy daje możliwość przepracowania jednostkowych problemów psychologicznych i psychosomatycznych. Doświadczenia z pogranicza śmierci ukazują już natomiast sytuację, w której osobiste niepokoje dobiegają końca, symulując czy raczej przepowiadając moment pozostawienia za sobą naszego ciała.

Wydają się one wywierać najsilniejszy wpływ na osoby, którym udało się uczynić kolejny krok na tej tajemniczej ścieżce i przeskoczyć na mistyczny poziom świadomości. To właśnie w owych przeżyciach dostrzegaliśmy wraz z ochotnikami największy potencjał, jeśli chodzi o możliwość dokonania się gruntownej osobistej transformacji.

16.

STANY MISTYCZNE

Jednym z najbardziej istotnych czynników skłaniających mnie do podjęcia decyzji o poświęceniu się badaniom nad psychodelikami było uderzające podobieństwo doświadczeń wywołanych przyjęciem wysokich dawek tych substancji i mistycznej ekstazy. Kiedy wiele lat później rozpoczynałem cykl eksperymentów z DMT, miałem nadzieję ujrzeć, zbadać i zrozumieć przede wszystkim tego rodzaju przeżycia.

Dyskusja dotycząca duchowej użyteczności doświadczeń wywoływanych przez psychodeliki toczy się w zasadzie tak długo, jak długo ludzie używają tych substancji do wywierania wpływu na własną psychikę. Na przykład, takie pozycje jak *The Varieties of Psychodelic Experience* w oczywisty sposób nawiązują do napisanej przez Williama Jamesa na początku dwudziestego wieku *The Varieties of Religious Experience*. Z kolei wydana niedawno książka pt. *Entheogens and the Future of Religion* wpisuje się w długą i kontrowersyjną tradycję, zgodnie z którą wszelka dogłębna praktyka duchowa obejmuje przyjmowanie psychodelicznych sakramentów*.

Kwestię tę poruszałem wielokrotnie podczas moich pierwszych kontaktów ze wspólnotą buddystów zen. Niemal wszystkie osoby z ośrodka, w którym pobierałem nauki, uważały, że substancje psychodeliczne, a w szczególności LSD, otworzyły przed nimi drzwi prowadzące do zupełnie nowej rzeczywistości. Do wyboru zdyscyplinowanego, ascetycznego życia opartego na medytacji skłoniło ich natomiast pragnienie uporządkowania, wzmocnienia i poszerzenia owych pierwszych duchowych przebłysków.

W naturalny sposób zastanawiałem się, czy środki poszerzające świadomość mogą przyspieszyć i ułatwić osiąganie boskich stanów umysłu w oderwaniu od „skutków

* Robert Master i Jean Houston, *The Varieties of the Psychedelic Experience* (Rochester, Park Street Press, 2000); William James, *The Varieties of Religious Experience* (Nowy Jork, Macmillan, 1997); oraz Robert Forte, red., *Entheogens and the Future of Religion* (San Francisco, Council on Spiritual Practices, 1997).

ubocznych" zinstytucjonalizowanej praktyki, takich jak zrytualizowanie zachowań czy wycofanie się ze świata codzienności.

Odpowiedź, która wyłoniła się w trakcie naszych badań w stanie Nowy Meksyk, nie była jednoznaczna: tak, psychodeliki mogą wywoływać stany świadomości przypominające doświadczenia mistyczne; nie, nie mają równie dużej siły oddziaływania, co regularna praktyka duchowa. Jeszcze bardziej wymowne były jednak reakcje mojej społeczności buddyjskiej, kiedy tylko podejmowałem próby przedyskutowania tego zagadnienia. Nie wybiegajmy jednakże za bardzo do przodu.

Aby wykazać bliskie podobieństwo uniesień duchowych oraz stanów świadomości wywoływanych zażyciem molekuły duszy, w pierwszej kolejności zaprezentuję najważniejsze cechy doświadczenia mistycznego.

Przede wszystkim dokonuje się podczas niego gruntowna przemiana trzech filarów: jaźni, czasu i przestrzeni.

Nasza jaźń oraz to, co uważamy za niejaźń, przestają być od siebie oddzielone. Jednostkowa tożsamość staje się jednością ze wszelkim istnieniem. Tak naprawdę „jednostkowość" przestaje istnieć, ponieważ osiągamy zrozumienie istniejącej na najbardziej podstawowym poziomie współzależności wszystkich zjawisk.

Przeszłość, teraźniejszość i przyszłość stapiają się ze sobą w ponadczasową chwilę, wieczne teraz. Czas się zatrzymuje, ponieważ przestaje „upływać". Istnienie przestaje być od niego uzależnione. Teraz i wtedy, przed i po, wszystkie zbiegają się w jednym punkcie. Na poziomie relatywnym pojawia się niezwykle intensywne zagęszczenie doświadczenia, któremu towarzyszy zazwyczaj poczucie, że czas uległ skróceniu.

Wraz z tym, jak nasza jaźń i czas tracą swoje dotychczasowe granice, poszerzeniu ulega także przestrzeń. Przestaje być ona ograniczona wyłącznie do kategorii tam i tutaj i zaczyna obejmować sobą wszystko, staje się bezkresna, nieskończona. Tam i tutaj stają się tym samym. Wszystko zawiera się w „tu".

Kiedy wyjdziemy poza granice narzucane czasowi, przestrzeni i własnej jaźni, zauważymy, że wszelkie sprzeczności i paradoksy przestają istnieć. Jesteśmy w stanie uchwycić, wchłonąć i zaakceptować wszystko, co pojawia się w naszym umyśle: dobro i zło, cierpienie i szczęście, małe i duże. Nabieramy pewności, że świadomość trwa po śmierci ciała i że istniała na długo przed tym, jak przybrała swoją obecną postać cielesną. Dostrzegamy cały wszechświat w źdźble trawy i poznajemy, jaka była nasza twarz przed narodzinami naszych rodziców.

Przez całą naszą świadomość przepływają potężne uczucia. Wypełnia nas ekstaza i tak wielka radość, że nasze ciało nie jest w stanie jej w sobie pomieścić – mamy wręcz potrzebę tymczasowego opuszczenia naszej fizycznej powłoki. Oprócz wszechogarniającej błogości pojawia się w nas także głęboki spokój, którego nie jest w stanie naruszyć nawet owa nieskończona szczęśliwość.

Wypełnia nas dojmujące poczucie świętości. Nawiązujemy kontakt z niezmienną, niezrodzoną, nieśmiertelną i niestworzoną rzeczywistością. Jest to nasze osobiste spotkanie z „Wielkim Wybuchem”, Bogiem, Kosmiczną Świadomością. Bez względu na nazwę, którą będziemy się posługiwać, wiemy, że zetknęliśmy się z najbardziej fundamentalnym źródłem wszelkiego istnienia, z którego emanuje miłość, mądrość i niewyobrażalnie potężna energia.

Nazywamy to doświadczenie „oświeceniem”, ponieważ stykamy się podczas niego z białym światłem majestatu stworzenia. Możemy się także zetknąć z przewodnikami, aniołami lub bezcielesnymi istotami innego rodzaju, ale prędzej czy później i tak stopimy się ze światłością. Wreszcie możemy naprawdę otworzyć nasze oczy i zobaczyć wszystko w „nowym świetle”.

Doniosłość tych doświadczeń sprawia, że wyróżniają się one na tle całej naszej historii osobistej. Mogą one sprawić, że przez resztę naszego życia skupimy się na poszukiwaniu pełni i przepracowywaniu osiągniętych wglądów.

Tego rodzaju doświadczenia towarzyszyły niekiedy zjawiskom należącym do innych kategorii, takich jak uzdrawianie ciała-umysłu, nawiązanie kontaktu z obcymi istotami lub doświadczenia z pogranicza śmierci. Dla przykładu, NDE przeżyte przez Willow miało głęboko duchową naturę. Podobnie było w przypadku Cassandry – podczas jej udziału w badaniach nad tolerancją pojawiły się elementy w znacznym stopniu wykraczające poza przepracowywanie jej osobistych urazów psychicznych; czuła ona obecność miłujących i uzdrawiających istot.

W niniejszym rozdziale zaprezentuję sesje, podczas których dominowały doświadczenia o duchowym charakterze. Nie ukrywam, że przynosiły one najwięcej satysfakcji. O sensowności i doniosłym znaczeniu poznawania mistycznych właściwości molekuły duszy od samego początku byli przeświadczeni między innymi Elena i Sean, którzy weszli do badań nad DMT stosunkowo wcześnie. Duchowe oświecenie Cleo miało z kolei miejsce, kiedy zdążyłem już podjąć decyzję o opuszczeniu uniwersytetu. Dlatego też przyglądałem się jej sesjom w nieco mniej idealistyczny sposób. Niemniej jednak, gdyby doświadczenia wszystkich osób były równie satysfakcjonujące, z pewnością miałbym więcej powodów, aby nie kończyć jeszcze moich badań.

Nadzorowanie tego rodzaju sesji było stosunkowo łatwe, przynajmniej na samym początku. Problemy pojawiały się podczas interpretacji oraz oceny wartości doświadczeń ochotników. Czy było to „prawdziwe” oświecenie? W jaki sposób mogłem to ustalić? Z kim mogłem się w tej kwestii skonsultować?

Pomimo że duchowe doświadczenie Cleo miało miejsce znacznie później niż Eleny i Seana, było nieco mniej skomplikowane, dlatego też postanowiłem zaprezentować je jako pierwsze. Mam nadzieję, że posłuży nam ono jako dobre wprowadzenie do tego, co przeżyły dwie pozostałe osoby.

Cleo miała czterdzieści lat, kiedy zgłosiła się do naszych badań. Cierpiała na genetyczną wadę wzroku. Mimo to nie dała za wygraną i zdobyła dyplom ukończenia studiów oraz certyfikat masażystki-terapeutki. Cleo miała rude włosy i ognisty temperament. Urodziła się w żydowskiej rodzinie, ale od jakiegoś czasu była praktykującą wiccanką. Podczas jednej z odbytych przez siebie podróży na LSD miała „doświadczenie przeszłego życia", podczas którego została spalona na stosie za bycie wiedźmą.

Jako dziecko była molestowana seksualnie przez ojca. Wspomnienia tych bolesnych wydarzeń powróciły do niej niedawno pod wpływem grzybów psylocybinowych. Co ciekawe, Cleo cierpiała jako dziecko na chorobliwy lęk przed śniegiem, dysząc i wymiotując za każdym razem, gdy tylko miała z nim bezpośredni kontakt. Obecnie była już wyzwolona z tej irracjonalnej fobii – przepracowała ją kilka lat wcześniej za pomocą psylocybiny. Zazwyczaj rzadko używam słowa „niezłomna", ale trudno mi znaleźć lepsze określenie wobec postawy życiowej Cleo.

Powody, dla których postanowiła wziąć udział w naszych badaniach, odzwierciedlały jej pragnienie poszukiwania nowych wrażeń oraz altruistyczne nastawienie: „Jestem ciekawa. Wydaje mi się, że nadeszła dla mnie pora na uczynienie kolejnego kroku. Jako naukowiec wierzę w sens prowadzenia tego rodzaju badań i dostrzegam kliniczny/terapeutyczny potencjał halucynogenów".

Kiedy wszedłem do pokoju 531, aby przeprowadzić kontrolną sesję z niską dawką DMT, Cleo tasowała swoją talię tarota. Następnie wyciągnęła z niej dobrze wróżące karty przedstawiające motyle oraz podróżników.

W 15. minucie od zrobienia zastrzyku powiedziała:

Czułam bardzo łagodną pokusę, aby podążyć za czymś, co przypominało światełko widziane na horyzoncie. Wyglądało to tak, jakby dwie drogi zbiegały się w jednym punkcie. Widziałam przyglądające się mi oczy. Były przyjazne. Chciały się dowiedzieć, kim jestem. Wydawały się mówić mi, że później gdzieś mnie zaprowadzą.

Następnego poranka poradziłem Cleo, w jaki sposób najlepiej przygotować się do przyjęcia wysokiej dawki. Zapytała mnie:

– Co masz na myśli, mówiąc, żebym przeniknęła przez kolory?

– Ludzie bardzo często są nimi oczarowani. Kiedy jednak udaje im się przeniknąć przez tę zasłonę, zostają zazwyczaj zalani znacznie większą ilością informacji i odczuć.

W 19. minucie po podaniu wysokiej dawki za oknem zaczął padać śnieg. Przypomniałem sobie o lękach dręczących niegdyś Cleo. Laura wstała ze swojego miejsca i podeszła do termostatu, aby podnieść temperaturę w pomieszczeniu.

Rick, teraz już wiem, dlaczego zostałeś psychiatrą.

– Dlaczego?

Żeby móc to dawać ludziom.

Powiedziałem jej, że ma rację.

Spodziewałam się, że odpłynę gdzieś „na zewnątrz", tymczasem wniknęłam w samą siebie, w każdą komórkę swojego ciała. To było niesamowite. Moje ciało nie było tylko moje... ich... ich... wszystko się ze sobą łączy. To właśnie się stało. W porządku.

Roześmiała się, słysząc swoje problemy ze sformułowaniem składnego zdania.

Po 30 minutach powiedziała już znacznie wyraźniej:

Czułam, jak DMT wnika do mojego ciała i powoduje pieczenie w żyłach. Miałam problemy z oddychaniem. Nagle pojawiły się przede mną wzory. Powiedziałam: „Pozwólcie mi przez siebie przejść".

Wszystko uległo zupełnej zmianie. Wydaje mi się, że w tamtym momencie odpłynęłam gdzieś na zewnątrz, gdzieś w przestrzeń wszechświata – będąc układem gwiezdnym, tańcząc z nim.

Zapytałam samą siebie: „Dlaczego to robię?". Usłyszałam w odpowiedzi: „To jest to, czego zawsze szukałaś. To jest to, czego wszyscy zawsze szukaliście".

Kolory się poruszały. Były słowami. Słyszałam to, co do mnie mówiły. Starałam się być bardzo uważna. Mówiły mi: „Wejdź". Szukałam Boga na zewnątrz. Powiedziały mi: „Bóg jest w każdej komórce twojego ciała". I rzeczywiście to poczułam. Otworzyłam się na to i z każdą chwilą otwierałam się jeszcze bardziej. Kolory wciąż do mnie mówiły, ale robiły to w ten sposób, że nie tylko słyszałam to, co widziałam, ale także odczuwałam to w komórkach swojego ciała. Używam słowa „odczuwałam", ale to było coś innego... raczej pewność, że to rzeczywiście dzieje się w moich komórkach... Że Bóg jest wszystkim i że wszyscy jesteśmy ze sobą połączeni... Że Bóg tańczy w każdej żywej komórce, a każda żywa komórka tańczy w Bogu.

W liście, który Cleo przysłała mi kilka dni później, przeczytałem:

> *Zmieniłam się. Już nigdy nie będę taka sama. Kiedy jednak piszę te słowa, wiem, że nie oddają one tego, co się ze mną stało. Nie sądzę, żeby ktokolwiek, kto to przeczyta lub usłyszy, będzie w stanie tak naprawdę uchwycić to, co czułam, i w pełni zrozumieć moje doświadczenie. Euforia trwa wiecznie, a ja jestem częścią tej wieczności.*

Cleo była bardzo dobrze przygotowana na swoje sesje z DMT. Czytając powyższy opis sesji, możemy dostrzec wiele elementów charakterystycznych dla mistycznego uniesienia: wyjście poza normalne granice czasu i przestrzeni, ekstazę oraz brak słów, które mogłyby opisać to, co się dzieje. Cleo doświadczyła własnej świętości, mając przy tym pewność, że przez ten krótki, ale niezwykle intensywny moment otrzymała odpowiedzi na wszystkie swoje pytania.

Elena była jedną z naszych najwcześniejszych ochotniczek. Kiedy zgłaszała chęć uczestnictwa w naszych badaniach, miała trzydzieści dziewięć lat. Była niską i żylastą kobietą o ciemnych włosach. Cechowały ją emocjonalność i bardzo bezpośredni sposób bycia. Z Karlem (DMT-1) i swoją córką mieszkała w niewielkiej wiosce położonej niedaleko Taos.

Elena stosowała psychodeliki mniej więcej dwadzieścia razy w swoim życiu. Miała także za sobą około stu podróży na MDMA, które przyczyniły się do podjęcia przez nią decyzji o zwolnieniu tempa życia zawodowego. Sprzedała swoją firmę adwokacką i dom i poświęciła się intensywnym poszukiwaniom wewnętrznym. Miała nadzieję, że jej udział w badaniach nad DMT może „doprowadzić do lepszego zrozumienia wyznawanych duchowych prawd".

Elena i Karl byli dość zabawną parą. Znaliśmy się od wielu lat. Zmagając się ze wszystkimi problemami, które opisałem w rozdziale szóstym, zawsze mogłem liczyć na ich wsparcie. Nic zatem dziwnego, że zostali oni DMT-1 oraz DMT-2.

Kontrolna sesja z niską dawką Eleny przebiegła bardzo spokojnie. Pomimo to, kiedy następnego dnia napełniałem strzykawkę ośmiokrotnie większą ilością DMT, wydawała się poważnie zaniepokojona. Od samego obserwowania, jak przygotowuję się do sesji, jej puls podniósł się z 65 do 114, a ciśnienie krwi z 96/66 do 124/70! Jej szeroko rozszerzone źrenice odzwierciedlały panujące w pomieszczeniu napięcie, ale jednocześnie je potęgowały. Spróbowałem rozproszyć nieprzyjemną atmosferę, odkładając strzykawki i poświęcając kilka chwil na uspokojenie. Bezskutecznie. Energia była zbyt silna, aby ją okiełznać. Karl i Cindy także ją wyczuwali i wyglądali na niespokojnych.

– No dobrze. Co powiesz na to, żeby już zacząć? – zapytałem z nadzieją.

Elena uśmiechnęła się i odpowiedziała:

– Wszystko w porządku. Po prostu boję się, co przyniesie niewiadome. Zacznijmy.

W ciągu 45 sekund od skończenia zastrzyku Elena zaczęła dyszeć, wydając przy tym z siebie pomruki i jęki. Ruchliwość jej ciała spowodowała, że nie byliśmy w stanie zmierzyć jej tętna i ciśnienia krwi w drugiej minucie. Jej dłonie były zimne i wilgotne, a twarz stała się zupełnie blada. Kiedy w piątej minucie udało nam się dokonać pomiarów, okazało się, że jej tętno znów wzrosło, do 134, ale ciśnienie krwi utrzymywało się na stałym poziomie. Jej głowa bujała się w przód i w tył. Zwilżyła swoje usta, po czym ziewnęła i westchnęła. Wyglądała tak, jakby nie mogła się rozluźnić. Po 4 minutach w końcu zaczęła się uspokajać.

Jej twarz nabrała kolorów dopiero w 13. minucie. Przez kolejnych dziesięć minut leżała spokojnie, po czym wybuchła bardzo głośnym śmiechem. W 30. minucie zaczęła mówić z podekscytowaniem. Pomimo że sporządziłem podczas tej sesji szczegółowe notatki, napisane przez nią kilka dni później sprawozdanie lepiej oddaje to, czego doświadczyła:

Zanim skończyłeś wypowiadać słowa: „W porządku, skończyłem", poczułam, jak wypełnia mnie tak potężna energia, że nie istnieją słowa, które mogłyby ją opisać.

Przenikała moje serce. Taniec barw przypominał mi wizualne doświadczenia z poprzedniego dnia, ale milionkrotnie spotęgowane. Mogłam tylko czekać, pamiętając o tym, aby nie dać się wciągnąć przez taniec świateł. Nagle wszystko się urwało! Ciemność otworzyła się na światło i zapanował absolutny spokój. Z pustki pojawiły się słowa „tylko dlatego, że to możliwe" i wypełniły moje wnętrze.

Potężna siła wydawała się przenikać wszystko wokół mnie. Była „amoralna", ale jednocześnie pełna miłości. Po prostu była. Nie istniał żaden miłosierny Bóg, tylko owa pierwotna siła. Wszystkie moje poglądy i przekonania wydawały się absurdalnie niedorzeczne. Nie chciałam o tym nigdy zapomnieć. Wiedziałam, że mogę otworzyć oczy i opowiedzieć o tym, co się ze mną dzieje. Wolałam jednak poczekać, aż pełnia doświadczenia zastygnie, utrwali się we mnie, abym mogła lepiej przekazać je innym.

Zastanawiałam się: „Po co wracać?". Nie miałam ochoty otwierać oczu. Kiedy jednak to zrobiłam, pomieszczenie wydało mi się bardzo jasne, ale poza tym nie zmieniło się od momentu, gdy je opuszczałam.

Kilka miesięcy później Elena miała okazję ponownie odwiedzić to miejsce podczas podwójnie ślepej sesji z wysoką dawką przeprowadzanej w ramach badań dawka-reakcja. Tym razem nie była już tak niespokojna jak za pierwszym razem.

Po 20 minutach powiedziała:

Działanie rozpoczęło się szybko i z dużą mocą. Poczułam ciśnienie wzrastające we wnętrzu mojej głowy. Sprawiało ono, że byłam coraz bardziej przygnieciona do łóżka. W pewnym momencie zostałam wepchnięta do wymiaru, w którym czysta energia życiowa zaczyna przybierać poszczególne formy. Ujrzałam proces wyłaniania się odrębnej świadomości. Podobnie jak wszelkie inne formy, nie może ona powstać, dopóki owa życiowa energia nie zwolni. Wcześniej nie jest ona nieświadomością, ale brakiem świadomości. Energia życiowa jest prawdziwa, stworzona z siebie samej, niepodzielona. Zadziwiające, jak wolno wszystko dzieje się tutaj, na Ziemi!

Energia odchodzi gdzieś na obrzeża i stopniowo zwalnia, przybierając określoną postać. Ów proces stwarzania jest zupełnie naturalny i nieprzerwany. Towarzyszy mu proces przeciwny – ponownego rozpuszczania form powracających do swojego źródła. Posiadana przeze mnie maleńka część tej energii także poruszała się w dwóch kierunkach. Nie można umrzeć. Nie można odejść. Nie można niczego dodać ani odjąć. Istnieje tylko bezustanny przepływ. Nieśmiertelność. Mam absolutną pewność, że istnieję.

Po drugiej stronie pełno jest paradoksów. Nie czułam się zdezorientowana, pomimo że nie miałam pojęcia, gdzie jestem ani kim jestem. Po prostu nie istniało nic, co mogłoby to wiedzieć. Nie musiałam zastanawiać się nad tym, co robić. Nie było tam żadnych pustych przestrzeni. Tylko pełnia.

Pomimo że Elena opisała swoje doświadczenie jako „amoralne", jej radość i zachwyt sugerowały, że raczej nie wypełniały jej chłód i marazm. Wręcz przeciwnie – towarzyszyła jej „pełna miłości" siła, a ona była tak szczęśliwa, że zastanawiała się nad tym, czy w ogóle „wracać". Zrozumiała cykl powtarzających się narodzin i śmierci, w efekcie czego nabrała przekonania odnośnie naszej nieśmiertelności. Podobnie jak Carlos, którego historię przedstawiłem w poprzednim rozdziale, Elena także ujrzała coś, co współcześni kosmologowie przedstawiają jako model ewolucji wszechświata. Najpierw nie ma nic, potem następuje Wielki Wybuch, po którym cząsteczki ochładzają się i zwalniają, tworząc materię. Z materii zaś powstają nasze jednostkowe ciała i umysły.

Historia Seana jest dość niezwykła z racji tego, że łączy w sobie wiele różnych elementów. Podczas swojej sesji nie tylko trafił on do niewidzialnych światów i nawiązał kontakt z obcymi istotami, ale także osiągnął mistyczny stan świadomości. Dość wyraźnie widać jednak, że punktem kulminacyjnym, do którego prowadziły jego wszystkie doświadczenia, było doznanie oświecenia.

Kiedy rozpoczynaliśmy naszą współpracę, Sean miał trzydzieści osiem lat. Otrzymał w ramach naszych badań więcej DMT niż jakikolwiek inny ochotnik. Brał udział we wszystkich podwójnie ślepych, kontrolowanych podaniem placebo eksperymentach, a także w badaniach pilotażowych mających na celu ustalenie najlepszej dawki DMT podawanego w połączeniu z pindololem i cyproheptadyną. Uczestniczył także w badaniu z użyciem EEG oraz kilku sesjach z psylocybiną, mających miejsce podczas naszych wstępnych eksperymentów z tą substancją.

Sean miał rudawozłotawe włosy, jasną karnację, przeciętny wzrost i taką też budowę ciała. Był osobą dobroduszną i niesamowicie spokojną. Dopiero po tym, jak spędziło się z nim trochę czasu, można było docenić jego silny charakter, bystry i przenikliwy intelekt oraz ironiczne poczucie humoru.

Był zatrudniony jako prawnik w jednej z największych firm w Albuquerque. Pracował tam jednak tylko na pół etatu, dzięki czemu mógł oddawać się swojej drugiej pasji: uprawie rodzimych gatunków drzew.

Około trzydziestopięciokrotnie przyjmował w swoim życiu LSD, miał za sobą także kilka doświadczeń z psylocybiną i meskaliną. Przyczyny jego przystąpienia do badań nad DMT były spójne z jego całościowym podejściem do życia: „Aby spróbować kolejnego halucynogenu. Nie mam najmniejszego pojęcia, czego się spodziewać – ale *nie* boję się ani nowych doświadczeń, ani samego siebie, ani tego, co będzie się ze mną działo".

Kontrolna sesja z niską dawką DMT przebiegła w jego przypadku zupełnie normalnie. Inaczej sprawa wyglądała jednak następnego dnia, kiedy to podałem mu wysoką dawkę. Ponieważ poluzowało się założone w jego ramieniu wkłucie dożylne, nieumyślnie wstrzyknąłem mu DMT pod skórę, a nie do żyły. Podejrzewaliśmy, że tak się stało, ale nie mieliśmy pewności, dopóki Sean nie wziął udziału w podwójnie ślepym badaniu dawka-reakcja. Obserwując jego reakcje, mogliśmy jednoznacznie określić, że pierwsza „duża" dawka wywarła znacznie słabszy wpływ, niż powinna.

Efekty wywołane przez tę początkową kontrolną dawkę 0,4 mg/kg pojawiały się bardzo powoli i były tylko nieznacznie silniejsze niż po podaniu Seanowi niskiej dawki poprzedniego dnia. Już podczas robienia zastrzyku czułem, że coś jest nie tak, jak powinno, ale nie przyszło mi do głowy, że zawartość strzykawki nie trafia do żyły. Uznałem, że Sean może być po prostu jedną z osób, na które DMT nie wywiera zbyt silnego wpływu.

Podczas jednej z podwójnie ślepych sesji przeprowadzanych w ramach badań dawka-reakcja Sean otrzymał dawkę, która okazała się wynosić 0,2 mg/kg. Przyglądając się jego reakcji, zacząłem podejrzewać, że rzeczywiście z jego kontrolną sesją było coś nie tak. Sean miał podobne wrażenie.

Założę się, że za pierwszym razem nie dostałem wysokiej dawki, ale dostałem ją teraz. Nigdy nie byłem tak daleko. Słoje na drzwiach toalety się otworzyły!

Sean brał udział w naszych badaniach, zanim zdecydowaliśmy się używać opaski na oczy i na początku sesji lubił zostawiać oczy otwarte. W ten sposób mogłem rozbudzić w nim nieco wnikliwszy sposób postrzegania efektów wizualnych wywoływanych przez DMT, sugerując przy tym, że czasami mogą one działać rozpraszająco.

– Zastanawiam się, czy mógłbyś skoncentrować się na przestrzeni znajdującej się we wnętrzu tych słojów drewna, a nie na samych słojach. Kiedy już oswoisz się z działaniem DMT, będziesz mógł pójść znacznie dalej. Wizje i taniec barw to tylko mała część tego, co się tam znajduje.

Znalazłem się na krawędzi. Nie mogłem ustalić, co wasza dwójka tutaj robi... Wiedziałem tylko, że jesteście w pobliżu. Cieszyło mnie to, że was znam; czułbym się skrępowany, gdyby było inaczej.

Jego uwagi odnośnie do komfortu psychicznego odnosiły się do kluczowej, ale rzadko poruszanej kwestii: relacji panujących pomiędzy osobą podającą i przyjmującą substancje psychodeliczne. Dobry kontakt i poczucie swobody ułatwiały poddanie się doświadczeniu; atmosfera niepokoju lub nieufności wywoływała przeciwne skutki.

Kilka tygodni później Sean otrzymał zastrzyk z placebo, dzięki czemu miał czas, aby zastanowić się nad swoją poprzednią sesją.

Sądzę, że ostatnia podróż była doświadczeniem z pogranicza śmierci. Wszystko wydaje mi się teraz znacznie bardziej żywe. Nie nudzę się, nawet wtedy, kiedy powinienem! Czułem trwogę i podziw przed Bogiem. Przez dwa następne dni niemalże nie byłem w stanie myśleć o niczym innym. Po trzech lub czterech dniach opuściła mnie ochota, aby opowiadać o swoich przeżyciach wszystkim naokoło.

Interesujące, że Sean miał tak głębokie doświadczenia, a żadne z nas nie miało o tym wówczas najmniejszego pojęcia. Było to dla mnie przypomnienie, że ludzie bardzo się od siebie różnią, jeśli chodzi o swobodę dzielenia się przeżyciami wynoszonymi z sesji, w szczególności tuż po jej zakończeniu.

Sean zgłosił się do eksperymentów poprzedzających badania nad tolerancją, podczas których chcieliśmy ustalić odpowiednią dawkę DMT oraz to, ile czasu powinno upłynąć pomiędzy poszczególnymi zastrzykami. Pewnego ranka otrzymał on w godzinnych odstępach kolejno cztery dawki 0,2 mg/kg. Po tym, jak powrócił do siebie po trzecim zastrzyku, powiedział:

Nie mogłem przyjrzeć się wszystkiemu, było tego zbyt dużo. Coś mnie zapytało: „Czego chcesz? Jak dużo chcesz?”.

Sean mówił o tym zupełnie swobodnie, pomimo że po raz pierwszy opowiadał nam o usłyszanym przez siebie głosie „obcego”.

Odpowiedziałem, że wolałbym widzieć mniej rzeczy. Sprawiło to, że ruchliwe, szeleszczące, kolorowe plansze pokryte „chińskimi” motywami przestały być tak intensywne. Miałem więcej kontroli nad tym, co się działo, i byłem bardziej skoncentrowany. Czuję się bardziej swobodnie. Nie zgubiłem się. Zadaję pytania i otrzymuję odpowiedzi.

Jakiś czas później Sean przyjął cztery dawki 0,3 mg/kg, również w godzinnych odstępach. Dzień ten był dla niego pełen przeżyć. Pomimo że moje notatki dość dobrze opisują doświadczenia Seana, znacznie lepiej uczynił to sam w przysłanym po kilku dniach liście:

> *Pierwsza sesja była bardzo zabawna. Miałem wrażenie, że unoszę się metr, może półtora metra nad łóżkiem. Wizje gwałtownie przekształciły się w iskrzące na niebieskozielono, elektryczne wzory światła. „Czy znów tu jesteś?”, zapytałem. Nie było odpowiedzi, więc poddałem się wizji. Zobaczyłem jakieś miasto o bardzo niskiej zabudowie. Było położone na idealnie gładkiej płaszczyźnie i rozciągało się aż po horyzont, gdzie mogłem dostrzec zmieniającą się paletę barw. W „powietrzu” nad miastem unosiły się jakiś kształty.*
>
> *Po mojej prawej stronie siedziała kobieta w średnim wieku. Miała spiczasty nos i zielonkawą skórę. Jej prawa dłoń znajdowała się na panelu, za pomocą którego wydawała się kontrolować panoramę obserwowanego przez nas miasta. Nachyliła się nieznacznie w moją stronę i zapytała: „Czego jeszcze byś chciał?”. Odpowiedziałem jej telepatycznie: „No cóż, a co jeszcze masz? Nie mam pojęcia, co potrafisz zrobić”.*
>
> *Kobieta wstała, podeszła do mnie i dotknęła prawej strony mojego czoła. Rozgrzała je, po czym tępym przedmiotem otworzyła moją prawą skroń, uwalniając w ten sposób ogromne pokłady napięcia. Sprawiło to, że poczułem się znacznie lepiej niż przed chwilą.*

Podczas drugiej dawki Seana pojawiły się pewne utrudnienia, ponieważ przez drzwi pomieszczenia dobiegł nas głośny dźwięk pracy odkurzacza, za oknem zaś zaczęła hałasować śmieciarka. Odgłosy te wywołały w Seanie chwilową dezorientację i niepokój, które udało mu się po chwili przezwyciężyć, ale i tak zdążyły zdominować znaczącą część sesji.

Dawka 3.:

Po raz pierwszy w życiu udało mi się przed przyjęciem DMT wejść w pusty stan umysłu. Nie pojawiały się w nim żadne myśli, nadzieje, obawy ani oczekiwania.

Podróż zaczęła się elektrycznym mrowieniem w moim ciele. Po krótkiej chwili pojawiły się halucynacje wzrokowe. Zobaczyłem obok siebie pięć lub sześć postaci. Poruszały się niezwykle szybko. Czułem, że są pomocnikami, kompanami podróży. Humanoidalna męska postać zwróciła się w moją stronę, po czym wyciągnęła prawą rękę w kierunku wielobarwnej mozaiki. „Co powiesz na to?", zapytała. Kalejdoskopowe wzory nagle stały się jaśniejsze i bardziej ruchliwe. Dwie kolejne istoty zrobiły to samo co pierwsza. W tym momencie zdecydowałem, że pójdę dalej, głębiej.

Bezpośrednio przed sobą zobaczyłem jasne, żółtobiałe światło. Postanowiłem się na nie otworzyć. Wchłonęło mnie, stałem się jego częścią. Zniknęły wszystkie rozgraniczenia – nie było kształtów ani linii, cieni ani konturów. Zniknęło ciało oraz podział na to, co na zewnątrz, i to, co wewnątrz. Oderwałem się od swojej jaźni, swoich myśli, od czasu, od przestrzeni, od poczucia odrębności, od swojego ego – od wszystkiego, co nie było białym światłem. W moim języku nie ma słów, którymi mógłbym opisać to poczucie czystego bycia, jedności i uniesienia. Czułem absolutny spokój i ekstazę.

Nie mam pojęcia, jak długo byłem zanurzony w tej „konfluencji" czystej energii czy jakkolwiek mógłbym to określić. W końcu poczułem, że zaczynam delikatnie odpływać, oddalać się od tego Światła. Widziałem siebie – nagą, chudą, świetlistą istotę podobną do dziecka, która emanowała ciepłym, żółtym światłem. Moja głowa była powiększona, a ciało wyglądało tak, jakby należało do czterolatka. Fale Światła dotykały mojego ciała. Byłem niemal nieprzytomny ze szczęścia, gdy w końcu moja podróż dobiegła końca.

Oczywiście, nie mamy pojęcia, czego doświadczył Sean. Według moich notatek, w dziewiątej minucie od zrobienia trzeciego zastrzyku wymamrotał:

Myślę, że mnie trafiło.

Po wypełnieniu kwestionariusza Sean powiedział:

To ciekawe. Postanowiłem wejść w białe światło.

Zaproponowałem mu ogólne wsparcie i poradę:

– Cieszę się, że to zrobiłeś, że nie pozostałeś w swoim doświadczeniu bierny.

Nie byłem w pełni świadom tego wyboru.

Zamilkł i uśmiechnął się, mówiąc:

Nie wierzę, że to robię. Że ty to robisz.

Spójrzmy na jego zapiski dotyczące przyjęcia czwartej, ostatniej tego dnia dawki.

> *Wszędzie wokół mnie zobaczyłem niebieskozielone, druciane istoty na motocyklach. Wyglądały tak, jakby były zaprogramowane, jak zabawiające się ludziki z gier video. Nie mogłem oderwać od nich wzroku. Jeździły w kółko, tak jakbym znajdował się w centrum wieży parkingowej. Nie mogę sobie przypomnieć, co było dalej. Widziałem te istoty przez naprawdę długi czas! Wciąż się zastanawiałem, czy wydarzy się coś więcej. Podróż powoli dobiegła końca, ale nie pamiętam, w jaki sposób.*

Poranek dobiegł niemalże końca. Twarz Seana była blada. Zdjął z oczu opaskę, po czym podkurczył nogi i przycisnął je do klatki piersiowej.

– Wyglądasz na zmęczonego – powiedziała Laura.

Nie, nie jestem zmęczony. Po prostu czuję się trochę nieswojo.

Rozejrzał się po pokoju, potem skierował wzrok na nas i westchnął:

Co za dzień!

Bez wątpienia istnieje dużo podobieństw pomiędzy naturalnie pojawiającymi się doświadczeniami duchowymi a tymi, które w przypadku niektórych osób wywołuje podanie DMT. Sesje z użyciem wysokiej dawki, które przeszli Sean, Elena i Cleo były ekstatyczne, pełne wglądów i miały na te osoby gruntowny, rewolucyjny wpływ. Cała trójka miała stabilną i silną osobowość, a także pewną wiedzę dotyczącą pojęć religijnych. Sposób, w jaki opisują oni swoje sesje, jest zaskakująco podobny do tego, co możemy przeczytać w pismach wielkich mistyków.

Podczas sesji z użyciem DMT pojawia się wiele elementów charakterystycznych dla doświadczeń oświecenia, między innymi poczucie bezczasowości; niewyrażalność; zjednoczenie sprzeczności; kontaktowanie się i stapianie z niezwykle potężną, mądrą i miłującą obecnością, bardzo często postrzeganą pod postacią białego światła; przeświadczenie, że świadomość trwa po śmierci ciała; uzyskanie bezpośredniej, najbardziej podstawowej wiedzy o stworzeniu i świadomości.

Opowieści te stanowiły dla mnie źródło radości i zachwytu. Im więcej ich słyszałem, tym trudniej było mi uniknąć konfrontacji ze znacznie poważniejszymi kwestiami. Czy z racji tego, że zażycie DMT sprzyja pojawianiu się mistycznych uniesień, samo doświadczenie siłą rzeczy będzie miało dobroczynny wpływ na badanych? Mówiąc innymi słowy: czy doświadczenia te rzeczywiście będą miały oddziaływanie na życie duchowe naszych ochotników? Gdyby tak się stało, czułbym się uprawniony do stwierdzenia, że mają one rzeczywistą wartość duchową. Na dodatek, w świetle tego rodzaju transformacyjnych doświadczeń, łatwiejsze do zaakceptowania byłyby pojawiające się w niektórych przypadkach negatywne efekty zażycia DMT.

Przemyślenia te doprowadziły mnie do dwóch różnych zagadnień klinicznych: niepożądanych skutków oraz długoterminowych korzyści wywoływanych przez spotkania z molekułą duszy. Aby zrównoważyć całościowy bilans, przyjrzyjmy się teraz ciemnej stronie DMT.

17.

Ból i strach

Kiedy przygotowywałem się do pisania rozdziałów dotyczących sesji z użyciem DMT, raz jeszcze przejrzałem każdą stronę sporządzonych przeze mnie w trakcie badań notatek. Prawie przez miesiąc wybierałem odpowiednie fragmenty i segregowałem je według różnych typów doświadczeń. Jedną z wyodrębnionych przeze mnie grup oznaczyłem jako „niepożądane efekty" – trafiały do niej wszelkiego rodzaju problematyczne i niekorzystne reakcje wywołane podaniem DMT. Owe niepożądane efekty rozciągały się od dość łagodnych i krótkotrwałych do najbardziej niepokojących, groźnych i utrzymujących się przed dłuższy czas.

Tego rodzaju doświadczenia przytrafiły się dwudziestu pięciu ochotnikom, którzy uczestniczyli w naszych eksperymentach. Biorąc pod uwagę fakt, że łącznie było ich sześćdziesięciu, wydaje się to dość wysokim wynikiem. Podczas realizacji projektu nie zarejestrowałem jednak tego, że problemy pojawiły się w przypadku niemal połowy badanych przez nas osób. Czy pomniejszałem napotykane trudności, starając się za wszelką cenę i bez względu na okoliczności popchnąć badania do przodu?

Wynik ten był dla mnie tym bardziej zaskakujący, że miałem nadzieję zminimalizować liczebność reakcji lękowych na podanie DMT, dobierając do badań wyłącznie zdrowych ochotników, którzy mieli już za sobą pewne doświadczenia z zażywaniem substancji psychodelicznych. Wydawało się to bezpieczniejsze niż przyjmowanie osób, które nie miały pojęcia, czego mogą się spodziewać, lub mających jakiekolwiek problemy psychiczne.

Kiedy przyglądałem się dokładniej wszystkim tym sesjom, stało się dla mnie jasne, że w znaczącej większości problemy te były niezwykle krótkotrwałe. Spostrzeżenie to nieco mnie uspokoiło. Jednym z głównych powodów, dla których zdecydowałem się wybrać do swoich badań klinicznych właśnie DMT, był krótki czas działania tej substancji. Zakładałem, że bez względu na to, jak przerażające okazałyby się wywoływane przez nią efekty, przynajmniej nie będą się one utrzymywały zbyt długo.

Szpitalne otoczenie w znacznej mierze sprzyja pojawianiu się negatywnych doznań pod wpływem psychodelików, co mogło mieć pewien wpływ na reakcje badanych przez nas osób. Pomimo że możliwość szybkiego udzielenia pomocy medycznej wytworzyła u niektórych osób silniejsze poczucie bezpieczeństwa, trzeba przyznać, że warunki, w których przeprowadzaliśmy sesje, były mało przyjazne.

Poza samym otoczeniem Centrum Badawczego dodatkowe napięcie wytwarzały także wszelkie czynności, których wymagała od nas metodologia badań. Pobieranie krwi czy prowadzenie szczegółowej dokumentacji raczej rzadko towarzyszą rekreacyjnemu stosowaniu psychodelików, a z pewnością wywierały wpływ na nasze relacje z badanymi. Oczekiwaliśmy od nich w końcu czegoś więcej niż tylko samego przeżycia doświadczenia psychodelicznego i raczej trudno było im to zlekceważyć.

Brałem pod uwagę, że DMT wywoła zaniepokojenie u niemal wszystkich uczestników naszych badań. Wiedziałem także, że wiele osób będzie miało problemy z zachowaniem rozeznania w sytuacji, szczególnie po otrzymaniu wysokiej dawki. Dzięki temu łatwiej było mi zrozumieć obawy żywione przez uczestników przed rozpoczęciem sesji z użyciem molekuły duszy.

Robiliśmy co w naszej mocy, aby uwzględnić takie szczegóły, jak: zapachy, gesty, atmosferę emocjonalną oraz sposób mówienia i zachowania osób obecnych w pomieszczeniu. Owo skupienie na detalu w znacznej mierze pomogło nam uchronić badane osoby przed wszystkim, co niepotrzebnie mogłoby zakłócić ich spokój. Zdawaliśmy sobie sprawę, że pełne wsparcia, troski i zrozumienia nastawienie i reakcje stanowią najlepsze zabezpieczenie przed pojawieniem się niepożądanych efektów i najskuteczniejszą metodę ich łagodzenia*.

Temat pojawiania się niepożądanych efektów nabrał szczególnego znaczenia, gdy próbowaliśmy oszacować zyski i zagrożenia wynikające z pracy z psychodelikami. Czy ewentualne pożytki przeważą szalę na korzyść badań? Czy zgodzimy się zaakceptować negatywne aspekty stosowania psychodelików przez wzgląd na ich dobroczynne właściwości? Niniejszy rozdział prezentuje ciemną stronę DMT, następny zaś dotyczy tego, na ile pomocne okazały się doświadczenia naszych ochotników z perspektywy czasu.

Wzmianki o negatywnych reakcjach na DMT pojawiały się już w starszej literaturze dotyczącej badań nad właściwościami tej substancji.

* Przyczyną tak licznych doniesień o niepożądanych reakcjach podczas przeprowadzonych niedawno z udziałem ludzi badań nad ketaminą (zobacz Anna Nidecker, *Allerged Abuses Accelerate Reform*, „Clinical Psychiatry News" 26 [1998], str. 1.) może być nieuwzględnienie następujących kwestii: Czy badacze wiedzieli, co robią?; Czy sami przyjmowali kiedyś ketaminę?; W jakim stopniu starali się kontrolować otoczenie, w którym badane przez nich osoby otrzymywały tę substancję?; W jaki sposób postrzegali stan świadomości wywoływany przez ketaminę?; Jak na niego reagowali?; Oczywiście, wszystkie te zmienne trzeba także brać pod uwagę, kiedy czyta się raporty dotyczące niepożądanych reakcji pochodzące z lat 50. i 60., kiedy to miała miejsce pierwsza fala badań nad substancjami psychodelicznymi.

W prowadzonych przez Stephena Szárę w latach 50. badaniach nad DMT z użyciem EEG uczestniczyła pewna lekarka. Gdy nasiliły się efekty wywołane domięśniowym podaniem DMT, zaczęła ona krzyczeć:

*To przerażające, bo nie mogę tego przerwać [poprzez otwarcie oczu] (...) To strasznie nieprzyjemne! Och, ale źle się czuję! Wolałabym stracić zupełnie przytomność. Czy to się będzie utrzymywać przez godzinę? Podaj mi coś, co sprawi, że szybko umrę. Wolałabym umrzeć. Jak możesz robić coś takiego?**

Szára skomentował fakt pojawienia się „paranoidalnych lub urojeniowych" reakcji u pięciu spośród trzydziestu początkowych ochotników w następujący sposób:

– Badani ci po jednym lub dwóch dniach donosili, że byli przekonani, że podczas eksperymentu ktoś stara się ich zabić lub otruć. DMT uważali za truciznę, osoba nadzorująca była natomiast w ich mniemaniu mordercą. Jedna z badanych osób zaczęła zachowywać się na tyle agresywnie, że musiała zostać uspokojona przy użyciu siły**.

Opisy Száry są niesamowicie przydatne dla osób planujących prowadzenie badań psychiatrycznych. Precyzyjne określenie, co dokładnie dzieje się w trakcie sesji z użyciem substancji psychodelicznych w otoczeniu klinicznym, jest niezwykle trudnym zadaniem. Sprawa komplikuje się dodatkowo w sytuacji, gdy zespół badawczy jest skupiony wyłącznie na tym, aby wykazać dobroczynne właściwości danej substancji***.

Negatywne reakcje uczestników naszych badań na podanie im DMT nie różniły się jakościowo od doświadczeń, o których mieliśmy okazję przeczytać do tej pory. Były to przeżycia należące do wszystkich opisanych wcześniej kategorii: kwestii osobistych, niewidzialnych światów i kontaktowania się z niematerialnymi istotami, a także doświadczenia duchowe i z pogranicza śmierci. Tym, co czyniło owe efekty negatywnymi, nie było doświadczenie samo w sobie, lecz sposób, w jaki badana osoba na nie reagowała.

Ida była jedną z nielicznych osób, które zrezygnowały z uczestnictwa w naszych badaniach już po kontrolnej sesji z niską dawką. O całym projekcie dowiedziała się za pośrednictwem mojej byłej żony, z którą poznały się na warsztatach rozwojowych dla kobiet, organizowanych w Albuquerque. Ida miała trzydzieści dziewięć lat, trójkę dzieci, zaś większą część swojego dorosłego życia spędziła w nieudanym związku małżeńskim. Ironiczne poczucie humoru wydawało się maskować duże pokłady gnie-

* F. Kajtor i Stephen Szara, *Electroencephalographic Changes Induced by Dimethyltryptamine in Normal Adults*, „Confinia Neurologica" 19 (1959), str. 52-61.

** Sai-Halasz i in. (1958).

*** Jakiś czas temu opisane zostały silne reakcje stresowe wywołane podaniem psylocybiny podczas słynnego „Eksperymentu Wielkopiątkowego". Oryginalny artykuł z 1966 roku (Walter N. Pahnke oraz William A. Richards, *Implications of LSD and Experimental Mysticism*, „Journal of Religion and Health" 5 (1966), str. 175-208) koncentrował się na doświadczeniach mistycznych, które przeżywali studenci Harvard Divinity School. Nie usłyszeliśmy jednak ani słowa o tym, że członkowie zespołu badawczego musieli ganiać po kampusie jednego z odurzonych psylocybiną uczestników badania, aby w końcu uspokoić go zastrzykiem z lekiem o antypsychotycznych właściwościach! Zobacz: Rick Doblin, *The Good Friday Experiment: a Twenty-Five Year Follow-Up and Methodological Critique*, „Journal of Transpersonal Psychology", 23 (1991), str. 1-28.

wu i niezadowolenia. Dość trudno było się przy niej rozluźnić, ponieważ nigdy nie można było ocenić, czy śmieje się z ciebie, czy razem z tobą.

Jako że jedną z jej największych fascynacji było zjawisko szamanizmu, była ona bardzo żywo zainteresowana badaniami dotyczącymi DMT. Około dwudziestokrotnie w ciągu swojego życia miała okazję zażywać LSD i grzyby psylocybinowe, ale nie zdarzyło się jej to od momentu, gdy niemal dwie dekady temu poświęciła się życiu rodzinnemu.

Kiedy wszedłem do pokoju 531, żeby przeprowadzić kontrolną sesję z niską dawką, zaskoczył mnie widok Idy siedzącej na łóżku z numerem „New Yorkera" w dłoniach. Była jedyną osobą, która przygotowywała się do swojej pierwszej podróży na DMT w ten sposób. Wyglądała na zdenerwowaną.

Nie przestała kartkować trzymanej przez siebie gazety, nawet gdy opowiadałem o czekającej ją sesji. W pomieszczeniu panowała nieprzyjemna, napięta atmosfera. W pewnym momencie zorientowałem się, że podczas mojego standardowego wprowadzenia zacząłem się jąkać. Skierowało to moją uwagę na skrywany przez Idę lęk, zanim zdążył go zarejestrować mój świadomy umysł.

W czwartej minucie po zrobieniu zastrzyku Ida otworzyła na chwilę oczy. Spojrzała na mnie, ale szybko odwróciła wzrok w inną stronę. Po minucie zaczęła mówić:

Nie podobało mi się to. Nie podobało mi się to, co czułam. Moja głowa stała się strasznie gorąca. Znalazłam się poza ciałem. Miałam problemy z oddychaniem.

– Dość szybko, prawda?

Może dla ciebie.

– Chodziło mi o to, że dość szybko zaczęło działać. A wydawało ci się, że to trwa długo?

Czekałam tylko, aż to się skończy, zaraz po tym, jak poczułam pierwsze efekty. Czułam je już w momencie, w którym przepłukiwałeś rurkę. Nie byłabym w stanie się ruszyć, gdybyś mnie o to poprosił. Spojrzałam na swoje stopy i miałam wrażenie, że nie należą do mnie. To było przerażające. Nie czułam się bezpiecznie.

Nie było mowy o tym, abym następnego dnia podał Idzie ośmiokrotnie większą dawkę.

– Wiesz... Niektórym ludziom działanie DMT najzwyczajniej w świecie nie przypada do gustu.

Dla mnie było okropne.

– Może na tym zakończmy i potraktujmy to wszystko jako nauczkę. Chyba nie warto ryzykować.

W porządku.

Z kuchni przyniesiono jej paskudny lunch: taco z mięsa o nieznanym pochodzeniu. Było to stosowne zakończenie tak trudnej sesji.

Wieczorem zadzwoniłem do Idy. Czuła się dobrze, ale podkreślała, że nigdy więcej nie zażyje DMT.

Doświadczenia wywołane podaniem wysokiej dawki były w przypadku niektórych ochotników na tyle destabilizujące, że kilku z nich postanowiło zrezygnować z dalszego udziału w naszym projekcie. Jedną z takich osób był Ken.

Ken miał trzydzieści trzy lata i przeprowadził się do Albuquerque zaledwie kilka miesięcy przed tym, jak rozpoczęliśmy badania nad DMT. Z racji długich, rozpuszczonych włosów i szpanerskiego motocykla był jednym z najbardziej ekstrawaganckich uczestników naszych badań. Do Nowego Meksyku przyjechał, aby uczyć się alternatywnych form leczenia w jednym z tutejszych ośrodków. Odszedł z uniwersytetu, ponieważ „czuł się tam jak owca".

Dość często zażywał MDMA i przyznawał, że ma problemy z ograniczeniem użycia tej substancji. Uwielbiał „zabawę, miłość, przyjaźń, głębię i duchowość", które mu oferowała. Co ciekawe, odmówił udzielenia odpowiedzi na pytanie o typowe substancje psychodeliczne, które znajdowało się w kwestionariuszu dotyczącym stosowania narkotyków. Nie zauważyłem tego, dopóki Ken nie zrezygnował z udziału w naszych badaniach. Gdybym zwrócił na to uwagę wcześniej, być może dopytałbym go o jego doświadczenia z tymi mocniejszymi substancjami.

Ken miał w sobie coś niepokojącego, ale trudno było wyczuć, o co dokładnie chodzi. Wydawał się nieco zbyt „wyluzowany" i „New Age'owy", przez co wraz z Laurą zastanawialiśmy się, jak wygląda mroczniejsza część jego wnętrza. Gdzie znajdowały się jego granice, jego gniew? Co tak naprawdę nim powodowało? Wydawał się raczej przelatywać przez swoje życie, niż naprawdę w nie wnikać. Z obecnej perspektywy wiem, że właśnie to było podstawową przyczyną późniejszych trudności. Przed rozpoczęciem sesji nie byliśmy jednak w stanie przewidzieć jego reakcji na podanie DMT.

Sesja z użyciem 0,05 mg/kg przebiegła bez żadnych problemów.

To było przyjemne. Delikatnie uspokajające i energetyzujące, trochę jak MDMA. Widziałem kolory. Zastanawiam się nad tym, jak będzie wyglądać jutrzejsza sesja z wysoką dawką.

Ja także nie byłem pewien, w jaki sposób zareaguje następnego dnia. MDMA jest, według mnie, substancją o bardzo łagodnym działaniu. Osoby, które stawiają ją wyżej od typowych psychodelików, zazwyczaj gorzej radzą sobie ze stresem, zarówno tym wywoływanym przez codzienne sprawy, jak i towarzyszącym zażywaniu potężniejszych substancji halucynogennych. Lubię nazywać MDMA narkotykiem „miłości i światła", który podkreśla pozytywne strony życia, a minimalizuje negatywne. Gdyby tylko samo życie było tak proste.

Ken pojawił się następnego dnia ubrany w luźne, kolorowe spodnie z bawełny oraz dziką, psychodeliczną koszulkę. Dokonujące rejestracji pielęgniarki powiedziały mu, że wygląda uroczo.

Jego oddech utknął w gardle, w momencie gdy kończyłem przepłukiwać rurkę prowadzącą do wkłucia dożylnego. Utrzymując w pamięci reakcję Philipa oraz kilku innych ochotników na podanie im wysokiej dawki, wiedziałem, że nawet ledwie słyszalne odgłosy duszenia niemal zawsze są oznaką, że substancja wywarła na badaną osobę niezwykle silny wpływ. Głowa Kena kiwała się w przód i w tył, a jego stopy zaczęły się trząść, tak jakby próbował złagodzić odczuwane przez siebie napięcie.

W 5. minucie Ken zaczął się uspokajać, ale jego głowa wciąż drżała, a twarz pozostawała wykrzywiona. Po kilku kolejnych minutach ściągnął ze swoich oczu opaskę i patrzył przed siebie. Jego źrenice pozostawały rozszerzone, więc wraz z Laurą siedzieliśmy w zupełnej ciszy, oczekując, aż działanie DMT nieco osłabnie. W 14. minucie Ken w dalszym ciągu wyglądał na wstrząśniętego, ale powoli odzyskiwał nad sobą panowanie. Powiedział:

Zobaczyłem dwa krokodyle siedzące na mojej klatce piersiowej. Przygniatały mnie i gwałciły analnie. Nie miałem pewności, czy uda mi się z tego wyjść w jednym kawałku. Początkowo myślałem, że to sen, czy raczej koszmar. Wtedy zdałem sobie sprawę z tego, że to się dzieje naprawdę.

Ponieważ była to sesja kontrolna, nie używaliśmy termometru doodbytniczego.

W jego oczach pojawiły się łzy, ale nie spłynęły po policzkach.

– To brzmi dość strasznie.

Bo to było straszne. Nigdy w życiu nie byłem tak przerażony. Chciałem poprosić was o złapanie mnie za rękę, ale nie byłem w stanie się poruszyć ani odezwać. Jezu!

Jego sesja dobiegła końca, więc niewiele więcej mogliśmy mu doradzić w związku z tym, jak mógłby się zachować wobec swoich gadzich oprawców. Czuł się fatalnie. Jedyne, co mogliśmy zrobić, to spróbować pomóc mu w zaakceptowaniu przebytej przez niego sesji, a może nawet wyniesieniu z niej czegoś wartościowego.

– Co o tym wszystkim sądzisz?

Nie mam najmniejszego pojęcia, co o tym sądzić. Czułem się tak, jakby ktoś wymierzał mi karę.

Spojrzał wprost na mnie i zapytał:

Czy przyszłe dawki będą równie wysokie? Myślę, że nie jestem w stanie zrobić tego jeszcze raz.

Ken leżał w milczeniu na łóżku. W dalszym ciągu był pochłonięty tym, co mu się przytrafiło. Nie miał ochoty zbyt dużo mówić, ale bez większych problemów wypełnił kwestionariusz. Stał się spokojniejszy i bardziej opanowany dopiero po zjedzeniu śniadania.

Kiedy skończyłem wypełniać wszystkie dokumenty dotyczące sesji, powróciłem do pokoju 531. Ken wyglądał na odświeżonego. Chciał ze mną jeszcze chwilę porozmawiać przed opuszczeniem szpitala.

– Jak się teraz czujesz?

Myślę, że to nie jest narkotyk dla mnie. Wolę aksamitność MDMA. DMT jest zbyt ciężkie, zbyt potężne.

– W porządku. Myślę, że to dobry pomysł zatrzymać się w tym miejscu.

Postanowiłem jeszcze na chwilę powrócić do jego doświadczeń:

– Jak myślisz, dlaczego te krokodyle po ciebie przyszły?

Nie mam pojęcia. Lubię gady; kiedyś miałem nawet legwana.

Zaśmiał się.

Może to były doświadczenia poprzedniego życia, w którym byłem Egipcjaninem.

Pomimo że Ken dość szybko wyjechał z Albuquerque i przeniósł się do Kalifornii, pozostawaliśmy ze sobą w kontakcie. Jego reakcja była tak gwałtowna, że bałem się, iż mógł doznać poważnego urazu psychicznego. Zastanawialiśmy się, czy jako dziecko nie był molestowany seksualnie. Nie przypominał sobie nic takiego, więc pozostało to jedynie przypuszczeniem.

Sesja ta przestraszyła Kena tak bardzo, że w pewnym sensie udało mu się dzięki niej wyjść na prostą. Wspomnienie gadziego gwałtu powracało do niego rzadko, ale było na tyle wyraziste, że wywierało na niego wpływ jeszcze przez długi czas. Przestał przyjmować substancje psychoaktywne, w tym także MDMA, w znacznym stopniu ograniczając nawet ilość spalanej przez niego marihuany. Znalazł pracę w sklepie z ziołami i zamieszkał ze swoją dziewczyną. Mógł skończyć znacznie gorzej.

Z perspektywy czasu łatwo jest połączyć negatywne doświadczenia wywołane przyjęciem przez Kena wysokiej dawki DMT ze skłonnością do unikania przez niego konfrontacji z jakimikolwiek ciemnymi aspektami swojej psychiki. Jego mechanizmy obronne okazały się po prostu zbyt słabe, aby funkcjonować pod wpływem molekuły duszy.

Pomimo że sesje z użyciem dużej dawki DMT bywały mroczne i nieprzyjemne, niektórym ochotnikom udawało się zmienić ich oblicze. Andrea była, na przykład, przerażona wywołanym przez molekułę duszy doświadczeniem z pogranicza śmierci, ale wykorzystała odczuwany przez siebie strach jako katalizator ułatwiający jej przepracowanie osobistych problemów.

Andrea miała trzydzieści trzy lata i mieszkała na północ od Santa Fe razem z mężem i dwójką dzieci. Pracowała jako programistka i była dość dobrze zaznajomiona z substancjami wywołującymi odmienne stany świadomości. Ponadstukrotnie przyjmowała psychodeliki, a swego czasu zażywała także bardzo duże ilości kokainy i metamfetaminy.

Już jako dziecko Andrea zaczęła doświadczać tzw. „porażeń przysennych" i „halucynacji hipnagogicznych". Tuż przed zapadnięciem w sen nie była w stanie poruszać swoim ciałem, zaś przed jej oczyma pojawiały się krótkie, ale przerażające wizje. Jej matka, zagorzała katoliczka, twierdziła, że wizje te są dziełem szatana i że Andrea powinna się modlić do Jezusa o ochronę. Doświadczenia te przytrafiały się jej przez całe późniejsze życie, choć znacznie rzadziej.

Przez wzgląd na swoje problemy ze spokojnym zapadaniem w sen Andrea obawiała się przyjmowania DMT w Centrum Badawczym. Miała wątpliwości, czy będzie potrafiła rozluźnić się po zrobieniu przeze mnie zastrzyku. Brała także pod uwagę możliwość pojawienia się doświadczeń z pogranicza śmierci i zastanawiała się, czy będzie w stanie porzucić własne ciało.

Pomimo początkowych obaw sesja z niską dawką okazała się dla niej dość przyjemna. Zaraz po jej zakończeniu Andrea powiedziała:

To było nawet zabawne!

Następnego dnia, już na samym początku, usłyszeliśmy od niej:

– Dzisiejszego ranka obudziłam się pełna niepokoju. Pomyślałam sobie jednak, że skoro wczoraj wszystko poszło dobrze, dziś też nie powinno być żadnych problemów.

Z jakiegoś powodu przygotowałem w zasięgu ręki „zestaw ratunkowy" – valium, na wypadek ataku paniki, oraz tabletki nitrogliceryny, gdyby jej ciśnienie krwi za bardzo podskoczyło. Nie zdarzyło mi się to przed jakąkolwiek inną sesją.

Andrea zakaszlała, gdy byłem w połowie robienia zastrzyku z DMT.

Podczas przepłukiwania przeze mnie rurki głośno westchnęła raz lub dwa razy, po czym zaczęła wrzeszczeć:

NIE! NIE! NIE!

Przez następną minutę wciąż krzyczała:

Nie! Nie! Nie!

Andrea wymachiwała nogami, kopiąc wszystko naokoło. Przytrzymałem jedną z nich. Na drugiej dłoń położył jej mąż, po czym zaczął ją gładzić i delikatnie masować.

W drugiej minucie Andrea przestała krzyczeć. Wyglądała na spokojniejszą.

– Świetnie sobie radzisz. Po prostu oddychaj – powiedziałem.

Dobrze.

Jej głos był ledwie słyszalny.

W czwartej minucie zauważyłem, że pod opaską na oczy zbierają się jej łzy.

– Możesz płakać, jeśli chcesz.

Przez następne pięć minut wydawała z siebie głośne szlochy, po czym powoli zaczęła się uspokajać.

Krzyczałam?

– Kilka razy krzyknęłaś.

Tak mi się wydawało. Trudno było mi się rozluźnić.

– Dużo się dzieje, prawda?

Zaśmiała się cicho.

Sama się do tego zgłosiłam, tak?

– Tak. Mam w domu twoją zgodę na udział w badaniu.

Nigdy nie zdarzyło mi się opuścić swojego ciała. Walczyłam z tym z całych sił. Miałam wrażenie, że umieram. Nie chciałam umierać. Bałam się. Zdałam sobie sprawę z tego, że mam swoje ciało nie bez przyczyny, że powinnam je jeszcze do czegoś wykorzystać.

Andrea zaczęła przezwyciężać swój strach, postrzegać swoje doświadczenia jako wyzwanie.

Kiedy działanie DMT ustępowało, miałam wątpliwości, czy kiedykolwiek będę chciała to powtórzyć, ale teraz myślę, że tak. Sądzę, że następnym razem już nie będę się tak bała. To była śmierć. Znalazłam się w pustce, w otchłani. Panowała tam absolutna ciemność. Nigdy wcześniej nie przytrafiło mi się coś takiego. Pod wpływem LSD i grzybów łatwiej jest to kontrolować, poza tym utrzymuje się kontakt ze swoim ciałem - można z niego wychodzić i wracać. W przypadku DMT nie ma się wyboru. Po prostu nie byłam na to przygotowana i zaczęłam się bać.

Kiedy po zakończeniu sesji poszedłem do recepcji, aby uzupełnić dokumentację, pielęgniarki zapytały mnie, czy z Andreą wszystko w porządku. Były zaniepokojone krzykami dochodzącymi z pokoju 531.

– Miała dość trudny początek, ale już wszystko dobrze.

Po 30 minutach od zrobienia zastrzyku Andrea wyglądała całkiem nieźle i zajęła się wypełnianiem kwestionariusza. Po godzinie zjadła śniadanie. Zaskakujące, z jaką prędkością DMT rzuca nas w otchłań, aby następnie nas z niej wyciągnąć!

Kiedy następnego dnia rozmawialiśmy przez telefon, Andrea powiedziała:

– Znacznie lepiej wiem, co chcę zrobić ze swoim życiem, zanim umrę. Nie jestem jeszcze gotowa, żeby odejść. Początkowo przenieśliśmy się do Nowego Meksyku, żebym mogła dalej się uczyć, szczególnie interesowała mnie praca z ciałem. Z czasem jednak zapał mi minął i nigdy się za to nie zabrałam. Moje życie prędzej czy później dobiegnie końca i jeśli mam coś więcej z nim zrobić, to właśnie teraz.

Miesiąc później Andrea wzięła udział w badaniach nad tolerancją.

Przed rozpoczęciem sesji poruszyłem temat odczuwanego przez nią strachu.

– Czy boisz się nieświadomości? Jeśli tak, zawsze możesz stracić przytomność. Po prostu zemdleć. Spróbuj. Możesz mieć wrażenie, że straciłaś zmysły, ale pamiętaj, że szybko wrócisz do siebie. Dzisiejsze cztery dawki DMT *naprawdę* cię wyczerpią. Miejmy nadzieję, że wszystko przebiegnie bez niepotrzebnego bólu i strachu.

– Po prostu boję się tego, gdzie trafię. Czy wszystko będzie dobrze?

Kiedy podałem Andrei pierwszą dawkę 0,3 mg/kg, wydała z siebie stłumiony jęk. Na wszelki wypadek jej mąż, Laura i ja od razu położyliśmy nasze dłonie na jej nogach i rękach. Andrea jednak bardzo szybko się uspokoiła i przez cały poranek pracowała z motywem, który pojawił się po pierwszej wysokiej dawce: strachem przed śmiercią oraz tym, w jaki sposób może przeżyć swoje życie w pełni.

Podobnie jak miało to miejsce w przypadku wielu innych uczestników badań nad tolerancją, podczas czwartej sesji Andrea doświadczyła ekstatycznego wyzwolenia z odczuwanego przez siebie lęku i zagubienia.

W 18. minucie powiedziała:

To był prawdziwy dar, ten ostatni zastrzyk. Po wcześniejszych czułam zaniepokojenie i ból, szczególnie po trzeciej dawce. Pomyślałam: „O Boże, czy będę w stanie dotrwać do końca?" i od razu sobie odpowiedziałam: „Oczywiście, że tak". Po prostu nigdy się nie poddaję. Potem wszystko było już prostsze.

Zobaczyłam całą gromadę istot, które mówiły: „No dobrze, pamiętasz, jak byłaś młoda i pełna ideałów, i chciałaś się uczyć tego, jak pracować z ciałem?”.

Nic nie stoi na przeszkodzie, żebym zajęła się tym teraz.

Kiedy kilka dni później rozmawialiśmy przez telefon, Andrea powiedziała:

– Jestem naprawdę wdzięczna za to doświadczenie. Naprawdę chciałam przepracować parę rzeczy*. To zmieniło mi perspektywę. Pomogło przypomnieć sobie, że tak naprawdę chciałam uczyć się pracy z ciałem. Mam jeszcze tak dużo do zrobienia. Nie mam poczucia, że „wszystko jest w porządku”. Nie zobaczyłam podczas sesji białego światła, ale pod koniec wypełniła mnie radość. Miałam poczucie, że stało się coś ważnego.

Andrea mogła kontynuować walkę z bolesnymi i przerażającymi odczuciami, pogarszając w ten sposób całą sytuację. Wiedzieliśmy, że może mieć problemy z rozluźnieniem się przez to, że jej matka uważała dręczące ją problemy ze snem za ataki demonów. Niemniej jednak, przy pomocy męża i naszej, udało jej się pokonać strach i odkryć leżący u jego podstaw smutek i poczucie zagubienia. Stawiając czoło swoim lękom i poddając się doświadczeniu, udało jej się lepiej zrozumieć to, kim jest, czego pragnie i w jaki sposób może wprowadzić w życie swoje plany.

Do najbardziej przerażających sesji należały te, podczas których ciśnienie krwi badanych obniżało się lub wzrastało w stopniu zagrażającym ich zdrowiu, a nawet życiu. Ciśnienie Lucasa osiągnęło tak niski poziom, że ledwo mogliśmy je zarejestrować, Kevina zaś w niebezpieczny sposób podskoczyło.

Pięćdziesięciosześcioletni Lucas był pisarzem i przedsiębiorcą, a zarazem jednym ze starszych uczestników naszych badań. Mieszkał w pobliskiej wiosce położonej w północnej części Nowego Meksyku, gdzie w małej szklarni hodował wszelkiego rodzaju egzotyczne rośliny o halucynogennych właściwościach. Był osobą inteligentną, elokwentną i wolną od strachu.

Wyniki badań elektrokardiograficznych (EKG) Lucasa nieznacznie odbiegały od normy. Jego tętno było dość niskie, poniżej 60 uderzeń na minutę, a na dodatek cierpiał na tzw. arytmię zatokową. Przypadłość ta polega na tym, że przy nabieraniu powietrza w płuca i ich opróżnianiu serce przyspiesza i zwalnia bardziej niż w przypadku większości ludzi. Zadzwoniłem do kardiologa, który interpretował jego EKG. Powiedział mi, że jeżeli Lucas nie odczuwa problemów z sercem, nie ma zbytnich powodów do obaw.

Sesja Lucasa z niską dawką dała nam pewne wyobrażenie, jak może on zareagować na wysoką dawkę. Podobnie jak Rex, który pod wpływem DMT trafił do futurystycznego ula (zobacz rozdział 14.), Lucas miał wrażenie, że wszystko zaczęło się kołysać:

Czuję, że łóżko zaczęło się łagodnie bujać, tak jakbym leżał na hamaku.

---

* Zobacz przypis na str. 174, rozdział 11.

Kontrolna sesja Lucasa z wysoką dawką, którą przeprowadziliśmy następnego poranka, została opisana w rozdziale 12. – trafił on na stację kosmiczną, na której znajdowały się liczne humanoidalne roboty. Przyjrzyjmy się teraz bardziej niepokojącym aspektom tego doświadczenia.

Niemal od razu po zastrzyku Lucas stał się zupełnie blady i zaczął niespokojnie dyszeć. Kilkakrotnie zgiął i wyprostował swoje nogi, po czym spojrzał na Cindy i powiedział:

Jezu Chryste! Nie miałem pojęcia, że tak się poczuję!

Miał odruch wymiotny. Rozejrzałem się naokoło, ale nie zauważyłem żadnego pojemnika, którego mógłby użyć. Cindy wskazała palcem fartuch leżący za moimi plecami. Jako że nie mieliśmy niczego lepszego, podałem go Lucasowi. Spojrzał na niego ze zdziwioną miną.

Eeeee?

– Spróbuj tego – zaproponowałem.

Pomimo odruchu nie udało mu się zwymiotować.

Jezu Chryste!

Lucas tak bardzo skupił się na trzymaniu fartucha pod swoimi ustami, że zaczął osuwać się z łóżka w stronę Cindy. Wstałem, przeszedłem naokoło i przytrzymałem go, żeby nie spadł.

W piątej minucie jego ciśnienie krwi spadło z 108/71 do 81/55, puls natomiast – z 92 do 45. Wciąż był dość blady, a mówiąc ściślej – stawał się zielony. Trzymał się za głowę. Jego ciało drżało.

Dwie minuty później jego tętno wynosiło 47, a ciśnienie krwi – 87/49.

Próbowaliśmy wyregulować łóżko tak, żeby obniżyć jego głowę i podnieść stopy, zwiększając w ten sposób dopływ krwi do mózgu. Zamieszanie było jednak na tyle duże, że nie udało nam się tego zrobić. Czy powinienem wzywać zespół reanimacyjny? Przygotować jakieś środki na podniesienie mu ciśnienia? DMT samo w sobie zwiększa ciśnienie krwi, dlatego też obawiałem się, że gdyby organizm Lucasa poradził sobie z problemem bez naszej pomocy, a my podalibyśmy mu dużą dawkę adrenaliny, mogłoby to spowodować udar mózgu.

– Świetnie sobie radzisz – powiedziałem. – Oddychaj głęboko. Skup się na powietrzu wpływającym do płuc.

Wyglądał naprawdę źle.

Jego stan poprawił się po upływie dwóch kolejnych minut. W 12. minucie od zastrzyku jego ciśnienie wynosiło 102/78, a puls – 73.

W 15. minucie zaczął opowiadać o ujrzanej przez siebie stacji kosmicznej. Opowiedział także o tym, co zobaczył po otwarciu oczu:

Spojrzałem na Cindy. Jej twarz była pomalowana tak, jakby była klownem. To nie było śmieszne. Wyglądała raczej złowrogo. Bałem się patrzeć na jej twarz. Nie znam cię zbyt dobrze, Cindy, ale wydajesz się dość miłą osobą. To było DMT. Kątem oka spojrza-

łem też na ciebie, Rick. Twoja twarz wyglądała, jakby była wykonana z nierdzewnej stali. Jej powierzchnia była pokryta licznymi nierównościami i guzami. Nie chciałem ci się dokładniej przyglądać – widok Cindy był wystarczająco nieprzyjemny. Gdybym na ciebie spojrzał, prawdopodobnie nie mógłbym ci już zaufać jako lekarzowi.

Powoli zaczynał się uspokajać. Opowiedział nam o swojej podróży w przestrzeń kosmiczną. Trudno było mi się jednak skupić na tym, co mówił. Wciąż myślałem o tym, jak blisko byliśmy zupełnej katastrofy.

W drodze powrotnej Lucasowi zepsuł się samochód. Przyjechała po niego żona. Jadąc do domu, opowiadała mu w samochodzie o przerażających kazirodczych wspomnieniach z dzieciństwa, które powracały do niej podczas przechodzonej przez nią terapii. Kiedy w końcu dotarli na miejsce, czekały na nich dwie wiadomości: jeden przyjaciel odebrał sobie życie strzałem w głowę, a u innego wykryto śmiertelny nowotwór.

Rozmawialiśmy ze sobą następnego dnia. Powiedział mi:

– Co jest prawdziwe, a co nie? Mam wrażenie, jakbym obudził się ze snu. Ten przyjaciel, który popełnił samobójstwo, zrobił to mniej więcej wtedy, kiedy przyjmowałem DMT. W takich momentach trudno mi nie wierzyć w istnienie synchroniczności.

Nie mogłem powiedzieć mu nic innego niż:

– Myślę, że będzie najbezpieczniej, jeśli nie weźmiesz udziału w dalszych badaniach. Nie chciałbym, żebyś w jakikolwiek sposób ucierpiał fizycznie.

Lucas początkowo zaprotestował, ale wydawał się w pełni rozumieć moją decyzję. Udział w badaniu poważnie nim wstrząsnął. Zapytał, czy nie zechciałbym odwiedzić go w jego domu. Był to pierwszy i jedyny raz, gdy w trakcie badań nad DMT zgodziłem się na wizytę domową. Podjechałem do niego jeszcze w tym tygodniu i spędziliśmy razem cały dzień. Omówiliśmy przebieg całej sesji oraz odczucia Lucasa odnośnie do tego, co się z nim działo. W ciągu kilku następnych dni jego stan poprawił się na tyle, że mógł powrócić do swoich codziennych obowiązków. Lucas był obecny na niemal każdym towarzyskim spotkaniu uczestników naszych badań i bardzo dobrze wspominał swoje doświadczenie z DMT.

Kevin miał trzydzieści trzy lata i był mężem Sary, której historię poznaliśmy w rozdziale 14. Ponieważ był osobą dość poważną, doskonale pasował do wykonywanego przez siebie zawodu matematyka. Stosował psychodeliki ponad dwieście razy w swoim życiu i uważał je za substancje „sprzyjające rozwojowi emocjonalnemu i duchowemu".

Kevin był potężnym i przysadzistym mężczyzną, jedną z tych osób, których ciało wydaje się stanowić swoistą ochronę przed światem zewnętrznym. Miał ironiczne poczucie humoru i charakterystyczny błysk w oczach. Można było jednak odnieść wrażenie, że jego hiperracjonalizm i nadmierna gadatliwość maskują ukryty gdzieś w środku niepokój, którego kontrolowanie kosztowało go dużo energii.

Podobnie jak miało to miejsce w przypadku Lucasa, wyniki badań kardiologicznych Kevina nieznacznie odbiegały od normy. Jego ciśnienie krwi było dość wysokie i znajdowało się tuż poniżej dopuszczalnej granicy, a EKG wykazało „nieswoiste" nieprawidłowości, to znaczy takie, które nie wskazywały na jakąkolwiek konkretną wadę serca. Kevin wykazywał jednak tak niezwykłą determinację, aby wziąć udział w naszych badaniach nad tolerancją, że zaczął regularnie ćwiczyć, zrzucił siedem kilogramów i zrezygnował z picia kawy. Z własnej kieszeni opłacił także dodatkowe badania kardiologiczne oraz próbę wysiłkową, które wykazały, że stan jego zdrowia jest zadowalający.

Jego sesja z niską dawką przebiegła bardzo spokojnie, ale martwiło mnie trochę jego nastawienie.

W 2. minucie po zrobieniu zastrzyku powiedział:

No i kiedy to zacznie działać? Czy to już wszystko? Ooo, czuję łagodne zmiany w ciele. Moje serce bije szybciej, a mankiet ciśnieniomierza zaczął mnie uwierać w ramię.

Wydawał się zbyt nonszalancki. Miałem ochotę jakoś nim wstrząsnąć, przygotować na podróż, która czekała go następnego dnia. Te odczucia przybrały na mocy, gdy poinformował mnie, że wraz z Sarą i grupką przyjaciół planuje iść wieczorem na piwko i pizzę „z podwójnym serem i mięsem"!

– Sugerowałbym raczej, żebyś potraktował to, co cię jutro czeka, trochę poważniej – ostrzegłem go. – Bądź przygotowany, że możesz doświadczyć nawet swojej śmierci. Podejdź do tego z bojaźnią, ale pełen wiary. Przynajmniej ja przygotowuję się w ten sposób przed przeprowadzeniem sesji. Radziłbym ci także zjeść lżejszy posiłek. Zadbaj o siebie, przynajmniej dziś wieczorem i jutro.

Następnego dnia zastałem Kevina leżącego w łóżku. Wyglądał na zdenerwowanego. Obok niego siedziała Sara, gotowa pomóc nam w razie problemów.

– Trochę się martwię swoim ciśnieniem – powiedział.

– My też. Ale wszystko powinno być w porządku. Mieliśmy już ochotników ze zbyt wysokim ciśnieniem i nie było żadnych problemów.

Kiedy skończyłem robić zastrzyk, oddech Kevina przyspieszył. Jego ciśnienie skurczowe (czyli najwyższa wartość ciśnienia tętniczego) podskoczyło w 2. minucie sesji do 208. Pomimo tego Kevin leżał spokojnie. W pomieszczeniu rozległ się przeszywający sygnał alarmowy ciśnieniomierza, z którego istnienia nie zdawałem sobie nawet sprawy. Laura nie wiedziała, jak go uciszyć, więc wyłączyła całą maszynę. Podałem jej karteczkę z napisem: „Włącz ją w czwartej minucie".

Przyjrzyjmy się teraz sprawozdaniu Kevina, które otrzymaliśmy od niego po kilku dniach:

Na całym ciele poczułem dziwne mrowienie, tak jakbym unosił się w powietrzu. Najpierw zobaczyłem kolory spływające na mnie z ciemności, a następnie macierz komórkową przypominającą oglądaną pod mikroskopem skórę. Jej tłem było jasne, białe światło. Nagle, po swojej prawej stronie, zobaczyłem jakąś postać. Wyglądała jak jakaś afrykańska bogini wojny. W jednej ręce trzymała włócznię, w drugiej – tarczę, była czarna, a na jej twarzy znajdowała się maska. Zaskoczyłem ją swoją obecnością. Przy-

brała pozycję bojową, tak jakby chciała się przede mną bronić. „MASZ CZELNOŚĆ DO MNIE PRZYCHODZIĆ?", zapytała. „Najwyraźniej", odpowiedziałem w myślach.

Nagle wszystko wybuchło w sposób, który mogę porównać tylko do efektów specjalnych z serialu Star Trek *pojawiających się w momencie, gdy jakiś statek wchodził w prędkość nadświetlną. Poczułem, że moja klatka piersiowa jest rozpalona. Serce waliło mi w klatce. Czułem fale przenikające przez moje ciało. Pomyślałem sobie: „Stało się. Rick i Laura mnie zabili". Usłyszałem głos: „Umierasz. Nie umieraj". Gdzieś z oddali dobiegł do mnie dźwięk przypominający sygnał alarmowy. Poczułem, że dzieje się coś złego. Miałem wrażenie, jakbym skoczył z 10-metrowej platformy, uderzył w wodę i trafił na samo dno basenu. Próbowałem wypłynąć na powierzchnię.*

Efekty zaczynały słabnąć. Byłem niezwykle wyczulony na ludzi, którzy znajdowali się w pomieszczeniu. Słyszałem ich oddechy i ruchy. Wyczuwałem ich napięcie.

Według moich notatek, w 3. minucie Kevin powiedział:

Wciąż tu jestem.

– Dobrze.

Jego ciśnienie skurczowe w 5. minucie było nieznacznie niższe niż przy poprzednim odczycie i wynosiło 206. Znów rozległ się sygnał alarmowy. Laura spojrzała na mnie pytająco. Co robić? Sytuacja stawała się zbyt chaotyczna.

Czy to alarm?

– Wszystko w porządku. Twoje ciśnienie już zaczęło się obniżać.

To było niesamowite!

Według moich notatek, Kevin zaczął masować tył swojej głowy.

Jego ciśnienie zmniejszało się z każdą chwilą.

Powiedział:

Czuję lekki ból w karku.

Ból ten był najprawdopodobniej spowodowany przez rozszerzające się (ale, na szczęście, niepękające) pod wpływem zbyt wysokiego ciśnienia tętnice, które doprowadzają krew do mózgu.

Kevin mówił dalej:

Byłoby ciekawie sprawdzić, czy podczas następnych sesji także zobaczyłbym tę czarną wojowniczkę. Może następnym razem nie byłaby tak zaskoczona.

„Następnych sesji?", pomyślałem.

Po 30 minutach ciśnienie krwi Kevina było normalne. Był zmęczony, ale czuł się dobrze. Wiedziałem, że udało mi się uniknąć zderzenia z czymś bardzo groźnym.

Jeszcze tego samego dnia zadzwoniłem do Kevina z mojego biura. Był pełen zapału i nie miał zamiaru rezygnować z udziału w badaniach.

– Mam za sobą bardzo dużo doświadczeń z psychodelikami – powiedział. – Ale nic nie może się równać z tym, co przeżyłem dzisiaj. To było zupełnie niespodziewane. Mam wrażenie, że wróciłem jako inna osoba. Zdałem sobie sprawę, że istnieje znacznie więcej wymiarów niż ten, w którym żyjemy. Pomimo że to było przerażające doświadczenie, nie mogę się doczekać kolejnych. Chcę sprawdzić, dokąd bym trafił, gdybym poddał się mu w pełni. Chcę dowiedzieć się czegoś więcej o świecie, w którym się znalazłem.

Razem z Laurą przedyskutowaliśmy kwestię jego uczestnictwa w badaniach nad tolerancją, podczas których miałby otrzymać cztery dawki 0,3 mg/kg. Pomimo że było to nieco mniej niż 0,4 mg/kg, wciąż powracało do nas pytanie: „A co, jeśli będzie miał udar?". Odpowiedź była oczywista: „Nie możemy ryzykować".

Kevin nie ukrywał rozczarowania. Próbowaliśmy nakłonić go, aby wyciągnął jak najwięcej z przebytej przez siebie sesji.

Powiedziałem mu:

– I tak masz nad czym rozmyślać. Przyjąłeś wysoką dawkę DMT. Większość ludzi nigdy czegoś takiego nie przeżyje. Tak naprawdę nie powinienem był naginać zasad, widząc nieprawidłowości w twoim elektrokardiogramie.

Wracając do domu, zastanawiałem się nad tym, jak wyglądałyby mijane przeze mnie znaki drogowe, gdyby Kevin zmarł podczas sesji. Byłem tak wyczerpany, że zjadłem kolację i poszedłem prosto do łóżka.

Dokładne badania kontrolne i przygotowanie badanego były kluczem do tego, by niepożądane efekty pojawiały się możliwie jak najrzadziej. Trudno mi sobie jednak wyobrazić, w jaki sposób moglibyśmy udoskonalić stosowane przez nas metody. Patrząc z obecnej perspektywy, mogłem jednak w większym stopniu zaufać mojej intuicji odnośnie do psychologicznych predyspozycji oraz rzeczywistego stanu układu krwionośnego niektórych ochotników.

Być może wykorzystywana przez nas dawka DMT była zbyt wysoka. Zbyt mała dawka nie wywołałaby jednakże efektów psychodelicznych. Zbyt wysoka mogła z kolei być niebezpieczna dla badanego, o czym przekonaliśmy się podczas opisanej we wprowadzeniu sesji Philipa. Obecnie myślę, że lepszą dawką byłoby 0,3 mg/kg. Według relacji wszystkich ochotników, ma ona w pełni psychodeliczne właściwości. Zdecydowaliśmy się na 0,4 mg/kg w oparciu o nasz osąd kliniczny i mając na uwadze cele badań. Trzeba jednak podkreślić, że dawka ta stanowiła zagrożenie dla bezpieczeństwa i dobrego samopoczucia zdecydowanej mniejszości naszych ochotników. Pozostawiła ona uraz w tych osobach, które podczas podróży na DMT gubiły się po drugiej stronie i nie potrafiły odszukać drogi powrotnej.

Kiedy już wszystko zostało powiedziane, faktem pozostaje, że molekuła duszy nie zawsze prowadzi nas w stronę miłości i światła. Może ona także otworzyć nam oczy na najbardziej przerażające aspekty rzeczywistości, odciskając silne piętno na naszej psychice. DMT bywa groźne. Z tego względu musimy się poważnie zastanowić, zanim postanowimy je zażyć lub podać komuś innemu.

CZĘŚĆ V

PRZERWA

18.

Skoro tak, to co dalej?

Nasi ochotnicy bez wątpienia przeżyli podczas badań nad DMT najbardziej intensywne, niesamowite i nieoczekiwane doświadczenia swojego życia. Molekuła duszy wciągała ich do ich wnętrza, wyrzucała poza ciała, wpychała do nieznanych im wymiarów rzeczywistości. Przeczytaliśmy o wszystkich rodzajach sesji, z których większość wydawała się umożliwiać ludziom pełniejsze zrozumienie samych siebie oraz relacji łączących ich z otaczającym światem. Przeczytaliśmy także o cenie, jaką za te doświadczenia musieli zapłacić niektórzy uczestnicy.

Czy było warto? Czy uczestnictwo w naszym projekcie było w jakikolwiek sposób korzystne dla tych, którzy zgodzili się wziąć w nim udział? Czy w ich życiu pojawiały się jakiekolwiek pozytywne zmiany? Mówiąc innymi słowy: „Skoro tak, to co dalej?".

Odpowiedź na wszystkie powyższe pytania brzmi: „To zależy". Zależy od tego, co, według nas, jest „korzystne". Czy nieznaczne zmiany w nastawieniu do życia, sposobie postrzegania świata i kreatywności są wystarczającymi powodami do podejmowania ryzyka, o którym mogliśmy przeczytać? Czy może potrzebujemy czegoś bardziej namacalnego, aby uwierzyć, że doświadczenia te mogły mieć naprawdę korzystny wpływ na badanych? Jak taki dowód miałby wyglądać? Gdyby okazało się, że udział w badaniach nie miał dla nikogo większego znaczenia – dlaczego tak było? Czy była to kwestia substancji, nastawienia czy otoczenia?

Przed rozpoczęciem badań spodziewałem się, że ludzie będą mieli w ich trakcie głębokie doświadczenia psychodeliczne. Wszyscy jednak wiemy, jak krótkotrwałe mogą być wszystkie te wglądy. Miałem nadzieję, że w bezpieczniejszych, łatwiejszych do kontrolowania warunkach klinicznych nasi ochotnicy będą w stanie wejść głębiej i dalej w doświadczenie psychodeliczne niż kiedykolwiek wcześniej w swoim życiu. W ten sposób mogłoby ono wywrzeć na nich silniejszy i bardziej długotrwały wpływ.

Co mogłoby być świadectwem rzeczywistej chęci wcielenia w życie idei, spostrzeżeń i odczuć, do których dostęp umożliwiła molekuła duszy? Zmiana w pracy zawodowej. Poddanie się psychoterapii. Rozpoczęcie regularnej praktyki medytacyjnej w ramach zorganizowanej tradycji duchowej lub poza nią. Zdecydowana zmiana stylu życia, na przykład poświęcenie większej ilości czasu na ćwiczenia fizyczne, zmiana diety lub zaprzestanie stosowania potencjalnie groźnych narkotyków i alkoholu. Podjęcie działalności charytatywnej. Praca na rzecz lokalnej społeczności. Innymi słowy, czy za deklaracjami doznania oświecenia podążały oświecone czyny?

Gdy ochotnicy zgłaszali się na swoją ostatnią sesję, za każdym razem pytałem, jakie są ich odczucia odnośnie do swojego udziału w badaniach. Rozmowę zaczynałem zazwyczaj pytaniem: „Co wyniosłeś z uczestnictwa w naszym projekcje?".

Jako że eksperymenty rozciągały się zazwyczaj na przestrzeni od trzech do sześciu miesięcy, był to stosunkowo krótki czas, aby móc w rzetelny sposób ocenić jakiekolwiek wymierne korzyści. Nasi badani mieli zazwyczaj w tej sytuacji poczucie, że w jakiś sposób się rozwinęli, w szczególności po doświadczeniach wyniesionych z sesji z użyciem wysokiej dawki. Rozmowy te były zupełnie niezobowiązujące i swobodne, ponieważ nasza uwaga w większym stopniu skupiała się na prowadzeniu sesji i zbieraniu danych.

Od pierwszej grupy ochotników udało nam się także zebrać pewne informacje dotyczące bardziej długofalowych efektów. Laura skontaktowała się z możliwie największą liczbą osób, które wzięły udział w początkowych badaniach dawka-reakcja i umówiła się z nimi na odbycie bardziej sformalizowanej rozmowy, osobiście lub drogą telefoniczną. Przed opuszczeniem przeze mnie Nowego Meksyku udało nam się jednak przeprowadzić tylko jedenaście takich wywiadów uzupełniających. Długofalowe następstwa udziału w badaniach z pewnością miały wielkie znaczenie dla pozostałych badanych, dlatego też mam nadzieję, że uda mi się z nimi porozmawiać w przyszłości.

Mieliśmy już okazję przeczytać o mistycznych doświadczeniach Seana wyniesionych z badań nad tolerancją. Dłuższą rozmowę, wykraczającą poza temat bezpośredniej reakcji na DMT, mieliśmy okazję przeprowadzić, gdy podczas eksperymentów z cyproheptadyną otrzymał placebo.

Kiedy zapytałem go o całościowy wpływ badań na jego osobę, przez minutę się zastanawiał, po czym powiedział:

– Wydaje się, że w pewnym sensie każdy z nas tworzy własny świat. Zadziwiające, do czego zdolny jest nasz umysł.

– Masz teraz na myśli twoje doświadczenie podczas badań nad tolerancją?

– Tak – odpowiedział. – Uważam, że było to doświadczenie mistyczne. Następnego dnia zabrałem swoją mamę do kościoła. Odbywała się tam ceremonia mająca jakiś związek z Wielkanocą: św. Paweł w drodze do Damaszku. Po spotkaniu z Chrystusem przez trzy dni był niewidomy. Myślę, że coś takiego przytrafiło się także mnie. Nie wiem jednak, w jaki sposób tak naprawdę to doświadczenie wpłynęło na moje życie. Myślę, że w jakiś sposób mnie zmieniło. Obecnie staram się robić więcej ze swoim życiem. Jestem bardziej otwarty na nowe doświadczenia, na to, w jaki sposób na mnie wpłyną.

Mike miał trzydzieści lat. Sesje z DMT przynosiły mu dużo radości, ale zawsze podszyte były lekkim niepokojem. Nie był pewien, czy zapamiętał całą swoją pierwszą sesję z dawką 0,4 mg/kg i nie podobała mu się towarzysząca jej dezorientacja. Ostatniego dnia badań dawka-reakcja Mike otrzymał placebo, więc skorzystałem z okazji i zapytałem go, co dało mu uczestnictwo w naszym projekcie.

– Zastanawiałem się nad tym – odpowiedział. – Znacznie bardziej zainteresowałem się tematami, które dotychczas zaniedbywałem. Kiedy w młodości zażyłem LSD, otworzyło to mój umysł na możliwości, z których istnienia nie zdawałem sobie wcześniej sprawy. DMT mogło mieć na mnie podobny wpływ. Przed udziałem w badaniach harowałem jak wół. Teraz koncentruję się na innych sprawach. Myślę, że nic innego nie skierowałoby mnie w takim kierunku.

Dwa lata później miał w sobie jednak znacznie mniej entuzjazmu:

– To było uziemienie, zaatakowanie swojego mózgu chemikaliami – a nie doświadczenie zmieniające życia. Wspomnienie wysokiej dawki krążyło po mojej głowie jeszcze przez miesiąc lub dwa, ale tak naprawdę niczego nie zmieniło. Przypomniało mi tylko o tym, że mając dwadzieścia kilka lat często brałem narkotyki – miałem wtedy znacznie więcej czasu i bardziej beztroskie podejście do życia.

W rozdziale 15. mogliśmy przeczytać o doświadczeniu z pogranicza śmierci, które przytrafiło się Willow. Po jednej z sesji z niską dawką zaczęła się zastanawiać nad tym, co w jej życiu zmienił udział w badaniu:

– DMT uczy mnie zmian, transformacji i śmierci. Zauważyłam, jak bardzo zmieniło się moje podejście do kwestii umierania. Kiedy niedawno zmarł ojciec mojego męża, wiedziałam, że zmienił on swoją postać, a nie po prostu zniknął. DMT wiąże się ze śmiercią i umieraniem. Sama miałam po nim doświadczenie z pogranicza śmierci. Nie jest to pusta, bezsensowna śmierć, ale śmierć pełna głębi. Podoba mi się taka wizja. Nie boję się już śmierci. Nie żebym wiedziała, jak to jest umierać. Jestem raczej pogodniejsza i pełniejsza akceptacji, jeśli chodzi o życie.

W rozdziale 12. poznaliśmy już historię Tyrona, który podczas badań dawka-reakcja znalazł się w „organicznym mieszkaniu przyszłości". Podczas sesji z placebo mieliśmy okazję porozmawiać o jego uczestnictwie w projekcie.

– Może rzadziej się upijam – przyznał. – Wciąż wypijam wieczorami jedno lub dwa piwa dla rozluźnienia, ale znacznie rzadziej upijam się w piątkowe i sobotnie noce. Wszystko w mniejszym lub większym stopniu pozostało takie, jak było. Moja dziewczyna namawia mnie do ślubu. Nigdy wcześniej nie byłem żonaty – to dla mnie poważna decyzja. Coraz bardziej myślę o tym, żeby się ustatkować. Może to kwestia udziału w badaniach, może tego, gdzie obecnie jestem w swoim życiu. DMT mogło jakoś pomóc, ale myślę, że w niewielkim stopniu.

Dwa lata później, podczas rozmowy uzupełniającej, powiedział nam:

– Doświadczyłem w tamtym czasie kilku wglądów, ale nie wcieliłem ich w życie. Przyjemnie mi się je wspominało, ale po trzech czy czterech miesiącach od badań nie myślałem już o nich tak często. Myślę, że ogólnie cieszę się obecnie lepszym zdrowiem, ale nie sądzę, żeby wiązało się to z DMT. Po badaniach przeszedłem kilka zmian zawodowych i moja kariera nabrała tempa, ale pracowałem na to od dłuższego czasu. Nie potrafię wskazać jakichkolwiek zmian, które mogą być bezpośrednim następstwem moich doświadczeń z DMT.

Stan, którego doświadczenia omówiłem w rozdziale 11., stwierdził, że przygoda z DMT mogła zwiększyć jego wrażliwość na działanie psychodelicznych grzybów. Rozmowę na ten temat przeprowadziliśmy pod koniec podwójnie ślepej sesji z niską dawką podczas badań dawka-reakcja.

Stan powiedział:

– Odkąd biorę udział w badaniach, dwa razy zdarzyło mi się zażyć grzyby i muszę przyznać, że nigdy wcześniej psychodeliki nie zabrały mnie tak daleko. Miałem doświadczenie wnikania w białe światło i pozostawania w nim tak długo, jak chciałem. Dotychczas nie miałem na to wpływu. Zobaczyłem, że białe światło jest wszystkim, co istnieje i że nasz świat jest tylko jego cieniem.

– A czy zauważyłeś jakiekolwiek pozytywne zmiany, jeśli chodzi o życie emocjonalne?

– Mogły otworzyć się kanały psychiczne – odpowiedział. – Ale moje sesje były w zasadzie pozbawione jakichkolwiek treści i wglądów. Być może stałem się ostatnio nieco bardziej empatyczny, receptywny, zestrojony ze światem, ale nie sądzę, żeby miało to jakiś związek z udziałem w badaniach. W ciągu kilku ostatnich miesięcy miało miejsce kilka zmian, ale raczej nie były one w bezpośredni sposób spowodowane moimi doświadczeniami z DMT.

Powróciliśmy do tego tematu po zakończeniu badań nad tolerancją. Stan w dalszym ciągu dość niechętnie opowiadał o wpływie, jaki wywarły na niego sesje z DMT:

– Być może zmienił mi się sposób postrzegania siebie. Na korzyść, ale to może działać w obydwie strony. Nie doświadczyłem żadnych wglądów, czy to duchowych, czy to psychologicznych. Z pewnością poczułem się oczyszczony, co dało mi przestrzeń na wprowadzenie kilku innych zmian.

Doświadczenia Aarona zaprezentowałem już w rozdziale 12., pt. „Niewidzialne światy", oraz 13., pt. „Spotkania przez zasłonę: 1". Kiedy w ramach badań z pindololem przeprowadzaliśmy sesję z placebo, mieliśmy okazję omówić wpływ DMT na jego życie:

– Długofalowe efekty DMT są bardzo interesujące. Dzięki niemu osiągnąłem inny stan świadomości. Nie chodzi mi o to, że jest on „odmienny", ale raczej bardziej otwarty na synchroniczność, magię i nowe możliwości.

W późniejszym wywiadzie uzupełniającym Aaron powiedział nam:

– Doświadczenie z DMT poluzowało parę kwestii, było naprawdę wstrząsające. Czuję, że mam większą kontrolę nad swoją rzeczywistością dzięki temu, że w większym stopniu potrafię sobie odpuścić; to paradoks. Zetknięcie z DMT spotęgowało moją wrażliwość werbalną, wzrokową i muzyczną. Mówiąc ogólnie, pokazało mi kolejny proces lub poziom, który musiałem zobaczyć. To, co myślałem lub czułem, nie miało żadnego znaczenia w kontekście kontrolowania przebiegu sesji. Nauczyłem się pozytywnych aspektów utraty kontroli.

Sara, która przeżyła niezwykle złożone spotkanie z niematerialnymi istotami podczas badań nad tolerancją, także uczestniczyła w badaniach z pindololem. Podczas ostatniej z czterech przebytych przez nią sesji mieliśmy okazję omówić uczucia, jakie żywiła odnośnie do uczestnictwa w badaniach.

– Wszystko nabrało dla mnie szerszej perspektywy. Mam świadomość wymiarów znajdujących się po drugiej stronie tej rzeczywistości. W dalszym ciągu towarzyszy mi uczucie wywołane spotkaniem z tymi istotami. Spotkanie to było dla mnie tym bardziej prawdziwe, że jego wspomnienie nie wyblakło z upływem czasu. One chcą, żebyśmy wracali, uczyli się od nich i bawili razem z nimi. Żałuję, że DMT nie jest dostępne dla większej liczby osób!

Obezwładniająca sesja z użyciem 0,2 mg/kg DMT i pindololem, którą przeszedł Rex, została już opisana w rozdziale 14., pt. „Spotkania przez zasłonę: 2". Przed jej przeprowadzeniem Rex otrzymał jednak znacznie mniejszą dawkę obu tych substancji. Kiedy sesja ta dobiegała końca, zapytałem o jego odczucia odnośnie do uczestnictwa w badaniach.

– Z pewnością stałem się znacznie bardziej kreatywny – odpowiedział. – Zacząłem więcej pisać. Pomimo chaotyczności sesje z DMT pomogły mi stać się bardziej zrównoważonym człowiekiem. Dzięki nim stałem się bardziej pewny siebie.

Napisałem kilka wierszy o Niepoznawalnym. Wiele z nich powstało już wcześniej, ale niektóre dopiero w trakcie badań. DMT sprawiło, że ujrzałem aspekty swojej nieświadomości, z których istnienia nie zdawałem sobie wcześniej sprawy, na przykład mój strach przed umieraniem.

Czytaliśmy już o przerażającym spotkaniu Kena z pożądliwymi i agresywnymi krokodylami. Kilka miesięcy później zadzwoniłem do niego, żeby sprawdzić, jak się czuje. Rozmowa ta miała niespodziewanie filozoficzny wydźwięk:

– To naprawdę zmieniło moje podejście do śmierci. Przestałem się jej bać. Zmieniło także moje podejście do życia – przede wszystkim zrozumiałem, że rzeczy generalnie nie są takie, jakimi się wydają. Nie jestem już tak pewny swoich przypuszczeń. Znacznie mniej boję się także własnego szaleństwa. W dalszym ciągu noszę w sobie żydowskie poczucie winy, które każe mi się dostosowywać do otoczenia i być normalnym, ale nie wpływa już ono tak bardzo na mój sposób postępowania. Przestałem zwracać uwagę na konwencje, na ludzi i sytuacje, które nie mają dla mnie żadnego znaczenia. Dbam teraz tylko o wartościowe relacje.

Fredricka poznałem dopiero w trakcie badań; poza sesją z użyciem „przeciętnej" dawki 0,4 mg/kg jego doświadczenia z DMT nie były specjalnie interesujące. Pewnego poranka, po otrzymaniu niskiej dawki molekuły duszy, opowiedział nam jednak, w jaki sposób efekty DMT rozłożyły się w czasie:

– Ogólnie rzecz biorąc, po przebyciu sesji z dawką 0,4 mg/kg jestem znacznie bardziej zrelaksowany. Chyba pozbyłem się dzięki niej jakichś zatorów energetycznych. W ciągu ostatnich dwóch lat w pełni skupiłem się na pracy i trudno było mi z tym przystopować. Kiedy wracałem na ziemię po wysokiej dawce, ujrzałem, w jaki sposób moje lęki i przywiązanie do materii utrudniają swobodny przepływ energii. Stałem się bardziej świadom tego, co się ze mną dzieje. Nie mam już w sobie takiego ciśnienia, żeby wszystko szło po mojej myśli. Stałem się bardziej rozluźniony. Nie czuję takiego pędu do osiągania celów za wszelką cenę. Mam poczucie, że jeśli coś się nie układa, to prędzej czy później zacznie.

Mieliśmy już okazję przeczytać o doświadczeniach Gabe'a, lekarza, który podczas jednej ze swoich sesji trafił do „żłobka". Kiedy w trakcie badań nad tolerancją trafiliśmy na cztery zastrzyki z roztworem soli fizjologicznej, opowiedział nam o pozytywnych następstwach swojego kontaktu z molekułą duszy:

– Udział w badaniach napełnił mnie spokojem. DMT prowadzi do zupełnie innych wymiarów niż wysokie dawki innych psychodelików. Daje dostęp do naprawdę głębokich pokładów psychiki. Te wymiary są tu przez cały czas, na wyciągnięcie ręki. Przez dwa lub trzy tygodnie po badaniach nad tolerancją byłem znacznie bardziej pomocny dla koleżanek i kolegów z pracy. Byłem superpomocny.

Sesja Philipa z użyciem 0,6 mg/kg miała miejsce w początkowej fazie badań, kiedy to staraliśmy się znaleźć „wysoką" i „niską" dawkę DMT. Przez następnych kilka miesięcy, za każdym razem, gdy znajdował się w nieprzyjaznym lub niepewnym otoczeniu, pojawiały się u niego objawy łagodnej paniki. Wydawał się nadmiernie wyczulony na wszelkie sytuacje, w których groziła mu utrata kontroli. Niemniej jednak udało mu się przepracować te obawy, dzięki czemu postanowił wziąć udział w badaniach dawka-reakcja.

Podczas wywiadu uzupełniającego powiedział Laurze:

– Jestem znacznie bardziej otwarty na kosmiczną i boską świadomość, inaczej też wyglądają moje relacje z innymi ludźmi. Czuję się znacznie silniej związany ze wszystkim, co mnie otacza. Jestem bardziej zintegrowany, bliższy własnej boskości. Czuję także, że moje myśli i uczucia są ze sobą lepiej zgrane.

Philip twierdził także, że jest w stanie pełniej angażować się w psychoterapię ze swoimi klientami, ale że nie da się tego zauważyć z zewnątrz. Od udziału w badaniach zmniejszył użycie psychodelików – przyjmował je raz na dwa lub trzy miesiące, a nie kilka razy w miesiącu – i stosował je z większą ostrożnością, w otoczeniu zaufanych osób. Nie był jednak w stanie ocenić, na ile jest to efekt innych zmian w jego życiu – przeprowadzki i rozwodu – a na ile jego doświadczeń z DMT.

Don miał trzydzieści sześć lat i zarabiał na życie, pracując jako kelner i pisarz. Transpersonalne doświadczenia wyniesione z sesji z użyciem wysokiej dawki DMT naruszyły jego dotychczasowy światopogląd w tak dużym stopniu, że po raz pierwszy od wielu lat przestał na jakiś czas pisać. W przeciwieństwie do Eleny, bezpośrednia konfrontacja z potężną i nieprzeniknioną naturą źródła wszelkiego istnienia wywołała w nim przygnębienie. Elena była przesiąknięta wschodnim mistycyzmem, Don natomiast został wychowany w duchu katolicyzmu i w dalszym ciągu utożsamiał się z tym wyznaniem. Elena ujrzała w „bezosobowej" pustce miłość. Don natomiast czuł się zdradzony – był zszokowany nieistnieniem osobowego Boga lub Zbawiciela. DMT zburzyło fundamenty jego filozoficznej i duchowej orientacji, on zaś poczuł, że nie istnieje nic, co mogłoby je zastąpić.

Kiedy zadzwoniłem do niego z prośbą o udział w dodatkowych badaniach, odmówił, ale podzielił się ze mną nowinami. Czuł się całkiem dobrze. Powiedział:

– Radzę sobie teraz lepiej niż przed badaniami. Jako że było to dla mnie doświadczenie śmierci, zacząłem bardziej entuzjastycznie podchodzić do życia. Wróciłem do pisania i znalazłem mecenasa, który w dużej mierze wspiera mnie finansowo. W swoich pracach zawarłem trochę doświadczeń wyniesionych z sesji z DMT, ale niezbyt dużo.

Krótki fragment sesji Raya z wysoką dawką DMT i użyciem EEG przedstawiłem już w rozdziale 15., pt. „Śmierć i umieranie". Kiedy kilka lat później zapytałem go o długofalowe następstwa uczestnictwa w sesji z wysoką dawką, odpowiedział:

– W moim słowniku mentalnym pojawiły się nowe słowa do opisu doświadczeń psychodelicznych. W większym stopniu postrzegam ludzi przez pryzmat ich biologii. Myślę, że doświadczenie z DMT ukazało mi słuszność niektórych poglądów dotyczących naszego życia duchowego, w szczególności przeświadczenia o wartości tego, co subiektywne, tego, co wykracza ponad światopogląd naukowy lub go uzupełnia.

Przesłał nam także zdjęcie swojego maleńkiego synka, którego drugie imię brzmiało Strassman.

Lucas, którego doświadczenie z pogranicza śmierci wiązało się z poważnymi problemami z jego układem krążenia, miał mimo wszystko poczucie, że udało mu się wynieść z sesji coś pozytywnego.

– Od przygody z DMT zacząłem postrzegać świat w nieco inny sposób – powiedział. – Stałem się bardziej otwarty i powściągliwy. To doświadczenie utwierdziło mnie w tym, że jestem na właściwej ścieżce. Jeśli chodzi o moją wiarę i przekonania duchowe, wszystko uległo wzmocnieniu.

Elena, której doświadczenia mistyczne zostały zaprezentowane w rozdziale 16., rok po zakończeniu badań dawka-reakcja przysłała mi następujący list:

Większość moich doświadczeń zamazuje się z upływem czasu. W przypadku DMT jest jednak inaczej. Wizje i męczarnie, które towarzyszyły moim sesjom, stały się bardziej przejrzyste i dopracowane. Pamiętam, że byłam w stanie stawić czoło wiecznemu ogniowi kreacji, ale nie byłam poparzona. Dźwigałam na swoich barkach ciężar całego wszechświata, ale nie czułam się nim przytłoczona. Perspektywa ta przeniknęła także do mojego codziennego życia, dzięki czemu jestem bardziej rozluźniona i otwarta na to, co się dzieje. W świecie zewnętrznym nie nastąpiły chyba żadne zmiany. Moje wnętrze wypełnił jednak spokój, pewność, że moja dusza jest nieśmiertelna, a moja świadomość trwa wiecznie.

Spróbujmy podsumować opisane powyżej rozmowy uzupełniające. Nasi badani donosili o silniejszym poczuciu własnej jaźni, zmniejszeniu się odczuwanego przez nich strachu przed śmiercią i większej radości z życia. Niektórzy przestawali wywierać na siebie tak silną presję dotyczącą życia zawodowego i byli w stanie łatwiej się zrelaksować. Kilku ochotników zmniejszyło ilość wypijanego przez siebie alkoholu lub zauważyło wzrost wrażliwości na substancje psychodeliczne. Część badanych nabrała silniejszego przeświadczenia, że istnieją różne poziomy rzeczywistości. Niektórzy utwierdzili się w swoich dotychczasowych przekonaniach – ich poglądy i sposób postrzegania rzeczywistości zyskiwały wówczas szerszy kontekst i głębię, ale zasadniczo nie ulegały zmianie.

Na szczęście, nie było także żadnych długofalowych negatywnych efektów w przypadku Philipa, Lucasa i Kena. Pomimo że po przygodzie Kevina z podwyższonym ciśnieniem krwi nie przeprowadziliśmy z nim formalnego wywiadu, kilkakrotnie spotkaliśmy się towarzysko i wydawał się cieszyć doskonałym zdrowiem.

Wszelkie przypadki dostrzegalnych zmian w „zewnętrznym” życiu naszych badanych były wynikiem ich działań poprzedzających zetknięcie z molekułą duszy. Kilku naszych badanych rozwiodło się, ale w przypadku żadnego z nich nie było to bezpośrednio spowodowane ich doświadczeniami z DMT. Być może wywołane wysoką dawką spotkanie z manekinami na karuzeli, które przytrafiło się Marshy (opisane w rozdziale 11.), przekonało ją, że powinna wrócić do „swojej kultury”, na Wschodnie Wybrzeże. Rozwiodła się z mężem i wyjechała z Nowego Meksyku. Trzeba jednak pamiętać, że był to już jej trzeci rozwód w życiu i że przystępując do naszych badań, w pełni zdawała sobie sprawę z problemów w relacji z obecnym partnerem.

Żaden z ochotników nie porzucił swojej dotychczasowej kariery zawodowej, aby wykonywać pracę, która przynosiłaby mu więcej satysfakcji. Peter ujrzał pod wpływem DMT pewną wspólnotę z Arizony, do której planował się przyłączyć. Przeprowadził się tam zaraz po zakończeniu badań dawka-reakcja. Był on jednakże stosunkowo zamożnym emerytem, więc zmiana ta była dla niego czymś łatwym i naturalnym.

Również Sean, zarabiający na życie jako prawnik, podjął korzystną decyzję odnośnie do swojej kariery zawodowej. Zrezygnował z narzucanych sobie nadgodzin, aby mieć czas na „zajęcie się ogrodem" i posadzenie większej liczby drzew na posiadanej przez siebie działce. Na dodatek bez niepotrzebnych emocji rozstał się ze swoją ówczesną partnerką i równolegle z uczestnictwem w badaniach nad DMT rozpoczął nowy, bardziej satysfakcjonujący związek. Trzeba jednak podkreślić, że także w przypadku Seana decyzje o owych zmianach dojrzewały w nim długo przed tym, zanim postanowił nawiązać z nami współpracę.

Andrea, której krzyki: „Nie! Nie! Nie!" postawiły w stan gotowości niemal całe Centrum Badawcze, wydawała się osobą, w przypadku której gruntowne zmiany życiowe są niemalże nieuniknione. Jej sesje z wysoką dawką DMT ukazały jej zarówno wartość, jak i ograniczenia ciała fizycznego i pomogły przywołać z mroków zapomnienia jej młodzieńczy idealizm. Kiedy jednak opuszczałem Nowy Meksyk dwa lata później, nie poczyniła ona żadnych kroków w kierunku realizacji swoich dawnych marzeń z wyjątkiem przejrzenia kilku katalogów z miejscowych ośrodków terapeutycznych.

Nawet w przypadku Eleny nie byłem w pełni przekonany, czy jej doświadczenia rzeczywiście zaowocowały jakimikolwiek wymiernymi korzyściami. W dalszym ciągu pozostawaliśmy bliskimi przyjaciółmi i muszę przyznać, że nie zauważyłem jakichkolwiek drastycznych zmian ani w jej relacjach z Karlem, ani w kontaktach ze światem zewnętrznym. Była ona jedną z pierwszych badanych, za sprawą których zacząłem w znacznie bardziej krytyczny sposób myśleć o transformacyjnej mocy nawet najgłębszych i najbardziej niesamowitych doświadczeń duchowych.

Byłem szczególnie rozczarowany tym, że nikt nie zdecydował się na rozpoczęcie psychoterapii ani regularnej praktyki duchowej, aby dalej pracować z wglądami spowodowanymi przez DMT. Kilka osób powróciło do zawieszonej przez siebie terapii lub do leków antydepresyjnych, ponieważ ich stan psychiczny uległ pogorszeniu jakiś czas po uczestnictwie w sesji z wysoką dawką. Liczyli oni jednak na pomoc w przepracowaniu ewentualnych niepożądanych efektów, a nie wcieleniu w życie psychologicznych lub duchowych wglądów wyniesionych ze spotkania z molekułą duszy.

Dlaczego u naszych ochotników nie pojawiły się jednoznacznie korzystne następstwa udziału w badaniach?

Podczas sesji nie skupialiśmy się na pomaganiu ludziom w ich problemach. To nie były badania nad potencjałem terapeutycznym DMT. Nasi badani byli stosunkowo zrównoważonymi osobami. Planowaliśmy (i zazwyczaj tak się rzeczywiście działo) po prostu przy nich siedzieć i w razie potrzeby udzielać im wsparcia, a nie prowadzić w jakimś konkretnym kierunku. Zdarzało nam się skorzystać z technik psychoterapeutycznych tylko wtedy, gdy wymagało tego dobro badanego. W przypadku znaczącej większości ochotników unikaliśmy jednakże jakiejkolwiek pracy na poziomie psychologicznym. Tak naprawdę bezustannie powracały do nas wątpliwości, czy w stworzonym przez nas zupełnie neutralnym otoczeniu mogą pojawić się pozytywne reakcje na DMT.

Kolejna odpowiedź stała się bardziej wyraźna dopiero wtedy, gdy przystąpiliśmy do realizacji projektu. Zdaliśmy sobie wtedy bowiem w pełni sprawę z tego, że DMT samo w sobie nie jest substancją o właściwościach terapeutycznych. Po raz kolejny zrozumieliśmy, jak ważną kwestią jest otoczenie i nastawienie. Emocje, z którymi ochotnicy przystępowali do sesji, oraz bardziej całościowy kontekst biograficzny w równym stopniu wpływały na ich doświadczenia, jak podawana im substancja, jeśli nie większym. W oderwaniu od odpowiednich ram pojęciowych – duchowych, psychoterapeutycznych lub jakichkolwiek innych – w których można by umieścić podróże na DMT, sesje te stawały się po prostu kolejną serią mocnych doświadczeń psychodelicznych.

Wraz z upływem lat, słuchając opowieści badanych o ich pierwszych sesjach z wysoką dawką DMT, zacząłem odczuwać dziwny niepokój. Czułem się niemal tak, jakbym wcale nie miał ochoty ich słuchać. Kiedy badani donosili o swoich wglądach psychoterapeutycznych, doświadczeniach z pogranicza śmierci oraz mistycznej ekstazie, przez cały czas przypominałem sobie, że przeżyciom tym nie towarzyszy jakakolwiek rzeczywista transformacja. Czasami miałem ochotę powiedzieć: „To ciekawe, ale co dalej? Jaki to miało sens?". Ów brak trwałych zmian w postawie naszych ochotników zaczął wpływać negatywnie na moją motywację do prowadzenia badań. Na dodatek, słysząc doniesienia o wizytach w niewidzialnych światach i nawiązywaniu kontaktu ze znajdującymi się w nich istotami, miałem coraz poważniejsze wątpliwości co do ich natury i doniosłości. Moje nastawienie względem sesji z wysokimi dawkami zmieniło się z pełnego nadziei wyczekiwania na przełomowe opisy obcych nam wymiarów na pełne nadziei wyczekiwanie na powrót naszych ochotników bez uszczerbku na zdrowiu.

Potrzeba wprowadzenia zmian w badaniach nad psychodelikami w Albuquerque była aż nadto widoczna. Ryzyko było ogromne, długofalowe korzyści – niepewne. Zacząłem zastanawiać się, w jaki sposób można byłoby zminimalizować zagrożenie wiążące się z naszymi eksperymentami, zwiększając jednocześnie ewentualne pożytki z ich przeprowadzania. Wymagało to opracowania planu badań terapeutycznych, co pociągało za sobą konieczność pracy z pacjentami, a nie zdrowymi ochotnikami. Poza tym, aby stworzyć warunki umożliwiające jakiekolwiek działania psychoterapeutyczne podczas intoksykacji, musiałbym także rozejrzeć się za substancją o znacznie dłuższym czasie działania.

W dwóch kolejnych rozdziałach opiszę, w jaki sposób badania nad zastosowaniem dłużej działających psylocybiny oraz substancji pochodzenia roślinnego w leczeniu pacjentów przyczyniły się do przerwania mojej pracy. Coraz liczniejsze sygnały pochodzące zarówno z wnętrza, jak i spoza otoczenia badawczego zaczęły wywierać na mnie zbyt silną presję. W pewnym momencie doszedłem do wniosku, że przerywając badania nad substancjami psychodelicznymi, nie mam zbyt dużo do stracenia, a wiele do zyskania.

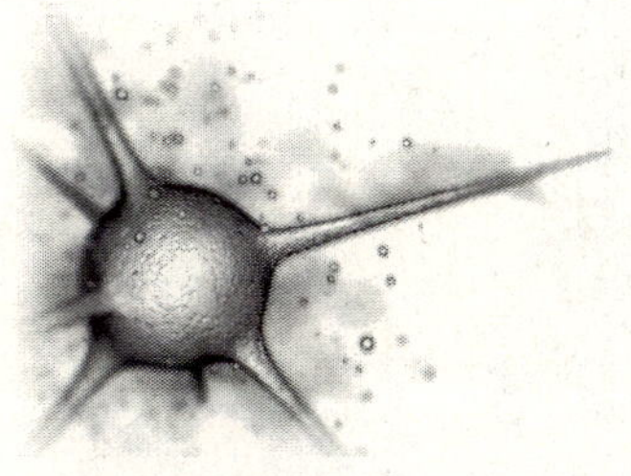

19.

Zbliżając się do końca

Nasze badania dotyczące substancji psychodelicznych zaczynały wiązać się z coraz większą liczbą różnego rodzaju problemów. Ich nagromadzenie sprawiło, że w pewnym momencie postanowiłem opuścić Nowy Meksyk i przerwać eksperymenty. W tym rozdziale rozpocznę opis tych wydarzeń.

Pewne trudności były wpisane w badania już od momentu ich rozpoczęcia i tylko kwestią czasu było, kiedy wyjdą na powierzchnię. Najbardziej oczywistym źródłem niepokoju był model biomedyczny, na którym się opieraliśmy.

Inne były następstwem ciągu niefortunnych wydarzeń. Jednym z nich był, na przykład, wydany przez uniwersytecką Komisję ds. Etyki Badań z Udziałem Ludzi zakaz przeniesienia projektu psylocybinowego ze szpitala do bardziej przyjaznego otoczenia.

W przypadku wielu problemów mogłem mieć jedynie mglistą nadzieję, że przy skromnej pomocy z mojej strony „rozwiążą się samoistnie". Nie powinno być dla mnie zaskoczeniem, że znacząca większość współpracowników z Uniwersytetu Nowego Meksyku nie wywiąże się ze swoich deklaracji. Podejrzewałem, że pojedyncze sesje z wysoką dawką DMT przyniosą bardzo mało długotrwałych korzyści, ale musiałem się o tym przekonać samodzielnie. Postanowiłem zlekceważyć docierające do mnie doniesienia o nawiązywaniu pod wpływem DMT kontaktu z obcymi istotami i byłem kompletnie nieprzygotowany na to, że tak często będą się one pojawiać podczas naszej pracy. Powinienem był także przewidzieć reakcję mojej wspólnoty buddyjskiej na próby publicznego łączenia psychodelików z praktykami buddyjskimi.

Niektóre wydarzenia były jednak kompletnie nie do przewidzenia, choć z obecnej perspektywy wydają się konsekwencją napięcia towarzyszącego prowadzeniu badań oraz ich wpływu na moje najbliższe otoczenie. Do tej kategorii przynależy nagłe pojawienie się nowotworu u mojej byłej żony.

Reperkusje pracy z molekułą duszy są tak złożone, tak różnorodne i rozległe, że nikt, kto nie uczestniczył w tych badaniach od samego początku, nie może w pełni zrozumieć, jak one tak naprawdę wyglądały. Celem tej książki jest jednak opowiedzenie całej historii. A elementem każdej historii jest jej zakończenie. Dla tych, którzy pracują lub planują pracować z substancjami psychodelicznymi, wszystkie te szczegóły mogą okazać się bardzo pomocne. Lepiej, żeby osoby te dokładnie wiedziały, w co się pakują.

Trzeba tu wspomnieć o kilku różnych wątkach. Chciałem podać dużo DMT, zobaczyć działanie różnych dawek, po czym podać go jeszcze więcej. Dwa pierwsze projekty, dawka-reakcja oraz badania nad tolerancją, wydawały się jedynie przystawką, busolą wyznaczającą kierunek dalszych poszukiwań. Podawane jednorazowo wysokie dawki molekuły duszy były niesamowicie psychodeliczne, ale dopiero w seriach dawały możliwość bardziej efektywnej pracy z wywoływanymi przez siebie odmiennymi stanami świadomości. Model, który pozwolił mi rozpocząć badania, przyczynił się jednak do ograniczenia późniejszych projektów dotyczących DMT.

Model biomedyczny jednoznacznie stawia sobie za cel rozłożenie na czynniki pierwsze badanego zjawiska, wyciśnięcie z niego możliwie największej liczby informacji, a następnie wyjaśnienie-przez-opisanie. Jako że podejście to stanowi podstawę badań psychiatrycznych, dokładnie się z nim zapoznałem i wpisałem w jego ramy pojęciowe planowane przez siebie badania nad DMT.

Podczas badań dawka-reakcja i badań dotyczących tolerancji dokonywanie pomiarów funkcji biologicznych było dla mnie mniej istotne niż wpływ DMT na psychikę badanych. Pobieraliśmy krew, obserwowaliśmy czynności życiowe, mierzyliśmy temperaturę. Dysponując zebranymi w ten sposób danymi, mogliśmy zademonstrować, że coś *naprawdę* się działo. Informacje zebrane dzięki naszemu kwestionariuszowi także odpowiadały wymogom obiektywności; oznacza to, że kwestionariusz w obiektywny sposób uprawomocniał subiektywnie odczuwane efekty. Pomimo tego najbardziej fascynujące i najciekawsze było to, co mogliśmy usłyszeć od naszych ochotników i zobaczyć w pokoju 531 na własne oczy.

Rozpoczynając niezbędne badania nad „mechanizmami działania", musieliśmy jednakże liczyć się z tym, że model biomedyczny narzuci nam pewne ograniczenia odnośnie do tego, jakiego rodzaju eksperymenty będziemy mogli przeprowadzić w przyszłości. W rozdziale 8., pt. „Podawanie DMT", opisałem owe późniejsze eksperymenty. Koncentrowały się one na efektach wywoływanych przez substancje hamujące pracę określonych receptorów – pindolol, cyproheptadynę i naltrekson. Podawaliśmy je w połączeniu z DMT i porównywaliśmy otrzymane wyniki z reakcjami na zażycie samego DMT. W ten sposób mogliśmy zbadać, w jaki sposób dany receptor wpływa na efekty wywoływane przez molekułę duszy.

Podczas tych badań nie koncentrowaliśmy się już w tak dużym stopniu na subiektywnej reakcji badanego. Znacznie ważniejszy stał się dla nas mechanizm działania substancji. Nasze nastawienie uległo diametralnej zmianie. Z perspektywy stosowanych przez nas procedur badawczych nasi ochotnicy nie byli już jednostkami, które przeżywają doświadczenie psychodeliczne, ale raczej organizmami, których obserwacja mogła nam pomóc w dokładniejszym przyjrzeniu się mechanizmom działania danego środka.

Podtrzymanie dotychczasowego entuzjazmu w obliczu tego rodzaju zmiany nie było łatwym zadaniem. Zdarzało się, że ochotnicy musieli mnie zachęcać do przeprowadzenia owych badań w równym stopniu, jak ja zabiegałem wcześniej o zdobycie ich zgody na uczestnictwo. Miałem na dodatek poczucie, że dowiedziałem się czegoś bardzo ważnego o działaniu molekuły duszy: trwały i jednoznacznie korzystny wpływ przyjęcia dużej dawki DMT był trudny do zaobserwowania. Konkluzję tę opisałem w poprzednim rozdziale. Łącząc to ze wzrastającą liczbą niepożądanych efektów, zrozumiałem, że bilans korzyści i zagrożeń zaczyna wyglądać coraz mniej obiecująco. Musiałem zmienić model na taki, który sprawiłby, że moje badania miałyby dobroczynny wpływ na uczestniczące w nich osoby.

Dostrzegałem dwa podejścia, na których mogłem się oprzeć przy opracowywaniu projektów mających na celu poprawę samopoczucia badanych: podejście psychoterapeutyczne i duchowe. Projekt bazujący na duchowości raczej nie nadawał się do badań w warunkach klinicznych. Postanowiłem więc rozpocząć pracę nad projektem zorientowanym psychoterapeutycznie, a mówiąc dokładniej – wspomaganej psylocybiną psychoterapii osób terminalnie chorych.

To właśnie w tamtym okresie najbardziej dotkliwie odczułem brak szerszego kontekstu dla prowadzenia badań nad psychodelikami na Uniwersytecie Nowego Meksyku. Pomimo że Centrum Badawcze i Wydział Psychiatrii bezustannie wspierały moje działania, w moim najbliższym otoczeniu nie było żadnych innych psychiatrów zaznajomionych z tego rodzaju problematyką.

Moja decyzja o rozpoczęciu pracy w oparciu o czysto biomedyczny model w znacznej mierze wynikała z zapewnień innych badaczy, w szczególności psychoterapeutów, że wesprą mnie w planowanych przeze mnie badaniach. Byłem skłonny podjąć ryzyko wiążące się z „nastawieniem i otoczeniem", które wynikają z akceptacji modelu biomedycznego. Liczyłem jednak na to, że moi koledzy pomogą mi później skierować się w stronę pracy o charakterze terapeutycznym.

W Stanach Zjednoczonych istnieje potężna, dobrze rozwinięta sieć naukowców i klinicystów zainteresowanych substancjami psychodelicznymi. Wielu z nich jest blisko związanych z sektorem akademickim i prywatnym. Niemal wszystkich miałem możliwość poznać przy różnych okazjach jeszcze przed rozpoczęciem badań nad DMT. Owa grupa badaczy psychodelików wydawała się bardziej bezinteresowna i chętna do współpracy aniżeli szerzej rozumiane środowisko biomedycznie zorientowanych naukowców. Osoby wierzące w potencjał substancji psychodelicznych mogłyby połączyć swoje siły, a nie współzawodniczyć.

Podczas spotkań w tym gronie wciąż powracał jednak temat, że „rząd i tak nie pozwoli nam na badanie tych substancji". Gdyby tylko komuś gdzieś udało się zacząć, miejsce jego pracy stałoby się ośrodkiem odrodzenia badań nad psychodelikami. Jako że uzyskanie przeze mnie środków finansowych oraz zezwolenia na eksperymenty z DMT stawało się coraz bardziej prawdopodobne, wszystko wskazywało na to, że ośrodkiem tym stanie się Uniwersytet Nowego Meksyku.

Byłem gotów zaakceptować tymczasowe wady związane z pracą w oparciu o ściśle biologiczny model, traktując je jako cenę za rozpoczęcie swoich badań. Miałem jednak nadzieję, że po dowiedzeniu możliwości bezpiecznego użycia psychodelików pod nadzorem medycznym przy pomocy koleżanek i kolegów pojawi się szansa na rozpoczęcie pracy terapeutycznej z ich użyciem. Nastąpiłoby wówczas gładkie przejście od badań dawka-reakcja i dotyczących tolerancji do prowadzenia terapii psychodelicznej.

Ukoronowaniem tego ambitnego projektu badań klinicznych byłoby wynalezienie nowych psychodelików o niepowtarzalnych właściwościach. Mając do dyspozycji wszelkiego rodzaju ośrodki kliniczne, znacznie łatwiej byłoby oceniać wpływ nowych specyfików na normalnych ochotników i określone grupy pacjentów.

Brzmiało zachęcająco. Uniwersytet Nowego Meksyku jest najważniejszą uczelnią wyższą w stanie. W jego skład wchodzi kilkadziesiąt wydziałów, m.in. ciesząca się uznaniem szkoła medyczna. Wierzyłem w to, że kiedy już w Albuquerque ruszą badania, przynajmniej kilku moich kolegów z różnych części kraju szybko się do mnie przyłączy. Deklarowali, że tak się stanie.

Kiedy udało nam się zdobyć przyzwolenie Agencji ds. Żywności i Leków i pod koniec 1990 roku zabraliśmy się do pracy, zaprosiłem do współpracy innych badaczy. Nadeszła okazja, na którą wszyscy długo czekaliśmy.

Oto, co od nich usłyszałem:

– Moja żona uważa, że Albuquerque jest zbyt małe. Nie ma tam zbyt dużo sklepów. Córka z kolei nie chce rozstawać się ze swoimi przyjaciółmi.

– Musimy poczekać, aż nasz syn skończy liceum – za siedem lat.

– Uniwersytet Nowego Meksyku jest kiepski. Nigdy bym się nie zdecydował, żeby tam pracować.

– Przeprowadzaliśmy się już zbyt wiele razy. Nie zrobimy tego ponownie, dopóki nie będziemy mieć pewności, że tym razem osiądziemy gdzieś na stałe.

– Najpierw chcę obronić doktorat. Nie wiem, kiedy to się uda.

– Nie chcę tak dużo pracować. Lubię swoją pracę na pół etatu w przychodni. Mam dużo czasu, żeby robić sobie odosobnienia medytacyjne.

Z perspektywy czasu widzę, że uległem myśleniu życzeniowemu. Znacznie łatwiej było dyskutować o transformacyjnej wartości doświadczeń psychodelicznych, niż wprowadzić w życie osiągnięte dzięki nim wglądy. Moi koledzy mogli mieć naprawdę inspirujące doświadczenia, ale woleli uniknąć poświęceń i ciężkiej pracy.

Nagła zmiana podejścia do utworzenia masowego ruchu badań nad psychodelikami miała, oczywiście, także inne, mniej jawne przyczyny. Jedną z nich była z pewnością zupełnie normalna i zrozumiała (choć trudna do przyznania przed innymi) obawa przed wykonywaniem tego rodzaju pracy. Każdy, kto chociaż trochę wie o podawaniu psychodelików innym ludziom, już na samą myśl staje się podenerwowany.

Inną sprawą są kwestie polityczne. Mówiąc inaczej: kto miałby przewodzić badaniom nad psychodelikami? Zamiast łączyć wspólne siły, niektórzy ujrzeli w przełomie następującym w Albuquerque szansę na założenie własnych fundacji badawczych i zajęcie w nich stanowisk kierowniczych.

Pomimo że brak wsparcia ze strony zainteresowanych psychodelikami kolegów był dość bolesny, potrafiłem pogodzić się z porażką. Bardziej problematyczne było to, że pozostałem sam na placu boju. Musiałem przystąpić do realizacji badań, których kształt planowałem zmienić, gdy tylko otrzymam pomoc ze strony niedoszłych współpracowników.

Kiedy badania dawka-reakcja dobiegały końca, musiałem podjąć decyzję, jak miałyby wyglądać moje przyszłe projekty i zacząć składać podania o granty. Dość lekkomyślne byłoby proponowanie pełnoprawnych badań psychoterapeutycznych. Nie miałem na tym polu żadnego doświadczenia i doskonale zdawałem sobie sprawę, że taki wniosek nie ma najmniejszych szans na dofinansowanie. Najrozsądniejszym wyjściem była kontynuacja badań opartych na modelu biomedycznym. Dysponowaliśmy już pewnymi danymi oraz wsparciem Centrum Badawczego, a na dodatek byłem w tej dziedzinie specjalistą. Poza tym owe eksperymenty dotyczące mechanizmów działania nie wzbudzałyby zbyt wielu kontrowersji i z łatwością zdobyłbym na nie środki finansowe.

Mogłem opóźnić cały proces, przeprowadzając badania dawka-reakcja, a być może nawet badania dotyczące tolerancji nad innymi substancjami, na przykład psylocybiną lub LSD. Centralną pozycję zajmowałyby wówczas projekty poświęcone funkcjonowaniu mózgu, a jakiekolwiek badania psychoterapeutyczne miałyby znaczenie drugorzędne. Zaprojektowałem kilka eksperymentów dotyczących mechanizmów działania i zdobyłem na nie zezwolenie oraz środki finansowe. W tym samym czasie udało mi się także uzyskać zgodę i grant na przeprowadzenie badań dawka-reakcja nad psylocybiną.

Psylocybina, substancja czynna magicznych grzybów, z chemicznego punktu widzenia jest blisko spokrewniona z DMT. Pozostaje aktywna przy podaniu doustnym, zaś efekty jej zażycia utrzymują się znacznie dłużej. Cieszy się ona także znacznie większą popularnością niż DMT, więc badanie dotyczące jej właściwości miałoby większe znaczenie dla zdrowia publicznego.

Czas działania psylocybiny (sześć do ośmiu godzin) z wielu powodów stanowił poważny atut. Przede wszystkim umożliwiał on zbadanie efektów wywoływanych przez tę substancję bez niepotrzebnego pośpiechu. Ochotnicy mogli poza tym uczestniczyć w eksperymentach, które nie wchodziły w grę w przypadku DMT ze względu na krótki, ale niezwykle intensywny szczyt działania tego środka.

Przeszkodą w przypadku planowanych badań nad psylocybiną było otoczenie Centrum Badawczego. Wielu uczestników naszych badań z DMT z przyjemnością wzięłoby udział w realizacji projektu psylocybinowego, gdyby nie wiązało się to ze spędzeniem całego dnia w odmiennym stanie świadomości w szpitalnej sali.

W przypadku eksperymentów z DMT mogliśmy zazwyczaj zadbać o to, żeby przez krótką chwilę w Centrum Badawczym panowała względna cisza. Niemniej jednak wielokrotnie zdarzało się tak, że szum samolotu, śmiech i rozmowy personelu, sprzęt przewożony korytarzem, jęki i krzyki pacjentów, znajdujący się nad głową wentylator czy hałasy wydawane przez ubijarki śmieci wywierały negatywny wpływ na przebieg sesji. Szczególnie ponurą atmosferę tworzył unoszący się niemal wszędzie zapach przypalonego jedzenia, lekarstw i środków dezynfekujących. Poza tym przez cały czas musieliśmy liczyć się z tym, że w pokoju 531 mógł niespodziewanie pojawić się ktoś ze szpitalnego personelu – sytuacje takie zdarzały się rzadko, ale dość regularnie. Wszystko to sprawiłoby, że całodniowym sesjom z psylocybiną towarzyszyłoby nieprzyjemne napięcie.

Uniwersytet miał kilka małych budynków znajdujących się na terenie szpitala. Były one przeznaczone na potrzeby ciągle zmieniającego się personelu klinicznego, administracyjnego i naukowego. Kilka z nich miało niewielkie podwórka i ogródki, co czyniło z nich idealne miejsca do prowadzenia badań nad psylocybiną.

Porozmawiałem o swoim pomyśle z pielęgniarkami z Centrum Badawczego, pracownikami administracji, radcą prawnym Szpitala Uniwersyteckiego oraz Wydziałem Psychiatrycznym. Wszyscy uznali propozycję przeprowadzenia badań nad psylocybiną poza budynkiem szpitala za rozsądną, uzasadnioną i możliwą do zrealizowania.

Pewności co do tego nie miała, niestety, Komisja ds. Etyki Badań z Udziałem Ludzi, której ówcześni członkowie nie wiedzieli zbyt dużo o naszych badaniach. Chcieli oni mieć absolutną pewność, że gdyby któryś z badanych zaczął zachowywać się agresywnie, natychmiast zostanie spacyfikowany przez ochronę. Według nich, badania powinny odbywać się w łatwiejszym do kontrolowania otoczeniu szpitalnym. Jak często bywa w tego rodzaju sytuacjach, żywione przez nich obawy zaowocowały dokładnie tymi problemami, których starali się uniknąć.

Kilku odważnych ochotników, którzy uczestniczyli w badaniach nad DMT, zgodziło się wziąć udział również w pilotażowych badaniach dotyczących psylocybiny, mających na celu ustalenie „niskiej", „średniej" i „wysokiej" dawki tej substancji. Część z nich zrezygnowała po pierwszych sesjach z niską dawką, ponieważ szpitalne warunki były dla nich za bardzo ograniczające. Badani ci nie wykazywali żadnych problemów z wyjątkiem tego, że było im ciasno i czuli się znudzeni. Miał wtedy także miejsce dość nieprzyjemny incydent.

Jedną z badanych wówczas osób była Francine, lekarka, którą poznałem, pracując w szpitalu jako psychiatra-konsultant. Miała trzydzieści pięć lat, gdy zgłosiła się do badań dotyczących działania DMT w połączeniu z pindololem. W college'u przyjmowała bardzo dużo psychodelików, ale zrezygnowała z nich po zdobyciu dyplomu. Wyszła za mąż i założyła dużą, szczęśliwą rodzinę.

Byłem trochę zaniepokojony, słuchając jej opowieści o tym, jak pod wpływem psychodelików jeździła w odległe miejsca, pływała w jeziorach i wykonywała inne czynności, wymagające skupienia i uwagi. Być może próbowała w ten sposób osłabić działanie przyjętej przez siebie substancji. Francine była dość dobrze zbudowana, ale miało się wrażenie, że z jej wnętrza bije głębokie poczucie krzywdy i ograniczenia. Niemniej jednak po przeprowadzeniu dokładnego wywiadu nie wychwyciłem żadnych oznak, że mogłaby ona nie poradzić sobie z doświadczeniami wywołanymi zażyciem substancji psychodelicznej.

Kontrolna sesja z niską dawką DMT przebiegła dość spokojnie, choć Francine podniosła w jej trakcie oparcie głowy tak wysoko, że tworzyło ono niemal kąt prosty z płaszczyzną łóżka. Wyglądała tak, jakby nie czuła się zbyt komfortowo, ale zarzekała się, że wszystko z nią w porządku. Przez całą sesję bezustannie mówiła. Uprzedziłem ją przed wysoką dawką DMT, którą miała przyjąć następnego dnia.

Nie sądzę, żeby miało to być coś niezwykłego. Swego czasu wielokrotnie zażywałam LSD i nie miałam żadnych problemów.

Poprosiliśmy ją, żeby założyła opaskę na oczy i przed rozpoczęciem sesji poleżała przez chwilę w spokoju. Być może, gdyby przestała pożytkować energię na opowiadanie nam o swoim doświadczeniu, byłaby w stanie głębiej się w nie zanurzyć. Dość niechętnie zgodziła się przewiązać opaskę na swoim czole, tak aby z łatwością zsunąć ją na oczy, „jeśli pojawi się taka potrzeba". Tym razem także podniosła oparcie głowy do pozycji pionowej.

Sesja z wysoką dawką była dla Francine nieprzyjemna i przypomniała jej, jak dużo czasu upłynęło pomiędzy jej narkotycznymi eksperymentami w college'u a dniem dzisiejszym. Była teraz zapracowaną i odpowiedzialną kobietą, która żyje pełnią życia. Nie miała pewności, czy chce w chwili obecnej podejmować ryzyko związane z przyjmowaniem dużych dawek psychodelików. Podobnie jak w przypadku niskiej dawki, przez cały czas trwania sesji miała otwarte oczy i mówiła. Jedna z jej wypowiedzi zgrabnie podsumowuje jej podejście względem molekuły duszy:

DMT mówiło: „Chodź ze mną, chodź ze mną!", a ja przez cały czas miałam wątpliwości, czy jestem w stanie to zrobić.

Pomimo żywionych przez siebie obaw Francine bez problemów przeszła przez badania dotyczące pindololu i z nieskrywanym entuzjazmem zgłosiła chęć uczestnictwa w pilotażowych badaniach nad psylocybiną. Uważała, że wolniejsze rozwijanie się efektów tej substancji w większym stopniu przypadnie jej do gustu aniżeli „działo atomowe" DMT.

Pierwsza sesja z psylocybiną była dla Francine niezwykle przyjemnym doświadczeniem szczytowym. Wydawała się tego dnia znacznie lepiej zgrana z najbliższym otoczeniem i przez większą część sesji śmiała się i radośnie pokrzykiwała. Kiedy dzień dobiegał końca, podsumowała swoje przeżycia następująco:

To było coś niewiarygodnego. Nigdy wcześniej nie byłam tak daleko. W porównaniu z tym 0,4 DMT jest niewiele warte. To była podróż mojego życia. Być może ostatnia. Dlaczego ostatnia? A jaki sens miałoby jej powtarzanie? Wyższe dawki psylocybiny z pewnością nie są potrzebne.

Jako że mąż Francine nie mógł wyrwać się wcześniej z pracy, musiałem odwieźć ją do domu. Dowiedziałem się dzięki temu, jak dużo niepokoju wzbudzał w nim udział żony w naszych badaniach. Odbyliśmy we trójkę krótką rozmowę w ich domu. Kiedy wychodziłem, Francine wciąż była dość blada i poruszona doświadczeniem, ale szczęśliwa.

Otrzymana przez nią dawka okazała się niewystarczająco silna dla innych ochotników, więc podczas późniejszych eksperymentów zwiększyłem ją o 50 procent. Francine zadzwoniła do Laury. Miała poczucie, że powinna „dogonić" pozostałych badanych, żeby nie wyjść na „tripperkę wagi lekkiej". Z pewnymi obawami zgodziłem się na jej powrót.

Dzień sesji nie zapowiadał się dobrze już od samego początku. Zanim zdążyliśmy pojawić się z Laurą w szpitalu, Francine przestawiła łóżko w róg pomieszczenia i nie chciała zgodzić się na ustawienie go w normalnej pozycji, czyli na samym środku. Na dodatek goszczący w naszej placówce student medycyny, pomimo próśb, nie poczekał na moje przybycie i wszedł do pokoju, żeby ją zobaczyć. Francine była bardzo wyczulona, jeśli chodzi o anonimowość, głównie dlatego, że sama była pracownicą szpitala. Dlatego też zależało mi, aby osobiście uprzedzić ją o wizycie owego studenta.

Oba te incydenty – przestawienie łóżka i najście studenta – wywołały we mnie bardzo silne napięcie. Miałem wręcz ochotę odwołać sesję, ale wszyscy inni uznali, że nie ma takiej potrzeby.

Po upływie 15 minut od połknięcia kapsułki z psylocybiną Francine stała się niespokojna i zalękniona. Oskarżyła mnie, że „nabałaganiłem" jej w głowie. W panice postanowiła zadzwonić do męża ze swojego telefonu komórkowego. Kiedy jednak połączenie zostało przerwane w połowie rozmowy, była przekonana, że problemy techniczne spowodowały moje myśli. Francine była w stanie znieść obecność tylko i wyłącznie Laury i nalegała, żebym razem ze studentem opuścił na chwilę pomieszczenie. Udaliśmy się do stanowiska pielęgniarskiego, rozmawiając o tym, jak poradzić sobie z zaistniałym problemem. W tym czasie korytarzem przebiegł mąż Francine, po czym wdarł się do pokoju 531 i poderwał ją z łóżka. Odpychając Laurę, wybiegli razem przez podwójne drzwi i opuścili Centrum Badawcze, zanim zdążyłem zorientować się w sytuacji. Przebiegając obok mnie, mąż Francine krzyknął:

– Widziałem już ją w takim stanie.

„Teraz mi to mówi!", pomyślałem.

Ochrona pojawiła się zbyt późno. Kiedy psylocybina osiągała szczyt działania, Francine znajdowała się gdzieś poza terenem szpitala.

Na szczęście, przez cały dzień pozostawała pod czujnym okiem męża i nie stało się jej nic złego, niemniej jednak musiałem napisać raport i wysłać go do wszystkich komisji uniwersyteckich nadzorujących nasze badania. Jego kopia trafiła także do Agencji ds. Żywności i Leków oraz Narodowego Instytutu ds. Narkomanii. Opisałem w tym sprawozdaniu cały incydent jako „niefortunną, ale możliwą do przewidzenia niepożądaną reakcję. Po zażyciu tego rodzaju substancji przytrafiają się niekiedy załamania psychotyczne i niemal zawsze są one krótkotrwałe. Badana osoba bardzo szybko powróciła do codziennego stanu świadomości i nie wykazuje żadnych objawów chorobowych, które mogłyby zostać spowodowane uczestnictwem w badaniach".

Było to zgodne z prawdą. Stan Francine poprawił się już następnego ranka i poszła do pracy, tak jakby nic się nie zdarzyło. W dalszym ciągu była jednak przekonana, że opuszczenie Centrum Badawczego wbrew naszym zaleceniom (i pod wpływem psylocybiny) było jedynym – a przy okazji wymagającym także ogromnej odwagi – rozwiązaniem. Mój „negatywny wpływ" nie pozostawiał jej innego wyboru. Nawet po wielu miesiącach ani Laura, ani ja nie byliśmy w stanie ustalić przyczyny lęku, którego Francine zaczęła doświadczać tamtego poranka.

Postanowiliśmy wprowadzić pewne zmiany w procedurze badawczej. Przede wszystkim przeprowadzaliśmy teraz dokładny wywiad z małżonkami naszych ochotników, którego celem było przedyskutowanie wszelkiego rodzaju wątpliwości i obaw. Oprócz tego bardziej stanowczo zaczęliśmy podkreślać, że do opuszczenia szpitala potrzebna jest wyraźna zgoda zespołu badawczego. Postanowiliśmy także podawać wysoką dawkę DMT każdemu, kto był zainteresowany uczestnictwem w projekcie psylocybinowym. Mogliśmy w ten sposób ocenić, czy osoby te będą w stanie sprostać ekstremalnym doświadczeniom psychodelicznym.

Sesja Francine skutecznie rozwiała wszelkie nadzieje związane z przeniesieniem badań poza szpital.

Byłem głęboko wstrząśnięty tym, co się stało. Francine była osobą inteligentną i mającą pewne doświadczenie z psychodelikami, która na dodatek uczestniczyła w naszych badaniach nad DMT. Z jednej strony ostrzegała nas, że po swoim wcześniejszym doświadczeniu szczytowym z psylocybiną, prawdopodobnie, nigdy więcej nie przyjmie tej substancji. Z drugiej jednak strony nie chciałem odmawiać jej możliwości dalszego udziału w badaniach, nie mając ku temu żadnych konkretnych podstaw. Nieprzyjemne doświadczenia wywołane podaniem DMT mogły zwrócić naszą uwagę na jej niezdolność do pełnego otwarcia się na stany psychodeliczne, ale w żaden sposób nie mogliśmy na ich podstawie przewidzieć, co miało się stać. Na dodatek postanowiłem zignorować ostrzeżenia, które docierały do nas tamtego poranka: nietypowe umiejscowienie łóżka i nachalność goszczącego u nas studenta medycyny.

Zacząłem wątpić we własny osąd.

Odczuwałem także obawy przed podawaniem w pełni psychodelicznych dawek psylocybiny. Gdybyśmy jednak zrezygnowali z pełnych, aktywnych dawek, jaki był sens prowadzenia badań? Mieliśmy w końcu za zadanie zbadać psychodeliczne właściwości psylocybiny. Mniejsze dawki nie wchodziły w grę, szpitalne otoczenie nie sprzyjało natomiast podawaniu wysokich*.

Podczas realizacji badań zaczęły także pojawiać się konflikty wewnątrz grupy badawczej. Szczególnie dużo problemów nastręczał nam pewien zatrudniony na pół etatu student Bob, który dołączył do zespołu po zakończeniu przez nas pierwszych badań dawka-reakcja.

Zleciłem mu dokonywanie wstępnej selekcji ochotników zgłaszających się do badań nad DMT. Odpowiadał na telefony, zadawał pierwszą serię pytań kontrolnych i udzielał dzwoniącym informacji dotyczących naszych eksperymentów. Potem spotykał się z Laurą i ze mną, aby przedyskutować, czy dana osoba zostanie dopuszczona do dalszej części badań przesiewowych. W razie jakichkolwiek wątpliwości Bob miał zadać jej kilka pytań uzupełniających. Pomimo że jego rola nie miała decydującego znaczenia, przekazanie mu wszystkich niezbędnych informacji zajęło kilka miesięcy, a na dodatek dość dobrze zdążył się zapoznać z większą częścią naszych ochotników.

Bob zainteresował się tematem psychodelików stosunkowo niedawno, przez co zachowywał się trochę jak dziecko w sklepie ze słodyczami. Promieniował entuzjazmem i okazał się niezwykle pomocny w pozyskiwaniu nowych badanych. Uważał, że zgłaszające się do nas osoby są fascynujące i chciał poświęcać im swój czas. Najlepiej czuł się chyba na konferencjach, podczas których dobrze znani badacze substancji psychodelicznych wspominali z rozrzewnieniem „stare dobre czasy", a nowe pokolenie naukowców planowało swoje przyszłe badania.

Miał jednak problem z określeniem momentu, w którym trzeba powiedzieć „stop". Pewnego razu jeden z naszych ochotników zaprosił go do swojego domu, aby wspólnie przyjąć substancje zmieniające świadomość. Bob nie potrafił mu odmówić. Kiedy podzieliłem się z nim swoimi obawami, wyglądał na urażonego i odpowiedział:

---

* Dawka psylocybiny używana zazwyczaj przez szwajcarskie i niemieckie grupy badawcze, 0,2 mg/kg, była ponaddwukrotnie niższa od tej, która, według naszej oceny, niezawodnie wywołuje reakcję psychodeliczną, czyli 0,45 mg/kg. Pomimo że grupy te uważały opublikowane przez siebie wyniki za opis „psychodelicznych efektów psylocybiny", nie wydaje mi się, że to, co zostało tam zaprezentowane, stanowiło „typową" reakcję na przyjęcie tej substancji. Zobacz E. Gouzoulis-Mayfrank, B. Thelen, E. Habermeyer, H. J. Kunert, K.-A. Kovar, H. Lindenblatt, L. Hermle, M. Spitzer i H. Sass, *Psychopathological, Neuroendocrine and Autonomic Effects of 3,4-Methylenedioxyethylamphetamine (MDE), Psilocybin and d-Methamphetamine in Healthy Volunteers*, „Psychopharmacology" 142 (1999), str. 41-50; oraz F. X. Vollenweider, K. L. Leenders, C. Scharfetter, P. Maguire, O. Stadelmann i J. Angst, *Positron Emission Tomography and Fluorodeoxyglucose Studies of Metabolic Hyperfrontality and Psychopathology in the Psilocybin Model of Psychosis*, „Neuropsychopharmacology" 16 (1997), str. 357-72.

Zwiększaliśmy stopniowo dawkę aż do 1,1 mg/kg, kiedy to dwóch ochotników, którzy ją przyjęli, uznało, że „to już za dużo". Jeden z nich był kompletnie zdezorientowany, drugi zaś odczuwał trudną do zniesienia „mentalną presję". Planowaliśmy ustalić dawkę 0,9 mg/kg psylocybiny jako progową podczas naszych badań (czyli ponadczterokrotnie wyższą od europejskiej „psychodelicznej dawki"), ale dodatkowe czynniki sprawiły, że postanowiłem zrezygnować z pracy na uniwersytecie.

– Zajmujesz się tym od tak dawna. Muszę nadrobić straty. Przestrzegłem go, aby nie dopuszczał się tego rodzaju zachowań, ale nie byłem w stanie mu tego kategorycznie zabronić.

Pewien niepowiązany z sytuacją incydent „nadzorczy" dał mi jednak do zrozumienia, że nie mogę być tak pobłażliwy. Ów sygnał ostrzegawczy dobiegł mnie z kliniki psychiatrycznej, w której pracowałem na zlecenie uniwersytetu.

Od kilku lat przepisywałem lekarstwa Leanne, inteligentnej i ujmującej młodej kobiecie cierpiącej na chorobę maniakalno-depresyjną. Tom, odbywający staż pracownik socjalny, dołączył do naszego zespołu i zaczął pracować pod moim nadzorem. Poprosił mnie o przydzielenie stabilnego i mającego smykałkę do psychologii pacjenta, którego mógłby poddać psychoterapii. Od razu pomyślałem o Leanne. Zaczęli ze sobą współpracować i według deklaracji obu stron, terapia przynosiła dobre rezultaty. Jak się wkrótce okazało, nawet zbyt dobre.

Leanne i Tom zaczęli ze sobą sypiać kilka miesięcy po rozpoczęciu terapii. Ani Leanne podczas wizyt u mnie, ani Tom podczas cotygodniowych sprawozdań nie wspomnieli o tym nawet słowem. Po kilku miesiącach Leanne zażądała, aby Tom rozwiódł się ze swoją żoną i związał się z nią. Tom spanikował i zakończył romans, w konsekwencji czego Leanne pozwała do sądu Toma, klinikę i uniwersytet. Tom z kolei groził, że pozwie mnie za „brak nadzoru", jeśli uniwersytet nie pozwoli mu odejść bez poważniejszych konsekwencji. Pragnąc uniknąć długiego, kosztownego i rozdmuchanego przez media procesu, władze uniwersytetu postanowiły rozwiązać sprawę poza sądem, a moje nazwisko nie pojawiło się na sali rozpraw. Historia ta nauczyła mnie, że jestem w pełni odpowiedzialny za zachowanie pracujących pod moim nadzorem osób, nawet jeśli nie do końca zdają sobie one sprawę z tego, co robią.

Postanowiłem powiedzieć Bobowi, że nie może zażywać narkotyków razem z naszymi ochotnikami. Nie przyjął tego zbyt dobrze – krzyczał i oskarżał mnie o niesprawiedliwość. Przewodniczący mojego wydziału zasugerował, abym go zwolnił. Nasz zespół badawczy był jednak bardzo mały, a szkolenie nowego pomocnika na miejsce Boba zajęłoby kilka kolejnych miesięcy. Postanowiłem dać mu drugą szansę. Powiedziałem mu, że będzie mógł nadal uczestniczyć w naszych badaniach, jeśli zobowiąże się do unikania kontaktów towarzyskich z ochotnikami. Przewodniczący wydziału i uniwersytecki adwokat zalecili mi w tym celu sporządzenie odpowiedniej umowy, która dawałaby mi możliwość całkowitego zakończenia naszej współpracy, gdyby podobna sytuacja powtórzyła się w przyszłości.

Biorąc pod uwagę entuzjazm, z jakim Bob angażował się w nasze badania, byłem dość zaskoczony, gdy usłyszałem od niego, że „musi to przemyśleć". Tydzień później bardzo niechętnie zgodził się podpisać umowę zabraniającą mu podejmowania wszelkich niestosowanych czynności w związku z naszymi badaniami. Jego pragnienie zażywania substancji zmieniających świadomość z osobami uczestniczącymi w projekcie zmieniło jednak po prostu swoje ukierunkowanie: teraz chciał przyjmować je ze mną.

Pewnej niedzieli Bob odbył godzinną podróż, aby złożyć mi niezapowiedzianą wizytę w moim domu w górach. Rozpoczął radosnym, ale mało przekonującym:

– Przejeżdżałem akurat niedaleko i pomyślałem sobie, że wpadnę na chwilę.

Nasza rozmowa dość szybko zeszła jednak na temat wspólnego przyjmowania psylocybinowych grzybów. Byłem zaskoczony. Zapytałem go, o co tak naprawdę chodzi.

– Muszę się jeszcze dużo nauczyć o psychodelikach. Nie mogę ich teraz przyjmować z ochotnikami, a ty masz na ten temat dużą wiedzę. Chciałbym jakoś wykorzystać twoje doświadczenie. a czy można to zrobić lepiej niż podczas wspólnego tripa w twoim domu?

Mając poczucie, jakbym rozmawiał z niezrównoważonym pacjentem psychiatrycznym, skupiłem się na możliwie najszybszym zakończeniu tej rozmowy i ostatecznym zamknięciu tematu.

– Nie. To niemożliwe. Możesz, oczywiście, tripować ze swoimi przyjaciółmi, ale nie z ochotnikami i nie ze mną. Wydaje mi się także, że najlepiej byłoby, gdybyś omówił tę kwestię podczas jakiejś terapii. Musisz wyrobić w sobie dystans profesjonalisty, a wydaje mi się, że nie najlepiej ci to wychodzi.

Twarz Boba stała się czerwona. Znów zaczął krzyczeć:

– Wiedziałem, że nie powinienem był tu przyjeżdżać! Przepraszam. Nie wiem, co we mnie wstąpiło! Chyba po prostu jestem samotny i staram się jakoś zaadaptować do otoczenia.

– W porządku – próbowałem okazać mu wsparcie. – Wyjdź na lunch przed powrotem do miasta.

To nie był jednak koniec całej historii. Przez następnych kilka miesięcy, za każdym razem, gdy Laura, Bob i ja spotykaliśmy się, by omówić badania, Bob niemal ze łzami w oczach powracał do tematu wspólnego przyjmowania narkotyków: albo z badanymi, albo ze mną. Co gorsza, jego emocje zaczęły wpływać na kontakty z potencjalnymi ochotnikami. Po jakimś czasie przekazano mi kilka uwag, które padły z jego ust podczas omawiania badań:

– Rick jest trochę spięty, jeśli chodzi o te badania.

Lub:

– Szkoda, że Rick jest tak bardzo zamknięty w sobie. Nie mówi nic o swoich odczuciach ani o tym, co motywuje go do pracy.

Nie przekazywał także ochotnikom do podpisania niezbędnych formularzy ani artykułów, z którymi powinni się zapoznać, zanim wezmą udział w naszym projekcie.

Bob musiał odejść i nie było łatwo go o tym poinformować. Wydawał się nawet zadowolony, że nie będzie już musiał pracować w warunkach, które, w jego mniemaniu, były niezrozumiale ograniczające. Niestety, mógł teraz przyjmować narkotyki, z kim tylko zechciał. Pomimo że starał się zachować tego rodzaju sytuacje w tajemnicy, wzmianki o jego osobie docierały do mnie jeszcze przez długi czas.

Miałem poza tym pewne problemy z dopuszczeniem do siebie wyników prowadzonych przez nas badań nad molekułą duszy. Spodziewałem się napotkać podczas nich doświadczenia z pogranicza śmierci, mistyczne uniesienia i psychoterapeutyczne wglądy. Z racji tego, że nie wywoływały one jednak jakichkolwiek trwałych, dających się zaobserwować zmian, w pewnym momencie zacząłem zastanawiać się nad ich wartością.

Nie byłem także przygotowany na przytłaczająco dużą liczbę doniesień o nawiązywaniu kontaktu z obcymi istotami. Były one wyzwaniem dla mojego sposobu myślenia o mózgu i rzeczywistości. Historie te nadwyrężyły moją zdolność wczuwania się w doświadczenia ochotników i udzielania im wsparcia. Byłem coraz bardziej zaniepokojony moimi reakcjami na tego rodzaju sesje. Na dodatek brak bezpośredniej współpracy z jakimikolwiek kolegami po fachu zdecydował o pojawieniu się u mnie poczucia izolacji.

Model biomedyczny w znacznym stopniu utrudniał pozyskiwanie nowych ochotników i okazywanie entuzjazmu odnośnie do tego, co ich czeka. Długotrwałe korzyści wydawały się minimalne, podczas gdy niepożądane efekty coraz bardziej rzucały się w oczy. Poza tym nie byłem w stanie zaakceptować niesamowicie wysokiej częstotliwości, z jaką badanym zdarzało się nawiązać kontakt z mieszkańcami nieznanych nam wymiarów. Koledzy, na pomoc których liczyłem, nie przyłączyli się do projektu lub postanowili rywalizować o cenne dofinansowanie i współpracowników. Szpitalne otoczenie było w przypadku badań nad psylocybiną niewygodne, a nawet niebezpieczne, co nie zachęcało mnie do pracy z pełnymi dawkami. Dodatkowym problemem zaczęły być konflikty wewnątrz zespołu badawczego.

Nawet Margot, moja masażystka-terapeutka, podzieliła się ze mną swoimi obawami, mimo że w trakcie naszych spotkań bardzo rzadko mówiłem o prowadzonych przeze mnie badaniach. Była ona osobą o znakomitej intuicji i sporym doświadczeniu w pracy z ciałem. Od kilku lat spotykaliśmy się raz lub dwa razy w miesiącu. Podczas pewnej sesji, badając moje ciało, odczuła głęboki niepokój i smutek.

Powiedziała:

– Wokół ciebie krążą złe duchy. Chcą przedostać się do naszego wymiaru, wykorzystując twoją pracę i narkotyki. Martwię się o ciebie. To nie wygląda zbyt dobrze.

Margot była trochę nawiedzona, nawet jak na Nowy Meksyk. Zaśmiałem się i odpowiedziałem jej:

– No cóż, Margot, kiedy do mnie zapukają, będę udawał, że nikogo nie ma.

Niemniej jednak jej spostrzeżenia były dość trafne. Bez względu na to, czy potraktujemy to metaforycznie, symbolicznie czy dosłownie, rzeczywiście, zgromadziło się wokół mnie dużo negatywnej energii. Co mogłem zrobić? Odpowiedź na to pytanie przyszła szybciej, niż się spodziewałem, na dodatek w dość zatrważającej postaci.

U mojej byłej żony Marion niespodziewanie wykryto chorobę nowotworową. Na szczęście, guz został zauważony dość wcześnie i chirurg zapewnił, że jeśli zabieg zostanie przeprowadzony wystarczająco szybko, nie powinno być żadnych późniejszych komplikacji. Lekarze zalecili jednak, „na wszelki wypadek", bardziej skomplikowaną operację, na którą Marion nie chciała wyrazić zgody, skłaniając się raczej ku alternatywnym formom leczenia. W tym samym czasie mój pasierb, najmłodsze dziecko Marion mieszkające ze swoim ojcem w Kanadzie, popadł w głęboką depresję, która przyczyniła się do wydalenia go ze szkoły.

Marion spytała, czy moglibyśmy przeprowadzić się do Kanady, żeby mogła być blisko swojej rodziny, gdy będzie wracała do zdrowia, a także żeby pomóc synowi w jego problemach i dać mi trochę czasu do namysłu nad całą sytuacją. Pomimo odległości od Albuquerque zgodziłem się na przeprowadzkę.

Co dwa miesiące przyjeżdżałem na kilkanaście dni do Nowego Meksyku i przeprowadzałem w tym czasie tyle eksperymentów, ile tylko mogłem. Kosztowało mnie to jednak bardzo dużo środków i czasu, a na dodatek zacząłem mieć wątpliwości, czy przy tak długich okresach nieobecności uda mi się kontynuować pracę. Nikt bowiem nie znał ani badań, ani ich uczestników tak dobrze jak ja.

Vladan, o którego doświadczeniach mogliśmy przeczytać w rozdziale 12., pomagał nam w ustalaniu odpowiednich dawek psylocybiny. Od pewnego momentu udział w sesjach napawał go przybierającym na sile pesymizmem – coraz częściej zadawał sobie pytanie: „Po co w ogóle to robić?". Nigdy nie doświadczył całkowitego przejścia na drugą stronę, nawet po przyjęciu wysokiej dawki. Zamiast tego czuł się coraz bardziej osamotniony i przygnębiony. Kiedy zasugerowaliśmy mu, że powinien zrobić sobie przerwę od badań, kupił broń półautomatyczną „na wypadek Armagedonu". Stanowczo podkreślił, że nie zamierza jej używać wobec nas. Nie było to specjalnie uspokajające, więc umówiłem się z nim na spotkanie podczas jednej z moich wizyt w Nowym Meksyku. Chciałem ocenić, na ile Vladan stanowi zagrożenie dla otoczenia. Po odbyciu z nim dwugodzinnej rozmowy nieco się uspokoiłem, ale Vladan wciąż nie zamierzał oddać kupionego przez siebie pistoletu.

Udało mi się uzyskać zgodę na przeprowadzenie badań z użyciem LSD, ale postanowiłem chwilę wstrzymać się z ich realizacją. Warunki w Centrum Badawczym nie sprzyjały eksperymentom z tą substancją.

W końcu także moja wspólnota buddyjska zaczęła krytycznie odnosić się do moich badań i przestała udzielać mi jakiegokolwiek wsparcia. Był to czynnik, który ostatecznie zadecydował o podjęciu przeze mnie decyzji o zakończeniu badań nad psychodelikami. Więcej o tym w następnym rozdziale.

20.

Nadeptując na święte odciski

Bardzo trudno jest włączyć duchowość z jej abstrakcyjnymi, a tym samym niemożliwymi do zmierzenia kategoriami, w pole badań klinicznych. W niniejszym rozdziale będziemy mieli okazję zobaczyć, że także zorganizowane religie, bez względu na ewentualne skłonności do mistycyzmu, nie są wystarczająco otwarte i pewne swoich racji, aby poważnie rozważyć duchowy potencjał badań klinicznych nad substancjami psychodelicznymi.

W kilku miejscach tej książki wspominałem już o mojej fascynacji buddyjską wizją rzeczywistości oraz towarzyszącymi jej praktykami. Oprócz teoretycznych i praktycznych porad związanych z moją pracą w ciągu wielu lat otrzymywałem od mieszkańców klasztoru Amerykańskiej Wspólnoty Buddystów Zen wiele osobistego wsparcia i wskazówek. Od momentu pojawienia się pomysłu przeprowadzenia badań nad substancjami psychodelicznymi do opracowania kwestionariusza i zasad nadzorowania sesji myśl buddyjska przenikała niemal każdy aspekt mojej pracy z molekułą duszy.

Jako osoba wychowująca się w tradycji żydowskiej w Kalifornii Południowej w latach 50. i 60. zdobyłem w młodości obszerną wiedzę dotyczącą żydowskich świąt, historii i kultury, włączając w to także znajomość języka hebrajskiego. Moja rodzina często poruszała temat Holokaustu i wspierała nowo powstałe państwo Izrael. Nikt jednak nie przekazał mi informacji o tym, w jaki sposób osobiście porozumiewać się z Bogiem. Było to coś zarezerwowanego dla starożytnych patriarchów: Abrahama, Izaaka i Mojżesza.

Wzrastanie w tradycji żydowskiej przynosiło mi niekiedy bardzo dużo radości. Śpiewanie hebrajskich pieśni ludowych i modlitw w dużych grupach było niezwykle ekstatycznym doświadczeniem, chociaż w tamtym czasie nie posługiwałem się tym wyrażeniem. Pamiętam także, że w młodości uczyłem się skomplikowanych i dynamicznych tańców. Jedna z nauczycielek próbowała nam nawet przekazać wiedzę o praktykach medytacyjnych. Zamykaliśmy wspólnie nasze oczy, ale już po chwili większość z nas rozglądała się spod zmrużonych powiek po pomieszczeniu, aby sprawdzić, czy któryś z kolegów nie podgląda. Nauczycielka siedziała za swoim biurkiem, z dłońmi założonymi na kolanach, a na jej twarzy rysowało się poczucie błogości. Podczas jednej z takich klasowych sesji medytacyjnych wyczułem w swoim wnętrzu coś dobrego, pełnego spokoju, ale doświadczenie tego czegoś było dla mnie niespodziewane i nieco krępujące.

W późniejszym czasie zetknąłem się z duchowymi naukami i praktykami Wschodu. Odkryłem, że umożliwiają mi one nawiązywanie kontaktu z głębszymi prawdami, których potrzebę poszukiwania zacząłem odczuwać jako uczeń college'u. Pod tym względem nie różniłem się zbytnio od innych osób z mojego pokolenia. Tymi „nowymi religiami" były między innymi zen oraz inne formy buddyzmu, hinduizm czy sufizm. Nacisk, jaki kładły one na dążenie do osiągnięcia mistycznego zjednoczenia ze źródłem wszelkiego istnienia, doskonale zgrywał się z moją potrzebą odkrycia podstawowych prawd o świecie. Na dodatek z Japonii, Indii i Tybetu przyjechało w tamtym czasie wielu nauczycieli popularyzujących ćwiczenia duchowe, których skuteczność potwierdzały całe pokolenia praktykujących.

Mój pierwszy kontakt z tajemnicami Wschodu miał miejsce na początku lat 70., kiedy to zetknąłem się z Transcendentalną Medytacją. Podobał mi się spokój towarzyszący tej praktyce, ale jej intelektualne fundamenty niespecjalnie do mnie przemawiały. Nieco później odkryłem, że tym, czego poszukuję, jest buddyzm.

Buddyzm jest powstałą 2500 lat temu religią opartą na medytacji, która w bezstronnych, psychologicznych i stosunkowo przystępnych kategoriach opisuje wszelkie możliwe do osiągnięcia stany umysłu, bez względu na to, czy będzie to przerażenie, błogość, obojętność, chęć pomagania innymi czy krzywdzenia ich. Oprócz tego buddyzm oferuje praktyczny, bazujący na przyczynie i skutku kodeks moralny, który umożliwia zastosowanie wglądów medytacyjnych w codziennym życiu.

Po kilku próbach znalazłem odpowiadającą mi wspólnotę buddyjską. Po raz kolejny we właściwym kierunku popchnął mnie Jim Fadiman ze Stanfordu. Polecił mi on skontaktowanie się z działającym na środkowym zachodzie Stanów Zjednoczonych klasztorem zen, który był prowadzony przez osamotnionego, ale zaskakująco kompetentnego nauczyciela z Azji. W 1974 roku pojechałem tam na dwa weekendowe odosobnienia medytacyjne. Czułem się podczas nich tak, jakbym wrócił do domu. Tamtejsi mnisi byli radośni i trzeźwo myślący. Lubiliśmy swoje towarzystwo. Najbardziej zaciekawiło mnie to, że większość z nich po raz pierwszy pomyślała o kroczeniu duchową ścieżką pod wpływem substancji psychodelicznych.

Nie rozdmuchiwali oni, oczywiście, tego rodzaju informacji, ale temat ten pojawił się kilkakrotnie podczas mniej formalnych rozmów. Wystarczyło zapytać: „Czy zażywałeś kiedyś substancje psychodeliczne? Jak duży miały one wpływ na twoją decyzję?". Znacząca większość miała kontakt z tego rodzaju środkami i doświadczyła dzięki nim pierwszych kontaktów z oświeconym stanem umysłu.

Podczas wakacyjnej przerwy udałem się do owego klasztoru na pięciotygodniowe odosobnienie, które w znacznym stopniu pomogło mi nabrać biegłości w praktyce buddyjskiej. Medytacja była bardzo prosta: usiądź wygodnie, wyprostuj plecy i po prostu siedź. „Po prostu siedź", „po prostu idź", „po prostu zmywaj naczynia", „po prostu oddychaj". Mówiąc innymi słowy, skup całą swoją uwagę na wykonywanej obecnie czynności. Kiedy więc siedzisz, po prostu siedź. Nie myśl o niczym, nie śnij na jawie, nie wierć się, powstrzymaj swoje emocje, nie rozmawiaj – w żaden sposób nie komplikuj procesu siedzenia. Powtarzający się wdech i wydech stanowią znakomitą kotwicę uważności, element, na którym błądzący umysł może się zatrzymać za każdym razem, gdy przeszkadzające myśli lub uczucia zaczną przesłaniać niezmąconą niczym świadomość.

Po powrocie do szkoły medycznej całą półgodzinną przerwę na lunch przeznaczałem na medytację, w której towarzyszyła mi jedna lub dwie osoby. Utrzymywałem kontakt z kilkoma mnichami, regularnie odwiedzałem klasztor, zdarzyło mi się także zorganizować odosobnienie, które poprowadzili kapłani udający się do Nowego Jorku.

Buddyzm i medytacja wydawały się poza tym bogatym polem do badań naukowych. Zapisałem się na letnie zajęcia dla profesjonalistów z zakresu ochrony zdrowia psychicznego organizowane w Instytucie Ningma (ang. *Nyingma Institute*), który został założony przez tybetańskiego lamę na wzgórzach Berkeley, w Kalifornii. Podczas tego kursu poznawaliśmy podstawowe zasady i praktyki buddyjskiej psychologii. To właśnie tam po raz pierwszy usłyszałem o *abhidharmie*, buddyjskim systemie psychologicznym.

Termin *abhidharma* można przetłumaczyć jako „zbiór stanów mentalnych". Na jego temat napisano tysiące tekstów, ale prowadzący kurs lama skupił się na najbardziej podstawowych zasadach.

Jednym z głównych założeń tego systemu jest to, że przepływ naszego osobistego doświadczenia stanowi tak naprawdę mieszaninę kilku różnych aspektów naszego istnienia. Aspekty te są nazywane *skandhami* lub „skupiskami". Stan naszej świadomości jest określany przez pięć takich *skandh*: formę materialną, uczucia, percepcję, świadomość i tendencje nawykowe. Przez całe dni rozmawialiśmy na temat każdej z nich, dopóki nie udawało się opracować definicji, która odpowiadała każdemu z nas i dawała się wyrazić w oparciu o zrozumiałe dla nas, zachodnie kategorie pojęciowe.

Inną ważną kwestią jest istnienie technik, które umożliwiają rozpuszczenie spoiwa trzymającego owe *skandhy* razem. Buddyści uważają, że poprzez dekonstrukcję naszego mylnego wyobrażenia odnośnie do jaźni, jesteśmy w stanie dotrzeć do głębszych poziomów rzeczywistości, współczucia, miłości i mądrości. Proces ten jest podzielony na kilka etapów. Tylko doświadczony nauczyciel jest w stanie pomóc medytującemu ocenić poczynione przez niego postępy i przyspieszyć dalszy rozwój. Buddyści udoskonalali te techniki przez tysiąclecia, a miliony praktykujących potwierdziło ich skuteczność.

Pomimo że medytacje te były znacznie bardziej rozbudowane niż „po prostu siedzenie", były dla mnie fascynujące i przynosiły obiecujące rezultaty. Jako że musiałem napisać artykuł naukowy o moich letnich doświadczeniach, postanowiłem opublikować opis *abhidharmy*, uzupełniony moimi przeżyciami medytacyjnymi. Zapoznając się z tym systemem, zacząłem także dostrzegać jego użyteczność przy badaniu stanów psychodelicznych*.

Po ukończeniu szkoły medycznej wróciłem do Kalifornii, aby przejść szkolenie psychiatryczne. Pomagałem w założeniu w Sacramento grupy medytacyjnej, która zbierała się raz w tygodniu, organizowałem także odosobnienia prowadzone przez mnichów. Przez wiele lat spotkania grupy odbywały się w moim domu, dzięki czemu miałem wiele okazji do przedyskutowania moich zainteresowań z członkami klasztornej wspólnoty. Przyjąłem święcenia i przyłączyłem się do grupy buddyjskiej, której nauki przekazywał nam opat. Utrzymywałem przy tym bliskie stosunki z poznanymi w klasztorze przyjaciółmi, którzy zajmowali teraz coraz wyższe pozycje w kapłańskiej hierarchii.

Czteroletni staż psychiatryczny na Uniwersytecie Kalifornijskim w Davis odciągnął moją uwagę od tego, co działo się w Sacramento, i skierował ją na karierę zawodową i naukę. Po mniej więcej trzech latach wróciłem jednak na dalsze szkolenie. Grupka medytacyjna, którą pomagałem założyć, wciąż się spotykała, ale jej struktura organizacyjna uległa diametralnej zmianie. Wielu mnichów postanowiło odejść, gdy nauki zaczęły w coraz większym stopniu koncentrować się na nauczycielu, a nie na posiadanym przez niego doświadczeniu duchowym. Jednocześnie opat stawał się znacznie bardziej zamknięty w sobie i przebywał tylko w otoczeniu niewielkiej grupki najbardziej zaufanych pomocników. Na dodatek istniała teraz nawet hierarchia we wspólnocie świeckiej. Pojawiły się silne podziały. Nieformalne i pełne swobody dawanie-i-branie przestało istnieć.

Kiedy przeprowadziłem się do Nowego Meksyku, uważałem się za osobę, która jest luźno powiązana z szeroko rozumianą wspólnotą buddyjską. Nie chciałem mieć do czynienia z żadnymi strukturami politycznymi, które stały się teraz elementem niezbędnym do założenia regionalnej grupy medytacyjnej, ale w dalszym ciągu regularnie umawiałem się na nieoficjalne spotkania medytacyjne. Podtrzymywałem także kontakt z kilkoma mnichami. Z niektórymi znałem się już ponad dwadzieścia lat. Pomimo że wspólnota buddystów skupionych wokół owego klasztoru zdążyła w pewnym stopniu utracić swój dawny blask, wciąż uważałem ją za swój duchowy dom i w 1990 roku zawarłem tam związek małżeński.

Pobieranie nauk buddyjskich i praktyki medytacyjne wpłynęły na moje badania nad DMT pod wieloma względami. Przede wszystkim zadecydowały o tym, w jaki sposób obchodziliśmy się z naszymi ochotnikami podczas sesji.

Nadzorowanie sesji z użyciem psychodelików jest zazwyczaj nazywane „sittingiem". Wiele osób uważa, że wzięło się to od tego, iż sytuacja ta przypomina opieko-

* Rick J. Strassman i Marc Galanter, *The Abhidharma: a Cross-Cultural Application od Meditation*, „International Journal Social Psychiatry" 26 (1980), str. 283-290.

wanie się dzieckiem (ang. *babysitting – przyp. tłum.*), które jest zazwyczaj bezbronne, zagubione i w pełni zależne od drugiej osoby. Ważniejszy jest jednak „sitting" w sensie medytacyjnym. Pomagające w badaniach pielęgniarki, zarówno Cindy, jak i Laura, oraz ja robiliśmy co w naszej mocy, by „po prostu siedzieć" przy naszych ochotnikach: obserwując ich oddech, pozostając w pogotowiu, z oczyma wpatrzonymi przed siebie, gotowi do działania, podtrzymując pozytywne nastawienie i uważność, pozwalając badanym otworzyć się na doświadczenie bez niepotrzebnych ingerencji w ich proces*.

Doświadczenia medytacyjne pomagały mi także przeprowadzać ludzi przez kolejne etapy sesji z użyciem DMT. Dla przykładu, kiedy doradzałem ochotnikom, aby nie dali się porwać zalewającym ich barwom lub wniknęli w przestrzeń znajdującą się wewnątrz słojów drewna, z którego zrobione zostały drzwi, opierałem się na modelu umysłu zaczerpniętym z *abhidharmy*. Sugerowałem badanym, żeby się rozluźnili, skupili się na swoim oddechu i odczuciach płynących z ciała, utrzymywali umysł otwarty na wszystko, co się w nim pojawi – wszystko to były narzędzia, których stosowania nauczyłem się w ciągu wielu dekad praktyki medytacyjnej.

Buddyjskie medytacje pomogły mi także w trakcie opracowywania kwestionariusza używanego podczas naszych badań.

Stosowane w przeszłości kwestionariusze psychologiczne, których celem było zmierzenie efektów wywoływanych przez substancję psychodeliczną, miały poważne wady. Zakładały one, że psychodeliki są „psychozomimetykami" lub „schizotoksynami", dlatego też w większym stopniu skupiały się na nieprzyjemnych doświadczeniach. Wiele z tych testów zostało opracowanych na podstawie badań z udziałem więźniów uzależnionych od narkotyków, którzy nie wiedzieli, jakie substancje zostaną im podane i jakich efektów mogą się spodziewać.

Tworząc alternatywny kwestionariusz mierzący siłę i naturę doświadczenia psychodelicznego, postanowiłem oprzeć się na metodach charakteryzowania stanów mentalnych zainspirowanych *abhidharmą* i *skandhami*. Ów czysto opisowy model doskonale wpasował się w sposób przeprowadzania wywiadów mających na celu ocenę stanu psychicznego pacjentów psychiatrycznych: rozmawiasz z daną osobą i dyskretnie badasz jej podstawowe funkcje mentalne, takie jak nastrój, sposób myślenia i percepcja.

Zaczerpnięte z *abhidharmy* kategorie „formy materialnej", „uczuć", „percepcji", „świadomości" i „tendencji nawykowych" stały się ramami pojęciowymi, strukturą, na której opierałem się, tworząc swój kwestionariusz oraz sposób klasyfikowania otrzymywanych odpowiedzi. Jednakże zamiast nazywać je skandhami, uznałem, że wygodniejszy i bardziej stosowny z punktu widzenia zachodniej nauki będzie termin „skupiska kliniczne".

* Metoda ta przypomina freudowskie „zawieszenie uwagi" stosowane przez wykwalifikowanego psychoanalityka. Wspiera on klienta wyłącznie swoją obecnością, siedząc w niemal całkowitym milczeniu za kozetką pacjenta. Tego rodzaju dyskretne obserwowanie i słuchanie dość dobrze odzwierciedla to, co dzieje się w naszym wnętrzu podczas medytacji zen.

Po każdej sesji z użyciem DMT badany wypełniał ów nowy kwestionariusz, Skalę Oceny Halucynogenu (ang. *Hallucinogen Rating Scale*), a my dokonywaliśmy analizy uzyskanych odpowiedzi.

Wyniki były niesamowite.

W klinicznej psychofarmakologii wiadomo już od dawna, że dobry kwestionariusz pozwala lepiej ocenić efekty wywoływane przez daną substancję niż badanie jakiegokolwiek czynnika biologicznego. Mówiąc innymi słowy, dobrze skonstruowana skala oceny lepiej nadaje się do scharakteryzowania działania różnych dawek danego środka lub różnych substancji podanych jednocześnie niż pomiar ciśnienia krwi, tętna czy stężenia hormonów w organizmie. Miałem nadzieję, że HRS potwierdzi tę zasadę. I tak też się stało. Stosując ten kwestionariusz, byliśmy bowiem w stanie znacznie skuteczniej odróżnić od siebie reakcje na różne dawki DMT oraz efekty wywoływane przez podanie DMT wraz z innymi substancjami, aniżeli badając jakiekolwiek zmienne biologiczne, w tym także poziom hormonów we krwi czy pracę układu krwionośnego. HRS potwierdził tym samym mądrość i siłę buddyjskiego sposobu postrzegania stanów mentalnych.

Razem z dr. Cliffordem Quallsem, biostatystykiem zatrudnionym w Centrum Badawczym, pogrupowaliśmy zawarte w HRS pytania według „skupisk klinicznych" czy też *skandh*, po czym porównaliśmy ją z dużą ilością innych, czysto statystycznych narzędzi badawczych. Techniki opisywane przez *abhidharmę* okazały się równie dobre jak te, które w całości opierają się na kategoriach matematycznych, a nawet lepsze. Jako że kategoryzacja wyników dokonywana przez komputer okazała się mniej skuteczna niż bazująca na skupiskach klinicznych, system buddyjskiej klasyfikacji zwyciężył. Od tamtego czasu z HRS korzystały także inne grupy, potwierdzając użyteczność tego narzędzia przy badaniu odmiennych stanów świadomości, zarówno tych wywołanych substancjami chemicznymi, jak i wszelkich innych*.

Buddyzm pomógł mi także zrozumieć przeżycia osób uczestniczących w sesjach z DMT. Perspektywa oferowana przez tę tradycję obejmuje wszystkie doświadczenia: duchowe, z pogranicza śmierci, a nawet wizyty w niematerialnych, niewidzialnych wymiarach. W pewnym momencie natrafiłem jednak na dwie poważne przeszkody wynikające z niedostatecznej wiedzy o buddyzmie.

W jaki sposób powinienem był zareagować, gdy któryś z ochotników dochodził do wniosku, że przeszedł wywołane narkotykiem doświadczenie duchowe? Czy było to „prawdziwe" oświecenie, czy nie? Jak już zostało to opisane w rozdziale 16., pt. „Stany mistyczne", tego rodzaju sesje pozostawiały we mnie poczucie, że miało miejsce coś prawdziwego i ważnego. Sami ochotnicy także nie mieli wątpliwości, że były to najgłębsze i najsilniejsze doświadczenia w ich życiu. Nie byłem jednakże osobą

* HRS zostało przełożone na język hiszpański, włoski, rosyjski, portugalski, niemiecki i duński. Grupy badaczy z całego świata stosowały ten kwestionariusz do oceny efektów ketaminy, *ayahuaski*, amfetamin, psylocybiny oraz MDMA. Grupa niemiecka skorzystała nawet z HRS przy badaniu naturalnie pojawiających się psychoz.

wystarczająco kompetentną, aby ocenić prawdziwość i „sprawdzalność" tych przeżyć w inny sposób jak poprzez zastosowanie psychiatrycznych modeli interpretacji.

Drugim problemem było powiązanie tego, co wiedziałem o buddyjskim podejściu do niematerialnych istot, z opowieściami naszych ochotników. Dla przykładu, w buddyzmie tybetańskim i japońskim istnieje bardzo wiele demonów, bogów i aniołów. Byty te traktuję jako symbolicznie wyrażone aspekty naszego wnętrza, a nie autonomiczne, bezcielesne istoty. Kiedy nasi ochotnicy zaczęli opowiadać o spotkaniach z nieznanymi im formami życia, moją pierwszą myślą było: „Aha, o tym mówi się w buddyzmie. Są to po prostu aspekty naszego umysłu".

Doświadczenia te stawały się jednak coraz dziwniejsze, a napotykane istoty zaczęły przeprowadzać na naszych ochotnikach badania, wszczepiały im implanty, zjadały ich lub gwałciły. Dość trudno było wyjaśnić to w buddyjskich kategoriach pojęciowych. Zachowywałem jednak buddyjski sceptycyzm odnośnie do „prawdziwości" czy „wyjątkowości" tych historii. To były „po prostu spotkania z istotami". Byty te niekoniecznie były mądrzejsze lub godne zaufania bardziej niż cokolwiek innego, z czym możemy zetknąć się w naszym życiu lub umyśle.

Niemniej jednak potrzebowałem jakichś wskazówek, zarówno jeśli chodzi o doświadczenia duchowe, jak i spotkania z istotami z innych wymiarów. Zacząłem dzielić się wynikami naszej pracy oraz dręczącymi mnie pytaniami z kilkoma zaufanymi przyjaciółmi. Osobą, do której zwracałem się najczęściej, była czcigodna Margaret, kapłanka buddyjska, którą poznałem w 1974 roku podczas swojego pierwszego pobytu w klasztorze*.

Margaret była z wykształcenia psychologiem klinicznym. Podjęła decyzję o wstąpieniu do buddyjskiego klasztoru, gdy dotarło do niej, że tak naprawdę nie chce wędrować po świecie jako osoba, którą była. Pragnęła doświadczyć własnej psychiki i duchowości, zanim zacznie pomagać innym. Pokochała życie w klasztorze i postanowiła w nim pozostać. Znakomicie się ze sobą dogadywaliśmy, mieliśmy te same zainteresowania i w podobny, „kliniczny" sposób postrzegaliśmy innych ludzi.

Przed rozpoczęciem badań nad DMT spędziłem kilka dni w klasztorze. Moja dwuletnia tułaczka po labiryncie formalności umożliwiających realizację projektu dobiegała końca. Margaret była w tym czasie główną asystentką opata i funkcjonowała według ściśle określonego harmonogramu. Znaleźliśmy jednak chwilkę na spotkanie, podczas którego przekazałem jej nowiny związane z moim życiem prywatnym i zawodowym. Rozmowa zeszła na temat planowanych przeze mnie badań nad DMT. Opowiedziałem jej o moich przypuszczeniach, że szyszynka może wytwarzać tę substancję w momentach mistycznego uniesienia i o roli, jaką może ona pełnić względem śmierci i doświadczeń z jej pogranicza.

---

* Podobnie jak ma to miejsce w wielu monastycznych tradycjach religijnych, Margaret przyjęła nowe imię po wstąpieniu do zakonu. Ponieważ nie znam języka japońskiego, wolałem uniknąć wymyślania imion, które pomyłkowo mogłyby zabrzmieć obraźliwie i postanowiłem posługiwać się angielskimi pseudonimami.

Chuda i ogolona na łyso mniszka zetknęła opuszki palców na wysokości ust i delikatnie nimi poruszała. Za przymrużonymi powiekami dostrzegałem niebieskie oczy wpatrzone w białą ścianę znajdującą się nad moim ramieniem.

Powiedziała cicho:

– To, co planujesz, byłaby w stanie zrobić tylko jedna osoba na milion.

Potraktowałem tę celowo niejasną uwagę jako zachętę do pogłębienia tematu. Zastanawiając się nad rolą psychodelików w rozwoju duchowym, zwróciłem uwagę, jak wielu mnichów przebywających w klasztorze doznało swoich pierwszych przebłysków dotyczących ich duchowej ścieżki pod wpływem LSD i podobnych środków.

Margaret się roześmiała, po czym powiedziała:

– Mówiąc szczerze, nie potrafię stwierdzić, czy przygody z LSD pomogły mi w praktyce duchowej, czy jej zaszkodziły!

– Trudno to ocenić, prawda? – odrzekłem.

– W rzeczy samej.

Margaret spojrzała na swój zegarek, wzięła do ręki filiżankę herbaty, grzecznie przeprosiła i wyszła z pomieszczenia.

Rok później, w 1990 roku, brałem w klasztorze ślub. Podczas spotkań poprzedzających ceremonię zamieniłem parę zdań z dwoma zaprzyjaźnionymi mnichami, zajmującymi obecnie najwyższe pozycje w zakonnej strukturze. Obydwaj zażywali w college'u substancje psychodeliczne wraz ze znajomym, który jakiś czas później stał się moim bliskim przyjacielem. Ich grupka była znana ze stosowania MDMA w celach psychoterapeutycznych. Wypytywali mnie o naszego wspólnego znajomego i jego badania nad MDMA. Byli także szczerze zainteresowani planowanymi przeze mnie badaniami nad DMT.

Po zakończeniu w 1992 roku badań dawka-reakcja napisałem do Margaret długi list, w którym relacjonowałem opowieści usłyszane od naszych ochotników, w tym także zetknięcia ze śmiercią, oświecenia i nawiązywanie kontaktu z tajemniczymi istotami. Napisałem także o tym, że, w moim odczuciu, otoczenie badań było za bardzo neutralne, a nasi ochotnicy zbyt dobrze zaznajomieni z psychodelikami, aby eksperymenty te mogły im przynieść jakikolwiek rzeczywisty pożytek. Wspomniałem również o możliwości bardziej bezpośredniego pomagania innym ludziom w ramach planowanej przeze mnie psychoterapii osób śmiertelnie chorych, wspomaganej użyciem psylocybiny.

Praca z umierającymi pacjentami była dla mnie o tyle pociągająca, że eksperymenty przeprowadzone na tym polu, jeszcze podczas pierwszej fali badań klinicznych nad psychodelikami w latach 60., przyniosły bardzo obiecujące rezultaty. Na dodatek uwypuklanie dobroczynnego wpływu wywołanych farmakologicznie doświadczeń duchowych i z pogranicza śmierci dobrze się zgrywało z moją fascynacją tymi substancjami.

Margaret odpisała: „Niezwykle interesujące! Ale jaki w tym sens? Być może twoja przyszła praca terapeutyczna rzuci na ten temat nieco światła". Miała także wątpliwości co do bilansu ewentualnych korzyści i zagrożeń. Poradziła mi, bym przeprowadził te badania, tylko jeśli mam absolutną pewność, że ryzyko jest nieduże, a osiągnięcie satysfakcjonujących rezultatów – wysoce prawdopodobne. Poprosiła mnie również, abym wziął pod uwagę niewystarczającą ilość czasu, aby w razie potrzeby złagodzić negatywne następstwa bolesnej lub pełnej lęku sesji z psylocybiną.

Dwa lata upłynęły w mgnieniu oka. Pod koniec 1994 roku zacząłem zastanawiać się nad użytecznością prowadzonych przeze mnie badań nad psychodelikami. Niepożądane efekty pojawiały się coraz częściej, a długotrwałe korzyści były trudne do oszacowania. Na dodatek ciągły kontakt ze ochotnikami znajdującymi się pod wpływem psychodelików zaczynał mnie męczyć. Podzieliłem się swoimi przemyśleniami z Margaret.

Jak zawsze, popierała wszystko, co wydawało się korzystne z punktu widzenia mojego rozwoju duchowego, nawet gdyby miała to być decyzja o rezygnacji z dalszego prowadzenia badań. Zachęcała mnie jednak, żebym postarał się znaleźć kogoś, komu mógłbym przekazać projekt i w ten sposób ocalić go przed zakończeniem.

Okoliczności, które opisałem w poprzednim rozdziale, zaowocowały przeprowadzką do Kanady, ale w dalszym ciągu dojeżdżałem do Albuquerque, aby kontynuować swoje badania. Udało mi się nawiązać kontakt z członkami grupy medytacyjnej działającej w moim nowym miejscu zamieszkania. Spotykaliśmy się na wspólne sesje. Co jakiś czas w naszej wspólnocie odbywały się także odosobnienia, które prowadzili kapłani przyjeżdżający z zakonu położonego po drugiej stronie granicy z USA. Pewnego razu odwiedziła nas czcigodna Gwendolyn i rozpoczęliśmy weekendowe warsztaty.

Gwendolyn wstąpiła do klasztoru zaraz po opuszczeniu swojego domu rodzinnego. Miała za sobą wiele niezwykle głębokich doświadczeń duchowych, a jej nauki cieszyły się dużym uznaniem. Niemniej jednak nie była ona osobą obeznaną z realiami współczesnego świata, dlatego też prowadzenie zajęć w wielkomiejskim otoczeniu stanowiło wyzwanie dla jej umiejętności współżycia społecznego.

Podczas prywatnego spotkania z Gwendolyn opowiedziałem jej o badaniach prowadzonych przeze mnie w Nowym Meksyku i mieszanych uczuciach, jakie zacząłem względem nich żywić. Cieszyło mnie, że miałem okazję podzielić się swoimi wątpliwościami z mniszką, która nic o mnie nie wiedziała, a następnie wysłuchać jej porad.

Byłem zaskoczony, gdy tydzień później podniosłem słuchawkę telefonu i usłyszałem w niej głos Gwendolyn.

– Rozmowa z tobą zaniepokoiła mnie tak bardzo, że przez trzy dni byłam chora. Zadzwoniłam do opata, który, jak wiesz, niedługo umrze. Od ponad roku nie zaangażował się tak bardzo w żadną sprawę. Porozmawiałam z nim oraz innymi wysoko postawionymi mnichami. Zdecydowaliśmy, że natychmiast musisz zakończyć swoje badania. W tym tygodniu napiszę do ciebie w tej sprawie oficjalny list.

– Zastanowię się nad tym – odpowiedziałem.

Dwa tygodnie później otrzymałem list, ale nie od Gwendolyn, lecz od Margaret. Rozpoczynał się następująco: „Mam nadzieję, że to, co usłyszałam z trzeciej ręki, nie jest prawdą. Jeśli jednak jest, pozwól, że napiszę, co o tym wszystkim myślę". Po tym wprowadzeniu potępiła prowadzone przeze mnie badania: przeszłe, obecne i planowane.

„Twoje badania nad psychodelikami są bezcelowe, nie przynoszą ludzkości jakichkolwiek rzeczywistych korzyści, a na dodatek są niebezpieczne.

Pomysł podawania psychodelików osobom terminalnie chorym jest, według mnie, bardzo wątpliwy. Nie zetknęłam się wśród specjalistów zdrowia psychicznego z jakimikolwiek innymi działaniami, które w większym stopniu byłyby »zabawą w Boga«.

Próby wywołania oświecenia środkami farmakologicznymi nigdy nie zakończą się sukcesem. Spotęgują one tylko zagubienie osób uczestniczących w projekcie i będą miały poważne konsekwencje dla ciebie".

Wkrótce dotarł do mnie także list od Gwendolyn.

„[Twoje badania] są, według nauk Buddy, niewłaściwym źródłem utrzymania.

Twierdzenie, jakoby DMT mogło wywoływać doświadczenia oświecenia, jest złudzeniem i stoi w sprzeczności z naukami Buddy.

Halucynogeny wywołują chaos i pomieszanie, utrudniają rozwój duchowy. Mogą one stanowić przyczynę odrodzenia w światach ignorancji i cierpienia.

Tak wygląda pouczenie i punkt widzenia mój, [opata], [zakonu] i całego buddyzmu.

Radzimy ci zaprzestać prowadzenia wszelkich eksperymentów tego rodzaju".

Przypomniałem sobie o mnichach, z którymi przez lata prowadziłem rozmowy dotyczące moich zainteresowań i badań nad psychodelikami. Podkreśliłem także bezustanne zainteresowanie członków wspólnoty moją pracą i brak jakichkolwiek wcześniejszych wskazówek lub zastrzeżeń. Zawsze spotykałem się z entuzjastycznym nastawieniem i zachętami, aby uczynić ze swoich zainteresowań siłę napędową sprzyjającą pogłębieniu duchowej bliskości z zewnętrznym światem. Powołałem się również na niezliczone rozmowy z mnichami, którzy potwierdzali, że ich eksperymenty z psychodelikami przyczyniły się do podjęcia przez nich decyzji o wstąpieniu na ścieżkę wiodącą do oświecenia.

Poza tym byłem chętny do podejmowania dyskusji dotyczącej wszelkich wątpliwości, na przykład założenia, że możliwe jest zdobycie pewnego rodzaju wiedzy za pomocą zewnętrznego czynnika; w tym przypadku środka chemicznego. Zaakceptowałem także pewne zagrożenie, na które uwagę zwróciła mi Gwendolyn, a mianowicie fakt, że ktoś mógłby omyłkowo uznać rzeczywiste oświecenie za wspomnienie wywołany przyjmowanymi w przeszłości psychodelikami.

Nie udało mi się jednak podjąć dyskusji na te tematy.

W czym tkwił problem?

Opat umierał i robił, co tylko mógł, aby pozostawione po nim nauki były możliwie najbardziej nieskazitelne. Na dodatek wyżej postawieni mnisi starali się obsadzić stanowiska, dzięki którym mogliby decydować o dalszych losach wspólnoty. Kto był najbardziej żarliwym obrońcą nauk? Ci, którzy zainteresowali się buddyzmem w konsekwencji swoich pozytywnych doświadczeń z psychodelikami, musieli zachować milczenie i ustąpić miejsca osobom, które w przeszłości nie miały kontaktu z narkotykami. Psychodeliki nie mogły stać się kością niezgody w tak ważnym dla przyszłości klasztoru momencie.

Jesienią 1996 roku ukazał się numer „Tricycle: The Buddist Rewiev", w którym znajdował się napisany przeze mnie artykuł nawołujący do podjęcia dyskusji dotyczącej zintegrowania stosowania psychodelików z praktyką buddyjską.

W artykule tym opisywałem pierwszą sesję Eleny z wysoką dawką, o której mogliśmy już przeczytać w rozdziale 16., pt. „Stany mistyczne". Jej doświadczenia posłużyły mi jako przykład, że w przypadku osoby otwartej na duchowy przełom – to znaczy osoby od dawna praktykującej medytację, mającej silną psychikę oraz odczuwającej głęboki szacunek względem substancji o psychodelicznych właściwościach – może się on dokonać w wyniku zażycia DMT. Podkreślałem także, że pojedyncze i pozbawione duchowego lub terapeutycznego kontekstu doświadczenia nie wywierały zbyt wyraźnego i długotrwałego wpływu na naszych badanych. Artykuł kończył się następująco:

„Jestem przekonany, że otwarta i szczera dyskusja na temat poglądów, praktyk i zasad etycznych przyniesie pożytek zarówno buddyzmowi, jak i środowiskom stosującym psychodeliki. Porządkowanie swojego życia, doświadczeń i relacji z otoczeniem w oparciu o etykę i dyscyplinę, wyrastające z tysiącleci istnienia tradycji buddyjskiej, ma bardzo dużo do zaoferowania osobom zainteresowanym substancjami psychodelicznymi. Może ono nadać znaczenie i spójność przygodnym, chaotycznym i słabo zintegrowanym doświadczeniom wywoływanym farmakologicznie. Mądrość tych doświadczeń w oderwaniu od codziennego kultywowania miłości i współczucia może zostać łatwo roztrwoniona w przypływie narcyzmu i próżności. Pomimo że sytuacja taka nie jest wykluczona w ramach buddyjskiej tradycji medytacyjnej, jest znacznie mniej prawdopodobna, gdy znajdujemy oparcie w dynamicznej wspólnocie praktykujących.

Z drugiej strony gorliwi wyznawcy buddyzmu, którzy nie mają sukcesów w medytacji, ale są dobrze rozwinięci pod względem moralnym i intelektualnym, mogą za sprawą odpowiednio przygotowanej, nadzorowanej i przepracowanej sesji z użyciem psychodelików poczynić znaczące postępy w swojej praktyce. Psychodeliki dostarczają bowiem szerokiej perspektywy, która może zainspirować te osoby do podjęcia długiej i trudnej do przebycia drogi wiodącej do wprowadzenia właściwego poglądu w życie"*.

Artykuł ten pieczętował wiarę, którą pokładałem we wspólnocie zakonnej. Gwendolyn rozesłała jego kopie do wszystkich członków mojej nowej grupy medytacyjnej, a także do klasztoru i grup, do których należałem w przeszłości. Dopisała do niego

* Rick J. Strassman, *DMT and the Dharma*, „Tricycle, The Buddhist Review" 6 (1996), str. 81-88.

moje wypowiedzi zapamiętane z rozmowy, która, w moim mniemaniu, miała być prywatną poradą duszpasterską. Napisała także do mojej wspólnoty list, w którym odradzała wchodzenia do mojego domu, ponieważ mogą się w nim znajdować narkotyki.

Jej zachowanie było dla mnie niedopuszczalne. Złożyłem oficjalne zażalenie wobec oczywistego nadużycia mojego zaufania, którego dopuściła się Gwendolyn. Oprócz wyrażenia niesmaku, jaki wzbudziły we mnie jej działania, poprosiłem o jednoznaczną deklarację zakonu odnośnie do prowadzonych przeze mnie badań. Po jakimś czasie otrzymałem odpowiedź.

Uznano, że Gwendolyn rzeczywiście nadużyła mojego zaufania, ale uczyniła to w imię „wyższego dobra". Oznacza to, że to, co zrobiła, miało na celu „uniknięcie błędów, których ktoś mógłby się dopuścić w imię buddyzmu". Nie można być porządnym buddystą i twierdzić, że psychodeliki pełnią jakąkolwiek rolę w naszym życiu duchowym.

Nie mogłem zrobić nic więcej. Świętość pokonała prawdę. Ten konkretny odłam buddyzmu nie różnił się od jakiejkolwiek innej organizacji, której przetrwanie jest uzależnione od podtrzymywania jednogłośnie akceptowanej platformy ideologicznej. Tylko oni mogli decydować o tym, które pytania są dopuszczalne, a które nie.

Po jakimś czasie dowiedziałem się, że wspólnota klasztorna wybrała Margaret na przywódczynię zakonu. Dwójka mnichów, którzy wiele lat temu razem z moim przyjacielem z Nowego Meksyku eksperymentowali z psychodelikami, także wypadła nieźle w wyborach. Jeden z nich został opatem klasztoru, drugi zaś – jego głównym asystentem. W ten sposób ambicje polityczne stały się ważniejsze niż podjęcie szczerej dyskusji. Było raczej mało prawdopodobne, że organizacja ta przyzna i otwarcie omówi fakt, że trójka najważniejszych nauczycieli stosowała w przeszłości LSD lub że postanowili oni oddać się życiu klasztornemu, zainspirowani doświadczeniami wywołanymi przez substancje chemiczne.

Pomimo że dostrzegałem hipokryzję, która w dużej mierze przyczyniła się do zdeprecjonowania mojej pracy przez wspólnotę klasztorną, wydarzenie to było tragiczne w skutkach. Przygnieciony okolicznościami, które opisałem w poprzednim rozdziale, zacząłem tracić energię do prowadzenia badań. Po odbyciu dwóch wizyt badawczych w Albuquerque dodatkowe naciski ze strony mojej wspólnoty duchowej sprawiły, że nie miałem ochoty kontynuować swojej pracy. Nadszedł czas, żeby powiedzieć „stop".

Odszedłem z uniwersytetu i złożyłem do Narodowego Instytutu ds. Narkomanii wszystkie posiadane przeze mnie substancje oraz pieniądze przyznane mi na prowadzenie badań. Wszystkie projekty zamknąłem krótkim podsumowaniem i rozesłałem kopię dokumentacji do wszystkich komisji, z którymi współpracowałem w ciągu ostatnich siedmiu lat. W aptece zważono wszystkie składane przeze mnie substancje, zapakowano je w szczelne pojemniki i wysłano do strzeżonej placówki niedaleko Waszyngtonu. Zapasy DMT, psylocybiny i LSD znajdują się tam aż do dzisiaj.

CZĘŚĆ VI

CO MOGŁO I MOGŁOBY SIĘ WYDARZYĆ

21.

DMT: MOLEKUŁA DUSZY

Aż trudno uwierzyć, że tak prosta substancja chemiczna jak DMT może umożliwić nam dostęp do tak szerokiego wachlarza doświadczeń – od tych najmniej dramatycznych do najbardziej niewiarygodnych i wstrząsających. Od psychologicznych wglądów do spotkań z obcymi. Od skrajnego przerażenia do najczystszej rozkoszy. Wywołuje doświadczenia z pogranicza śmierci oraz ponowne narodziny. Prowadzi do oświecenia. Wszystko to za sprawą występującego w naturze, chemicznego kuzyna serotoniny będącej jednym z najbardziej podstawowych neuroprzekaźników.

Fascynujące jest rozmyślanie nad tym, dlaczego Natura, czy też Bóg, stworzyła DMT. Co z biologicznego lub ewolucyjnego punktu widzenia może dać wytwarzanie molekuły duszy przez różne gatunki roślin oraz nasze ciała? Jeśli DMT faktycznie jest uwalniane w wyjątkowo stresujących momentach naszego życia, czy jest to zbieg okoliczności, czy coś zamierzonego? Jeśli jest to coś zamierzonego, jaki jest tego cel?

Czytając przedstawione przeze mnie opisy przypadków, mogliśmy zauważyć, jak bardzo doświadczenia wyniesione przez naszych ochotników z sesji z wysokimi dawkami DMT przypominały naturalnie pojawiające się psychodeliczne stany świadomości. Trudno zlekceważyć fakt, że opowieści badanych przez nas osób w znaczącym stopniu pokrywały się z tym, co można usłyszeć od ludzi, którzy przeżyli samoistne doświadczenia z pogranicza śmierci, duchowe lub mistyczne. Pomimo że przed rozpoczęciem projektu nie spodziewałem się tak licznych kontaktów z niematerialnymi istotami, podobieństwo pomiędzy spotkaniami, które miały miejsce „w terenie" oraz tymi z pokoju 531, również jest niezaprzeczalne.

Liczba podobieństw pomiędzy naturalnie pojawiającymi się a wywołanymi zażyciem DMT zjawiskami popiera moją sugestię, jakoby samoistnie pojawiające się „psychodeliczne" doświadczenia były wywoływane podwyższonym poziomem *endogen-*

nego DMT. W rozdziale 4., „Psychodeliczna szyszynka", przedstawiłem kilka hipotetycznych sytuacji, w których szyszynka może syntetyzować DMT, rozwodząc się także nad ich metafizycznymi i duchowymi konsekwencjami.

W jaki zatem sposób owa molekuła duszy, bez względu na to, czy zostanie ona wytworzona w naszym organizmie, czy przyjęta z zewnątrz (jak miało to miejsce podczas naszych badań), może wpływać na naszą percepcję w tak drastycznym stopniu? W niniejszym rozdziale popuścimy wodze wyobraźni i rozważymy wszelkie możliwości.

Większość z nas, wliczając najbardziej racjonalnie myślących neuronaukowców oraz niematerialistycznie zorientowanych mistyków, zgadza się z tym, że mózg jest maszyną, narzędziem świadomości. Jest cielesnym narządem zbudowanym z komórek i tkanek, protein, tłuszczów i węglowodanów. Wykorzystując energię elektryczną i substancje chemiczne, przetwarza on dane rejestrowane przez nasze organy czuciowe.

Jeśli uznajemy, że mózg jest „odbiornikiem rzeczywistości", możemy porównać go z innym, znanym nam wszystkim odbiornikiem: telewizorem. Dostrzegając taką analogię, będziemy mogli zastanowić się nad tym, w jaki sposób odmienne stany świadomości, w tym także wywoływane przez DMT, są powiązane z pracą mózgu jako wysokiej klasy odbiornika.

Najprostszymi i najlepiej znanymi nam płaszczyznami zmian, do których dostęp daje nam molekuła duszy, jest poziom personalny i psychologiczny. Efekty te można porównać do dostrajania obrazu telewizyjnego, regulacji kontrastu, jasności i nasycenia barw. „Obrazy" te składają się z zupełnie zwyczajnych odczuć, wspomnień i doznań zmysłowych. Nie ma w nich niczego nowego, ale zyskują one większą przejrzystość i liczbę szczegółów.

Tego rodzaju doznania wywoływane były u naszych ochotników przyjęciem niskiej dawki DMT. Jednakże u osób potrzebujących przepracowania swoich osobistych problemów pojawiały się one czasem także podczas sesji z wysokimi dawkami.

Jeśli chodzi o tego rodzaju regulację świadomości, DMT nie różni się zbytnio od innych substancji lub procedur stosowanych podczas psychoterapii. Stymulanty, w szczególności amfetaminy oraz przypominające je środki, takie jak na przykład MDMA, uwydatniają procesy mentalne, co może przynosić pewne korzyści. Sprawiają, że łatwiej jest myśleć i zapamiętywać. Potęgując i oczyszczając odczucia związane z owymi myślami i wspomnieniami, umożliwiają one konfrontację z zablokowanymi emocjami, ich przepracowanie i akceptację.

Podobne mechanizmy można zaobserwować w przypadku psychoterapii. Uporczywość i wsparcie terapeuty, jeśli chodzi o wydobywanie na światło dzienne bolesnych wspomnień, oraz praca z towarzyszącymi im potężnymi emocjami mają równie korzystny wpływ na klienta. Podczas naszych badań nad DMT wielokrotnie mieliśmy okazję zobaczyć, w jaki sposób efekty wywołane przez tę substancję w połączeniu z oferowanym przez nas wsparciem prowadziły do pojawiania się nowych i niezwykle gwałtownych osobistych wglądów.

Dla przykładu, Stan bardziej dotkliwie i bezpośrednio odczuł niepokój i stres związane z rozwodem oraz to, w jaki sposób sytuacja rodzinna wpływa na jego córkę. Marsha natomiast uważała, że odrealnione sesje, podczas których w krzywym zwierciadle ujrzała anglosaskie kanony piękna, wyrażały ból wynikający z trudności, jakie jej mąż miał z zaakceptowaniem tego, kim była naprawdę – fizycznie i kulturowo. Cassandrze w końcu udało się zobaczyć związek pomiędzy przeżytym przez nią brutalnym gwałtem a ciągnącym się przez wiele lat bólem brzucha, dzięki czemu mogła zacząć przepracowywać noszony przez siebie uraz.

Terapeutyczne efekty, jakie mogliśmy zaobserwować podczas tego rodzaju sesji, miewały także czasem aspekt czysto biologiczny.

Dla przykładu, euforia wywoływana przyjęciem DMT dawała naszym ochotnikom okazję do wykształcenia nowego sposobu postrzegania swojego życia i problemów. Owa ekstaza może być po części spowodowana wywoływaną przez DMT potężną eksplozją podobnych do morfiny beta-endorfin. DMT powoduje także gwałtowny wzrost stężenia wazopresyny i prolaktyny. Naukowcy sądzą, że substancje te wiążą się z poczuciem więzi i bliskości względem innych przedstawicieli naszego gatunku. Być może podniesienie się poziomu tych związków sprawiało, że badani mieli do nas większe zaufanie, łatwiej poddawali się działaniu DMT i opowiadali o sprawach osobistych w sposób, który nie byłby możliwy w innej sytuacji.

Co się dzieje, gdy molekuła duszy wciąga nas i wypycha poza cielesne i emocjonalne płaszczyzny świadomości? Wnikamy do niewidzialnych wymiarów, których nie jesteśmy w stanie ujrzeć na co dzień i z których istnienia z trudnością zdajemy sobie sprawę. Co jeszcze dziwniejsze, światy te wydają się zamieszkane.

W pewnym momencie postanowiłem potraktować opowieści naszych badanych bardzo dosłownie. Ten eksperyment myślowy wyparł moją początkową tendencję do sprowadzania doświadczeń ochotników do czegoś innego, na przykład wyjaśniania lub interpretowania ich w kategoriach halucynacji wynikających z zaburzeń funkcjonowania mózgu lub snów. Obecnie, po kilku dodatkowych latach badań i refleksji, jestem bardziej otwarty na ewentualność, że owe doświadczenia były dokładnie tym, na co wyglądały*.

Opracowanie poniższych, dość radykalnych, wyjaśnień dotyczących doświadczeń nawiązywania przez badanych kontaktu z obcymi istotami stanowiło dla mnie spore wyzwanie zarówno pod względem osobistym, jak i zawodowym. W dalszym ciągu pozo-

* W początkowych fazach naszych badań kontakty z obcymi istotami przydarzały się niezwykle rzadko. Nawet gdy badani spotykali się ze sobą nawzajem, czy to podczas przyjęć w moim domu, czy w ramach założonej po zakończeniu badań grupy wsparcia, czuli się bardzo niekomfortowo, opowiadając o swoich przeżyciach. Trzeba także podkreślić, że kiedy rozpoczynaliśmy naszą pracę, książki i wykłady Terence'a McKenny nie cieszyły się jeszcze zbyt dużą popularnością. Często pytałem naszych ochotników, czy są zaznajomieni z doniesieniami o wywołanych zażyciem DMT spotkaniach z elfami lub insektoidalnymi kosmitami. Niewiele osób słyszało o tego rodzaju doświadczeniach. Dlatego też nie wydaje mi się, że opowieści te są wynikiem masowej histerii lub samospełniającej się przepowiedni. Tak naprawdę, gdyby w grę wchodziły tego rodzaju mechanizmy, mielibyśmy do czynienia z „epidemią" doświadczeń mistycznych i z pogranicza śmierci, ponieważ to właśnie ich spodziewałem się w pierwszej kolejności.

staję względem nich dość sceptyczny. Dlaczego nie mogłem pozostać wierny prostym i sprawdzonym modelom biologicznym lub opartym na tradycyjnej psychologii?

Na poziomie nauki o funkcjonowaniu mózgu spotkania te mogły być po prostu sugestywnymi halucynacjami, będącymi następstwem aktywacji przez DMT ośrodków mózgowych odpowiedzialnych za wzrok, emocje i myśli. W końcu podczas snu ludzie są w pełni przeświadczeni o realności tego, czego w danym momencie doświadczają. Szybkie ruchy gałek ocznych, które czasami przytrafiały się naszym badanym, mogą wskazywać na to, że znajdowali się oni w stanie „przytomnego" śnienia.

Byli oni jednakże przekonani, że to, co przytrafiało im się podczas sesji z DMT, znacząco różniło się od snów. Postrzeganie tego samego obrazu, bez względu na to, czy ich oczy były zamknięte czy otwarte, przy jednoczesnym zachowaniu czujnego, rozbudzonego stanu świadomości, także utrudniało im uznanie, że „to był tylko sen". Ja również, wysłuchując ich opowieści, nie czułem się tak samo, jak podczas psychoterapii ktoś relacjonuje mi swój sen. Raporty naszych ochotników były tak klarowne, przekonujące i „rzeczywiste", że wielokrotnie zdarzyło mi się myśleć: „Nigdy wcześniej nie słyszałem czegoś podobnego odnośnie do sennych przygód moich klientów. To znacznie dziwaczniejsze, lepiej zapamiętane i bardziej spójne wewnętrznie".

Na dodatek biologiczne wytłumaczenie w stylu świadomego snu lub halucynacji spotykało się zazwyczaj z pewnym sprzeciwem ze strony badanych. Mogło to prowadzić do pojawienia się pomiędzy nami pewnych starć utrudniających otwartą komunikację. Badany mógł powiedzieć: „Nie, to nie był sen ani halucynacja. To było prawdziwe. Jestem w stanie wyczuć różnicę. A jeśli ty myślisz, że nie było, zachowam najdziwniejsze elementy mojej sesji dla siebie!".

Próby zastosowania psychologicznych modeli wyjaśniających w jeszcze większym stopniu przyczyniały się do tego, że ochotnicy odrzucali moje interpretacje jako chybione i niewłaściwe. Z perspektywy psychoanalizy Freudowskiej, doświadczenie nawiązania kontaktu z obcymi istotami stanowi wyraz nieuświadamianych konfliktów związanych z popędem agresji, seksualnym lub zależności. Kilkakrotnie próbowałem wykorzystać to podejście przy wyjaśnianiu treści ujawniających się podczas wyjątkowo odrealnionych sesji. Nie mogłem jednakże z czystym sumieniem twierdzić, że za spotkaniami z obcymi istotami oraz przeprowadzanymi przez nie eksperymentami stoją tylko i wyłącznie wyparte do nieświadomości dziecięce pragnienia.

Psychologia jungowska umożliwia spojrzenie na język nieświadomości z szerszej perspektywy. W przeciwieństwie do szkoły freudowskiej opiera się ona i obejmuje swoim zasięgiem także przestrzeń mitologii, sztuki i religii. Niemniej jednak jest to model psychologiczny, a nie cielesny czy biologiczny. Dla przykładu, Jung uważał, że wizje „niezidentyfikowanych obiektów latających" wyrażają tęsknotę za pełnią psychiczną symbolizowaną przez okrąg. Postrzegając napotykane przez badanych istoty jako konstrukty lub projekcje mentalne, w dalszym ciągu zmieniałbym te doświadczenia w „coś innego". Podejście to nie wyjaśniało także przytłaczającego poczucia realności odczuwanego przez badane przez nas osoby.

Poza powyższymi rozterkami intelektualnymi bezustannie musiałem konfrontować się z własnymi reakcjami emocjonalnymi wywołanymi doświadczeniami naszych ochotników. Moja praca, wykształcenie i doświadczenia zazębiały się z opisami personalnych i transpersonalnych przeżyć, które przytrafiały się naszym badanym, takich jak „odczucia i myślenie", wchodzenie w mistyczne stany świadomości czy pogranicze śmierci oraz odrodzenie. Starałem się zrozumieć tego rodzaju doświadczenia, ochotnicy zaś mieli poczucie, że potrafię się z nimi zgrać i odpowiednio na nie reagować. Pod tym względem wszystko było w najlepszym porządku.

Jednakże za każdym razem, gdy w trakcie sesji, podczas których miały miejsce spotkania z obcymi istotami, próbowałem opierać się na czymś, co już wiedziałem lub w co wcześniej wierzyłem, nie udawało mi się osiągnąć zamierzonych rezultatów. Miałem problem. Dlatego też zdecydowałem się na eksperyment myślowy, o którym pisałem pod koniec rozdziału 13., pt. „Spotkania przez zasłonę: 1" – próbowałem reagować na opowieści badanych dotyczące kontaktów z obcymi, *tak jakby były one prawdziwe.* Początkowo polegało to wyłącznie na słuchaniu i zadawaniu dodatkowych pytań. Później jednak, wraz z tym, jak liczba tych doniesień wzrastała, byłem w stanie odnosić się do badanych z większą empatią, dzięki czemu łatwiej było im poczuć, że rozumiem i akceptuję to, o czym opowiadają. W ten sposób dzielili się oni ze mną nawet opowieściami o najbardziej niezwykłych i zawstydzająco wręcz nieoczekiwanych spotkaniach.

Dlatego też spróbujmy założyć, że kiedy nasi ochotnicy podróżowali do najbardziej odległych światów otwieranych przez DMT, kiedy mieli poczucie, że znajdują się *gdzieś indziej*, rzeczywiście znajdowali się w innych wymiarach rzeczywistości, które są równie prawdziwe jak ten, w którym przebywamy na co dzień. Po prostu przez większość czasu nie jesteśmy w stanie ich dostrzec.

Proponując takie wyjaśnienie, bynajmniej nie odrzucam modeli psychologicznych lub opartych na chemii mózgu. Chciałbym raczej zasugerować dodatkowe sposoby wyjaśniania, które mogłyby okazać się pomocne dla naszych ochotników, intelektualnie satysfakcjonujące dla badaczy, a być może nawet dające się zweryfikować przy użyciu jeszcze nieopracowanych, ale teoretycznie możliwych do stworzenia narzędzi.

Powracając do porównania z telewizorem, omawiane przypadki nie polegałyby już na regulacji jasności, kontrastu i nasycenia barw, ale na zmianie oglądanego przez nas kanału. Oglądany przez nas program przestaje być codzienną rzeczywistością, „Programem Normalnym".

DMT umożliwia stały, powtarzalny i niezawodny dostęp do „odmiennych" kanałów. Inne płaszczyzny rzeczywistości są tam przez cały czas. Tak naprawdę są tu i teraz, przez cały czas nadając swój program! Nie dostrzegamy ich, ponieważ nie jesteśmy w stanie; nasze oprogramowanie pozostaje nastawione na odbiór Programu Normalnego.

Zaledwie sekunda lub dwie – kilka uderzeń serca, których molekuła duszy potrzebuje, by dotrzeć do mózgu – wystarcza do zmiany kanału, do otwarcia naszego umysłu na inne płaszczyzny istnienia*.

Jak to możliwe?

Nie mam zbyt rozległej wiedzy dotyczącej takich zagadnień jak równoległe wszechświaty czy ciemna materia. To, co wiem, skłania mnie jednak do rozważenia, że to właśnie tam może nas prowadzić DMT, kiedy już uda nam się przebić przez poziom personalny.

Fizycy teoretyczni wskazują na istnienie równoległych wszechświatów, opierając się na zjawisku *interferencji*. Jedną z najprostszych manifestacji tego zjawiska jest to, co dzieje się z wiązką światła przechodzącą przez małe otwory lub nacięcia w tekturze. Na płaszczyźnie, na którą pada światło, pojawiają się wówczas różne kręgi, a nie prosty prześwit przez dziurki w tekturze, którego można by się spodziewać. W oparciu o te oraz bardziej złożone eksperymenty, naukowcy doszli do wniosku, że istnieją „niewidzialne" cząstki światła, które interferują z tymi, które jesteśmy w stanie zobaczyć, i odginają światło w nieoczekiwany sposób.

Gdy zachodzi zjawisko interferencji, równoległe wszechświaty oddziałują na siebie nawzajem. Teoretycznie liczba równoległych wszechświatów, czy też „wieloświatów", jest niewyobrażalnie duża, a każdy z nich jest podobny do naszego i działa według tych samych praw fizyki. Dlatego też w owych odmiennych wymiarach niekoniecznie musi znajdować się coś dziwnego lub nieznanego. Równoległymi czyni je jednak to, że tworzące je cząsteczki w każdym z nich znajdują się w odmiennych miejscach.

DMT może sprawiać, że nasz mózg będzie w stanie postrzegać te wieloświaty.

Brytyjski naukowiec David Deutsch, autor *Struktury rzeczywistości*, jest wiodącym teoretykiem na tym polu**.

Prowadziliśmy ze sobą wymianę listów dotyczących tego, czy DMT może zmienić sposób funkcjonowania mózgu i umożliwić nam dostęp do równoległych wszechświatów lub ich uświadomienie. Deutsch miał wątpliwości, czy jest to możliwe, ponieważ wymagałoby to „obliczeń kwantowych". Według niego, obliczenia kwantowe „mogły-

* Gdyby nie wprowadzono do telewizorów funkcji „picture-in-a-picture" (ang. *„obraz w obrazie"*; funkcja umożliwiająca oglądanie drugiego kanału w małym okienku w rogu ekranu – *przyp. tłum.*), poszedłbym w tej analogii krok dalej, mówiąc, że owe poziomy rzeczywistości wzajemnie się wykluczają – czyli że nie możemy oglądać kanału 3. i 4. w tym samym czasie. Obecnie jednak jest to możliwe. Jeśli jednak przypomnimy sobie, jak wielu ochotników otwierało swoje oczy podczas sesji i postrzegało nałożone na siebie różne poziomy rzeczywistości, opcja „picture-in-a-picture" doskonale pasuje do porównania z TV. Bardzo często ochotnicy byli także w stanie w pełni przeniknąć do nowych światów otwieranych przez DMT, zachowując przy tym świadomość tego, że ich ciało znajduje się w pokoju 531 w Szpitalu Uniwersyteckim. Pozostawali w różnych wymiarach jednocześnie – zaprawdę wielozadaniowość godna mitycznych bohaterów!

** David Deutsch, *Struktura rzeczywistości*, Warszawa 2006.

by rozprowadzać części składowe skomplikowanych zadań po ogromnej ilości równoległych wszechświatów, a następnie podzielić się z nami rezultatami". Ich potencjalna siła jest niewiarygodnie potężna. Jednym z warunków koniecznych do obliczeń kwantowych jest temperatura bliska zeru absolutnemu, tak niska jak w przestrzeni kosmicznej. Z tego względu dłuższy kontakt pomiędzy wszechświatami jest mało prawdopodobny w przypadku żywego organizmu.

Niemniej jednak fizycy uważali niegdyś, że nadprzewodnictwo – sytuacja polegająca na tym, że ładunek elektryczny biegnie przez przewód lub inny materiał niemalże bez oporu – może zachodzić tylko i wyłącznie w równie niskich temperaturach. W ciągu ostatnich 10-15 lat chemicy odkryli natomiast nowe tworzywa, które sprawiają, że temperatura wymagana dla tego zjawiska staje się coraz wyższa. Tak naprawdę niewykluczone, że pewnego dnia nadprzewodnictwo będzie możliwe nawet w temperaturze pokojowej.

Zapytałem Deutscha, czy przyszłość obliczeń kwantowych może potoczyć się podobnie. Pomimo że uznał tę analogię za „uzasadnioną", utrzymywał, że złożoność obliczeń kwantowych jest znacznie większa niż w przypadku nadprzewodnictwa: „Komputer kwantowy działający w temperaturze pokojowej byłby niewyobrażalnie bardziej zaskakujący aniżeli zachodzące w temperaturze pokojowej nadprzewodnictwo"*.

Jako że tak mało wiem o fizyce teoretycznej, mogłem pozwolić sobie w swoich spekulacjach na nieco większą swobodę. To, że analogia pomiędzy nadprzewodnictwem i obliczeniami kwantowymi jest „uzasadniona", zachęciło mnie do postawienia następnego kroku w teoretyzowaniu na temat DMT i mózgu.

Scenariusz ten zakłada, że DMT jest kluczowym czynnikiem zmieniającym fizyczne właściwości mózgu w taki sposób, że obliczenia kwantowe mogą nastąpić już w temperaturze naszego ciała. Gdyby tak było, ewentualnym rezultatem stawałoby się „zaglądanie" do równoległych wszechświatów.

Deutsch nie uważa jednakże, żeby prześwity pochodzące z równoległych wszechświatów miały być szczególnie osobliwe. Według niego, „Nawet gdyby w mózgu rzeczywiście *następowały* obliczenia kwantowe, z pewnością nie towarzyszyłoby im subiektywne wrażenie, jakby »zaglądało się do kwantowych wymiarów« [moje wyrażenie]. Nie byłoby w tym niczego wyjątkowego. Podobnie jak ma to miejsce w przypadku wszelkich innych eksperymentów interferencyjnych, dana osoba musiałaby odejść od logiki, statystyki i złożoności *wyniku* swojego procesu myślowego, aby dojść do wniosku, że aby osiągnąć ów wynik, powinno się »myśleć w sposób kwantowy« znacznie wcześniej"**.

Uwagi Deutscha dotyczące tego, jak zwyczajnie wyglądałyby równoległe wszechświaty, przypominały mi niektóre historie, o których mogliśmy przeczytać w rozdziale

* David Deutsch, korespondencja prywatna, styczeń 2000.

** Ibid., czerwiec 1999.

12. pt. „Niewidzialne światy". Część badanych spotykała bowiem istoty o stosunkowo normalnym wyglądzie, które nie miały żadnego związku z tym, co działo się w Centrum Badawczym. Byli oni uczestnikami wydarzeń, które, praktycznie rzecz biorąc, zachodziły *równolegle* do tego co tu-i-teraz.

Weźmy pod uwagę na przykład sesję, podczas której Sean trafił w sam środek niesamowicie zwyczajnej sceny z życia rodzinnego mieszkańców meksykańskiej wsi czy historię Heather, która spotkała mówiącą po hiszpańsku kobietę wymachującą białym kocem. Wielu innych ochotników trafiało do pustych pokojów, korytarzy i mieszkań, które czasami bardzo przypominały zamieszkiwaną przez nas rzeczywistość.

Z drugiej strony zastanawiam się, czy równoległe wszechświaty, które, tak jak nasz, powstały miliardy lat temu, wyglądałyby podobnie do naszego codziennego świata. Pomimo że w każdym z nich obowiązują te same prawa fizyki, a zatem także biologii, znajdujące się tam formy życia oraz technologie mogły rozwinąć się w zupełnie innym kierunku. Nie powinny nas wobec tego zaskakiwać spotkania z inteligentnymi istotami o gadzim, owadopodobnym lub trudnym do określenia wyglądzie, podobnie jak zaawansowana wiedza dotycząca podróży kosmicznych, dokonywanie niesamowicie skomplikowanych obliczeń czy łączenie ze sobą biologii i technologii, o których tak często opowiadali nasi badani.

Najdziwniejszymi wymiarami, do których może nas zaprowadzić DMT, są te, które istnieją wewnątrz tajemniczej, ciemnej materii. Nikt nie wie, co tak naprawdę tam znajdziemy.

Ciemna materia obejmuje przynajmniej 95 procent masy naszego wszechświata. Mówiąc innymi słowy, niemal cała materia we wszechświecie jest niewidzialna. Nie jesteśmy w stanie jej ujrzeć. Nie wytwarza ona ani nie odbija żadnego rodzaju promieniowania, widzialnego czy jakiegokolwiek innego. Wiemy o jej istnieniu tylko i wyłącznie za sprawą jej wpływów grawitacyjnych. *Musi* istnieć ze względu na to, że nasz widzialny wszechświat zachowuje swój konkretny kształt. Bez tej masy nie byłoby wystarczająco silnej grawitacji, aby podtrzymać jego istnienie – po prostu by się rozleciał.

Naukowcy wytypowali kilku kandydatów, którzy, według nich, tworzą ciemną materię. „Normalna" materia, emitująca bardzo mało światła lub w ogóle – planety, martwe lub nienarodzone gwiazdy oraz czarne dziury – może stanowić około 20 jej procent.

Prawdopodobne jest jednak, że większa część, jeśli nie całość, ciemnej materii składa się z cząsteczek, które różnią się od znanych nam protonów, elektronów i neutronów. Owe „czarne" cząsteczki mogą podlegać zupełnie odmiennym prawom fizyki, w przeciwieństwie do tych, które znajdują się w równoległych wszechświatach. Znajdując się w tworzonej przez nie rzeczywistości, najprawdopodobniej niewiele byśmy ujrzeli.

Głównymi kandydatami do roli budulca, z którego składa się ciemna materia, są WIMP-y, czyli „słabo oddziałujące masywne cząstki" (ang. *weakly interacting massive particles*). Są one nazywane masywnymi tylko we względnym sensie, co oznacza, że są większe niż proton czy atom wodoru.

Ostatnie przemyślenia dotyczące WIMP-ów wskazują na to, że ich natura pozostaje tajemnicą, i odsyłają nas do doniesień usłyszanych z ust wielu uczestników naszych badań: „Jeśli WIMP-y rzeczywiście powstały podczas Wielkiego Wybuchu, jesteśmy nimi otoczeni ze względu na ich grawitacyjne oddziaływanie na widzialną materię wszechświata. W rzeczy samej, gdy czytasz te słowa, w każdej sekundzie przez twoje ciało może przepływać miliard WIMP-ów poruszających się z prędkością miliona kilometrów na godzinę. Jednak jako że WIMP-y słabo oddziałują na materię, większość z nich po prostu przez ciebie przeleci”*.

Agencje naukowe działające na terenie Stanów Zjednoczonych oraz innych krajów wydają miliardy dolarów na czujniki WIMP-ów zagrzebane głęboko pod ziemią, których celem jest zarejestrowanie rzadkiego zderzenia cząsteczki ciemnej materii z cząsteczką zwyczajnej materii. Te niezwykle czułe maszyny znajdują się w tak niedostępnym miejscu, aby pozostawać z dala od innych źródeł promieniowania.

Być może tak naprawdę nie potrzebujemy tak kosztownej aparatury. DMT może zmieniać sposób funkcjonowania naszego mózgu w taki sposób, że możliwym staje się postrzeganie WIMP-ów oddziałujących na normalną materię.

Trudno sobie wyobrazić, jak może wyglądać świat ciemnej materii, nie mówiąc już o wyglądzie jego mieszkańców. Być może to, co niektórzy badani opisywali w rozdziale 12. jako „wizualizację informacji”, jest „życiem” ciemnej materii: ruchome hieroglify bogate w znaczenia, dryfujące cyfry i litery, przekazywanie informacji.

Jeden z tych niewidzialnych poziomów istnienia, równoległe wszechświaty lub ciemna materia mogą stawać się obecne w tym samym momencie co nasza codzienna rzeczywistość. Dlatego też, myśląc o tym, dokąd może zabierać nas DMT, gdy nasza świadomość przestaje być związana z codzienną płaszczyzną doświadczenia, musimy wziąć pod uwagę obie te możliwości. Natychmiastowość przeniknięcia do niewiarygodnych miejsc opisywanych przez naszych badanych czyni oba powyższe wyjaśnienia pociągającymi. Miejsca te są bowiem w równym stopniu tutaj, jak i tam. Dlatego też stawiane przez wielu ochotników pytania dotyczące tego, co „wewnątrz”, oraz tego, co „na zewnątrz”, przestają mieć jakiekolwiek znaczenie.

Koncepcja owych odmiennych poziomów rzeczywistości przenikających i zlewających się z naszym prowadzi nas do zaskakująco często powtarzającego się z ust badanych stwierdzenia, że „oni na mnie czekali” lub „zgotowali mi powitanie”. Napotykane istoty czują się w zamieszkiwanym przez siebie otoczeniu bardzo pewnie, jest ono dla nich czymś zupełnie powszednim. My natomiast możemy co najwyżej przyglądać się mu z rozdziawionymi ustami, obezwładnieni odczuwanym przez nas podziwem.

Jako że zazwyczaj nie widzimy ani nie czujemy obecności tych istot, warto się zastanowić nad tym, w jaki sposób wiedzą, kiedy mogą spodziewać się naszej wizyty. Być

* Nigel Smith i Neil Spooner, *The Search for Dark Matter*, „Physics World” 13 (2000), str. 4.

może zanim jesteśmy w stanie je zobaczyć, nasza obecność także dla nich jest mało rzeczywista. Mogą nas wyczuwać, ale niezbyt wyraźnie lub w sposób, który uniemożliwia obustronną komunikację. Tak jakby widziały tylko nasz obraz, nasze odbicie. Dlatego też mogą one być przygotowane na nasze przybycie, ale dopóki w całości nie przenikniemy na ich stronę rzeczywistości, pozostają niezdolne do wywierania na nas wpływu.

Wyobraźmy sobie urządzenie, które potrzebuje niezwykle wysokich temperatur, aby rejestrować i przesyłać informacje. Nie działa, gdy znajduje się w temperaturze pokojowej. Ma piaskowoszary kolor, przez co niemal zupełnie zlewa się z tłem. Kiedy osiąga wymaganą do pracy temperaturę, poza odbieraniem i wysyłaniem wiadomości zaczyna świecić na czerwono, przykuwając do siebie uwagę. Być może zmieniając naszą świadomość tak, że jesteśmy w stanie dostrzec mieszkańców odmiennych poziomów istnienia, DMT zmienia także „wygląd" naszej świadomości. Kiedy więc napotykane istoty stają się dla nas czymś prawdziwym, my stajemy się prawdziwi dla nich.

Dlaczego istoty nawet w niewielkim stopniu zdają sobie sprawę z naszej obecności, skoro my nie mamy na co dzień najmniejszego pojęcia o ich istnieniu? Po raz kolejny szukając wyjaśnienia tego zjawiska, stąpamy po niezwykle grząskim gruncie. Niemniej jednak możemy postawić kolejny kroczek w zawieszaniu naszego niedowierzania i zastanowić się nad tym pytaniem.

Być może wcale nie jesteśmy „ciemni" dla mieszkańców ciemnej materii ani „równolegli" dla inteligentnych istot, które opanowały obliczenia kwantowe. Przy wyciąganiu wniosków dotyczących istnienia tych alternatywnych rzeczywistości ogranicza nas konieczność przetwarzania ogromnej ilości zbieranych przez nas danych. Może być tak, że istoty, które rozwijały się w innych wszechświatach lub za sprawą obowiązujących w nich odmiennych praw fizyki, są w stanie postrzegać nas bezpośrednio za pomocą własnych zmysłów lub specjalnej aparatury.

Musimy zadać sobie pytanie, które nasuwa się samoistnie. Kiedy już „tam" trafiamy i nawiązujemy kontakt z obcymi istotami, jakiego rodzaju ciałem posługujemy się podczas owej interakcji? Wiemy już, że podczas tych spotkań miały miejsce wszelkiego rodzaju zabiegi: modyfikacje, wszczepiania implantów, przyjemne lub przerażające kontakty fizyczne, w tym także o charakterze seksualnym. Zaakceptowanie możliwości istnienia bezpośredniej komunikacji pomiędzy jedną świadomością a drugą nie jest zbyt wielkim wyzwaniem, jeśli dyskusja dotyczy ciemnej materii lub równoległych wszechświatów. Bardziej problematyczne jest wyobrażenie sobie tego, w jaki sposób zmiany naszej zdolności odbierania nowych płaszczyzn rzeczywistości wpływają na nasze „ciała". Niemniej jednak myślę, że musimy wziąć tę kwestię pod uwagę.

Kiedy oglądamy Program Normalny, a raczej w nim pozostajemy, nasze ciało jest namacalne, ma wyraźne granice i ulega sile ciążenia. Kiedy jednak zmieniamy kanał na Program Ciemnej Materii, możemy doświadczać naszego ciała raczej przy użyciu WIMP-ów aniżeli widzialnego światła i grawitacji. Wraz z tym, jak nasz mózg zaczyna rejestrować nowe, odmienne płaszczyzny rzeczywistości, zmienia się także nasze ciało. Podobnie jak to, co widzimy, słyszymy i wiemy w stanie wywołanym zażyciem DMT jest bezdyskusyjnie prawdziwe, również nasza cielesna jaźń ulega radykalnej zmianie, pozostając przy tym równie rzeczywistą.

Wzrok i słuch odgrywają niezwykle istotną rolę, gdy przebywamy w naszym codziennym stanie świadomości, dlatego też to właśnie te zmysły w pierwszej kolejności rejestrują zmianę naszego położenia. Odmienne właściwości mogą jednakże zyskiwać również dotyk, odczucia płynące z ciała i materia. Powracając do użytego przed chwilą porównania z szarym i czerwonym urządzeniem, możemy z łatwością zamienić słowo szary na „niematerialny", a czerwony na „namacalny" lub „trwały".

Kiedy już nawiążemy kontakt z istotami zamieszkującymi wymiar ciemnej materii, posługując się w tym celu jednakowym medium, czyli WIMP-ami, będą one mogły zająć się naszymi ciemnomaterialnymi ciałami: wszczepiając implant pod skórą przedramienia Bena, umieszczając sondę w oku Jima, przeprogramowując mózg Jeremiaha.

Działania te odbywają się przy użyciu przedmiotów zbudowanych z ciemnej materii (lub istniejących w równoległych wszechświatach), dlatego też nie pozostawiają one po sobie żadnych „namacalnych dowodów", kiedy powracamy do Programu Normalnego. Nie mają one związku z materią składającą się na nasz wszechświat. Niemniej jednak zabiegi te naprawdę mają miejsce*.

Te rozważania dotyczące niewidzialnych światów i ich mieszkańców zwracają naszą uwagę z powrotem w stronę uprowadzeń przez obcych. Tak naprawdę cały ten wywód mógłby dotyczyć właśnie tego rodzaju doświadczeń. Owo uderzające podobieństwo leży u podstaw hipotezy, w myśl której uprowadzenia przez obcych są związane z nadmiernie wysokim poziomem wytwarzanego przez mózg DMT.

W rozdziale 4., pt. „Psychodeliczna szyszynka", sugerowałem, że szyszynkowe DMT może łączyć ze sobą doświadczenia narodzin, doświadczenia z pogranicza śmierci, mistyczną ekstazę oraz śmierć. Niespecjalnie interesowały mnie spotkania z kosmitami i nie posiadałem na ich temat zbyt dużej wiedzy. Rezultaty badań nad DMT stanowiły wyzwanie dla mojej ignorancji i sprawiły, że w chwili obecnej uznaję

* Kluczowe pytanie brzmi oczywiście: dlaczego obce istoty chcą nawiązywać z nami kontakt? Wiele opisanych przez Macka uprowadzeń miało na celu stworzenie hybrydy człowieka i obcego i ponowne zaludnienie naszej umierającej planety. W opowieściach niektórych naszych ochotników powracał motyw „hodowania" – osoby te trafiały do pomieszczeń, w których znajdowały się zabawki, łóżeczka oraz inne przedmioty kojarzące się z okresem dzieciństwa. Na dodatek przekazywanie informacji oraz „dostrajanie" i „przeprogramowywanie" świadomości wiązało się zazwyczaj z istnieniem wysoce rozwiniętej rasy, która pragnie podzielić się z nami posiadaną przez siebie wiedzą. Często przyczyną tego była postępująca degradacja środowiska naturalnego naszej planety. Także tutaj możemy zauważyć wyraźne podobieństwa do opowieści niektórych uczestników naszych badań.
Kilku ochotników wspominało także o niematerialnej naturze owych istot, w szczególności o tym, że nie są one zdolne do miłości i przywiązania. To właśnie z tego względu były one zainteresowane naszą rasą. W jakiś sposób, komunikując się z nami i ucząc się od nas, są one w stanie przywołać wspomnienia tego, o czym zapomniały dawno temu. Opowieści te przypominają nieco przypadki „opętania przez duchy" i mogą wywoływać pewnego rodzaju niepokój. Warto jednak pamiętać o swawolności niektórych istot, które napotkali nasi badani. Przywodziły one na myśl wróżki, chochliki i elfy pojawiające się w dawnych podaniach ludowych.

„nawiązywanie kontaktu" za odrębną kategorię zjawisk wywoływanych niesamowicie wysokim poziomem DMT w organizmie.

W swojej pracy dotyczącej samoistnych spotkań z obcymi John Mack opisuje, że doświadczenia te często przytrafiały się w momentach kryzysu osobistego, traumy i zagubienia. Być może w przypadku tych osób ból i stres osłabiają zdolności szyszynki do zapobiegania nadmiernej produkcji DMT, prowadząc do pojawienia się niecodziennych doświadczeń. Poza tym w przypadku wielu uprowadzonych spotkania z obcymi przytrafiały się im już od wczesnego dzieciństwa. Osoby te mogą mieć naturalne, biologiczne predyspozycje do wytwarzania dużych ilości DMT, a oprócz tego bezustannie znajdować się w sytuacjach wywołujących w nich silne napięcie psychiczne. Omówiliśmy już, w jaki sposób tendencje do nadmiernej produkcji DMT mogą się manifestować za sprawą określonych enzymów lub ich inhibitorów.

Mack wskazuje także, że wiele uprowadzeń ma miejsce we wczesnych godzinach porannych. Szyszynka jest wówczas najbardziej aktywna. Czy wczesnoporanna produkcja DMT otwiera przed osobami mającymi odpowiednie predyspozycje wrota do spotkań z obcymi?

Wydaje mi się fascynujące, że Mack zasugerował niedawno, iż prawdziwą istotę uprowadzeń stanowi „ponowne połączenie z duchowością". W podobny sposób niektóre ze spotkań wywołanych zażyciem DMT, na przykład doświadczenia Cassandry, Seana czy Willow, cechowało przejście od zaskoczenia i szoku spowodowanego nawiązaniem kontaktu z inteligentnymi istotami do psychologicznej równowagi o głęboko duchowym charakterze.

Owe doświadczenia mistyczne stanowią ostatnią kategorię spotkań, które może wywołać przyjęcie molekuły duszy. Dla wielu osób stanowiły one główny powód uczestnictwa w naszych badaniach. Dlaczego zatem tak często nasi ochotnicy trafiali w zupełnie nieoczekiwane miejsca, do niewidzialnych światów?

Być może przyczyną tego jest surowa, niepohamowana siła działania DMT. Przypomina mi to sytuację, w której po raz pierwszy siadamy za kierownicą bardzo szybkiego motocykla. Siła jego ciągu jest tak niewyobrażalnie duża, że często spadamy z pojazdu lub wjeżdżamy prosto do rowu. Tylko i wyłącznie ucząc się tego, w jaki sposób obchodzić się z mocą tej maszyny, jesteśmy w stanie ją poskromić i wykorzystać do naszych celów.

Na tej samej zasadzie wierzę, że badani, którym zdarzyło się nawiązywać kontakt z obcymi, wzniosą się na transpersonalny poziom doświadczenia, jeśli tylko będą mieli czas, aby nabrać w tym wprawy. Teorię tę potwierdzają przypadki Seana i Cassandry: poprzez wielokrotny kontakt z wysokimi dawkami DMT podawanymi im w ramach badań nad tolerancją przeszli oni od kontaktu z obcymi istotami do doświadczeń o mistycznym i terapeutycznym charakterze.

Inne wyjaśnienie jest znacznie mniej optymistyczne: wysokie dawki dożylnie podawanego DMT wpychają ludzi do zamieszkanych przez obce istoty poziomów rzeczywistości, ponieważ na tym właśnie polega działanie tej substancji. Dzieje się tak zawsze, kiedy poda się jej komuś wystarczająco dużo.

Przypomina mi się opisana w rozdziale 13., pt. „Spotkania przez zasłonę: 1”, historia Jeremiaha, który trafił do kosmicznego laboratorium-żłobka. Próbował on uczynić swoje doświadczenie duchowym poprzez „otwarcie się na miłość”. Szybko zorientował się jednak, że nie jest to możliwe. Być może *prawdziwą* i najważniejszą funkcją DMT nie jest wywoływanie mistycznej ekstazy, lecz właśnie kontaktów przez zasłonę. Jako że wiele opowieści naszych ochotników wydaje się w jakimś stopniu potwierdzać to przypuszczenie, musimy uznać je co najmniej za prawdopodobne.

Mówiąc o doświadczeniach z pogranicza śmierci i stanach mistycznych, pamiętajmy o tym, że DMT powoduje coś więcej niż tylko zmianę kanału. Daje nam ono bowiem zupełnie nowe spojrzenie na programy emitowane na innych kanałach. Wspominam o tym ze względu na pustą, czy też pozbawioną wszelkich treści, naturę szczytowego doświadczenia mistycznego. Nie wiążą się z nim jakiekolwiek dźwięki, dotyk, obrazy, zapachy czy smaki. Znikają myśli, słowa i czas. Towarzyszy temu niedające się opisać poczucie pełni, siły i zrozumienia.

Zmieniając kanały, natrafiamy na „śnieżenie”, biały szum oraz zniekształcone obrazy nadawanych programów. Co ujrzymy, jeśli zaczniemy się uważnie przyglądać i przysłuchiwać? Naturę pracującego odbiornika telewizyjnego – przepływająca przez niego energia elektryczna zasila ekran, ale to, co możemy na nim zobaczyć, nie ma żadnego znaczenia dla naszego codziennego, poszukującego prawidłowości umysłu.

W tym przypadku najlepszą analogią byłoby to, że DMT zmienia parametry mózgu tak, że przestaje on odbierać informacje „z zewnątrz”. Staje się on świadom wyłącznie swojego istnienia, swojej wewnętrznej natury. Ukazuje własną świadomość, rezonujące częstotliwości, które nie mają żadnej konkretnej treści. Niemniej jednak jest to podstawa, na której opiera się jego praca – przestrzeń, którą wypełniają poszczególne kanały.

Owa przestrzeń pomiędzy kanałami (czy też brak kanałów) nie jest pusta; jest ona raczej pełnią samą w sobie. Tę idealną pustkę wypełnia zawartość wyświetlanego programu. Jej natura nie jest przy tym jednak „potencjalnością”. Jest raczej kompletnością, która do istnienia nie potrzebuje niczego poza sobą. Niezbędne jest jej jednak coś, co sprawi, że przebierze ona jakąś konkretną formę i zamanifestuje się.

Według niektórych ochotników, powodowane przez DMT oderwanie świadomości od ciała było przyczyną ujrzenia przez nich przestrzeni, która znajduje się pomiędzy różnymi płaszczyznami postrzeganej przez nas rzeczywistości. Tracąc oparcie w swojej fizyczności, wchodzili oni bezpośrednio w ową pustą całościowość leżącą u podstaw zrozumienia siebie oraz otaczającego świata. Freud już dawno temu zauważył, że „ego jest przede wszystkim ego-ciałem”. Co pozostaje, gdy ciało znika? Niektórzy badani, na przykład Carlos i Willow, wyzbywając się przywiązania do własnej cielesności doświadczyli stanu mistycznego uniesienia.

W przypadku innych ochotników kluczem do odnalezienia najbardziej podstawowej natury swojego istnienia było bezpośrednie użycie własnej woli. Sean pozwolił sobie wniknąć dalej i głębiej w to, co nieznane. Elena wyzwoliła się z szalonego tańca psychodelicznych barw, który przesłaniał leżącą u ich podstaw bezforemność. Obydwojgu udało się zatrzymać i odnaleźć nieskazitelną równowagę umożliwiającą skierowanie się ku przestrzeni, która znajduje się pomiędzy myślami, percepcją i odczuwaniem. Molekuła duszy doprowadziła ich na sam próg, ale to do nich należało postawienie ostatniego kroku.

Kiedy już omówiliśmy niektóre sytuacje, w których naturalnie wytwarzane lub podawane z zewnątrz DMT może umożliwić nam dostęp do tak niezwykłych i zaskakujących doświadczeń, przyjrzyjmy się teraz ewolucyjnemu znaczeniu DMT produkowanemu przez nasze organizmy. Mówiąc innymi słowy: dlaczego substancja ta znajduje się w ciele każdego z nas? Czy to przypadek? Czy może jest w tym jakiś cel?

Z perspektywy zawierających DMT roślin, grzybów i zwierząt rozsądnym byłoby założyć, że inne gatunki, w szczególności ludzie, będą ich poszukiwać i je ochraniać. Osoby, które spalają, piją lub zjadają formy życia bogate w DMT, doświadczają bowiem upragnionego przeniesienia do wymiarów wykraczających poza granice wyobraźni. Owe „psychodeliczne" gatunki znalazłyby się tym samym na szczycie listy najważniejszych odnawialnych bogactw naturalnych, a podtrzymanie ich istnienia stałoby się znacznie ważniejsze.

Z jakich jednak powodów ludzie wytwarzają DMT? Nie zetknęliśmy się dotychczas z żadną formą życia, która paliłaby, zjadała lub wypijała wywar z ludzkich szyszynek, dlatego też musimy odrzucić hipotezę, jakoby DMT miało w jakiś sposób ułatwiać nam przetrwanie biologiczne.

Być może nasi starożytni przodkowie, których organizmy wytwarzały DMT, mieli pewną przewagę adaptacyjną nad tymi, u których proces ten nie następował. Niewykluczone, że wchodzenie w odmienne stany świadomości wykształciło w nich ponadprzeciętne zdolności rozwiązywania problemów, które w znaczącym stopniu przewyższały możliwości pozostałych przedstawicieli naszego gatunku. Ci, którzy mieli zdolność syntetyzowania DMT, w końcu zastąpili tych, którzy tego nie potrafili.

Pomimo że wizja ta jest pod pewnymi względami dość pociągająca, na jej niekorzyść działa obecność DMT w wielu innych, powszechnie występujących formach życia. Gdyby ktoś nie był w stanie wytworzyć DMT samodzielnie, na przykład na drodze głębokiej medytacji, zawsze pozostawała szeroka gama roślin, których użycie jest znacznie prostsze niż wymagające praktyki duchowe. Z pewnością tak wyglądałaby sytuacja w przypadku osób zamieszkujących tereny bogate w DMT, takie jak Ameryka Łacińska.

Bardziej owocne jest skierowanie naszej uwagi na implikacje uwalniania DMT podczas śmierci oraz doświadczeń z jej pogranicza. Są chwile, w których siła życiowa, czy też dusza, przenika do naszych ciał, opuszcza je lub przez nie przelatuje. Biologiczne mechanizmy tej propozycji omówiliśmy już w rozdziale 4. Zbadajmy teraz, jakie znaczenie mogłoby mieć to zjawisko.

Na pierwszy rzut oka wydaje się, że uwalnianie przez jednostkę lub gatunek wywołujących oświecenie chemikaliów w momencie śmierci nie jest specjalnie użyteczne z ewolucyjnego punktu widzenia. Karl Jensen, brytyjski psychiatra, sugeruje jednak, że pewien konkretny rodzaj występujących w mózgu związków chemicznych może przynosić korzyści osobie, której życie dobiega końca. Wynika to z ich „neuroprotekcyjnych" właściwości.

Zażycie ketaminy sprawia, że poważne urazy mózgu, takie jak np. udar, są znacznie mniej wyniszczające. Wyniki badań prowadzonych na zwierzętach wskazują, że w mózgu istnieją substancje podobne do ketaminy. Dlatego też podczas doświadczeń z pogranicza śmierci mózg może je uwalniać, aby zminimalizować szkody, gdyby daną osobę udało się przywrócić do życia. Niezwykły charakter tego rodzaju doświadczeń wynikałby wówczas z psychodelicznych „efektów ubocznych" ketaminy*.

W dalszym ciągu pozostaje jednak pytanie, dlaczego ketamina ma właściwości psychodeliczne, a nie, dajmy na to, uspokajające. Pomimo że uwolnienie neuroprotekcyjnych substancji w konfrontacji ze śmiercią z pewnością jest reakcją korzystną, mniej korzystne są psychodeliczne efekty uboczne wywoływane przez te substancje. Musimy się zatem zastanowić, czy owe duchowe właściwości są dziełem przypadku, czy też skrywają one w sobie jakiś cel?

Uważam, że substancje uwalniane przez mózg w momencie śmierci są psychodeliczne nie bez przyczyny: po prostu muszą takie być. Podobne byłoby pytanie, dlaczego w chipach komputerowych znajduje się krzem. Krzem się sprawdza. I to wystarcza. Środki wytwarzane przez mózg w obliczu śmierci są psychodeliczne, ponieważ to właśnie tego rodzaju właściwości potrzebuje wtedy nasza świadomość.

Substancje psychodeliczne uwalniane podczas doświadczeń z pogranicza śmierci wpływają na opuszczenie ciała przez świadomość. Na tym właśnie polega ich funkcja. DMT jest molekułą duszy, tak samo jak krzem jest molekułą chipów. Uwolnienie DMT daje umysłowi coś więcej niż tylko poczucie, że odrywa się on od ciała. Jest ono narzędziem, dzięki któremu doświadcza on odpłynięcia siły życiowej z naszej fizycznej powłoki. Postrzega zawartość świadomości opuszczającej nasz organizm.

Wszystkie te teorie odnoszą się wyłącznie do roli DMT w wywoływaniu niecodziennych stanów świadomości. Czy jednak jest możliwe, że DMT wywiera także wpływ na naszą codzienną świadomość? Jako że mózg czynnie transportuje molekułę duszy przez barierę krew-mózg, nie możemy tego jednoznacznie wykluczyć.

---

* Karl L. R. Jansen, *The Ketamine Model of the Near-Death Experience: a Central Role for the N-Methyl-D-Aspartate Receptor*, „Journal of Near-Death Studies" 16 (1997), str. 5-26. (Podjąłem próbę znalezienia jakichkolwiek informacji wskazujących na to, że DMT może mieć podobne właściwości, ale poszukiwania te były bezowocne).

W rozdziale 2., pt. „Czym jest DMT", podkreślałem, że mózg wydaje się odczuwać „głód" DMT. Organ ten przeznacza drogocenną energię na czynny transport owej substancji z krwi do swoich najdalszych zakamarków, tak jakby była mu potrzebna do normalnego funkcjonowania.

Być może odpowiednie dawki DMT pomagają naszym mózgom w ich codziennej pracy, to znaczy utrzymują je zestrojone z Programem Normalnym. Jeśli stężenie tej substancji będzie zbyt wysokie, na ekranie umysłu zaczną się pojawiać zupełnie nieoczekiwane treści. Jeśli będzie zbyt niskie, nasz sposób postrzegania świata stanie się mglisty i pozbawiony głębi.

Tak naprawdę tego rodzaju otępiające, pozbawiające żywotności efekty odczuwali zdrowi ochotnicy, którym podawano substancje antypsychotyczne. Środki te mogą blokować działanie endogennego DMT. Niewykluczone, że postrzegamy i odczuwamy to, co się dzieje na tej płaszczyźnie rzeczywistości, za sprawą właściwego stężenia endogennego DMT w naszych organizmach. Być może substancja ta ma kluczowe znaczenie, jeśli chodzi o rejestrowanie przez nasz mózg wydarzeń zachodzących w otaczającym nas świecie. Tak czy inaczej, możemy uznać DMT za „termostat rzeczywistości" utrzymujący nas w wąskim paśmie świadomości umożliwiającym nam przetrwanie.

Kiedy już przeszliśmy przez wszystkie te spekulacje, nieważne jak bardzo ekscytujące, pobudzające i rewolucyjne, co jeszcze nam pozostało? Nawet gdyby któregoś dnia wszystkie moje przypuszczenia okazały się prawdą, co w rzeczywistości może dać nam DMT? Raz jeszcze musimy postawić sobie pytanie: „Skoro tak, to co dalej?". Co z tego wynika? Kiedy moje badania w Nowym Meksyku dobiegały końca, zacząłem zastanawiać się nad odpowiedzią na najbardziej podstawowe pytanie wynikające z mojej pracy.

Na początku bieżącego rozdziału wspominałem o tym, jak trudno jest zaakceptować istnienie oraz wpływ molekuły duszy na nasze ciała. Na tej samej zasadzie, czy jesteśmy w stanie zaakceptować wniosek, do którego ostatecznie doszedłem, czyli że DMT ma tak naprawdę zupełnie neutralną naturę?

Molekuła duszy sama w sobie nie jest ani dobra, ani zła; ani pożyteczna, ani szkodliwa. To raczej otoczenie i nastawienie określają kontekst i jakość doświadczeń wywołanych zażyciem DMT. To, kim jesteśmy oraz co wnosimy do sesji i naszego życia, ma znacznie większe znaczenie aniżeli działanie samej substancji.

Niemniej jednak DMT i inne psychodeliki nigdy nie znikną, w szczególności te, które w każdej minucie są wytwarzane przez nasze mózgi. W jakichkolwiek ocenach dotyczących ludzkiej świadomości musimy brać pod uwagę całą złożoność i tajemniczą moc tych substancji. Nastawienie i otoczenie badań prowadzonych przez nas w Nowym Meksyku dostarczyły nam niezwykle wielu informacji, czego można dokonać za pomocą molekuły duszy. Przyszła pora, aby zastanowić się, co można z tą wiedzą dalej zrobić. Czy możemy ją wykorzystać w dobrym celu?

22.

Przyszłość badań psychodelicznych

Niniejszy rozdział końcowy koncentruje się na tym, jak mogą potoczyć się dalsze losy badań nad DMT i innymi psychodelikami. Przedstawione tu scenariusze zakładają wolę podjęcia szerszej dyskusji dotyczącej tych substancji – takiej, jaką wiele lat temu podczas spaceru wybrzeżem Kalifornii wykazał Willis Harman. O tym, na ile staną się one dostępne, a ich użycie akceptowane społecznie, powinny zadecydować możliwie najlepiej poinformowane osoby podejmujące kluczowe decyzje oraz wywierające wpływ na opinię publiczną. Najbardziej owocne rozwiązania będą mogły powstać tylko wtedy, gdy uda nam się wyzbyć lęku, ignorancji i ciążącego na psychodelikach piętna. Musimy także unikać naiwności i myślenia życzeniowego, którymi nacechowane są argumenty niektórych zwolenników ich stosowania.

Propozycje te są oparte na wielu latach intensywnych rozmyślań i dyskusji poświęconych wydarzeniom, które miały miejsce na Uniwersytecie Nowego Meksyku. Pomimo że całościowy obraz, który wyłania się z tego rozdziału, może wydać się przesadnie optymistyczny, jest on znacznie bardziej realistyczny aniżeli moje początkowe plany dotyczące prowadzenia badań nad psychodelikami. Bierze on bowiem pod uwagę także żywione przeze mnie niegdyś przypuszczenia i hipotezy dotyczące pracy z substancjami narkotycznymi, które w pewnej mierze zadecydowały o pojawieniu się niepożądanych rezultatów i przedwczesnego zakończenia projektu.

Jednym z najpoważniejszych błędów jest zakładanie, że psychodeliki są z natury pożyteczne, a wszystkim, czego potrzeba, aby osiągnąć zamierzone rezultaty, jest ich przyjmowanie.

Innym jest utrzymywanie, że psychodeliki to „tylko” narkotyki i że na ich działanie nie ma wpływu ani otoczenie, w którym są zażywane, ani cel, oczekiwania czy modele interpretacyjne wyznawane przez podające je osoby.

Prowadząc nasze badania nad DMT, ponownie zdaliśmy sobie sprawę, że żaden z powyższych poglądów nie jest prawdziwy. Dlatego też model, który za chwilę przedstawię, pomija owe dwa najczęściej spotykane i najbardziej szkodliwe założenia dotyczące pracy z substancjami psychodelicznymi.

Zanim zajrzymy w przyszłość, rzućmy przez moment okiem na obecny stan badań.

Na terenie Stanów Zjednoczonych i Europy realizowanych jest kilka projektów poświęconych meskalinie, psylocybinie, ketaminie i MDMA. Nikt nie zajmuje się DMT. Wszystkie te projekty opierają się na modelu „psychozomimetycznym", czyli zakładającym, że działanie psychodelików przypomina objawy schizofrenii. Badania te koncentrują się wokół farmakologii i fizjologii mózgu.

Istnieją także dwa programy psychodelicznej psychoterapii osób uzależnionych od alkoholu i narkotyków. Pierwszy z nich realizowany jest na Karaibach i dotyczy ibogainy; drugi został zorganizowany w St. Petersburgu, w Rosji, i poświęcony jest ketaminie.

Myśląc o przyszłości badań nad właściwościami DMT i innych psychodelików, widzę wiele możliwych rozstajów dróg. Jednym z głównych rozgałęzień jest podział na „badania" kontra „użycie". Niektórzy zastanawiają się, czy jest w ogóle jakikolwiek sens zestawiać obok siebie słowa „psychodeliki" i „badania". Zajmijmy się przez chwilę tą kwestią.

Sytuacji badawczej towarzyszy oczekiwanie, że uczestnicy eksperymentów pomogą nam zebrać określone informacje. Wywiera to niezwykle silny wpływ na relacje panujące pomiędzy osobą, która podaje psychodeliki, a osobą, która je przyjmuje. Ochotnicy wiedzą, że muszą coś wnieść do projektu i że naukowcy czegoś od nich chcą. Dla osoby znajdującej się pod wpływem substancji psychodelicznej niemożliwe staje się wówczas skupienie wyłącznie na własnej podróży. Badacz nie może z kolei ingerować w tę podróż, próbując osiągnąć jak najlepsze wyniki. Prowadzi to do powstania oczekiwań, którym może towarzyszyć rozczarowanie, zawód lub nieporozumienia. Otoczenie interpersonalne ulega drastycznej przemianie.

Oprócz realizowania modelu badawczego istnieje kilka innych, znacznie bardziej popularnych możliwości. Jednakże „popularny" niekoniecznie oznacza „lepszy". Argument przeciwko modelowi badawczemu bardzo często brzmi po prostu: „Są lepsze sposoby doświadczania tego, co mogą nam zaoferować te substancje".

Rdzenne kultury stosują psychodeliczne rośliny nieprzerwanie od tysiącleci. Członkowie afrykańskich kościołów w Gabonie zażywają ibogainę, aby nawiązywać kontakt ze swoimi przodkami; w Ameryce Łacińskiej zawierający DMT wywar o nazwie *ayahuasca* umożliwia duszy przeniknięcie do innych światów; mieszkańcom Ameryki Północnej mądrość, siłę leczniczą oraz dostęp do duchowych wymiarów oferuje natomiast peyotl.

W świece zachodnim wciąż wzrasta niekontrolowane użycie psychodelików. Wiele osób zażywa je w samotności lub w grupie swoich najbliższych przyjaciół, aby zyskać nową perspektywę na swoją osobę, związki z innymi lub świat natury. Niektórzy przyjmują je podczas wielkich imprez, na świeżym powietrzu lub w zamkniętych pomieszczeniach, z muzyką lub bez niej, w oślepiającym blasku różnobarwnych świateł lub w absolutnej ciemności. Niewielka grupa terapeutów podaje je podczas grupowej lub indywidualnej terapii. Czasami są one stosowane do celów religijnych – na przykład przez działające w Ameryce Północnej i Europie kościoły *ayahuaskowe*. We wszystkich tych przypadkach status prawny substancji psychodelicznych uniemożliwia podjęcie otwartej dyskusji dotyczącej ich użycia poza otoczeniem badawczym.

W powyższych modelach nie ma niczego złego, ale nie można mylić ich z podejściem badawczym. Badania mogą nas pewnego dnia doprowadzić do momentu, w którym stosowanie psychodelików nie będzie wymagało wyciągania informacji od uczestników eksperymentów ani stosunkowo sztywnych zasad interakcji. Na tej samej zasadzie do codziennego użytku mogą przeniknąć nowe lekarstwa i techniki terapeutyczne, jeśli tylko uda się wykazać ich wartość.

Dużo nieporozumień wydaje się wynikać z niejasnego wyobrażenia dotyczącego motywów leżących u podstaw używania psychodelików. Dlatego też odpowiedź na pytanie: „W jaki sposób najlepiej przyjmować psychodeliki?" brzmi: „To zależy".

Jeśli poszukujesz rozrywki, przyjmij je w samotności lub z grupką przyjaciół i spędź cały dzień w możliwie najpiękniejszym otoczeniu. Jeśli chcesz dowiedzieć się czegoś o sobie i relacjach z otaczającymi cię ludźmi, przyjmij je w obecności terapeuty. Jeśli chcesz poczuć się częścią ludzkości, przyjmij je na koncercie, podczas rave'u lub innej dużej imprezy. Jeśli chcesz doświadczyć głębszego związku z boskością i jej manifestacjami, przyjmij je w towarzystwie nauczyciela duchowego, we wspólnocie religijnej lub w otoczeniu natury. Jeśli chcesz mieć wkład w poszukiwania naukowe, zgłoś chęć uczestnictwa w badaniach. Wszystkie te kategorie są do pewnego stopnia umowne – wszelkiego rodzaju efekty mogą się pojawić bez względu na otoczenie; doświadczenia duchowe mogą, na przykład, mieć miejsce podczas badań naukowych, a psychoterapeutyczne wglądy w kontekście religijnym.

Problemów możemy spodziewać się w sytuacji, gdy próbujemy mieszać ze sobą różne podejścia, ponieważ sytuacja taka sprzyja pojawieniu się nieporozumień dotyczących podziału kompetencji i dopuszczalnych zachowań. Stało się to dla mnie w pełni zrozumiałe, gdy musiałem poradzić sobie z tarciami, które pojawiały się pomiędzy otwartym, bezkompromisowym i opartym na metodzie prób i błędów podejściu naukowym a wiarą, wymogiem posłuszeństwa oraz doktrynami przyświecającymi wspólnocie buddyjskiej, do której należałem*.

---

* Istnieją sytuacje wskazujące na to, że podejście religijne i naukowe nie muszą się ze sobą kłócić – przykładem mogą być badania prowadzone w ramach niektórych współczesnych kościołów psychodelicznych, takich jak stosujący peyotl Tubylczy Kościół Amerykański (ang. *Native American Church*) czy ayahuaskowe organizacje działające w Ameryce Południowej. Nie jest to jednak prawdziwe połączenie nauki i religii, ponieważ wyniki badań nie wpływają na praktyki i nauki przekazywane w ramach tych kościołów, a wglądy i mistyczne uniesienia nie zmieniają metod badawczych.

Potrzebna jest nam otwarta rozmowa, w jaki sposób najlepiej zintegrować użycie tych substancji z naszym życiem i otaczającym nas społeczeństwem. Jako że najbardziej prawdopodobnym kontekstem, w którym będzie się ona mogła toczyć, są legalnie prowadzone badania, ograniczę swoje rozważania wyłącznie do związanej z nimi perspektywy.

Ewentualne projekty badawcze możemy podzielić na te, które *mogłyby* zostać zrealizowane, oraz na te, które *powinny* zostać zrealizowane. Mówiąc innymi słowy, pomimo że istnieje wiele pytań, na które możemy poszukiwać odpowiedzi, poszukiwania te mogłyby być złudne i niebezpieczne. Badania takie mogłyby stanowić dla nas pośrednie lub bezpośrednie zagrożenie. Mogłyby stanowić także zagrożenie dla innych żyjących istot.

Kluczową kwestią, jeśli chodzi o użycie substancji psychodelicznych, jest, według mnie, próba wykorzystania ich w służbie niesienia pomocy, a nie zdobywania wiedzy. Informacje dotyczące tego, w jaki sposób „działają" doświadczenia z pogranicza śmierci, oświecenie czy uprowadzenia przez obcych, nie są tak pomocne jak uczenie się bycia bardziej życzliwym, mądrym i współczującym. Dlatego też model biomedyczny, „pokroić na kawałki i zobaczyć jak działa", może stać w sprzeczności z najbardziej obiecującymi sposobami użycia substancji psychodelicznych.

Dochodzę do tego wniosku, wyczuwając w tym wszystkim sporą dawkę ironii, jako że wiele kierunków poszukiwań, które za chwilę zasugeruję, zostało przeze mnie dostrzeżonych kilka lat przed tym, jak zająłem się prowadzeniem swoich badań. Z obecnej perspektywy nie mam już poczucia, że są one tak ważne, jak wydawało mi się w przeszłości; nie chciałbym także zajmować się nimi osobiście.

Przyjrzyjmy się przez chwilę wachlarzowi ewentualnych badań dotyczących tych substancji oraz ich potencjalnym korzyściom, ograniczeniom i wadom.

Projekty dotyczące „mechanizmów działania" z pewnością przyczyniłyby się do bardziej precyzyjnego określenia, które receptory neuroprzekaźnikowe odpowiadają za działanie psychodelików. Współczesne technologie, takie jak obrazowanie rezonansu magnetycznego, umożliwiłyby nam także zlokalizowanie części mózgu, na które substancje te wywierają wpływ.

Pomimo że możliwe byłoby powiązanie ze sobą określonych zmian w fizjologii mózgu z subiektywnie odczuwanymi efektami, daleko nam do ustalenia, w jaki sposób się one na siebie nawzajem przekładają. Jest to Święty Graal klinicznej neuronauki, którego znalezienie może okazać się niezwykle trudne, podobnie jak znalezienie środka cebuli: odrywamy warstwę za warstwą, ale to, czego szukamy, przez cały czas nam umyka.

Niemniej jednak, prowadząc takie badania, zgromadzimy niezwykle ważne informacje, zarówno teoretyczne, jak i kliniczne. Pogłębienie naszego zrozumienia procesów myślenia, postrzegania i pojawiania się emocji może stworzyć przestrzeń dla pojawienia się nowych sposobów leczenia pacjentów cierpiących na uszkodzenia mózgu lub choroby psychiczne, ograniczające ich zdolność przetwarzania informacji. Jest także niezwykle ważne, aby w razie potrzeby być w stanie zminimalizować negatywne efekty psychodelików. W końcu moglibyśmy również stworzyć nowe substancje psychodeliczne o niepowtarzalnych właściwościach.

Badania takie w dużej mierze opierałyby się na eksperymentach przeprowadzanych na zwierzętach. Naszą „żądzę wiedzy" powinniśmy równoważyć współczującym nastawieniem wobec innych czujących istot. Dotyczy to w szczególności osób zainteresowanych w pierwszej kolejności terapeutycznym i duchowym potencjałem psychodelików. Czy „uduchowione" jest zabijanie niezliczonych zwierząt tylko po to, aby spotęgować naszą ekstazę religijną lub usprawnić procesy twórcze?

Udało nam się zgromadzić ogromną wiedzę dotyczącą tych substancji. Koncentrowanie się przede wszystkim na mechanizmach ich działania oraz tworzeniu nowych środków mogłoby wytworzyć w nas mylne przeświadczenie, że badamy psychodeliki pod jedynym sensownym kątem. Prawdopodobnie jesteśmy w stanie przeznaczyć równie dużo czasu i energii, ucząc się, w jaki sposób możemy najlepiej wykorzystać istniejące już substancje.

Możemy badać nawet najbardziej niesamowite i kontrowersyjne doświadczenia wywoływane kontaktem z molekułą duszy poprzez dzielenie ich na coraz mniejsze części składowe. Nieważne, jak egzotyczne by nie były te badania, w dalszym ciągu pozostaną one jednak badaniami nad „mechanizmami działania". Bez względu na to, jakim tropem zdecydujemy się pójść, kiedy będziemy coś badać, analizować lub przeprowadzać eksperymenty, bezustannie musimy przypominać sobie mantrę „skoro tak, to co dalej?". W jaki sposób to, czego się dowiadujemy, może być dla nas pomocne?

Mam nadzieję, że w przekonujący sposób wykazałem, że naturalnie pojawiające się psychodeliczne stany świadomości, takie jak kontakty z niematerialnymi istotami czy doświadczenia mistyczne lub z pogranicza śmierci, przypominają przeżycia wywołane podawanym z zewnątrz DMT. Wiele poniższych badań opiera się na uznaniu tego podobieństwa.

Pierwszym krokiem byłoby zbadanie roli endogennego DMT w wywoływaniu owych naturalnie pojawiających się psychodelicznych stanów świadomości. Możemy zacząć od zbadania funkcji, jakie w produkcji endogennego DMT pełni szyszynka.

Przy użyciu współczesnych technologii obrazowania mózgu mamy możliwość zbadania fizjologii szyszynki żyjącego człowieka na wiele różnych sposobów. Jeśli okazało się, że gruczoł ten jest bardziej aktywny podczas przeżywania marzeń sennych, głębokiej medytacji lub doświadczeń bycia uprowadzanym przez obcych, mogłoby to świadczyć o tym, że pełni on pewną rolę w ich powstawaniu. Na dodatek przy użyciu tej technologii bylibyśmy w stanie określić, czy substancje psychodeliczne w bezpośredni sposób wpływają na pracę szyszynki.

Moglibyśmy wyciąć szyszynki z ciał martwych zwierząt w różnych odstępach czasowych od momentu ich śmierci. Gdyby znajdowały się w nich pokaźne ilości DMT, moglibyśmy założyć, że podobnie sytuacja wygląda w przypadku ludzi. Uwolnienie DMT przez szyszynkę przed śmiercią, w jej trakcie lub po niej stanowiłoby poparcie hipotezy, w myśl której molekuła duszy towarzyszy opuszczaniu naszego ciała przez świadomość.

Podniesiony poziom DMT w płynach ciała podczas snów lub porodu sugerowałby istnienie związku pomiędzy endogennym DMT a gwałtownymi zmianami świadomości, które towarzyszą tego rodzaju doświadczeniom. Jeszcze bardziej przekonujące byłoby odkrycie wysokiego poziomu DMT u osób przeżywających doświadczenie z pogranicza śmierci, mistyczną ekstazę lub uprowadzenie przez obcych.

Moglibyśmy także dokładniej zbadać hipotezę, w myśl której dzieci przychodzące na świat przez cesarskie cięcie nie uczestniczą w pierwotnej „sesji z użyciem dużej dawki DMT", mającej miejsce podczas procesu narodzin. W rozdziale 4. wysunąłem propozycję, że może to być przyczyną pewnych psychologicznych i duchowych problemów, z którymi osoby te borykają się w swoim późniejszym życiu. Pomysł ten potwierdziłby różnice w reakcjach na podanie DMT występujące pomiędzy dorosłymi osobami, które urodziły się przez cesarskie cięcie, a tymi, które przeszły poród waginalny. Kontrolowane podanie DMT tym pierwszym mogłoby umożliwić im subiektywne przeżycie normalnego porodu i wywrzeć na nich dobroczynny wpływ.

Inna seria eksperymentów polegałaby na podaniu DMT osobom, które przeżyły spontaniczne doświadczenia psychodeliczne, a następnie poproszeniu ich, aby porównały ze sobą te dwa doświadczenia. Duża ilość podobieństw potwierdzałaby, że endogenne DMT może pełnić ważną rolę w wywoływaniu naturalnie pojawiających się przeżyć tego typu. Podawane z zewnątrz DMT mogłoby natomiast umożliwić nam dokładniejsze zbadanie tych stanów w kontrolowanych warunkach laboratoryjnych.

Najprostszy do zrealizowania byłby projekt koncentrujący się na badaniu związku pomiędzy DMT a fazą szybkich ruchów gałek ocznych, czyli snu paradoksalnego. Gdyby podanie DMT podczas snu wywołałoby natychmiastowe pojawienie się marzeń sennych, stanowiłoby to potwierdzenie, że endogenne DMT ma znaczenie dla tego powszechnie występującego odmiennego stanu świadomości.

Gdyby podawanie DMT odtwarzało część lub całość któregoś z wcześniejszych doświadczeń z pogranicza śmierci, oświecenia lub uprowadzenia przez obcych, które przytrafiły się danej osobie, mielibyśmy pewne podstawy do dalszego badania roli, jaką DMT pełni w pojawianiu się tego rodzaju przeżyć.

Zbliżamy się powoli do problemu naturalnego i wywołanego chemicznie oświecenia, które przeżyła jedna z naszych ochotniczek, Sophie, czterdziestodwuletnia ekszakonnica. Podczas jednego z odosobnień w klasztorze przeżyła ona doświadczenie mistyczne, którego autentyczność potwierdziła przeorysza. Sophie wykazywała minimalne reakcje na podanie jej wysokiej dawki DMT, co było wstępnym potwierdzeniem mojej hipotezy. Gdyby bowiem owo doświadczenie mistyczne zostało wywołane przez DMT, jej mózg mógłby nauczyć się radzić sobie z naturalnie podwyższonym poziomem tej substancji, obniżając wrażliwość organizmu na wywoływane przez nią efekty. Byłoby to coś w rodzaju podwyższonej tolerancji.

Teorię tę podważył jednak kolejny ochotnik, na którego dawka 0,4 mg/kg DMT nie wywierała zbyt dużego wpływu. Charles, trzydziestotrzyletni barman, nigdy nie medytował. Przy wyjaśnianiu jego przypadku uznaliśmy, że tak łagodna reakcja jest wynikiem genetycznych uwarunkowań. Po prostu urodził się niewrażliwy na DMT.

Łącząc minimalną reakcję Sophie z jej wcześniejszym mistycznym doświadczeniem, musiałem wykazać się większą pokorą. Oczywiście, niewykluczone, że każda z hipotez była prawdziwa w odniesieniu do poszczególnego przypadku, ale intelektualną nieuczciwością byłoby posługiwanie się informacjami w tak wyrachowany sposób*.

Pomimo że opisane powyżej projekty w znaczącym stopniu przyczyniłyby się do dokładniejszego zbadania niecodziennych stanów świadomości, perspektywa ich realizacji nie pociąga mnie obecnie tak bardzo jak kiedyś. Mniej interesuje mnie obecnie poszukiwanie odpowiedzi na pytanie: „Jak?", a znacznie bardziej: „Skoro tak, to co dalej?". To, czy nauczymy się czegoś pożytecznego, jest uzależnione od tego, w jaki sposób wykorzystamy tę informację.

Jestem przekonany, że najlepszy użytek z psychodelików można zrobić, badając ich ewentualne zastosowanie do leczenia wyłącznie ludzkich schorzeń oraz uwydatniania typowo ludzkich właściwości. Wyobraźmy sobie przez chwilę idealne otoczenie dla podawania i przyjmowania substancji psychodelicznych, które spełniałyby te wymogi.

Ośrodek taki byłby położony w pięknym, naturalnym otoczeniu, ale jednocześnie dysponowałby pełnym wyposażeniem medycznym w razie pojawienia się jakichkolwiek komplikacji. Jego wnętrze byłoby gustownie wykończone i przyozdobione dziełami sztuki, które stanowiłyby źródło inspiracji dla uczestników badań. Od naukowców i personelu placówki wymagane byłoby wykształcenie medyczne, a także wiedza związana z pracą terapeutyczną, środkami psychodelicznymi oraz duchowością. Badania obejmowałyby eksperymenty dotyczące zagadnień psychoterapeutycznych, kreatywności, duchowości oraz procesu umierania. Dodatkowe sesje byłyby poświęcone zjawisku nawiązywania kontaktu z obcymi istotami oraz jego związku z teorią równoległych wszechświatów i ciemnej materii.

Niezliczoną liczbę razy zdawaliśmy sobie sprawę z tego, w jak dużym stopniu otoczenie Centrum Badawczego wywierało negatywny wpływ na przebieg sesji. Warunki kliniczne były jeszcze większym problemem w przypadku znacznie dłuższych sesji z użyciem psylocybiny. Bardziej przyjazne, przyjemniejsze otoczenie stanowi źródło oparcia dla badanych, którzy podczas doświadczenia stają się zupełnie bezradni i podatni na sugestie. Niemniej jednak trzeba pamiętać, że podczas przyjmowania

* Setki ludzi zapoznało się z DMT za sprawą Terence'a McKenny, o czym wiele lat temu rozmawialiśmy podczas mojej wizyty w założonym przez niego na Hawajach ogrodzie botanicznym. Według jego szacunków, około 5 procent osób, które w jego obecności przyjmowały DMT, nie odczuwało niemal żadnych efektów. Szacunki te znalazły dokładne odzwierciedlenie w naszych badaniach: minimalne reakcje wykazało trzech z sześćdziesięciu ochotników.

psychodelików zawsze istnieje pewne ryzyko pojawienia się niepożądanych reakcji fizycznych, w szczególności związanych z pracą układu krążenia. Dlatego też niezbędne jest dysponowanie odpowiednim sprzętem i dobrze przeszkolonymi pracownikami.

Za sprawą medycznego wykształcenia i doświadczenia personel jest w stanie ocenić, zrozumieć i podjąć odpowiednie działania wobec reakcji organizmów badanych na podany im specyfik. Z tego względu prawo składa przywilej eksperymentowania z substancjami narkotycznymi oraz związaną z tym odpowiedzialność na ręce lekarzy. Zapoznając się z medycyną, psychiatrzy otrzymują kwalifikacje umożliwiające im badanie zachowań człowieka oraz jego związków z ciałem fizycznym. Tradycyjne szkolenie medyczne dla psychiatrów powinno być jedynie *wstępnym* kryterium otrzymania zezwolenia na podawanie substancji psychodelicznych innej istocie ludzkiej. Najlepiej, gdyby jednym z najważniejszych wymogów dodatkowych było posiadanie osobistych doświadczeń z substancjami psychodelicznymi.

W latach 50. i 60. eksperymentowanie na sobie było powszechnie uznawanym narzędziem psychofarmakologii. Współcześni europejscy badacze są zobowiązani do przyjęcia badanego przez siebie środka przed tym, jak rozpoczną przeprowadzanie eksperymentów z udziałem innych ludzi. Podejście to znacząco podnosi jakość tworzonego przez badacza formularza świadomej zgody, dostarcza pilotażowych danych umożliwiających dopracowywanie hipotez i narzędzi, a na dodatek rozwija empatię wobec doświadczeń badanych. Osoby zajmujące się przyszłymi badaniami na terenie Ameryki Północnej powinny pójść tropem swoich europejskich kolegów i zażądać od komisji nadzorujących wprowadzenia zmian w obowiązujących obecnie procedurach, tak aby obejmowały one tę niezwykle istotną kwestię*.

Poza „doświadczeniem tego na własnej skórze" badacz mający w planach podawanie psychodelików innym ludziom musi dokładnie przeanalizować kierujące nim motywacje. Nadzorowane „samobadanie" jest w tym przypadku niezbędne. Wydaje mi się, że spośród wszystkich dostępnych systemów interpretacyjnych najdokładniejszy i najbardziej wszechstronny jest model psychoanalityczny. Tworzony w jego ramach bliski związek z terapeutą umożliwia dokładne przeanalizowanie kluczowych doświadczeń z dzieciństwa. Pozwala także na zbadanie nieświadomych motywacji i pragnień wpływających na nasze zachowania i emocje. Tego rodzaju wniknięcie we własne wnętrze ma ogromne znaczenie dla późniejszych relacji z badanymi, których potrzeby i obawy zostaną zwielokrotnione pod wpływem substancji psychodelicznej.

Możliwie najgłębsze zrozumienie wrażliwości religijnej również jest niezbędne, jeśli chcemy w odpowiedzialny sposób nadzorować sesje z użyciem środków zmieniających świadomość. Nie wystarczy samemu przeżyć doświadczenie duchowe lub mistyczne. Powinno się raczej przejść szkolenie z zakresu religioznawstwa, teologii,

* F.X. Vollenweider, korespondencja prywatna, czerwiec 1993; oraz L. Hermle, korespondencja prywatna, czerwiec 1993.

etyki oraz zapoznać się z rytuałami różnych kultur. Umożliwi to lepsze zrozumienie, co dzieje się podczas pełnego doświadczenia psychodelicznego.

Przed rozpoczęciem swoich badań nad DMT nigdy nie przyszłoby mi do głowy, że wiedza dotycząca uprowadzeń przez obcych może mieć tak duże znaczenie podczas nadzorowania sesji. Teraz jednak wiem, że może ona być niezwykle przydatna, podobnie jak nawet najogólniejsze pojęcie o współczesnych teoriach związanych z „niewidzialnymi wymiarami", na przykład ciemnej materii czy równoległych wszechświatów.

Dysponując tego rodzaju informacjami i doświadczeniem, badacz oraz personel ośrodka będą w stanie zrozumieć, zaakceptować i w odpowiedni sposób zareagować na niemal wszystko, co może pojawić się podczas intensywnych sesji z użyciem psychodelików.

Eksperymenty przeprowadzane w owym idealnym ośrodku badawczym stanowiłyby źródło ogromnej liczby danych dotyczących reakcji na różne dawki starych i nowych środków psychodelicznych. Poprzez standaryzację i optymalizację otoczenia moglibyśmy zbadać, jakie możliwości oferuje praca z określoną ilością każdej z interesujących nas substancji.

Poza tym bardzo dużo informacji możemy wynieść z sesji z użyciem niskich dawek psychodelików. Owe „małe podróże" nie cieszą się zwykle zainteresowaniem, ale mogą one wywierać wysoce pożądane efekty. Dla przykładu, wielu wczesnych badaczy wolało podczas terapii „psycholitycznej" („poluzowującej umysł") stosować niewielkie dawki środków zmieniających świadomość, ponieważ były one łatwiejsze w użyciu i wywierały lepszy wpływ na pacjentów.

Któregoś letniego popołudnia Albert Hofmann, wynalazca LSD, wyznał mi przy filiżance herbaty, że odczuwa pewnego rodzaju słabość do niskich dawek tej substancji. Podobnie jak wiele innych osób, znajdował on umiłowanie w przyspieszeniu myśli, rozjaśnieniu percepcji i poprawie nastroju, które, pomimo że ledwie odczuwalne, wywierały głęboki wpływ na funkcje mentalne. Na dodatek z przyjęciem niskiej dawki nie wiązały się niemal żadne skutki uboczne.

Psychodeliki mogą pomóc w leczeniu najbardziej problematycznych przypadłości psychiatrycznych i psychologicznych. Nasz idealny ośrodek badawczy poświęcałby tej dziedzinie znaczną część swojej uwagi. Trzeba być jednak przygotowanym na różnice poglądów, które mogłyby się ujawnić podczas projektowania i interpretacji wyników tego rodzaju poszukiwań.

W literaturze psychiatrycznej istnieje, na przykład, wiele raportów opisujących ustąpienie objawów u pacjentów cierpiących na zaburzenie obsesyjno-kompulsyjne (ZOK) po zażyciu przez nich grzybów zawierających psylocybinę. Syndrom ten polega na niepohamowanym pragnieniu powtarzania bezsensownych czynności oraz uleganiu natrętnym myślom, które pochłaniają niepokojąco dużą ilość czasu i energii. Leki oddziałujące na serotoninę, na przykład Prozac, pomagają pacjentom cierpiącym na ZOK skupić uwagę na działaniu tego neuroprzekaźnika. Dlatego też w oparciu o wiedzę dotyczącą funkcjonowania receptorów serotoninowych naukowcy planują obecnie przeprowadzać leczenie tych osób za pomocą psylocybiny. W tym przypadku nie jest konieczne odwoływanie się do wiedzy dotyczącej procesów psychologicznych, chociaż mogłaby ona okazać się kluczowa dla pełniejszego zrozumienia dobroczynnego wpływu tych eksperymentów.

Moglibyśmy także zająć się zaburzeniami wynikającymi z problemów natury psychologicznej, a nie tylko wiążącymi się z pracą neuroprzekaźników. Należą do nich, na przykład, zespół stresu pourazowego, nadużywanie alkoholu i narkotyków czy cierpienie związane z przechodzeniem śmiertelnej choroby.

Zespół stresu pourazowego wynika z przeżycia traumatycznego doświadczenia i polega na bezustannym powracaniu do sytuacji, która je spowodowała. Coraz poważniejszym problemem w naszym społeczeństwie staje się maltretowanie lub seksualne wykorzystanie dzieci oraz konfrontacja z katastrofami naturalnymi lub wywołanymi przez człowieka. Wczesne badania nad terapeutycznym potencjałem psychodelików obejmowały także eksperymenty z użyciem tych substancji w leczeniu urazów psychicznych. Holenderski psychiatra Jan Bastiaans aż do swojej śmierci z dobrym skutkiem stosował środki psychodeliczne w przypadku osób cierpiących na tzw. „syndrom KZ" (syndrom ten występuje u byłych więźniów obozów koncentracyjnych – *przyp. tłum.*)*.

Wiele osób nadużywa alkoholu i narkotyków, aby uciec od bolesnych wspomnień i emocji. Jednakże konsekwencje owego nadużywania bardzo szybko stają się znacznie poważniejsze niż początkowe problemy. Wykazano, że przynależność do Tubylczego Kościoła Amerykańskiego (ang. *Native American Church*) zmniejsza ryzyko popadnięcia w alkoholizm. Podobne efekty, jeśli chodzi o nadużywanie alkoholu i kokainy, można zaobserwować wśród członków brazylijskich kościołów stosujących *ayahuaskę***.

W końcu negatywne reakcje na ból i pogorszenie się stanu śmiertelnie chorych pacjentów wyzwalają szeroki wachlarz trudnych do przepracowania emocji. Rosnąca liczba starzejących się i umierających osób urodzonych w okresie wyżu demograficznego, a także AIDS oraz inne epidemie sprawiają, że coraz więcej osób pragnie doświadczyć godnej, „dobrej" śmierci. Wyniki kilku wczesnych eksperymentów z użyciem wysokich dawek psychodelików były dość obiecujące.

* Ka-Tzetnik 135633, *Shivitti: a Vision* (Nevada City, Gateways, 1998).

** Bernard J. Albaugh i Philip 0. Anderson, *Peyote in the Treatment of Alcoholism Among American Indians*, „American Journal of Psychiatry" 131 (1974), str. 1247-51; oraz Charles S. Grob, Dennis J. McKenna, James C. Callaway, Glacus S. Brito, Edison S. Neves, Guilherme Oberlaender, Oswaldo L. Saide, Elizeu Labigalini, Christiane Tacla, Claudio T. Miranda, Rick J. Strassman i Kyle B. Boone, *Human Psychopharmacology of Hoasca, a Plant Hallucinogen Used in Ritual Context in Brazil*, „Journal of Nervous and Mental Disease" 184 (1996), str. 86-94. Wielu zwolenników terapeutycznego użycia ibogainy wskazuje na farmakologiczne podstawy dobroczynnego wpływu, jaki wywiera ona na osoby uzależnione. Członkowie zespołu badawczego działającego na zlecenie Narodowego Instytutu ds. Narkomanii (do którego należałem) zastanawiali się nawet, czy byłoby możliwe zablokowanie psychodelicznych „efektów ubocznych" tej substancji, przy jednoczesnym zachowaniu jej terapeutycznych właściwości.

Rezultaty naszych badań nad DMT mogą bardzo wiele wnieść do pracy z umierającymi osobami. Jeśli DMT rzeczywiście jest uwalniane w momencie zgonu, podawanie tej substancji żyjącym byłoby „próbą generalną" przed ich konfrontacją ze śmiercią. Poddanie się swojemu doświadczeniu, uwolnienie świadomości od ciała fizycznego, spotkanie z kochającą i potężną istotą – wszystko to może nas przygotować do spotkania z Nieznanym.

Rozważając pracę z umierającymi, stąpamy jednakże po grząskim gruncie. Trzeba pamiętać, że gdyby pacjent doświadczył podczas sesji przerażającej konfrontacji z własną psyche lub niematerialnymi wymiarami, pozostanie bardzo niewiele czasu, aby przywrócić mu równowagę psychiczną. Na dodatek, a co, jeśli doświadczenie śmierci i zażycie wysokiej dawki DMT nie są tak naprawdę do siebie podobne? Szok, dezorientacja i strach mogą uczynić wówczas proces umierania znacznie trudniejszym.

Poza leczeniem zaburzeń klinicznych psychodeliki mogłyby być wykorzystywane do uwydatniania pewnych właściwości naszego codziennego stanu umysłu, takich jak kreatywność, zdolność radzenia sobie z problemami, duchowość itd. Wymarzony przeze mnie ośrodek w dokładny i odpowiedzialny sposób zająłby się prowadzeniem tego rodzaju badań. Praca ta służyłaby większej liczbie osób niż projekty skoncentrowane wyłącznie wokół niesienia pomocy chorym i umierającym.

Jesteśmy świadkami wzrastającej dostępności antydepresantów, substancji podnoszących sprawność seksualną, stymulantów i regulatorów nastroju. Te nowe, łatwe do stosowania i mające coraz mniej efektów ubocznych specyfiki zmuszają nas do przewartościowania dotychczasowych poglądów dotyczących zagrożeń i korzyści związanych z wybijaniem się ponad przeciętność. Dlaczego nie użyć w tym celu także psychodelików?

DMT sprzyjało narodzinom pomysłów, emocji, myśli i wizji, o których nie śniło się dotychczas naszym ochotnikom. Psychodeliki pobudzają wyobraźnię, mogłyby zatem posłużyć jako narzędzia rozwijające kreatywność. Problemy, z którymi styka się nasze społeczeństwo i cała planeta, wymagają oryginalnych rozwiązań i nowych technologii. Trudno przecenić, jak ważne staje się w takiej sytuacji poszerzenie granic naszej wyobraźni. Psychodeliki mogą nam w tym bardzo pomóc.

Wspominałem już wcześniej o prowadzonych w latach 60. przez Harmana i Fadimana badaniach poświęconych pozytywnemu wpływowi psychodelików na zdolność radzenia sobie z problemami. Badane osoby, eksperci w swoich dziedzinach, były pod wrażeniem wielu rozwiązań podsuwanych im przez psychodeliki. Istnieje współcześnie wiele dobrze opisanych sposobów mierzenia kreatywności artystycznej, naukowej, psychologicznej, duchowej, emocjonalnej itp. Uzasadnione byłoby wznowienie badań dotyczących wpływu psychodelików na tego rodzaju procesy myślowe.

Wiele definicji wyobraźni przypisuje jej boską naturę. Wyobrażenie, a następnie stworzenie czegoś nowego pozwala nam doświadczyć przepływającej przez nas twórczej mocy Boga. Wyobraźnia kieruje nasze myśli w przestrzenie, w których dotychczas panowała pustka. W ten sposób powracamy do dyskusji dotyczącej związków psychodelików i duchowości.

Jak już sugerowałem w rozdziale 20., pt. „Nadeptując na święte odciski", włączenie doświadczeń psychodelicznych w praktykę duchową mogłoby przynieść nie najgorsze rezultaty. Jeśli osoba poszukująca prawdy o sobie i świecie nie posiada bezpośredniej wiedzy dotyczącej boskich stanów umysłu leżących u podstaw świętych pism i rytuałów, nadzorowane i obdarzone odpowiednim komentarzem ze strony nauczyciela sesje psychodeliczne w znacznym stopniu mogłyby przyspieszyć jej rozwój duchowy. Tego rodzaju działania mogą także pomóc w stworzeniu bardziej tolerancyjnego i uniwersalnego podejścia do duchowości.

Możemy spierać się, czy coś ma biologiczną, psychologiczną czy duchową naturę. Przepracowywanie wewnętrznych konfliktów, zamykanie wyniszczających relacji, pozbywanie się niebezpiecznych nałogów i pobudzanie wyobraźni – wszystko to można jednak zamknąć w każdej z tych trzech kategorii. Kiedy jednak mamy do czynienia z badanymi, którzy powracają z opowieściami o kontaktach z niematerialnymi istotami, które wydają się istnieć niezależnie od nas, zostajemy wypchnięci daleko poza bezpieczne ramy badań klinicznych. Jak zatem możemy badać owe „międzywymiarowe" właściwości DMT?

Musimy rozpocząć od założenia, że tego typu przeżycia *mogą być prawdziwe*. Mówiąc inaczej, mogą nam one ukazać, „jak to jest być" w odmiennych rzeczywistościach. Już pierwsze próby systematycznego badania tych kontaktów powinny określić naturę napotykanych przez nas istot. Kiedy już zminimalizujemy szok wywołany ich obecnością, czy będziemy w stanie wydłużyć, poszerzyć i pogłębić wzajemne interakcje? Czy istoty mające ten sam wygląd, usposobienie oraz zamieszkujące podobne miejsca przekazują różnym osobom porównywalne informacje i wiadomości?

W owym wymarzonym ośrodku odbywałyby się nie tylko badania. Wstępne eksperymenty pomogłyby ustalić, w jaki sposób używać psychodelików na każdej z płaszczyzn: terapeutycznej, związanej z kreatywnością oraz duchowej. Podobnie jak ma to miejsce w przypadku jakichkolwiek innych poszukiwań, opracowane w ten sposób rozwiązania mogłyby przynieść pożytek większej liczbie osób. Podczas ich pobytu nacisk nie byłby już kładziony na gromadzenie danych, ale na realizację określonych celów.

Naturalną konsekwencją tak dużego nacisku na doświadczenie personelu ośrodka byłaby także jego działalność edukacyjna. Dawałaby ona wspaniałą okazję uzyskania wiedzy bezpośrednio od ekspertów we wszystkich dziedzinach, które mogą okazać się przydatne w pracy z psychodelikami. W końcu ośrodek ten dysponowałby także olbrzymim księgozbiorem i archiwami, służąc tym samym jako centrum informacji dotyczących literatury związanej z problematyką odmiennych stanów świadomości.

EPILOG

Prowadzenie na Uniwersytecie Nowego Meksyku badań dotyczących substancji psychodelicznych było wyczerpujące zarówno pod względem zawodowym, jak i osobistym. Tak czy inaczej nie mam najmniejszych wątpliwości co do tego, że był to najbardziej inspirujący i niezwykły okres w moim życiu. Wznowienie tego rodzaju poszukiwań na terenie Stanów Zjednoczonych przez całe lata pozostawało moim marzeniem, dlatego też jestem szczęśliwy, że znalazłem się w odpowiednim miejscu i czasie, aby móc wcielić je w życie.

Jako naukowiec zajmujący się badaniami klinicznymi, mający za sobą wiele lat pracy psychoterapeutycznej oraz mający pewną wiedzę i doświadczenie w dziedzinie duchowości, byłem przekonany, że jestem odpowiednio przygotowany do wskrzeszenia badań nad psychodelikami. Pod wieloma względami byłem gotów na to, dokąd może nas zaprowadzić molekuła duszy. Pod innymi już nie. Udało nam się otworzyć furtkę, która od pokolenia pozostawała szczelnie zamknięta. Po drugiej jej stronie, podobnie jak w puszce Pandory, znajdowały się moce posługujące się własnym językiem. Moce te uleczały, krzywdziły, zaskakiwały. W jakiś dziki i nieobliczalny sposób pozostawały przy tym zupełnie obojętne. Na każdym kroku słyszałem ich wołanie – pełne troski, pociągające, a zarazem wyzywające i przerażające. Ale pytanie wciąż pozostawało niezmienione.

Jest to pytanie, które podczas pierwszej sesji z wysoką dawką DMT usłyszał Saul – ochotnik, którego nie mieliśmy okazji jeszcze poznać. Zakończę swoją książkę jego historią.

Saul był trzydziestoczteroletnim żonatym psychologiem. Był żylasty i pełen energii, miał ironiczne poczucie humoru i świdrujące spojrzenie. Psychodeliki przyjmował około czterdziestu razy w swoim życiu, od niemal dwudziestu lat praktykował także medytację. (Starałem się werbować do swoich badań osoby mające pewne doświadczenie w medytacji. Wydawały się one lepiej radzić z niepokojem pojawiającym się na początku sesji z DMT, a poza tym pomagały mi porównywać stany umysłu wywołane podaniem substancji chemicznych z tymi, które pojawiają się podczas głębokiej medytacji). Saul zgłosił się do badań dawka-reakcja, ponieważ stwierdził: „Słyszałem o DMT i zawsze chciałem go spróbować. Na dodatek podoba mi się perspektywa zażycia go w szpitalu pod nadzorem medycznym".

Sesja z niską dawką przebiegła łagodnie. Sean pojawił się dzień później, aby otrzymać 0,4 mg/kg DMT.

Pomimo że notatki sporządzone przeze mnie tamtego poranka są całkiem wyczerpujące, pozwolę sobie przytoczyć otrzymany od Seana list, ponieważ znacznie lepiej opisał on w nim swoje doświadczenia:

Pusta przestrzeń w pomieszczeniu zaczęła iskrzyć. Ujrzałem ogromne, kryształowe graniastosłupy oraz szalony taniec świateł rozbłyskujących we wszystkich możliwych kierunkach. Po chwili całe pole widzenia wypełniły bardziej skomplikowane figury geometryczne. Były piękne. Moje ciało wydawało się lekkie i spokojne. Czy traciłem przytomność? Zamknąłem oczy, westchnąłem i pomyślałem: „O mój Boże!".

Nie słyszałem absolutnie niczego, ale mój umysł wypełniały różnego rodzaju dźwięki. Przypominały pogłos pojawiający się po uderzeniu w potężny dzwon. Nie byłem pewien, czy wciąż oddycham. Ufałem jednak, że wszystko będzie w porządku, i przestałem o tym myśleć, nie dając szans na pojawienie się paniki. Ekstaza była tak wielka, że moje ciało nie było w stanie jej pomieścić. Poczułem, jak moja świadomość niemal z konieczności zaczyna się wznosić, pozostawiając w tyle swoją fizyczną powłokę.

Ujrzałem wielki, rozszalały wodospad rozpalonych kolorów, które wypełniły całe moje pole widzenia. Wizji tej towarzyszyła rycząca cisza i niewypowiedziany spokój. Z barw wyłoniły się istoty. Były zaintrygowane moim przybyciem. Pozdrawiały mnie. „Czy teraz już widzisz?". Ich głos przypominał śpiew. Miałem poczucie, że ich pytanie przeniknęło w głąb mojej świadomości i zupełnie ją wypełniło: „Czy teraz już widzisz? Czy teraz już widzisz?". Ich wibrujące głosy wywierały niewyobrażalny nacisk na mój umysł.

Nie musiałem odpowiadać. To tak, jakby ktoś zapytał mnie w rozpalone słońcem popołudnie na pustyni Nowego Meksyku: „Czy jest jasno? Czy jest jasno?". Pytanie i odpowiedź brzmią identycznie. Z przejęciem w głosie powiedziałem: „Tak! Oczywiście, że tak! Nareszcie!".

Swoimi wewnętrznymi oczyma badawczo „przyglądałem się" napotkanym przez siebie istotom. One natomiast przyglądały się mi. Kiedy zanurzały się z powrotem w strumieniu barw, byłem w stanie usłyszeć odgłosy dochodzące z pokoju. Wiedziałem, że wracam na ziemię. Czułem swój oddech, moją twarz, palce. W niejasny sposób zdawałem sobie także sprawę ze zbliżającej się ciemności. Czy znajdowały się tam płomienie, dym, kurz, walczący żołnierze, niewypowiedziane cierpienie? Otworzyłem oczy.

O AUTORZE

Rick Strassman urodził się w Los Angeles. Ma dyplom Uniwersytetu Stanfordzkiego oraz Szkoły Medycznej im. Alberta Einsteina Uniwersytetu Yeshiva.

Dr Strassman odbywał praktyki i podstawowy staż psychiatryczny w Centrum Medycznym Uniwersytetu Kalifornijskiego w Davis, a w 1981 roku otrzymał nagrodę firmy Sandoz za ponadprzeciętne osiągnięcia. Przez dziesięć lat pracował jako nauczyciel akademicki na Uniwersytecie Nowego Meksyku, prowadząc tam badania kliniczne dotyczące działania melatoniny – hormonu produkowanego przez szyszynkę. Podjął się także pierwszych od ponad dwudziestu lat badań klinicznych dotyczących substancji psychodelicznych, które zostały zatwierdzone i sfinansowane przez amerykański rząd.

Dr Strassman opublikował trzydzieści artykułów naukowych. Pracował także jako recenzent dla kilku czasopism psychiatrycznych. Był również doradcą amerykańskiej Agencji ds. Żywności i Leków, Narodowego Instytutu ds. Narkomanii, Szpitali Weteranów, Administracji Ubezpieczenia Społecznego oraz innych agencji rządowych i lokalnych. Obecnie pracuje jako psychiatra w Taos, w stanie Nowy Meksyk, oraz jako adiunkt w Szkole Medycznej UNM. Adres strony internetowej dr. Strassmana: www.rickstrassman.com.

ABANDONED

BY THE SAME AUTHOR

MATTIE

The story of a hedgehog

SILVER BLUE

A story of the ponies that run free on Dartmoor

G. D. GRIFFITHS

ABANDONED

WORLD'S WORK LTD
KINGSWOOD TADWORTH SURREY

SBN 437 44502 x

Printed in Great Britain by
The Camelot Press Ltd, London and Southampton

The cruel practice of "losing" unwanted dogs and cats in lonely places is growing more and more common. This is the story of a kitten abandoned in this heartless manner.

One

The kitten was dozing, curled up head-to-tail on the back seat, when suddenly the car stopped and her mistress, picking her up by the scruff of the neck, carried her to a patch of long grass at the roadside and flung her into it. Her dignity badly ruffled, the indignant kitten was tempted to stay there sulking, then, deciding that it must be some new kind of game, she struggled through the jungle of tall stems in time to see the woman hurry into the car and slam the door.

It seemed an easy enough game to play. The kitten happily made for the vehicle, her pointed tail held high as she bounded along the grass verge, threading her way between tussocks of grass and clumps of nettles. Tripping over a tangle of dead grass, she fell headlong on her nose, and when she had scrambled to her feet again the car was roaring off in a haze of exhaust fumes.

The game was growing difficult to understand, but it was pleasant enough waiting on the sun-warmed grass at the side of the road. Her mistress would be sure to come back soon, laughing at the luxurious way she was stretched out in the sun and picking her up to hug and stroke her until she purred with pleasure.

As time went on and there was no sign of the woman, the kitten began to feel apprehensive and decided to wash, as cats do when they are worried or uncertain. First, each hind leg was stretched out and licked in turn, then both forelegs, paying special attention to the fleshy pads of the feet and the spaces between the toes. Her neck and ears she cleaned with her moistened fore-paws, wrinkling her brows with the effort and darting quick glances round her after every stroke to make sure that no enemy had crept up unheard. She bobbed her head to wash the white bib on her chest until it was damp with spittle, licking the corners of her mouth to ease the ache at the root of her tongue. By then, she felt soothed but too tired to go on with her toilet, so she decided to finish by washing her tail, holding the tip of it between her forepaws and licking and biting it from end to end.

Relaxed and comforted, the kitten curled up and dozed on the grass until the sun sank behind a hill and the chill brought by the lengthening shadows woke her. Frightened and beginning to realise that this was no game, she set off in the direction the car had taken. The road was rough and dusty, little more than a cart-track, and on either side the unfenced moor, broken only by thickets of brambles and an occasional copse, stretched into the distance as far as the eye could see. The kitten padded slowly along in the middle of the road; there was no traffic, and the dust felt soft and warm to her feet.

Night fell suddenly, as it does on Dartmoor, and the eerie hoot of an owl sent the kitten bounding into a clump of heather, where she lay nerve-taut and trembling until the unknown danger had passed. Born in a town, she only knew the sights and sounds of the busy street where she had lived; the only wild creatures she had come in contact with were a few mice and one or two bedraggled house sparrows.

After a while, she summoned up enough courage to go on and stalked along the grass verge, her jet-black body merging into the shadows, only the white of her bib faintly showing. She felt very tired and frightened; only the hope that she would find the car and her mistress round the next bend kept her going. Her paws were grey with dust, and dried goose-grass clung to her flanks and the tail which drooped dispiritedly behind her.

The road began to go steeply downhill; there was a damp, earthy smell and the sound of running water. The grass verge ended in a patch of mud, and the kitten's way was barred by a water-splash, but with her keen night sight she quickly spotted a row of stepping-stones marching across the ford. Daintily stepping on to the first one, she stooped to drink, water which was clear and cold with a strange, peaty taste, but it quenched her thirst and gave her strength to carry on. The last stepping-stone was too far from the bank, and the leap she made across the gap fell short, but she scrambled thigh-deep through mud and water to the bank and plodded on, the mud on her legs slowly caking into hard ridges which pulled painfully on her fur. Still she struggled on, overcoming her exhaustion by sheer willpower. The pads of her feet were sore and blistered, and never in her twelve weeks of life had she felt so frightened and alone. Whenever she had fallen out of the box where she had been born, she had panicked for a moment or two, but her frantic mewing had always brought her mother to seize her by the scruff of the neck and dump her back among the rest of the squirming litter. When her two brothers had gone from the box, carried off in strange arms, she had felt uneasy and alarmed at the time, but she had forgotten them in a day or two.

She wondered why her mistress had behaved so strangely that morning, hugging her tight and stroking her until the man of the house had roughly told the woman to stop it and get into the car. Some frightening things had happened to the kitten since then, but she had never known such anguish of mind or such aching tiredness as she felt now.

The road began to climb steeply, but the kitten staggered on, panting and near collapse. She sensed that humans were near and that she was leaving the darkness and danger of the moor behind.

At the top of the hill, a hamlet straggled along the road in the moonlight. In the first house, a dog started a frantic barking, sending the kitten scurrying down the deserted road until a sharp bend brought her face to face with a warped wooden gate swinging open on a path hedged with privet. She smelt food not far away.

The path went round the house to the back door, and there she found a saucer of milk and a plate of scraps.

After she had eaten all the food and licked the saucer dry, she sat on the doorstep of the house, wailing her grief to the moon, but her reedy, plaintive cry brought no answer from the sleeping world. Soon, too tired to crawl away to a more comfortable place, she fell asleep on the step.

She was still sleeping on the doorstep next morning when the woman of the house found her and told her husband. They knew the kitten had taken the food and milk they had put out for their pet hedgehogs because the dishes were both licked clean; hedgehogs always leave muddy paw-marks on them.

The man from the house carried the kitten to the top end of the garden, her paws and tail dangling limply from his hands, and dropped her over the fence, still sleeping soundly, into a clump of grass in the lane behind the house. He told his wife that she must not encourage the kitten to stay; they did not want a stray coming to steal the hedgehogs' food.

The kitten slept on, and the sun was riding high in the sky when she awoke with a start. Like all cats, she was instantly in full possession of her faculties and she remembered all the frightening things that had happened to her the day before. Her legs and tail were still thick with dried mud, the blisters on her paws were swollen and tender. Her mouth was parched, so she could not wash herself, and her stomach ached with a gnawing hunger. The milk and scraps she had stolen the night before had not been enough to satisfy her, but she knew where the food had been and she set off to see if she could find some more there.

The back door of the house was closed, and the two

dishes stood empty on the step. The kitten licked the milk-saucer, but it tasted dry and sour. If she stayed on the doorstep, somebody would be sure to come, and it was pleasant sitting there in the sun, easing the aches from her limbs in its warmth, but she grew more and more hungry as she waited. She mewed piteously, but still nobody came to the door, so she began to cry continuously, padding to and fro on the step, unable to believe that food would not be brought out to her.

The door opened with a rush, and the kitten was drenched in the downpour from a bucket of icy-cold water. As she rushed off up the garden path, the man told his wife that that was the best way to stop strays hanging round. There's nothing like cold water to get rid of them; it ruffles their dignity as well as making them feel cold and miserable, he told her.

Unable to believe that one of the humans she still trusted and relied on for food had treated her so cruelly, the kitten spent the afternoon hiding in the rhubarb patch at the top end of the garden. She still expected that the door would open and a friendly voice would call her to eat, but she was too frightened to go near the house until the people who lived there made some move towards her. The water thrown over her had washed some of the mud from her fur, and she was able to ease her parched mouth by licking her damp coat. The shock of being chased off in such an undignified manner had made her forget her hunger for the time being, but she felt more miserable and dispirited than ever. Her fur gradually dried in the warmth of the afternoon sun, and towards evening she felt a little better and slept fitfully for a while.

When night fell, she decided to risk going to the house again. Already, after little more than a day of life as a stray, she was beginning to feel the stirring of unfamiliar emotions; the craft and guile of her forebears were beginning to colour her thoughts, and she did not feel so lost and helpless. She slunk from shadow to shadow along the path, carefully circling the food-dishes before she went to them. They were both empty, and she wrinkled her nose in distaste at their sour, stale smell.

The door of the house was closed, and the kitten sensed instinctively that no food would be brought out to her.

As she went slowly and stealthily round the house and along the front path, she heard a faint rustling and froze, her whiskers twitching, her nostrils wide, her head stretched out. She nosed slowly into the hedge, and there she found a fledgeling blackbird, its beak opening and closing in little soundless cries. It had fallen from the nest earlier in the day, but the hen bird was still keeping watch over it from a branch above. She swooped down on the kitten as she batted the little bird with her forepaw, and the kitten felt the sudden shock of a sharp beak stabbing at her shoulder muscles, but neither that nor the blackbird's frantically-beating wings could stop her; instinct told her to kill. The fledgeling bird was tender, juicy meat, rich with hot life-blood, and the kitten tore it apart mouthful by mouthful, crunching the soft bones and leaving only the beak and a bit of the spine.

Strengthened by the first food she had tasted for nearly twenty-four hours, she sat on the path washing herself, feeling more and more relaxed with every stroke of her tongue.

Two

The kitten lurked around the garden for several days; she was still domesticated enough to feel happier when she was near humans. She was inexperienced at hunting for herself and found food difficult to obtain; the little blackbird had been easy prey, but she could not manage to catch any other birds, however carefully she stalked them. There were plenty of field-mice in the garden, and the smell of them constantly whetted her appetite, but they evaded her clumsy pounces with contemptuous ease. The people of the house, knowing she was still around, did not put out any food for the hedgehogs, and the kitten grew more and more hungry.

She managed to catch a few flies and a wasp, but the wasp stung her tongue, making it swell so much that she could not even comfort herself by washing. She gnawed a few bones that she found on the compost heap, but she did not find any of these things very appetising and there was little or no nourishment in them. The puddles of rain water on the garden path supplied her with water for drinking, and she spent most of the day curled up in the double hedge which ran along the back lane.

At last, she realised that the people of the house did not want her and that no more food would be put in the dishes on the doorstep. That night, in the dark of the moon, she pushed through a gap in the front hedge of the garden and set out to explore the rest of the hamlet. The sores on her feet were almost healed, but her coat was still tattered and staring, and her bones stuck out under her sagging skin. Her eyes shone green and enormous in her heart-shaped face, catching every gleam of light. She moved slowly and stealthily; the plump, soft kitten, well-fed on three good meals of meat and fish every day, was becoming a creature of the wild, with the instincts of a wild animal, the urge to kill to live and the need to hide when danger threatened. She still had a lingering feeling that her place was with humans, and a vague sense of bewilderment and loss, but with every day that passed she felt more at home in her new life.

The only wild creatures that did not run away from her were the hedgehogs; even the young ones treated her with contempt, scurrying about their business with a flick of their prickly tails. Once she had crept up on one of them when it was rooting for slugs in the strawberry-bed. The urchin froze, watching the slowly-stalking cat with its black and beady eyes, then when she pounced it flipped upwards with its hindquarters, catching the corners of her eyes and her tender nose and lips with its sharp spines. After that, the kitten had left all hedgehogs alone.

The gardens of the houses in the hamlet ran along both sides of the road, and the kitten prowled around each of them in turn looking for food. In one, she found a few hard crusts of bread, thrown out for the birds, and in another there was some gristle, chewed and left by a dog. By then, she was so hungry that she was glad to eat them all.

When dawn broke, she curled up on a pile of empty sacks in a tool-shed in one of the gardens, but the sun had not climbed very high in the sky when there was a swift patter of feet into the shed, then a frenzied, ear-splitting yelping which made her bound in terror on to a shelf stacked with seed-boxes. A mongrel dog, his eyes shining with excitement, his jaws slavering, jumped again and again, trying to grab her tail and drag her down. The kitten felt a strange prickling down her spine, her body arched instinctively and she surprised herself with the vicious spitting sound she made.

The dog's yapping grew more and more frantic, his leaps higher and higher, and the kitten was beginning to wonder how much longer she would be able to stay on her precarious perch among the seed-boxes when she heard a man's voice telling the mongrel to be quiet.

With a last frantic burst of barking, the dog ran off. As soon as she thought it safe, the terrified kitten leapt down from the shelf and dashed madly out of the shed. She did not stop running until she had passed the last house in the hamlet and had once more reached the solitude of the moor.

She spent that day sleeping in a clump of grass and heather, but she was still not confident enough to turn her back on humans entirely, and when dusk fell the sudden hoot of an owl sent her scurrying back in terror to the gardens. The evening was warm and dry, with gnats and mosquitoes gathering in clouds through which bats swooped shrilly, terrifying the kitten as they dived low, angered by her presence in the gardens. Their ear-splitting squeaks set her teeth on edge, and she scurried into the porch of the nearest house, where she was found next morning by the woman who lived there.

The woman was shocked at the state of the kitten. Her eyes and paws looked enormous compared with her emaciated body, and she was very dirty. After the woman had given her some scraps and milk, she sponged the kitten's fur clean and brushed it dry while she purred with pleasure, arching her back and rubbing herself against the woman's hands. Soon the kitten was curled up head to tail, sleeping soundly on some thick pieces of old blanket in a warm box in the kitchen.

She was still asleep when the woman came down next morning. The woman woke her up and put her outside the back door for her morning airing, watching anxiously in case she ran away, but she was pleased to have food and a home again and did not wander far from the house. After a while, the woman opened the door again, and the kitten trotted in, mewing softly with pleasure.

She stayed at the house for nearly a month and became very fond of her new owner. Her coat grew thick and glossy again, her body filled out with plentiful food and milk, and the size of her paws showed that she would be an exceptionally big cat when she was full-grown.

One evening, there was a loud, impatient knock on the door, and the kitten heard the voice of a man. It brought back faint, disturbing memories of the days when she had lived in another house in another, far-away town.

That night, the woman stealthily moved the kitten's box from the kitchen to a spare bedroom, and next day she was fed upstairs and smuggled in and out of the garden for her daily airings. She sensed that something was amiss and tried to explain her worries to her mistress, but the woman took no notice of her anxious mewing.

The kitten did everything she could to show her affection, twining herself between her mistress's legs when she walked and rubbing against her hands when she brought food and milk. She leapt on to the woman's lap when she stooped to put the food down, arching her back and trying to press her head up under her owner's chin, her whole body throbbing with affection and gratitude, but the preoccupied woman brushed her aside.

Worried by the woman's behaviour and afraid that she had offended in some way she did not understand, the kitten anxiously tried to follow her downstairs. Her mistress shooed her back into the room, but the kitten managed to dodge her and ran down to the kitchen, where the woman's husband, home from sea, was sitting. There were loud, angry words between the two humans, then the woman carried the kitten out in her box to the tool-shed in the garden.

She went to the front door, mewing piteously, but the woman carried her back to the shed and gave her some milk and scraps out there. The kitten was anxious and puzzled, and she missed her mistress and the warmth of the kitchen.

Next morning, she padded to the back door of the house, crying in bewilderment, but the man chased her away. Nobody brought food out to her, and after a while she set up a plaintive mewing outside the house. Suddenly, the door was flung open, and the man came out, shouting angrily, but the kitten, realising that he meant danger, scuttled off down the path and headed for the moor.

Panting with fright and exhaustion, she dived into a clump of heather and lay there quivering, unable to understand the strange behaviour of humans. She slept fitfully that night, too frightened to leave the shelter of the heather, but when the sun rose she was so hungry that she forgot her fear. Cautiously, she crept back towards the house, circling the garden shed and slinking along the path to the back doorstep.

She had nearly reached the step when the door was flung open and the woman came out, flapping her apron and shooing the kitten away. When she stopped, hurt and bewildered, the woman picked up a handful of gravel from the path and threw it stinging into her face.

Then the man came hurrying out with a bucket of water and flung it at the kitten. Although most of the water splashed harmlessly on the path, her coat was soaked by flying droplets as she slithered round on the gravel and darted off towards the moor.

All that day, the kitten crouched in the heather watching the house, but nobody came out with food. When dusk fell, she was feeling very miserable, but she brightened up a little after she had gone hunting and managed to catch a young field-mouse which took the edge off her ravenous hunger.

Then, drawn by dim memories of comfort and affection somewhere far away, she set her face to the east and padded off across the moor.

Three

The kitten did not consciously remember her first home with the man and woman who had abandoned her at the roadside, but she felt a strange sense of loss and a compulsion to go on and on to somewhere far across the moor, a place where she would find warmth and comfort, security and a sense of belonging.

She was living entirely as a wild animal, hunting her own food, killing cleanly and quickly as a wild animal does, with none of the needless cruelty of the well-fed, domestic cat, and she travelled as a wild creature travels, obliquely, circuitously. Sometimes, she lingered for several days in a place where birds and small rodents were plentiful. Sometimes her track described a wide circle, and she slept at noon in the spot she had slept in the day before, but slowly, steadily she forged on eastwards. She had lost her fear of the vast expanse of the open moor; for the time being it was her home, and she made her way over it with more and more confidence as the days went by.

When autumn faded into winter, her coat began to grow thicker, making her taut-muscled body look more sturdy than it was. She was by then half-grown, and life on the moor had made her very hardy. The tender pads of her paws had grown hard with travelling over rough ground, and she ploughed her way heedlessly through cotton grass, heather and bracken. She no longer shrank from walking in the rain and she swam fearlessly across the chill moorland streams. A wet coat had become part of life to her, but she still found a dry, warm spot for her daily sleep whenever she could.

Christmas found her near Princetown, that bleak, granite village nearly 1,400 feet above sea-level. The weather was fairly mild, and although the moor was brown and soddon with rain, she was still able to find enough food to keep alive. She decided to stay for a few days in a hedge-bank not far from the grim, grey prison. Each morning, before she went to sleep, she watched the convicts filing out to work on the prison farm and she could not settle down until the last drab figure had vanished over a distant hill. She had already nearly forgotten her life with humans and felt a vague unease when they were near.

Soon after Christmas, a cold wind began to blow from the north east, and at night the heather was harsh with frost. Day after day, the sun could not break through the leaden clouds that darkened the sky. The water in the puddles and ditches turned to ice which burnt the young cat's tongue when she licked it, and the wild creatures she lived on began to grow scarce. The icy, nagging wind penetrated even her thick fur, and as the cold grew more and more bitter, she moved nearer and nearer to the cottages and outbuildings clustering round the prison. For the first time since she had set off on her trek across the moor, she felt afraid with a deep, instinctive fear. She knew that all her hard-won skills, all her agility and all her determination to survive could not save her from the biting cold, and instinct told her that there was even worse to come. For a time, she sheltered from the worst of the weather in a disused rabbit-burrow, only leaving it when hunger and thirst forced her to.

Then the snow began to fall. At first, there were only small flakes fluttering down from the lowering sky, dusting the high hills with white and creeping down the valleys to blur the outlines of the rock-piles and gorse-bushes. The icy wind still whistled through the heather, dislodging tiny avalanches of snow from the steep faces of the tors and clitters. The ground was frozen hard, and in addition to competing with stoats, weasels, foxes, badgers, owls and buzzards for what food there was, the young cat had to use all her cunning to save herself from being eaten by the bigger animals. Slowly, she starved.

With each day that passed, the blanket of white on the moor grew thicker. The cat had difficulty going to and from the rabbit-burrow through the deep drifts, and the inside of it was cold and wet with melted snow and slush. She knew that she must find food and warmth or die.

On a bitter, moonless night when the snow was falling fast, driven by a biting wind so strong that it ruffled her coat and showed the white skin at the roots of the fur, she summoned up the last of her strength and crawled to the stable where the warders' ponies were kept. She crept in through a door that someone had carelessly left ajar and curled up in a pile of hay in a disused loose-box. It was warm and dry in there, and there was a mouth-watering smell of mice which made her stomach turn over with hunger, but she was too weak and tired to hunt them.

The stable smelt safe, in spite of its strangeness and the unfamiliar noises made by the sleeping ponies. The young cat fell into a deep sleep and she was still sleeping soundly when some prisoners came to clean out the stable and see to the ponies the next morning. One of the convicts found her, half-hidden in the hay, and lifted her up by the scruff of the neck, holding her high in the air for the other men to see. The animal slept on, a sleep very near to death.

Seeing that the cat was nearly starving, another prisoner, an old "lifer" who had little hope of ever leaving the moor, asked the warder if he could fetch her some milk. The convict hurried off to the kitchen and came back with a plate of scraps as well as nearly a pint of milk. The young cat had been put back in the hay, where she was still fast asleep, oblivious of the noise of men and ponies round her. When the old man put the plate of scraps beside her, the smell of food awoke her, but she was so weak that her legs gave way under her when she tried to stand up to eat. She mewed faintly and sadly turned her head away from the tempting smell of the scraps she could not reach. The convict saw that she was too weak to feed herself, so he soaked a corner of his handkerchief in the milk, moistening her lips with it and dribbling it into her mouth until he had coaxed her to swallow nearly half of it.

Then she fell asleep again, and the man left her, but at noon, before going for his own meal, he went to the loose-box again. The young cat was still sleeping soundly, curled nose-to-tail in the hay, but she woke at once when he touched her, and he helped her to her feet and gave her the rest of the scraps and milk. She ate most of the food and drank all the milk, purring her gratitude and trying to arch her back under the convict's hand as he stroked her, but the effort was too much for her and she sank down in the hay, exhausted. She slept on for the remainder of the day, waking again in the evening to have some more scraps and milk which her new friend had left for her before he was shut up in his cell for the night.

Next day, the warder told the old prisoner that the cat could stay in the stable, but as soon as she was fit she would have to work for her living keeping down the mice and rats. The convict pointed out her long body, her big paws and her small head, telling the warder that she had all the makings of a good mouser and would soon free the stable of vermin when she had got her strength back.

The moor outside was still deep in snow. The whirling flakes fell day and night without ceasing, blotting the far hills from sight and filling the combes until the whole moor was one vast, smooth plain. The temperature fell sharply at night but rose to a little under freezing-point in the day. The pale January sunshine could not penetrate the leaden clouds which blanketed the sky, and a bitter wind blew steadily from the east. In places, the snow lay in drifts fifty and even sixty feet deep, and the old moormen shook their heads, saying that in all their born days they had never known such weather. The creatures of the wild died in their hundreds, starving to death in their holes and burrows under the snow, and the bigger animals were only able to keep alive by preying on each other. A vixen, too weak to go out and hunt, lay in her earth gnawing at her brush in her aching hunger until the hair and flesh were eaten away to the bone. In the end, she was put out of her misery by a weasel that nosed through the snow to find her and suck the warm, red life-blood from her jugular vein.

Most of the wild ponies had long since made their way to the lowlands from the moor, but a few, too old and weak to make the long trek down, lingered on, scavenging household scraps from the farms and cottages and sleeping in the lee of rock-piles at night, but one by one they grew too weak to stand and sank to their knees and never rose again. Ewes, heavy with young, lay buried deep under the drifts, breathing through blowholes made in the snow by the warmth of their breath, but scores of them died of starvation, and the unborn lambs slowly froze to death in their wombs. Buzzards, owls and other birds fell from the air, frozen to death as they flew, and their bodies lay scattered over the snow; there were not enough of nature's scavengers left alive to clear them away. Even the hardy little brown trout in the moorland streams lay motionless as death in the tiny trickles of water which forced their way downstream under the thick ice.

The bitter cold went on through February and well into March, but by then the young cat was well and strong again. She was still living in the stable, growing plump and sleek on the mice she caught and the milk and scraps the old convict brought for her. The ponies had grown used to her being there and took care not to harm her when she rubbed herself against their fetlocks or darted between their legs chasing mice and rats. She accepted the food and affection of the old prisoner, but she was not entirely at ease with him. Although she was grateful for the food he gave her, she still felt a deep distrust of humans and knew from bitter experience that any stay with them was only likely to be temporary. She often lay on the window-sill of the stable staring out across the moor, the pupils of her eyes contracted to slits in the reflected glare of the snow, then with a swish of her tail she would spring down and pad her way back to the loose-box. She knew that a time would come when she would set off towards the rising sun again, but that time was not yet.

Four

When April came, the weather was still very cold; although it was no longer snowing, the wind blowing steadily from the north kept the temperature hovering near freezing-point, and the moor was still carpeted with white. In the stable-yard, the snow had been cleared by the prisoners, but patches of frozen, grey slush still lingered round its edges.

The cat was nearly a year old, almost full-grown, and the old lifer had been right in saying that she would be a good mouser. The stable was nearly free of mice, and she had killed a few young rats as well. The sight and smell of the unclean rats infuriated her, and she would crouch in the shadows beside the corn-bin for hours on end waiting for one of them to pass. Then she would spring, making a lightning quarter-turn while still in the air, so that she landed four-square on the young rat's back, digging deep with her claws to keep her grip. However frantically the rat rushed to and fro, squealing horribly and shaking itself from side to side, it could not dislodge her. Her teeth would bite deeper and deeper into the back of its neck until its spine snapped with an audible crunch. Although an unusually big cat for her age, she still did not have quite enough weight to deal with the full-grown rats; they were too strong for her and could shake her from their backs with one twitch of their powerful shoulders. More than once, only her speed and agility had saved her from death under their slashing fangs. As it was, she had had two superficial bites on her throat, bites which had turned septic because rats' teeth carry infection from the refuse and offal they mainly feed on. The bites had taken a long while to heal, since the young cat could not reach them to wash them properly. Sometimes, she dreamt of the foul-smelling, hateful rats, and her rage would grow so intense that the twitching of her ears and the furious swishing of her tail would wake her with a start.

Since the snow had been cleared from the stable-yard, the cat sometimes padded across it to the gate, but each time, when she saw that the moor was still thickly blanketed with white, she decided to give up her half-formed plan to resume her trek to the east. The old convict noticed her restlessness and sadly realised that she would probably go as soon as the weather grew warmer. He wondered where she had lived before they had found her in the stable; by her colouring she was not a true wild cat, yet she did not seem to want to settle down with people. He hoped that she would stay; the feel of her warm fur and the soft sound of her purring reminded him of a time long ago when another cat had curled up on his knee in the far-off warmth of home.

Towards the middle of April, the north wind swung round to the west, and suddenly the moor was filled with sunshine and soft, warm airs. Everywhere there was the sound of running water as the snow thawed, and overnight the grey of granite and the brown of heather showed through the fast-disappearing blanket of white. Suddenly, the stable-yard was loud with sparrows, and a lark hung in full song high above the moor.

The young cat grew more and more restless, pacing back and forth across the yard with a peculiar, high-stepping gait. Her ears were pricked as if she was listening for something, and her tail was constantly swishing from side to side. At night, she often went out on to the moor and did not return until day-break.

One night, when the moon was full, she was in the stable, feeling more restless and preoccupied than ever. Even the stealthy rustle of a rat in the loose-box went unheeded by her. Curling up in the hay, she dozed for a while, then she slipped into a fitful, uneasy sleep.

The moon was filling the stable with pools of light and the yard was bright as day when she awoke with a start. Far away, on the other side of the village, a cat was wailing. Another one answered its high-pitched cry, and then the night was made hideous by the blood-chilling music of a cat-chorus as three or four different animals set up an ear-splitting din which rose and fell between long intervals of silence.

The young cat answered once from the window-sill of the stable, and then she was away, streaking across the yard in a peculiar, crouching run. She darted down the street in the bright moonlight, a black shadow flitting among the sleeping houses, and did not stop until she found the other cats out on the moor. Although she approached them with the proper humility and diffidence of a stranger, she was at first greeted with threats and hisses, but after a while the other cats decided to accept her. She sat quiet and proud in the shadows as two yowling, spitting toms fought for her.

The next day, she did not go back to the stable; again she felt the compulsive urge to go on. Everywhere Dartmoor was waking from its winter sleep; new heather shoots were thrusting through the sere brown of the previous year's growth, and green bracken fronds were curling upwards to the sun. The gorse bushes were breaking into bud, and in the hollows beside the streams celandines and primroses clustered. All over the moor, the earth was moist and rich with the promise of new life.

The clouds scudding across the sky on the back of the west wind sent down gentle showers of warm rain which washed the bleakness of winter away with the last traces of ice and snow. The clear spring sunshine soaked through the thin top soil, and everywhere the moorland plants rose to its warmth.

The wild ponies, many of them with foals at foot, came up from the lowlands, and lambs bleated and gambolled among the long-woolled moorland sheep.

Each day was a little warmer than the last as billowy, showery April gave way to the longer, sun-drenched days of May. Each night, the moon rose over the sleeping moor, outlining the jagged tors against the starlit sky. Each morning, the sun rose a little farther north and grew a little stronger, dispersing more quickly the swirling wreaths of mist lingering in the hollows.

The she-cat had crossed the wildest part of the moor, the high ridge of land separating the sources of the Dart and the West Okement. Far to the north of the watershed, High Willays, the highest point of Dartmoor, loomed jagged against the sky, backed by the softer outlines of Yes Tor and Cawsand Beacon, and in between lay the most drab and barren area of the moor, used as a firing-range and avoided as much as possible by both wild creatures and humans.

It was the opening of an artillery barrage that stopped the cat in her tracks. The unbearable booming sent her scurrying back along the bank of the West Dart, and she did not stop until she reached the other side of Rough Tor.

After she had rested for a while and recovered from her fright, she carried on southwards along the side of the river, cautiously making her way through the rushes and cotton grass at the water's edge, pausing from time to time to drink from the cold, peaty stream. There was no shortage of food; there were plenty of voles and birds near the stream, and the cat soon learnt to flip the little brown trout from the water with a forepaw. She slowly went on past Beardown Tor until she came to Wistman's Wood.

The tangled branches of the ancient, twisted oaks,

interlaced overhead with creepers, shut out the day so that the wood is in perpetual, eerie twilight, and the ground below is overgrown with ferns, moss and brambles. The place is dank and wet, with lichen hanging like enormous, grey cobwebs from the boughs of the trees. It is said to be the remains of a great forest which covered Dartmoor long ago, and some moormen believe it to be a former sacred grove of the Druids, still haunted by evil spirits.

It was impossible for the cat to penetrate the dense undergrowth. After trying three or four times to bound over or through it, she gave up and turned eastward again, leaving the wood behind her, and crossed the East Dart just above Dartmeet.

It was nearly three weeks since she had left Princetown, and she felt relaxed and happy as she slowly carried on across the moor. She no longer felt the compulsive urge to go on and on, nor did she hanker after the lost comfort of life with humans; she had grown to look on Dartmoor as her home.

In June, about nine weeks after leaving the prison stable, the she-cat began to feel a strange restlessness. From time to time, she stamped out a nest in the heather, but she left each in turn and slowly carried on across the moor. She had lost all desire to hunt and she padded on and on, looking round her uncertainly, until she came to a ruined Bronze Age hut-circle. She found a thick pile of bracken among a jumble of fallen stones inside the tumbledown walls and stretched out on it, panting. She did not know what was happening to her; she only knew instinctively that she had to find somewhere dry and warm and safe.

Her kittens, one male and one female, were born later that day, and as she washed their damp, squirming little bodies, she was happier than she had ever been in all her short life. A fierce desire to cherish and protect them swept over her, and she curled her body round them, purring her pleasure.

Five

The cat did not leave her litter until the pale streaks of light in the eastern sky showed that dawn was near. Then, weak from her labour and aching with hunger, she cautiously crawled from the nest of bracken. Out on the moor, she pounced on a young rabbit playing in the dew-soaked heather and tore savagely at its still-living flesh. Soon her fierce hunger was gone.

After she had left the nest, her two kittens squirmed around in their sleep, missing the warmth and reassurance of their mother's body. They crawled close together, each with its head pillowed on the flank of the other, trying to keep warm, but they were beginning to shiver in the morning chill when the she-cat came back. All that day, the kittens slept and suckled, and their mother lay curled round them, talking to them in deep, throaty undertones and washing them carefully after each feed, her eyes shining with pride and pleasure.

As evening drew near, she began to grow restless; her sharp ears had caught the faint sounds of stealthy movement outside the hut-circle, and her nose twitched as it picked up the scent of a fox. The bed of bracken among the tumbled stones was difficult for any but a small animal to reach, so there was little danger to the kittens from the fox. Even so, the cat was very worried about her young; already they were able to make little mewing sounds, and she realised that some smaller animal, such as a stoat or a weasel, might hear the noises the kittens made and kill them while she was out looking for food, unable to protect them.

As the night went on, she grew more and more restless, torn between her hunger and her fear for her young. She stood up and looked out of the nest. The whole of the moor was bathed in brilliant moonlight, and every leaf and stone stood out as plainly as if it were day. Inside the ruined hut-circle, nothing stirred. The cat listened intently; far away across the moor, a lamb bleated and a ewe answered it; from down a nearby valley came the murmur of running water. The fox was gone, and the she-cat could neither see nor smell any other danger.

She left the hut-circle and padded on until she came to a pile of rocks, heaped together in a sort of cairn, with a number of cave-like holes among the bigger stones at the base of the pile. She explored each hole in turn; they all smelt warm and dry, but they were too easy to get at for her liking. About half-way up the cairn, a displaced lump of granite left open the downward-sloping way to a roomy chamber, snug and dry and thickly-floored with wind-blown leaves. The entrance was narrow and well-hidden and high above the ground. The cat knew at once that it was a perfect home for her and her litter.

On her way back to the nest, she killed and ate a field-mouse which took the edge off her raging hunger. She heard faint rustlings in the dense shadows at the feet of other rock-piles that she passed and knew that more mice were there for the taking, but she had more urgent work to do. The bright moonlight made her anxious; the sleeping moor spread out so clearly before her seemed full of dangers, and she could not rest until she had moved her family from the hut-circle.

The kittens were fast asleep, curled head-to-tail, when the she-cat returned to the nest. She took the young tom first, lifting him up in her teeth by the scruff of the neck and carrying the limp little body carefully to their new home in the rock-pile. The lumps of granite were hard to climb with her dangling burden, but she eased her way up them one by one until she was able to back into the new nest and gently lay the kitten down on the thick bed of dried leaves. She nudged him into the centre of the nest with her nose, then she hurried off to fetch the she-kitten, and soon both her young were contentedly sleeping in the circle of her body. The strangeness of their new quarters did not worry the kittens; to them, their mother and the comfort she gave them meant home and safety.

The two kittens grew quickly. On the ninth day, their eyes were open, and from then on they grew more and more active. The little tom was black, with white paws and a white bib, the she-kitten was a tortoiseshell and they both had bright blue eyes. They were full of mischief, and although the upward slope of the nest stopped them falling out when they played together, their mother always lay across the entrance when she was with them, blocking it with her body to make sure they came to no harm. The youngsters pawed and batted at each other, and when they tired of that they tumbled and rolled and tussled all over the floor of the nest. Sometimes their mother lost patience with them and cuffed them soundly for some piece of mischief. She kept them spotless; when they did not want to be washed and struggled to get away from her, she held each down in turn with her paw across its body until she decided it was clean enough to be let go. If she was annoyed with the kittens, she was quite rough when she cleaned their eyes and ears with her tongue, but she forgot all their trying ways when she suckled them. She lay relaxed, with her eyes shut, purring with deep contentment as they nestled close to her body.

Soon the youngsters were old enough to be carried out of the nest to play in the sunshine among the stones at the foot of the cairn. Their mother always stayed near, washing herself and sometimes dozing lightly in the sun, but all the time she was on the alert for any danger to her young.

The she-cat, like all cats, was a good mother and trained the two kittens thoroughly. She taught them to be clean, to run to her when she mewed, to freeze when she told them to and above all to move silently and stealthily. In their play, they taught themselves how to hunt; to crouch with tail stretched out and then to pounce with unsheathed claws, sinking their teeth in the neck of their make-believe prey and using their weight to bear it to the ground.

As they grew older and more confident, their mother started to take them out hunting with her and, as the first step towards weaning them, taught them how to suck the flesh and lap the blood of the birds and animals she caught.

It was a long, dry summer; the sun blazed down day after day from a clear blue sky, and even the nights were hot and oppressive. By the middle of August, the moor was an arid waste. The bogs that fed the streams had shrunk and dried; the rivers themselves were mere trickles winding their slow and tortuous course over the clearly-visible quartz pebbles of their beds. Sheep, cattle and ponies came from all over the moor to graze on the coarse grass at the edges of the streams; the sap had dried out of the heather, the bracken was sere and lifeless long before its season. During the day, a purple heat-haze hung shimmering over the granite tors, and at night the stone radiated heat like an oven. The few trees that had managed to grow on the high moors by taking root in earth-filled crevices in the granite had already shed their leaves, and there were neither hips on the briar roses nor haws on the thorn trees.

The kittens and their mother had left their old home in the rock-pile and moved westwards to live beside one of the rivers, where they had made a nest in a hollow tree on the bank. The drought provided them with plenty of food; many of the smaller animals staggered down to the shrunken river so weakened by lack of water that they had lost all sense of caution. Mice, voles, squirrels and rabbits made their way along the dried-up tributaries, scenting the water they desperately needed in the main stream and falling easy prey to all the predators, who grew sleek and fat on their victims' flesh and blood.

By the beginning of September, the two kittens were weaned, and although they still relied on their mother's superior strength and cunning for most of their food, they killed quite a number of thirst-weakened small animals and birds themselves. They grew strong, lusty, sleek and well-fleshed like their mother.

Later in the month, some people camping on the moor for the night left a bottle lying in the heather when they moved on. Next morning, the rays of the sun, magnified by the glass, set the tinder-dry undergrowth smouldering until a light northerly breeze sprang up and fanned it into flames which ran through the parched heather with lightning speed. In a few hours, what had started as a tiny, smouldering spark had grown into a blazing inferno raging over a large area of the moor. Driven by the breeze, it sped on southwards, leaving behind it a blackened, reeking waste where nothing stirred. The sunset was blotted out by a purple cloud, and when the moon rose, its pale light was lost in the dark pall of smoke hanging over the moor.

The she-cat had been uneasy all day and had several times left the hollow tree where she and the kittens were sleeping to pad restlessly to and fro along the river bank. She did not recognise the strange, disturbing smell which stung and tingled in her nostrils, but she knew instinctively that it meant danger to her and her young. When dusk fell, she took no notice of the kittens when they tried to lead her northwards to the family's usual hunting-grounds. She determinedly headed south, and after a while the kittens followed her, mewing their protests.

The she-cat stalked quickly and purposefully along the shingle at the side of the shrunken river, keeping close to the water, bounding across exposed tree-roots, scrambling over rocks, and the youngsters had difficulty in keeping up with her. Sometimes, where the water was shallow, she waded through it to cut a corner, and where the river was deep she swam across, taking the kittens with her one by one, her teeth holding them firmly by the scruff of the neck.

Dawn had broken before she decided that it was safe to stop to rest and drink deeply of the peaty water. By then, they were miles away from the fire, and the breeze, which had veered south during the night, brought on it the clean, fresh smell of the sea. The she-cat snuffed the air and knew that they were safe.

All that day, they slept. The kittens lay side by side with outstretched paws, and their mother slept curled against them, waking from time to time to stretch and yawn and eye the undergrowth on the bank above for possible enemies.

Blown back on itself by the southerly breeze, the fire on the moor had died down while the cat and her litter were sleeping, but at sunset the breeze backed north again and freshened, blowing scattered patches of smouldering embers on to the unburned moorland. Fanned by the wind, they set the parched, sapless heather ablaze in several places. The flames swept southwards, gathering strength as they went, leaping from gorse bush to gorse bush, devouring shrubs, bracken and heather, leaving a charred, smoking wake behind them.

The she-cat woke with a start to the smell of burning and roughly butted the kittens to their feet, still weak, tired and sticky-eyed. She washed their faces with quick, rough strokes of her tongue and spoke to them urgently, telling them to wake up at once. Her agitation communicated itself to the youngsters, who panicked and scampered off in different directions.

By the time their mother had rounded them up, the fringe of the blaze had reached the top of the river valley, and a tongue of fire flickered along each bank with the speed of light. Above the crackling of the rapidly-advancing flames, a deeper and more menacing sound could be heard, the sullen roar of the main body of the fire. Small animals poured out of the smoke and rushed in headlong panic to the river, where some drowned in its deep pools and others died more horribly, burned to death on its banks as the flames leapt and roared over them.

The she-cat pushed the two kittens into a deep pool in the widest part of the river and nosed them towards a flat-topped boulder awash in an eddy near the middle. The young tom, terrified by the falling sparks and the heat and crackle of the flames, swam past the rock and headed for the opposite bank. His frantic scrabblings took him into the main current and he was whirled away downstream, his black head disappearing from sight in the red-tinged, swirling water. The distraught she-cat would have tried to save him, but the tortoise-shell kitten had panicked, too. She had swum off in the opposite direction and was clambering across the shingle and rocks of the shore they had just left. Her mother swam over and bounded up the beach after her, but a gnarled old hawthorn came crashing down from the bank above with one of its glowing branches across the kitten's back. For a few seconds, the tortoiseshell writhed and screamed in agony as her fur blazed up, then she vanished from sight in a shower of sparks from the burning tree.

The cat swam back to the boulder in the pool, where she lay among the drifting sparks, shocked and terrified, until the fire had swept on and the moon had risen over the blackened, lifeless moor.

Then she slowly swam across to the far bank of the river and instantly fell into a deep sleep on a cool, damp patch of shingle at the water's edge.

Six

By dawn, the fire had burned itself out, but wisps of smoke were still rising from the vast expanse of blackened moorland. The cat did not stray far from the cool, damp shingle beside the river that day; she still thought her kittens were somewhere near and called them to her from time to time. She did not hunt; she had no desire for food, but she often drank deeply of the brown, smoke-tasting water to slake her raging thirst. She could not understand that her kittens had gone for ever until she swam to the opposite bank of the river, where she sniffed at the charred body of the little tortoiseshell and licked its one unburned fore-paw. The thing in the ashes neither smelt nor tasted like her kitten, and she lay beside it for a long time, crying pitifully.

When dusk fell, the she-cat decided to go as far away from the smouldering, reeking moor as she could. She travelled south all night, pausing only to drink, making no attempt to prey on the mice and voles that had survived the blaze. The scorched, smoking wilderness left by the fire stretched far into the foothills of the moor, forcing her to keep to the shingle at the side of the river; the bank above was still too hot to walk on. Even so, she sometimes had to wade or swim to avoid the small patches of hot ash which still smouldered near the water's edge, but she went on and on, driven by her fear of the reeking waste which lay around her. Each time she plunged into the river, its waters washed bits of scorched flesh from her flanks and back, but she hardly felt the pain.

At first light, she was trudging across a tract of rough land at the side of the river, and all around her she saw hillocks of strange, grey earth, spoil from the clay-workings there. The air smelt fresh and free of smoke at last, and the blind fear which had driven her downriver from the devastated moor went from her. She left the sandy edge of the river and scrambled up on to the bank, where she crawled into a patch of long grass and fell into a deep sleep.

The sun suddenly shot into the grey-blue morning sky, and with its rising the wild creatures began to stir on the tract of waste land where the she-cat was sleeping. Foxes slunk back to their earths, badgers blundered to their setts, hedgehogs curled up in patches of grass and fallen leaves, moles scurried into the darkness and safety of their underground runs. A sleepy squirrel shook himself awake in the branches of a hazel tree, an otter rolled in the river and a jay flew squawking from an alder.

The cat slept all that day in the patch of grass, lying on her side as if dead, her legs together and stretched out. She did not hear the clank and scrape of the machinery in the clay-pit, and she was still asleep when the hoot of the siren ended the men's work at five o'clock. She was oblivious of the grass snake which slithered past the clump of grass where she lay and the buzzard which hovered overhead, scanning the waste land for prey. The sun gradually dried her wet fur, matted with mud and tangled with burrs, but its warmth was not enough to stem the deadly chill which was spreading through her blood. As the sun travelled slowly westwards, she sank deeper and deeper into the sleep of exhaustion whose only end is death.

When the clay-workers had gone home to their cottages down the valley and silence had fallen on the waste, the watchman took over for the night. After he had lit the brazier outside his little corrugated iron hut, he made his rounds, seeing that the dumpers and all the other equipment and machinery were safe. Then he sat down in the hut and started his first pipe of the night, puffing contentedly as he stared through the open door into the glowing heart of the brazier.

When dusk fell, the man decided it was time to eat some of the sandwiches he had brought with him. There was plenty of tea and milk and sugar on the shelf in the hut, but the bucket in which drinking-water was kept stood empty in the corner.

By then, it was dark outside the hut. Like many country people, the watchman was superstitious and did not like being on Dartmoor at night, and the tract of rough, wild wasteland beside the river was very like the moor. In the hut, with the bright light of a hurricane lamp as well as the glowing brazier just outside the open door, he felt snug and happy. He felt safe enough among the buildings and machinery of the clay-workings, too, but who could say what lurked in the darkness among the reeds and sedges bordering the brown, peaty water of the river, water that came straight down from the moor?

But sandwiches without a cheering can of tea were unthinkable. He picked up the bucket and resolutely set off for the river.

On the river bank, all was still, but just as the watchman was about to go down to the water's edge and fill his bucket, the moon suddenly came out from behind a cloud, and its cold, clear light threw everything into sharp relief. The jagged mass of the high moors hung menacingly over the valley, and in the eerie light the silver-grey sedges along the river bank seemed full of unutterable evil.

The man hurried down to the water and half-filled the bucket, clambering back up the bank with frantic haste. He blundered through a patch of coarse grass and nearly stumbled over something, something that looked very like a cat. As he stared at it, wondering if he was imagining things, the animal's flanks heaved and a faint sigh came from its lips.

Reassured that the cat was flesh and blood, the man's alarm turned to pity; he could see that she was in great distress, perhaps dying. He thought of his own cat, snug and safe in the cottage down the valley, and he took off his jacket to use as a sling to carry the sleeping animal to the hut.

In the hut, he examined the cat carefully and found that, although she was covered with mud and had some superficial burns, she did not seem to be seriously injured. He could find no signs of broken bones, and her limp body was well-covered with flesh. The man wrapped her in a dry sack and sat with her on his lap near the glowing warmth of the brazier, squeezing a few drops of milk between her slack lips from time to time.

Gradually, the cat's breathing grew steadier, and some tension came back to her limbs. She was still sleeping deeply, but it was the healing sleep of returning life, not the coma of approaching death.

When it was time for him to finish work, the watchman carried the cat to a warm spot in the corner of his hut and made her as comfortable as he could on an old sack, pouring the last of the milk into a saucer and putting it on the floor beside her.

He came back that evening and found the milk still untouched and the cat lying on the sack just as he had left her, but she was sleeping less deeply and her breathing was easier. She purred faintly when he stroked her, and later she awoke and drank a small amount of milk. The man had brought with him a pair of scissors to cut the fur away from her burns, some butter to clean them and to soften the scorched and swollen pads of her feet, some milk and some canned fish.

He tended the cat's burns and cleaned her coat as best he could, and she showed her gratitude by purring softly and trying to rub herself against him, but she was too unsteady on her feet. She ate the fish daintily, pausing between each mouthful to look up at the man, thanking him with her eyes, and she drank a whole saucer of milk.

When the watchman went home in the morning, the cat was much stronger, and although her feet were still sore and swollen, she was able to limp round inside the hut.

That evening, the man found the hut empty, and some milk he had left in the saucer was gone, but as soon as he lit his pipe and brewed his first can of tea, the cat slowly padded into the hut, mewing softly. He fed and petted her, noticing that her burns were clean and already showing signs of healing. She stayed with him most of the night, but when dawn broke she went off to sleep in the patch of grass on the river bank where the man had found her.

As the days went by, the cat gradually regained her health and strength. Fur grew again over the scars left by the burns, but it was white, so in addition to her white bib, she had small patches of white on her back and flanks. She spent most of each night with the watchman, sitting in the hut with him or following him like a dog when he made his rounds, but she still went off to sleep in the long grass by the river every day.

Slowly, the golden autumn faded into winter. Each day, the sun gave a little less warmth, and each night was a little colder. The mist hanging over the wasteland in the mornings grew thicker and took longer to disperse, and sometimes the clay-workings were hidden all day in a thick, grey cloud through which the shouts of men and the clank and grind of machinery echoed eerily. The sedges on the river bank were dry and brown, the tangled branches of a hawthorn tree, stripped of its scarlet fruit by birds, hung grey and lifeless over the water.

In a copse at the top end of the waste, the leaves shed by the hazel trees lay in yellowing drifts among the clustered trunks. Patches of nettles seemed to vanish overnight, and the tangled islands of brambles glowed red-brown and lifeless.

One night in December, the watchman knew from the way the flames of the brazier danced and crackled that the temperature was below freezing-point and he retreated further into the shelter of the hut.

When dawn broke, he saw that the edges of an old, flooded clay-pit were fringed with ice, and his breath rose in white spirals in the frosty air. Crows were fluttering, cawing, from the copse, and a young rabbit slowly hopped through the crackling, frost-whitened grass to its burrow in a clump of brambles. The man wondered how the cat was faring in the wintry weather. She had not been to the hut for some time, and he thought that the cold must have driven her to find a home somewhere warmer than the waste. Before he set off for his cottage down the valley, he paused to look up at the moor. The hills were already capped with snow, and the man shivered in the biting wind blowing down the valley from their barren, icy slopes.

By Christmas, the snow-line had crept down to the foothills. Flurries of hail and sleet began to sweep across the wasteland, and the men at the clay-pit went about their work with sacks round their shoulders to protect them from the worst of the weather. The watchman took his brazier inside the hut, where part of the floor was covered with sheet-iron for it to stand on in very cold weather, leaving the window open a couple of inches to let the fumes out. He had not seen the cat for more than a month, although he had seen a dark shape that looked like her, slinking along the river bank.

The new year came in cold and dry. For a few days, the pale sun, shining from an ice-blue sky, gave an illusion of warmth, then suddenly winter struck. The temperature plummetted down overnight, and snow began to fall heavily. In a few hours, the waste was carpeted with white, and the watchman's hut was almost hidden in a drift which covered the shed where the dumpers were kept and stretched nearly to the hazel copse. The snow stopped at dawn, but the heavy, yellow-grey clouds lowering over the moor threatened more to come. The watchman emptied the coke from the brazier, fastened the door of the hut and started to struggle home down the valley, sometimes ploughing through drifts that came up to his armpits.

Later that day, a blizzard driven by a howling north wind hit the foothills of the moor, making it impossible to dig the clay, and all the men were told to go home until they were sent for. For nearly three weeks, the clay-workings and the whole of the upper part of the river valley lay still and silent under a thick blanket of white, then suddenly a warm westerly wind brought the thaw. The snow vanished as quickly as it had come, and the men went back to work again, plodding up the valley along the bank of the swollen river.

When the watchman went to start work, he found that the door of his hut had been torn off its hinges by the wind. Inside, the cat was fast asleep on her old bed of sacking in the corner, and the floor around her was littered with the tails of mice and rats.

Seven

Spring came early, as it sometimes does on the outskirts of the moor. The coarse, green leaves of the winter heliotrope were thick with pungently-scented, pale lilac blossom, and along the edges of the copse snowdrops clustered white among the green spikes of their leaves. The hazels in the copse were covered with dancing golden catkins, and clumps of primroses nestled under the trees. The river, swollen by rain and melted snow from the moor, ran high and smooth between its banks, its brown waters spilling over on to the wasteland here and there. When the floods receded, they left on the waste patches of rich alluvial mud from which plants and flowers sprang in their hundreds. Everywhere was moist and full of new life, the earth warm and fertile under the spring sunshine and the mild west wind.

The watchman saw that the cat was growing restless, constantly wandering in and out of the hut, hardly staying long enough even to drink the milk he put down for her before she padded out again. She seemed impatient when the man petted her, but at times she had sudden fits of affection when she would wind herself around his legs, almost tripping him up, purring loudly and sucking at the turn-ups of his trousers. Often she stood outside the hut staring into the night, uttering strange, high-pitched cries, then she would slink off into the undergrowth, still calling.

One night, she went to the hut with a battered, lop-eared, black tom and tried to coax him to go inside with her, but he would go no further than the edge of the circle of light thrown by the brazier, sitting there with his tail twitching, eyeing the man suspiciously. After she had gone into the hut alone and lapped up her milk, the she-cat ran off with him into the darkness. The man wondered where she had found her mate and decided that the tom must have run away from one of the cottages down the valley to live semi-wild on the moor.

The watchman did not see the she-cat for some time, but she turned up again in the middle of May, bringing three coal-black kittens with her. The man was smoking in his hut, looking out through the open door, when he saw eight separate points of light glowing green in the shadows beyond the flickering gleam of the brazier. Two of them moved slowly nearer until the white of the she-cat's bib showed in the red glow of the fire. Behind her, at a lower level, three other pairs of eyes shone emerald as she stopped to coax her kittens to go with her to the hut.

The kittens were very nervous of the man at first, but their mother's attitude towards him told them that no harm would come to them. The she-cat let him pick up each of the kittens in turn to fondle them, but she looked very relieved when he put them down again on the ground beside her. One of the youngsters blundered into a saucer of milk which the watchman had hurriedly poured out, and its mother cuffed it with her paw before starting to wash it. While she was cleaning the clumsy kitten, the other two went over to the saucer and sniffed at the spilled milk, but it went up their nostrils and made them sneeze. Their mother washed them, too, before she lapped up the milk left in the saucer, keeping an eye on her family while she drank.

After she had finished drinking, the she-cat leisurely set about her own toilet, pausing with one hind leg held at right angles to call back one of the kittens when it strayed off into the darkness. Then, groomed and fed, she rounded up her family and led them away on to the waste.

The kittens grew quickly, and all through that summer they regularly went to the hut to see the watchman, sometimes with their mother and sometimes by themselves, but when autumn came all three of them disappeared. By then, they were old enough to hunt their own food, and, having never lived in a house, they were even less dependent on humans than their mother was, so there was little reason for them to stay on the wasteland. The man thought they would come back in time, but in the end he decided that they must have gone away to lead their own lives further up the valley, perhaps on the moor itself. Their mother remained on the waste, sometimes sleeping in the grass beside the river and sometimes in the watchman's hut.

It was a mild winter, with hardly any frost, and January was soft and damp, but in February torrents of rain began to lash down. The moorland bogs absorbed the downpour for a time, but eventually they reached saturation point and began to overflow. Water poured down every ditch and gully, swelling the streams which fed the rivers until the valleys leading from the moor were filled with swirling, brown torrents. The river going through the waste ran full and high, sweeping along with it scores of sheep, rats, rabbits and other animals that had met their death in its rushing waters. The men at the clay-workings toiled day and night building up its banks, bumping and bouncing across the rough land with dumpers full of clay-spoil as fast as the bulldozers could load them.

Then, after three days and nights, the rain stopped and the river gradually began to fall, but late on the fourth night a thunderstorm broke over Cranmere, the great bog in the middle of the moor. The hissing rain poured off the already-sodden land like a tidal wave, sweeping everything before it as it surged down the river valley. The watchman heard a crack like a giant whip, followed by a tumultuous roar which grew louder every moment, and he knew that the river had burst its banks higher up the valley. He ran towards a tall spoil-heap, but before he could reach it a wall of foaming water, carrying gorse bushes, brambles, trees and drowned animals before it, knocked him off his feet and swept him down to the sea.

The swirling flood poured into the clay-pits, covering the bulldozers, scrapers and dumpers in them with nearly two hundred feet of water. The broken pieces of the watchman's hut were whirled away in the seething tide, and his brazier died with a hiss and a spurt of steam before it went rolling down the valley beneath the racing water.

The cat was hunting in the hazel copse when her sharp ears picked up the distant rumble of the approaching flood. Disturbed and alarmed by the unfamiliar sound, she scrambled up a tree and was clinging to one of its branches when the roaring torrent poured through the copse, uprooting everything in its path. Soaked and terrified but still clinging to the tree, she was carried across the waste until the hazel lodged in a clutter of debris swirling round and round in an eddy over what had been one of the clay-pits. The main flood swept on, leaving the expanse of water behind it strangely calm, and the tree the cat was on gradually stopped spinning round to bob gently across the newly-made lake, collecting twigs, leaves, gorse bushes, trees and baulks of timber as it went.

Slowly, the level of the water on the wasteland went down until at dawn the cat was able to swim to the top of a hillock of clay-spoil, where she sat shivering with a toad and a half-drowned squirrel that had already taken refuge there. Neither of them showed any fear of the cat, and she made no attempt to harm them. The pale February sunshine slowly dried her fur, and though she felt no hunger, she quenched her thirst by lapping a little of the brown flood water from time to time.

By the next morning, most of the water had drained

off the waste; only the clay-pits were still full. As soon as the new day broke, the cat set off across the wasteland, bounding from one half-dry spot to the next, her paws and legs plastered with the slimy, grey clay. She knew that she must move to higher ground, so she followed a course which would take her to the foothills of the moor. As she went higher up the valley, the going grew less difficult; the topsoil had been scoured away by the flood, and the clean, hard granite was much easier to travel over than the sticky mud of the lowlands. Several times, she came across mice and voles that had survived the flood. They seemed dazed with fright, making no attempt to avoid her when she pounced on them, and soon her savage hunger was satisfied.

By nightfall, she had reached the outskirts of the moor. Up there, very little damage had been done by the storm. The brown heather roots were wet and rotting, and here and there an uprooted gorse bush marked the track of the rushing water, but the main fury of the flood had hit the river valleys, where its waters had been channelled by the banks of the rivers. Well-fed and tired, the cat looked around for somewhere to sleep and decided on a shelf of rock half way up one of the clitters, high above any possible danger from floods.

The next day dawned bright and warm. It was as if the storm had washed winter away, and the clear moorland air smelt sharp and sweet with spring. Day by day, the sun grew stronger, and a warm west wind chased high, fleecy clouds across the bright blue sky. The drab winter colours and austere outlines of the moor softened as new shoots of heather and bracken sprang up on the slopes of the hills, and here and there a gorse bush burst into a blaze of early bloom. The racing clouds traced rippling patterns over the heather, patterns which broke and re-formed in varying shades of purple, and the strange, ringing silence of the moor was broken again by the song of birds.

The cat travelled north and east, going first in one direction, then in the other, driven on by the urge to climb higher and higher from the flooded river valley. When she came to the main road threading its way across Dartmoor, the sound of the cars going along it filled her with restlessness and mistrust. A dim, disturbing half-memory struggled to find its way into her consciousness, and she lay in a dry ditch for the whole of one day watching them speed by, unable to understand what was making her so uneasy.

When night fell, the cat decided to go on and scuttled across the road during a lull in the traffic. She was ravenously hungry and fed on a young rabbit that she pounced on as he turned to hop off in panic to his burrow. As she carried on across the moor, the cat came to a small village and made a detour to avoid it, but a dog from it picked up her scent and ran yelping after her. She turned to face him, and her arched back, her blazing eyes and the vicious spitting sound she made brought him to a slithering halt. She stalked towards him, stiff-legged and snarling, but the dog slunk back towards the village, barking his defiance when he thought he was at a safe distance.

After that, the cat kept well away from houses and spent the rest of the summer on the open moor, alone but contented. She bore no kittens that year, and when autumn came she was in fine condition. Her winter coat was thick and glossy, so close that, even when the strongest wind ruffled it, no flesh showed at its roots. She was in her prime, a mature and beautiful animal, lithe and strong, stalking free across the uplands of the moor with the stealth, the speed and the grace of the essentially wild creature that she was.

Eight

That summer, one of the lowland farmers had taken his bees to a clearing in the upper valley of one of the south-flowing rivers so that they could gather pollen on the moor and make rich, dark, heather honey.

When autumn came and he went to take them back to the farm, he found one hive empty and damaged, blundered into by a red deer going down to the river to drink. He ruefully decided that the broken hive was not worth taking back home and left it leaning against one of the sycamore trees bordering the clearing.

Sensing that winter was near, the cat had left the high moors and was on her way down to the warmer lowlands when she came to the clearing and was attracted to the damaged bee-hive by the faint, sweet smell of honey.

She decided to stay in the hive for the winter; it was an ideal home for her. The inside was warm and dry, the floor was well above ground level, the roof was still watertight, and the hive was almost hidden under a deep drift of dried leaves to keep it snug and warm. It was near, but not too near, water; it was dry and roomy, yet it was small enough to be kept warm by the heat of her body.

There was plenty of food round about; the river was full of fish, and rabbits, squirrels, voles and mice lived on its banks. The cat began to put on flesh, giving her the weight to bring down larger animals, such as full-grown rabbits. She grew more confident and aggressive, hunting with a ruthless savagery she had never shown before, often killing wantonly when she had no need of food.

One day, she was lying crouched on a low bough overhanging the river bank when out of the corner of her eye she caught a flash of movement higher upstream. As she watched intently, a sinuous, dark-furred animal came weaving its way through the undergrowth along the river bank, stopping now and then to peer into the water. The cat had never seen anything like it; it reminded her of a stoat or a weasel, but its colouring was different, its tail was more bushy, its smell much stronger.

The mink had escaped from a fur-farm down the valley and had been living beside one of the tributaries of the river, but he had wiped out the fish there and was looking for a new hunting-place. He saw the cat perched on the branch but determinedly came on; he was hungry and could see three or four trout rising near her. The cat was still watching the mink carefully as he made his sinuous way along the side of the river. His rank smell revolted her, and his broad, flat head, darting like a snake through the undergrowth, filled her with savage hatred. Her tail twitched slowly, and she poised herself to spring.

The mink gave her one contemptuous glance and stopped under the bough to stare into the water. Mad with rage, the cat pounced on him, landing with all four feet on his lithe body and sinking her teeth in the back of his neck, but with one lightning movement the mink broke free, and his needle-sharp teeth bit into the cat's flank. Screaming with rage and pain, she shook him off and slashed down with her teeth, sinking them into his throat. She could feel her chest and stomach being raked by her opponent's claws, but her thick fur saved her from injury. The body under her frantically flung itself from side to side, but the cat's weight was too much for it. She kept her hold, driving her teeth deeper and deeper through fur and muscle until the mink's jugular vein was torn out. Even with the life-blood spurting from his mangled throat, the mink still fought on, clawing viciously at his adversary, but he rapidly weakened, and at last the cat felt his writhing body go limp beneath her. With a last savage shake, she flung it from her and sank panting to the ground, bleeding from a score of scratches. She felt depressed and exhausted after her gruelling fight with the vicious predator, but she began to feel better when she had washed herself and carefully licked her wounds.

In a little over a fortnight, the cat's scratches were all healed. The weather was still mild; it was as if the earth stood trembling on the brink of winter, afraid to plunge into the bleak and bitter darkness ahead. The leaves of the sycamores beside the clearing turned bright yellow, then fawn and brown, fluttering down in rustling showers to drift against the old bee-hive. Gusts of wind sent them dancing along the river bank, and the cat amused herself by bounding after them, patting them with her fore-paws and tossing them into the air.

In the mornings, the valley was thick with white mist which slowly cleared as the sun rose. The sunsets left a purple glow over the moor and along the river, giving a richer, darker colour to the blackberries which still hung heavy from the brambles and dyeing the haws of the wild rose a deeper crimson.

Then the days began to grow colder, and at night there was sometimes a touch of frost. A small herd of wild ponies, three mares and a stallion, came down from the high moors on their long trek to winter in the lowlands and stopped to graze in the clearing for a few days. For most of the first day they were there, the cat lay high on a sycamore bough, watching them with still, expressionless eyes. She was not afraid of them; she remembered their scent and the sounds they made from the time she had lived in the prison stable, but she was relieved when they moved on. They disturbed the smaller animals and made her hunting more difficult.

A farm-labourer from the village down the valley had heard that there were plenty of rabbits around the clearing, and at the beginning of December he drove up there in his battered old van to trap some of them to raise money for Christmas. He put down a dozen ordinary, wire snares and one cruel, illegal, steel gin, fastening them with strong cord to wooden pegs hammered into the ground. He set the toothed, steel trap in a rabbit-run near the bee-hive, while the cat, lying hidden on a high bough, eyed him suspiciously. She did not know why he had come to the clearing and hammered pieces of wood into the ground, but she instinctively felt that he meant no good.

When the farm-hand had driven off, she scrambled down the tree and warily circled the steel trap he had set near the hive, her whiskers twitching, but she mistrusted it too much to go near it.

Late that night, she heard the thin scream of a rabbit as the serrated jaws of the cruel trap snapped together on its foot. The screaming went on until dawn was near, gradually fading to a whimper as the animal weakened. The man came every day to reset his snares and take the rabbits away in a sack, but the cat still mistrusted him and kept out of his way.

One night, she was stalking a big buck rabbit, slinking noiselessly through the undergrowth, her tail twitching, her stomach brushing the ground. She sprang on to the rabbit's back and started to bury her teeth in his neck to crunch through his spinal cord, but he managed to shake her off and staggered lopsidedly into a patch of long grass. The cat rolled over as she hit the ground, then she heard a sharp, metallic click and felt a searing pain in one of her hind legs. For a moment, the world went black, then through a mist of agony she heard herself screaming.

It was late the next afternoon before the man came to collect his kill. In her frantic struggles to free herself, the cat had managed to pull the peg of the gin out of the ground and had just started to crawl along the river bank, dragging the heavy trap behind her, the fur stripped from her leg and the bone showing through the mangled, bleeding flesh.

The farm-hand raised one of his hobnailed boots to bring it crashing down on the cat's skull, intending to skin her and sell her, but her size saved her; he reluctantly decided that nobody would believe that a wild rabbit could grow that big. The pitiful state of the cat did not worry him in the least, but he wanted to use the gin again, so he prised its teeth apart and set her free. Frantic with pain and fear, she sank her teeth deep in the fleshy part of the labourer's hand. He shook her off and started back, cursing and lashing out at her with his foot, but she rolled out of the way and scrambled off into the undergrowth as fast as her three sound legs would carry her. The man let her go; he did not have much time left to set his traps and he did not want to be out after dark, so near the moor.

For three days and nights, the cat lay on a heap of dried leaves near the river bank, feverish and shivering. Her saliva had dried up, so she could not wash her torn leg, and she had nothing to eat, but she was able to lick a small amount of moisture from the grass around her.

On the fourth day, the fever left her, and she looked around her clear-eyed. She struggled to her feet and found that she could move about on her three sound legs, although the injured one was still stiff, swollen and black with dried blood. She caught and ate a few spiders, which did little to stay her ravenous hunger, and she managed to drag herself down to the water's edge and drink deeply. The water was icy cold, but it strengthened her, and she limped over to the old hive, where she washed her injured leg well before falling into a deep sleep. The torn flesh was slow to knit together again, but she licked it constantly, and gradually the wound healed. She grew lean and hungry; she could not hunt much and had to live as best she could, taking the edge off her hunger with long draughts of water from the river. In the end, she was so hungry that she overcame her fear of the farm-hand's traps and ate part of a rabbit caught in one of them, but the next day he moved on to set his snares in a fresh place, so she was left to fend for herself again.

Fortunately, the first snow did not fall until late in January, and by then the cat was fit and strong again, able to catch birds, mice and an occasional rabbit, sleeping snug and dry in the hive.

Nine

When spring came, the cat went back to Dartmoor, where she mated with an old tom that had gone wild. He was an ugly tabby with torn ears and a battle-scarred face, but he was strong and lusty, and the kittens, born in June, soon after he had travelled on across the moor, were healthy and vigorous. The litter consisted of two females and a male; the little tom a tabby like his father, the other two black, one with a white spot under her chin. Their mother reared them in a nest of bracken on the open moor and took them hunting with her through the summer, but in August the little tom was taken by a fox. The she-cat found his bloodied pelt in a clump of bracken and knew at once what had happened. After that, she kept her two remaining kittens close to her side as they worked their way deeper into the heart of the moor.

It was a hot summer, and everywhere there were countless thousands of insects. Flies swarmed over sheep and other animals that had died, laying eggs in their rotting flesh, and butterflies fluttered from heather tuft to heather tuft. The crimson, leafless stems of dodder with their clusters of reddish flowers were almost hidden by the brightly-coloured wings of orange-tip and common blue butterflies, and the bracken seemed to break into strange blossom when clouds of brown-winged small heath butterflies settled on it.

The cat and her litter caught and ate insects in their hundreds; flies and moths form part of a cat's natural diet, and the kittens grew so good at catching them that they lived almost entirely on them.

One afternoon, the family came across a swarm of flies hovering over a piece of marshy land, and while the she-cat sat washing herself the two youngsters batted down fly after fly, eating the juicy flesh and spitting out the legs and wings. The insects were buzzing round a small plant. Its leaves were fringed with fine, red hairs and grew in the shape of a rosette, and a small white flower on a long, bare stem rose from the centre of the plant. From time to time, a fly, probably attracted by the scent of the sundew, would swoop down and settle on its leaves, then the sticky, red hairs would encircle the insect's body, piercing its flesh and digesting its juices.

The kittens were fascinated, and the one with the white spot stretched out a paw to touch one of the sundew's sticky leaves. The hairs on it clung to her pads, leaving on them a sweet-tasting substance which took her a long time to wash off. Then, tired of catching flies herself, she settled down to watch the carnivorous plant trapping its victims.

The golden afternoon faded into twilight, and the flies began to scatter over the moor. The she-cat, who had stopped washing to doze in the heat of the sun, stretched herself, calling the kittens to her with a soft mewing, and all three of them set off towards a patch of cotton grass from which a faint rustling came. The day was over, and it was time to start hunting in earnest.

October was mild and mellow, and the moor was covered with the delicate silver lace of gossamer spiders' webs, woven on every gorse bush and heather tuft, pearled with dew in the morning sunlight. The heat of the afternoon drew from the earth moisture which gathered in the hollows as patches of mist, and as the month went on and the sun lost heat, the mists grew thicker and often lasted all day long. Sometimes, stray gusts of wind sent swirling, white spirals across the uplands, but most of the time the hills were bathed in sunlight and stood clear and bright above the clouded valleys.

It was good hunting weather; the earth was just damp enough to hold a scent, yet the going was firm, the bogs and mires still dry from summer. The three cats were dozing in the sun one afternoon when their sharp ears caught the distant, hollow thunder of horses' hooves and the faint, spine-chilling music of hounds. The sounds grew steadily louder, and the she-cat knew that the hunt was coming towards them. She started to trot off across the moor, and when the kittens tried to follow her she made them disperse in different directions. She knew nothing about hunts, but she could tell from the wide area covered by the belling of the hounds that, if she and her brood stayed together, all of them would be in danger, while, if they split up and separated, at least one might survive.

One of the kittens ran off down the gravelly bank of a watercourse, the other darted into a thick clump of bracken and their mother bounded over to a granite clitter about fifty yards away. She did not know that the hounds were hot on the scent of a fox, unaware that she and her family existed; instinct told her that she must use all her skill and cunning to lead them away from her kittens. She planned to run out from the rock-pile when the hunt drew near, making sure that the hounds saw her.

Knowing that his scent would not linger long on the granite of the clitter, the wily fox had gone to hide there. He saw the cat coming, and a plan began to take shape in his devious brain. As the cat lay tense and trembling at the base of the rock-pile, waiting for the hunt to come into sight, he ran round and round her in smaller and smaller circles, crossing and recrossing her trail. He ended up passing within inches of her, then he clambered back up the side of the clitter to a ridge high above and ran along it until he came to a granite outcrop and disappeared into a cavern in the rock-face.

The sound of hounds and horses drew nearer and nearer. The cat was terrified, but she knew she must stay and draw the hunt away from her kittens. When the hounds reached the edge of the clitter, they began milling round and round, setting up a frenzied yelping, baffled by the false trail the fox had laid.

The cat broke away from the shelter of the jumbled rocks under their very noses and dashed downhill towards a small stream. The excited hounds saw her at once and took after her in full cry; confused by the mingled scents of fox and cat, they decided that the lithe, black form bounding down the hillside must be their quarry. They poured down after her, an unruly, frantically-yapping rabble, taking no notice of the shouts and curses of the whipper-in.

Desperate with fear, the cat steadily gained on the hounds. Where they ran around granite outcrops, she bounded over them; where they slithered and slid on patches of gravel, she sped lightly over them.

Her strength was beginning to flag, and her breath was coming in great gasps when she reached the stream and crawled into the rushes at the water's edge. Her heart was pounding in her chest, and the blood was throbbing behind her eyes so that she looked out through a red mist, but she knew she had to go on. Threading her way through the thick rushes at the edge of the stream, she headed for a patch of marshy land downstream.

The hounds went streaming down into the valley close behind her, but they lost sight of her when she went into the rushes and scattered in all directions trying to pick up her scent, keeping up a blood-curdling, hysterical yelping.

Then a gust of wind came upstream, driving a wreath of mist before it, and in a few moments the whole valley was filled with the cold, grey, swirling water-vapour. The huntsmen, still high on the hill, were bathed in sunlight, but beneath them the mist lay in a thick blanket, muffling the sound of the hounds and blotting them from sight. The huntsmen reined in their horses at the fringe of the grey sea, afraid to go any further. Below them, there was nothing to be seen but the swirling, grey mist; they felt that one more step might send them plunging over the edge of the world. The Master sounded the recall again and again, and one crestfallen hound after another came slinking out of the damp, grey cloud into the brightness of the sunshine until the whole pack had turned up, subdued and frightened. To be caught in a Dartmoor mist is an alarming experience for animals and men alike.

The cat lay trembling in a patch of reed mace on the piece of marshy land. Hounds had blundered within a few feet of her as they tried to find her, but the grey cloud had hidden her from them, and the heavy moisture content of the air had masked her scent.

As soon as she had regained her breath, she set off downstream, picking her way along the water's edge, pausing from time to time to cast a wary glance backwards, but behind her the mist lay still and silent.

She walked and ran until her pads were sore and her legs ached, then the grey of the mist gave way to the blackness of a moonless night. She had reached the foothills of the moor, but still she did not feel safe. Fear of the yelping hounds still lay at the back of her mind, and she limped on and on until she dropped, exhausted, and slept where she lay.

Next day, she headed east, travelling as fast as she could, only stopping to hunt food or to drink from the widening stream. She was so terrified that she had forgotten the kittens she had left on the moor; her only thought was to put as much distance as possible between herself and the place where she had so narrowly escaped being torn to pieces by the slavering, yelping hounds.

A few days later, she had left the moor behind and was going through the rich, red land of mid-Devon. The red mud clung to her paws and splattered her coat, and she found the going much harder than the gravelly surface of the moor, but slowly she began to realise that she was safe. She listened, and all was still, but instead of the ringing silence of Dartmoor there was an undertone of movement, a hum of life, the distant sound of traffic on the main roads.

Ten

The cat spent that winter in a tumbledown barn on an isolated farm, warm and dry, living well on the rats and mice that infested the old building, then when spring came she slowly carried on across country. Although her long trek down from the moor had been broken by her winter's rest in the barn, it had sapped her strength. She was beginning to feel old and tired, but she was determined to go on; nowhere did she see a place where she wanted to settle down.

She came to the outskirts of the town where she was born, but she did not recognise it; she no longer remembered the scents and sounds she had known as a kitten. More and more she wanted to find a place where she could rest from her wanderings, and in her heart there was a deep longing for kindness and affection and the company of men; she remembered the warmth and security of the prison stables and the kindness and understanding of the watchman at the clay-pits.

Spring began to give way to summer, and the nights were heavy with the scent of wild roses and honeysuckle. The fields were green with growing corn in which it was very difficult to hunt, and although the cat managed to kill enough to stay alive, she felt more and more frightened and alone.

It was late in June when she found the cottage, a small stone and thatch building set back from the road behind an unkempt lawn with an elder tree in blossom. A lean-to wooden shed buttressed one end wall, and there, among the stacked logs and kindling, she slept the whole of that afternoon. When evening came, she woke and from her hiding-place saw a man come out of the cottage and sit smoking on a bench under the elder tree. He was old and grey and moved slowly, and there was an air of tranquillity and kindness about him. The cat knew that her wanderings were over. She had found the home she needed.

She made no move towards the man for a few days. She was still sleeping in the wood-shed, killing mice for food and going down the field behind the cottage to drink at the stream running through it. Every evening, the old man came out to smoke his last pipe on the seat under the tree, and once an elderly woman sat there and watched the sunset with him. The cat crouched on a pile of logs, her eyes half-hooded, watching them until they went back into the cottage in the gathering darkness.

One evening, when the man was sitting on the bench alone, she crept out of the shed and rubbed herself against his legs. He showed no surprise; he bent down and ran his hand along the length of the cat's back and then went on smoking as if nothing had happened. His movements were gentle and unhurried.

After that, the cat often went out to him when he sat under the elder, sometimes purring round his legs, sometimes sitting aloof, washing herself and eyeing him speculatively. One day, the old man called for his wife to bring a saucer of milk and some scraps "for the stray", but the cat was nervous of the woman and would not eat or drink when she was there, nor would she go into the cottage, although the old couple did their best to persuade her to.

A vet who lived near the cottage told the old people that, in his opinion, she was a feral cat, a domestic animal that had gone wild. He did not think she would ever become fully domesticated again and advised the old couple to let her go on living in the wood-shed, taking, perhaps stealing, what food she wanted, and to gain her confidence by giving her constant, undemanding affection. He told them that the cat might go as suddenly as she had come, and that she was still essentially a wild animal which could turn vicious for little reason. She would be wayward, uncertain and suspicious, demanding affection but giving little in return, he told the elderly couple, but she would keep the place free of mice and would be scrupulously clean. He hinted that it might be better to have the cat put down, because neither domestic life nor living wild would agree with her, and she would grow more and more unhappy as she grew older.

The old people would not hear of having her put down; already they were used to having her around the place, and the old man felt sure that in the end they would be able to persuade her to live in the cottage with them.

Towards the end of August, the flower beds in the cottage garden were aglow with asters and chrysanthemums. The creamy pads of blossom on the elder tree had long since fallen, and the green berries that had followed them were darkening to purple and black. The evenings were growing cooler, and the sun was setting earlier, but the old man still sat on the bench under the tree to smoke his last pipe of the day. He always took out some milk for the cat, and some more milk and some scraps were left just inside the cottage door, but no matter how tempting the scent of the food was, the cat would not go into the strange-smelling building for it. The old people put down raw liver, fish and shredded beef, but although she would stalk over and look in through the open door, she would not go inside the cottage. It was very different from the few buildings she had known since she had gone wild; it smelt of humans, of disinfectant, of stale food and tobacco smoke. She felt a deep, instinctive fear that, once she had crossed the threshold, the door would clang to behind her and she would never be let out again. In any case, she could manage without the food they put down for her; the mice in the shed, the birds and the fat bluebottles in the garden were enough for her.

The elder berries had grown so fat and black and juicy that they were beginning to fall from the tree, so the old man and his wife took out baskets to fill with the fruit. The cat hovered round them as they worked, pouncing on any berries that fell out of the baskets, trying to toss them between her paws. When the baskets were full, the man took them into the house and came back with a rabbit's paw tied on a piece of string. He dangled it in front of the cat, and she went nearly wild with excitement, batting it with her forepaws and trying to seize it in her teeth, but the old man kept pulling it out of her reach. He went to sit on the seat under the tree, and the cat followed him and sat on the grass near him, looking up at him, mewing impatiently for the game to start again. The man took the rabbit's paw out of his pocket and slowly drew it towards him along the bench. The cat eagerly sprang up after it, and the old man let her pounce on it and claw it. He then drew it slowly along the seat, and the cat went with it, finishing up lying beside him with her head resting against his thigh, purring her pleasure.

When the evenings drew in and grew too cold for the man to sit under the elder tree, he left the cottage door ajar while he had the last smoke of the day in his easy chair by the fire. The cat missed him and prowled restlessly from the bench to the cottage door and back again, mewing plaintively. The old man could see the green gleam of her eyes and the dark bulk of her body silhouetted against the fading light, but she would not go into the house.

Autumn faded into winter, and the first frosts made the garden paths crisp beneath the fallen leaves which littered them. Beside the wood-shed, a giant sunflower hung its bedraggled head, and a pink hydrangea in a tub by the front door of the cottage faded to a dingy fawn. The cat was still sleeping in the shed, living mainly on the mice she caught but taking the scraps and milk the old couple left outside the cottage door for her. She rarely saw them since the wintry weather had come; when the man went to fetch logs in the day, she was usually asleep, and it was too cold for them to leave the cottage door ajar in the evening. The floor of the wood-shed was littered with the tails of the mice she had caught, but as winter went on the mice grew fewer and fewer. She was slowly wiping them out.

December was unusually cold, and there was a heavy fall of snow. The cottage was cut off by thigh-deep drifts, but the old people had plenty of food, and the man cleared a path to the shed so he could fetch logs when they were needed. He saw no sign of the cat when he went out there, and the milk and scraps were left untouched outside the cottage door. He began to think that she had gone away, as the vet had said she might.

The day before Christmas, when he went out for a basket of logs, the cat suddenly appeared at his feet, and when he went back with the wood she followed him in through the open door. She ran straight to the hearth-rug as if she had lived in the cottage all her life, and after a few exploratory sniffs she curled up and went to sleep, her fur steaming in the heat of the fire. The man and his wife were shocked at the state she was in; she was so thin that her ribs and hip-bones stood out under her sagging skin, but they thought it wiser not to wake her up to give her food. When they went to bed, they banked the fire with ash and put canned fish and milk in saucers on the kitchen floor, leaving the cat still sleeping soundly, curled up head-to-tail on the rug.

Next morning, there was no sign of her, and the fish and milk stood untouched in the kitchen, but some scraps left in a tidy by the sink had been eaten, and later they found the cat hiding under the couch in the living-room. They took no notice of her and went about their business as if they had not seen her, then after a while she crept out from her hiding-place and started to wash herself on the hearth-rug.

When the front door was opened, she ran out into the garden, but she came back a few minutes later and crawled under the couch again. The old people realised that she was very nervous and had only been driven into the cottage by hunger and cold. They remembered that the vet had said that she would perhaps prefer to steal what food she wanted, so they left some scraps of beef on the draining-board when they went to bed. In the morning, all the meat was eaten.

The cold spell went on for several weeks, but no more snow fell. The cat still spent most of the day hiding under the couch, but sometimes she came out, and in the evening she always lay on the hearth-rug watching the old people reading or sewing. At night, she prowled round the house looking for food, either catching mice or "stealing" the scraps and milk left for her on the draining-board.

When the warmer weather came, she did not go back to the wood-shed. She had gradually grown less nervous and suspicious and had begun to eat from a plate put on the floor under the sink which she had adopted as her feeding-place. She nearly always slept in front of the fire during the day, but she was still uncertain and suspicious, sometimes purring and rubbing herself against the old people's legs, sometimes scurrying away from them to crawl under the couch or one of the easy chairs, watching them from her hiding-place with nervous, fear-brightened eyes.

Eleven

In March, when the wind blew soft from the western ocean and the warm rains had washed the last traces of frost from the rich, red earth, the old man started to plant his early potatoes in the garden patch behind the cottage. The cat sat on the path washing herself as she watched him work, pausing from time to time to eye him contemplatively as if making sure he was doing the job properly. Every time he saw her looking at him, the man spoke to her, talking about the weather, the stickiness of the soil, the crop he hoped to raise, and anything else that entered his head, whether it made sense or not. Although she did not understand a word he said, the sound of his voice filled the cat with a deep contentment until her happiness, heightened by the soft warmth of the sun and the feeling of spring in the air, grew almost unbearable. She could not stay still and padded over to the old man, circling his legs, tail up and purring. Her excitement and affection encouraged him to do something he had never done before. He picked her up and cradled her in his arms. At first, she was afraid and struggled to break free, but after a minute or so she lay still, purring loudly. From then on, whenever the man sat in his easy chair by the fireside or on the bench under the elder tree, she would curl up on his lap, her contented purring showing the understanding and trust between them. The cat tolerated the woman's petting and would even roll over on the rug and present her stomach to be tickled, but she would never sit on her lap, nor would she let the woman pick her up, and sometimes the cat still withdrew from both the old people and sprang up on to the window-sill, where she sat staring with expressionless eyes into the distance.

The next time the vet came to the cottage, he was surprised to see how affectionate the cat had grown. He told the old couple that it was very unusual for a cat that had lived wild to allow people to fondle it. Most feral cats, he said, were vicious and untamable; he had felt sure that the she-cat would have moved on long before, leaving his friends relieved to see the back of her.

The cat was sleeping peacefully on the hearth-rug, occasionally opening an eye to see what the old man was doing as he sat smoking in his chair beside the fire. She woke and rolled from side to side under the gentle pressure of the woman's foot and let the vet stroke her. He asked what name they had given her, and the old man told him that they just called her "the cat" or "the stray".

The vet went to the cottage again towards the end of May, and he and the old man were sitting on the bench under the tree when a terrified squeaking broke out in the wood-shed. The cat came out carrying a half-dead mouse in her mouth and put it down on the grass near the old man, batting it from side to side with her fore-paws. One of its legs was broken, and it could only drag itself along the ground an inch or two at a time as it tried to escape. The old man ended its suffering by grinding it into the ground with his heel and flung its body over the hedge into the road.

The cat, bursting with pride, went to rub herself against his legs, but he took no notice and puffed angrily on his pipe. The vet asked him why he was annoyed; after all, it was a cat's nature to hunt mice, and cruelty, as we know it, did not exist among animals, he said. To be cruel, it was necessary to imagine and understand another's pain, and this no animal could do, he told the old man. To a cat, a mouse was something to be pounced on and killed as quickly or as slowly as appetite, or lack of appetite, dictated. Its agility and cunning were merely tests of its hunter's skill, a way of keeping a cat's muscles supple, its brain alert and its eyes keen. If the old man wanted his cat to kill swiftly and cleanly, his friend went on, he would have to starve her. The old man said nothing, but a minute or two later he reached down and ran his hand along the cat's back.

The shadows lengthened, and dusk began to fall. In a hazel tree across the road, a bird began to sing, and the land seemed to fall silent under the shivering sweetness of its music. First, three or four notes were repeated several times with a pause in between, then the bird burst into full song, and the two men were held spellbound by the incredible cascade of sound. The notes came clear and true, one after the other, rising to a crescendo in which one note of unutterable sweetness was held for what seemed like an age. The song pulsed and vibrated against the hushed stillness of the night, finally trilling away into silence, then one clear note was repeated at regular intervals, after which came again the snatch of liquid song the bird had started with.

There was a rustling sound in the hazel tree, and a small bird stood out in jerky flight against the rising moon. The vet pointed to it, but both men kept silent, still enthralled by the magic of the nightingale's song. Even the cat seemed stunned by it, lying stretched out with her head on her forepaws, but before long the thousand noises of the night broke the silence again. Sparrows twittered in the eaves of the cottage, a cow lowed in the distance, an owl hooted, a dog barked. Slowly, the world came back to life again.

The old man puffed thoughtfully at his pipe. A cat had tortured a mouse with savage cruelty, then an insignificant-looking little bird had cast a spell over every living thing that had heard the unearthly sweetness of its song.

No longer forced to hunt for her food, the cat was putting on weight, and as her frame filled out and her fur grew thick and glossy, she began to feel restless. Sometimes, the west wind carried the faint scent of heather and gorse, and she began to long for the space and freedom of the moor. Night after night, she stayed out, ranging the garden and the fields, and in the day she took to sleeping in the double hedge behind the cottage. The old couple watched her anxiously, but the man said that if she wanted to leave she must be allowed to; it would be cruel to try to stop her.

In July, there was a spell of humid heat which lay suffocatingly on the land. The cat lay listless in the garden, only leaving the shade of the elder tree to eat and drink. Day after day, the heat built up until late one evening a flash of lightning flickered across the distant outline of the moor, throwing the jagged outline of the tors into sharp relief, and a cool breeze whispered across the lowlands. The cat was suddenly full of energy, dashing aimlessly up and down the garden path and in and out of the cottage in the gathering dusk. The old people watched her from the bench under the tree. The man laughed and called to her, and she bounded over to him, her fur on end, her eyes glowing emerald with excitement, but after batting his trouser-legs with her paws and springing on his lap and off again, she dashed off. When night fell, she would not go into the cottage. Ignoring the old couple's calls, she ran off into the darkness.

The storm hit the lowlands soon after midnight. The lightning was so bright that it woke the old man up, and he went to the bedroom window to watch. The first drops of rain bounced like tiny balls from the thick dust in the road, then, with blinding flashes of lightning and ear-splitting claps of thunder, it began to lash down with savage fury. The old man saw the cat sitting by the garden gate with her face turned towards the moor, her wet fur plastered to her, her head stretched out, her ears pricked as she listened intently.

Next morning, she was nowhere to be found, and the old people sadly decided that they would probably never see her again. The storm had aroused disturbing emotions in the cat. For some time, life at the cottage had seemed dull and pointless, but her affection for the old man had stopped her going away. Regular food and easy living had given her back her strength, and she had gradually felt more and more like striking out on her own again. Life in the small world of the cottage, the garden and the fields around had grown boringly safe and uneventful. On the night of the storm, the lashing downpour had brought with it the scent of the bogs and mires whose waters the sun had sucked up to make the rain-clouds. Suddenly, she had felt that she had to go.

She trudged across the sodden fields until her fur was yellow with the pollen of buttercups and her paws were caked with red mud. She walked without stopping until her shadow shrank in the noonday sun to a puddle of darkness directly beneath her. Only then did she pause to wash and to find food.

Late in the afternoon, she resumed her westward trek. Already the dark outline of Dartmoor loomed much nearer, and the hot, sweet scent of gorse was in her nostrils. The going grew easier as she neared the foothills of the moor; the wet, red clay gave way to well-drained gravel, the lush grass and meadow flowers grew less thick on the land. She had headed straight for the moor, ignoring roads and cart-tracks, scrambling over hedges, leaping over or wading through the streams which barred her way, shortening the journey by miles.

By midnight, she had come to a stretch of high common land bordered by a patchwork of cultivated fields, faintly visible in the light of the moon. She slept where she dropped, exhausted.

She woke as dawn was breaking and hunted and killed until her hunger was satisfied, then she sat in a clump of heather washing herself, preparing to leave life as a house-cat behind for ever, to go down the valley and up the other side to the moor from which she would never return.

Strangely, she was loath to start. As the sun climbed higher in the sky, the heady scents of the open moorland filled her nostrils, but suddenly they no longer beckoned her on. She sat as if in a trance, her forelegs close together, her tail neatly curled, her head and neck stretched out as she stared across the valley, snuffing the crisp morning air, ignoring the young blackbird hopping within inches of her, deaf to the dawn chorus rising around her. Dim memories of her life on the moor flitted through her mind with the muddled inconsequence of a dream, and with them came the smell of fear and starvation, the acrid reek of burning heather. She sighed and stood up, turning her back on the moor and heading eastwards.

Twelve

It was nearly a month later when the cat turned up at the cottage, dusty, footsore and weary. The old man and his wife were delighted to see her again, but she was listless and withdrawn, eating without interest the food they gave her and accepting their petting indifferently. The wood-shed was infested with mice again, but she did not seem to care; although she sometimes killed one or two of them and took their tails to the cottage door, she did it as if it was the most boring, pointless job imaginable.

The smell of mice in the shed grew so strong that a yellow, neutered tom from one of the cottages along the road took to prowling round outside the garden. The she-cat eyed him balefully but did nothing, then one evening he slunk in through the open gate and, watching her warily, stalked towards the wood-shed. For a moment or two, the she-cat stood stiff-legged and tense, the fur on her back and neck standing on end, then she swore softly at the other cat and suddenly launched herself at him. All the resentment and frustration of the last few weeks boiled up in her as she pounced on the scentless intruder, the non-cat that had dared to trespass on her territory, her claws raking his back, her teeth sinking into his shoulder. For a while, he stood his ground, but the fury of the she-cat's attack soon knocked the fight out of him. Howling dismally, he managed to shake her off and made a frantic dash for the road. The she-cat darted after him, spitting taunts and threats as he disappeared into the gathering darkness.

The old man had been watching the fight from the cottage window and saw the cat's eyes glowing green as she came back, stalking stiff-legged and triumphant up the path. He realised that at last she had accepted the cottage and garden as her home, a home she was ready to fight for.

From then on, the cat's attitude towards the old people changed. Wherever the man went, she followed, rubbing herself against his legs and purring when he bent down to stroke her. In the evenings, she sat on his lap, her liquid eyes big with affection, kneading his knees with her paws until the sharpness of her slightly-spread claws grew unbearable and he had to put her down on the floor. She clung to the woman's skirts, teasing her until she rolled her over with her foot and tickled her stomach, making her purr so loudly that her whole body pulsed and vibrated. She took to sleeping at the foot of the old couple's bed, moulding herself round their feet, waking when they did and watching with affection and concern every movement they made.

After Christmas, the old woman fell ill, and her husband spent most of each day sitting at her bedside with the cat on his lap. Sensing that the man was worried, she sat still and quiet and did not try to jump on to the bed because she knew it would upset her mistress.

Then came a day when the cat sensed that the man was no longer sad and anxious and she knew that the woman was feeling better. The cat went pirouetting round and round the room in a wild dance of joy, leaping on and off the furniture, rolling and tumbling over and over on the floor. The old man laughed for the first time since his wife had been ill, and even the sick woman had to smile. The more the man laughed, the more boisterous the cat's antics grew, until she collapsed, exhausted, at his feet.

The woman gradually regained her strength, and the three of them were able to potter round the cottage and garden again, but the old couple could see that the cat was beginning to age. Her coat was drab and rusty, she often felt twinges of rheumatism in her hips and she walked stiffly when the weather was cold or damp.

When spring came, the blood no longer sang in her veins, and the scent of lilac and hyacinths no longer filled her with a heady excitement which made her long to go off and leave the monotony of life at the cottage far behind her. She spent most of her nights sleeping on the hearth-rug and during the day she padded slowly round the garden, soberly content.

Summer started early with a heat-wave in May, and

the hot weather went on without a break until August. The long, slow days were drenched with sun from dawn till dusk, and the red soil was baked to a pale pink. The cat spent most of the hot, lazy days stretched out on the lawn at the edge of the shade cast by the elder tree, feeling the heat of the sun soaking into her bones, easing her aches and pains and bringing back some of the suppleness to her joints. Before going into the cottage for her supper, she would sharpen her claws on the trunk of the tree, stretching and pulling until the muscles of her back and thighs moved freely and smoothly. Sometimes, she would try to persuade the old man to play with her, but he would laugh and tell her that she was too old to behave like a kitten, picking her up and stroking her until she lay dozing in sleepy contentment on his lap.

When autumn came, the nights were heavy with dew, and the cat stayed indoors until the heat of the sun had sucked up the damp from the earth, but she always spent the afternoons in the garden, savouring the crisp, rich autumnal smells and sometimes playing with the golden leaves that drifted down from the elder tree.

In the evening, dozing on the hearth-rug or curled up on the old man's lap, she was filled with happiness and a timeless sense of well-being. It was as if she had always been warm and well-fed, as if she had never known the hardship and danger of life on the moor, never been lonely or frightened or in pain.

One day in November, the wind blew strong from the north, and the elder was stripped of its few remaining leaves. The weather was crisp and cold, and the feel of coming winter was in the air. The boisterous wind excited the cat, and all that morning she was unusually playful.

Later in the day, she trotted through the open gate on to the road, trying to catch a drift of leaves dancing along before the wind. The old man, working in the garden, heard the impatient sound of a horn and the squeal of brakes. He looked up and saw the cat tossed high into the air. The car picked up speed and went on. It was only a cat.

The old man hurried out to her and found her lying on the grass verge at the edge of the road. She was still conscious, and her eyes turned pleadingly to him, but he could see that she was badly injured. Her hind legs were useless, and a thin trickle of blood was oozing from her mouth and spreading over the white of her bib.

He took off his jacket and gently lifted her on to it. She winced when he touched her, but her eyes were filled with love and trust as he carefully carried her into the cottage, using the jacket as a sling. He made her as comfortable as he could on the hearth-rug and ran down the road to fetch the vet.

When the two friends came hurrying back, the cat was still alive, gasping and trembling on the rug. The woman had washed the blood from the cat's mouth and was crouching beside her, gently stroking her head and murmuring endearments to her.

The vet told the old people that the cat had internal injuries as well as a broken back, and the only possible thing he could do was to end her suffering. The old man nodded; he had known all the time, but he had hoped against hope. The cat's eyes already had a strange, faraway look; it was as if she was looking back into the past, he thought.

The vet opened his bag and took out a syringe which he carefully filled. The woman turned away, but her husband gently stroked the cat's head and spoke soothingly to her as the needle plunged into her thigh. She twitched once, then she sighed as all her pain went from her. Her head fell forward, a trickle of saliva dribbled from her lips, and then her body went limp as she drifted away to that far-off land where there is everlasting peace.